Gangkou Anquan Xiangguan Falü Fagui Huibian

港口安全相关法律法规汇编

交 通 运 输 部 水 运 局
交通运输部水运科学研究院 编

人民交通出版社

内 容 提 要

本书收集汇编了现行常用的与港口安全管理与安全监管相关的法律、法规文件，共84篇，分为相关法律、相关法规、相关部门行政规章、相关规范性文件四个部分。

本书可作为港口安全管理与安全监管人员的参考用书。

图书在版编目(CIP)数据

港口安全相关法律法规汇编/交通运输部水运局，交通运输部水运科学研究院编. --北京 ：人民交通出版社，2013.5

ISBN 978-7-114-10592-0

Ⅰ. ①港… Ⅱ. ①交… ②交… Ⅲ. ①港口-安全技术—法规—汇编—中国 Ⅳ. ①D922.296.9

中国版本图书馆CIP数据核字(2013)第089992号

书　　名：港口安全相关法律法规汇编
著 作 者：交通运输部水运局　交通运输部水运科学研究院
责任编辑：刘　涛　丁　遥　李　农　潘艳霞
出版发行：人民交通出版社
地　　址：(100011)北京市朝阳区安定门外外馆斜街3号
网　　址：http://www.ccpress.com.cn
销售电话：(010)59757973
总 经 销：人民交通出版社发行部
经　　销：各地新华书店
印　　刷：北京市密东印刷有限公司
开　　本：880×1230　1/16
印　　张：33.25
字　　数：1030千
版　　次：2013年5月　第1版
印　　次：2013年5月　第1次印刷
书　　号：ISBN 978-7-114-10592-0
定　　价：150.00元
(有印刷、装订质量问题的图书由本社负责调换)

目　录

第一部分　相关法律

第二部分　相关法规

第三部分　相关部门行政规章

第四部分　相关规范性文件

第一部分　相关法律

中华人民共和国劳动法

1994 年中华人民共和国主席令第 28 号(1994 年 7 月 5 日发布)

(1994 年 7 月 5 日第八届全国人民代表大会常务委员会第八次会议通过)

第一章　总　　则

第一条　为了保护劳动者的合法权益,调整劳动关系,建立和维护适应社会主义市场经济的劳动制度,促进经济发展和社会进步,根据宪法,制定本法。

第二条　在中华人民共和国境内的企业、个体经济组织(以下统称用人单位)和与之形成劳动关系的劳动者,适用本法。

国家机关、事业组织、社会团体和与之建立劳动合同关系的劳动者,依照本法执行。

第三条　劳动者享有平等就业和选择职业的权利、取得劳动报酬的权利、休息休假的权利、获得劳动安全卫生保护的权利、接受职业技能培训的权利、享受社会保险和福利的权利、提请劳动争议处理的权利以及法律规定的其他劳动权利。

劳动者应当完成劳动任务,提高职业技能,执行劳动安全卫生规程,遵守劳动纪律和职业道德。

第四条　用人单位应当依法建立和完善规章制度,保障劳动者享有劳动权利和履行劳动义务。

第五条　国家采取各种措施,促进劳动就业,发展职业教育,制定劳动标准,调节社会收入,完善社会保险,协调劳动关系,逐步提高劳动者的生活水平。

第六条　国家提倡劳动者参加社会义务劳动,开展劳动竞赛和合理化建议活动,鼓励和保护劳动者进行科学研究、技术革新和发明创造,表彰和奖励劳动模范和先进工作者。

第七条　劳动者有权依法参加和组织工会。

工会代表和维护劳动者的合法权益,依法独立自主地开展活动。

第八条　劳动者依照法律规定,通过职工大会、职工代表大会或者其他形式,参与民主管理或者就保护劳动者合法权益与用人单位进行平等协商。

第九条　国务院劳动行政部门主管全国劳动工作。

县级以上地方人民政府劳动行政部门主管本行政区域内的劳动工作。

第二章　促 进 就 业

第十条　国家通过促进经济和社会发展,创造就业条件,扩大就业机会。

国家鼓励企业、事业组织、社会团体在法律、行政法规规定的范围内兴办产业或者拓展经营,增加就业。

国家支持劳动者自愿组织起来就业和从事个体经营实现就业。

第十一条　地方各级人民政府应当采取措施,发展多种类型的职业介绍机构,提供就业服务。

第十二条　劳动者就业,不因民族、种族、性别、宗教信仰不同而受歧视。

第十三条　妇女享有与男子平等的就业权利。在录用职工时,除国家规定的不适合妇女的工种或者岗位外,不得以性别为由拒绝录用妇女或者提高对妇女的录用标准。

第十四条　残疾人、少数民族人员、退出现役的军人的就业,法律、法规有特别规定的,从其规定。

第十五条　禁止用人单位招用未满十六周岁的未成年人。

文艺、体育和特种工艺单位招用未满十六周岁的未成年人,必须依照国家有关规定,履行审批手续,并保障其接受义务教育的权利。

第三章　劳动合同和集体合同

第十六条　劳动合同是劳动者与用人单位确立劳动关系、明确双方权利和义务的协议。

建立劳动关系应当订立劳动合同。

第十七条　订立和变更劳动合同,应当遵循平等自愿、协商一致的原则,不得违反法律、行政法规的规定。

劳动合同依法订立即具有法律约束力,当事人必须履行劳动合同规定的义务。

第十八条　下列劳动合同无效:

(一)违反法律、行政法规的劳动合同;

(二)采取欺诈、威胁等手段订立的劳动合同。

无效的劳动合同,从订立的时候起,就没有法律约束力。确认劳动合同部分无效的,如果不影响其余部分的效力,其余部分仍然有效。

劳动合同的无效,由劳动争议仲裁委员会或者人民法院确认。

第十九条　劳动合同应当以书面形式订立,并具备以下条款:

(一)劳动合同期限;

(二)工作内容;

(三)劳动保护和劳动条件;

(四)劳动报酬;

(五)劳动纪律;

(六)劳动合同终止的条件;

(七)违反劳动合同的责任。

劳动合同除前款规定的必备条款外,当事人可以协商约定其他内容。

第二十条　劳动合同的期限分为有固定期限、无固定期限和以完成一定的工作为期限。

劳动者在同一用人单位连续工作满十年以上,当事人双方同意续延劳动合同的,如果劳动者提出订立无固定期限的劳动合同,应当订立无固定期限的劳动合同。

第二十一条　劳动合同可以约定试用期。试用期最长不得超过六个月。

第二十二条　劳动合同当事人可以在劳动合同中约定保守用人单位商业秘密的有关事项。

第二十三条　劳动合同期满或者当事人约定的劳动合同终止条件出现,劳动合同即行终止。

第二十四条　经劳动合同当事人协商一致,劳动合同可以解除。

第二十五条　劳动者有下列情形之一的,用人单位可以解除劳动合同:

(一)在试用期间被证明不符合录用条件的;

(二)严重违反劳动纪律或者用人单位规章制度的;

(三)严重失职,营私舞弊,对用人单位利益造成重大损害的;

(四)被依法追究刑事责任的。

第二十六条　有下列情形之一的,用人单位可以解除劳动合同,但是应当提前三十日以书面形式通知劳动者本人:

(一)劳动者患病或者非因工负伤,医疗期满后,不能从事原工作也不能从事由用人单位另行安排的工作的;

(二)劳动者不能胜任工作,经过培训或者调整工作岗位,仍不能胜任工作的;

(三)劳动合同订立时所依据的客观情况发生重大变化,致使原劳动合同无法履行,经当事人协商不能就变更劳动合同达成协议的。

第二十七条 用人单位濒临破产进行法定整顿期间或者生产经营状况发生严重困难，确需裁减人员的，应当提前三十日向工会或者全体职工说明情况，听取工会或者职工的意见，经向劳动行政部门报告后，可以裁减人员。

用人单位依据本条规定裁减人员，在六个月内录用人员的，应当优先录用被裁减的人员。

第二十八条 用人单位依据本法第二十四条、第二十六条、第二十七条的规定解除劳动合同的，应当依照国家有关规定给予经济补偿。

第二十九条 劳动者有下列情形之一的，用人单位不得依据本法第二十六条、第二十七条的规定解除劳动合同：

（一）患职业病或者因工负伤并被确认丧失或者部分丧失劳动能力的；

（二）患病或者负伤，在规定的医疗期内的；

（三）女职工在孕期、产期、哺乳期内的；

（四）法律、行政法规规定的其他情形。

第三十条 用人单位解除劳动合同，工会认为不适当的，有权提出意见。如果用人单位违反法律、法规或者劳动合同，工会有权要求重新处理；劳动者申请仲裁或者提起诉讼的，工会应当依法给予支持和帮助。

第三十一条 劳动者解除劳动合同，应当提前三十日以书面形式通知用人单位。

第三十二条 有下列情形之一的，劳动者可以随时通知用人单位解除劳动合同：

（一）在试用期内的；

（二）用人单位以暴力、威胁或者非法限制人身自由的手段强迫劳动的；

（三）用人单位未按照劳动合同约定支付劳动报酬或者提供劳动条件的。

第三十三条 企业职工一方与企业可以就劳动报酬、工作时间、休息休假、劳动安全卫生、保险福利等事项，签订集体合同。集体合同草案应当提交职工代表大会或者全体职工讨论通过。

集体合同由工会代表职工与企业签订；没有建立工会的企业，由职工推举的代表与企业签订。

第三十四条 集体合同签订后应当报送劳动行政部门；劳动行政部门自收到集体合同文本之日起十五日内未提出异议的，集体合同即行生效。

第三十五条 依法签订的集体合同对企业和企业全体职工具有约束力。职工个人与企业订立的劳动合同中劳动条件和劳动报酬等标准不得低于集体合同的规定。

第四章　工作时间和休息休假

第三十六条 国家实行劳动者每日工作时间不超过八小时、平均每周工作时间不超过四十四小时的工时制度。

第三十七条 对实行计件工作的劳动者，用人单位应当根据本法第三十六条规定的工时制度合理确定其劳动定额和计件报酬标准。

第三十八条 用人单位应当保证劳动者每周至少休息一日。

第三十九条 企业因生产特点不能实行本法第三十六条、第三十八条规定的，经劳动行政部门批准，可以实行其他工作和休息办法。

第四十条 用人单位在下列节日期间应当依法安排劳动者休假：

（一）元旦；

（二）春节；

（三）国际劳动节；

（四）国庆节；

（五）法律、法规规定的其他休假节日。

第四十一条 用人单位由于生产经营需要，经与工会和劳动者协商后可以延长工作时间，一般每日不得超过一小时；因特殊原因需要延长工作时间的，在保障劳动者身体健康的条件下延长工作时间每日不得超过三小时，但是每月不得超过三十六小时。

第四十二条 有下列情形之一的，延长工作时间不受本法第四十一条的限制：

（一）发生自然灾害、事故或者因其他原因，威胁劳动者生命健康和财产安全，需要紧急处理的；

（二）生产设备、交通运输线路、公共设施发生故障，影响生产和公众利益，必须及时抢修的；

（三）法律、行政法规规定的其他情形。

第四十三条 用人单位不得违反本法规定延长劳动者的工作时间。

第四十四条 有下列情形之一的，用人单位应当按照下列标准支付高于劳动者正常工作时间工资的工资报酬：

（一）安排劳动者延长工作时间的，支付不低于工资的百分之一百五十的工资报酬；

（二）休息日安排劳动者工作又不能安排补休的，支付不低于工资的百分之二百的工资报酬；

（三）法定休假日安排劳动者工作的，支付不低于工资的百分之三百的工资报酬。

第四十五条 国家实行带薪年休假制度。

劳动者连续工作一年以上的，享受带薪年休假。具体办法由国务院规定。

第五章 工 资

第四十六条 工资分配应当遵循按劳分配原则，实行同工同酬。

工资水平在经济发展的基础上逐步提高。国家对工资总量实行宏观调控。

第四十七条 用人单位根据本单位的生产经营特点和经济效益，依法自主确定本单位的工资分配方式和工资水平。

第四十八条 国家实行最低工资保障制度。最低工资的具体标准由省、自治区、直辖市人民政府规定，报国务院备案。

用人单位支付劳动者的工资不得低于当地最低工资标准。

第四十九条 确定和调整最低工资标准应当综合参考下列因素：

（一）劳动者本人及平均赡养人口的最低生活费用；

（二）社会平均工资水平；

（三）劳动生产率；

（四）就业状况；

（五）地区之间经济发展水平的差异。

第五十条 工资应当以货币形式按月支付给劳动者本人。不得克扣或者无故拖欠劳动者的工资。

第五十一条 劳动者在法定休假日和婚丧假期间以及依法参加社会活动期间，用人单位应当依法支付工资。

第六章 劳动安全卫生

第五十二条 用人单位必须建立、健全劳动安全卫生制度，严格执行国家劳动安全卫生规程和标准，对劳动者进行劳动安全卫生教育，防止劳动过程中的事故，减少职业危害。

第五十三条 劳动安全卫生设施必须符合国家规定的标准。

新建、改建、扩建工程的劳动安全卫生设施必须与主体工程同时设计、同时施工、同时投入生产和使用。

第五十四条 用人单位必须为劳动者提供符合国家规定的劳动安全卫生条件和必要的劳动防护用品，对从事有职业危害作业的劳动者应当定期进行健康检查。

第五十五条 从事特种作业的劳动者必须经过专门培训并取得特种作业资格。

第五十六条 劳动者在劳动过程中必须严格遵守安全操作规程。

劳动者对用人单位管理人员违章指挥、强令冒险作业，有权拒绝执行；对危害生命安全和身体健康的行为，有权提出批评、检举和控告。

第五十七条 国家建立伤亡事故和职业病统计报告和处理制度。县级以上各级人民政府劳动行政部门、有关部门和用人单位应当依法对劳动者在劳动过程中发生的伤亡事故和劳动者的职业病状况，进行统计、报告和处理。

第七章　女职工和未成年工特殊保护

第五十八条 国家对女职工和未成年工实行特殊劳动保护。

未成年工是指年满十六周岁未满十八周岁的劳动者。

第五十九条 禁止安排女职工从事矿山井下、国家规定的第四级体力劳动强度的劳动和其他禁忌从事的劳动。

第六十条 不得安排女职工在经期从事高处、低温、冷水作业和国家规定的第三级体力劳动强度的劳动。

第六十一条 不得安排女职工在怀孕期间从事国家规定的第三级体力劳动强度的劳动和孕期禁忌从事的劳动。对怀孕七个月以上的女职工，不得安排其延长工作时间和夜班劳动。

第六十二条 女职工生育享受不少于九十天的产假。

第六十三条 不得安排女职工在哺乳未满一周岁的婴儿期间从事国家规定的第三级体力劳动强度的劳动和哺乳期禁忌从事的其他劳动，不得安排其延长工作时间和夜班劳动。

第六十四条 不得安排未成年工从事矿山井下、有毒有害、国家规定的第四级体力劳动强度的劳动和其他禁忌从事的劳动。

第六十五条 用人单位应当对未成年工定期进行健康检查。

第八章　职 业 培 训

第六十六条 国家通过各种途径，采取各种措施，发展职业培训事业，开发劳动者的职业技能，提高劳动者素质，增强劳动者的就业能力和工作能力。

第六十七条 各级人民政府应当把发展职业培训纳入社会经济发展的规划，鼓励和支持有条件的企业、事业组织、社会团体和个人进行各种形式的职业培训。

第六十八条 用人单位应当建立职业培训制度，按照国家规定提取和使用职业培训经费，根据本单位实际，有计划地对劳动者进行职业培训。

从事技术工种的劳动者，上岗前必须经过培训。

第六十九条 国家确定职业分类，对规定的职业制定职业技能标准，实行职业资格证书制度，由经过政府批准的考核鉴定机构负责对劳动者实施职业技能考核鉴定。

第九章　社会保险和福利

第七十条 国家发展社会保险事业，建立社会保险制度，设立社会保险基金，使劳动者在年老、患病、工伤、失业、生育等情况下获得帮助和补偿。

第七十一条 社会保险水平应当与社会经济发展水平和社会承受能力相适应。

第七十二条 社会保险基金按照保险类型确定资金来源，逐步实行社会统筹。用人单位和劳动者必须依法参加社会保险,缴纳社会保险费。

第七十三条 劳动者在下列情形下,依法享受社会保险待遇:

(一)退休;

(二)患病、负伤;

(三)因工伤残或者患职业病;

(四)失业;

(五)生育。

劳动者死亡后,其遗属依法享受遗属津贴。

劳动者享受社会保险待遇的条件和标准由法律、法规规定。

劳动者享受的社会保险金必须按时足额支付。

第七十四条 社会保险基金经办机构依照法律规定收支、管理和运营社会保险基金,并负有使社会保险基金保值增值的责任。

社会保险基金监督机构依照法律规定,对社会保险基金的收支、管理和运营实施监督。

社会保险基金经办机构和社会保险基金监督机构的设立和职能由法律规定。

任何组织和个人不得挪用社会保险基金。

第七十五条 国家鼓励用人单位根据本单位实际情况为劳动者建立补充保险。

国家提倡劳动者个人进行储蓄性保险。

第七十六条 国家发展社会福利事业,兴建公共福利设施,为劳动者休息、休养和疗养提供条件。

用人单位应当创造条件,改善集体福利,提高劳动者的福利待遇。

第十章　劳动争议

第七十七条 用人单位与劳动者发生劳动争议,当事人可以依法申请调解、仲裁、提起诉讼,也可以协商解决。

调解原则适用于仲裁和诉讼程序。

第七十八条 解决劳动争议,应当根据合法、公正、及时处理的原则,依法维护劳动争议当事人的合法权益。

第七十九条 劳动争议发生后,当事人可以向本单位劳动争议调解委员会申请调解;调解不成,当事人一方要求仲裁的,可以向劳动争议仲裁委员会申请仲裁。当事人一方也可以直接向劳动争议仲裁委员会申请仲裁。对仲裁裁决不服的,可以向人民法院提起诉讼。

第八十条 在用人单位内,可以设立劳动争议调解委员会。劳动争议调解委员会由职工代表、用人单位代表和工会代表组成。劳动争议调解委员会主任由工会代表担任。

劳动争议经调解达成协议的,当事人应当履行。

第八十一条 劳动争议仲裁委员会由劳动行政部门代表、同级工会代表、用人单位方面的代表组成。劳动争议仲裁委员会主任由劳动行政部门代表担任。

第八十二条 提出仲裁要求的一方应当自劳动争议发生之日起六十日内向劳动争议仲裁委员会提出书面申请。仲裁裁决一般应在收到仲裁申请的六十日内作出。对仲裁裁决无异议的,当事人必须履行。

第八十三条 劳动争议当事人对仲裁裁决不服的,可以自收到仲裁裁决书之日起十五日内向人民法院提起诉讼。一方当事人在法定期限内不起诉又不履行仲裁裁决的,另一方当事人可以申请人民法院强制执行。

第八十四条 因签订集体合同发生争议,当事人协商解决不成的,当地人民政府劳动行政部门可以组织有关各方协调处理。

因履行集体合同发生争议,当事人协商解决不成的,可以向劳动争议仲裁委员会申请仲裁;对仲裁裁决不服的,可以自收到仲裁裁决书之日起十五日内向人民法院提起诉讼。

第十一章 监督检查

第八十五条 县级以上各级人民政府劳动行政部门依法对用人单位遵守劳动法律、法规的情况进行监督检查,对违反劳动法律、法规的行为有权制止,并责令改正。

第八十六条 县级以上各级人民政府劳动行政部门监督检查人员执行公务,有权进入用人单位了解执行劳动法律、法规的情况,查阅必要的资料,并对劳动场所进行检查。

县级以上各级人民政府劳动行政部门监督检查人员执行公务,必须出示证件,秉公执法并遵守有关规定。

第八十七条 县级以上各级人民政府有关部门在各自职责范围内,对用人单位遵守劳动法律、法规的情况进行监督。

第八十八条 各级工会依法维护劳动者的合法权益,对用人单位遵守劳动法律、法规的情况进行监督。

任何组织和个人对于违反劳动法律、法规的行为有权检举和控告。

第十二章 法律责任

第八十九条 用人单位制定的劳动规章制度违反法律、法规规定的,由劳动行政部门给予警告,责令改正;对劳动者造成损害的,应当承担赔偿责任。

第九十条 用人单位违反本法规定,延长劳动者工作时间的,由劳动行政部门给予警告,责令改正,并可以处以罚款。

第九十一条 用人单位有下列侵害劳动者合法权益情形之一的,由劳动行政部门责令支付劳动者的工资报酬、经济补偿,并可以责令支付赔偿金:

(一)克扣或者无故拖欠劳动者工资的;

(二)拒不支付劳动者延长工作时间工资报酬的;

(三)低于当地最低工资标准支付劳动者工资的;

(四)解除劳动合同后,未依照本法规定给予劳动者经济补偿的。

第九十二条 用人单位的劳动安全设施和劳动卫生条件不符合国家规定或者未向劳动者提供必要的劳动防护用品和劳动保护设施的,由劳动行政部门或者有关部门责令改正,可以处以罚款;情节严重的,提请县级以上人民政府决定责令停产整顿;对事故隐患不采取措施,致使发生重大事故,造成劳动者生命和财产损失的,对责任人员比照刑法第一百八十七条的规定追究刑事责任。

第九十三条 用人单位强令劳动者违章冒险作业,发生重大伤亡事故,造成严重后果的,对责任人员依法追究刑事责任。

第九十四条 用人单位非法招用未满十六周岁的未成年人的,由劳动行政部门责令改正,处以罚款;情节严重的,由工商行政管理部门吊销营业执照。

第九十五条 用人单位违反本法对女职工和未成年工的保护规定,侵害其合法权益的,由劳动行政部门责令改正,处以罚款;对女职工或者未成年工造成损害的,应当承担赔偿责任。

第九十六条 用人单位有下列行为之一,由公安机关对责任人员处以十五日以下拘留、罚款或者警告;构成犯罪的,对责任人员依法追究刑事责任:

(一)以暴力、威胁或者非法限制人身自由的手段强迫劳动的;

(二)侮辱、体罚、殴打、非法搜查和拘禁劳动者的。

第九十七条 由于用人单位的原因订立的无效合同,对劳动者造成损害的,应当承担赔偿责任。

第九十八条 用人单位违反本法规定的条件解除劳动合同或者故意拖延不订立劳动合同的,由劳动行政部门责令改正；对劳动者造成损害的，应当承担赔偿责任。

第九十九条 用人单位招用尚未解除劳动合同的劳动者，对原用人单位造成经济损失的，该用人单位应当依法承担连带赔偿责任。

第一百条 用人单位无故不缴纳社会保险费的，由劳动行政部门责令其限期缴纳，逾期不缴的，可以加收滞纳金。

第一百零一条 用人单位无理阻挠劳动行政部门、有关部门及其工作人员行使监督检查权，打击报复举报人员的，由劳动行政部门或者有关部门处以罚款；构成犯罪的，对责任人员依法追究刑事责任。

第一百零二条 劳动者违反本法规定的条件解除劳动合同或者违反劳动合同中约定的保密事项，对用人单位造成经济损失的，应当依法承担赔偿责任。

第一百零三条 劳动行政部门或者有关部门的工作人员滥用职权、玩忽职守、徇私舞弊，构成犯罪的，依法追究刑事责任；不构成犯罪的，给予行政处分。

第一百零四条 国家工作人员和社会保险基金经办机构的工作人员挪用社会保险基金，构成犯罪的，依法追究刑事责任。

第一百零五条 违反本法规定侵害劳动者合法权益，其他法律、法规已规定处罚的，依照该法律、行政法规的规定处罚。

第十三章　附　　则

第一百零六条 省、自治区、直辖市人民政府根据本法和本地区的实际情况，规定劳动合同制度的实施步骤，报国务院备案。

第一百零七条 本法自 1995 年 1 月 1 日起施行。

中华人民共和国安全生产法

2002年中华人民共和国主席令第70号(2002年6月29日发布)

(2002年6月29日第九届全国人民代表大会常务委员会第二十八次会议通过)

第一章　总　　则

第一条　为了加强安全生产监督管理,防止和减少生产安全事故,保障人民群众生命和财产安全,促进经济发展,制定本法。

第二条　在中华人民共和国领域内从事生产经营活动的单位(以下统称生产经营单位)的安全生产,适用本法;有关法律、行政法规对消防安全和道路交通安全、铁路交通安全、水上交通安全、民用航空安全另有规定的,适用其规定。

第三条　安全生产管理,坚持安全第一、预防为主的方针。

第四条　生产经营单位必须遵守本法和其他有关安全生产的法律、法规,加强安全生产管理,建立、健全安全生产责任制度,完善安全生产条件,确保安全生产。

第五条　生产经营单位的主要负责人对本单位的安全生产工作全面负责。

第六条　生产经营单位的从业人员有依法获得安全生产保障的权利,并应当依法履行安全生产方面的义务。

第七条　工会依法组织职工参加本单位安全生产工作的民主管理和民主监督,维护职工在安全生产方面的合法权益。

第八条　国务院和地方各级人民政府应当加强对安全生产工作的领导,支持、督促各有关部门依法履行安全生产监督管理职责。

县级以上人民政府对安全生产监督管理中存在的重大问题应当及时予以协调、解决。

第九条　国务院负责安全生产监督管理的部门依照本法,对全国安全生产工作实施综合监督管理;县级以上地方各级人民政府负责安全生产监督管理的部门依照本法,对本行政区域内安全生产工作实施综合监督管理。

国务院有关部门依照本法和其他有关法律、行政法规的规定,在各自的职责范围内对有关的安全生产工作实施监督管理;县级以上地方各级人民政府有关部门依照本法和其他有关法律、法规的规定,在各自的职责范围内对有关的安全生产工作实施监督管理。

第十条　国务院有关部门应当按照保障安全生产的要求,依法及时制定有关的国家标准或者行业标准,并根据科技进步和经济发展适时修订。

生产经营单位必须执行依法制定的保障安全生产的国家标准或者行业标准。

第十一条　各级人民政府及其有关部门应当采取多种形式,加强对有关安全生产的法律、法规和安全生产知识的宣传,提高职工的安全生产意识。

第十二条　依法设立的为安全生产提供技术服务的中介机构,依照法律、行政法规和执业准则,接受生产经营单位的委托为其安全生产工作提供技术服务。

第十三条　国家实行生产安全事故责任追究制度,依照本法和有关法律、法规的规定,追究生产安全事故责任人员的法律责任。

第十四条　国家鼓励和支持安全生产科学技术研究和安全生产先进技术的推广应用,提高安全生产水平。

第十五条 国家对在改善安全生产条件、防止生产安全事故、参加抢险救护等方面取得显著成绩的单位和个人,给予奖励。

第二章 生产经营单位的安全生产保障

第十六条 生产经营单位应当具备本法和有关法律、行政法规和国家标准或者行业标准规定的安全生产条件;不具备安全生产条件的,不得从事生产经营活动。

第十七条 生产经营单位的主要负责人对本单位安全生产工作负有下列职责:

(一)建立、健全本单位安全生产责任制;

(二)组织制定本单位安全生产规章制度和操作规程;

(三)保证本单位安全生产投入的有效实施;

(四)督促、检查本单位的安全生产工作,及时消除生产安全事故隐患;

(五)组织制定并实施本单位的生产安全事故应急救援预案;

(六)及时、如实报告生产安全事故。

第十八条 生产经营单位应当具备的安全生产条件所必需的资金投入,由生产经营单位的决策机构、主要负责人或者个人经营的投资人予以保证,并对由于安全生产所必需的资金投入不足导致的后果承担责任。

第十九条 矿山、建筑施工单位和危险物品的生产、经营、储存单位,应当设置安全生产管理机构或者配备专职安全生产管理人员。

前款规定以外的其他生产经营单位,从业人员超过三百人的,应当设置安全生产管理机构或者配备专职安全生产管理人员;从业人员在三百人以下的,应当配备专职或者兼职的安全生产管理人员,或者委托具有国家规定的相关专业技术资格的工程技术人员提供安全生产管理服务。

生产经营单位依照前款规定委托工程技术人员提供安全生产管理服务的,保证安全生产的责任仍由本单位负责。

第二十条 生产经营单位的主要负责人和安全生产管理人员必须具备与本单位所从事的生产经营活动相应的安全生产知识和管理能力。

危险物品的生产、经营、储存单位以及矿山、建筑施工单位的主要负责人和安全生产管理人员,应当由有关主管部门对其安全生产知识和管理能力考核合格后方可任职。考核不得收费。

第二十一条 生产经营单位应当对从业人员进行安全生产教育和培训,保证从业人员具备必要的安全生产知识,熟悉有关的安全生产规章制度和安全操作规程,掌握本岗位的安全操作技能。未经安全生产教育和培训合格的从业人员,不得上岗作业。

第二十二条 生产经营单位采用新工艺、新技术、新材料或者使用新设备,必须了解、掌握其安全技术特性,采取有效的安全防护措施,并对从业人员进行专门的安全生产教育和培训。

第二十三条 生产经营单位的特种作业人员必须按照国家有关规定经专门的安全作业培训,取得特种作业操作资格证书,方可上岗作业。

特种作业人员的范围由国务院负责安全生产监督管理的部门会同国务院有关部门确定。

第二十四条 生产经营单位新建、改建、扩建工程项目(以下统称建设项目)的安全设施,必须与主体工程同时设计、同时施工、同时投入生产和使用。安全设施投资应当纳入建设项目概算。

第二十五条 矿山建设项目和用于生产、储存危险物品的建设项目,应当分别按照国家有关规定进行安全条件论证和安全评价。

第二十六条 建设项目安全设施的设计人、设计单位应当对安全设施设计负责。

矿山建设项目和用于生产、储存危险物品的建设项目的安全设施设计应当按照国家有关规定报经有关部门审查,审查部门及其负责审查的人员对审查结果负责。

第二十七条 矿山建设项目和用于生产、储存危险物品的建设项目的施工单位必须按照批准的安全设施设计施工，并对安全设施的工程质量负责。

矿山建设项目和用于生产、储存危险物品的建设项目竣工投入生产或者使用前，必须依照有关法律、行政法规的规定对安全设施进行验收；验收合格后，方可投入生产和使用。验收部门及其验收人员对验收结果负责。

第二十八条 生产经营单位应当在有较大危险因素的生产经营场所和有关设施、设备上，设置明显的安全警示标志。

第二十九条 安全设备的设计、制造、安装、使用、检测、维修、改造和报废，应当符合国家标准或者行业标准。

生产经营单位必须对安全设备进行经常性维护、保养，并定期检测，保证正常运转。维护、保养、检测应当作好记录，并由有关人员签字。

第三十条 生产经营单位使用的涉及生命安全、危险性较大的特种设备，以及危险物品的容器、运输工具，必须按照国家有关规定，由专业生产单位生产，并经取得专业资质的检测、检验机构检测、检验合格，取得安全使用证或者安全标志，方可投入使用。检测、检验机构对检测、检验结果负责。

涉及生命安全、危险性较大的特种设备的目录由国务院负责特种设备安全监督管理的部门制定，报国务院批准后执行。

第三十一条 国家对严重危及生产安全的工艺、设备实行淘汰制度。

生产经营单位不得使用国家明令淘汰、禁止使用的危及生产安全的工艺、设备。

第三十二条 生产、经营、运输、储存、使用危险物品或者处置废弃危险物品的，由有关主管部门依照有关法律、法规的规定和国家标准或者行业标准审批并实施监督管理。

生产经营单位生产、经营、运输、储存、使用危险物品或者处置废弃危险物品，必须执行有关法律、法规和国家标准或者行业标准，建立专门的安全管理制度，采取可靠的安全措施，接受有关主管部门依法实施的监督管理。

第三十三条 生产经营单位对重大危险源应当登记建档，进行定期检测、评估、监控，并制定应急预案，告知从业人员和相关人员在紧急情况下应当采取的应急措施。

生产经营单位应当按照国家有关规定将本单位重大危险源及有关安全措施、应急措施报有关地方人民政府负责安全生产监督管理的部门和有关部门备案。

第三十四条 生产、经营、储存、使用危险物品的车间、商店、仓库不得与员工宿舍在同一座建筑物内，并应当与员工宿舍保持安全距离。

生产经营场所和员工宿舍应当设有符合紧急疏散要求、标志明显、保持畅通的出口。禁止封闭、堵塞生产经营场所或者员工宿舍的出口。

第三十五条 生产经营单位进行爆破、吊装等危险作业，应当安排专门人员进行现场安全管理，确保操作规程的遵守和安全措施的落实。

第三十六条 生产经营单位应当教育和督促从业人员严格执行本单位的安全生产规章制度和安全操作规程；并向从业人员如实告知作业场所和工作岗位存在的危险因素、防范措施以及事故应急措施。

第三十七条 生产经营单位必须为从业人员提供符合国家标准或者行业标准的劳动防护用品，并监督、教育从业人员按照使用规则佩戴、使用。

第三十八条 生产经营单位的安全生产管理人员应当根据本单位的生产经营特点，对安全生产状况进行经常性检查；对检查中发现的安全问题，应当立即处理；不能处理的，应当及时报告本单位有关负责人。检查及处理情况应当记录在案。

第三十九条 生产经营单位应当安排用于配备劳动防护用品、进行安全生产培训的经费。

第四十条 两个以上生产经营单位在同一作业区域内进行生产经营活动，可能危及对方生产安全的，应当签订安全生产管理协议，明确各自的安全生产管理职责和应当采取的安全措施，并指定专职安全生产管理人员进行安全检查与协调。

第四十一条 生产经营单位不得将生产经营项目、场所、设备发包或者出租给不具备安全生产条件或者相应资质的单位或者个人。

生产经营项目、场所有多个承包单位、承租单位的，生产经营单位应当与承包单位、承租单位签订专门的安全生产管理协议，或者在承包合同、租赁合同中约定各自的安全生产管理职责；生产经营单位对承包单位、承租单位的安全生产工作统一协调、管理。

第四十二条 生产经营单位发生重大生产安全事故时，单位的主要负责人应当立即组织抢救，并不得在事故调查处理期间擅离职守。

第四十三条 生产经营单位必须依法参加工伤社会保险，为从业人员缴纳保险费。

第三章 从业人员的权利和义务

第四十四条 生产经营单位与从业人员订立的劳动合同，应当载明有关保障从业人员劳动安全、防止职业危害的事项，以及依法为从业人员办理工伤社会保险的事项。

生产经营单位不得以任何形式与从业人员订立协议，免除或者减轻其对从业人员因生产安全事故伤亡依法应承担的责任。

第四十五条 生产经营单位的从业人员有权了解其作业场所和工作岗位存在的危险因素、防范措施及事故应急措施，有权对本单位的安全生产工作提出建议。

第四十六条 从业人员有权对本单位安全生产工作中存在的问题提出批评、检举、控告；有权拒绝违章指挥和强令冒险作业。

生产经营单位不得因从业人员对本单位安全生产工作提出批评、检举、控告或者拒绝违章指挥、强令冒险作业而降低其工资、福利等待遇或者解除与其订立的劳动合同。

第四十七条 从业人员发现直接危及人身安全的紧急情况时，有权停止作业或者在采取可能的应急措施后撤离作业场所。

生产经营单位不得因从业人员在前款紧急情况下停止作业或者采取紧急撤离措施而降低其工资、福利等待遇或者解除与其订立的劳动合同。

第四十八条 因生产安全事故受到损害的从业人员，除依法享有工伤社会保险外，依照有关民事法律尚有获得赔偿的权利的，有权向本单位提出赔偿要求。

第四十九条 从业人员在作业过程中，应当严格遵守本单位的安全生产规章制度和操作规程，服从管理，正确佩戴和使用劳动防护用品。

第五十条 从业人员应当接受安全生产教育和培训，掌握本职工作所需的安全生产知识，提高安全生产技能，增强事故预防和应急处理能力。

第五十一条 从业人员发现事故隐患或者其他不安全因素，应当立即向现场安全生产管理人员或者本单位负责人报告；接到报告的人员应当及时予以处理。

第五十二条 工会有权对建设项目的安全设施与主体工程同时设计、同时施工、同时投入生产和使用进行监督，提出意见。

工会对生产经营单位违反安全生产法律、法规，侵犯从业人员合法权益的行为，有权要求纠正；发现生产经营单位违章指挥、强令冒险作业或者发现事故隐患时，有权提出解决的建议，生产经营单位应当及时研究答复；发现危及从业人员生命安全的情况时，有权向生产经营单位建议组织从业人员撤离危险场所，生产经营单位必须立即作出处理。

工会有权依法参加事故调查，向有关部门提出处理意见，并要求追究有关人员的责任。

第四章　安全生产的监督管理

第五十三条　县级以上地方各级人民政府应当根据本行政区域内的安全生产状况，组织有关部门按照职责分工，对本行政区域内容易发生重大生产安全事故的生产经营单位进行严格检查；发现事故隐患，应当及时处理。

第五十四条　依照本法第九条规定对安全生产负有监督管理职责的部门（以下统称负有安全生产监督管理职责的部门）依照有关法律、法规的规定，对涉及安全生产的事项需要审查批准（包括批准、核准、许可、注册、认证、颁发证照等，下同）或者验收的，必须严格依照有关法律、法规和国家标准或者行业标准规定的安全生产条件和程序进行审查；不符合有关法律、法规和国家标准或者行业标准规定的安全生产条件的，不得批准或者验收通过。对未依法取得批准或者验收合格的单位擅自从事有关活动的，负责行政审批的部门发现或者接到举报后应当立即予以取缔，并依法予以处理。对已经依法取得批准的单位，负责行政审批的部门发现其不再具备安全生产条件的，应当撤销原批准。

第五十五条　负有安全生产监督管理职责的部门对涉及安全生产的事项进行审查、验收，不得收取费用；不得要求接受审查、验收的单位购买其指定品牌或者指定生产、销售单位的安全设备、器材或者其他产品。

第五十六条　负有安全生产监督管理职责的部门依法对生产经营单位执行有关安全生产的法律、法规和国家标准或者行业标准的情况进行监督检查，行使以下职权：

（一）进入生产经营单位进行检查，调阅有关资料，向有关单位和人员了解情况。

（二）对检查中发现的安全生产违法行为，当场予以纠正或者要求限期改正；对依法应当给予行政处罚的行为，依照本法和其他有关法律、行政法规的规定作出行政处罚决定。

（三）对检查中发现的事故隐患，应当责令立即排除；重大事故隐患排除前或者排除过程中无法保证安全的，应当责令从危险区域内撤出作业人员，责令暂时停产停业或者停止使用；重大事故隐患排除后，经审查同意，方可恢复生产经营和使用。

（四）对有根据认为不符合保障安全生产的国家标准或者行业标准的设施、设备、器材予以查封或者扣押，并应当在十五日内依法作出处理决定。

监督检查不得影响被检查单位的正常生产经营活动。

第五十七条　生产经营单位对负有安全生产监督管理职责的部门的监督检查人员（以下统称安全生产监督检查人员）依法履行监督检查职责，应当予以配合，不得拒绝、阻挠。

第五十八条　安全生产监督检查人员应当忠于职守，坚持原则，秉公执法。

安全生产监督检查人员执行监督检查任务时，必须出示有效的监督执法证件；对涉及被检查单位的技术秘密和业务秘密，应当为其保密。

第五十九条　安全生产监督检查人员应当将检查的时间、地点、内容、发现的问题及其处理情况，作出书面记录，并由检查人员和被检查单位的负责人签字；被检查单位的负责人拒绝签字的，检查人员应当将情况记录在案，并向负有安全生产监督管理职责的部门报告。

第六十条　负有安全生产监督管理职责的部门在监督检查中，应当互相配合，实行联合检查；确需分别进行检查的，应当互通情况，发现存在的安全问题应当由其他有关部门进行处理的，应当及时移送其他有关部门并形成记录备查，接受移送的部门应当及时进行处理。

第六十一条　监察机关依照行政监察法的规定，对负有安全生产监督管理职责的部门及其工作人员履行安全生产监督管理职责实施监察。

第六十二条　承担安全评价、认证、检测、检验的机构应当具备国家规定的资质条件，并对其作出的安全评价、认证、检测、检验的结果负责。

第六十三条　负有安全生产监督管理职责的部门应当建立举报制度，公开举报电话、信箱或者电子邮件地址，受理有关安全生产的举报；受理的举报事项经调查核实后，应当形成书面材料；需要落实整改措施的,报经有关负责人签字并督促落实。

第六十四条 任何单位或者个人对事故隐患或者安全生产违法行为,均有权向负有安全生产监督管理职责的部门报告或者举报。

第六十五条 居民委员会、村民委员会发现其所在区域内的生产经营单位存在事故隐患或者安全生产违法行为时,应当向当地人民政府或者有关部门报告。

第六十六条 县级以上各级人民政府及其有关部门对报告重大事故隐患或者举报安全生产违法行为的有功人员,给予奖励。具体奖励办法由国务院负责安全生产监督管理的部门会同国务院财政部门制定。

第六十七条 新闻、出版、广播、电影、电视等单位有进行安全生产宣传教育的义务,有对违反安全生产法律、法规的行为进行舆论监督的权利。

第五章 生产安全事故的应急救援与调查处理

第六十八条 县级以上地方各级人民政府应当组织有关部门制定本行政区域内特大生产安全事故应急救援预案,建立应急救援体系。

第六十九条 危险物品的生产、经营、储存单位以及矿山、建筑施工单位应当建立应急救援组织;生产经营规模较小,可以不建立应急救援组织的,应当指定兼职的应急救援人员。

危险物品的生产、经营、储存单位以及矿山、建筑施工单位应当配备必要的应急救援器材、设备,并进行经常性维护、保养,保证正常运转。

第七十条 生产经营单位发生生产安全事故后,事故现场有关人员应当立即报告本单位负责人。

单位负责人接到事故报告后,应当迅速采取有效措施,组织抢救,防止事故扩大,减少人员伤亡和财产损失,并按照国家有关规定立即如实报告当地负有安全生产监督管理职责的部门,不得隐瞒不报、谎报或者拖延不报,不得故意破坏事故现场、毁灭有关证据。

第七十一条 负有安全生产监督管理职责的部门接到事故报告后,应当立即按照国家有关规定上报事故情况。负有安全生产监督管理职责的部门和有关地方人民政府对事故情况不得隐瞒不报、谎报或者拖延不报。

第七十二条 有关地方人民政府和负有安全生产监督管理职责的部门的负责人接到重大生产安全事故报告后,应当立即赶到事故现场,组织事故抢救。

任何单位和个人都应当支持、配合事故抢救,并提供一切便利条件。

第七十三条 事故调查处理应当按照实事求是、尊重科学的原则,及时、准确地查清事故原因,查明事故性质和责任,总结事故教训,提出整改措施,并对事故责任者提出处理意见。事故调查和处理的具体办法由国务院制定。

第七十四条 生产经营单位发生生产安全事故,经调查确定为责任事故的,除了应当查明事故单位的责任并依法予以追究外,还应当查明对安全生产的有关事项负有审查批准和监督职责的行政部门的责任,对有失职、渎职行为的,依照本法第七十七条的规定追究法律责任。

第七十五条 任何单位和个人不得阻挠和干涉对事故的依法调查处理。

第七十六条 县级以上地方各级人民政府负责安全生产监督管理的部门应当定期统计分析本行政区域内发生生产安全事故的情况,并定期向社会公布。

第六章 法律责任

第七十七条 负有安全生产监督管理职责的部门的工作人员,有下列行为之一的,给予降级或者撤职的行政处分;构成犯罪的,依照刑法有关规定追究刑事责任:

(一)对不符合法定安全生产条件的涉及安全生产的事项予以批准或者验收通过的;

（二）发现未依法取得批准、验收的单位擅自从事有关活动或者接到举报后不予取缔或者不依法予以处理的；

（三）对已经依法取得批准的单位不履行监督管理职责，发现其不再具备安全生产条件而不撤销原批准或者发现安全生产违法行为不予查处的。

第七十八条 负有安全生产监督管理职责的部门，要求被审查、验收的单位购买其指定的安全设备、器材或者其他产品的，在对安全生产事项的审查、验收中收取费用的，由其上级机关或者监察机关责令改正，责令退还收取的费用；情节严重的，对直接负责的主管人员和其他直接责任人员依法给予行政处分。

第七十九条 承担安全评价、认证、检测、检验工作的机构，出具虚假证明，构成犯罪的，依照刑法有关规定追究刑事责任；尚不够刑事处罚的，没收违法所得，违法所得在五千元以上的，并处违法所得二倍以上五倍以下的罚款，没有违法所得或者违法所得不足五千元的，单处或者并处五千元以上二万元以下的罚款，对其直接负责的主管人员和其他直接责任人员处五千元以上五万元以下的罚款；给他人造成损害的，与生产经营单位承担连带赔偿责任。

对有前款违法行为的机构，撤销其相应资格。

第八十条 生产经营单位的决策机构、主要负责人、个人经营的投资人不依照本法规定保证安全生产所必需的资金投入，致使生产经营单位不具备安全生产条件的，责令限期改正，提供必需的资金；逾期未改正的，责令生产经营单位停产停业整顿。

有前款违法行为，导致发生生产安全事故，构成犯罪的，依照刑法有关规定追究刑事责任；尚不够刑事处罚的，对生产经营单位的主要负责人给予撤职处分，对个人经营的投资人处二万元以上二十万元以下的罚款。

第八十一条 生产经营单位的主要负责人未履行本法规定的安全生产管理职责的，责令限期改正；逾期未改正的，责令生产经营单位停产停业整顿。

生产经营单位的主要负责人有前款违法行为，导致发生生产安全事故，构成犯罪的，依照刑法有关规定追究刑事责任；尚不够刑事处罚的，给予撤职处分或者处二万元以上二十万元以下的罚款。

生产经营单位的主要负责人依照前款规定受刑事处罚或者撤职处分的，自刑罚执行完毕或者受处分之日起，五年内不得担任任何生产经营单位的主要负责人。

第八十二条 生产经营单位有下列行为之一的，责令限期改正；逾期未改正的，责令停产停业整顿，可以并处二万元以下的罚款：

（一）未按照规定设立安全生产管理机构或者配备安全生产管理人员的；

（二）危险物品的生产、经营、储存单位以及矿山、建筑施工单位的主要负责人和安全生产管理人员未按照规定经考核合格的；

（三）未按照本法第二十一条、第二十二条的规定对从业人员进行安全生产教育和培训，或者未按照本法第三十六条的规定如实告知从业人员有关的安全生产事项的；

（四）特种作业人员未按照规定经专门的安全作业培训并取得特种作业操作资格证书，上岗作业的。

第八十三条 生产经营单位有下列行为之一的，责令限期改正；逾期未改正的，责令停止建设或者停产停业整顿，可以并处五万元以下的罚款；造成严重后果，构成犯罪的，依照刑法有关规定追究刑事责任：

（一）矿山建设项目或者用于生产、储存危险物品的建设项目没有安全设施设计或者安全设施设计未按照规定报经有关部门审查同意的；

（二）矿山建设项目或者用于生产、储存危险物品的建设项目的施工单位未按照批准的安全设施设计施工的；

（三）矿山建设项目或者用于生产、储存危险物品的建设项目竣工投入生产或者使用前，安全设施未经验收合格的；

(四)未在有较大危险因素的生产经营场所和有关设施、设备上设置明显的安全警示标志的;

(五)安全设备的安装、使用、检测、改造和报废不符合国家标准或者行业标准的;

(六)未对安全设备进行经常性维护、保养和定期检测的;

(七)未为从业人员提供符合国家标准或者行业标准的劳动防护用品的;

(八)特种设备以及危险物品的容器、运输工具未经取得专业资质的机构检测、检验合格,取得安全使用证或者安全标志,投入使用的;

(九)使用国家明令淘汰、禁止使用的危及生产安全的工艺、设备的。

第八十四条 未经依法批准,擅自生产、经营、储存危险物品的,责令停止违法行为或者予以关闭,没收违法所得,违法所得十万元以上的,并处违法所得一倍以上五倍以下的罚款,没有违法所得或者违法所得不足十万元的,单处或者并处二万元以上十万元以下的罚款;造成严重后果,构成犯罪的,依照刑法有关规定追究刑事责任。

第八十五条 生产经营单位有下列行为之一的,责令限期改正;逾期未改正的,责令停产停业整顿,可以并处二万元以上十万元以下的罚款;造成严重后果,构成犯罪的,依照刑法有关规定追究刑事责任:

(一)生产、经营、储存、使用危险物品,未建立专门安全管理制度、未采取可靠的安全措施或者不接受有关主管部门依法实施的监督管理的;

(二)对重大危险源未登记建档,或者未进行评估、监控,或者未制定应急预案的;

(三)进行爆破、吊装等危险作业,未安排专门管理人员进行现场安全管理的。

第八十六条 生产经营单位将生产经营项目、场所、设备发包或者出租给不具备安全生产条件或者相应资质的单位或者个人的,责令限期改正,没收违法所得;违法所得五万元以上的,并处违法所得一倍以上五倍以下的罚款;没有违法所得或者违法所得不足五万元的,单处或者并处一万元以上五万元以下的罚款;导致发生生产安全事故给他人造成损害的,与承包方、承租方承担连带赔偿责任。

生产经营单位未与承包单位、承租单位签订专门的安全生产管理协议或者未在承包合同、租赁合同中明确各自的安全生产管理职责,或者未对承包单位、承租单位的安全生产统一协调、管理的,责令限期改正;逾期未改正的,责令停产停业整顿。

第八十七条 两个以上生产经营单位在同一作业区域内进行可能危及对方安全生产的生产经营活动,未签订安全生产管理协议或者未指定专职安全生产管理人员进行安全检查与协调的,责令限期改正;逾期未改正的,责令停产停业。

第八十八条 生产经营单位有下列行为之一的,责令限期改正;逾期未改正的,责令停产停业整顿;造成严重后果,构成犯罪的,依照刑法有关规定追究刑事责任:

(一)生产、经营、储存、使用危险物品的车间、商店、仓库与员工宿舍在同一座建筑内,或者与员工宿舍的距离不符合安全要求的;

(二)生产经营场所和员工宿舍未设有符合紧急疏散需要、标志明显、保持畅通的出口,或者封闭、堵塞生产经营场所或者员工宿舍出口的。

第八十九条 生产经营单位与从业人员订立协议,免除或者减轻其对从业人员因生产安全事故伤亡依法应承担的责任的,该协议无效;对生产经营单位的主要负责人、个人经营的投资人处二万元以上十万元以下的罚款。

第九十条 生产经营单位的从业人员不服从管理,违反安全生产规章制度或者操作规程的,由生产经营单位给予批评教育,依照有关规章制度给予处分;造成重大事故,构成犯罪的,依照刑法有关规定追究刑事责任。

第九十一条 生产经营单位主要负责人在本单位发生重大生产安全事故时,不立即组织抢救或者在事故调查处理期间擅离职守或者逃匿的,给予降职、撤职的处分,对逃匿的处十五日以下拘留;构成犯罪的,依照刑法有关规定追究刑事责任。

生产经营单位主要负责人对生产安全事故隐瞒不报、谎报或者拖延不报的,依照前款规定处罚。

第九十二条 有关地方人民政府、负有安全生产监督管理职责的部门,对生产安全事故隐瞒不报、谎报或者拖延不报的，对直接负责的主管人员和其他直接责任人员依法给予行政处分；构成犯罪的，依照刑法有关规定追究刑事责任。

第九十三条 生产经营单位不具备本法和其他有关法律、行政法规和国家标准或者行业标准规定的安全生产条件，经停产停业整顿仍不具备安全生产条件的，予以关闭；有关部门应当依法吊销其有关证照。

第九十四条 本法规定的行政处罚，由负责安全生产监督管理的部门决定；予以关闭的行政处罚由负责安全生产监督管理的部门报请县级以上人民政府按照国务院规定的权限决定；给予拘留的行政处罚由公安机关依照治安管理处罚条例的规定决定。有关法律、行政法规对行政处罚的决定机关另有规定的，依照其规定。

第九十五条 生产经营单位发生生产安全事故造成人员伤亡、他人财产损失的，应当依法承担赔偿责任；拒不承担或者其负责人逃匿的，由人民法院依法强制执行。

生产安全事故的责任人未依法承担赔偿责任，经人民法院依法采取执行措施后，仍不能对受害人给予足额赔偿的，应当继续履行赔偿义务；受害人发现责任人有其他财产的，可以随时请求人民法院执行。

第七章　附　　则

第九十六条 本法下列用语的含义：

危险物品，是指易燃易爆物品、危险化学品、放射性物品等能够危及人身安全和财产安全的物品。

重大危险源，是指长期地或者临时地生产、搬运、使用或者储存危险物品，且危险物品的数量等于或者超过临界量的单元（包括场所和设施）。

第九十七条 本法自2002年11月1日起施行。

中华人民共和国港口法

2003年中华人民共和国主席令第5号(2003年6月28日发布)

《中华人民共和国港口法》已由中华人民共和国第十届全国人民代表大会常务委员会第三次会议于2003年6月28日通过,现予公布,自2004年1月1日起施行。

中华人民共和国主席 **胡锦涛**

2003年6月28日

第一章 总 则

第一条 为了加强港口管理,维护港口的安全与经营秩序,保护当事人的合法权益,促进港口的建设与发展,制定本法。

第二条 从事港口规划、建设、维护、经营、管理及其相关活动,适用本法。

第三条 本法所称港口,是指具有船舶进出、停泊、靠泊,旅客上下,货物装卸、驳运、储存等功能,具有相应的码头设施,由一定范围的水域和陆域组成的区域。

港口可以由一个或者多个港区组成。

第四条 国务院和有关县级以上地方人民政府应当在国民经济和社会发展计划中体现港口的发展和规划要求,并依法保护和合理利用港口资源。

第五条 国家鼓励国内外经济组织和个人依法投资建设、经营港口,保护投资者的合法权益。

第六条 国务院交通主管部门主管全国的港口工作。

地方人民政府对本行政区域内港口的管理,按照国务院关于港口管理体制的规定确定。

依照前款确定的港口管理体制,由港口所在地的市、县人民政府管理的港口,由市、县人民政府确定一个部门具体实施对港口的行政管理;由省、自治区、直辖市人民政府管理的港口,由省、自治区、直辖市人民政府确定一个部门具体实施对港口的行政管理。

依照前款确定的对港口具体实施行政管理的部门,以下统称港口行政管理部门。

第二章 港口规划与建设

第七条 港口规划应当根据国民经济和社会发展的要求以及国防建设的需要编制,体现合理利用岸线资源的原则,符合城镇体系规划,并与土地利用总体规划、城市总体规划、江河流域规划、防洪规划、海洋功能区划、水路运输发展规划和其他运输方式发展规划以及法律、行政法规规定的其他有关规划相衔接、协调。

编制港口规划应当组织专家论证,并依法进行环境影响评价。

第八条 港口规划包括港口布局规划和港口总体规划。

港口布局规划,是指港口的分布规划,包括全国港口布局规划和省、自治区、直辖市港口布局规划。

港口总体规划,是指一个港口在一定时期的具体规划,包括港口的水域和陆域范围、港区划分、吞吐量和到港船型、港口的性质和功能、水域和陆域使用、港口设施建设岸线使用、建设用地配置以及分期建设序列等内容。

港口总体规划应当符合港口布局规划。

第九条 全国港口布局规划,由国务院交通主管部门征求国务院有关部门和有关军事机关的意见编制,报国务院批准后公布实施。

省、自治区、直辖市港口布局规划,由省、自治区、直辖市人民政府根据全国港口布局规划组织编制,并送国务院交通主管部门征求意见。国务院交通主管部门自收到征求意见的材料之日起满三十日未提出修改意见的,该港口布局规划由有关省、自治区、直辖市人民政府公布实施;国务院交通主管部门认为不符合全国港口布局规划的,应当自收到征求意见的材料之日起三十日内提出修改意见;有关省、自治区、直辖市人民政府对修改意见有异议的,报国务院决定。

第十条 港口总体规划由港口行政管理部门征求有关部门和有关军事机关的意见编制。

第十一条 地理位置重要、吞吐量较大、对经济发展影响较广的主要港口的总体规划,由国务院交通主管部门征求国务院有关部门和有关军事机关的意见后,会同有关省、自治区、直辖市人民政府批准,并公布实施。主要港口名录由国务院交通主管部门征求国务院有关部门意见后确定并公布。

省、自治区、直辖市人民政府征求国务院交通主管部门的意见后确定本地区的重要港口。重要港口的总体规划由省、自治区、直辖市人民政府征求国务院交通主管部门意见后批准,公布实施。

前两款规定以外的港口的总体规划,由港口所在地的市、县人民政府批准后公布实施,并报省、自治区、直辖市人民政府备案。

市、县人民政府港口行政管理部门编制的属于本条第一款、第二款规定范围的港口的总体规划,在报送审批前应当经本级人民政府审核同意。

第十二条 港口规划的修改,按照港口规划制定程序办理。

第十三条 在港口总体规划区内建设港口设施,使用港口深水岸线的,由国务院交通主管部门会同国务院经济综合宏观调控部门批准;建设港口设施,使用非深水岸线的,由港口行政管理部门批准。但是,由国务院或者国务院经济综合宏观调控部门批准建设的项目使用港口岸线,不再另行办理使用港口岸线的审批手续。

港口深水岸线的标准由国务院交通主管部门制定。

第十四条 港口建设应当符合港口规划。不得违反港口规划建设任何港口设施。

第十五条 按照国家规定须经有关机关批准的港口建设项目,应当按照国家有关规定办理审批手续,并符合国家有关标准和技术规范。

建设港口工程项目,应当依法进行环境影响评价。

港口建设项目的安全设施和环境保护设施,必须与主体工程同时设计、同时施工、同时投入使用。

第十六条 港口建设使用土地和水域,应当依照有关土地管理、海域使用管理、河道管理、航道管理、军事设施保护管理的法律、行政法规以及其他有关法律、行政法规的规定办理。

第十七条 港口的危险货物作业场所、实施卫生除害处理的专用场所,应当符合港口总体规划和国家有关安全生产、消防、检验检疫和环境保护的要求,其与人口密集区和港口客运设施的距离应当符合国务院有关部门的规定;经依法办理有关手续,并经港口行政管理部门批准后,方可建设。

第十八条 航标设施以及其他辅助性设施,应当与港口同步建设,并保证按期投入使用。

港口内有关行政管理机构办公设施的建设应当符合港口总体规划,建设费用不得向港口经营人摊派。

第十九条 港口设施建设项目竣工后,应当按照国家有关规定经验收合格,方可投入使用。

港口设施的所有权,依照有关法律规定确定。

第二十条 县级以上有关人民政府应当保证必要的资金投入,用于港口公用的航道、防波堤、锚地等基础设施的建设和维护。具体办法由国务院规定。

第二十一条 县级以上有关人民政府应当采取措施，组织建设与港口相配套的航道、铁路、公路、给排水、供电、通信等设施。

第三章 港口经营

第二十二条 从事港口经营，应当向港口行政管理部门书面申请取得港口经营许可，并依法办理工商登记。

港口行政管理部门实施港口经营许可，应当遵循公开、公正、公平的原则。

港口经营包括码头和其他港口设施的经营，港口旅客运输服务经营，在港区内从事货物的装卸、驳运、仓储的经营和港口拖轮经营等。

第二十三条 取得港口经营许可，应当有固定的经营场所，有与经营业务相适应的设施、设备、专业技术人员和管理人员，并应当具备法律、法规规定的其他条件。

第二十四条 港口行政管理部门应当自收到本法第二十二条第一款规定的书面申请之日起三十日内依法作出许可或者不予许可的决定。予以许可的，颁发港口经营许可证；不予许可的，应当书面通知申请人并告知理由。

第二十五条 经营港口理货业务，应当按照规定取得许可。实施港口理货业务经营许可，应当遵循公开、公正、公平的原则。具体办法由国务院交通主管部门规定。

港口理货业务经营人应当公正、准确地办理理货业务；不得兼营本法第二十二条第三款规定的货物装卸经营业务和仓储经营业务。

第二十六条 港口经营人从事经营活动，必须遵守有关法律、法规，遵守国务院交通主管部门有关港口作业规则的规定，依法履行合同约定的义务，为客户提供公平、良好的服务。

从事港口旅客运输服务的经营人，应当采取保证旅客安全的有效措施，向旅客提供快捷、便利的服务，保持良好的候船环境。

港口经营人应当依照有关环境保护的法律、法规的规定，采取有效措施，防治对环境的污染和危害。

第二十七条 港口经营人应当优先安排抢险物资、救灾物资和国防建设急需物资的作业。

第二十八条 港口经营人应当在其经营场所公布经营服务的收费项目和收费标准；未公布的，不得实施。

港口经营性收费依法实行政府指导价或者政府定价的，港口经营人应当按照规定执行。

第二十九条 国家鼓励和保护港口经营活动的公平竞争。

港口经营人不得实施垄断行为和不正当竞争行为，不得以任何手段强迫他人接受其提供的港口服务。

第三十条 港口行政管理部门依照《中华人民共和国统计法》和有关行政法规的规定要求港口经营人提供的统计资料，港口经营人应当如实提供。

港口行政管理部门应当按照国家有关规定将港口经营人报送的统计资料及时上报，并为港口经营人保守商业秘密。

第三十一条 港口经营人的合法权益受法律保护。任何单位和个人不得向港口经营人摊派或者违法收取费用，不得违法干预港口经营人的经营自主权。

第四章 港口安全与监督管理

第三十二条 港口经营人必须依照《中华人民共和国安全生产法》等有关法律、法规和国务院交通主管部门有关港口安全作业规则的规定，加强安全生产管理，建立健全安全生产责任制等规章制度，完善安全生产条件，采取保障安全生产的有效措施，确保安全生产。

港口经营人应当依法制定本单位的危险货物事故应急预案、重大生产安全事故的旅客紧急疏散和救援预案以及预防自然灾害预案，保障组织实施。

第三十三条 港口行政管理部门应当依法制定可能危及社会公共利益的港口危险货物事故应急预案、重大生产安全事故的旅客紧急疏散和救援预案以及预防自然灾害预案，建立健全港口重大生产安全事故的应急救援体系。

第三十四条 船舶进出港口，应当依照有关水上交通安全的法律、行政法规的规定向海事管理机构报告。海事管理机构接到报告后，应当及时通报港口行政管理部门。

船舶载运危险货物进出港口，应当按照国务院交通主管部门的规定将危险货物的名称、特性、包装和进出港口的时间报告海事管理机构。海事管理机构接到报告后，应当在国务院交通主管部门规定的时间内作出是否同意的决定，通知报告人，并通报港口行政管理部门。但是，定船舶、定航线、定货种的船舶可以定期报告。

第三十五条 在港口内进行危险货物的装卸、过驳作业，应当按照国务院交通主管部门的规定将危险货物的名称、特性、包装和作业的时间、地点报告港口行政管理部门。港口行政管理部门接到报告后，应当在国务院交通主管部门规定的时间内作出是否同意的决定，通知报告人，并通报海事管理机构。

第三十六条 港口行政管理部门应当依法对港口安全生产情况实施监督检查，对旅客上下集中、货物装卸量较大或者有特殊用途的码头进行重点巡查；检查中发现安全隐患的，应当责令被检查人立即排除或者限期排除。

负责安全生产监督管理的部门和其他有关部门依照法律、法规的规定，在各自职责范围内对港口安全生产实施监督检查。

第三十七条 禁止在港口水域内从事养殖、种植活动。

不得在港口进行可能危及港口安全的采掘、爆破等活动；因工程建设等确需进行的，必须采取相应的安全保护措施，并报经港口行政管理部门批准；依照有关水上交通安全的法律、行政法规的规定须经海事管理机构批准的，还应当报经海事管理机构批准。

禁止向港口水域倾倒泥土、砂石以及违反有关环境保护的法律、法规的规定排放超过规定标准的有毒、有害物质。

第三十八条 建设桥梁、水底隧道、水电站等可能影响港口水文条件变化的工程项目，负责审批该项目的部门在审批前应当征求港口行政管理部门的意见。

第三十九条 依照有关水上交通安全的法律、行政法规的规定，进出港口须经引航的船舶，应当向引航机构申请引航。引航的具体办法由国务院交通主管部门规定。

第四十条 遇有旅客滞留、货物积压阻塞港口的情况，港口行政管理部门应当及时采取有效措施，进行疏港；港口所在地的市、县人民政府认为必要时，可以直接采取措施，进行疏港。

第四十一条 港口行政管理部门应当组织制定所管理的港口的章程，并向社会公布。

港口章程的内容应当包括对港口的地理位置、航道条件、港池水深、机械设施和装卸能力等情况的说明，以及本港口贯彻执行有关港口管理的法律、法规和国务院交通主管部门有关规定的具体措施。

第四十二条 港口行政管理部门依据职责对本法执行情况实施监督检查。

港口行政管理部门的监督检查人员依法实施监督检查时，有权向被检查单位和有关人员了解有关情况，并可查阅、复制有关资料。

监督检查人员对检查中知悉的商业秘密，应当保密。

监督检查人员实施监督检查时，应当出示执法证件。

第四十三条 监督检查人员应当将监督检查的时间、地点、内容、发现的问题及处理情况作出书面记录，并由监督检查人员和被检查单位的负责人签字；被检查单位的负责人拒绝签字的，监督检查人员应当将情况记录在案，并向港口行政管理部门报告。

第四十四条 被检查单位和有关人员应当接受港口行政管理部门依法实施的监督检查，如实提供有关情况和资料，不得拒绝检查或者隐匿、谎报有关情况和资料。

第五章　法律责任

第四十五条　有下列行为之一的，由县级以上地方人民政府或者港口行政管理部门责令限期改正；逾期不改正的，由作出限期改正决定的机关申请人民法院强制拆除违法建设的设施；可以处五万元以下罚款：

（一）违反港口规划建设港口、码头或者其他港口设施的；

（二）未经依法批准，建设港口设施使用港口岸线的。

建设项目的审批部门对违反港口规划的建设项目予以批准的，对其直接负责的主管人员和其他直接责任人员，依法给予行政处分。

第四十六条　未经依法批准，在港口建设危险货物作业场所、实施卫生除害处理的专用场所的，或者建设的危险货物作业场所、实施卫生除害处理的专用场所与人口密集区或者港口客运设施的距离不符合国务院有关部门的规定的，由港口行政管理部门责令停止建设或者使用，限期改正，可以处五万元以下罚款。

第四十七条　码头或者港口装卸设施、客运设施未经验收合格，擅自投入使用的，由港口行政管理部门责令停止使用，限期改正，可以处五万元以下罚款。

第四十八条　有下列行为之一的，由港口行政管理部门责令停止违法经营，没收违法所得；违法所得十万元以上的，并处违法所得二倍以上五倍以下罚款；违法所得不足十万元的，处五万元以上二十万元以下罚款：

（一）未依法取得港口经营许可证，从事港口经营的；

（二）未经依法许可，经营港口理货业务的；

（三）港口理货业务经营人兼营货物装卸经营业务、仓储经营业务的。

有前款第（三）项行为，情节严重的，由有关主管部门吊销港口理货业务经营许可证。

第四十九条　港口经营人不优先安排抢险物资、救灾物资、国防建设急需物资的作业的，由港口行政管理部门责令改正；造成严重后果的，吊销港口经营许可证。

第五十条　港口经营人违反有关法律、行政法规的规定，在经营活动中实施垄断行为或者不正当竞争行为的，依照有关法律、行政法规的规定承担法律责任。

第五十一条　港口经营人违反本法第三十二条关于安全生产的规定的，由港口行政管理部门或者其他依法负有安全生产监督管理职责的部门依法给予处罚；情节严重的，由港口行政管理部门吊销港口经营许可证，并对其主要负责人依法给予处分；构成犯罪的，依法追究刑事责任。

第五十二条　船舶进出港口，未依照本法第三十四条的规定向海事管理机构报告的，由海事管理机构依照有关水上交通安全的法律、行政法规的规定处罚。

第五十三条　未依法向港口行政管理部门报告并经其同意，在港口内进行危险货物的装卸、过驳作业的，由港口行政管理部门责令停止作业，处五千元以上五万元以下罚款。

第五十四条　在港口水域内从事养殖、种植活动的，由海事管理机构责令限期改正；逾期不改正的，强制拆除养殖、种植设施，拆除费用由违法行为人承担；可以处一万元以下罚款。

第五十五条　未经依法批准在港口进行可能危及港口安全的采掘、爆破等活动的，向港口水域倾倒泥土、砂石的，由港口行政管理部门责令停止违法行为，限期消除因此造成的安全隐患；逾期不消除的，强制消除，因此发生的费用由违法行为人承担；处五千元以上五万元以下罚款；依照有关水上交通安全的法律、行政法规的规定由海事管理机构处罚的，依照其规定；构成犯罪的，依法追究刑事责任。

第五十六条　交通主管部门、港口行政管理部门、海事管理机构等不依法履行职责，有下列行为之一的，对直接负责的主管人员和其他直接责任人员依法给予行政处分；构成犯罪的，依法追究刑事责任：

（一）违法批准建设港口设施使用港口岸线、违法批准建设港口危险货物作业场所或者实施卫生除害处理的专用场所，或者违法批准船舶载运危险货物进出港口、违法批准在港口内进行危险货物的装卸、过驳作业的；

（二）对不符合法定条件的申请人给予港口经营许可或者港口理货业务经营许可的；

（三）发现取得经营许可的港口经营人、港口理货业务经营人不再具备法定许可条件而不及时吊销许可证的；

（四）不依法履行监督检查职责，对违反港口规划建设港口、码头或者其他港口设施的行为，未经依法许可从事港口经营、港口理货业务的行为，不遵守安全生产管理规定的行为，危及港口作业安全的行为，以及其他违反本法规定的行为，不依法予以查处的。

第五十七条　行政机关违法干预港口经营人的经营自主权的，由其上级行政机关或者监察机关责令改正；向港口经营人摊派财物或者违法收取费用的，责令退回；情节严重的，对直接负责的主管人员和其他直接责任人员依法给予行政处分。

第六章　附　　则

第五十八条　对航行国际航线的船舶开放的港口，由有关省、自治区、直辖市人民政府按照国家有关规定商国务院有关部门和有关军事机关同意后，报国务院批准。

第五十九条　渔业港口的管理工作由县级以上人民政府渔业行政主管部门负责。具体管理办法由国务院规定。

前款所称渔业港口，是指专门为渔业生产服务、供渔业船舶停泊、避风、装卸渔获物、补充渔需物资的人工港口或者自然港湾，包括综合性港口中渔业专用的码头、渔业专用的水域和渔船专用的锚地。

第六十条　军事港口的建设和管理办法由国务院、中央军事委员会规定。

第六十一条　本法自 2004 年 1 月 1 日起施行。

中华人民共和国突发事件应对法

2007年中华人民共和国主席令第69号(2007年8月30日发布)

《中华人民共和国突发事件应对法》已由中华人民共和国第十届全国人民代表大会常务委员会第二十九次会议于2007年8月30日通过,现予公布,自2007年11月1日起施行。

中华人民共和国主席 **胡锦涛**

2007年8月30日

中华人民共和国突发事件应对法

(2007年8月30日第十届全国人民代表大会常务委员会第二十九次会议通过)

目　　录

第一章　总　　则

第一条　为了预防和减少突发事件的发生,控制、减轻和消除突发事件引起的严重社会危害,规范突发事件应对活动,保护人民生命财产安全,维护国家安全、公共安全、环境安全和社会秩序,制定本法。

第二条　突发事件的预防与应急准备、监测与预警、应急处置与救援、事后恢复与重建等应对活动,适用本法。

第三条　本法所称突发事件,是指突然发生,造成或者可能造成严重社会危害,需要采取应急处置措施予以应对的自然灾害、事故灾难、公共卫生事件和社会安全事件。

按照社会危害程度、影响范围等因素,自然灾害、事故灾难、公共卫生事件分为特别重大、重大、较大和一般四级。法律、行政法规或者国务院另有规定的,从其规定。

突发事件的分级标准由国务院或者国务院确定的部门制定。

第四条　国家建立统一领导、综合协调、分类管理、分级负责、属地管理为主的应急管理体制。

第五条　突发事件应对工作实行预防为主、预防与应急相结合的原则。国家建立重大突发事件风险评估体系,对可能发生的突发事件进行综合性评估,减少重大突发事件的发生,最大限度地减轻重大突发事件的影响。

第六条 国家建立有效的社会动员机制，增强全民的公共安全和防范风险的意识，提高全社会的避险救助能力。

第七条 县级人民政府对本行政区域内突发事件的应对工作负责；涉及两个以上行政区域的，由有关行政区域共同的上一级人民政府负责，或者由各有关行政区域的上一级人民政府共同负责。

突发事件发生后，发生地县级人民政府应当立即采取措施控制事态发展，组织开展应急救援和处置工作，并立即向上一级人民政府报告，必要时可以越级上报。

突发事件发生地县级人民政府不能消除或者不能有效控制突发事件引起的严重社会危害的，应当及时向上级人民政府报告。上级人民政府应当及时采取措施，统一领导应急处置工作。

法律、行政法规规定由国务院有关部门对突发事件的应对工作负责的，从其规定；地方人民政府应当积极配合并提供必要的支持。

第八条 国务院在总理领导下研究、决定和部署特别重大突发事件的应对工作；根据实际需要，设立国家突发事件应急指挥机构，负责突发事件应对工作；必要时，国务院可以派出工作组指导有关工作。

县级以上地方各级人民政府设立由本级人民政府主要负责人、相关部门负责人、驻当地中国人民解放军和中国人民武装警察部队有关负责人组成的突发事件应急指挥机构，统一领导、协调本级人民政府各有关部门和下级人民政府开展突发事件应对工作；根据实际需要，设立相关类别突发事件应急指挥机构，组织、协调、指挥突发事件应对工作。

上级人民政府主管部门应当在各自职责范围内，指导、协助下级人民政府及其相应部门做好有关突发事件的应对工作。

第九条 国务院和县级以上地方各级人民政府是突发事件应对工作的行政领导机关，其办事机构及具体职责由国务院规定。

第十条 有关人民政府及其部门作出的应对突发事件的决定、命令，应当及时公布。

第十一条 有关人民政府及其部门采取的应对突发事件的措施，应当与突发事件可能造成的社会危害的性质、程度和范围相适应；有多种措施可供选择的，应当选择有利于最大程度地保护公民、法人和其他组织权益的措施。

公民、法人和其他组织有义务参与突发事件应对工作。

第十二条 有关人民政府及其部门为应对突发事件，可以征用单位和个人的财产。被征用的财产在使用完毕或者突发事件应急处置工作结束后，应当及时返还。财产被征用或者征用后毁损、灭失的，应当给予补偿。

第十三条 因采取突发事件应对措施，诉讼、行政复议、仲裁活动不能正常进行的，适用有关时效中止和程序中止的规定，但法律另有规定的除外。

第十四条 中国人民解放军、中国人民武装警察部队和民兵组织依照本法和其他有关法律、行政法规、军事法规的规定以及国务院、中央军事委员会的命令，参加突发事件的应急救援和处置工作。

第十五条 中华人民共和国政府在突发事件的预防、监测与预警、应急处置与救援、事后恢复与重建等方面，同外国政府和有关国际组织开展合作与交流。

第十六条 县级以上人民政府作出应对突发事件的决定、命令，应当报本级人民代表大会常务委员会备案；突发事件应急处置工作结束后，应当向本级人民代表大会常务委员会作出专项工作报告。

第二章　预防与应急准备

第十七条 国家建立健全突发事件应急预案体系。

国务院制定国家突发事件总体应急预案，组织制定国家突发事件专项应急预案；国务院有关部门根据各自的职责和国务院相关应急预案，制定国家突发事件部门应急预案。

地方各级人民政府和县级以上地方各级人民政府有关部门根据有关法律、法规、规章、上级人民政府及其有关部门的应急预案以及本地区的实际情况，制定相应的突发事件应急预案。

应急预案制定机关应当根据实际需要和情势变化，适时修订应急预案。应急预案的制定、修订程序由国务院规定。

第十八条 应急预案应当根据本法和其他有关法律、法规的规定，针对突发事件的性质、特点和可能造成的社会危害，具体规定突发事件应急管理工作的组织指挥体系与职责和突发事件的预防与预警机制、处置程序、应急保障措施以及事后恢复与重建措施等内容。

第十九条 城乡规划应当符合预防、处置突发事件的需要，统筹安排应对突发事件所必需的设备和基础设施建设，合理确定应急避难场所。

第二十条 县级人民政府应当对本行政区域内容易引发自然灾害、事故灾难和公共卫生事件的危险源、危险区域进行调查、登记、风险评估，定期进行检查、监控，并责令有关单位采取安全防范措施。

省级和设区的市级人民政府应当对本行政区域内容易引发特别重大、重大突发事件的危险源、危险区域进行调查、登记、风险评估，组织进行检查、监控，并责令有关单位采取安全防范措施。

县级以上地方各级人民政府按照本法规定登记的危险源、危险区域，应当按照国家规定及时向社会公布。

第二十一条 县级人民政府及其有关部门、乡级人民政府、街道办事处、居民委员会、村民委员会应当及时调解处理可能引发社会安全事件的矛盾纠纷。

第二十二条 所有单位应当建立健全安全管理制度，定期检查本单位各项安全防范措施的落实情况，及时消除事故隐患；掌握并及时处理本单位存在的可能引发社会安全事件的问题，防止矛盾激化和事态扩大；对本单位可能发生的突发事件和采取安全防范措施的情况，应当按照规定及时向所在地人民政府或者人民政府有关部门报告。

第二十三条 矿山、建筑施工单位和易燃易爆物品、危险化学品、放射性物品等危险物品的生产、经营、储运、使用单位，应当制定具体应急预案，并对生产经营场所、有危险物品的建筑物、构筑物及周边环境开展隐患排查，及时采取措施消除隐患，防止发生突发事件。

第二十四条 公共交通工具、公共场所和其他人员密集场所的经营单位或者管理单位应当制定具体应急预案，为交通工具和有关场所配备报警装置和必要的应急救援设备、设施，注明其使用方法，并显著标明安全撤离的通道、路线，保证安全通道、出口的畅通。

有关单位应当定期检测、维护其报警装置和应急救援设备、设施，使其处于良好状态，确保正常使用。

第二十五条 县级以上人民政府应当建立健全突发事件应急管理培训制度，对人民政府及其有关部门负有处置突发事件职责的工作人员定期进行培训。

第二十六条 县级以上人民政府应当整合应急资源，建立或者确定综合性应急救援队伍。人民政府有关部门可以根据实际需要设立专业应急救援队伍。

县级以上人民政府及其有关部门可以建立由成年志愿者组成的应急救援队伍。单位应当建立由本单位职工组成的专职或者兼职应急救援队伍。

县级以上人民政府应当加强专业应急救援队伍与非专业应急救援队伍的合作，联合培训、联合演练，提高合成应急、协同应急的能力。

第二十七条 国务院有关部门、县级以上地方各级人民政府及其有关部门、有关单位应当为专业应急救援人员购买人身意外伤害保险，配备必要的防护装备和器材，减少应急救援人员的人身风险。

第二十八条 中国人民解放军、中国人民武装警察部队和民兵组织应当有计划地组织开展应急救援的专门训练。

第二十九条 县级人民政府及其有关部门、乡级人民政府、街道办事处应当组织开展应急知识的宣传普及活动和必要的应急演练。

居民委员会、村民委员会、企业事业单位应当根据所在地人民政府的要求，结合各自的实际情况，开展有关突发事件应急知识的宣传普及活动和必要的应急演练。

新闻媒体应当无偿开展突发事件预防与应急、自救与互救知识的公益宣传。

第三十条 各级各类学校应当把应急知识教育纳入教学内容，对学生进行应急知识教育，培养学生的安全意识和自救与互救能力。

教育主管部门应当对学校开展应急知识教育进行指导和监督。

第三十一条 国务院和县级以上地方各级人民政府应当采取财政措施，保障突发事件应对工作所需经费。

第三十二条 国家建立健全应急物资储备保障制度，完善重要应急物资的监管、生产、储备、调拨和紧急配送体系。

设区的市级以上人民政府和突发事件易发、多发地区的县级人民政府应当建立应急救援物资、生活必需品和应急处置装备的储备制度。

县级以上地方各级人民政府应当根据本地区的实际情况，与有关企业签订协议，保障应急救援物资、生活必需品和应急处置装备的生产、供给。

第三十三条 国家建立健全应急通信保障体系，完善公用通信网，建立有线与无线相结合、基础电信网络与机动通信系统相配套的应急通信系统，确保突发事件应对工作的通信畅通。

第三十四条 国家鼓励公民、法人和其他组织为人民政府应对突发事件工作提供物资、资金、技术支持和捐赠。

第三十五条 国家发展保险事业，建立国家财政支持的巨灾风险保险体系，并鼓励单位和公民参加保险。

第三十六条 国家鼓励、扶持具备相应条件的教学科研机构培养应急管理专门人才，鼓励、扶持教学科研机构和有关企业研究开发用于突发事件预防、监测、预警、应急处置与救援的新技术、新设备和新工具。

第三章　监测与预警

第三十七条 国务院建立全国统一的突发事件信息系统。

县级以上地方各级人民政府应当建立或者确定本地区统一的突发事件信息系统，汇集、储存、分析、传输有关突发事件的信息，并与上级人民政府及其有关部门、下级人民政府及其有关部门、专业机构和监测网点的突发事件信息系统实现互联互通，加强跨部门、跨地区的信息交流与情报合作。

第三十八条 县级以上人民政府及其有关部门、专业机构应当通过多种途径收集突发事件信息。

县级人民政府应当在居民委员会、村民委员会和有关单位建立专职或者兼职信息报告员制度。

获悉突发事件信息的公民、法人或者其他组织，应当立即向所在地人民政府、有关主管部门或者指定的专业机构报告。

第三十九条 地方各级人民政府应当按照国家有关规定向上级人民政府报送突发事件信息。县级以上人民政府有关主管部门应当向本级人民政府相关部门通报突发事件信息。专业机构、监测网点和信息报告员应当及时向所在地人民政府及其有关主管部门报告突发事件信息。

有关单位和人员报送、报告突发事件信息，应当做到及时、客观、真实，不得迟报、谎报、瞒报、漏报。

第四十条 县级以上地方各级人民政府应当及时汇总分析突发事件隐患和预警信息，必要时组织相关部门、专业技术人员、专家学者进行会商，对发生突发事件的可能性及其可能造成的影响进行评估；认为可能发生重大或者特别重大突发事件的，应当立即向上级人民政府报告，并向上级人民政府有关部门、当地驻军和可能受到危害的毗邻或者相关地区的人民政府通报。

第四十一条 国家建立健全突发事件监测制度。

县级以上人民政府及其有关部门应当根据自然灾害、事故灾难和公共卫生事件的种类和特点，建立健全基础信息数据库，完善监测网络，划分监测区域，确定监测点，明确监测项目，提供必要的设备、设施，配备专职或者兼职人员，对可能发生的突发事件进行监测。

第四十二条 国家建立健全突发事件预警制度。

可以预警的自然灾害、事故灾难和公共卫生事件的预警级别，按照突发事件发生的紧急程度、发展势态和可能造成的危害程度分为一级、二级、三级和四级，分别用红色、橙色、黄色和蓝色标示，一级为最高级别。

预警级别的划分标准由国务院或者国务院确定的部门制定。

第四十三条 可以预警的自然灾害、事故灾难或者公共卫生事件即将发生或者发生的可能性增大时，县级以上地方各级人民政府应当根据有关法律、行政法规和国务院规定的权限和程序，发布相应级别的警报，决定并宣布有关地区进入预警期，同时向上一级人民政府报告，必要时可以越级上报，并向当地驻军和可能受到危害的毗邻或者相关地区的人民政府通报。

第四十四条 发布三级、四级警报，宣布进入预警期后，县级以上地方各级人民政府应当根据即将发生的突发事件的特点和可能造成的危害，采取下列措施：

（一）启动应急预案；

（二）责令有关部门、专业机构、监测网点和负有特定职责的人员及时收集、报告有关信息，向社会公布反映突发事件信息的渠道，加强对突发事件发生、发展情况的监测、预报和预警工作；

（三）组织有关部门和机构、专业技术人员、有关专家学者，随时对突发事件信息进行分析评估，预测发生突发事件可能性的大小、影响范围和强度以及可能发生的突发事件的级别；

（四）定时向社会发布与公众有关的突发事件预测信息和分析评估结果，并对相关信息的报道工作进行管理；

（五）及时按照有关规定向社会发布可能受到突发事件危害的警告，宣传避免、减轻危害的常识，公布咨询电话。

第四十五条 发布一级、二级警报，宣布进入预警期后，县级以上地方各级人民政府除采取本法第四十四条规定的措施外，还应当针对即将发生的突发事件的特点和可能造成的危害，采取下列一项或者多项措施：

（一）责令应急救援队伍、负有特定职责的人员进入待命状态，并动员后备人员做好参加应急救援和处置工作的准备；

（二）调集应急救援所需物资、设备、工具，准备应急设施和避难场所，并确保其处于良好状态、随时可以投入正常使用；

（三）加强对重点单位、重要部位和重要基础设施的安全保卫，维护社会治安秩序；

（四）采取必要措施，确保交通、通信、供水、排水、供电、供气、供热等公共设施的安全和正常运行；

（五）及时向社会发布有关采取特定措施避免或者减轻危害的建议、劝告；

（六）转移、疏散或者撤离易受突发事件危害的人员并予以妥善安置，转移重要财产；

（七）关闭或者限制使用易受突发事件危害的场所，控制或者限制容易导致危害扩大的公共场所的活动；

（八）法律、法规、规章规定的其他必要的防范性、保护性措施。

第四十六条 对即将发生或者已经发生的社会安全事件，县级以上地方各级人民政府及其有关主管部门应当按照规定向上一级人民政府及其有关主管部门报告，必要时可以越级上报。

第四十七条 发布突发事件警报的人民政府应当根据事态的发展，按照有关规定适时调整预警级别并重新发布。

有事实证明不可能发生突发事件或者危险已经解除的，发布警报的人民政府应当立即宣布解除警报，终止预警期，并解除已经采取的有关措施。

第四章 应急处置与救援

第四十八条 突发事件发生后，履行统一领导职责或者组织处置突发事件的人民政府应当针对其性质、特点和危害程度，立即组织有关部门，调动应急救援队伍和社会力量，依照本章的规定和有关法律、法规、规章的规定采取应急处置措施。

第四十九条 自然灾害、事故灾难或者公共卫生事件发生后，履行统一领导职责的人民政府可以采取下列一项或者多项应急处置措施：

（一）组织营救和救治受害人员，疏散、撤离并妥善安置受到威胁的人员以及采取其他救助措施；

（二）迅速控制危险源，标明危险区域，封锁危险场所，划定警戒区，实行交通管制以及其他控制措施；

（三）立即抢修被损坏的交通、通信、供水、排水、供电、供气、供热等公共设施，向受到危害的人员提供避难场所和生活必需品，实施医疗救护和卫生防疫以及其他保障措施；

（四）禁止或者限制使用有关设备、设施，关闭或者限制使用有关场所，中止人员密集的活动或者可能导致危害扩大的生产经营活动以及采取其他保护措施；

（五）启用本级人民政府设置的财政预备费和储备的应急救援物资，必要时调用其他急需物资、设备、设施、工具；

（六）组织公民参加应急救援和处置工作，要求具有特定专长的人员提供服务；

（七）保障食品、饮用水、燃料等基本生活必需品的供应；

（八）依法从严惩处囤积居奇、哄抬物价、制假售假等扰乱市场秩序的行为，稳定市场价格，维护市场秩序；

（九）依法从严惩处哄抢财物、干扰破坏应急处置工作等扰乱社会秩序的行为，维护社会治安；

（十）采取防止发生次生、衍生事件的必要措施。

第五十条 社会安全事件发生后，组织处置工作的人民政府应当立即组织有关部门并由公安机关针对事件的性质和特点，依照有关法律、行政法规和国家其他有关规定，采取下列一项或者多项应急处置措施：

（一）强制隔离使用器械相互对抗或者以暴力行为参与冲突的当事人，妥善解决现场纠纷和争端，控制事态发展；

（二）对特定区域内的建筑物、交通工具、设备、设施以及燃料、燃气、电力、水的供应进行控制；

（三）封锁有关场所、道路，查验现场人员的身份证件，限制有关公共场所内的活动；

（四）加强对易受冲击的核心机关和单位的警卫，在国家机关、军事机关、国家通讯社、广播电台、电视台、外国驻华使领馆等单位附近设置临时警戒线；

（五）法律、行政法规和国务院规定的其他必要措施。

严重危害社会治安秩序的事件发生时，公安机关应当立即依法出动警力，根据现场情况依法采取相应的强制性措施，尽快使社会秩序恢复正常。

第五十一条 发生突发事件，严重影响国民经济正常运行时，国务院或者国务院授权的有关主管部门可以采取保障、控制等必要的应急措施，保障人民群众的基本生活需要，最大限度地减轻突发事件的影响。

第五十二条 履行统一领导职责或者组织处置突发事件的人民政府，必要时可以向单位和个人征用应急救援所需设备、设施、场地、交通工具和其他物资，请求其他地方人民政府提供人力、物力、财力或者技术支援，要求生产、供应生活必需品和应急救援物资的企业组织生产、保证供给，要求提供医疗、交通等公共服务的组织提供相应的服务。

履行统一领导职责或者组织处置突发事件的人民政府，应当组织协调运输经营单位，优先运送处置突发事件所需物资、设备、工具、应急救援人员和受到突发事件危害的人员。

第五十三条 履行统一领导职责或者组织处置突发事件的人民政府，应当按照有关规定统一、准确、及时发布有关突发事件事态发展和应急处置工作的信息。

第五十四条 任何单位和个人不得编造、传播有关突发事件事态发展或者应急处置工作的虚假信息。

第五十五条 突发事件发生地的居民委员会、村民委员会和其他组织应当按照当地人民政府的决定、命令，进行宣传动员，组织群众开展自救和互救，协助维护社会秩序。

第五十六条 受到自然灾害危害或者发生事故灾难、公共卫生事件的单位，应当立即组织本单位应急救援队伍和工作人员营救受害人员，疏散、撤离、安置受到威胁的人员，控制危险源，标明危险区域，封锁危险场所，并采取其他防止危害扩大的必要措施，同时向所在地县级人民政府报告；对因本单位的问题引发的或者主体是本单位人员的社会安全事件，有关单位应当按照规定上报情况，并迅速派出负责人赶赴现场开展劝解、疏导工作。

突发事件发生地的其他单位应当服从人民政府发布的决定、命令，配合人民政府采取的应急处置措施，做好本单位的应急救援工作，并积极组织人员参加所在地的应急救援和处置工作。

第五十七条 突发事件发生地的公民应当服从人民政府、居民委员会、村民委员会或者所属单位的指挥和安排，配合人民政府采取的应急处置措施，积极参加应急救援工作，协助维护社会秩序。

第五章 事后恢复与重建

第五十八条 突发事件的威胁和危害得到控制或者消除后，履行统一领导职责或者组织处置突发事件的人民政府应当停止执行依照本法规定采取的应急处置措施，同时采取或者继续实施必要措施，防止发生自然灾害、事故灾难、公共卫生事件的次生、衍生事件或者重新引发社会安全事件。

第五十九条 突发事件应急处置工作结束后，履行统一领导职责的人民政府应当立即组织对突发事件造成的损失进行评估，组织受影响地区尽快恢复生产、生活、工作和社会秩序，制定恢复重建计划，并向上一级人民政府报告。

受突发事件影响地区的人民政府应当及时组织和协调公安、交通、铁路、民航、邮电、建设等有关部门恢复社会治安秩序，尽快修复被损坏的交通、通信、供水、排水、供电、供气、供热等公共设施。

第六十条 受突发事件影响地区的人民政府开展恢复重建工作需要上一级人民政府支持的，可以向上一级人民政府提出请求。上一级人民政府应当根据受影响地区遭受的损失和实际情况，提供资金、物资支持和技术指导，组织其他地区提供资金、物资和人力支援。

第六十一条 国务院根据受突发事件影响地区遭受损失的情况，制定扶持该地区有关行业发展的优惠政策。

受突发事件影响地区的人民政府应当根据本地区遭受损失的情况，制定救助、补偿、抚慰、抚恤、安置等善后工作计划并组织实施，妥善解决因处置突发事件引发的矛盾和纠纷。

公民参加应急救援工作或者协助维护社会秩序期间，其在本单位的工资待遇和福利不变；表现突出、成绩显著的，由县级以上人民政府给予表彰或者奖励。

县级以上人民政府对在应急救援工作中伤亡的人员依法给予抚恤。

第六十二条 履行统一领导职责的人民政府应当及时查明突发事件的发生经过和原因，总结突发事件应急处置工作的经验教训，制定改进措施，并向上一级人民政府提出报告。

第六章 法律责任

第六十三条 地方各级人民政府和县级以上各级人民政府有关部门违反本法规定，不履行法定职责的，由其上级行政机关或者监察机关责令改正；有下列情形之一的，根据情节对直接负责的主管人员和其他直接责任人员依法给予处分：

（一）未按规定采取预防措施，导致发生突发事件，或者未采取必要的防范措施，导致发生次生、衍生事件的；

（二）迟报、谎报、瞒报、漏报有关突发事件的信息，或者通报、报送、公布虚假信息，造成后果的；

（三）未按规定及时发布突发事件警报、采取预警期的措施，导致损害发生的；

（四）未按规定及时采取措施处置突发事件或者处置不当，造成后果的；

（五）不服从上级人民政府对突发事件应急处置工作的统一领导、指挥和协调的；

（六）未及时组织开展生产自救、恢复重建等善后工作的；

（七）截留、挪用、私分或者变相私分应急救援资金、物资的；

（八）不及时归还征用的单位和个人的财产，或者对被征用财产的单位和个人不按规定给予补偿的。

第六十四条 有关单位有下列情形之一的，由所在地履行统一领导职责的人民政府责令停产停业，暂扣或者吊销许可证或者营业执照，并处五万元以上二十万元以下的罚款；构成违反治安管理行为的，由公安机关依法给予处罚：

（一）未按规定采取预防措施，导致发生严重突发事件的；

（二）未及时消除已发现的可能引发突发事件的隐患，导致发生严重突发事件的；

（三）未做好应急设备、设施日常维护、检测工作，导致发生严重突发事件或者突发事件危害扩大的；

（四）突发事件发生后，不及时组织开展应急救援工作，造成严重后果的。

前款规定的行为，其他法律、行政法规规定由人民政府有关部门依法决定处罚的，从其规定。

第六十五条 违反本法规定，编造并传播有关突发事件事态发展或者应急处置工作的虚假信息，或者明知是有关突发事件事态发展或者应急处置工作的虚假信息而进行传播的，责令改正，给予警告；造成严重后果的，依法暂停其业务活动或者吊销其执业许可证；负有直接责任的人员是国家工作人员的，还应当对其依法给予处分；构成违反治安管理行为的，由公安机关依法给予处罚。

第六十六条 单位或者个人违反本法规定，不服从所在地人民政府及其有关部门发布的决定、命令或者不配合其依法采取的措施，构成违反治安管理行为的，由公安机关依法给予处罚。

第六十七条 单位或者个人违反本法规定，导致突发事件发生或者危害扩大，给他人人身、财产造成损害的，应当依法承担民事责任。

第六十八条 违反本法规定，构成犯罪的，依法追究刑事责任。

第七章 附　　则

第六十九条 发生特别重大突发事件，对人民生命财产安全、国家安全、公共安全、环境安全或者社会秩序构成重大威胁，采取本法和其他有关法律、法规、规章规定的应急处置措施不能消除或者有效控制、减轻其严重社会危害，需要进入紧急状态的，由全国人民代表大会常务委员会或者国务院依照宪法和其他有关法律规定的权限和程序决定。

紧急状态期间采取的非常措施，依照有关法律规定执行或者由全国人民代表大会常务委员会另行规定。

第七十条 本法自 2007 年 11 月 1 日起施行。

中华人民共和国消防法

2008 年中华人民共和国主席令第 6 号（2008 年 10 月 28 日发布）

《中华人民共和国消防法》已由中华人民共和国第十一届全国人民代表大会常务委员会第五次会议于 2008 年 10 月 28 日修订通过，现将修订后的《中华人民共和国消防法》公布，自 2009 年 5 月 1 日起施行。

中华人民共和国主席　**胡锦涛**

2008 年 10 月 28 日

中华人民共和国消防法

（1998 年 4 月 29 日第九届全国人民代表大会常务委员会第二次会议通过
2008 年 10 月 28 日第十一届全国人民代表大会常务委员会第五次会议修订）

目　　录

第一章　总　　则

第一条　为了预防火灾和减少火灾危害，加强应急救援工作，保护人身、财产安全，维护公共安全，制定本法。

第二条　消防工作贯彻预防为主、防消结合的方针，按照政府统一领导、部门依法监管、单位全面负责、公民积极参与的原则，实行消防安全责任制，建立健全社会化的消防工作网络。

第三条　国务院领导全国的消防工作。地方各级人民政府负责本行政区域内的消防工作。

各级人民政府应当将消防工作纳入国民经济和社会发展计划，保障消防工作与经济社会发展相适应。

第四条　国务院公安部门对全国的消防工作实施监督管理。县级以上地方人民政府公安机关对本行政区域内的消防工作实施监督管理，并由本级人民政府公安机关消防机构负责实施。军事设施的消防工作，由其主管单位监督管理，公安机关消防机构协助；矿井地下部分、核电厂、海上石油天然气设施的消防工作，由其主管单位监督管理。

县级以上人民政府其他有关部门在各自的职责范围内，依照本法和其他相关法律、法规的规定做好消防工作。

法律、行政法规对森林、草原的消防工作另有规定的，从其规定。

第五条 任何单位和个人都有维护消防安全、保护消防设施、预防火灾、报告火警的义务。任何单位和成年人都有参加有组织的灭火工作的义务。

第六条 各级人民政府应当组织开展经常性的消防宣传教育，提高公民的消防安全意识。

机关、团体、企业、事业等单位，应当加强对本单位人员的消防宣传教育。

公安机关及其消防机构应当加强消防法律、法规的宣传，并督促、指导、协助有关单位做好消防宣传教育工作。

教育、人力资源行政主管部门和学校、有关职业培训机构应当将消防知识纳入教育、教学、培训的内容。

新闻、广播、电视等有关单位，应当有针对性地面向社会进行消防宣传教育。

工会、共产主义青年团、妇女联合会等团体应当结合各自工作对象的特点，组织开展消防宣传教育。

村民委员会、居民委员会应当协助人民政府以及公安机关等部门，加强消防宣传教育。

第七条 国家鼓励、支持消防科学研究和技术创新，推广使用先进的消防和应急救援技术、设备；鼓励、支持社会力量开展消防公益活动。

对在消防工作中有突出贡献的单位和个人，应当按照国家有关规定给予表彰和奖励。

第二章 火灾预防

第八条 地方各级人民政府应当将包括消防安全布局、消防站、消防供水、消防通信、消防车通道、消防装备等内容的消防规划纳入城乡规划，并负责组织实施。

城乡消防安全布局不符合消防安全要求的，应当调整、完善；公共消防设施、消防装备不足或者不适应实际需要的，应当增建、改建、配置或者进行技术改造。

第九条 建设工程的消防设计、施工必须符合国家工程建设消防技术标准。建设、设计、施工、工程监理等单位依法对建设工程的消防设计、施工质量负责。

第十条 按照国家工程建设消防技术标准需要进行消防设计的建设工程，除本法第十一条另有规定的外，建设单位应当自依法取得施工许可之日起七个工作日内，将消防设计文件报公安机关消防机构备案，公安机关消防机构应当进行抽查。

第十一条 国务院公安部门规定的大型的人员密集场所和其他特殊建设工程，建设单位应当将消防设计文件报送公安机关消防机构审核。公安机关消防机构依法对审核的结果负责。

第十二条 依法应当经公安机关消防机构进行消防设计审核的建设工程，未经依法审核或者审核不合格的，负责审批该工程施工许可的部门不得给予施工许可，建设单位、施工单位不得施工；其他建设工程取得施工许可后经依法抽查不合格的，应当停止施工。

第十三条 按照国家工程建设消防技术标准需要进行消防设计的建设工程竣工，依照下列规定进行消防验收、备案：

（一）本法第十一条规定的建设工程，建设单位应当向公安机关消防机构申请消防验收；

（二）其他建设工程，建设单位在验收后应当报公安机关消防机构备案，公安机关消防机构应当进行抽查。

依法应当进行消防验收的建设工程，未经消防验收或者消防验收不合格的，禁止投入使用；其他建设工程经依法抽查不合格的，应当停止使用。

第十四条 建设工程消防设计审核、消防验收、备案和抽查的具体办法，由国务院公安部门规定。

第十五条 公众聚集场所在投入使用、营业前，建设单位或者使用单位应当向场所所在地的县级以上地方人民政府公安机关消防机构申请消防安全检查。

公安机关消防机构应当自受理申请之日起十个工作日内，根据消防技术标准和管理规定，对该场所进行消防安全检查。未经消防安全检查或者经检查不符合消防安全要求的，不得投入使用、营业。

第十六条 机关、团体、企业、事业等单位应当履行下列消防安全职责：

（一）落实消防安全责任制，制定本单位的消防安全制度、消防安全操作规程，制定灭火和应急疏散预案；

（二）按照国家标准、行业标准配置消防设施、器材，设置消防安全标志，并定期组织检验、维修，确保完好有效；

（三）对建筑消防设施每年至少进行一次全面检测，确保完好有效，检测记录应当完整准确，存档备查；

（四）保障疏散通道、安全出口、消防车通道畅通，保证防火防烟分区、防火间距符合消防技术标准；

（五）组织防火检查，及时消除火灾隐患；

（六）组织进行有针对性的消防演练；

（七）法律、法规规定的其他消防安全职责。

单位的主要负责人是本单位的消防安全责任人。

第十七条 县级以上地方人民政府公安机关消防机构应当将发生火灾可能性较大以及发生火灾可能造成重大的人身伤亡或者财产损失的单位，确定为本行政区域内的消防安全重点单位，并由公安机关报本级人民政府备案。

消防安全重点单位除应当履行本法第十六条规定的职责外，还应当履行下列消防安全职责：

（一）确定消防安全管理人，组织实施本单位的消防安全管理工作；

（二）建立消防档案，确定消防安全重点部位，设置防火标志，实行严格管理；

（三）实行每日防火巡查，并建立巡查记录；

（四）对职工进行岗前消防安全培训，定期组织消防安全培训和消防演练。

第十八条 同一建筑物由两个以上单位管理或者使用的，应当明确各方的消防安全责任，并确定责任人对共用的疏散通道、安全出口、建筑消防设施和消防车通道进行统一管理。

住宅区的物业服务企业应当对管理区域内的共用消防设施进行维护管理，提供消防安全防范服务。

第十九条 生产、储存、经营易燃易爆危险品的场所不得与居住场所设置在同一建筑物内，并应当与居住场所保持安全距离。

生产、储存、经营其他物品的场所与居住场所设置在同一建筑物内的，应当符合国家工程建设消防技术标准。

第二十条 举办大型群众性活动，承办人应当依法向公安机关申请安全许可，制定灭火和应急疏散预案并组织演练，明确消防安全责任分工，确定消防安全管理人员，保持消防设施和消防器材配置齐全、完好有效，保证疏散通道、安全出口、疏散指示标志、应急照明和消防车通道符合消防技术标准和管理规定。

第二十一条 禁止在具有火灾、爆炸危险的场所吸烟、使用明火。因施工等特殊情况需要使用明火作业的，应当按照规定事先办理审批手续，采取相应的消防安全措施；作业人员应当遵守消防安全规定。

进行电焊、气焊等具有火灾危险作业的人员和自动消防系统的操作人员，必须持证上岗，并遵守消防安全操作规程。

第二十二条 生产、储存、装卸易燃易爆危险品的工厂、仓库和专用车站、码头的设置，应当符合消防技术标准。易燃易爆气体和液体的充装站、供应站、调压站，应当设置在符合消防安全要求的位置，并符合防火防爆要求。

已经设置的生产、储存、装卸易燃易爆危险品的工厂、仓库和专用车站、码头，易燃易爆气体和液体的充装站、供应站、调压站，不再符合前款规定的，地方人民政府应当组织、协调有关部门、单位限期解决，消除安全隐患。

第二十三条 生产、储存、运输、销售、使用、销毁易燃易爆危险品，必须执行消防技术标准和管理规定。

进入生产、储存易燃易爆危险品的场所，必须执行消防安全规定。禁止非法携带易燃易爆危险品进入公共场所或者乘坐公共交通工具。

储存可燃物资仓库的管理，必须执行消防技术标准和管理规定。

第二十四条 消防产品必须符合国家标准；没有国家标准的，必须符合行业标准。禁止生产、销售或者使用不合格的消防产品以及国家明令淘汰的消防产品。

依法实行强制性产品认证的消防产品，由具有法定资质的认证机构按照国家标准、行业标准的强制性要求认证合格后，方可生产、销售、使用。实行强制性产品认证的消防产品目录，由国务院产品质量监督部门会同国务院公安部门制定并公布。

新研制的尚未制定国家标准、行业标准的消防产品，应当按照国务院产品质量监督部门会同国务院公安部门规定的办法，经技术鉴定符合消防安全要求的，方可生产、销售、使用。

依照本条规定经强制性产品认证合格或者技术鉴定合格的消防产品，国务院公安部门消防机构应当予以公布。

第二十五条 产品质量监督部门、工商行政管理部门、公安机关消防机构应当按照各自职责加强对消防产品质量的监督检查。

第二十六条 建筑构件、建筑材料和室内装修、装饰材料的防火性能必须符合国家标准；没有国家标准的，必须符合行业标准。

人员密集场所室内装修、装饰，应当按照消防技术标准的要求，使用不燃、难燃材料。

第二十七条 电器产品、燃气用具的产品标准，应当符合消防安全的要求。

电器产品、燃气用具的安装、使用及其线路、管路的设计、敷设、维护保养、检测，必须符合消防技术标准和管理规定。

第二十八条 任何单位、个人不得损坏、挪用或者擅自拆除、停用消防设施、器材，不得埋压、圈占、遮挡消火栓或者占用防火间距，不得占用、堵塞、封闭疏散通道、安全出口、消防车通道。人员密集场所的门窗不得设置影响逃生和灭火救援的障碍物。

第二十九条 负责公共消防设施维护管理的单位，应当保持消防供水、消防通信、消防车通道等公共消防设施的完好有效。在修建道路以及停电、停水、截断通信线路时有可能影响消防队灭火救援的，有关单位必须事先通知当地公安机关消防机构。

第三十条 地方各级人民政府应当加强对农村消防工作的领导，采取措施加强公共消防设施建设，组织建立和督促落实消防安全责任制。

第三十一条 在农业收获季节、森林和草原防火期间、重大节假日期间以及火灾多发季节，地方各级人民政府应当组织开展有针对性的消防宣传教育，采取防火措施，进行消防安全检查。

第三十二条 乡镇人民政府、城市街道办事处应当指导、支持和帮助村民委员会、居民委员会开展群众性的消防工作。村民委员会、居民委员会应当确定消防安全管理人，组织制定防火安全公约，进行防火安全检查。

第三十三条 国家鼓励、引导公众聚集场所和生产、储存、运输、销售易燃易爆危险品的企业投保火灾公众责任保险；鼓励保险公司承保火灾公众责任保险。

第三十四条 消防产品质量认证、消防设施检测、消防安全监测等消防技术服务机构和执业人员，应当依法获得相应的资质、资格；依照法律、行政法规、国家标准、行业标准和执业准则，接受委托提供消防技术服务，并对服务质量负责。

第三章　消 防 组 织

第三十五条 各级人民政府应当加强消防组织建设，根据经济社会发展的需要，建立多种形式的消防组织，加强消防技术人才培养，增强火灾预防、扑救和应急救援的能力。

第三十六条 县级以上地方人民政府应当按照国家规定建立公安消防队、专职消防队，并按照国家标准配备消防装备，承担火灾扑救工作。

乡镇人民政府应当根据当地经济发展和消防工作的需要，建立专职消防队、志愿消防队，承担火灾扑救工作。

第三十七条 公安消防队、专职消防队按照国家规定承担重大灾害事故和其他以抢救人员生命为主的应急救援工作。

第三十八条 公安消防队、专职消防队应当充分发挥火灾扑救和应急救援专业力量的骨干作用；按照国家规定，组织实施专业技能训练，配备并维护保养装备器材，提高火灾扑救和应急救援的能力。

第三十九条 下列单位应当建立单位专职消防队，承担本单位的火灾扑救工作：

（一）大型核设施单位、大型发电厂、民用机场、主要港口；

（二）生产、储存易燃易爆危险品的大型企业；

（三）储备可燃的重要物资的大型仓库、基地；

（四）第一项、第二项、第三项规定以外的火灾危险性较大、距离公安消防队较远的其他大型企业；

（五）距离公安消防队较远、被列为全国重点文物保护单位的古建筑群的管理单位。

第四十条 专职消防队的建立，应当符合国家有关规定，并报当地公安机关消防机构验收。

专职消防队的队员依法享受社会保险和福利待遇。

第四十一条 机关、团体、企业、事业等单位以及村民委员会、居民委员会根据需要，建立志愿消防队等多种形式的消防组织，开展群众性自防自救工作。

第四十二条 公安机关消防机构应当对专职消防队、志愿消防队等消防组织进行业务指导；根据扑救火灾的需要，可以调动指挥专职消防队参加火灾扑救工作。

第四章　灭火救援

第四十三条 县级以上地方人民政府应当组织有关部门针对本行政区域内的火灾特点制定应急预案，建立应急反应和处置机制，为火灾扑救和应急救援工作提供人员、装备等保障。

第四十四条 任何人发现火灾都应当立即报警。任何单位、个人都应当无偿为报警提供便利，不得阻拦报警。严禁谎报火警。

人员密集场所发生火灾，该场所的现场工作人员应当立即组织、引导在场人员疏散。

任何单位发生火灾，必须立即组织力量扑救。邻近单位应当给予支援。

消防队接到火警，必须立即赶赴火灾现场，救助遇险人员，排除险情，扑灭火灾。

第四十五条 公安机关消防机构统一组织和指挥火灾现场扑救，应当优先保障遇险人员的生命安全。

火灾现场总指挥根据扑救火灾的需要，有权决定下列事项：

（一）使用各种水源；

（二）截断电力、可燃气体和可燃液体的输送，限制用火用电；

（三）划定警戒区，实行局部交通管制；

（四）利用临近建筑物和有关设施；

（五）为了抢救人员和重要物资，防止火势蔓延，拆除或者破损毗邻火灾现场的建筑物、构筑物或者设施等；

（六）调动供水、供电、供气、通信、医疗救护、交通运输、环境保护等有关单位协助灭火救援。

根据扑救火灾的紧急需要，有关地方人民政府应当组织人员、调集所需物资支援灭火。

第四十六条 公安消防队、专职消防队参加火灾以外的其他重大灾害事故的应急救援工作，由县级以上人民政府统一领导。

第四十七条 消防车、消防艇前往执行火灾扑救或者应急救援任务，在确保安全的前提下，不受行驶速度、行驶路线、行驶方向和指挥信号的限制，其他车辆、船舶以及行人应当让行，不得穿插超越；收费公路、桥梁免收车辆通行费。交通管理指挥人员应当保证消防车、消防艇迅速通行。

赶赴火灾现场或者应急救援现场的消防人员和调集的消防装备、物资，需要铁路、水路或者航空运输的，有关单位应当优先运输。

第四十八条 消防车、消防艇以及消防器材、装备和设施，不得用于与消防和应急救援工作无关的事项。

第四十九条 公安消防队、专职消防队扑救火灾、应急救援，不得收取任何费用。

单位专职消防队、志愿消防队参加扑救外单位火灾所损耗的燃料、灭火剂和器材、装备等，由火灾发生地的人民政府给予补偿。

第五十条 对因参加扑救火灾或者应急救援受伤、致残或者死亡的人员，按照国家有关规定给予医疗、抚恤。

第五十一条 公安机关消防机构有权根据需要封闭火灾现场，负责调查火灾原因，统计火灾损失。

火灾扑灭后，发生火灾的单位和相关人员应当按照公安机关消防机构的要求保护现场，接受事故调查，如实提供与火灾有关的情况。

公安机关消防机构根据火灾现场勘验、调查情况和有关的检验、鉴定意见，及时制作火灾事故认定书，作为处理火灾事故的证据。

第五章 监督检查

第五十二条 地方各级人民政府应当落实消防工作责任制，对本级人民政府有关部门履行消防安全职责的情况进行监督检查。

县级以上地方人民政府有关部门应当根据本系统的特点，有针对性地开展消防安全检查，及时督促整改火灾隐患。

第五十三条 公安机关消防机构应当对机关、团体、企业、事业等单位遵守消防法律、法规的情况依法进行监督检查。公安派出所可以负责日常消防监督检查、开展消防宣传教育，具体办法由国务院公安部门规定。

公安机关消防机构、公安派出所的工作人员进行消防监督检查，应当出示证件。

第五十四条 公安机关消防机构在消防监督检查中发现火灾隐患的，应当通知有关单位或者个人立即采取措施消除隐患；不及时消除隐患可能严重威胁公共安全的，公安机关消防机构应当依照规定对危险部位或者场所采取临时查封措施。

第五十五条 公安机关消防机构在消防监督检查中发现城乡消防安全布局、公共消防设施不符合消防安全要求，或者发现本地区存在影响公共安全的重大火灾隐患的，应当由公安机关书面报告本级人民政府。

接到报告的人民政府应当及时核实情况，组织或者责成有关部门、单位采取措施，予以整改。

第五十六条 公安机关消防机构及其工作人员应当按照法定的职权和程序进行消防设计审核、消防验收和消防安全检查，做到公正、严格、文明、高效。

公安机关消防机构及其工作人员进行消防设计审核、消防验收和消防安全检查等，不得收取费用，不得利用消防设计审核、消防验收和消防安全检查谋取利益。公安机关消防机构及其工作人员不得利用职务为用户、建设单位指定或者变相指定消防产品的品牌、销售单位或者消防技术服务机构、消防设施施工单位。

第五十七条 公安机关消防机构及其工作人员执行职务，应当自觉接受社会和公民的监督。

任何单位和个人都有权对公安机关消防机构及其工作人员在执法中的违法行为进行检举、控告。收到检举、控告的机关，应当按照职责及时查处。

第六章　法 律 责 任

第五十八条　违反本法规定，有下列行为之一的，责令停止施工、停止使用或者停产停业，并处三万元以上三十万元以下罚款：

（一）依法应当经公安机关消防机构进行消防设计审核的建设工程，未经依法审核或者审核不合格，擅自施工的；

（二）消防设计经公安机关消防机构依法抽查不合格，不停止施工的；

（三）依法应当进行消防验收的建设工程，未经消防验收或者消防验收不合格，擅自投入使用的；

（四）建设工程投入使用后经公安机关消防机构依法抽查不合格，不停止使用的；

（五）公众聚集场所未经消防安全检查或者经检查不符合消防安全要求，擅自投入使用、营业的。

建设单位未依照本法规定将消防设计文件报公安机关消防机构备案，或者在竣工后未依照本法规定报公安机关消防机构备案的，责令限期改正，处五千元以下罚款。

第五十九条　违反本法规定，有下列行为之一的，责令改正或者停止施工，并处一万元以上十万元以下罚款：

（一）建设单位要求建筑设计单位或者建筑施工企业降低消防技术标准设计、施工的；

（二）建筑设计单位不按照消防技术标准强制性要求进行消防设计的；

（三）建筑施工企业不按照消防设计文件和消防技术标准施工，降低消防施工质量的；

（四）工程监理单位与建设单位或者建筑施工企业串通，弄虚作假，降低消防施工质量的。

第六十条　单位违反本法规定，有下列行为之一的，责令改正，处五千元以上五万元以下罚款：

（一）消防设施、器材或者消防安全标志的配置、设置不符合国家标准、行业标准，或者未保持完好有效的；

（二）损坏、挪用或者擅自拆除、停用消防设施、器材的；

（三）占用、堵塞、封闭疏散通道、安全出口或者有其他妨碍安全疏散行为的；

（四）埋压、圈占、遮挡消火栓或者占用防火间距的；

（五）占用、堵塞、封闭消防车通道，妨碍消防车通行的；

（六）人员密集场所在门窗上设置影响逃生和灭火救援的障碍物的；

（七）对火灾隐患经公安机关消防机构通知后不及时采取措施消除的。

个人有前款第二项、第三项、第四项、第五项行为之一的，处警告或者五百元以下罚款。

有本条第一款第三项、第四项、第五项、第六项行为，经责令改正拒不改正的，强制执行，所需费用由违法行为人承担。

第六十一条　生产、储存、经营易燃易爆危险品的场所与居住场所设置在同一建筑物内，或者未与居住场所保持安全距离的，责令停产停业，并处五千元以上五万元以下罚款。

生产、储存、经营其他物品的场所与居住场所设置在同一建筑物内，不符合消防技术标准的，依照前款规定处罚。

第六十二条　有下列行为之一的，依照《中华人民共和国治安管理处罚法》的规定处罚：

（一）违反有关消防技术标准和管理规定生产、储存、运输、销售、使用、销毁易燃易爆危险品的；

（二）非法携带易燃易爆危险品进入公共场所或者乘坐公共交通工具的；

（三）谎报火警的；

（四）阻碍消防车、消防艇执行任务的；

（五）阻碍公安机关消防机构的工作人员依法执行职务的。

第六十三条　违反本法规定，有下列行为之一的，处警告或者五百元以下罚款；情节严重的，处五日以下拘留：

（一）违反消防安全规定进入生产、储存易燃易爆危险品场所的；

（二）违反规定使用明火作业或者在具有火灾、爆炸危险的场所吸烟、使用明火的。

第六十四条 违反本法规定，有下列行为之一，尚不构成犯罪的，处十日以上十五日以下拘留，可以并处五百元以下罚款；情节较轻的，处警告或者五百元以下罚款：

（一）指使或者强令他人违反消防安全规定，冒险作业的；

（二）过失引起火灾的；

（三）在火灾发生后阻拦报警，或者负有报告职责的人员不及时报警的；

（四）扰乱火灾现场秩序，或者拒不执行火灾现场指挥员指挥，影响灭火救援的；

（五）故意破坏或者伪造火灾现场的；

（六）擅自拆封或者使用被公安机关消防机构查封的场所、部位的。

第六十五条 违反本法规定，生产、销售不合格的消防产品或者国家明令淘汰的消防产品的，由产品质量监督部门或者工商行政管理部门依照《中华人民共和国产品质量法》的规定从重处罚。

人员密集场所使用不合格的消防产品或者国家明令淘汰的消防产品的，责令限期改正；逾期不改正的，处五千元以上五万元以下罚款，并对其直接负责的主管人员和其他直接责任人员处五百元以上二千元以下罚款；情节严重的，责令停产停业。

公安机关消防机构对于本条第二款规定的情形，除依法对使用者予以处罚外，应当将发现不合格的消防产品和国家明令淘汰的消防产品的情况通报产品质量监督部门、工商行政管理部门。产品质量监督部门、工商行政管理部门应当对生产者、销售者依法及时查处。

第六十六条 电器产品、燃气用具的安装、使用及其线路、管路的设计、敷设、维护保养、检测不符合消防技术标准和管理规定的，责令限期改正；逾期不改正的，责令停止使用，可以并处一千元以上五千元以下罚款。

第六十七条 机关、团体、企业、事业等单位违反本法第十六条、第十七条、第十八条、第二十一条第二款规定的，责令限期改正；逾期不改正的，对其直接负责的主管人员和其他直接责任人员依法给予处分或者给予警告处罚。

第六十八条 人员密集场所发生火灾，该场所的现场工作人员不履行组织、引导在场人员疏散的义务，情节严重，尚不构成犯罪的，处五日以上十日以下拘留。

第六十九条 消防产品质量认证、消防设施检测等消防技术服务机构出具虚假文件的，责令改正，处五万元以上十万元以下罚款，并对直接负责的主管人员和其他直接责任人员处一万元以上五万元以下罚款；有违法所得的，并处没收违法所得；给他人造成损失的，依法承担赔偿责任；情节严重的，由原许可机关依法责令停止执业或者吊销相应资质、资格。

前款规定的机构出具失实文件，给他人造成损失的，依法承担赔偿责任；造成重大损失的，由原许可机关依法责令停止执业或者吊销相应资质、资格。

第七十条 本法规定的行政处罚，除本法另有规定的外，由公安机关消防机构决定；其中拘留处罚由县级以上公安机关依照《中华人民共和国治安管理处罚法》的有关规定决定。

公安机关消防机构需要传唤消防安全违法行为人的，依照《中华人民共和国治安管理处罚法》的有关规定执行。

被责令停止施工、停止使用、停产停业的，应当在整改后向公安机关消防机构报告，经公安机关消防机构检查合格，方可恢复施工、使用、生产、经营。

当事人逾期不执行停产停业、停止使用、停止施工决定的，由作出决定的公安机关消防机构强制执行。

责令停产停业，对经济和社会生活影响较大的，由公安机关消防机构提出意见，并由公安机关报请本级人民政府依法决定。本级人民政府组织公安机关等部门实施。

第七十一条 公安机关消防机构的工作人员滥用职权、玩忽职守、徇私舞弊，有下列行为之一，尚不构成犯罪的，依法给予处分：

（一）对不符合消防安全要求的消防设计文件、建设工程、场所准予审核合格、消防验收合格、消防安全检查合格的；

（二）无故拖延消防设计审核、消防验收、消防安全检查，不在法定期限内履行职责的；

（三）发现火灾隐患不及时通知有关单位或者个人整改的；

（四）利用职务为用户、建设单位指定或者变相指定消防产品的品牌、销售单位或者消防技术服务机构、消防设施施工单位的；

（五）将消防车、消防艇以及消防器材、装备和设施用于与消防和应急救援无关的事项的；

（六）其他滥用职权、玩忽职守、徇私舞弊的行为。

建设、产品质量监督、工商行政管理等其他有关行政主管部门的工作人员在消防工作中滥用职权、玩忽职守、徇私舞弊，尚不构成犯罪的，依法给予处分。

第七十二条 违反本法规定，构成犯罪的，依法追究刑事责任。

第七章 附 则

第七十三条 本法下列用语的含义：

（一）消防设施，是指火灾自动报警系统、自动灭火系统、消火栓系统、防烟排烟系统以及应急广播和应急照明、安全疏散设施等。

（二）消防产品，是指专门用于火灾预防、灭火救援和火灾防护、避难、逃生的产品。

（三）公众聚集场所，是指宾馆、饭店、商场、集贸市场、客运车站候车室、客运码头候船厅、民用机场航站楼、体育场馆、会堂以及公共娱乐场所等。

（四）人员密集场所，是指公众聚集场所，医院的门诊楼、病房楼，学校的教学楼、图书馆、食堂和集体宿舍，养老院，福利院，托儿所，幼儿园，公共图书馆的阅览室，公共展览馆、博物馆的展示厅，劳动密集型企业的生产加工车间和员工集体宿舍，旅游、宗教活动场所等。

第七十四条 本法自2009年5月1日起施行。

中华人民共和国保险法

2009年中华人民共和国主席令第11号(2009年2月28日发布)

(1995年6月30日第八届全国人民代表大会常务委员会第十四次会议通过
根据2002年10月28日第九届全国人民代表大会常务委员会
第三十次会议《关于修改〈中华人民共和国保险法〉的决定》修正
2009年2月28日第十一届全国人民代表大会常务委员会第七次会议修订)

目　录

第一章　总　　则

第一条　为了规范保险活动,保护保险活动当事人的合法权益,加强对保险业的监督管理,维护社会经济秩序和社会公共利益,促进保险事业的健康发展,制定本法。

第二条　本法所称保险,是指投保人根据合同约定,向保险人支付保险费,保险人对于合同约定的可能发生的事故因其发生所造成的财产损失承担赔偿保险金责任,或者当被保险人死亡、伤残、疾病或者达到合同约定的年龄、期限等条件时承担给付保险金责任的商业保险行为。

第三条　在中华人民共和国境内从事保险活动,适用本法。

第四条　从事保险活动必须遵守法律、行政法规,尊重社会公德,不得损害社会公共利益。

第五条　保险活动当事人行使权利、履行义务应当遵循诚实信用原则。

第六条　保险业务由依照本法设立的保险公司以及法律、行政法规规定的其他保险组织经营,其他单位和个人不得经营保险业务。

第七条　在中华人民共和国境内的法人和其他组织需要办理境内保险的,应当向中华人民共和国境内的保险公司投保。

第八条　保险业和银行业、证券业、信托业实行分业经营、分业管理,保险公司与银行、证券、信托业务机构分别设立。国家另有规定的除外。

第九条　国务院保险监督管理机构依法对保险业实施监督管理。

国务院保险监督管理机构根据履行职责的需要设立派出机构。派出机构按照国务院保险监督管理机构的授权履行监督管理职责。

第二章 保险合同

第一节 一般规定

第十条 保险合同是投保人与保险人约定保险权利义务关系的协议。

投保人是指与保险人订立保险合同,并按照合同约定负有支付保险费义务的人。

保险人是指与投保人订立保险合同,并按照合同约定承担赔偿或者给付保险金责任的保险公司。

第十一条 订立保险合同,应当协商一致,遵循公平原则确定各方的权利和义务。

除法律、行政法规规定必须保险的外,保险合同自愿订立。

第十二条 人身保险的投保人在保险合同订立时,对被保险人应当具有保险利益。

财产保险的被保险人在保险事故发生时,对保险标的应当具有保险利益。

人身保险是以人的寿命和身体为保险标的的保险。

财产保险是以财产及其有关利益为保险标的的保险。

被保险人是指其财产或者人身受保险合同保障,享有保险金请求权的人。投保人可以为被保险人。

保险利益是指投保人或者被保险人对保险标的具有的法律上承认的利益。

第十三条 投保人提出保险要求,经保险人同意承保,保险合同成立。保险人应当及时向投保人签发保险单或者其他保险凭证。

保险单或者其他保险凭证应当载明当事人双方约定的合同内容。当事人也可以约定采用其他书面形式载明合同内容。

依法成立的保险合同,自成立时生效。投保人和保险人可以对合同的效力约定附条件或者附期限。

第十四条 保险合同成立后,投保人按照约定交付保险费,保险人按照约定的时间开始承担保险责任。

第十五条 除本法另有规定或者保险合同另有约定外,保险合同成立后,投保人可以解除合同,保险人不得解除合同。

第十六条 订立保险合同,保险人就保险标的或者被保险人的有关情况提出询问的,投保人应当如实告知。

投保人故意或者因重大过失未履行前款规定的如实告知义务,足以影响保险人决定是否同意承保或者提高保险费率的,保险人有权解除合同。

前款规定的合同解除权,自保险人知道有解除事由之日起,超过三十日不行使而消灭。自合同成立之日起超过二年的,保险人不得解除合同;发生保险事故的,保险人应当承担赔偿或者给付保险金的责任。

投保人故意不履行如实告知义务的,保险人对于合同解除前发生的保险事故,不承担赔偿或者给付保险金的责任,并不退还保险费。

投保人因重大过失未履行如实告知义务,对保险事故的发生有严重影响的,保险人对于合同解除前发生的保险事故,不承担赔偿或者给付保险金的责任,但应当退还保险费。

保险人在合同订立时已经知道投保人未如实告知的情况的,保险人不得解除合同;发生保险事故的,保险人应当承担赔偿或者给付保险金的责任。

保险事故是指保险合同约定的保险责任范围内的事故。

第十七条 订立保险合同,采用保险人提供的格式条款的,保险人向投保人提供的投保单应当附格式条款,保险人应当向投保人说明合同的内容。

对保险合同中免除保险人责任的条款,保险人在订立合同时应当在投保单、保险单或者其他保险凭证上作出足以引起投保人注意的提示，并对该条款的内容以书面或者口头形式向投保人作出明确说明；未作提示或者明确说明的，该条款不产生效力。

第十八条 保险合同应当包括下列事项：

（一）保险人的名称和住所；

（二）投保人、被保险人的姓名或者名称、住所，以及人身保险的受益人的姓名或者名称、住所；

（三）保险标的；

（四）保险责任和责任免除；

（五）保险期间和保险责任开始时间；

（六）保险金额；

（七）保险费以及支付办法；

（八）保险金赔偿或者给付办法；

（九）违约责任和争议处理；

（十）订立合同的年、月、日。

投保人和保险人可以约定与保险有关的其他事项。

受益人是指人身保险合同中由被保险人或者投保人指定的享有保险金请求权的人。投保人、被保险人可以为受益人。

保险金额是指保险人承担赔偿或者给付保险金责任的最高限额。

第十九条 采用保险人提供的格式条款订立的保险合同中的下列条款无效：

（一）免除保险人依法应承担的义务或者加重投保人、被保险人责任的；

（二）排除投保人、被保险人或者受益人依法享有的权利的。

第二十条 投保人和保险人可以协商变更合同内容。

变更保险合同的，应当由保险人在保险单或者其他保险凭证上批注或者附贴批单，或者由投保人和保险人订立变更的书面协议。

第二十一条 投保人、被保险人或者受益人知道保险事故发生后，应当及时通知保险人。故意或者因重大过失未及时通知，致使保险事故的性质、原因、损失程度等难以确定的，保险人对无法确定的部分，不承担赔偿或者给付保险金的责任，但保险人通过其他途径已经及时知道或者应当及时知道保险事故发生的除外。

第二十二条 保险事故发生后，按照保险合同请求保险人赔偿或者给付保险金时，投保人、被保险人或者受益人应当向保险人提供其所能提供的与确认保险事故的性质、原因、损失程度等有关的证明和资料。

保险人按照合同的约定，认为有关的证明和资料不完整的，应当及时一次性通知投保人、被保险人或者受益人补充提供。

第二十三条 保险人收到被保险人或者受益人的赔偿或者给付保险金的请求后，应当及时作出核定；情形复杂的，应当在三十日内作出核定，但合同另有约定的除外。保险人应当将核定结果通知被保险人或者受益人；对属于保险责任的，在与被保险人或者受益人达成赔偿或者给付保险金的协议后十日内，履行赔偿或者给付保险金义务。保险合同对赔偿或者给付保险金的期限有约定的，保险人应当按照约定履行赔偿或者给付保险金义务。

保险人未及时履行前款规定义务的，除支付保险金外，应当赔偿被保险人或者受益人因此受到的损失。

任何单位和个人不得非法干预保险人履行赔偿或者给付保险金的义务，也不得限制被保险人或者受益人取得保险金的权利。

第二十四条 保险人依照本法第二十三条的规定作出核定后，对不属于保险责任的，应当自作出核定之日起三日内向被保险人或者受益人发出拒绝赔偿或者拒绝给付保险金通知书，并说明理由。

第二十五条 保险人自收到赔偿或者给付保险金的请求和有关证明、资料之日起六十日内，对其赔偿或者给付保险金的数额不能确定的,应当根据已有证明和资料可以确定的数额先予支付;保险人最终确定赔偿或者给付保险金的数额后,应当支付相应的差额。

第二十六条 人寿保险以外的其他保险的被保险人或者受益人,向保险人请求赔偿或者给付保险金的诉讼时效期间为二年,自其知道或者应当知道保险事故发生之日起计算。

人寿保险的被保险人或者受益人向保险人请求给付保险金的诉讼时效期间为五年,自其知道或者应当知道保险事故发生之日起计算。

第二十七条 未发生保险事故,被保险人或者受益人谎称发生了保险事故,向保险人提出赔偿或者给付保险金请求的,保险人有权解除合同,并不退还保险费。

投保人、被保险人故意制造保险事故的,保险人有权解除合同,不承担赔偿或者给付保险金的责任;除本法第四十三条规定外,不退还保险费。

保险事故发生后,投保人、被保险人或者受益人以伪造、变造的有关证明、资料或者其他证据,编造虚假的事故原因或者夸大损失程度的,保险人对其虚报的部分不承担赔偿或者给付保险金的责任。

投保人、被保险人或者受益人有前三款规定行为之一,致使保险人支付保险金或者支出费用的,应当退回或者赔偿。

第二十八条 保险人将其承担的保险业务,以分保形式部分转移给其他保险人的,为再保险。

应再保险接受人的要求,再保险分出人应当将其自负责任及原保险的有关情况书面告知再保险接受人。

第二十九条 再保险接受人不得向原保险的投保人要求支付保险费。

原保险的被保险人或者受益人不得向再保险接受人提出赔偿或者给付保险金的请求。

再保险分出人不得以再保险接受人未履行再保险责任为由,拒绝履行或者迟延履行其原保险责任。

第三十条 采用保险人提供的格式条款订立的保险合同,保险人与投保人、被保险人或者受益人对合同条款有争议的,应当按照通常理解予以解释。对合同条款有两种以上解释的,人民法院或者仲裁机构应当作出有利于被保险人和受益人的解释。

第二节 人身保险合同

第三十一条 投保人对下列人员具有保险利益:

(一)本人;

(二)配偶、子女、父母;

(三)前项以外与投保人有抚养、赡养或者扶养关系的家庭其他成员、近亲属;

(四)与投保人有劳动关系的劳动者。

除前款规定外,被保险人同意投保人为其订立合同的,视为投保人对被保险人具有保险利益。

订立合同时,投保人对被保险人不具有保险利益的,合同无效。

第三十二条 投保人申报的被保险人年龄不真实,并且其真实年龄不符合合同约定的年龄限制的,保险人可以解除合同,并按照合同约定退还保险单的现金价值。保险人行使合同解除权,适用本法第十六条第三款、第六款的规定。

投保人申报的被保险人年龄不真实,致使投保人支付的保险费少于应付保险费的,保险人有权更正并要求投保人补交保险费,或者在给付保险金时按照实付保险费与应付保险费的比例支付。

投保人申报的被保险人年龄不真实,致使投保人支付的保险费多于应付保险费的,保险人应当将多收的保险费退还投保人。

第三十三条 投保人不得为无民事行为能力人投保以死亡为给付保险金条件的人身保险,保险人也不得承保。

父母为其未成年子女投保的人身保险,不受前款规定限制。但是,因被保险人死亡给付的保险金总和不得超过国务院保险监督管理机构规定的限额。

第三十四条 以死亡为给付保险金条件的合同,未经被保险人同意并认可保险金额的,合同无效。

按照以死亡为给付保险金条件的合同所签发的保险单，未经被保险人书面同意，不得转让或者质押。

父母为其未成年子女投保的人身保险，不受本条第一款规定限制。

第三十五条 投保人可以按照合同约定向保险人一次支付全部保险费或者分期支付保险费。

第三十六条 合同约定分期支付保险费，投保人支付首期保险费后，除合同另有约定外，投保人自保险人催告之日起超过三十日未支付当期保险费，或者超过约定的期限六十日未支付当期保险费的，合同效力中止，或者由保险人按照合同约定的条件减少保险金额。

被保险人在前款规定期限内发生保险事故的，保险人应当按照合同约定给付保险金，但可以扣减欠交的保险费。

第三十七条 合同效力依照本法第三十六条规定中止的，经保险人与投保人协商并达成协议，在投保人补交保险费后，合同效力恢复。但是，自合同效力中止之日起满二年双方未达成协议的，保险人有权解除合同。

保险人依照前款规定解除合同的，应当按照合同约定退还保险单的现金价值。

第三十八条 保险人对人寿保险的保险费，不得用诉讼方式要求投保人支付。

第三十九条 人身保险的受益人由被保险人或者投保人指定。

投保人指定受益人时须经被保险人同意。投保人为与其有劳动关系的劳动者投保人身保险，不得指定被保险人及其近亲属以外的人为受益人。

被保险人为无民事行为能力人或者限制民事行为能力人的，可以由其监护人指定受益人。

第四十条 被保险人或者投保人可以指定一人或者数人为受益人。

受益人为数人的，被保险人或者投保人可以确定受益顺序和受益份额；未确定受益份额的，受益人按照相等份额享有受益权。

第四十一条 被保险人或者投保人可以变更受益人并书面通知保险人。保险人收到变更受益人的书面通知后，应当在保险单或者其他保险凭证上批注或者附贴批单。

投保人变更受益人时须经被保险人同意。

第四十二条 被保险人死亡后，有下列情形之一的，保险金作为被保险人的遗产，由保险人依照《中华人民共和国继承法》的规定履行给付保险金的义务：

（一）没有指定受益人，或者受益人指定不明无法确定的；

（二）受益人先于被保险人死亡，没有其他受益人的；

（三）受益人依法丧失受益权或者放弃受益权，没有其他受益人的。

受益人与被保险人在同一事件中死亡，且不能确定死亡先后顺序的，推定受益人死亡在先。

第四十三条 投保人故意造成被保险人死亡、伤残或者疾病的，保险人不承担给付保险金的责任。投保人已交足二年以上保险费的，保险人应当按照合同约定向其他权利人退还保险单的现金价值。

受益人故意造成被保险人死亡、伤残、疾病的，或者故意杀害被保险人未遂的，该受益人丧失受益权。

第四十四条 以被保险人死亡为给付保险金条件的合同，自合同成立或者合同效力恢复之日起二年内，被保险人自杀的，保险人不承担给付保险金的责任，但被保险人自杀时为无民事行为能力人的除外。

保险人依照前款规定不承担给付保险金责任的，应当按照合同约定退还保险单的现金价值。

第四十五条 因被保险人故意犯罪或者抗拒依法采取的刑事强制措施导致其伤残或者死亡的，保险人不承担给付保险金的责任。投保人已交足二年以上保险费的，保险人应当按照合同约定退还保险单的现金价值。

第四十六条 被保险人因第三者的行为而发生死亡、伤残或者疾病等保险事故的，保险人向被保险人或者受益人给付保险金后，不享有向第三者追偿的权利，但被保险人或者受益人仍有权向第三者请求赔偿。

第四十七条 投保人解除合同的,保险人应当自收到解除合同通知之日起三十日内,按照合同约定退还保险单的现金价值。

第三节 财产保险合同

第四十八条 保险事故发生时,被保险人对保险标的不具有保险利益的,不得向保险人请求赔偿保险金。

第四十九条 保险标的转让的,保险标的的受让人承继被保险人的权利和义务。

保险标的转让的,被保险人或者受让人应当及时通知保险人,但货物运输保险合同和另有约定的合同除外。

因保险标的的转让导致危险程度显著增加的,保险人自收到前款规定的通知之日起三十日内,可以按照合同约定增加保险费或者解除合同。保险人解除合同的,应当将已收取的保险费,按照合同约定扣除自保险责任开始之日起至合同解除之日止应收的部分后,退还投保人。

被保险人、受让人未履行本条第二款规定的通知义务的,因转让导致保险标的的危险程度显著增加而发生的保险事故,保险人不承担赔偿保险金的责任。

第五十条 货物运输保险合同和运输工具航程保险合同,保险责任开始后,合同当事人不得解除合同。

第五十一条 被保险人应当遵守国家有关消防、安全、生产操作、劳动保护等方面的规定,维护保险标的的安全。

保险人可以按照合同约定对保险标的的安全状况进行检查,及时向投保人、被保险人提出消除不安全因素和隐患的书面建议。

投保人、被保险人未按照约定履行其对保险标的的安全应尽责任的,保险人有权要求增加保险费或者解除合同。

保险人为维护保险标的的安全,经被保险人同意,可以采取安全预防措施。

第五十二条 在合同有效期内,保险标的的危险程度显著增加的,被保险人应当按照合同约定及时通知保险人,保险人可以按照合同约定增加保险费或者解除合同。保险人解除合同的,应当将已收取的保险费,按照合同约定扣除自保险责任开始之日起至合同解除之日止应收的部分后,退还投保人。

被保险人未履行前款规定的通知义务的,因保险标的的危险程度显著增加而发生的保险事故,保险人不承担赔偿保险金的责任。

第五十三条 有下列情形之一的,除合同另有约定外,保险人应当降低保险费,并按日计算退还相应的保险费:

(一)据以确定保险费率的有关情况发生变化,保险标的的危险程度明显减少的;

(二)保险标的的保险价值明显减少的。

第五十四条 保险责任开始前,投保人要求解除合同的,应当按照合同约定向保险人支付手续费,保险人应当退还保险费。保险责任开始后,投保人要求解除合同的,保险人应当将已收取的保险费,按照合同约定扣除自保险责任开始之日起至合同解除之日止应收的部分后,退还投保人。

第五十五条 投保人和保险人约定保险标的的保险价值并在合同中载明的,保险标的发生损失时,以约定的保险价值为赔偿计算标准。

投保人和保险人未约定保险标的的保险价值的,保险标的发生损失时,以保险事故发生时保险标的的实际价值为赔偿计算标准。

保险金额不得超过保险价值。超过保险价值的,超过部分无效,保险人应当退还相应的保险费。

保险金额低于保险价值的,除合同另有约定外,保险人按照保险金额与保险价值的比例承担赔偿保险金的责任。

第五十六条 重复保险的投保人应当将重复保险的有关情况通知各保险人。

重复保险的各保险人赔偿保险金的总和不得超过保险价值。除合同另有约定外,各保险人按照其保险金额与保险金额总和的比例承担赔偿保险金的责任。

重复保险的投保人可以就保险金额总和超过保险价值的部分,请求各保险人按比例返还保险费。

重复保险是指投保人对同一保险标的、同一保险利益、同一保险事故分别与两个以上保险人订立保险合同,且保险金额总和超过保险价值的保险。

第五十七条 保险事故发生时,被保险人应当尽力采取必要的措施,防止或者减少损失。

保险事故发生后,被保险人为防止或者减少保险标的的损失所支付的必要的、合理的费用,由保险人承担;保险人所承担的费用数额在保险标的损失赔偿金额以外另行计算,最高不超过保险金额的数额。

第五十八条 保险标的发生部分损失的,自保险人赔偿之日起三十日内,投保人可以解除合同;除合同另有约定外,保险人也可以解除合同,但应当提前十五日通知投保人。

合同解除的,保险人应当将保险标的未受损失部分的保险费,按照合同约定扣除自保险责任开始之日起至合同解除之日止应收的部分后,退还投保人。

第五十九条 保险事故发生后,保险人已支付了全部保险金额,并且保险金额等于保险价值的,受损保险标的的全部权利归于保险人;保险金额低于保险价值的,保险人按照保险金额与保险价值的比例取得受损保险标的的部分权利。

第六十条 因第三者对保险标的的损害而造成保险事故的,保险人自向被保险人赔偿保险金之日起,在赔偿金额范围内代位行使被保险人对第三者请求赔偿的权利。

前款规定的保险事故发生后,被保险人已经从第三者取得损害赔偿的,保险人赔偿保险金时,可以相应扣减被保险人从第三者已取得的赔偿金额。

保险人依照本条第一款规定行使代位请求赔偿的权利,不影响被保险人就未取得赔偿的部分向第三者请求赔偿的权利。

第六十一条 保险事故发生后,保险人未赔偿保险金之前,被保险人放弃对第三者请求赔偿的权利的,保险人不承担赔偿保险金的责任。

保险人向被保险人赔偿保险金后,被保险人未经保险人同意放弃对第三者请求赔偿的权利的,该行为无效。

被保险人故意或者因重大过失致使保险人不能行使代位请求赔偿的权利的,保险人可以扣减或者要求返还相应的保险金。

第六十二条 除被保险人的家庭成员或者其组成人员故意造成本法第六十条第一款规定的保险事故外,保险人不得对被保险人的家庭成员或者其组成人员行使代位请求赔偿的权利。

第六十三条 保险人向第三者行使代位请求赔偿的权利时,被保险人应当向保险人提供必要的文件和所知道的有关情况。

第六十四条 保险人、被保险人为查明和确定保险事故的性质、原因和保险标的的损失程度所支付的必要的、合理的费用,由保险人承担。

第六十五条 保险人对责任保险的被保险人给第三者造成的损害,可以依照法律的规定或者合同的约定,直接向该第三者赔偿保险金。

责任保险的被保险人给第三者造成损害,被保险人对第三者应负的赔偿责任确定的,根据被保险人的请求,保险人应当直接向该第三者赔偿保险金。被保险人怠于请求的,第三者有权就其应获赔偿部分直接向保险人请求赔偿保险金。

责任保险的被保险人给第三者造成损害,被保险人未向该第三者赔偿的,保险人不得向被保险人赔偿保险金。

责任保险是指以被保险人对第三者依法应负的赔偿责任为保险标的的保险。

第六十六条 责任保险的被保险人因给第三者造成损害的保险事故而被提起仲裁或者诉讼的,被保险人支付的仲裁或者诉讼费用以及其他必要的、合理的费用,除合同另有约定外,由保险人承担。

第三章　保险公司

第六十七条　设立保险公司应当经国务院保险监督管理机构批准。

国务院保险监督管理机构审查保险公司的设立申请时,应当考虑保险业的发展和公平竞争的需要。

第六十八条　设立保险公司应当具备下列条件:

(一)主要股东具有持续盈利能力,信誉良好,最近三年内无重大违法违规记录,净资产不低于人民币二亿元;

(二)有符合本法和《中华人民共和国公司法》规定的章程;

(三)有符合本法规定的注册资本;

(四)有具备任职专业知识和业务工作经验的董事、监事和高级管理人员;

(五)有健全的组织机构和管理制度;

(六)有符合要求的营业场所和与经营业务有关的其他设施;

(七)法律、行政法规和国务院保险监督管理机构规定的其他条件。

第六十九条　设立保险公司,其注册资本的最低限额为人民币二亿元。

国务院保险监督管理机构根据保险公司的业务范围、经营规模,可以调整其注册资本的最低限额,但不得低于本条第一款规定的限额。

保险公司的注册资本必须为实缴货币资本。

第七十条　申请设立保险公司,应当向国务院保险监督管理机构提出书面申请,并提交下列材料:

(一)设立申请书,申请书应当载明拟设立的保险公司的名称、注册资本、业务范围等;

(二)可行性研究报告;

(三)筹建方案;

(四)投资人的营业执照或者其他背景资料,经会计师事务所审计的上一年度财务会计报告;

(五)投资人认可的筹备组负责人和拟任董事长、经理名单及本人认可证明;

(六)国务院保险监督管理机构规定的其他材料。

第七十一条　国务院保险监督管理机构应当对设立保险公司的申请进行审查,自受理之日起六个月内作出批准或者不批准筹建的决定,并书面通知申请人。决定不批准的,应当书面说明理由。

第七十二条　申请人应当自收到批准筹建通知之日起一年内完成筹建工作;筹建期间不得从事保险经营活动。

第七十三条　筹建工作完成后,申请人具备本法第六十八条规定的设立条件的,可以向国务院保险监督管理机构提出开业申请。

国务院保险监督管理机构应当自受理开业申请之日起六十日内,作出批准或者不批准开业的决定。决定批准的,颁发经营保险业务许可证;决定不批准的,应当书面通知申请人并说明理由。

第七十四条　保险公司在中华人民共和国境内设立分支机构,应当经保险监督管理机构批准。

保险公司分支机构不具有法人资格,其民事责任由保险公司承担。

第七十五条　保险公司申请设立分支机构,应当向保险监督管理机构提出书面申请,并提交下列材料:

(一)设立申请书;

(二)拟设机构三年业务发展规划和市场分析材料;

(三)拟任高级管理人员的简历及相关证明材料;

(四)国务院保险监督管理机构规定的其他材料。

第七十六条　保险监督管理机构应当对保险公司设立分支机构的申请进行审查,自受理之日起六十日内作出批准或者不批准的决定。决定批准的,颁发分支机构经营保险业务许可证;决定不批准的,应当书面通知申请人并说明理由。

第七十七条 经批准设立的保险公司及其分支机构，凭经营保险业务许可证向工商行政管理机关办理登记，领取营业执照。

第七十八条 保险公司及其分支机构自取得经营保险业务许可证之日起六个月内，无正当理由未向工商行政管理机关办理登记的，其经营保险业务许可证失效。

第七十九条 保险公司在中华人民共和国境外设立子公司、分支机构、代表机构，应当经国务院保险监督管理机构批准。

第八十条 外国保险机构在中华人民共和国境内设立代表机构，应当经国务院保险监督管理机构批准。代表机构不得从事保险经营活动。

第八十一条 保险公司的董事、监事和高级管理人员，应当品行良好，熟悉与保险相关的法律、行政法规，具有履行职责所需的经营管理能力，并在任职前取得保险监督管理机构核准的任职资格。

保险公司高级管理人员的范围由国务院保险监督管理机构规定。

第八十二条 有《中华人民共和国公司法》第一百四十七条规定的情形或者下列情形之一的，不得担任保险公司的董事、监事、高级管理人员：

（一）因违法行为或者违纪行为被金融监督管理机构取消任职资格的金融机构的董事、监事、高级管理人员，自被取消任职资格之日起未逾五年的；

（二）因违法行为或者违纪行为被吊销执业资格的律师、注册会计师或者资产评估机构、验证机构等机构的专业人员，自被吊销执业资格之日起未逾五年的。

第八十三条 保险公司的董事、监事、高级管理人员执行公司职务时违反法律、行政法规或者公司章程的规定，给公司造成损失的，应当承担赔偿责任。

第八十四条 保险公司有下列情形之一的，应当经保险监督管理机构批准：

（一）变更名称；

（二）变更注册资本；

（三）变更公司或者分支机构的营业场所；

（四）撤销分支机构；

（五）公司分立或者合并；

（六）修改公司章程；

（七）变更出资额占有限责任公司资本总额百分之五以上的股东，或者变更持有股份有限公司股份百分之五以上的股东；

（八）国务院保险监督管理机构规定的其他情形。

第八十五条 保险公司应当聘用经国务院保险监督管理机构认可的精算专业人员，建立精算报告制度。

保险公司应当聘用专业人员，建立合规报告制度。

第八十六条 保险公司应当按照保险监督管理机构的规定，报送有关报告、报表、文件和资料。

保险公司的偿付能力报告、财务会计报告、精算报告、合规报告及其他有关报告、报表、文件和资料必须如实记录保险业务事项，不得有虚假记载、误导性陈述和重大遗漏。

第八十七条 保险公司应当按照国务院保险监督管理机构的规定妥善保管业务经营活动的完整账簿、原始凭证和有关资料。

前款规定的账簿、原始凭证和有关资料的保管期限，自保险合同终止之日起计算，保险期间在一年以下的不得少于五年，保险期间超过一年的不得少于十年。

第八十八条 保险公司聘请或者解聘会计师事务所、资产评估机构、资信评级机构等中介服务机构，应当向保险监督管理机构报告；解聘会计师事务所、资产评估机构、资信评级机构等中介服务机构，应当说明理由。

第八十九条 保险公司因分立、合并需要解散，或者股东会、股东大会决议解散，或者公司章程规定的解散事由出现，经国务院保险监督管理机构批准后解散。

经营有人寿保险业务的保险公司,除因分立、合并或者被依法撤销外,不得解散。

保险公司解散,应当依法成立清算组进行清算。

第九十条 保险公司有《中华人民共和国企业破产法》第二条规定情形的,经国务院保险监督管理机构同意,保险公司或者其债权人可以依法向人民法院申请重整、和解或者破产清算;国务院保险监督管理机构也可以依法向人民法院申请对该保险公司进行重整或者破产清算。

第九十一条 破产财产在优先清偿破产费用和共益债务后,按照下列顺序清偿:

(一)所欠职工工资和医疗、伤残补助、抚恤费用,所欠应当划入职工个人账户的基本养老保险、基本医疗保险费用,以及法律、行政法规规定应当支付给职工的补偿金;

(二)赔偿或者给付保险金;

(三)保险公司欠缴的除第(一)项规定以外的社会保险费用和所欠税款;

(四)普通破产债权。

破产财产不足以清偿同一顺序的清偿要求的,按照比例分配。

破产保险公司的董事、监事和高级管理人员的工资,按照该公司职工的平均工资计算。

第九十二条 经营有人寿保险业务的保险公司被依法撤销或者被依法宣告破产的,其持有的人寿保险合同及责任准备金,必须转让给其他经营有人寿保险业务的保险公司;不能同其他保险公司达成转让协议的,由国务院保险监督管理机构指定经营有人寿保险业务的保险公司接受转让。

转让或者由国务院保险监督管理机构指定接受转让前款规定的人寿保险合同及责任准备金的,应当维护被保险人、受益人的合法权益。

第九十三条 保险公司依法终止其业务活动,应当注销其经营保险业务许可证。

第九十四条 保险公司,除本法另有规定外,适用《中华人民共和国公司法》的规定。

第四章　保险经营规则

第九十五条 保险公司的业务范围:

(一)人身保险业务,包括人寿保险、健康保险、意外伤害保险等保险业务;

(二)财产保险业务,包括财产损失保险、责任保险、信用保险、保证保险等保险业务;

(三)国务院保险监督管理机构批准的与保险有关的其他业务。

保险人不得兼营人身保险业务和财产保险业务。但是,经营财产保险业务的保险公司经国务院保险监督管理机构批准,可以经营短期健康保险业务和意外伤害保险业务。

保险公司应当在国务院保险监督管理机构依法批准的业务范围内从事保险经营活动。

第九十六条 经国务院保险监督管理机构批准,保险公司可以经营本法第九十五条规定的保险业务的下列再保险业务:

(一)分出保险;

(二)分入保险。

第九十七条 保险公司应当按照其注册资本总额的百分之二十提取保证金,存入国务院保险监督管理机构指定的银行,除公司清算时用于清偿债务外,不得动用。

第九十八条 保险公司应当根据保障被保险人利益、保证偿付能力的原则,提取各项责任准备金。

保险公司提取和结转责任准备金的具体办法,由国务院保险监督管理机构制定。

第九十九条 保险公司应当依法提取公积金。

第一百条 保险公司应当缴纳保险保障基金。

保险保障基金应当集中管理,并在下列情形下统筹使用:

(一)在保险公司被撤销或者被宣告破产时,向投保人、被保险人或者受益人提供救济;

(二)在保险公司被撤销或者被宣告破产时,向依法接受其人寿保险合同的保险公司提供救济;

(三)国务院规定的其他情形。

保险保障基金筹集、管理和使用的具体办法,由国务院制定。

第一百零一条 保险公司应当具有与其业务规模和风险程度相适应的最低偿付能力。保险公司的认可资产减去认可负债的差额不得低于国务院保险监督管理机构规定的数额;低于规定数额的,应当按照国务院保险监督管理机构的要求采取相应措施达到规定的数额。

第一百零二条 经营财产保险业务的保险公司当年自留保险费,不得超过其实有资本金加公积金总和的四倍。

第一百零三条 保险公司对每一危险单位,即对一次保险事故可能造成的最大损失范围所承担的责任,不得超过其实有资本金加公积金总和的百分之十;超过的部分应当办理再保险。

保险公司对危险单位的划分应当符合国务院保险监督管理机构的规定。

第一百零四条 保险公司对危险单位的划分方法和巨灾风险安排方案,应当报国务院保险监督管理机构备案。

第一百零五条 保险公司应当按照国务院保险监督管理机构的规定办理再保险,并审慎选择再保险接受人。

第一百零六条 保险公司的资金运用必须稳健,遵循安全性原则。

保险公司的资金运用限于下列形式:

(一)银行存款;

(二)买卖债券、股票、证券投资基金份额等有价证券;

(三)投资不动产;

(四)国务院规定的其他资金运用形式。

保险公司资金运用的具体管理办法,由国务院保险监督管理机构依照前两款的规定制定。

第一百零七条 经国务院保险监督管理机构会同国务院证券监督管理机构批准,保险公司可以设立保险资产管理公司。

保险资产管理公司从事证券投资活动,应当遵守《中华人民共和国证券法》等法律、行政法规的规定。

保险资产管理公司的管理办法,由国务院保险监督管理机构会同国务院有关部门制定。

第一百零八条 保险公司应当按照国务院保险监督管理机构的规定,建立对关联交易的管理和信息披露制度。

第一百零九条 保险公司的控股股东、实际控制人、董事、监事、高级管理人员不得利用关联交易损害公司的利益。

第一百一十条 保险公司应当按照国务院保险监督管理机构的规定,真实、准确、完整地披露财务会计报告、风险管理状况、保险产品经营情况等重大事项。

第一百一十一条 保险公司从事保险销售的人员应当符合国务院保险监督管理机构规定的资格条件,取得保险监督管理机构颁发的资格证书。

前款规定的保险销售人员的范围和管理办法,由国务院保险监督管理机构规定。

第一百一十二条 保险公司应当建立保险代理人登记管理制度,加强对保险代理人的培训和管理,不得唆使、诱导保险代理人进行违背诚信义务的活动。

第一百一十三条 保险公司及其分支机构应当依法使用经营保险业务许可证,不得转让、出租、出借经营保险业务许可证。

第一百一十四条 保险公司应当按照国务院保险监督管理机构的规定,公平、合理拟订保险条款和保险费率,不得损害投保人、被保险人和受益人的合法权益。

保险公司应当按照合同约定和本法规定,及时履行赔偿或者给付保险金义务。

第一百一十五条 保险公司开展业务,应当遵循公平竞争的原则,不得从事不正当竞争。

第一百一十六条 保险公司及其工作人员在保险业务活动中不得有下列行为:

(一)欺骗投保人、被保险人或者受益人;

（二）对投保人隐瞒与保险合同有关的重要情况；

（三）阻碍投保人履行本法规定的如实告知义务，或者诱导其不履行本法规定的如实告知义务；

（四）给予或者承诺给予投保人、被保险人、受益人保险合同约定以外的保险费回扣或者其他利益；

（五）拒不依法履行保险合同约定的赔偿或者给付保险金义务；

（六）故意编造未曾发生的保险事故、虚构保险合同或者故意夸大已经发生的保险事故的损失程度进行虚假理赔，骗取保险金或者牟取其他不正当利益；

（七）挪用、截留、侵占保险费；

（八）委托未取得合法资格的机构或者个人从事保险销售活动；

（九）利用开展保险业务为其他机构或者个人牟取不正当利益；

（十）利用保险代理人、保险经纪人或者保险评估机构，从事以虚构保险中介业务或者编造退保等方式套取费用等违法活动；

（十一）以捏造、散布虚假事实等方式损害竞争对手的商业信誉，或者以其他不正当竞争行为扰乱保险市场秩序；

（十二）泄露在业务活动中知悉的投保人、被保险人的商业秘密；

（十三）违反法律、行政法规和国务院保险监督管理机构规定的其他行为。

第五章　保险代理人和保险经纪人

第一百一十七条　保险代理人是根据保险人的委托，向保险人收取佣金，并在保险人授权的范围内代为办理保险业务的机构或者个人。

保险代理机构包括专门从事保险代理业务的保险专业代理机构和兼营保险代理业务的保险兼业代理机构。

第一百一十八条　保险经纪人是基于投保人的利益，为投保人与保险人订立保险合同提供中介服务，并依法收取佣金的机构。

第一百一十九条　保险代理机构、保险经纪人应当具备国务院保险监督管理机构规定的条件，取得保险监督管理机构颁发的经营保险代理业务许可证、保险经纪业务许可证。

保险专业代理机构、保险经纪人凭保险监督管理机构颁发的许可证向工商行政管理机关办理登记，领取营业执照。

保险兼业代理机构凭保险监督管理机构颁发的许可证，向工商行政管理机关办理变更登记。

第一百二十条　以公司形式设立保险专业代理机构、保险经纪人，其注册资本最低限额适用《中华人民共和国公司法》的规定。

国务院保险监督管理机构根据保险专业代理机构、保险经纪人的业务范围和经营规模，可以调整其注册资本的最低限额，但不得低于《中华人民共和国公司法》规定的限额。

保险专业代理机构、保险经纪人的注册资本或者出资额必须为实缴货币资本。

第一百二十一条　保险专业代理机构、保险经纪人的高级管理人员，应当品行良好，熟悉保险法律、行政法规，具有履行职责所需的经营管理能力，并在任职前取得保险监督管理机构核准的任职资格。

第一百二十二条　个人保险代理人、保险代理机构的代理从业人员、保险经纪人的经纪从业人员，应当具备国务院保险监督管理机构规定的资格条件，取得保险监督管理机构颁发的资格证书。

第一百二十三条　保险代理机构、保险经纪人应当有自己的经营场所，设立专门账簿记载保险代理业务、经纪业务的收支情况。

第一百二十四条　保险代理机构、保险经纪人应当按照国务院保险监督管理机构的规定缴存保证金或者投保职业责任保险。未经保险监督管理机构批准，保险代理机构、保险经纪人不得动用保证金。

第一百二十五条　个人保险代理人在代为办理人寿保险业务时，不得同时接受两个以上保险人的委托。

第一百二十六条 保险人委托保险代理人代为办理保险业务,应当与保险代理人签订委托代理协议,依法约定双方的权利和义务。

第一百二十七条 保险代理人根据保险人的授权代为办理保险业务的行为,由保险人承担责任。

保险代理人没有代理权、超越代理权或者代理权终止后以保险人名义订立合同,使投保人有理由相信其有代理权的,该代理行为有效。保险人可以依法追究越权的保险代理人的责任。

第一百二十八条 保险经纪人因过错给投保人、被保险人造成损失的,依法承担赔偿责任。

第一百二十九条 保险活动当事人可以委托保险公估机构等依法设立的独立评估机构或者具有相关专业知识的人员,对保险事故进行评估和鉴定。

接受委托对保险事故进行评估和鉴定的机构和人员,应当依法、独立、客观、公正地进行评估和鉴定,任何单位和个人不得干涉。

前款规定的机构和人员,因故意或者过失给保险人或者被保险人造成损失的,依法承担赔偿责任。

第一百三十条 保险佣金只限于向具有合法资格的保险代理人、保险经纪人支付,不得向其他人支付。

第一百三十一条 保险代理人、保险经纪人及其从业人员在办理保险业务活动中不得有下列行为:

(一)欺骗保险人、投保人、被保险人或者受益人;

(二)隐瞒与保险合同有关的重要情况;

(三)阻碍投保人履行本法规定的如实告知义务,或者诱导其不履行本法规定的如实告知义务;

(四)给予或者承诺给予投保人、被保险人或者受益人保险合同约定以外的利益;

(五)利用行政权力、职务或者职业便利以及其他不正当手段强迫、引诱或者限制投保人订立保险合同;

(六)伪造、擅自变更保险合同,或者为保险合同当事人提供虚假证明材料;

(七)挪用、截留、侵占保险费或者保险金;

(八)利用业务便利为其他机构或者个人牟取不正当利益;

(九)串通投保人、被保险人或者受益人,骗取保险金;

(十)泄露在业务活动中知悉的保险人、投保人、被保险人的商业秘密。

第一百三十二条 保险专业代理机构、保险经纪人分立、合并、变更组织形式、设立分支机构或者解散的,应当经保险监督管理机构批准。

第一百三十三条 本法第八十六条第一款、第一百一十三条的规定,适用于保险代理机构和保险经纪人。

第六章 保险业监督管理

第一百三十四条 保险监督管理机构依照本法和国务院规定的职责,遵循依法、公开、公正的原则,对保险业实施监督管理,维护保险市场秩序,保护投保人、被保险人和受益人的合法权益。

第一百三十五条 国务院保险监督管理机构依照法律、行政法规制定并发布有关保险业监督管理的规章。

第一百三十六条 关系社会公众利益的保险险种、依法实行强制保险的险种和新开发的人寿保险险种等的保险条款和保险费率,应当报国务院保险监督管理机构批准。国务院保险监督管理机构审批时,应当遵循保护社会公众利益和防止不正当竞争的原则。其他保险险种的保险条款和保险费率,应当报保险监督管理机构备案。

保险条款和保险费率审批、备案的具体办法,由国务院保险监督管理机构依照前款规定制定。

第一百三十七条 保险公司使用的保险条款和保险费率违反法律、行政法规或者国务院保险监督管理机构的有关规定的,由保险监督管理机构责令停止使用,限期修改;情节严重的,可以在一定期限内禁止申报新的保险条款和保险费率。

第一百三十八条 国务院保险监督管理机构应当建立健全保险公司偿付能力监管体系，对保险公司的偿付能力实施监控。

第一百三十九条 对偿付能力不足的保险公司，国务院保险监督管理机构应当将其列为重点监管对象，并可以根据具体情况采取下列措施：

（一）责令增加资本金、办理再保险；

（二）限制业务范围；

（三）限制向股东分红；

（四）限制固定资产购置或者经营费用规模；

（五）限制资金运用的形式、比例；

（六）限制增设分支机构；

（七）责令拍卖不良资产、转让保险业务；

（八）限制董事、监事、高级管理人员的薪酬水平；

（九）限制商业性广告；

（十）责令停止接受新业务。

第一百四十条 保险公司未依照本法规定提取或者结转各项责任准备金，或者未依照本法规定办理再保险，或者严重违反本法关于资金运用的规定的，由保险监督管理机构责令限期改正，并可以责令调整负责人及有关管理人员。

第一百四十一条 保险监督管理机构依照本法第一百四十条的规定作出限期改正的决定后，保险公司逾期未改正的，国务院保险监督管理机构可以决定选派保险专业人员和指定该保险公司的有关人员组成整顿组，对公司进行整顿。

整顿决定应当载明被整顿公司的名称、整顿理由、整顿组成员和整顿期限，并予以公告。

第一百四十二条 整顿组有权监督被整顿保险公司的日常业务。被整顿公司的负责人及有关管理人员应当在整顿组的监督下行使职权。

第一百四十三条 整顿过程中，被整顿保险公司的原有业务继续进行。但是，国务院保险监督管理机构可以责令被整顿公司停止部分原有业务、停止接受新业务，调整资金运用。

第一百四十四条 被整顿保险公司经整顿已纠正其违反本法规定的行为，恢复正常经营状况的，由整顿组提出报告，经国务院保险监督管理机构批准，结束整顿，并由国务院保险监督管理机构予以公告。

第一百四十五条 保险公司有下列情形之一的，国务院保险监督管理机构可以对其实行接管：

（一）公司的偿付能力严重不足的；

（二）违反本法规定，损害社会公共利益，可能严重危及或者已经严重危及公司的偿付能力的。

被接管的保险公司的债权债务关系不因接管而变化。

第一百四十六条 接管组的组成和接管的实施办法，由国务院保险监督管理机构决定，并予以公告。

第一百四十七条 接管期限届满，国务院保险监督管理机构可以决定延长接管期限，但接管期限最长不得超过二年。

第一百四十八条 接管期限届满，被接管的保险公司已恢复正常经营能力的，由国务院保险监督管理机构决定终止接管，并予以公告。

第一百四十九条 被整顿、被接管的保险公司有《中华人民共和国企业破产法》第二条规定情形的，国务院保险监督管理机构可以依法向人民法院申请对该保险公司进行重整或者破产清算。

第一百五十条 保险公司因违法经营被依法吊销经营保险业务许可证的，或者偿付能力低于国务院保险监督管理机构规定标准，不予撤销将严重危害保险市场秩序、损害公共利益的，由国务院保险监督管理机构予以撤销并公告，依法及时组织清算组进行清算。

第一百五十一条 国务院保险监督管理机构有权要求保险公司股东、实际控制人在指定的期限内提供有关信息和资料。

第一百五十二条 保险公司的股东利用关联交易严重损害公司利益,危及公司偿付能力的,由国务院保险监督管理机构责令改正。在按照要求改正前,国务院保险监督管理机构可以限制其股东权利;拒不改正的,可以责令其转让所持的保险公司股权。

第一百五十三条 保险监督管理机构根据履行监督管理职责的需要,可以与保险公司董事、监事和高级管理人员进行监督管理谈话,要求其就公司的业务活动和风险管理的重大事项作出说明。

第一百五十四条 保险公司在整顿、接管、撤销清算期间,或者出现重大风险时,国务院保险监督管理机构可以对该公司直接负责的董事、监事、高级管理人员和其他直接责任人员采取以下措施:

(一)通知出境管理机关依法阻止其出境;

(二)申请司法机关禁止其转移、转让或者以其他方式处分财产,或者在财产上设定其他权利。

第一百五十五条 保险监督管理机构依法履行职责,可以采取下列措施:

(一)对保险公司、保险代理人、保险经纪人、保险资产管理公司、外国保险机构的代表机构进行现场检查;

(二)进入涉嫌违法行为发生场所调查取证;

(三)询问当事人及与被调查事件有关的单位和个人,要求其对与被调查事件有关的事项作出说明;

(四)查阅、复制与被调查事件有关的财产权登记等资料;

(五)查阅、复制保险公司、保险代理人、保险经纪人、保险资产管理公司、外国保险机构的代表机构以及与被调查事件有关的单位和个人的财务会计资料及其他相关文件和资料;对可能被转移、隐匿或者毁损的文件和资料予以封存;

(六)查询涉嫌违法经营的保险公司、保险代理人、保险经纪人、保险资产管理公司、外国保险机构的代表机构以及与涉嫌违法事项有关的单位和个人的银行账户;

(七)对有证据证明已经或者可能转移、隐匿违法资金等涉案财产或者隐匿、伪造、毁损重要证据的,经保险监督管理机构主要负责人批准,申请人民法院予以冻结或者查封。

保险监督管理机构采取前款第(一)项、第(二)项、第(五)项措施的,应当经保险监督管理机构负责人批准;采取第(六)项措施的,应当经国务院保险监督管理机构负责人批准。

保险监督管理机构依法进行监督检查或者调查,其监督检查、调查的人员不得少于二人,并应当出示合法证件和监督检查、调查通知书;监督检查、调查的人员少于二人或者未出示合法证件和监督检查、调查通知书的,被检查、调查的单位和个人有权拒绝。

第一百五十六条 保险监督管理机构依法履行职责,被检查、调查的单位和个人应当配合。

第一百五十七条 保险监督管理机构工作人员应当忠于职守,依法办事,公正廉洁,不得利用职务便利牟取不正当利益,不得泄露所知悉的有关单位和个人的商业秘密。

第一百五十八条 国务院保险监督管理机构应当与中国人民银行、国务院其他金融监督管理机构建立监督管理信息共享机制。

保险监督管理机构依法履行职责,进行监督检查、调查时,有关部门应当予以配合。

第七章 法律责任

第一百五十九条 违反本法规定,擅自设立保险公司、保险资产管理公司或者非法经营商业保险业务的,由保险监督管理机构予以取缔,没收违法所得,并处违法所得一倍以上五倍以下的罚款;没有违法所得或者违法所得不足二十万元的,处二十万元以上一百万元以下的罚款。

第一百六十条 违反本法规定,擅自设立保险专业代理机构、保险经纪人,或者未取得经营保险代理业务许可证、保险经纪业务许可证从事保险代理业务、保险经纪业务的,由保险监督管理机构予以取缔,没收违法所得,并处违法所得一倍以上五倍以下的罚款;没有违法所得或者违法所得不足五万元的,处五万元以上三十万元以下的罚款。

第一百六十一条 保险公司违反本法规定，超出批准的业务范围经营的，由保险监督管理机构责令限期改正，没收违法所得，并处违法所得一倍以上五倍以下的罚款；没有违法所得或者违法所得不足十万元的，处十万元以上五十万元以下的罚款。逾期不改正或者造成严重后果的，责令停业整顿或者吊销业务许可证。

第一百六十二条 保险公司有本法第一百一十六条规定行为之一的，由保险监督管理机构责令改正，处五万元以上三十万元以下的罚款；情节严重的，限制其业务范围、责令停止接受新业务或者吊销业务许可证。

第一百六十三条 保险公司违反本法第八十四条规定的，由保险监督管理机构责令改正，处一万元以上十万元以下的罚款。

第一百六十四条 保险公司违反本法规定，有下列行为之一的，由保险监督管理机构责令改正，处五万元以上三十万元以下的罚款：

（一）超额承保，情节严重的；

（二）为无民事行为能力人承保以死亡为给付保险金条件的保险的。

第一百六十五条 违反本法规定，有下列行为之一的，由保险监督管理机构责令改正，处五万元以上三十万元以下的罚款；情节严重的，可以限制其业务范围、责令停止接受新业务或者吊销业务许可证：

（一）未按照规定提存保证金或者违反规定动用保证金的；

（二）未按照规定提取或者结转各项责任准备金的；

（三）未按照规定缴纳保险保障基金或者提取公积金的；

（四）未按照规定办理再保险的；

（五）未按照规定运用保险公司资金的；

（六）未经批准设立分支机构或者代表机构的；

（七）未按照规定申请批准保险条款、保险费率的。

第一百六十六条 保险代理机构、保险经纪人有本法第一百三十一条规定行为之一的，由保险监督管理机构责令改正，处五万元以上三十万元以下的罚款；情节严重的，吊销业务许可证。

第一百六十七条 保险代理机构、保险经纪人违反本法规定，有下列行为之一的，由保险监督管理机构责令改正，处二万元以上十万元以下的罚款；情节严重的，责令停业整顿或者吊销业务许可证：

（一）未按照规定缴存保证金或者投保职业责任保险的；

（二）未按照规定设立专门账簿记载业务收支情况的。

第一百六十八条 保险专业代理机构、保险经纪人违反本法规定，未经批准设立分支机构或者变更组织形式的，由保险监督管理机构责令改正，处一万元以上五万元以下的罚款。

第一百六十九条 违反本法规定，聘任不具有任职资格、从业资格的人员的，由保险监督管理机构责令改正，处二万元以上十万元以下的罚款。

第一百七十条 违反本法规定，转让、出租、出借业务许可证的，由保险监督管理机构处一万元以上十万元以下的罚款；情节严重的，责令停业整顿或者吊销业务许可证。

第一百七十一条 违反本法规定，有下列行为之一的，由保险监督管理机构责令限期改正；逾期不改正的，处一万元以上十万元以下的罚款：

（一）未按照规定报送或者保管报告、报表、文件、资料的，或者未按照规定提供有关信息、资料的；

（二）未按照规定报送保险条款、保险费率备案的；

（三）未按照规定披露信息的。

第一百七十二条 违反本法规定，有下列行为之一的，由保险监督管理机构责令改正，处十万元以上五十万元以下的罚款；情节严重的，可以限制其业务范围、责令停止接受新业务或者吊销业务许可证：

（一）编制或者提供虚假的报告、报表、文件、资料的；

（二）拒绝或者妨碍依法监督检查的；

（三）未按照规定使用经批准或者备案的保险条款、保险费率的。

第一百七十三条 保险公司、保险资产管理公司、保险专业代理机构、保险经纪人违反本法规定的，保险监督管理机构除分别依照本法第一百六十一条至第一百七十二条的规定对该单位给予处罚外，对其直接负责的主管人员和其他直接责任人员给予警告，并处一万元以上十万元以下的罚款；情节严重的，撤销任职资格或者从业资格。

第一百七十四条 个人保险代理人违反本法规定的，由保险监督管理机构给予警告，可以并处二万元以下的罚款；情节严重的，处二万元以上十万元以下的罚款，并可以吊销其资格证书。

未取得合法资格的人员从事个人保险代理活动的，由保险监督管理机构给予警告，可以并处二万元以下的罚款；情节严重的，处二万元以上十万元以下的罚款。

第一百七十五条 外国保险机构未经国务院保险监督管理机构批准，擅自在中华人民共和国境内设立代表机构的，由国务院保险监督管理机构予以取缔，处五万元以上三十万元以下的罚款。

外国保险机构在中华人民共和国境内设立的代表机构从事保险经营活动的，由保险监督管理机构责令改正，没收违法所得，并处违法所得一倍以上五倍以下的罚款；没有违法所得或者违法所得不足二十万元的，处二十万元以上一百万元以下的罚款；对其首席代表可以责令撤换；情节严重的，撤销其代表机构。

第一百七十六条 投保人、被保险人或者受益人有下列行为之一，进行保险诈骗活动，尚不构成犯罪的，依法给予行政处罚：

（一）投保人故意虚构保险标的，骗取保险金的；

（二）编造未曾发生的保险事故，或者编造虚假的事故原因或者夸大损失程度，骗取保险金的；

（三）故意造成保险事故，骗取保险金的。

保险事故的鉴定人、评估人、证明人故意提供虚假的证明文件，为投保人、被保险人或者受益人进行保险诈骗提供条件的，依照前款规定给予处罚。

第一百七十七条 违反本法规定，给他人造成损害的，依法承担民事责任。

第一百七十八条 拒绝、阻碍保险监督管理机构及其工作人员依法行使监督检查、调查职权，未使用暴力、威胁方法的，依法给予治安管理处罚。

第一百七十九条 违反法律、行政法规的规定，情节严重的，国务院保险监督管理机构可以禁止有关责任人员一定期限直至终身进入保险业。

第一百八十条 保险监督管理机构从事监督管理工作的人员有下列情形之一的，依法给予处分：

（一）违反规定批准机构的设立的；

（二）违反规定进行保险条款、保险费率审批的；

（三）违反规定进行现场检查的；

（四）违反规定查询账户或者冻结资金的；

（五）泄露其知悉的有关单位和个人的商业秘密的；

（六）违反规定实施行政处罚的；

（七）滥用职权、玩忽职守的其他行为。

第一百八十一条 违反本法规定，构成犯罪的，依法追究刑事责任。

第八章 附 则

第一百八十二条 保险公司应当加入保险行业协会。保险代理人、保险经纪人、保险公估机构可以加入保险行业协会。

保险行业协会是保险业的自律性组织，是社会团体法人。

第一百八十三条 保险公司以外的其他依法设立的保险组织经营的商业保险业务，适用本法。

第一百八十四条 海上保险适用《中华人民共和国海商法》的有关规定；《中华人民共和国海商法》未规定的，适用本法的有关规定。

第一百八十五条 中外合资保险公司、外资独资保险公司、外国保险公司分公司适用本法规定；法律、行政法规另有规定的，适用其规定。

第一百八十六条 国家支持发展为农业生产服务的保险事业。农业保险由法律、行政法规另行规定。

强制保险，法律、行政法规另有规定的，适用其规定。

第一百八十七条 本法自2009年10月1日起施行。

中华人民共和国石油天然气管道保护法

2010 年中华人民共和国主席令第 30 号(2010 年 6 月 25 日发布)

第一章　总　　则

第一条　为了保护石油、天然气管道,保障石油、天然气输送安全,维护国家能源安全和公共安全,制定本法。

第二条 中华人民共和国境内输送石油、天然气的管道的保护,适用本法。

城镇燃气管道和炼油、化工等企业厂区内管道的保护,不适用本法。

第三条　本法所称石油包括原油和成品油,所称天然气包括天然气、煤层气和煤制气。

本法所称管道包括管道及管道附属设施。

第四条　国务院能源主管部门依照本法规定主管全国管道保护工作,负责组织编制并实施全国管道发展规划,统筹协调全国管道发展规划与其他专项规划的衔接,协调跨省、自治区、直辖市管道保护的重大问题。国务院其他有关部门依照有关法律、行政法规的规定,在各自职责范围内负责管道保护的相关工作。

第五条　省、自治区、直辖市人民政府能源主管部门和设区的市级、县级人民政府指定的部门,依照本法规定主管本行政区域的管道保护工作,协调处理本行政区域管道保护的重大问题,指导、监督有关单位履行管道保护义务,依法查处危害管道安全的违法行为。县级以上地方人民政府其他有关部门依照有关法律、行政法规的规定,在各自职责范围内负责管道保护的相关工作。

省、自治区、直辖市人民政府能源主管部门和设区的市级、县级人民政府指定的部门,统称县级以上地方人民政府主管管道保护工作的部门。

第六条　县级以上地方人民政府应当加强对本行政区域管道保护工作的领导,督促、检查有关部门依法履行管道保护职责,组织排除管道的重大外部安全隐患。

第七条　管道企业应当遵守本法和有关规划、建设、安全生产、质量监督、环境保护等法律、行政法规,执行国家技术规范的强制性要求,建立、健全本企业有关管道保护的规章制度和操作规程并组织实施,宣传管道安全与保护知识,履行管道保护义务,接受人民政府及其有关部门依法实施的监督,保障管道安全运行。

第八条　任何单位和个人不得实施危害管道安全的行为。

对危害管道安全的行为,任何单位和个人有权向县级以上地方人民政府主管管道保护工作的部门或者其他有关部门举报。接到举报的部门应当在职责范围内及时处理。

第九条　国家鼓励和促进管道保护新技术的研究开发和推广应用。

第二章　管道规划与建设

第十条　管道的规划、建设应当符合管道保护的要求,遵循安全、环保、节约用地和经济合理的原则。

第十一条　国务院能源主管部门根据国民经济和社会发展的需要组织编制全国管道发展规划。组织编制全国管道发展规划应当征求国务院有关部门以及有关省、自治区、直辖市人民政府的意见。

全国管道发展规划应当符合国家能源规划,并与土地利用总体规划、城乡规划以及矿产资源、环境保护、水利、铁路、公路、航道、港口、电信等规划相协调。

第十二条 管道企业应当根据全国管道发展规划编制管道建设规划，并将管道建设规划确定的管道建设选线方案报送拟建管道所在地县级以上地方人民政府城乡规划主管部门审核；经审核符合城乡规划的，应当依法纳入当地城乡规划。

纳入城乡规划的管道建设用地，不得擅自改变用途。

第十三条 管道建设的选线应当避开地震活动断层和容易发生洪灾、地质灾害的区域，与建筑物、构筑物、铁路、公路、航道、港口、市政设施、军事设施、电缆、光缆等保持本法和有关法律、行政法规以及国家技术规范的强制性要求规定的保护距离。

新建管道通过的区域受地理条件限制，不能满足前款规定的管道保护要求的，管道企业应当提出防护方案，经管道保护方面的专家评审论证，并经管道所在地县级以上地方人民政府主管管道保护工作的部门批准后，方可建设。

管道建设项目应当依法进行环境影响评价。

第十四条 管道建设使用土地，依照《中华人民共和国土地管理法》等法律、行政法规的规定执行。

依法建设的管道通过集体所有的土地或者他人取得使用权的国有土地，影响土地使用的，管道企业应当按照管道建设时土地的用途给予补偿。

第十五条 依照法律和国务院的规定，取得行政许可或者已报送备案并符合开工条件的管道项目的建设，任何单位和个人不得阻碍。

第十六条 管道建设应当遵守法律、行政法规有关建设工程质量管理的规定。

管道企业应当依照有关法律、行政法规的规定，选择具备相应资质的勘察、设计、施工、工程监理单位进行管道建设。

管道的安全保护设施应当与管道主体工程同时设计、同时施工、同时投入使用。

管道建设使用的管道产品及其附件的质量，应当符合国家技术规范的强制性要求。

第十七条 穿跨越水利工程、防洪设施、河道、航道、铁路、公路、港口、电力设施、通信设施、市政设施的管道的建设，应当遵守本法和有关法律、行政法规，执行国家技术规范的强制性要求。

第十八条 管道企业应当按照国家技术规范的强制性要求在管道沿线设置管道标志。管道标志毁损或者安全警示不清的，管道企业应当及时修复或者更新。

第十九条 管道建成后应当按照国家有关规定进行竣工验收。竣工验收应当审查管道是否符合本法规定的管道保护要求，经验收合格方可正式交付使用。

第二十条 管道企业应当自管道竣工验收合格之日起六十日内，将竣工测量图报管道所在地县级以上地方人民政府主管管道保护工作的部门备案；县级以上地方人民政府主管管道保护工作的部门应当将管道企业报送的管道竣工测量图分送本级人民政府规划、建设、国土资源、铁路、交通、水利、公安、安全生产监督管理等部门和有关军事机关。

第二十一条 地方各级人民政府编制、调整土地利用总体规划和城乡规划，需要管道改建、搬迁或者增加防护设施的，应当与管道企业协商确定补偿方案。

第三章 管道运行中的保护

第二十二条 管道企业应当建立、健全管道巡护制度，配备专门人员对管道线路进行日常巡护。管道巡护人员发现危害管道安全的情形或者隐患，应当按照规定及时处理和报告。

第二十三条 管道企业应当定期对管道进行检测、维修，确保其处于良好状态；对管道安全风险较大的区段和场所应当进行重点监测，采取有效措施防止管道事故的发生。

对不符合安全使用条件的管道，管道企业应当及时更新、改造或者停止使用。

第二十四条 管道企业应当配备管道保护所必需的人员和技术装备，研究开发和使用先进适用的管道保护技术，保证管道保护所必需的经费投入，并对在管道保护中做出突出贡献的单位和个人给予奖励。

第二十五条 管道企业发现管道存在安全隐患,应当及时排除。对管道存在的外部安全隐患,管道企业自身排除确有困难的,应当向县级以上地方人民政府主管管道保护工作的部门报告。接到报告的主管管道保护工作的部门应当及时协调排除或者报请人民政府及时组织排除安全隐患。

第二十六条 管道企业依法取得使用权的土地,任何单位和个人不得侵占。

为合理利用土地,在保障管道安全的条件下,管道企业可以与有关单位、个人约定,同意有关单位、个人种植浅根农作物。但是,因管道巡护、检测、维修造成的农作物损失,除另有约定外,管道企业不予赔偿。

第二十七条 管道企业对管道进行巡护、检测、维修等作业,管道沿线的有关单位、个人应当给予必要的便利。

因管道巡护、检测、维修等作业给土地使用权人或者其他单位、个人造成损失的,管道企业应当依法给予赔偿。

第二十八条 禁止下列危害管道安全的行为:

(一)擅自开启、关闭管道阀门;

(二)采用移动、切割、打孔、砸撬、拆卸等手段损坏管道;

(三)移动、毁损、涂改管道标志;

(四)在埋地管道上方巡查便道上行驶重型车辆;

(五)在地面管道线路、架空管道线路和管桥上行走或者放置重物。

第二十九条 禁止在本法第五十八条第一项所列管道附属设施的上方架设电力线路、通信线路或者在储气库构造区域范围内进行工程挖掘、工程钻探、采矿。

第三十条 在管道线路中心线两侧各五米地域范围内,禁止下列危害管道安全的行为:

(一)种植乔木、灌木、藤类、芦苇、竹子或者其他根系深达管道埋设部位可能损坏管道防腐层的深根植物;

(二)取土、采石、用火、堆放重物、排放腐蚀性物质、使用机械工具进行挖掘施工;

(三)挖塘、修渠、修晒场、修建水产养殖场、建温室、建家畜棚圈、建房以及修建其他建筑物、构筑物。

第三十一条 在管道线路中心线两侧和本法第五十八条第一项所列管道附属设施周边修建下列建筑物、构筑物的,建筑物、构筑物与管道线路和管道附属设施的距离应当符合国家技术规范的强制性要求:

(一)居民小区、学校、医院、娱乐场所、车站、商场等人口密集的建筑物;

(二)变电站、加油站、加气站、储油罐、储气罐等易燃易爆物品的生产、经营、存储场所。

前款规定的国家技术规范的强制性要求,应当按照保障管道及建筑物、构筑物安全和节约用地的原则确定。

第三十二条 在穿越河流的管道线路中心线两侧各五百米地域范围内,禁止抛锚、拖锚、挖砂、挖泥、采石、水下爆破。但是,在保障管道安全的条件下,为防洪和航道通畅而进行的养护疏浚作业除外。

第三十三条 在管道专用隧道中心线两侧各一千米地域范围内,除本条第二款规定的情形外,禁止采石、采矿、爆破。

在前款规定的地域范围内,因修建铁路、公路、水利工程等公共工程,确需实施采石、爆破作业的,应当经管道所在地县级人民政府主管管道保护工作的部门批准,并采取必要的安全防护措施,方可实施。

第三十四条 未经管道企业同意,其他单位不得使用管道专用伴行道路、管道水工防护设施、管道专用隧道等管道附属设施。

第三十五条 进行下列施工作业,施工单位应当向管道所在地县级人民政府主管管道保护工作的部门提出申请:

(一)穿跨越管道的施工作业;

（二）在管道线路中心线两侧各五米至五十米和本法第五十八条第一项所列管道附属设施周边一百米地域范围内，新建、改建、扩建铁路、公路、河渠，架设电力线路，埋设地下电缆、光缆，设置安全接地体、避雷接地体；

（三）在管道线路中心线两侧各二百米和本法第五十八条第一项所列管道附属设施周边五百米地域范围内，进行爆破、地震法勘探或者工程挖掘、工程钻探、采矿。

县级人民政府主管管道保护工作的部门接到申请后，应当组织施工单位与管道企业协商确定施工作业方案，并签订安全防护协议；协商不成的，主管管道保护工作的部门应当组织进行安全评审，作出是否批准作业的决定。

第三十六条 申请进行本法第三十三条第二款、第三十五条规定的施工作业，应当符合下列条件：

（一）具有符合管道安全和公共安全要求的施工作业方案；

（二）已制定事故应急预案；

（三）施工作业人员具备管道保护知识；

（四）具有保障安全施工作业的设备、设施。

第三十七条 进行本法第三十三条第二款、第三十五条规定的施工作业，应当在开工七日前书面通知管道企业。管道企业应当指派专门人员到现场进行管道保护安全指导。

第三十八条 管道企业在紧急情况下进行管道抢修作业，可以先行使用他人土地或者设施，但应当及时告知土地或者设施的所有权人或者使用权人。给土地或者设施的所有权人或者使用权人造成损失的，管道企业应当依法给予赔偿。

第三十九条 管道企业应当制定本企业管道事故应急预案，并报管道所在地县级人民政府主管管道保护工作的部门备案；配备抢险救援人员和设备，并定期进行管道事故应急救援演练。

发生管道事故，管道企业应当立即启动本企业管道事故应急预案，按照规定及时通报可能受到事故危害的单位和居民，采取有效措施消除或者减轻事故危害，并依照有关事故调查处理的法律、行政法规的规定，向事故发生地县级人民政府主管管道保护工作的部门、安全生产监督管理部门和其他有关部门报告。

接到报告的主管管道保护工作的部门应当按照规定及时上报事故情况，并根据管道事故的实际情况组织采取事故处置措施或者报请人民政府及时启动本行政区域管道事故应急预案，组织进行事故应急处置与救援。

第四十条 管道泄漏的石油和因管道抢修排放的石油造成环境污染的，管道企业应当及时治理。因第三人的行为致使管道泄漏造成环境污染的，管道企业有权向第三人追偿治理费用。

环境污染损害的赔偿责任，适用《中华人民共和国侵权责任法》和防治环境污染的法律的有关规定。

第四十一条 管道泄漏的石油和因管道抢修排放的石油，由管道企业回收、处理，任何单位和个人不得侵占、盗窃、哄抢。

第四十二条 管道停止运行、封存、报废的，管道企业应当采取必要的安全防护措施，并报县级以上地方人民政府主管管道保护工作的部门备案。

第四十三条 管道重点保护部位，需要由中国人民武装警察部队负责守卫的，依照《中华人民共和国人民武装警察法》和国务院、中央军事委员会的有关规定执行。

第四章　管道建设工程与其他建设工程相遇关系的处理

第四十四条 管道建设工程与其他建设工程的相遇关系，依照法律的规定处理；法律没有规定的，由建设工程双方按照下列原则协商处理，并为对方提供必要的便利：

（一）后开工的建设工程服从先开工或者已建成的建设工程；

（二）同时开工的建设工程，后批准的建设工程服从先批准的建设工程。

依照前款规定，后开工或者后批准的建设工程，应当符合先开工、已建成或者先批准的建设工程的安全防护要求；需要先开工、已建成或者先批准的建设工程改建、搬迁或者增加防护设施的，后开工或者后批准的建设工程一方应当承担由此增加的费用。

管道建设工程与其他建设工程相遇的，建设工程双方应当协商确定施工作业方案并签订安全防护协议，指派专门人员现场监督、指导对方施工。

第四十五条 经依法批准的管道建设工程，需要通过正在建设的其他建设工程的，其他工程建设单位应当按照管道建设工程的需要，预留管道通道或者预建管道通过设施，管道企业应当承担由此增加的费用。

经依法批准的其他建设工程，需要通过正在建设的管道建设工程的，管道建设单位应当按照其他建设工程的需要，预留通道或者预建相关设施，其他工程建设单位应当承担由此增加的费用。

第四十六条 管道建设工程通过矿产资源开采区域的，管道企业应当与矿产资源开采企业协商确定管道的安全防护方案，需要矿产资源开采企业按照管道安全防护要求预建防护设施或者采取其他防护措施的，管道企业应当承担由此增加的费用。

矿产资源开采企业未按照约定预建防护设施或者采取其他防护措施，造成地面塌陷、裂缝、沉降等地质灾害，致使管道需要改建、搬迁或者采取其他防护措施的，矿产资源开采企业应当承担由此增加的费用。

第四十七条 铁路、公路等建设工程修建防洪、分流等水工防护设施，可能影响管道保护的，应当事先通知管道企业并注意保护下游已建成的管道水工防护设施。

建设工程修建防洪、分流等水工防护设施，使下游已建成的管道水工防护设施的功能受到影响，需要新建、改建、扩建管道水工防护设施的，工程建设单位应当承担由此增加的费用。

第四十八条 县级以上地方人民政府水行政主管部门制定防洪、泄洪方案应当兼顾管道的保护。

需要在管道通过的区域泄洪的，县级以上地方人民政府水行政主管部门应当在泄洪方案确定后，及时将泄洪量和泄洪时间通知本级人民政府主管管道保护工作的部门和管道企业或者向社会公告。主管管道保护工作的部门和管道企业应当对管道采取防洪保护措施。

第四十九条 管道与航道相遇，确需在航道中修建管道防护设施的，应当进行通航标准技术论证，并经航道主管部门批准。管道防护设施完工后，应经航道主管部门验收。

进行前款规定的施工作业，应当在批准的施工区域内设置航标，航标的设置和维护费用由管道企业承担。

第五章　法律责任

第五十条 管道企业有下列行为之一的，由县级以上地方人民政府主管管道保护工作的部门责令限期改正；逾期不改正的，处二万元以上十万元以下的罚款；对直接负责的主管人员和其他直接责任人员给予处分：

（一）未依照本法规定对管道进行巡护、检测和维修的；

（二）对不符合安全使用条件的管道未及时更新、改造或者停止使用的；

（三）未依照本法规定设置、修复或者更新有关管道标志的；

（四）未依照本法规定将管道竣工测量图报人民政府主管管道保护工作的部门备案的；

（五）未制定本企业管道事故应急预案，或者未将本企业管道事故应急预案报人民政府主管管道保护工作的部门备案的；

（六）发生管道事故，未采取有效措施消除或者减轻事故危害的；

（七）未对停止运行、封存、报废的管道采取必要的安全防护措施的。

管道企业违反本法规定的行为同时违反建设工程质量管理、安全生产、消防等其他法律的，依照其他法律的规定处罚。

管道企业给他人合法权益造成损害的，依法承担民事责任。

第五十一条 采用移动、切割、打孔、砸撬、拆卸等手段损坏管道或者盗窃、哄抢管道输送、泄漏、排放的石油、天然气，尚不构成犯罪的，依法给予治安管理处罚。

第五十二条 违反本法第二十九条、第三十条、第三十二条或者第三十三条第一款的规定，实施危害管道安全行为的，由县级以上地方人民政府主管管道保护工作的部门责令停止违法行为；情节较重的，对单位处一万元以上十万元以下的罚款，对个人处二百元以上二千元以下的罚款；对违法修建的建筑物、构筑物或者其他设施限期拆除；逾期未拆除的，由县级以上地方人民政府主管管道保护工作的部门组织拆除，所需费用由违法行为人承担。

第五十三条 未经依法批准，进行本法第三十三条第二款或者第三十五条规定的施工作业的，由县级以上地方人民政府主管管道保护工作的部门责令停止违法行为；情节较重的，处一万元以上五万元以下的罚款；对违法修建的危害管道安全的建筑物、构筑物或者其他设施限期拆除；逾期未拆除的，由县级以上地方人民政府主管管道保护工作的部门组织拆除，所需费用由违法行为人承担。

第五十四条 违反本法规定，有下列行为之一的，由县级以上地方人民政府主管管道保护工作的部门责令改正；情节严重的，处二百元以上一千元以下的罚款：

（一）擅自开启、关闭管道阀门的；

（二）移动、毁损、涂改管道标志的；

（三）在埋地管道上方巡查便道上行驶重型车辆的；

（四）在地面管道线路、架空管道线路和管桥上行走或者放置重物的；

（五）阻碍依法进行的管道建设的。

第五十五条 违反本法规定，实施危害管道安全的行为，给管道企业造成损害的，依法承担民事责任。

第五十六条 县级以上地方人民政府及其主管管道保护工作的部门或者其他有关部门，违反本法规定，对应当组织排除的管道外部安全隐患不及时组织排除，发现危害管道安全的行为或者接到对危害管道安全行为的举报后不依法予以查处，或者有其他不依照本法规定履行职责的行为的，由其上级机关责令改正，对直接负责的主管人员和其他直接责任人员依法给予处分。

第五十七条 违反本法规定，构成犯罪的，依法追究刑事责任。

第六章　附　　则

第五十八条 本法所称管道附属设施包括：

（一）管道的加压站、加热站、计量站、集油站、集气站、输油站、输气站、配气站、处理场、清管站、阀室、阀井、放空设施、油库、储气库、装卸栈桥、装卸场；

（二）管道的水工防护设施、防风设施、防雷设施、抗震设施、通信设施、安全监控设施、电力设施、管堤、管桥以及管道专用涵洞、隧道等穿跨越设施；

（三）管道的阴极保护站、阴极保护测试桩、阳极地床、杂散电流排流站等防腐设施；

（四）管道穿越铁路、公路的检漏装置；

（五）管道的其他附属设施。

第五十九条 本法施行前在管道保护距离内已建成的人口密集场所和易燃易爆物品的生产、经营、存储场所，应当由所在地人民政府根据当地的实际情况，有计划、分步骤地进行搬迁、清理或者采取必要的防护措施。需要已建成的管道改建、搬迁或者采取必要的防护措施的，应当与管道企业协商确定补偿方案。

第六十条 国务院可以根据海上石油、天然气管道的具体情况，制定海上石油、天然气管道保护的特别规定。

第六十一条 本法自2010年10月1日起施行。

中华人民共和国道路交通安全法

2011年中华人民共和国主席令第47号(2011年4月22日发布)

《全国人民代表大会常务委员会关于修改〈中华人民共和国道路交通安全法〉的决定》已由中华人民共和国第十一届全国人民代表大会常务委员会第二十次会议于2011年4月22日通过,现予公布,自2011年5月1日起施行。

中华人民共和国主席　**胡锦涛**

2011年4月22日

全国人民代表大会常务委员会关于修改《中华人民共和国道路交通安全法》的决定

(2011年4月22日第十一届全国人民代表大会常务委员会第二十次会议通过)

第十一届全国人民代表大会常务委员会第二十次会议决定对《中华人民共和国道路交通安全法》作如下修改:

一、将第九十一条修改为:"饮酒后驾驶机动车的,处暂扣六个月机动车驾驶证,并处一千元以上二千元以下罚款。因饮酒后驾驶机动车被处罚,再次饮酒后驾驶机动车的,处十日以下拘留,并处一千元以上二千元以下罚款,吊销机动车驾驶证。

"醉酒驾驶机动车的,由公安机关交通管理部门约束至酒醒,吊销机动车驾驶证,依法追究刑事责任;五年内不得重新取得机动车驾驶证。

"饮酒后驾驶营运机动车的,处十五日拘留,并处五千元罚款,吊销机动车驾驶证,五年内不得重新取得机动车驾驶证。

"醉酒驾驶营运机动车的,由公安机关交通管理部门约束至酒醒,吊销机动车驾驶证,依法追究刑事责任;十年内不得重新取得机动车驾驶证,重新取得机动车驾驶证后,不得驾驶营运机动车。

"饮酒后或者醉酒驾驶机动车发生重大交通事故,构成犯罪的,依法追究刑事责任,并由公安机关交通管理部门吊销机动车驾驶证,终生不得重新取得机动车驾驶证。"

二、将第九十六条第一款修改为:"伪造、变造或者使用伪造、变造的机动车登记证书、号牌、行驶证、驾驶证的,由公安机关交通管理部门予以收缴,扣留该机动车,处十五日以下拘留,并处二千元以上五千元以下罚款;构成犯罪的,依法追究刑事责任。

"伪造、变造或者使用伪造、变造的检验合格标志、保险标志的,由公安机关交通管理部门予以收缴,扣留该机动车,处十日以下拘留,并处一千元以上三千元以下罚款;构成犯罪的,依法追究刑事责任。

"使用其他车辆的机动车登记证书、号牌、行驶证、检验合格标志、保险标志的,由公安机关交通管理部门予以收缴,扣留该机动车,处二千元以上五千元以下罚款。"

原第九十六条第二款作为第四款。

三、本决定自2011年5月1日起施行。

《中华人民共和国道路交通安全法》根据本决定作相应的修改,重新公布。

中华人民共和国道路交通安全法

(2003年10月28日第十届全国人民代表大会常务委员会第五次会议通过
根据2007年12月29日第十届全国人民代表大会常务委员会第三十一次会议
《关于修改〈中华人民共和国道路交通安全法〉的决定》第一次修正
根据2011年4月22日第十一届全国人民代表大会常务委员会第二十次会议
《关于修改〈中华人民共和国道路交通安全法〉的决定》第二次修正)

目　　录

第一章　总　　则

第一条　为了维护道路交通秩序,预防和减少交通事故,保护人身安全,保护公民、法人和其他组织的财产安全及其他合法权益,提高通行效率,制定本法。

第二条　中华人民共和国境内的车辆驾驶人、行人、乘车人以及与道路交通活动有关的单位和个人,都应当遵守本法。

第三条　道路交通安全工作,应当遵循依法管理、方便群众的原则,保障道路交通有序、安全、畅通。

第四条　各级人民政府应当保障道路交通安全管理工作与经济建设和社会发展相适应。

县级以上地方各级人民政府应当适应道路交通发展的需要,依据道路交通安全法律、法规和国家有关政策,制定道路交通安全管理规划,并组织实施。

第五条　国务院公安部门负责全国道路交通安全管理工作。县级以上地方各级人民政府公安机关交通管理部门负责本行政区域内的道路交通安全管理工作。

县级以上各级人民政府交通、建设管理部门依据各自职责,负责有关的道路交通工作。

第六条　各级人民政府应当经常进行道路交通安全教育,提高公民的道路交通安全意识。

公安机关交通管理部门及其交通警察执行职务时,应当加强道路交通安全法律、法规的宣传,并模范遵守道路交通安全法律、法规。

机关、部队、企业事业单位、社会团体以及其他组织，应当对本单位的人员进行道路交通安全教育。

教育行政部门、学校应当将道路交通安全教育纳入法制教育的内容。

新闻、出版、广播、电视等有关单位，有进行道路交通安全教育的义务。

第七条 对道路交通安全管理工作，应当加强科学研究，推广、使用先进的管理方法、技术、设备。

第二章 车辆和驾驶人

第一节 机动车、非机动车

第八条 国家对机动车实行登记制度。机动车经公安机关交通管理部门登记后，方可上道路行驶。尚未登记的机动车，需要临时上道路行驶的，应当取得临时通行牌证。

第九条 申请机动车登记，应当提交以下证明、凭证：

（一）机动车所有人的身份证明；

（二）机动车来历证明；

（三）机动车整车出厂合格证明或者进口机动车进口凭证；

（四）车辆购置税的完税证明或者免税凭证；

（五）法律、行政法规规定应当在机动车登记时提交的其他证明、凭证。

公安机关交通管理部门应当自受理申请之日起五个工作日内完成机动车登记审查工作，对符合前款规定条件的，应当发放机动车登记证书、号牌和行驶证；对不符合前款规定条件的，应当向申请人说明不予登记的理由。

公安机关交通管理部门以外的任何单位或者个人不得发放机动车号牌或者要求机动车悬挂其他号牌，本法另有规定的除外。

机动车登记证书、号牌、行驶证的式样由国务院公安部门规定并监制。

第十条 准予登记的机动车应当符合机动车国家安全技术标准。申请机动车登记时，应当接受对该机动车的安全技术检验。但是，经国家机动车产品主管部门依据机动车国家安全技术标准认定的企业生产的机动车型，该车型的新车在出厂时经检验符合机动车国家安全技术标准，获得检验合格证的，免予安全技术检验。

第十一条 驾驶机动车上道路行驶，应当悬挂机动车号牌，放置检验合格标志、保险标志，并随车携带机动车行驶证。

机动车号牌应当按照规定悬挂并保持清晰、完整，不得故意遮挡、污损。

任何单位和个人不得收缴、扣留机动车号牌。

第十二条 有下列情形之一的，应当办理相应的登记：

（一）机动车所有权发生转移的；

（二）机动车登记内容变更的；

（三）机动车用作抵押的；

（四）机动车报废的。

第十三条 对登记后上道路行驶的机动车，应当依照法律、行政法规的规定，根据车辆用途、载客载货数量、使用年限等不同情况，定期进行安全技术检验。对提供机动车行驶证和机动车第三者责任强制保险单的，机动车安全技术检验机构应当予以检验，任何单位不得附加其他条件。对符合机动车国家安全技术标准的，公安机关交通管理部门应当发给检验合格标志。

对机动车的安全技术检验实行社会化。具体办法由国务院规定。

机动车安全技术检验实行社会化的地方，任何单位不得要求机动车到指定的场所进行检验。

公安机关交通管理部门、机动车安全技术检验机构不得要求机动车到指定的场所进行维修、保养。

机动车安全技术检验机构对机动车检验收取费用，应当严格执行国务院价格主管部门核定的收费标准。

第十四条 国家实行机动车强制报废制度，根据机动车的安全技术状况和不同用途，规定不同的报废标准。

应当报废的机动车必须及时办理注销登记。

达到报废标准的机动车不得上道路行驶。报废的大型客、货车及其他营运车辆应当在公安机关交通管理部门的监督下解体。

第十五条 警车、消防车、救护车、工程救险车应当按照规定喷涂标志图案，安装警报器、标志灯具。其他机动车不得喷涂、安装、使用上述车辆专用的或者与其相类似的标志图案、警报器或者标志灯具。

警车、消防车、救护车、工程救险车应当严格按照规定的用途和条件使用。

公路监督检查的专用车辆，应当依照公路法的规定，设置统一的标志和示警灯。

第十六条 任何单位或者个人不得有下列行为：

（一）拼装机动车或者擅自改变机动车已登记的结构、构造或者特征；

（二）改变机动车型号、发动机号、车架号或者车辆识别代号；

（三）伪造、变造或者使用伪造、变造的机动车登记证书、号牌、行驶证、检验合格标志、保险标志；

（四）使用其他机动车的登记证书、号牌、行驶证、检验合格标志、保险标志。

第十七条 国家实行机动车第三者责任强制保险制度，设立道路交通事故社会救助基金。具体办法由国务院规定。

第十八条 依法应当登记的非机动车，经公安机关交通管理部门登记后，方可上道路行驶。

依法应当登记的非机动车的种类，由省、自治区、直辖市人民政府根据当地实际情况规定。

非机动车的外形尺寸、质量、制动器、车铃和夜间反光装置，应当符合非机动车安全技术标准。

第二节 机动车驾驶人

第十九条 驾驶机动车，应当依法取得机动车驾驶证。

申请机动车驾驶证，应当符合国务院公安部门规定的驾驶许可条件；经考试合格后，由公安机关交通管理部门发给相应类别的机动车驾驶证。

持有境外机动车驾驶证的人，符合国务院公安部门规定的驾驶许可条件，经公安机关交通管理部门考核合格的，可以发给中国的机动车驾驶证。

驾驶人应当按照驾驶证载明的准驾车型驾驶机动车；驾驶机动车时，应当随身携带机动车驾驶证。

公安机关交通管理部门以外的任何单位或者个人，不得收缴、扣留机动车驾驶证。

第二十条 机动车的驾驶培训实行社会化，由交通主管部门对驾驶培训学校、驾驶培训班实行资格管理，其中专门的拖拉机驾驶培训学校、驾驶培训班由农业（农业机械）主管部门实行资格管理。

驾驶培训学校、驾驶培训班应当严格按照国家有关规定，对学员进行道路交通安全法律、法规、驾驶技能的培训，确保培训质量。

任何国家机关以及驾驶培训和考试主管部门不得举办或者参与举办驾驶培训学校、驾驶培训班。

第二十一条 驾驶人驾驶机动车上道路行驶前，应当对机动车的安全技术性能进行认真检查；不得驾驶安全设施不全或者机件不符合技术标准等具有安全隐患的机动车。

第二十二条 机动车驾驶人应当遵守道路交通安全法律、法规的规定，按照操作规范安全驾驶、文明驾驶。

饮酒、服用国家管制的精神药品或者麻醉药品，或者患有妨碍安全驾驶机动车的疾病，或者过度疲劳影响安全驾驶的，不得驾驶机动车。

任何人不得强迫、指使、纵容驾驶人违反道路交通安全法律、法规和机动车安全驾驶要求驾驶机动车。

第二十三条 公安机关交通管理部门依照法律、行政法规的规定，定期对机动车驾驶证实施审验。

第二十四条 公安机关交通管理部门对机动车驾驶人违反道路交通安全法律、法规的行为，除依法给予行政处罚外，实行累积记分制度。公安机关交通管理部门对累积记分达到规定分值的机动车驾驶人，扣留机动车驾驶证，对其进行道路交通安全法律、法规教育，重新考试；考试合格的，发还其机动车驾驶证。

对遵守道路交通安全法律、法规，在一年内无累积记分的机动车驾驶人，可以延长机动车驾驶证的审验期。具体办法由国务院公安部门规定。

第三章　道路通行条件

第二十五条　全国实行统一的道路交通信号。

交通信号包括交通信号灯、交通标志、交通标线和交通警察的指挥。

交通信号灯、交通标志、交通标线的设置应当符合道路交通安全、畅通的要求和国家标准，并保持清晰、醒目、准确、完好。

根据通行需要，应当及时增设、调换、更新道路交通信号。增设、调换、更新限制性的道路交通信号，应当提前向社会公告，广泛进行宣传。

第二十六条　交通信号灯由红灯、绿灯、黄灯组成。红灯表示禁止通行，绿灯表示准许通行，黄灯表示警示。

第二十七条　铁路与道路平面交叉的道口，应当设置警示灯、警示标志或者安全防护设施。无人看守的铁路道口，应当在距道口一定距离处设置警示标志。

第二十八条　任何单位和个人不得擅自设置、移动、占用、损毁交通信号灯、交通标志、交通标线。

道路两侧及隔离带上种植的树木或者其他植物，设置的广告牌、管线等，应当与交通设施保持必要的距离，不得遮挡路灯、交通信号灯、交通标志，不得妨碍安全视距，不得影响通行。

第二十九条　道路、停车场和道路配套设施的规划、设计、建设，应当符合道路交通安全、畅通的要求，并根据交通需求及时调整。

公安机关交通管理部门发现已经投入使用的道路存在交通事故频发路段，或者停车场、道路配套设施存在交通安全严重隐患的，应当及时向当地人民政府报告，并提出防范交通事故、消除隐患的建议，当地人民政府应当及时作出处理决定。

第三十条　道路出现坍塌、坑漕、水毁、隆起等损毁或者交通信号灯、交通标志、交通标线等交通设施损毁、灭失的，道路、交通设施的养护部门或者管理部门应当设置警示标志并及时修复。

公安机关交通管理部门发现前款情形，危及交通安全，尚未设置警示标志的，应当及时采取安全措施，疏导交通，并通知道路、交通设施的养护部门或者管理部门。

第三十一条　未经许可，任何单位和个人不得占用道路从事非交通活动。

第三十二条　因工程建设需要占用、挖掘道路，或者跨越、穿越道路架设、增设管线设施，应当事先征得道路主管部门的同意；影响交通安全的，还应当征得公安机关交通管理部门的同意。

施工作业单位应当在经批准的路段和时间内施工作业，并在距离施工作业地点来车方向安全距离处设置明显的安全警示标志，采取防护措施；施工作业完毕，应当迅速清除道路上的障碍物，消除安全隐患，经道路主管部门和公安机关交通管理部门验收合格，符合通行要求后，方可恢复通行。

对未中断交通的施工作业道路，公安机关交通管理部门应当加强交通安全监督检查，维护道路交通秩序。

第三十三条　新建、改建、扩建的公共建筑、商业街区、居住区、大（中）型建筑等，应当配建、增建停车场；停车泊位不足的，应当及时改建或者扩建；投入使用的停车场不得擅自停止使用或者改作他用。

在城市道路范围内，在不影响行人、车辆通行的情况下，政府有关部门可以施划停车泊位。

第三十四条　学校、幼儿园、医院、养老院门前的道路没有行人过街设施的，应当施划人行横道线，设置提示标志。

城市主要道路的人行道，应当按照规划设置盲道。盲道的设置应当符合国家标准。

第四章　道路通行规定

第一节　一般规定

第三十五条　机动车、非机动车实行右侧通行。

第三十六条　根据道路条件和通行需要，道路划分为机动车道、非机动车道和人行道的，机动车、非机动车、行人实行分道通行。没有划分机动车道、非机动车道和人行道的，机动车在道路中间通行，非机动车和行人在道路两侧通行。

第三十七条　道路划设专用车道的，在专用车道内，只准许规定的车辆通行，其他车辆不得进入专用车道内行驶。

第三十八条　车辆、行人应当按照交通信号通行；遇有交通警察现场指挥时，应当按照交通警察的指挥通行；在没有交通信号的道路上，应当在确保安全、畅通的原则下通行。

第三十九条　公安机关交通管理部门根据道路和交通流量的具体情况，可以对机动车、非机动车、行人采取疏导、限制通行、禁止通行等措施。遇有大型群众性活动、大范围施工等情况，需要采取限制交通的措施，或者作出与公众的道路交通活动直接有关的决定，应当提前向社会公告。

第四十条　遇有自然灾害、恶劣气象条件或者重大交通事故等严重影响交通安全的情形，采取其他措施难以保证交通安全时，公安机关交通管理部门可以实行交通管制。

第四十一条　有关道路通行的其他具体规定，由国务院规定。

第二节　机动车通行规定

第四十二条　机动车上道路行驶，不得超过限速标志标明的最高时速。在没有限速标志的路段，应当保持安全车速。

夜间行驶或者在容易发生危险的路段行驶，以及遇有沙尘、冰雹、雨、雪、雾、结冰等气象条件时，应当降低行驶速度。

第四十三条　同车道行驶的机动车，后车应当与前车保持足以采取紧急制动措施的安全距离。有下列情形之一的，不得超车：

（一）前车正在左转弯、掉头、超车的；

（二）与对面来车有会车可能的；

（三）前车为执行紧急任务的警车、消防车、救护车、工程救险车的；

（四）行经铁路道口、交叉路口、窄桥、弯道、陡坡、隧道、人行横道、市区交通流量大的路段等没有超车条件的。

第四十四条　机动车通过交叉路口，应当按照交通信号灯、交通标志、交通标线或者交通警察的指挥通过；通过没有交通信号灯、交通标志、交通标线或者交通警察指挥的交叉路口时，应当减速慢行，并让行人和优先通行的车辆先行。

第四十五条　机动车遇有前方车辆停车排队等候或者缓慢行驶时，不得借道超车或者占用对面车道，不得穿插等候的车辆。

在车道减少的路段、路口，或者在没有交通信号灯、交通标志、交通标线或者交通警察指挥的交叉路口遇到停车排队等候或者缓慢行驶时，机动车应当依次交替通行。

第四十六条　机动车通过铁路道口时，应当按照交通信号或者管理人员的指挥通行；没有交通信号或者管理人员的，应当减速或者停车，在确认安全后通过。

第四十七条　机动车行经人行横道时，应当减速行驶；遇行人正在通过人行横道，应当停车让行。

机动车行经没有交通信号的道路时，遇行人横过道路，应当避让。

第四十八条　机动车载物应当符合核定的载质量，严禁超载；载物的长、宽、高不得违反装载要求，不得遗洒、飘散载运物。

机动车运载超限的不可解体的物品,影响交通安全的,应当按照公安机关交通管理部门指定的时间、路线、速度行驶,悬挂明显标志。在公路上运载超限的不可解体的物品,并应当依照公路法的规定执行。

机动车载运爆炸物品、易燃易爆化学物品以及剧毒、放射性等危险物品,应当经公安机关批准后,按指定的时间、路线、速度行驶,悬挂警示标志并采取必要的安全措施。

第四十九条 机动车载人不得超过核定的人数,客运机动车不得违反规定载货。

第五十条 禁止货运机动车载客。

货运机动车需要附载作业人员的,应当设置保护作业人员的安全措施。

第五十一条 机动车行驶时,驾驶人、乘坐人员应当按规定使用安全带,摩托车驾驶人及乘坐人员应当按规定戴安全头盔。

第五十二条 机动车在道路上发生故障,需要停车排除故障时,驾驶人应当立即开启危险报警闪光灯,将机动车移至不妨碍交通的地方停放;难以移动的,应当持续开启危险报警闪光灯,并在来车方向设置警告标志等措施扩大示警距离,必要时迅速报警。

第五十三条 警车、消防车、救护车、工程救险车执行紧急任务时,可以使用警报器、标志灯具;在确保安全的前提下,不受行驶路线、行驶方向、行驶速度和信号灯的限制,其他车辆和行人应当让行。

警车、消防车、救护车、工程救险车非执行紧急任务时,不得使用警报器、标志灯具,不享有前款规定的道路优先通行权。

第五十四条 道路养护车辆、工程作业车进行作业时,在不影响过往车辆通行的前提下,其行驶路线和方向不受交通标志、标线限制,过往车辆和人员应当注意避让。

洒水车、清扫车等机动车应当按照安全作业标准作业;在不影响其他车辆通行的情况下,可以不受车辆分道行驶的限制,但是不得逆向行驶。

第五十五条 高速公路、大中城市中心城区内的道路,禁止拖拉机通行。其他禁止拖拉机通行的道路,由省、自治区、直辖市人民政府根据当地实际情况规定。

在允许拖拉机通行的道路上,拖拉机可以从事货运,但是不得用于载人。

第五十六条 机动车应当在规定地点停放。禁止在人行道上停放机动车;但是,依照本法第三十三条规定施划的停车泊位除外。

在道路上临时停车的,不得妨碍其他车辆和行人通行。

第三节 非机动车通行规定

第五十七条 驾驶非机动车在道路上行驶应当遵守有关交通安全的规定。非机动车应当在非机动车道内行驶;在没有非机动车道的道路上,应当靠车行道的右侧行驶。

第五十八条 残疾人机动轮椅车、电动自行车在非机动车道内行驶时,最高时速不得超过十五公里。

第五十九条 非机动车应当在规定地点停放。未设停放地点的,非机动车停放不得妨碍其他车辆和行人通行。

第六十条 驾驭畜力车,应当使用驯服的牲畜;驾驭畜力车横过道路时,驾驭人应当下车牵引牲畜;驾驭人离开车辆时,应当拴系牲畜。

第四节 行人和乘车人通行规定

第六十一条 行人应当在人行道内行走,没有人行道的靠路边行走。

第六十二条 行人通过路口或者横过道路,应当走人行横道或者过街设施;通过有交通信号灯的人行横道,应当按照交通信号灯指示通行;通过没有交通信号灯、人行横道的路口,或者在没有过街设施的路段横过道路,应当在确认安全后通过。

第六十三条 行人不得跨越、倚坐道路隔离设施,不得扒车、强行拦车或者实施妨碍道路交通安全的其他行为。

第六十四条 学龄前儿童以及不能辨认或者不能控制自己行为的精神疾病患者、智力障碍者在道路上通行,应当由其监护人、监护人委托的人或者对其负有管理、保护职责的人带领。

盲人在道路上通行,应当使用盲杖或者采取其他导盲手段,车辆应当避让盲人。

第六十五条 行人通过铁路道口时,应当按照交通信号或者管理人员的指挥通行;没有交通信号和管理人员的,应当在确认无火车驶临后,迅速通过。

第六十六条 乘车人不得携带易燃易爆等危险物品,不得向车外抛洒物品,不得有影响驾驶人安全驾驶的行为。

第五节　高速公路的特别规定

第六十七条 行人、非机动车、拖拉机、轮式专用机械车、铰接式客车、全挂拖斗车以及其他设计最高时速低于七十公里的机动车,不得进入高速公路。高速公路限速标志标明的最高时速不得超过一百二十公里。

第六十八条 机动车在高速公路上发生故障时,应当依照本法第五十二条的有关规定办理;但是,警告标志应当设置在故障车来车方向一百五十米以外,车上人员应当迅速转移到右侧路肩上或者应急车道内,并且迅速报警。

机动车在高速公路上发生故障或者交通事故,无法正常行驶的,应当由救援车、清障车拖曳、牵引。

第六十九条 任何单位、个人不得在高速公路上拦截检查行驶的车辆,公安机关的人民警察依法执行紧急公务除外。

第五章　交通事故处理

第七十条 在道路上发生交通事故,车辆驾驶人应当立即停车,保护现场;造成人身伤亡的,车辆驾驶人应当立即抢救受伤人员,并迅速报告执勤的交通警察或者公安机关交通管理部门。因抢救受伤人员变动现场的,应当标明位置。乘车人、过往车辆驾驶人、过往行人应当予以协助。

在道路上发生交通事故,未造成人身伤亡,当事人对事实及成因无争议的,可以即行撤离现场,恢复交通,自行协商处理损害赔偿事宜;不即行撤离现场的,应当迅速报告执勤的交通警察或者公安机关交通管理部门。

在道路上发生交通事故,仅造成轻微财产损失,并且基本事实清楚的,当事人应当先撤离现场再进行协商处理。

第七十一条 车辆发生交通事故后逃逸的,事故现场目击人员和其他知情人员应当向公安机关交通管理部门或者交通警察举报。举报属实的,公安机关交通管理部门应当给予奖励。

第七十二条 公安机关交通管理部门接到交通事故报警后,应当立即派交通警察赶赴现场,先组织抢救受伤人员,并采取措施,尽快恢复交通。

交通警察应当对交通事故现场进行勘验、检查,收集证据;因收集证据的需要,可以扣留事故车辆,但是应当妥善保管,以备核查。

对当事人的生理、精神状况等专业性较强的检验,公安机关交通管理部门应当委托专门机构进行鉴定。鉴定结论应当由鉴定人签名。

第七十三条 公安机关交通管理部门应当根据交通事故现场勘验、检查、调查情况和有关的检验、鉴定结论,及时制作交通事故认定书,作为处理交通事故的证据。交通事故认定书应当载明交通事故的基本事实、成因和当事人的责任,并送达当事人。

第七十四条 对交通事故损害赔偿的争议,当事人可以请求公安机关交通管理部门调解,也可以直接向人民法院提起民事诉讼。

经公安机关交通管理部门调解，当事人未达成协议或者调解书生效后不履行的，当事人可以向人民法院提起民事诉讼。

第七十五条 医疗机构对交通事故中的受伤人员应当及时抢救，不得因抢救费用未及时支付而拖延救治。肇事车辆参加机动车第三者责任强制保险的，由保险公司在责任限额范围内支付抢救费用；抢救费用超过责任限额的，未参加机动车第三者责任强制保险或者肇事后逃逸的，由道路交通事故社会救助基金先行垫付部分或者全部抢救费用，道路交通事故社会救助基金管理机构有权向交通事故责任人追偿。

第七十六条 机动车发生交通事故造成人身伤亡、财产损失的，由保险公司在机动车第三者责任强制保险责任限额范围内予以赔偿；不足的部分，按照下列规定承担赔偿责任：

（一）机动车之间发生交通事故的，由有过错的一方承担赔偿责任；双方都有过错的，按照各自过错的比例分担责任。

（二）机动车与非机动车驾驶人、行人之间发生交通事故，非机动车驾驶人、行人没有过错的，由机动车一方承担赔偿责任；有证据证明非机动车驾驶人、行人有过错的，根据过错程度适当减轻机动车一方的赔偿责任；机动车一方没有过错的，承担不超过百分之十的赔偿责任。

交通事故的损失是由非机动车驾驶人、行人故意碰撞机动车造成的，机动车一方不承担赔偿责任。

第七十七条 车辆在道路以外通行时发生的事故，公安机关交通管理部门接到报案的，参照本法有关规定办理。

第六章 执法监督

第七十八条 公安机关交通管理部门应当加强对交通警察的管理，提高交通警察的素质和管理道路交通的水平。

公安机关交通管理部门应当对交通警察进行法制和交通安全管理业务培训、考核。交通警察经考核不合格的，不得上岗执行职务。

第七十九条 公安机关交通管理部门及其交通警察实施道路交通安全管理，应当依据法定的职权和程序，简化办事手续，做到公正、严格、文明、高效。

第八十条 交通警察执行职务时，应当按照规定着装，佩带人民警察标志，持有人民警察证件，保持警容严整，举止端庄，指挥规范。

第八十一条 依照本法发放牌证等收取工本费，应当严格执行国务院价格主管部门核定的收费标准，并全部上缴国库。

第八十二条 公安机关交通管理部门依法实施罚款的行政处罚，应当依照有关法律、行政法规的规定，实施罚款决定与罚款收缴分离；收缴的罚款以及依法没收的违法所得，应当全部上缴国库。

第八十三条 交通警察调查处理道路交通安全违法行为和交通事故，有下列情形之一的，应当回避：

（一）是本案的当事人或者当事人的近亲属；

（二）本人或者其近亲属与本案有利害关系；

（三）与本案当事人有其他关系，可能影响案件的公正处理。

第八十四条 公安机关交通管理部门及其交通警察的行政执法活动，应当接受行政监察机关依法实施的监督。

公安机关督察部门应当对公安机关交通管理部门及其交通警察执行法律、法规和遵守纪律的情况依法进行监督。

上级公安机关交通管理部门应当对下级公安机关交通管理部门的执法活动进行监督。

第八十五条 公安机关交通管理部门及其交通警察执行职务，应当自觉接受社会和公民的监督。

任何单位和个人都有权对公安机关交通管理部门及其交通警察不严格执法以及违法违纪行为进行

检举、控告。收到检举、控告的机关,应当依据职责及时查处。

第八十六条 任何单位不得给公安机关交通管理部门下达或者变相下达罚款指标;公安机关交通管理部门不得以罚款数额作为考核交通警察的标准。

公安机关交通管理部门及其交通警察对超越法律、法规规定的指令,有权拒绝执行,并同时向上级机关报告。

第七章 法律责任

第八十七条 公安机关交通管理部门及其交通警察对道路交通安全违法行为,应当及时纠正。

公安机关交通管理部门及其交通警察应当依据事实和本法的有关规定对道路交通安全违法行为予以处罚。对于情节轻微,未影响道路通行的,指出违法行为,给予口头警告后放行。

第八十八条 对道路交通安全违法行为的处罚种类包括:警告、罚款、暂扣或者吊销机动车驾驶证、拘留。

第八十九条 行人、乘车人、非机动车驾驶人违反道路交通安全法律、法规关于道路通行规定的,处警告或者五元以上五十元以下罚款;非机动车驾驶人拒绝接受罚款处罚的,可以扣留其非机动车。

第九十条 机动车驾驶人违反道路交通安全法律、法规关于道路通行规定的,处警告或者二十元以上二百元以下罚款。本法另有规定的,依照规定处罚。

第九十一条 饮酒后驾驶机动车的,处暂扣六个月机动车驾驶证,并处一千元以上二千元以下罚款。因饮酒后驾驶机动车被处罚,再次饮酒后驾驶机动车的,处十日以下拘留,并处一千元以上二千元以下罚款,吊销机动车驾驶证。

醉酒驾驶机动车的,由公安机关交通管理部门约束至酒醒,吊销机动车驾驶证,依法追究刑事责任;五年内不得重新取得机动车驾驶证。

饮酒后驾驶营运机动车的,处十五日拘留,并处五千元罚款,吊销机动车驾驶证,五年内不得重新取得机动车驾驶证。

醉酒驾驶营运机动车的,由公安机关交通管理部门约束至酒醒,吊销机动车驾驶证,依法追究刑事责任;十年内不得重新取得机动车驾驶证,重新取得机动车驾驶证后,不得驾驶营运机动车。

饮酒后或者醉酒驾驶机动车发生重大交通事故,构成犯罪的,依法追究刑事责任,并由公安机关交通管理部门吊销机动车驾驶证,终生不得重新取得机动车驾驶证。

第九十二条 公路客运车辆载客超过额定乘员的,处二百元以上五百元以下罚款;超过额定乘员百分之二十或者违反规定载货的,处五百元以上二千元以下罚款。

货运机动车超过核定载质量的,处二百元以上五百元以下罚款;超过核定载质量百分之三十或者违反规定载客的,处五百元以上二千元以下罚款。

有前两款行为的,由公安机关交通管理部门扣留机动车至违法状态消除。

运输单位的车辆有本条第一款、第二款规定的情形,经处罚不改的,对直接负责的主管人员处二千元以上五千元以下罚款。

第九十三条 对违反道路交通安全法律、法规关于机动车停放、临时停车规定的,可以指出违法行为,并予以口头警告,令其立即驶离。

机动车驾驶人不在现场或者虽在现场但拒绝立即驶离,妨碍其他车辆、行人通行的,处二十元以上二百元以下罚款,并可以将该机动车拖移至不妨碍交通的地点或者公安机关交通管理部门指定的地点停放。公安机关交通管理部门拖车不得向当事人收取费用,并应当及时告知当事人停放地点。

因采取不正确的方法拖车造成机动车损坏的,应当依法承担补偿责任。

第九十四条 机动车安全技术检验机构实施机动车安全技术检验超过国务院价格主管部门核定的收费标准收取费用的,退还多收取的费用,并由价格主管部门依照《中华人民共和国价格法》的有关规定给予处罚。

机动车安全技术检验机构不按照机动车国家安全技术标准进行检验，出具虚假检验结果的，由公安机关交通管理部门处所收检验费用五倍以上十倍以下罚款，并依法撤销其检验资格；构成犯罪的，依法追究刑事责任。

第九十五条 上道路行驶的机动车未悬挂机动车号牌，未放置检验合格标志、保险标志，或者未随车携带行驶证、驾驶证的，公安机关交通管理部门应当扣留机动车，通知当事人提供相应的牌证、标志或者补办相应手续，并可以依照本法第九十条的规定予以处罚。当事人提供相应的牌证、标志或者补办相应手续的，应当及时退还机动车。

故意遮挡、污损或者不按规定安装机动车号牌的，依照本法第九十条的规定予以处罚。

第九十六条 伪造、变造或者使用伪造、变造的机动车登记证书、号牌、行驶证、驾驶证的，由公安机关交通管理部门予以收缴，扣留该机动车，处十五日以下拘留，并处二千元以上五千元以下罚款；构成犯罪的，依法追究刑事责任。

伪造、变造或者使用伪造、变造的检验合格标志、保险标志的，由公安机关交通管理部门予以收缴，扣留该机动车，处十日以下拘留，并处一千元以上三千元以下罚款；构成犯罪的，依法追究刑事责任。

使用其他车辆的机动车登记证书、号牌、行驶证、检验合格标志、保险标志的，由公安机关交通管理部门予以收缴，扣留该机动车，处二千元以上五千元以下罚款。

当事人提供相应的合法证明或者补办相应手续的，应当及时退还机动车。

第九十七条 非法安装警报器、标志灯具的，由公安机关交通管理部门强制拆除，予以收缴，并处二百元以上二千元以下罚款。

第九十八条 机动车所有人、管理人未按照国家规定投保机动车第三者责任强制保险的，由公安机关交通管理部门扣留车辆至依照规定投保后，并处依照规定投保最低责任限额应缴纳的保险费的二倍罚款。

依照前款缴纳的罚款全部纳入道路交通事故社会救助基金。具体办法由国务院规定。

第九十九条 有下列行为之一的，由公安机关交通管理部门处二百元以上二千元以下罚款：

（一）未取得机动车驾驶证、机动车驾驶证被吊销或者机动车驾驶证被暂扣期间驾驶机动车的；

（二）将机动车交由未取得机动车驾驶证或者机动车驾驶证被吊销、暂扣的人驾驶的；

（三）造成交通事故后逃逸，尚不构成犯罪的；

（四）机动车行驶超过规定时速百分之五十的；

（五）强迫机动车驾驶人违反道路交通安全法律、法规和机动车安全驾驶要求驾驶机动车，造成交通事故，尚不构成犯罪的；

（六）违反交通管制的规定强行通行，不听劝阻的；

（七）故意损毁、移动、涂改交通设施，造成危害后果，尚不构成犯罪的；

（八）非法拦截、扣留机动车辆，不听劝阻，造成交通严重阻塞或者较大财产损失的。

行为人有前款第二项、第四项情形之一的，可以并处吊销机动车驾驶证；有第一项、第三项、第五项至第八项情形之一的，可以并处十五日以下拘留。

第一百条 驾驶拼装的机动车或者已达到报废标准的机动车上道路行驶的，公安机关交通管理部门应当予以收缴，强制报废。

对驾驶前款所列机动车上道路行驶的驾驶人，处二百元以上二千元以下罚款，并吊销机动车驾驶证。

出售已达到报废标准的机动车的，没收违法所得，处销售金额等额的罚款，对该机动车依照本条第一款的规定处理。

第一百零一条 违反道路交通安全法律、法规的规定，发生重大交通事故，构成犯罪的，依法追究刑事责任，并由公安机关交通管理部门吊销机动车驾驶证。

造成交通事故后逃逸的，由公安机关交通管理部门吊销机动车驾驶证，且终生不得重新取得机动车驾驶证。

第一百零二条 对六个月内发生二次以上特大交通事故负有主要责任或者全部责任的专业运输单位,由公安机关交通管理部门责令消除安全隐患,未消除安全隐患的机动车,禁止上道路行驶。

第一百零三条 国家机动车产品主管部门未按照机动车国家安全技术标准严格审查,许可不合格机动车型投入生产的,对负有责任的主管人员和其他直接责任人员给予降级或者撤职的行政处分。

机动车生产企业经国家机动车产品主管部门许可生产的机动车型,不执行机动车国家安全技术标准或者不严格进行机动车成品质量检验,致使质量不合格的机动车出厂销售的,由质量技术监督部门依照《中华人民共和国产品质量法》的有关规定给予处罚。

擅自生产、销售未经国家机动车产品主管部门许可生产的机动车型的,没收非法生产、销售的机动车成品及配件,可以并处非法产品价值三倍以上五倍以下罚款;有营业执照的,由工商行政管理部门吊销营业执照,没有营业执照的,予以查封。

生产、销售拼装的机动车或者生产、销售擅自改装的机动车的,依照本条第三款的规定处罚。

有本条第二款、第三款、第四款所列违法行为,生产或者销售不符合机动车国家安全技术标准的机动车,构成犯罪的,依法追究刑事责任。

第一百零四条 未经批准,擅自挖掘道路、占用道路施工或者从事其他影响道路交通安全活动的,由道路主管部门责令停止违法行为,并恢复原状,可以依法给予罚款;致使通行的人员、车辆及其他财产遭受损失的,依法承担赔偿责任。

有前款行为,影响道路交通安全活动的,公安机关交通管理部门可以责令停止违法行为,迅速恢复交通。

第一百零五条 道路施工作业或者道路出现损毁,未及时设置警示标志、未采取防护措施,或者应当设置交通信号灯、交通标志、交通标线而没有设置或者应当及时变更交通信号灯、交通标志、交通标线而没有及时变更,致使通行的人员、车辆及其他财产遭受损失的,负有相关职责的单位应当依法承担赔偿责任。

第一百零六条 在道路两侧及隔离带上种植树木、其他植物或者设置广告牌、管线等,遮挡路灯、交通信号灯、交通标志,妨碍安全视距的,由公安机关交通管理部门责令行为人排除妨碍;拒不执行的,处二百元以上二千元以下罚款,并强制排除妨碍,所需费用由行为人负担。

第一百零七条 对道路交通违法行为人予以警告、二百元以下罚款,交通警察可以当场作出行政处罚决定,并出具行政处罚决定书。

行政处罚决定书应当载明当事人的违法事实、行政处罚的依据、处罚内容、时间、地点以及处罚机关名称,并由执法人员签名或者盖章。

第一百零八条 当事人应当自收到罚款的行政处罚决定书之日起十五日内,到指定的银行缴纳罚款。

对行人、乘车人和非机动车驾驶人的罚款,当事人无异议的,可以当场予以收缴罚款。

罚款应当开具省、自治区、直辖市财政部门统一制发的罚款收据;不出具财政部门统一制发的罚款收据的,当事人有权拒绝缴纳罚款。

第一百零九条 当事人逾期不履行行政处罚决定的,作出行政处罚决定的行政机关可以采取下列措施:

(一)到期不缴纳罚款的,每日按罚款数额的百分之三加处罚款;

(二)申请人民法院强制执行。

第一百一十条 执行职务的交通警察认为应当对道路交通违法行为人给予暂扣或者吊销机动车驾驶证处罚的,可以先予扣留机动车驾驶证,并在二十四小时内将案件移交公安机关交通管理部门处理。

道路交通违法行为人应当在十五日内到公安机关交通管理部门接受处理。无正当理由逾期未接受处理的,吊销机动车驾驶证。

公安机关交通管理部门暂扣或者吊销机动车驾驶证的,应当出具行政处罚决定书。

第一百一十一条 对违反本法规定予以拘留的行政处罚,由县、市公安局、公安分局或者相当于县一级的公安机关裁决。

第一百一十二条 公安机关交通管理部门扣留机动车、非机动车，应当当场出具凭证，并告知当事人在规定期限内到公安机关交通管理部门接受处理。

公安机关交通管理部门对被扣留的车辆应当妥善保管，不得使用。

逾期不来接受处理，并且经公告三个月仍不来接受处理的，对扣留的车辆依法处理。

第一百一十三条 暂扣机动车驾驶证的期限从处罚决定生效之日起计算；处罚决定生效前先予扣留机动车驾驶证的，扣留一日折抵暂扣期限一日。

吊销机动车驾驶证后重新申请领取机动车驾驶证的期限，按照机动车驾驶证管理规定办理。

第一百一十四条 公安机关交通管理部门根据交通技术监控记录资料，可以对违法的机动车所有人或者管理人依法予以处罚。对能够确定驾驶人的，可以依照本法的规定依法予以处罚。

第一百一十五条 交通警察有下列行为之一的，依法给予行政处分：

（一）为不符合法定条件的机动车发放机动车登记证书、号牌、行驶证、检验合格标志的；

（二）批准不符合法定条件的机动车安装、使用警车、消防车、救护车、工程救险车的警报器、标志灯具，喷涂标志图案的；

（三）为不符合驾驶许可条件、未经考试或者考试不合格人员发放机动车驾驶证的；

（四）不执行罚款决定与罚款收缴分离制度或者不按规定将依法收取的费用、收缴的罚款及没收的违法所得全部上缴国库的；

（五）举办或者参与举办驾驶学校或者驾驶培训班、机动车修理厂或者收费停车场等经营活动的；

（六）利用职务上的便利收受他人财物或者谋取其他利益的；

（七）违法扣留车辆、机动车行驶证、驾驶证、车辆号牌的；

（八）使用依法扣留的车辆的；

（九）当场收取罚款不开具罚款收据或者不如实填写罚款额的；

（十）徇私舞弊，不公正处理交通事故的；

（十一）故意刁难，拖延办理机动车牌证的；

（十二）非执行紧急任务时使用警报器、标志灯具的；

（十三）违反规定拦截、检查正常行驶的车辆的；

（十四）非执行紧急公务时拦截搭乘机动车的；

（十五）不履行法定职责的。

公安机关交通管理部门有前款所列行为之一的，对直接负责的主管人员和其他直接责任人员给予相应的行政处分。

第一百一十六条 依照本法第一百一十五条的规定，给予交通警察行政处分的，在作出行政处分决定前，可以停止其执行职务；必要时，可以予以禁闭。

依照本法第一百一十五条的规定，交通警察受到降级或者撤职行政处分的，可以予以辞退。

交通警察受到开除处分或者被辞退的，应当取消警衔；受到撤职以下行政处分的交通警察，应当降低警衔。

第一百一十七条 交通警察利用职权非法占有公共财物，索取、收受贿赂，或者滥用职权、玩忽职守，构成犯罪的，依法追究刑事责任。

第一百一十八条 公安机关交通管理部门及其交通警察有本法第一百一十五条所列行为之一，给当事人造成损失的，应当依法承担赔偿责任。

第八章 附　　则

第一百一十九条 本法中下列用语的含义：

（一）“道路”，是指公路、城市道路和虽在单位管辖范围但允许社会机动车通行的地方，包括广场、公共停车场等用于公众通行的场所。

（二）“车辆”，是指机动车和非机动车。

（三）“机动车”，是指以动力装置驱动或者牵引，上道路行驶的供人员乘用或者用于运送物品以及进行工程专项作业的轮式车辆。

（四）“非机动车”，是指以人力或者畜力驱动，上道路行驶的交通工具，以及虽有动力装置驱动但设计最高时速、空车质量、外形尺寸符合有关国家标准的残疾人机动轮椅车、电动自行车等交通工具。

（五）“交通事故”，是指车辆在道路上因过错或者意外造成的人身伤亡或者财产损失的事件。

第一百二十条 中国人民解放军和中国人民武装警察部队在编机动车牌证、在编机动车检验以及机动车驾驶人考核工作，由中国人民解放军、中国人民武装警察部队有关部门负责。

第一百二十一条 对上道路行驶的拖拉机，由农业（农业机械）主管部门行使本法第八条、第九条、第十三条、第十九条、第二十三条规定的公安机关交通管理部门的管理职权。

农业（农业机械）主管部门依照前款规定行使职权，应当遵守本法有关规定，并接受公安机关交通管理部门的监督；对违反规定的，依照本法有关规定追究法律责任。

本法施行前由农业（农业机械）主管部门发放的机动车牌证，在本法施行后继续有效。

第一百二十二条 国家对入境的境外机动车的道路交通安全实施统一管理。

第一百二十三条 省、自治区、直辖市人民代表大会常务委员会可以根据本地区的实际情况，在本法规定的罚款幅度内，规定具体的执行标准。

第一百二十四条 本法自2004年5月1日起施行。

中华人民共和国职业病防治法

2011 年中华人民共和国主席令第 52 号(2011 年 12 月 31 日发布)

《全国人民代表大会常务委员会关于修改〈中华人民共和国职业病防治法〉的决定》已由中华人民共和国第十一届全国人民代表大会常务委员会第二十四次会议于 2011 年 12 月 31 日通过,现予公布,自公布之日起施行。

中华人民共和国主席　**胡锦涛**

2011 年 12 月 31 日

新华社北京 12 月 31 日电

全国人民代表大会常务委员会关于修改《中华人民共和国职业病防治法》的决定

(2011 年 12 月 31 日第十一届全国人民代表大会常务委员会第二十四次会议通过)

第十一届全国人民代表大会常务委员会第二十四次会议决定对《中华人民共和国职业病防治法》作如下修改:

一、将第二条第二款修改为:“本法所称职业病,是指企业、事业单位和个体经济组织等用人单位的劳动者在职业活动中,因接触粉尘、放射性物质和其他有毒、有害因素而引起的疾病。”

第三款修改为:“职业病的分类和目录由国务院卫生行政部门会同国务院安全生产监督管理部门、劳动保障行政部门制定、调整并公布。”

二、将第三条修改为:“职业病防治工作坚持预防为主、防治结合的方针,建立用人单位负责、行政机关监管、行业自律、职工参与和社会监督的机制,实行分类管理、综合治理。”

三、在第四条中增加一款,作为第三款:“工会组织依法对职业病防治工作进行监督,维护劳动者的合法权益。用人单位制定或者修改有关职业病防治的规章制度,应当听取工会组织的意见。”

四、增加一条,作为第六条:“用人单位的主要负责人对本单位的职业病防治工作全面负责。”

五、将第七条改为第八条,修改为:“国家鼓励和支持研制、开发、推广、应用有利于职业病防治和保护劳动者健康的新技术、新工艺、新设备、新材料,加强对职业病的机理和发生规律的基础研究,提高职业病防治科学技术水平;积极采用有效的职业病防治技术、工艺、设备、材料;限制使用或者淘汰职业病危害严重的技术、工艺、设备、材料。

“国家鼓励和支持职业病医疗康复机构的建设。”

六、将第八条改为第九条,第二款修改为:“国务院安全生产监督管理部门、卫生行政部门、劳动保障行政部门依照本法和国务院确定的职责,负责全国职业病防治的监督管理工作。国务院有关部门在各自的职责范围内负责职业病防治的有关监督管理工作。”

第三款修改为:“县级以上地方人民政府安全生产监督管理部门、卫生行政部门、劳动保障行政部门依据各自职责,负责本行政区域内职业病防治的监督管理工作。县级以上地方人民政府有关部门在各自的职责范围内负责职业病防治的有关监督管理工作。”

增加一款,作为第四款:“县级以上人民政府安全生产监督管理部门、卫生行政部门、劳动保障行政部门(以下统称职业卫生监督管理部门)应当加强沟通,密切配合,按照各自职责分工,依法行使职权,承担责任。”

七、将第九条改为第十条,增加一款,作为第二款:“县级以上地方人民政府统一负责、领导、组织、协调本行政区域的职业病防治工作,建立健全职业病防治工作体制、机制,统一领导、指挥职业卫生突发事件应对工作;加强职业病防治能力建设和服务体系建设,完善、落实职业病防治工作责任制。”

第二款作为第三款,修改为:“乡、民族乡、镇的人民政府应当认真执行本法,支持职业卫生监督管理部门依法履行职责。”

八、将第十条改为第十一条,修改为:“县级以上人民政府职业卫生监督管理部门应当加强对职业病防治的宣传教育,普及职业病防治的知识,增强用人单位的职业病防治观念,提高劳动者的职业健康意识、自我保护意识和行使职业卫生保护权利的能力。”

九、将第十一条改为第十二条,修改为:“有关防治职业病的国家职业卫生标准,由国务院卫生行政部门组织制定并公布。

“国务院卫生行政部门应当组织开展重点职业病监测和专项调查,对职业健康风险进行评估,为制定职业卫生标准和职业病防治政策提供科学依据。

“县级以上地方人民政府卫生行政部门应当定期对本行政区域的职业病防治情况进行统计和调查分析。”

十、将第十二条改为第十三条,第一款修改为:“任何单位和个人有权对违反本法的行为进行检举和控告。有关部门收到相关的检举和控告后,应当及时处理。”

十一、增加一条,作为第十四条:“用人单位应当依照法律、法规要求,严格遵守国家职业卫生标准,落实职业病预防措施,从源头上控制和消除职业病危害。”

十二、将第十四条改为第十六条,修改为:“国家建立职业病危害项目申报制度。

“用人单位工作场所存在职业病目录所列职业病的危害因素的,应当及时、如实向所在地安全生产监督管理部门申报危害项目,接受监督。

“职业病危害因素分类目录由国务院卫生行政部门会同国务院安全生产监督管理部门制定、调整并公布。职业病危害项目申报的具体办法由国务院安全生产监督管理部门制定。”

十三、将第十五条改为第十七条,第三款修改为:“建设项目职业病危害分类管理办法由国务院安全生产监督管理部门制定。”

十四、将第十六条改为第十八条,第二款修改为:“职业病危害严重的建设项目的防护设施设计,应当经安全生产监督管理部门审查,符合国家职业卫生标准和卫生要求的,方可施工。”

十五、将第十八条改为第二十条,修改为:“国家对从事放射性、高毒、高危粉尘等作业实行特殊管理。具体管理办法由国务院制定。”

十六、增加一条,作为第二十二条:“用人单位应当保障职业病防治所需的资金投入,不得挤占、挪用,并对因资金投入不足导致的后果承担责任。”

十七、增加一条,作为第二十八条:“职业卫生技术服务机构依法从事职业病危害因素检测、评价工作,接受安全生产监督管理部门的监督检查。安全生产监督管理部门应当依法履行监督职责。”

十八、将第三十一条改为第三十五条,第一款修改为:“用人单位的主要负责人和职业卫生管理人员应当接受职业卫生培训,遵守职业病防治法律、法规,依法组织本单位的职业病防治工作。”

第三款修改为:“劳动者应当学习和掌握相关的职业卫生知识,增强职业病防范意识,遵守职业病防治法律、法规、规章和操作规程,正确使用、维护职业病防护设备和个人使用的职业病防护用品，发现职业病危害事故隐患应当及时报告。”

十九、将第三十四条改为第三十八条，第一款修改为：“发生或者可能发生急性职业病危害事故时，用人单位应当立即采取应急救援和控制措施，并及时报告所在地安全生产监督管理部门和有关部门。安全生产监督管理部门接到报告后，应当及时会同有关部门组织调查处理；必要时，可以采取临时控制措施。卫生行政部门应当组织做好医疗救治工作。”

二十、将第三十七条改为第四十一条，第一款修改为：“工会组织应当督促并协助用人单位开展职业卫生宣传教育和培训，有权对用人单位的职业病防治工作提出意见和建议，依法代表劳动者与用人单位签订劳动安全卫生专项集体合同，与用人单位就劳动者反映的有关职业病防治的问题进行协调并督促解决。”

二十一、增加一条，作为第四十三条：“职业卫生监督管理部门应当按照职责分工，加强对用人单位落实职业病防护管理措施情况的监督检查，依法行使职权，承担责任。”

二十二、将第三十九条改为第四十四条，修改为：“医疗卫生机构承担职业病诊断，应当经省、自治区、直辖市人民政府卫生行政部门批准。省、自治区、直辖市人民政府卫生行政部门应当向社会公布本行政区域内承担职业病诊断的医疗卫生机构的名单。

“承担职业病诊断的医疗卫生机构应当具备下列条件：

“（一）持有《医疗机构执业许可证》；

“（二）具有与开展职业病诊断相适应的医疗卫生技术人员；

“（三）具有与开展职业病诊断相适应的仪器、设备；

“（四）具有健全的职业病诊断质量管理制度。

“承担职业病诊断的医疗卫生机构不得拒绝劳动者进行职业病诊断的要求。”

二十三、将第四十条改为第四十五条，修改为：“劳动者可以在用人单位所在地、本人户籍所在地或者经常居住地依法承担职业病诊断的医疗卫生机构进行职业病诊断。”

二十四、将第四十二条改为第四十七条，第一款第二项修改为：“职业病危害接触史和工作场所职业病危害因素情况”。

第二款修改为：“没有证据否定职业病危害因素与病人临床表现之间的必然联系的，应当诊断为职业病。”

二十五、将第四十三条改为第五十一条，修改为：“用人单位和医疗卫生机构发现职业病病人或者疑似职业病病人时，应当及时向所在地卫生行政部门和安全生产监督管理部门报告。确诊为职业病的，用人单位还应当向所在地劳动保障行政部门报告。接到报告的部门应当依法作出处理。”

二十六、将第四十八条修改为：“用人单位应当如实提供职业病诊断、鉴定所需的劳动者职业史和职业病危害接触史、工作场所职业病危害因素检测结果等资料；安全生产监督管理部门应当监督检查和督促用人单位提供上述资料；劳动者和有关机构也应当提供与职业病诊断、鉴定有关的资料。

“职业病诊断、鉴定机构需要了解工作场所职业病危害因素情况时，可以对工作场所进行现场调查，也可以向安全生产监督管理部门提出，安全生产监督管理部门应当在十日内组织现场调查。用人单位不得拒绝、阻挠。”

二十七、增加一条，作为第四十九条：“职业病诊断、鉴定过程中，用人单位不提供工作场所职业病危害因素检测结果等资料的，诊断、鉴定机构应当结合劳动者的临床表现、辅助检查结果和劳动者的职业史、职业病危害接触史，并参考劳动者的自述、安全生产监督管理部门提供的日常监督检查信息等，作出职业病诊断、鉴定结论。

“劳动者对用人单位提供的工作场所职业病危害因素检测结果等资料有异议，或者因劳动者的用人单位解散、破产，无用人单位提供上述资料的，诊断、鉴定机构应当提请安全生产监督管理部门进行调查，安全生产监督管理部门应当自接到申请之日起三十日内对存在异议的资料或者工作场所职业病危害因素情况作出判定；有关部门应当配合。”

二十八、增加一条，作为第五十条：“职业病诊断、鉴定过程中，在确认劳动者职业史、职业病危害接触史时，当事人对劳动关系、工种、工作岗位或者在岗时间有争议的，可以向当地的劳动人事争议仲裁委员会申请仲裁；接到申请的劳动人事争议仲裁委员会应当受理，并在三十日内作出裁决。

“当事人在仲裁过程中对自己提出的主张，有责任提供证据。劳动者无法提供由用人单位掌握管理的与仲裁主张有关的证据的，仲裁庭应当要求用人单位在指定期限内提供；用人单位在指定期限内不提供的，应当承担不利后果。

“劳动者对仲裁裁决不服的，可以依法向人民法院提起诉讼。

“用人单位对仲裁裁决不服的，可以在职业病诊断、鉴定程序结束之日起十五日内依法向人民法院提起诉讼；诉讼期间，劳动者的治疗费用按照职业病待遇规定的途径支付。”

二十九、将第五十条改为第五十七条，第一款修改为：“用人单位应当保障职业病病人依法享受国家规定的职业病待遇。”

三十、将第五十三条改为第六十条，修改为：“劳动者被诊断患有职业病，但用人单位没有依法参加工伤保险的，其医疗和生活保障由该用人单位承担。”

三十一、将第五十四条改为第六十一条，第二款修改为：“用人单位在发生分立、合并、解散、破产等情形时，应当对从事接触职业病危害的作业的劳动者进行健康检查，并按照国家有关规定妥善安置职业病病人。”

三十二、增加一条，作为第六十二条：“用人单位已经不存在或者无法确认劳动关系的职业病病人，可以向地方人民政府民政部门申请医疗救助和生活等方面的救助。

“地方各级人民政府应当根据本地区的实际情况，采取其他措施，使前款规定的职业病病人获得医疗救治。”

三十三、将第五十五条改为第六十三条，修改为：“县级以上人民政府职业卫生监督管理部门依照职业病防治法律、法规、国家职业卫生标准和卫生要求，依据职责划分，对职业病防治工作进行监督检查。”

三十四、将第六十二条改为第七十条，第一项修改为：“未按照规定进行职业病危害预评价或者未提交职业病危害预评价报告，或者职业病危害预评价报告未经安全生产监督管理部门审核同意，开工建设的”。

第三项修改为：“职业病危害严重的建设项目，其职业病防护设施设计未经安全生产监督管理部门审查，或者不符合国家职业卫生标准和卫生要求施工的”。

三十五、将第六十四条改为第七十二条，增加一项，作为第五项：“未依照本法规定在劳动者离开用人单位时提供职业健康监护档案复印件的。”

三十六、将第六十五条改为第七十三条，将第九项修改为：“拒绝职业卫生监督管理部门监督检查的”。

增加二项，作为第十项、第十一项：“（十）隐瞒、伪造、篡改、毁损职业健康监护档案、工作场所职业病危害因素检测评价结果等相关资料，或者拒不提供职业病诊断、鉴定所需资料的；

“（十一）未按照规定承担职业病诊断、鉴定费用和职业病病人的医疗、生活保障费用的。”

三十七、将第七十五条改为第八十三条，修改为：“卫生行政部门、安全生产监督管理部门不按照规定报告职业病和职业病危害事故的，由上一级行政部门责令改正，通报批评，给予警告；虚报、瞒报的，对单位负责人、直接负责的主管人员和其他直接责任人员依法给予降级、撤职或者开除的处分。”

三十八、增加一条，作为第八十四条：“违反本法第十七条、第十八条规定，有关部门擅自批准建设项目或者发放施工许可的，对该部门直接负责的主管人员和其他直接责任人员，由监察机关或者上级机关依法给予记过直至开除的处分。”

三十九、将第七十六条改为第八十五条,修改为:“县级以上地方人民政府在职业病防治工作中未依照本法履行职责,本行政区域出现重大职业病危害事故、造成严重社会影响的,依法对直接负责的主管人员和其他直接责任人员给予记大过直至开除的处分。

“县级以上人民政府职业卫生监督管理部门不履行本法规定的职责,滥用职权、玩忽职守、徇私舞弊,依法对直接负责的主管人员和其他直接责任人员给予记大过或者降级的处分;造成职业病危害事故或者其他严重后果的,依法给予撤职或者开除的处分。”

四十、增加一条,作为第八十六条:“违反本法规定,构成犯罪的,依法追究刑事责任。”

四十一、将第七十八条改为第八十八条,增加一款,作为第二款:“劳务派遣用工单位应当履行本法规定的用人单位的义务。”

四十二、增加一条,作为第八十九条:“对医疗机构放射性职业病危害控制的监督管理,由卫生行政部门依照本法的规定实施。”

四十三、将第一条中的“促进经济发展”修改为“促进经济社会发展”。

将第六条、第五十一条、第五十二条中的“工伤社会保险”修改为“工伤保险”。

将第十九条第一项中的“职业卫生专业人员”修改为“职业卫生管理人员”。

将第二十一条中的“新技术、新工艺、新材料”修改为“新技术、新工艺、新设备、新材料”。将第二十一条、第二十九条、第六十八条第一项中的“技术、工艺、材料”修改为“技术、工艺、设备、材料”。

删去第三十条第三款中的“或者终止”。

将第三十二条第一款、第六十四条第四项中的“如实告知”修改为“书面告知”。

将第四十六条第三款中的“职业病诊断鉴定费用”修改为“职业病诊断、鉴定费用”。

将第七十二条、第七十三条中的“认证”修改为“认可”。

四十四、将第十三条第六项、第二十六条第二款中的“国务院卫生行政部门”修改为“国务院卫生行政部门、安全生产监督管理部门”。

将第十五条第一款、第十六条第三款、第五十六条、第五十七条、第六十条、第六十二条、第六十三条、第六十四条、第六十五条、第六十六条、第六十八条、第七十条中的“卫生行政部门”修改为“安全生产监督管理部门”。

将第十七条、第二十四条第三款中的“省级以上人民政府卫生行政部门资质认证的”修改为“国务院安全生产监督管理部门或者设区的市级以上地方人民政府安全生产监督管理部门按照职责分工给予资质认可的”。

将第二十四条第二款中的“国务院卫生行政部门”修改为“国务院安全生产监督管理部门”,“所在地卫生行政部门”修改为“所在地安全生产监督管理部门”。

将第三十二条第一款中的“国务院卫生行政部门”修改为“国务院安全生产监督管理部门、卫生行政部门”。

将第六十一条第二款中的“卫生行政部门”修改为“职业卫生监督管理部门”。

将第六十七条中的“卫生行政部门”修改为“有关主管部门依据职责分工”。

将第七十二条、第七十三条中的“卫生行政部门”修改为“安全生产监督管理部门和卫生行政部门依据职责分工”。

四十五、将第六十三条中的“二万元以下”修改为“十万元以下”。

将第六十四条中的“二万元以上五万元以下”修改为“五万元以上十万元以下”。

将第七十条中的“三十万元以下”修改为“五十万元以下”。

本决定自公布之日起施行。本决定施行前,职业卫生技术服务机构已经取得资质认可的,该资质认可继续有效。

《中华人民共和国职业病防治法》根据本决定作相应修改,重新公布。

新华社北京12月31日电

中华人民共和国职业病防治法

（2001年10月27日第九届全国人民代表大会常务委员会第二十四次会议通过
根据2011年12月31日第十一届全国人民代表大会常务委员会第二十四次会议
《关于修改〈中华人民共和国职业病防治法〉的决定》修正）

目　录

第一章　总　　则

第一条　为了预防、控制和消除职业病危害，防治职业病，保护劳动者健康及其相关权益，促进经济社会发展，根据宪法，制定本法。

第二条　本法适用于中华人民共和国领域内的职业病防治活动。

本法所称职业病，是指企业、事业单位和个体经济组织等用人单位的劳动者在职业活动中，因接触粉尘、放射性物质和其他有毒、有害因素而引起的疾病。

职业病的分类和目录由国务院卫生行政部门会同国务院安全生产监督管理部门、劳动保障行政部门制定、调整并公布。

第三条　职业病防治工作坚持预防为主、防治结合的方针，建立用人单位负责、行政机关监管、行业自律、职工参与和社会监督的机制，实行分类管理、综合治理。

第四条　劳动者依法享有职业卫生保护的权利。

用人单位应当为劳动者创造符合国家职业卫生标准和卫生要求的工作环境和条件，并采取措施保障劳动者获得职业卫生保护。

工会组织依法对职业病防治工作进行监督，维护劳动者的合法权益。用人单位制定或者修改有关职业病防治的规章制度，应当听取工会组织的意见。

第五条　用人单位应当建立、健全职业病防治责任制，加强对职业病防治的管理，提高职业病防治水平，对本单位产生的职业病危害承担责任。

第六条　用人单位的主要负责人对本单位的职业病防治工作全面负责。

第七条　用人单位必须依法参加工伤保险。

国务院和县级以上地方人民政府劳动保障行政部门应当加强对工伤保险的监督管理，确保劳动者依法享受工伤保险待遇。

第八条　国家鼓励和支持研制、开发、推广、应用有利于职业病防治和保护劳动者健康的新技术、新工艺、新设备、新材料，加强对职业病的机理和发生规律的基础研究，提高职业病防治科学技术水平；积极采用有效的职业病防治技术、工艺、设备、材料；限制使用或者淘汰职业病危害严重的技术、工艺、设备、材料。

国家鼓励和支持职业病医疗康复机构的建设。

第九条 国家实行职业卫生监督制度。

国务院安全生产监督管理部门、卫生行政部门、劳动保障行政部门依照本法和国务院确定的职责，负责全国职业病防治的监督管理工作。国务院有关部门在各自的职责范围内负责职业病防治的有关监督管理工作。

县级以上地方人民政府安全生产监督管理部门、卫生行政部门、劳动保障行政部门依据各自职责，负责本行政区域内职业病防治的监督管理工作。县级以上地方人民政府有关部门在各自的职责范围内负责职业病防治的有关监督管理工作。

县级以上人民政府安全生产监督管理部门、卫生行政部门、劳动保障行政部门(以下统称职业卫生监督管理部门)应当加强沟通，密切配合，按照各自职责分工，依法行使职权，承担责任。

第十条 国务院和县级以上地方人民政府应当制定职业病防治规划，将其纳入国民经济和社会发展计划，并组织实施。

县级以上地方人民政府统一负责、领导、组织、协调本行政区域的职业病防治工作，建立健全职业病防治工作体制、机制，统一领导、指挥职业卫生突发事件应对工作；加强职业病防治能力建设和服务体系建设，完善、落实职业病防治工作责任制。

乡、民族乡、镇的人民政府应当认真执行本法，支持职业卫生监督管理部门依法履行职责。

第十一条 县级以上人民政府职业卫生监督管理部门应当加强对职业病防治的宣传教育，普及职业病防治的知识，增强用人单位的职业病防治观念，提高劳动者的职业健康意识、自我保护意识和行使职业卫生保护权利的能力。

第十二条 有关防治职业病的国家职业卫生标准，由国务院卫生行政部门组织制定并公布。

国务院卫生行政部门应当组织开展重点职业病监测和专项调查，对职业健康风险进行评估，为制定职业卫生标准和职业病防治政策提供科学依据。

县级以上地方人民政府卫生行政部门应当定期对本行政区域的职业病防治情况进行统计和调查分析。

第十三条 任何单位和个人有权对违反本法的行为进行检举和控告。有关部门收到相关的检举和控告后，应当及时处理。

对防治职业病成绩显著的单位和个人，给予奖励。

第二章 前期预防

第十四条 用人单位应当依照法律、法规要求，严格遵守国家职业卫生标准，落实职业病预防措施，从源头上控制和消除职业病危害。

第十五条 产生职业病危害的用人单位的设立除应当符合法律、行政法规规定的设立条件外，其工作场所还应当符合下列职业卫生要求：

(一)职业病危害因素的强度或者浓度符合国家职业卫生标准；

(二)有与职业病危害防护相适应的设施；

(三)生产布局合理，符合有害与无害作业分开的原则；

(四)有配套的更衣间、洗浴间、孕妇休息间等卫生设施；

(五)设备、工具、用具等设施符合保护劳动者生理、心理健康的要求；

(六)法律、行政法规和国务院卫生行政部门、安全生产监督管理部门关于保护劳动者健康的其他要求。

第十六条 国家建立职业病危害项目申报制度。

用人单位工作场所存在职业病目录所列职业病的危害因素的，应当及时、如实向所在地安全生产监督管理部门申报危害项目，接受监督。

职业病危害因素分类目录由国务院卫生行政部门会同国务院安全生产监督管理部门制定、调整并公布。职业病危害项目申报的具体办法由国务院安全生产监督管理部门制定。

第十七条 新建、扩建、改建建设项目和技术改造、技术引进项目(以下统称建设项目)可能产生职业病危害的,建设单位在可行性论证阶段应当向安全生产监督管理部门提交职业病危害预评价报告。安全生产监督管理部门应当自收到职业病危害预评价报告之日起三十日内,作出审核决定并书面通知建设单位。未提交预评价报告或者预评价报告未经安全生产监督管理部门审核同意的,有关部门不得批准该建设项目。

职业病危害预评价报告应当对建设项目可能产生的职业病危害因素及其对工作场所和劳动者健康的影响作出评价,确定危害类别和职业病防护措施。

建设项目职业病危害分类管理办法由国务院安全生产监督管理部门制定。

第十八条 建设项目的职业病防护设施所需费用应当纳入建设项目工程预算,并与主体工程同时设计,同时施工,同时投入生产和使用。

职业病危害严重的建设项目的防护设施设计,应当经安全生产监督管理部门审查,符合国家职业卫生标准和卫生要求的,方可施工。

建设项目在竣工验收前,建设单位应当进行职业病危害控制效果评价。建设项目竣工验收时,其职业病防护设施经安全生产监督管理部门验收合格后,方可投入正式生产和使用。

第十九条 职业病危害预评价、职业病危害控制效果评价由依法设立的取得国务院安全生产监督管理部门或者设区的市级以上地方人民政府安全生产监督管理部门按照职责分工给予资质认可的职业卫生技术服务机构进行。职业卫生技术服务机构所作评价应当客观、真实。

第二十条 国家对从事放射性、高毒、高危粉尘等作业实行特殊管理。具体管理办法由国务院制定。

第三章　劳动过程中的防护与管理

第二十一条 用人单位应当采取下列职业病防治管理措施:

(一)设置或者指定职业卫生管理机构或者组织,配备专职或者兼职的职业卫生管理人员,负责本单位的职业病防治工作;

(二)制定职业病防治计划和实施方案;

(三)建立、健全职业卫生管理制度和操作规程;

(四)建立、健全职业卫生档案和劳动者健康监护档案;

(五)建立、健全工作场所职业病危害因素监测及评价制度;

(六)建立、健全职业病危害事故应急救援预案。

第二十二条 用人单位应当保障职业病防治所需的资金投入,不得挤占、挪用,并对因资金投入不足导致的后果承担责任。

第二十三条 用人单位必须采用有效的职业病防护设施,并为劳动者提供个人使用的职业病防护用品。

用人单位为劳动者个人提供的职业病防护用品必须符合防治职业病的要求;不符合要求的,不得使用。

第二十四条 用人单位应当优先采用有利于防治职业病和保护劳动者健康的新技术、新工艺、新设备、新材料,逐步替代职业病危害严重的技术、工艺、设备、材料。

第二十五条 产生职业病危害的用人单位,应当在醒目位置设置公告栏,公布有关职业病防治的规章制度、操作规程、职业病危害事故应急救援措施和工作场所职业病危害因素检测结果。

对产生严重职业病危害的作业岗位,应当在其醒目位置,设置警示标识和中文警示说明。警示说明应当载明产生职业病危害的种类、后果、预防以及应急救治措施等内容。

第二十六条 对可能发生急性职业损伤的有毒、有害工作场所,用人单位应当设置报警装置,配置现场急救用品、冲洗设备、应急撤离通道和必要的泄险区。

对放射工作场所和放射性同位素的运输、贮存,用人单位必须配置防护设备和报警装置,保证接触放射线的工作人员佩戴个人剂量计。

对职业病防护设备、应急救援设施和个人使用的职业病防护用品,用人单位应当进行经常性的维护、检修,定期检测其性能和效果,确保其处于正常状态,不得擅自拆除或者停止使用。

第二十七条 用人单位应当实施由专人负责的职业病危害因素日常监测,并确保监测系统处于正常运行状态。

用人单位应当按照国务院安全生产监督管理部门的规定,定期对工作场所进行职业病危害因素检测、评价。检测、评价结果存入用人单位职业卫生档案,定期向所在地安全生产监督管理部门报告并向劳动者公布。

职业病危害因素检测、评价由依法设立的取得国务院安全生产监督管理部门或者设区的市级以上地方人民政府安全生产监督管理部门按照职责分工给予资质认可的职业卫生技术服务机构进行。职业卫生技术服务机构所作检测、评价应当客观、真实。

发现工作场所职业病危害因素不符合国家职业卫生标准和卫生要求时,用人单位应当立即采取相应治理措施,仍然达不到国家职业卫生标准和卫生要求的,必须停止存在职业病危害因素的作业;职业病危害因素经治理后,符合国家职业卫生标准和卫生要求的,方可重新作业。

第二十八条 职业卫生技术服务机构依法从事职业病危害因素检测、评价工作,接受安全生产监督管理部门的监督检查。安全生产监督管理部门应当依法履行监督职责。

第二十九条 向用人单位提供可能产生职业病危害的设备的,应当提供中文说明书,并在设备的醒目位置设置警示标识和中文警示说明。警示说明应当载明设备性能、可能产生的职业病危害、安全操作和维护注意事项、职业病防护以及应急救治措施等内容。

第三十条 向用人单位提供可能产生职业病危害的化学品、放射性同位素和含有放射性物质的材料的,应当提供中文说明书。说明书应当载明产品特性、主要成份、存在的有害因素、可能产生的危害后果、安全使用注意事项、职业病防护以及应急救治措施等内容。产品包装应当有醒目的警示标识和中文警示说明。贮存上述材料的场所应当在规定的部位设置危险物品标识或者放射性警示标识。

国内首次使用或者首次进口与职业病危害有关的化学材料,使用单位或者进口单位按照国家规定经国务院有关部门批准后,应当向国务院卫生行政部门、安全生产监督管理部门报送该化学材料的毒性鉴定以及经有关部门登记注册或者批准进口的文件等资料。

进口放射性同位素、射线装置和含有放射性物质的物品的,按照国家有关规定办理。

第三十一条 任何单位和个人不得生产、经营、进口和使用国家明令禁止使用的可能产生职业病危害的设备或者材料。

第三十二条 任何单位和个人不得将产生职业病危害的作业转移给不具备职业病防护条件的单位和个人。不具备职业病防护条件的单位和个人不得接受产生职业病危害的作业。

第三十三条 用人单位对采用的技术、工艺、设备、材料,应当知悉其产生的职业病危害,对有职业病危害的技术、工艺、设备、材料隐瞒其危害而采用的,对所造成的职业病危害后果承担责任。

第三十四条 用人单位与劳动者订立劳动合同(含聘用合同,下同)时,应当将工作过程中可能产生的职业病危害及其后果、职业病防护措施和待遇等如实告知劳动者,并在劳动合同中写明,不得隐瞒或者欺骗。

劳动者在已订立劳动合同期间因工作岗位或者工作内容变更,从事与所订立劳动合同中未告知的存在职业病危害的作业时,用人单位应当依照前款规定,向劳动者履行如实告知的义务,并协商变更原劳动合同相关条款。

用人单位违反前两款规定的,劳动者有权拒绝从事存在职业病危害的作业,用人单位不得因此解除与劳动者所订立的劳动合同。

第三十五条 用人单位的主要负责人和职业卫生管理人员应当接受职业卫生培训，遵守职业病防治法律、法规，依法组织本单位的职业病防治工作。

用人单位应当对劳动者进行上岗前的职业卫生培训和在岗期间的定期职业卫生培训，普及职业卫生知识，督促劳动者遵守职业病防治法律、法规、规章和操作规程，指导劳动者正确使用职业病防护设备和个人使用的职业病防护用品。

劳动者应当学习和掌握相关的职业卫生知识，增强职业病防范意识，遵守职业病防治法律、法规、规章和操作规程，正确使用、维护职业病防护设备和个人使用的职业病防护用品，发现职业病危害事故隐患应当及时报告。

劳动者不履行前款规定义务的，用人单位应当对其进行教育。

第三十六条 对从事接触职业病危害的作业的劳动者，用人单位应当按照国务院安全生产监督管理部门、卫生行政部门的规定组织上岗前、在岗期间和离岗时的职业健康检查，并将检查结果书面告知劳动者。职业健康检查费用由用人单位承担。

用人单位不得安排未经上岗前职业健康检查的劳动者从事接触职业病危害的作业；不得安排有职业禁忌的劳动者从事其所禁忌的作业；对在职业健康检查中发现有与所从事的职业相关的健康损害的劳动者，应当调离原工作岗位，并妥善安置；对未进行离岗前职业健康检查的劳动者不得解除或者终止与其订立的劳动合同。

职业健康检查应当由省级以上人民政府卫生行政部门批准的医疗卫生机构承担。

第三十七条 用人单位应当为劳动者建立职业健康监护档案，并按照规定的期限妥善保存。

职业健康监护档案应当包括劳动者的职业史、职业病危害接触史、职业健康检查结果和职业病诊疗等有关个人健康资料。

劳动者离开用人单位时，有权索取本人职业健康监护档案复印件，用人单位应当如实、无偿提供，并在所提供的复印件上签章。

第三十八条 发生或者可能发生急性职业病危害事故时，用人单位应当立即采取应急救援和控制措施，并及时报告所在地安全生产监督管理部门和有关部门。安全生产监督管理部门接到报告后，应当及时会同有关部门组织调查处理；必要时，可以采取临时控制措施。卫生行政部门应当组织做好医疗救治工作。

对遭受或者可能遭受急性职业病危害的劳动者，用人单位应当及时组织救治、进行健康检查和医学观察，所需费用由用人单位承担。

第三十九条 用人单位不得安排未成年工从事接触职业病危害的作业；不得安排孕期、哺乳期的女职工从事对本人和胎儿、婴儿有危害的作业。

第四十条 劳动者享有下列职业卫生保护权利：

（一）获得职业卫生教育、培训；

（二）获得职业健康检查、职业病诊疗、康复等职业病防治服务；

（三）了解工作场所产生或者可能产生的职业病危害因素、危害后果和应当采取的职业病防护措施；

（四）要求用人单位提供符合防治职业病要求的职业病防护设施和个人使用的职业病防护用品，改善工作条件；

（五）对违反职业病防治法律、法规以及危及生命健康的行为提出批评、检举和控告；

（六）拒绝违章指挥和强令进行没有职业病防护措施的作业；

（七）参与用人单位职业卫生工作的民主管理，对职业病防治工作提出意见和建议。

用人单位应当保障劳动者行使前款所列权利。因劳动者依法行使正当权利而降低其工资、福利等待遇或者解除、终止与其订立的劳动合同的，其行为无效。

第四十一条 工会组织应当督促并协助用人单位开展职业卫生宣传教育和培训，有权对用人单位的职业病防治工作提出意见和建议，依法代表劳动者与用人单位签订劳动安全卫生专项集体合同，与用人单位就劳动者反映的有关职业病防治的问题进行协调并督促解决。

工会组织对用人单位违反职业病防治法律、法规，侵犯劳动者合法权益的行为，有权要求纠正；产生严重职业病危害时，有权要求采取防护措施，或者向政府有关部门建议采取强制性措施；发生职业病危害事故时，有权参与事故调查处理；发现危及劳动者生命健康的情形时，有权向用人单位建议组织劳动者撤离危险现场，用人单位应当立即作出处理。

第四十二条 用人单位按照职业病防治要求，用于预防和治理职业病危害、工作场所卫生检测、健康监护和职业卫生培训等费用，按照国家有关规定，在生产成本中据实列支。

第四十三条 职业卫生监督管理部门应当按照职责分工，加强对用人单位落实职业病防护管理措施情况的监督检查，依法行使职权，承担责任。

第四章 职业病诊断与职业病病人保障

第四十四条 医疗卫生机构承担职业病诊断，应当经省、自治区、直辖市人民政府卫生行政部门批准。省、自治区、直辖市人民政府卫生行政部门应当向社会公布本行政区域内承担职业病诊断的医疗卫生机构的名单。

承担职业病诊断的医疗卫生机构应当具备下列条件：

（一）持有《医疗机构执业许可证》；

（二）具有与开展职业病诊断相适应的医疗卫生技术人员；

（三）具有与开展职业病诊断相适应的仪器、设备；

（四）具有健全的职业病诊断质量管理制度。

承担职业病诊断的医疗卫生机构不得拒绝劳动者进行职业病诊断的要求。

第四十五条 劳动者可以在用人单位所在地、本人户籍所在地或者经常居住地依法承担职业病诊断的医疗卫生机构进行职业病诊断。

第四十六条 职业病诊断标准和职业病诊断、鉴定办法由国务院卫生行政部门制定。职业病伤残等级的鉴定办法由国务院劳动保障行政部门会同国务院卫生行政部门制定。

第四十七条 职业病诊断，应当综合分析下列因素：

（一）病人的职业史；

（二）职业病危害接触史和工作场所职业病危害因素情况；

（三）临床表现以及辅助检查结果等。

没有证据否定职业病危害因素与病人临床表现之间的必然联系的，应当诊断为职业病。

承担职业病诊断的医疗卫生机构在进行职业病诊断时，应当组织三名以上取得职业病诊断资格的执业医师集体诊断。

职业病诊断证明书应当由参与诊断的医师共同签署，并经承担职业病诊断的医疗卫生机构审核盖章。

第四十八条 用人单位应当如实提供职业病诊断、鉴定所需的劳动者职业史和职业病危害接触史、工作场所职业病危害因素检测结果等资料；安全生产监督管理部门应当监督检查和督促用人单位提供上述资料；劳动者和有关机构也应当提供与职业病诊断、鉴定有关的资料。

职业病诊断、鉴定机构需要了解工作场所职业病危害因素情况时，可以对工作场所进行现场调查，也可以向安全生产监督管理部门提出，安全生产监督管理部门应当在十日内组织现场调查。用人单位不得拒绝、阻挠。

第四十九条 职业病诊断、鉴定过程中，用人单位不提供工作场所职业病危害因素检测结果等资料的，诊断、鉴定机构应当结合劳动者的临床表现、辅助检查结果和劳动者的职业史、职业病危害接触史，并参考劳动者的自述、安全生产监督管理部门提供的日常监督检查信息等，作出职业病诊断、鉴定结论。

劳动者对用人单位提供的工作场所职业病危害因素检测结果等资料有异议，或者因劳动者的用人单位解散、破产，无用人单位提供上述资料的，诊断、鉴定机构应当提请安全生产监督管理部门进行调查，安全生产监督管理部门应当自接到申请之日起三十日内对存在异议的资料或者工作场所职业病危害因素情况作出判定；有关部门应当配合。

第五十条 职业病诊断、鉴定过程中，在确认劳动者职业史、职业病危害接触史时，当事人对劳动关系、工种、工作岗位或者在岗时间有争议的，可以向当地的劳动人事争议仲裁委员会申请仲裁；接到申请的劳动人事争议仲裁委员会应当受理，并在三十日内作出裁决。

当事人在仲裁过程中对自己提出的主张，有责任提供证据。劳动者无法提供由用人单位掌握管理的与仲裁主张有关的证据的，仲裁庭应当要求用人单位在指定期限内提供；用人单位在指定期限内不提供的，应当承担不利后果。

劳动者对仲裁裁决不服的，可以依法向人民法院提起诉讼。

用人单位对仲裁裁决不服的，可以在职业病诊断、鉴定程序结束之日起十五日内依法向人民法院提起诉讼；诉讼期间，劳动者的治疗费用按照职业病待遇规定的途径支付。

第五十一条 用人单位和医疗卫生机构发现职业病病人或者疑似职业病病人时，应当及时向所在地卫生行政部门和安全生产监督管理部门报告。确诊为职业病的，用人单位还应当向所在地劳动保障行政部门报告。接到报告的部门应当依法作出处理。

第五十二条 县级以上地方人民政府卫生行政部门负责本行政区域内的职业病统计报告的管理工作，并按照规定上报。

第五十三条 当事人对职业病诊断有异议的，可以向作出诊断的医疗卫生机构所在地地方人民政府卫生行政部门申请鉴定。

职业病诊断争议由设区的市级以上地方人民政府卫生行政部门根据当事人的申请，组织职业病诊断鉴定委员会进行鉴定。

当事人对设区的市级职业病诊断鉴定委员会的鉴定结论不服的，可以向省、自治区、直辖市人民政府卫生行政部门申请再鉴定。

第五十四条 职业病诊断鉴定委员会由相关专业的专家组成。

省、自治区、直辖市人民政府卫生行政部门应当设立相关的专家库，需要对职业病争议作出诊断鉴定时，由当事人或者当事人委托有关卫生行政部门从专家库中以随机抽取的方式确定参加诊断鉴定委员会的专家。

职业病诊断鉴定委员会应当按照国务院卫生行政部门颁布的职业病诊断标准和职业病诊断、鉴定办法进行职业病诊断鉴定，向当事人出具职业病诊断鉴定书。职业病诊断、鉴定费用由用人单位承担。

第五十五条 职业病诊断鉴定委员会组成人员应当遵守职业道德，客观、公正地进行诊断鉴定，并承担相应的责任。职业病诊断鉴定委员会组成人员不得私下接触当事人，不得收受当事人的财物或者其他好处，与当事人有利害关系的，应当回避。

人民法院受理有关案件需要进行职业病鉴定时，应当从省、自治区、直辖市人民政府卫生行政部门依法设立的相关的专家库中选取参加鉴定的专家。

第五十六条 医疗卫生机构发现疑似职业病病人时，应当告知劳动者本人并及时通知用人单位。

用人单位应当及时安排对疑似职业病病人进行诊断；在疑似职业病病人诊断或者医学观察期间，不得解除或者终止与其订立的劳动合同。

疑似职业病病人在诊断、医学观察期间的费用，由用人单位承担。

第五十七条 用人单位应当保障职业病病人依法享受国家规定的职业病待遇。

用人单位应当按照国家有关规定，安排职业病病人进行治疗、康复和定期检查。

用人单位对不适宜继续从事原工作的职业病病人，应当调离原岗位，并妥善安置。

用人单位对从事接触职业病危害的作业的劳动者，应当给予适当岗位津贴。

第五十八条 职业病病人的诊疗、康复费用，伤残以及丧失劳动能力的职业病病人的社会保障，按照国家有关工伤保险的规定执行。

第五十九条 职业病病人除依法享有工伤保险外,依照有关民事法律,尚有获得赔偿的权利的,有权向用人单位提出赔偿要求。

第六十条 劳动者被诊断患有职业病,但用人单位没有依法参加工伤保险的,其医疗和生活保障由该用人单位承担。

第六十一条 职业病病人变动工作单位,其依法享有的待遇不变。

用人单位在发生分立、合并、解散、破产等情形时,应当对从事接触职业病危害的作业的劳动者进行健康检查,并按照国家有关规定妥善安置职业病病人。

第六十二条 用人单位已经不存在或者无法确认劳动关系的职业病病人,可以向地方人民政府民政部门申请医疗救助和生活等方面的救助。

地方各级人民政府应当根据本地区的实际情况,采取其他措施,使前款规定的职业病病人获得医疗救治。

第五章 监督检查

第六十三条 县级以上人民政府职业卫生监督管理部门依照职业病防治法律、法规、国家职业卫生标准和卫生要求,依据职责划分,对职业病防治工作进行监督检查。

第六十四条 安全生产监督管理部门履行监督检查职责时,有权采取下列措施:

(一)进入被检查单位和职业病危害现场,了解情况,调查取证;

(二)查阅或者复制与违反职业病防治法律、法规的行为有关的资料和采集样品;

(三)责令违反职业病防治法律、法规的单位和个人停止违法行为。

第六十五条 发生职业病危害事故或者有证据证明危害状态可能导致职业病危害事故发生时,安全生产监督管理部门可以采取下列临时控制措施:

(一)责令暂停导致职业病危害事故的作业;

(二)封存造成职业病危害事故或者可能导致职业病危害事故发生的材料和设备;

(三)组织控制职业病危害事故现场。

在职业病危害事故或者危害状态得到有效控制后,安全生产监督管理部门应当及时解除控制措施。

第六十六条 职业卫生监督执法人员依法执行职务时,应当出示监督执法证件。

职业卫生监督执法人员应当忠于职守,秉公执法,严格遵守执法规范;涉及用人单位的秘密的,应当为其保密。

第六十七条 职业卫生监督执法人员依法执行职务时,被检查单位应当接受检查并予以支持配合,不得拒绝和阻碍。

第六十八条 安全生产监督管理部门及其职业卫生监督执法人员履行职责时,不得有下列行为:

(一)对不符合法定条件的,发给建设项目有关证明文件、资质证明文件或者予以批准;

(二)对已经取得有关证明文件的,不履行监督检查职责;

(三)发现用人单位存在职业病危害的,可能造成职业病危害事故,不及时依法采取控制措施;

(四)其他违反本法的行为。

第六十九条 职业卫生监督执法人员应当依法经过资格认定。

职业卫生监督管理部门应当加强队伍建设,提高职业卫生监督执法人员的政治、业务素质,依照本法和其他有关法律、法规的规定,建立、健全内部监督制度,对其工作人员执行法律、法规和遵守纪律的情况,进行监督检查。

第六章 法律责任

第七十条 建设单位违反本法规定,有下列行为之一的,由安全生产监督管理部门给予警告,责令限期改正;逾期不改正的,处十万元以上五十万元以下的罚款;情节严重的,责令停止产生职业病危害的

作业,或者提请有关人民政府按照国务院规定的权限责令停建、关闭:

(一)未按照规定进行职业病危害预评价或者未提交职业病危害预评价报告,或者职业病危害预评价报告未经安全生产监督管理部门审核同意,开工建设的;

(二)建设项目的职业病防护设施未按照规定与主体工程同时投入生产和使用的;

(三)职业病危害严重的建设项目,其职业病防护设施设计未经安全生产监督管理部门审查,或者不符合国家职业卫生标准和卫生要求施工的;

(四)未按照规定对职业病防护设施进行职业病危害控制效果评价、未经安全生产监督管理部门验收或者验收不合格,擅自投入使用的。

第七十一条 违反本法规定,有下列行为之一的,由安全生产监督管理部门给予警告,责令限期改正;逾期不改正的,处十万元以下的罚款:

(一)工作场所职业病危害因素检测、评价结果没有存档、上报、公布的;

(二)未采取本法第二十一条规定的职业病防治管理措施的;

(三)未按照规定公布有关职业病防治的规章制度、操作规程、职业病危害事故应急救援措施的;

(四)未按照规定组织劳动者进行职业卫生培训,或者未对劳动者个人职业病防护采取指导、督促措施的;

(五)国内首次使用或者首次进口与职业病危害有关的化学材料,未按照规定报送毒性鉴定资料以及经有关部门登记注册或者批准进口的文件的。

第七十二条 用人单位违反本法规定,有下列行为之一的,由安全生产监督管理部门责令限期改正,给予警告,可以并处五万元以上十万元以下的罚款:

(一)未按照规定及时、如实向安全生产监督管理部门申报产生职业病危害的项目的;

(二)未实施由专人负责的职业病危害因素日常监测,或者监测系统不能正常监测的;

(三)订立或者变更劳动合同时,未告知劳动者职业病危害真实情况的;

(四)未按照规定组织职业健康检查、建立职业健康监护档案或者未将检查结果书面告知劳动者的;

(五)未依照本法规定在劳动者离开用人单位时提供职业健康监护档案复印件的。

第七十三条 用人单位违反本法规定,有下列行为之一的,由安全生产监督管理部门给予警告,责令限期改正,逾期不改正的,处五万元以上二十万元以下的罚款;情节严重的,责令停止产生职业病危害的作业,或者提请有关人民政府按照国务院规定的权限责令关闭:

(一)工作场所职业病危害因素的强度或者浓度超过国家职业卫生标准的;

(二)未提供职业病防护设施和个人使用的职业病防护用品,或者提供的职业病防护设施和个人使用的职业病防护用品不符合国家职业卫生标准和卫生要求的;

(三)对职业病防护设备、应急救援设施和个人使用的职业病防护用品未按照规定进行维护、检修、检测,或者不能保持正常运行、使用状态的;

(四)未按照规定对工作场所职业病危害因素进行检测、评价的;

(五)工作场所职业病危害因素经治理仍然达不到国家职业卫生标准和卫生要求时,未停止存在职业病危害因素的作业的;

(六)未按照规定安排职业病病人、疑似职业病病人进行诊治的;

(七)发生或者可能发生急性职业病危害事故时,未立即采取应急救援和控制措施或者未按照规定及时报告的;

(八)未按照规定在产生严重职业病危害的作业岗位醒目位置设置警示标识和中文警示说明的;

(九)拒绝职业卫生监督管理部门监督检查的;

(十)隐瞒、伪造、篡改、毁损职业健康监护档案、工作场所职业病危害因素检测评价结果等相关资料,或者拒不提供职业病诊断、鉴定所需资料的;

(十一)未按照规定承担职业病诊断、鉴定费用和职业病病人的医疗、生活保障费用的。

第七十四条 向用人单位提供可能产生职业病危害的设备、材料，未按照规定提供中文说明书或者设置警示标识和中文警示说明的，由安全生产监督管理部门责令限期改正，给予警告，并处五万元以上二十万元以下的罚款。

第七十五条 用人单位和医疗卫生机构未按照规定报告职业病、疑似职业病的，由有关主管部门依据职责分工责令限期改正，给予警告，可以并处一万元以下的罚款；弄虚作假的，并处二万元以上五万元以下的罚款；对直接负责的主管人员和其他直接责任人员，可以依法给予降级或者撤职的处分。

第七十六条 违反本法规定，有下列情形之一的，由安全生产监督管理部门责令限期治理，并处五万元以上三十万元以下的罚款；情节严重的，责令停止产生职业病危害的作业，或者提请有关人民政府按照国务院规定的权限责令关闭：

（一）隐瞒技术、工艺、设备、材料所产生的职业病危害而采用的；

（二）隐瞒本单位职业卫生真实情况的；

（三）可能发生急性职业损伤的有毒、有害工作场所、放射工作场所或者放射性同位素的运输、贮存不符合本法第二十六条规定的；

（四）使用国家明令禁止使用的可能产生职业病危害的设备或者材料的；

（五）将产生职业病危害的作业转移给没有职业病防护条件的单位和个人，或者没有职业病防护条件的单位和个人接受产生职业病危害的作业的；

（六）擅自拆除、停止使用职业病防护设备或者应急救援设施的；

（七）安排未经职业健康检查的劳动者、有职业禁忌的劳动者、未成年工或者孕期、哺乳期女职工从事接触职业病危害的作业或者禁忌作业的；

（八）违章指挥和强令劳动者进行没有职业病防护措施的作业的。

第七十七条 生产、经营或者进口国家明令禁止使用的可能产生职业病危害的设备或者材料的，依照有关法律、行政法规的规定给予处罚。

第七十八条 用人单位违反本法规定，已经对劳动者生命健康造成严重损害的，由安全生产监督管理部门责令停止产生职业病危害的作业，或者提请有关人民政府按照国务院规定的权限责令关闭，并处十万元以上五十万元以下的罚款。

第七十九条 用人单位违反本法规定，造成重大职业病危害事故或者其他严重后果，构成犯罪的，对直接负责的主管人员和其他直接责任人员，依法追究刑事责任。

第八十条 未取得职业卫生技术服务资质认可擅自从事职业卫生技术服务的，或者医疗卫生机构未经批准擅自从事职业健康检查、职业病诊断的，由安全生产监督管理部门和卫生行政部门依据职责分工责令立即停止违法行为，没收违法所得；违法所得五千元以上的，并处违法所得二倍以上十倍以下的罚款；没有违法所得或者违法所得不足五千元的，并处五千元以上五万元以下的罚款；情节严重的，对直接负责的主管人员和其他直接责任人员，依法给予降级、撤职或者开除的处分。

第八十一条 从事职业卫生技术服务的机构和承担职业健康检查、职业病诊断的医疗卫生机构违反本法规定，有下列行为之一的，由安全生产监督管理部门和卫生行政部门依据职责分工责令立即停止违法行为，给予警告，没收违法所得；违法所得五千元以上的，并处违法所得二倍以上五倍以下的罚款；没有违法所得或者违法所得不足五千元的，并处五千元以上二万元以下的罚款；情节严重的，由原认可或者批准机关取消其相应的资格；对直接负责的主管人员和其他直接责任人员，依法给予降级、撤职或者开除的处分；构成犯罪的，依法追究刑事责任：

（一）超出资质认可或者批准范围从事职业卫生技术服务或者职业健康检查、职业病诊断的；

（二）不按照本法规定履行法定职责的；

（三）出具虚假证明文件的。

第八十二条 职业病诊断鉴定委员会组成人员收受职业病诊断争议当事人的财物或者其他好处的，给予警告，没收收受的财物，可以并处三千元以上五万元以下的罚款，取消其担任职业病诊断鉴定委员会组成人员的资格，并从省、自治区、直辖市人民政府卫生行政部门设立的专家库中予以除名。

第八十三条 卫生行政部门、安全生产监督管理部门不按照规定报告职业病和职业病危害事故的，由上一级行政部门责令改正，通报批评，给予警告；虚报、瞒报的，对单位负责人、直接负责的主管人员和其他直接责任人员依法给予降级、撤职或者开除的处分。

第八十四条 违反本法第十七条、第十八条规定，有关部门擅自批准建设项目或者发放施工许可的，对该部门直接负责的主管人员和其他直接责任人员，由监察机关或者上级机关依法给予记过直至开除的处分。

第八十五条 县级以上地方人民政府在职业病防治工作中未依照本法履行职责，本行政区域出现重大职业病危害事故、造成严重社会影响的，依法对直接负责的主管人员和其他直接责任人员给予记大过直至开除的处分。

县级以上人民政府职业卫生监督管理部门不履行本法规定的职责，滥用职权、玩忽职守、徇私舞弊，依法对直接负责的主管人员和其他直接责任人员给予记大过或者降级的处分；造成职业病危害事故或者其他严重后果的，依法给予撤职或者开除的处分。

第八十六条 违反本法规定，构成犯罪的，依法追究刑事责任。

第七章　附　　则

第八十七条 本法下列用语的含义：

职业病危害，是指对从事职业活动的劳动者可能导致职业病的各种危害。职业病危害因素包括：职业活动中存在的各种有害的化学、物理、生物因素以及在作业过程中产生的其他职业有害因素。

职业禁忌，是指劳动者从事特定职业或者接触特定职业病危害因素时，比一般职业人群更易于遭受职业病危害和罹患职业病或者可能导致原有自身疾病病情加重，或者在从事作业过程中诱发可能导致对他人生命健康构成危险的疾病的个人特殊生理或者病理状态。

第八十八条 本法第二条规定的用人单位以外的单位，产生职业病危害的，其职业病防治活动可以参照本法执行。

劳务派遣用工单位应当履行本法规定的用人单位的义务。

中国人民解放军参照执行本法的办法，由国务院、中央军事委员会制定。

第八十九条 对医疗机构放射性职业病危害控制的监督管理，由卫生行政部门依照本法的规定实施。

第九十条 本法自 2002 年 5 月 1 日起施行。

中华人民共和国治安管理处罚法

2012 年中华人民共和国主席令第 67 号(2012 年 10 月 26 日发布)

《全国人民代表大会常务委员会关于修改〈中华人民共和国治安管理处罚法〉的决定》已由中华人民共和国第十一届全国人民代表大会常务委员会第二十九次会议于 2012 年 10 月 26 日通过,现予公布,自 2013 年 1 月 1 日起施行。

中华人民共和国主席 **胡锦涛**

2012 年 10 月 26 日

全国人民代表大会常务委员会关于修改《中华人民共和国治安管理处罚法》的决定

(2012 年 10 月 26 日第十一届全国人民代表大会常务委员会第二十九次会议通过)

第十一届全国人民代表大会常务委员会第二十九次会议决定对《中华人民共和国治安管理处罚法》作如下修改:

将第六十条第四项修改为:“被依法执行管制、剥夺政治权利或者在缓刑、暂予监外执行中的罪犯或者被依法采取刑事强制措施的人,有违反法律、行政法规或者国务院有关部门的监督管理规定的行为”。

本决定自 2013 年 1 月 1 日起施行。

《中华人民共和国治安管理处罚法》根据本决定作相应修改,重新公布。

中华人民共和国治安管理处罚法

目　录

第一章　总　　则

第一条　为维护社会治安秩序，保障公共安全，保护公民、法人和其他组织的合法权益，规范和保障公安机关及其人民警察依法履行治安管理职责，制定本法。

第二条　扰乱公共秩序，妨害公共安全，侵犯人身权利、财产权利，妨害社会管理，具有社会危害性，依照《中华人民共和国刑法》的规定构成犯罪的，依法追究刑事责任；尚不够刑事处罚的，由公安机关依照本法给予治安管理处罚。

第三条　治安管理处罚的程序，适用本法的规定；本法没有规定的，适用《中华人民共和国行政处罚法》的有关规定。

第四条　在中华人民共和国领域内发生的违反治安管理行为，除法律有特别规定的外，适用本法。

在中华人民共和国船舶和航空器内发生的违反治安管理行为，除法律有特别规定的外，适用本法。

第五条　治安管理处罚必须以事实为依据，与违反治安管理行为的性质、情节以及社会危害程度相当。

实施治安管理处罚，应当公开、公正，尊重和保障人权，保护公民的人格尊严。

办理治安案件应当坚持教育与处罚相结合的原则。

第六条　各级人民政府应当加强社会治安综合治理，采取有效措施，化解社会矛盾，增进社会和谐，维护社会稳定。

第七条　国务院公安部门负责全国的治安管理工作。县级以上地方各级人民政府公安机关负责本行政区域内的治安管理工作。

治安案件的管辖由国务院公安部门规定。

第八条　违反治安管理的行为对他人造成损害的，行为人或者其监护人应当依法承担民事责任。

第九条　对于因民间纠纷引起的打架斗殴或者损毁他人财物等违反治安管理行为，情节较轻的，公安机关可以调解处理。经公安机关调解，当事人达成协议的，不予处罚。经调解未达成协议或者达成协议后不履行的，公安机关应当依照本法的规定对违反治安管理行为人给予处罚，并告知当事人可以就民事争议依法向人民法院提起民事诉讼。

第二章　处罚的种类和适用

第十条　治安管理处罚的种类分为：

（一）警告；

（二）罚款；

（三）行政拘留；

（四）吊销公安机关发放的许可证。

对违反治安管理的外国人，可以附加适用限期出境或者驱逐出境。

第十一条　办理治安案件所查获的毒品、淫秽物品等违禁品，赌具、赌资，吸食、注射毒品的用具以及直接用于实施违反治安管理行为的本人所有的工具，应当收缴，按照规定处理。

违反治安管理所得的财物，追缴退还被侵害人；没有被侵害人的，登记造册，公开拍卖或者按照国家有关规定处理，所得款项上缴国库。

第十二条　已满十四周岁不满十八周岁的人违反治安管理的，从轻或者减轻处罚；不满十四周岁的人违反治安管理的，不予处罚，但是应当责令其监护人严加管教。

第十三条　精神病人在不能辨认或者不能控制自己行为的时候违反治安管理的，不予处罚，但是应当责令其监护人严加看管和治疗。间歇性的精神病人在精神正常的时候违反治安管理的，应当给予处罚。

第十四条 盲人或者又聋又哑的人违反治安管理的,可以从轻、减轻或者不予处罚。

第十五条 醉酒的人违反治安管理的,应当给予处罚。

醉酒的人在醉酒状态中,对本人有危险或者对他人的人身、财产或者公共安全有威胁的,应当对其采取保护性措施约束至酒醒。

第十六条 有两种以上违反治安管理行为的,分别决定,合并执行。行政拘留处罚合并执行的,最长不超过二十日。

第十七条 共同违反治安管理的,根据违反治安管理行为人在违反治安管理行为中所起的作用,分别处罚。

教唆、胁迫、诱骗他人违反治安管理的,按照其教唆、胁迫、诱骗的行为处罚。

第十八条 单位违反治安管理的,对其直接负责的主管人员和其他直接责任人员依照本法的规定处罚。其他法律、行政法规对同一行为规定给予单位处罚的,依照其规定处罚。

第十九条 违反治安管理有下列情形之一的,减轻处罚或者不予处罚:

(一)情节特别轻微的;

(二)主动消除或者减轻违法后果,并取得被侵害人谅解的;

(三)出于他人胁迫或者诱骗的;

(四)主动投案,向公安机关如实陈述自己的违法行为的;

(五)有立功表现的。

第二十条 违反治安管理有下列情形之一的,从重处罚:

(一)有较严重后果的;

(二)教唆、胁迫、诱骗他人违反治安管理的;

(三)对报案人、控告人、举报人、证人打击报复的;

(四)六个月内曾受过治安管理处罚的。

第二十一条 违反治安管理行为人有下列情形之一,依照本法应当给予行政拘留处罚的,不执行行政拘留处罚:

(一)已满十四周岁不满十六周岁的;

(二)已满十六周岁不满十八周岁,初次违反治安管理的;

(三)七十周岁以上的;

(四)怀孕或者哺乳自己不满一周岁婴儿的。

第二十二条 违反治安管理行为在六个月内没有被公安机关发现的,不再处罚。

前款规定的期限,从违反治安管理行为发生之日起计算;违反治安管理行为有连续或者继续状态的,从行为终了之日起计算。

第三章 违反治安管理的行为和处罚

第一节 扰乱公共秩序的行为和处罚

第二十三条 有下列行为之一的,处警告或者二百元以下罚款;情节较重的,处五日以上十日以下拘留,可以并处五百元以下罚款:

(一)扰乱机关、团体、企业、事业单位秩序,致使工作、生产、营业、医疗、教学、科研不能正常进行,尚未造成严重损失的;

(二)扰乱车站、港口、码头、机场、商场、公园、展览馆或者其他公共场所秩序的;

(三)扰乱公共汽车、电车、火车、船舶、航空器或者其他公共交通工具上的秩序的;

(四)非法拦截或者强登、扒乘机动车、船舶、航空器以及其他交通工具,影响交通工具正常行驶的;

(五)破坏依法进行的选举秩序的。

聚众实施前款行为的，对首要分子处十日以上十五日以下拘留，可以并处一千元以下罚款。

第二十四条 有下列行为之一，扰乱文化、体育等大型群众性活动秩序的，处警告或者二百元以下罚款；情节严重的，处五日以上十日以下拘留，可以并处五百元以下罚款：

（一）强行进入场内的；

（二）违反规定，在场内燃放烟花爆竹或者其他物品的；

（三）展示侮辱性标语、条幅等物品的；

（四）围攻裁判员、运动员或者其他工作人员的；

（五）向场内投掷杂物，不听制止的；

（六）扰乱大型群众性活动秩序的其他行为。

因扰乱体育比赛秩序被处以拘留处罚的，可以同时责令其十二个月内不得进入体育场馆观看同类比赛；违反规定进入体育场馆的，强行带离现场。

第二十五条 有下列行为之一的，处五日以上十日以下拘留，可以并处五百元以下罚款；情节较轻的，处五日以下拘留或者五百元以下罚款：

（一）散布谣言，谎报险情、疫情、警情或者以其他方法故意扰乱公共秩序的；

（二）投放虚假的爆炸性、毒害性、放射性、腐蚀性物质或者传染病病原体等危险物质扰乱公共秩序的；

（三）扬言实施放火、爆炸、投放危险物质扰乱公共秩序的。

第二十六条 有下列行为之一的，处五日以上十日以下拘留，可以并处五百元以下罚款；情节较重的，处十日以上十五日以下拘留，可以并处一千元以下罚款：

（一）结伙斗殴的；

（二）追逐、拦截他人的；

（三）强拿硬要或者任意损毁、占用公私财物的；

（四）其他寻衅滋事行为。

第二十七条 有下列行为之一的，处十日以上十五日以下拘留，可以并处一千元以下罚款；情节较轻的，处五日以上十日以下拘留，可以并处五百元以下罚款：

（一）组织、教唆、胁迫、诱骗、煽动他人从事邪教、会道门活动或者利用邪教、会道门、迷信活动，扰乱社会秩序、损害他人身体健康的；

（二）冒用宗教、气功名义进行扰乱社会秩序、损害他人身体健康活动的。

第二十八条 违反国家规定，故意干扰无线电业务正常进行的，或者对正常运行的无线电台（站）产生有害干扰，经有关主管部门指出后，拒不采取有效措施消除的，处五日以上十日以下拘留；情节严重的，处十日以上十五日以下拘留。

第二十九条 有下列行为之一的，处五日以下拘留；情节较重的，处五日以上十日以下拘留：

（一）违反国家规定，侵入计算机信息系统，造成危害的；

（二）违反国家规定，对计算机信息系统功能进行删除、修改、增加、干扰，造成计算机信息系统不能正常运行的；

（三）违反国家规定，对计算机信息系统中存储、处理、传输的数据和应用程序进行删除、修改、增加的；

（四）故意制作、传播计算机病毒等破坏性程序，影响计算机信息系统正常运行的。

第二节　妨害公共安全的行为和处罚

第三十条 违反国家规定，制造、买卖、储存、运输、邮寄、携带、使用、提供、处置爆炸性、毒害性、放射性、腐蚀性物质或者传染病病原体等危险物质的，处十日以上十五日以下拘留；情节较轻的，处五日以上十日以下拘留。

第三十一条 爆炸性、毒害性、放射性、腐蚀性物质或者传染病病原体等危险物质被盗、被抢或者丢失，未按规定报告的，处五日以下拘留；故意隐瞒不报的，处五日以上十日以下拘留。

第三十二条 非法携带枪支、弹药或者弩、匕首等国家规定的管制器具的，处五日以下拘留，可以并处五百元以下罚款；情节较轻的，处警告或者二百元以下罚款。

非法携带枪支、弹药或者弩、匕首等国家规定的管制器具进入公共场所或者公共交通工具的，处五日以上十日以下拘留，可以并处五百元以下罚款。

第三十三条 有下列行为之一的，处十日以上十五日以下拘留：

（一）盗窃、损毁油气管道设施、电力电信设施、广播电视设施、水利防汛工程设施或者水文监测、测量、气象测报、环境监测、地质监测、地震监测等公共设施的；

（二）移动、损毁国家边境的界碑、界桩以及其他边境标志、边境设施或者领土、领海标志设施的；

（三）非法进行影响国（边）界线走向的活动或者修建有碍国（边）境管理的设施的。

第三十四条 盗窃、损坏、擅自移动使用中的航空设施，或者强行进入航空器驾驶舱的，处十日以上十五日以下拘留。

在使用中的航空器上使用可能影响导航系统正常功能的器具、工具，不听劝阻的，处五日以下拘留或者五百元以下罚款。

第三十五条 有下列行为之一的，处五日以上十日以下拘留，可以并处五百元以下罚款；情节较轻的，处五日以下拘留或者五百元以下罚款：

（一）盗窃、损毁或者擅自移动铁路设施、设备、机车车辆配件或者安全标志的；

（二）在铁路线路上放置障碍物，或者故意向列车投掷物品的；

（三）在铁路线路、桥梁、涵洞处挖掘坑穴、采石取沙的；

（四）在铁路线路上私设道口或者平交过道的。

第三十六条 擅自进入铁路防护网或者火车来临时在铁路线路上行走坐卧、抢越铁路，影响行车安全的，处警告或者二百元以下罚款。

第三十七条 有下列行为之一的，处五日以下拘留或者五百元以下罚款；情节严重的，处五日以上十日以下拘留，可以并处五百元以下罚款：

（一）未经批准，安装、使用电网的，或者安装、使用电网不符合安全规定的；

（二）在车辆、行人通行的地方施工，对沟井坎穴不设覆盖物、防围和警示标志的，或者故意损毁、移动覆盖物、防围和警示标志的；

（三）盗窃、损毁路面井盖、照明等公共设施的。

第三十八条 举办文化、体育等大型群众性活动，违反有关规定，有发生安全事故危险的，责令停止活动，立即疏散；对组织者处五日以上十日以下拘留，并处二百元以上五百元以下罚款；情节较轻的，处五日以下拘留或者五百元以下罚款。

第三十九条 旅馆、饭店、影剧院、娱乐场、运动场、展览馆或者其他供社会公众活动的场所的经营管理人员，违反安全规定，致使该场所有发生安全事故危险，经公安机关责令改正，拒不改正的，处五日以下拘留。

第三节 侵犯人身权利、财产权利的行为和处罚

第四十条 有下列行为之一的，处十日以上十五日以下拘留，并处五百元以上一千元以下罚款；情节较轻的，处五日以上十日以下拘留，并处二百元以上五百元以下罚款：

（一）组织、胁迫、诱骗不满十六周岁的人或者残疾人进行恐怖、残忍表演的；

（二）以暴力、威胁或者其他手段强迫他人劳动的；

（三）非法限制他人人身自由、非法侵入他人住宅或者非法搜查他人身体的。

第四十一条 胁迫、诱骗或者利用他人乞讨的，处十日以上十五日以下拘留，可以并处一千元以下罚款。

反复纠缠、强行讨要或者以其他滋扰他人的方式乞讨的，处五日以下拘留或者警告。

第四十二条 有下列行为之一的，处五日以下拘留或者五百元以下罚款；情节较重的，处五日以上十日以下拘留，可以并处五百元以下罚款：

（一）写恐吓信或者以其他方法威胁他人人身安全的；

（二）公然侮辱他人或者捏造事实诽谤他人的；

（三）捏造事实诬告陷害他人，企图使他人受到刑事追究或者受到治安管理处罚的；

（四）对证人及其近亲属进行威胁、侮辱、殴打或者打击报复的；

（五）多次发送淫秽、侮辱、恐吓或者其他信息，干扰他人正常生活的；

（六）偷窥、偷拍、窃听、散布他人隐私的。

第四十三条 殴打他人的，或者故意伤害他人身体的，处五日以上十日以下拘留，并处二百元以上五百元以下罚款；情节较轻的，处五日以下拘留或者五百元以下罚款。

有下列情形之一的，处十日以上十五日以下拘留，并处五百元以上一千元以下罚款：

（一）结伙殴打、伤害他人的；

（二）殴打、伤害残疾人、孕妇、不满十四周岁的人或者六十周岁以上的人的；

（三）多次殴打、伤害他人或者一次殴打、伤害多人的。

第四十四条 猥亵他人的，或者在公共场所故意裸露身体，情节恶劣的，处五日以上十日以下拘留；猥亵智力残疾人、精神病人、不满十四周岁的人或者有其他严重情节的，处十日以上十五日以下拘留。

第四十五条 有下列行为之一的，处五日以下拘留或者警告：

（一）虐待家庭成员，被虐待人要求处理的；

（二）遗弃没有独立生活能力的被扶养人的。

第四十六条 强买强卖商品，强迫他人提供服务或者强迫他人接受服务的，处五日以上十日以下拘留，并处二百元以上五百元以下罚款；情节较轻的，处五日以下拘留或者五百元以下罚款。

第四十七条 煽动民族仇恨、民族歧视，或者在出版物、计算机信息网络中刊载民族歧视、侮辱内容的，处十日以上十五日以下拘留，可以并处一千元以下罚款。

第四十八条 冒领、隐匿、毁弃、私自开拆或者非法检查他人邮件的，处五日以下拘留或者五百元以下罚款。

第四十九条 盗窃、诈骗、哄抢、抢夺、敲诈勒索或者故意损毁公私财物的，处五日以上十日以下拘留，可以并处五百元以下罚款；情节较重的，处十日以上十五日以下拘留，可以并处一千元以下罚款。

第四节 妨害社会管理的行为和处罚

第五十条 有下列行为之一的，处警告或者二百元以下罚款；情节严重的，处五日以上十日以下拘留，可以并处五百元以下罚款：

（一）拒不执行人民政府在紧急状态情况下依法发布的决定、命令的；

（二）阻碍国家机关工作人员依法执行职务的；

（三）阻碍执行紧急任务的消防车、救护车、工程抢险车、警车等车辆通行的；

（四）强行冲闯公安机关设置的警戒带、警戒区的。

阻碍人民警察依法执行职务的，从重处罚。

第五十一条 冒充国家机关工作人员或者以其他虚假身份招摇撞骗的，处五日以上十日以下拘留，可以并处五百元以下罚款；情节较轻的，处五日以下拘留或者五百元以下罚款。

冒充军警人员招摇撞骗的，从重处罚。

第五十二条 有下列行为之一的，处十日以上十五日以下拘留，可以并处一千元以下罚款；情节较轻的，处五日以上十日以下拘留，可以并处五百元以下罚款：

（一）伪造、变造或者买卖国家机关、人民团体、企业、事业单位或者其他组织的公文、证件、证明文件、印章的；

（二）买卖或者使用伪造、变造的国家机关、人民团体、企业、事业单位或者其他组织的公文、证件、证明文件的；

（三）伪造、变造、倒卖车票、船票、航空客票、文艺演出票、体育比赛入场券或者其他有价票证、凭证的；

（四）伪造、变造船舶户牌，买卖或者使用伪造、变造的船舶户牌，或者涂改船舶发动机号码的。

第五十三条 船舶擅自进入、停靠国家禁止、限制进入的水域或者岛屿的，对船舶负责人及有关责任人员处五百元以上一千元以下罚款；情节严重的，处五日以下拘留，并处五百元以上一千元以下罚款。

第五十四条 有下列行为之一的，处十日以上十五日以下拘留，并处五百元以上一千元以下罚款；情节较轻的，处五日以下拘留或者五百元以下罚款：

（一）违反国家规定，未经注册登记，以社会团体名义进行活动，被取缔后，仍进行活动的；

（二）被依法撤销登记的社会团体，仍以社会团体名义进行活动的；

（三）未经许可，擅自经营按照国家规定需要由公安机关许可的行业的。

有前款第三项行为的，予以取缔。

取得公安机关许可的经营者，违反国家有关管理规定，情节严重的，公安机关可以吊销许可证。

第五十五条 煽动、策划非法集会、游行、示威，不听劝阻的，处十日以上十五日以下拘留。

第五十六条 旅馆业的工作人员对住宿的旅客不按规定登记姓名、身份证件种类和号码的，或者明知住宿的旅客将危险物质带入旅馆，不予制止的，处二百元以上五百元以下罚款。

旅馆业的工作人员明知住宿的旅客是犯罪嫌疑人员或者被公安机关通缉的人员，不向公安机关报告的，处二百元以上五百元以下罚款；情节严重的，处五日以下拘留，可以并处五百元以下罚款。

第五十七条 房屋出租人将房屋出租给无身份证件的人居住的，或者不按规定登记承租人姓名、身份证件种类和号码的，处二百元以上五百元以下罚款。

房屋出租人明知承租人利用出租房屋进行犯罪活动，不向公安机关报告的，处二百元以上五百元以下罚款；情节严重的，处五日以下拘留，可以并处五百元以下罚款。

第五十八条 违反关于社会生活噪声污染防治的法律规定，制造噪声干扰他人正常生活的，处警告；警告后不改正的，处二百元以上五百元以下罚款。

第五十九条 有下列行为之一的，处五百元以上一千元以下罚款；情节严重的，处五日以上十日以下拘留，并处五百元以上一千元以下罚款：

（一）典当业工作人员承接典当的物品，不查验有关证明、不履行登记手续，或者明知是违法犯罪嫌疑人、赃物，不向公安机关报告的；

（二）违反国家规定，收购铁路、油田、供电、电信、矿山、水利、测量和城市公用设施等废旧专用器材的；

（三）收购公安机关通报寻查的赃物或者有赃物嫌疑的物品的；

（四）收购国家禁止收购的其他物品的。

第六十条 有下列行为之一的，处五日以上十日以下拘留，并处二百元以上五百元以下罚款：

（一）隐藏、转移、变卖或者损毁行政执法机关依法扣押、查封、冻结的财物的；

（二）伪造、隐匿、毁灭证据或者提供虚假证言、谎报案情，影响行政执法机关依法办案的；

（三）明知是赃物而窝藏、转移或者代为销售的；

（四）被依法执行管制、剥夺政治权利或者在缓刑、保外就医等监外执行中的罪犯或者被依法采取刑事强制措施的人，有违反法律、行政法规和国务院公安部门有关监督管理规定的行为。

第六十一条 协助组织或者运送他人偷越国（边）境的，处十日以上十五日以下拘留，并处一千元以上五千元以下罚款。

第六十二条 为偷越国（边）境人员提供条件的，处五日以上十日以下拘留，并处五百元以上二千元以下罚款。

偷越国（边）境的，处五日以下拘留或者五百元以下罚款。

第六十三条 有下列行为之一的，处警告或者二百元以下罚款；情节较重的，处五日以上十日以下

拘留,并处二百元以上五百元以下罚款:

(一)刻划、涂污或者以其他方式故意损坏国家保护的文物、名胜古迹的;

(二)违反国家规定,在文物保护单位附近进行爆破、挖掘等活动,危及文物安全的。

第六十四条 有下列行为之一的,处五百元以上一千元以下罚款;情节严重的,处十日以上十五日以下拘留,并处五百元以上一千元以下罚款:

(一)偷开他人机动车的;

(二)未取得驾驶证驾驶或者偷开他人航空器、机动船舶的。

第六十五条 有下列行为之一的,处五日以上十日以下拘留;情节严重的,处十日以上十五日以下拘留,可以并处一千元以下罚款:

(一)故意破坏、污损他人坟墓或者毁坏、丢弃他人尸骨、骨灰的;

(二)在公共场所停放尸体或者因停放尸体影响他人正常生活、工作秩序,不听劝阻的。

第六十六条 卖淫、嫖娼的,处十日以上十五日以下拘留,可以并处五千元以下罚款;情节较轻的,处五日以下拘留或者五百元以下罚款。

在公共场所拉客招嫖的,处五日以下拘留或者五百元以下罚款。

第六十七条 引诱、容留、介绍他人卖淫的,处十日以上十五日以下拘留,可以并处五千元以下罚款;情节较轻的,处五日以下拘留或者五百元以下罚款。

第六十八条 制作、运输、复制、出售、出租淫秽的书刊、图片、影片、音像制品等淫秽物品或者利用计算机信息网络、电话以及其他通讯工具传播淫秽信息的,处十日以上十五日以下拘留,可以并处三千元以下罚款;情节较轻的,处五日以下拘留或者五百元以下罚款。

第六十九条 有下列行为之一的,处十日以上十五日以下拘留,并处五百元以上一千元以下罚款:

(一)组织播放淫秽音像的;

(二)组织或者进行淫秽表演的;

(三)参与聚众淫乱活动的。

明知他人从事前款活动,为其提供条件的,依照前款的规定处罚。

第七十条 以营利为目的,为赌博提供条件的,或者参与赌博赌资较大的,处五日以下拘留或者五百元以下罚款;情节严重的,处十日以上十五日以下拘留,并处五百元以上三千元以下罚款。

第七十一条 有下列行为之一的,处十日以上十五日以下拘留,可以并处三千元以下罚款;情节较轻的,处五日以下拘留或者五百元以下罚款:

(一)非法种植罂粟不满五百株或者其他少量毒品原植物的;

(二)非法买卖、运输、携带、持有少量未经灭活的罂粟等毒品原植物种子或者幼苗的;

(三)非法运输、买卖、储存、使用少量罂粟壳的。

有前款第一项行为,在成熟前自行铲除的,不予处罚。

第七十二条 有下列行为之一的,处十日以上十五日以下拘留,可以并处二千元以下罚款;情节较轻的,处五日以下拘留或者五百元以下罚款:

(一)非法持有鸦片不满二百克、海洛因或者甲基苯丙胺不满十克或者其他少量毒品的;

(二)向他人提供毒品的;

(三)吸食、注射毒品的;

(四)胁迫、欺骗医务人员开具麻醉药品、精神药品的。

第七十三条 教唆、引诱、欺骗他人吸食、注射毒品的,处十日以上十五日以下拘留,并处五百元以上二千元以下罚款。

第七十四条 旅馆业、饮食服务业、文化娱乐业、出租汽车业等单位的人员,在公安机关查处吸毒、赌博、卖淫、嫖娼活动时,为违法犯罪行为人通风报信的,处十日以上十五日以下拘留。

第七十五条 饲养动物,干扰他人正常生活的,处警告;警告后不改正的,或者放任动物恐吓他人的,处二百元以上五百元以下罚款。

驱使动物伤害他人的，依照本法第四十三条第一款的规定处罚。

第七十六条 有本法第六十七条、第六十八条、第七十条的行为，屡教不改的，可以按照国家规定采取强制性教育措施。

第四章 处 罚 程 序

第一节 调 查

第七十七条 公安机关对报案、控告、举报或者违反治安管理行为人主动投案，以及其他行政主管部门、司法机关移送的违反治安管理案件，应当及时受理，并进行登记。

第七十八条 公安机关受理报案、控告、举报、投案后，认为属于违反治安管理行为的，应当立即进行调查；认为不属于违反治安管理行为的，应当告知报案人、控告人、举报人、投案人，并说明理由。

第七十九条 公安机关及其人民警察对治安案件的调查，应当依法进行。严禁刑讯逼供或者采用威胁、引诱、欺骗等非法手段收集证据。

以非法手段收集的证据不得作为处罚的根据。

第八十条 公安机关及其人民警察在办理治安案件时，对涉及的国家秘密、商业秘密或者个人隐私，应当予以保密。

第八十一条 人民警察在办理治安案件过程中，遇有下列情形之一的，应当回避；违反治安管理行为人、被侵害人或者其法定代理人也有权要求他们回避：

（一）是本案当事人或者当事人的近亲属的；

（二）本人或者其近亲属与本案有利害关系的；

（三）与本案当事人有其他关系，可能影响案件公正处理的。

人民警察的回避，由其所属的公安机关决定；公安机关负责人的回避，由上一级公安机关决定。

第八十二条 需要传唤违反治安管理行为人接受调查的，经公安机关办案部门负责人批准，使用传唤证传唤。对现场发现的违反治安管理行为人，人民警察经出示工作证件，可以口头传唤，但应当在询问笔录中注明。

公安机关应当将传唤的原因和依据告知被传唤人。对无正当理由不接受传唤或者逃避传唤的人，可以强制传唤。

第八十三条 对违反治安管理行为人，公安机关传唤后应当及时询问查证，询问查证的时间不得超过八小时；情况复杂，依照本法规定可能适用行政拘留处罚的，询问查证的时间不得超过二十四小时。

公安机关应当及时将传唤的原因和处所通知被传唤人家属。

第八十四条 询问笔录应当交被询问人核对；对没有阅读能力的，应当向其宣读。记载有遗漏或者差错的，被询问人可以提出补充或者更正。被询问人确认笔录无误后，应当签名或者盖章，询问的人民警察也应当在笔录上签名。

被询问人要求就被询问事项自行提供书面材料的，应当准许；必要时，人民警察也可以要求被询问人自行书写。

询问不满十六周岁的违反治安管理行为人，应当通知其父母或者其他监护人到场。

第八十五条 人民警察询问被侵害人或者其他证人，可以到其所在单位或者住处进行；必要时，也可以通知其到公安机关提供证言。

人民警察在公安机关以外询问被侵害人或者其他证人，应当出示工作证件。

询问被侵害人或者其他证人，同时适用本法第八十四条的规定。

第八十六条 询问聋哑的违反治安管理行为人、被侵害人或者其他证人，应当有通晓手语的人提供帮助，并在笔录上注明。

询问不通晓当地通用的语言文字的违反治安管理行为人、被侵害人或者其他证人，应当配备翻译人员，并在笔录上注明。

第八十七条 公安机关对与违反治安管理行为有关的场所、物品、人身可以进行检查。检查时，人民警察不得少于二人，并应当出示工作证件和县级以上人民政府公安机关开具的检查证明文件。对确有必要立即进行检查的，人民警察经出示工作证件，可以当场检查，但检查公民住所应当出示县级以上人民政府公安机关开具的检查证明文件。

检查妇女的身体，应当由女性工作人员进行。

第八十八条 检查的情况应当制作检查笔录，由检查人、被检查人和见证人签名或者盖章；被检查人拒绝签名的，人民警察应当在笔录上注明。

第八十九条 公安机关办理治安案件，对与案件有关的需要作为证据的物品，可以扣押；对被侵害人或者善意第三人合法占有的财产，不得扣押，应当予以登记。对与案件无关的物品，不得扣押。

对扣押的物品，应当会同在场见证人和被扣押物品持有人查点清楚，当场开列清单一式二份，由调查人员、见证人和持有人签名或者盖章，一份交给持有人，另一份附卷备查。

对扣押的物品，应当妥善保管，不得挪作他用；对不宜长期保存的物品，按照有关规定处理。经查明与案件无关的，应当及时退还；经核实属于他人合法财产的，应当登记后立即退还；满六个月无人对该财产主张权利或者无法查清权利人的，应当公开拍卖或者按照国家有关规定处理，所得款项上缴国库。

第九十条 为了查明案情，需要解决案件中有争议的专门性问题的，应当指派或者聘请具有专门知识的人员进行鉴定；鉴定人鉴定后，应当写出鉴定意见，并且签名。

第二节 决　　定

第九十一条 治安管理处罚由县级以上人民政府公安机关决定；其中警告、五百元以下的罚款可以由公安派出所决定。

第九十二条 对决定给予行政拘留处罚的人，在处罚前已经采取强制措施限制人身自由的时间，应当折抵。限制人身自由一日，折抵行政拘留一日。

第九十三条 公安机关查处治安案件，对没有本人陈述，但其他证据能够证明案件事实的，可以作出治安管理处罚决定。但是，只有本人陈述，没有其他证据证明的，不能作出治安管理处罚决定。

第九十四条 公安机关作出治安管理处罚决定前，应当告知违反治安管理行为人作出治安管理处罚的事实、理由及依据，并告知违反治安管理行为人依法享有的权利。

违反治安管理行为人有权陈述和申辩。公安机关必须充分听取违反治安管理行为人的意见，对违反治安管理行为人提出的事实、理由和证据，应当进行复核；违反治安管理行为人提出的事实、理由或者证据成立的，公安机关应当采纳。

公安机关不得因违反治安管理行为人的陈述、申辩而加重处罚。

第九十五条 治安案件调查结束后，公安机关应当根据不同情况，分别作出以下处理：

（一）确有依法应当给予治安管理处罚的违法行为的，根据情节轻重及具体情况，作出处罚决定；

（二）依法不予处罚的，或者违法事实不能成立的，作出不予处罚决定；

（三）违法行为已涉嫌犯罪的，移送主管机关依法追究刑事责任；

（四）发现违反治安管理行为人有其他违法行为的，在对违反治安管理行为作出处罚决定的同时，通知有关行政主管部门处理。

第九十六条 公安机关作出治安管理处罚决定的，应当制作治安管理处罚决定书。决定书应当载明下列内容：

（一）被处罚人的姓名、性别、年龄、身份证件的名称和号码、住址；

（二）违法事实和证据；

（三）处罚的种类和依据；

（四）处罚的执行方式和期限；

（五）对处罚决定不服，申请行政复议、提起行政诉讼的途径和期限；

（六）作出处罚决定的公安机关的名称和作出决定的日期。

决定书应当由作出处罚决定的公安机关加盖印章。

第九十七条 公安机关应当向被处罚人宣告治安管理处罚决定书，并当场交付被处罚人；无法当场向被处罚人宣告的，应当在二日内送达被处罚人。决定给予行政拘留处罚的，应当及时通知被处罚人的家属。

有被侵害人的，公安机关应当将决定书副本抄送被侵害人。

第九十八条 公安机关作出吊销许可证以及处二千元以上罚款的治安管理处罚决定前，应当告知违反治安管理行为人有权要求举行听证；违反治安管理行为人要求听证的，公安机关应当及时依法举行听证。

第九十九条 公安机关办理治安案件的期限，自受理之日起不得超过三十日；案情重大、复杂的，经上一级公安机关批准，可以延长三十日。

为了查明案情进行鉴定的期间，不计入办理治安案件的期限。

第一百条 违反治安管理行为事实清楚，证据确凿，处警告或者二百元以下罚款的，可以当场作出治安管理处罚决定。

第一百零一条 当场作出治安管理处罚决定的，人民警察应当向违反治安管理行为人出示工作证件，并填写处罚决定书。处罚决定书应当当场交付被处罚人；有被侵害人的，并将决定书副本抄送被侵害人。

前款规定的处罚决定书，应当载明被处罚人的姓名、违法行为、处罚依据、罚款数额、时间、地点以及公安机关名称，并由经办的人民警察签名或者盖章。

当场作出治安管理处罚决定的，经办的人民警察应当在二十四小时内报所属公安机关备案。

第一百零二条 被处罚人对治安管理处罚决定不服的，可以依法申请行政复议或者提起行政诉讼。

第三节 执 行

第一百零三条 对被决定给予行政拘留处罚的人，由作出决定的公安机关送达拘留所执行。

第一百零四条 受到罚款处罚的人应当自收到处罚决定书之日起十五日内，到指定的银行缴纳罚款。但是，有下列情形之一的，人民警察可以当场收缴罚款：

（一）被处五十元以下罚款，被处罚人对罚款无异议的；

（二）在边远、水上、交通不便地区，公安机关及其人民警察依照本法的规定作出罚款决定后，被处罚人向指定的银行缴纳罚款确有困难，经被处罚人提出的；

（三）被处罚人在当地没有固定住所，不当场收缴事后难以执行的。

第一百零五条 人民警察当场收缴的罚款，应当自收缴罚款之日起二日内，交至所属的公安机关；在水上、旅客列车上当场收缴的罚款，应当自抵岸或者到站之日起二日内，交至所属的公安机关；公安机关应当自收到罚款之日起二日内将罚款缴付指定的银行。

第一百零六条 人民警察当场收缴罚款的，应当向被处罚人出具省、自治区、直辖市人民政府财政部门统一制发的罚款收据；不出具统一制发的罚款收据的，被处罚人有权拒绝缴纳罚款。

第一百零七条 被处罚人不服行政拘留处罚决定，申请行政复议、提起行政诉讼的，可以向公安机关提出暂缓执行行政拘留的申请。公安机关认为暂缓执行行政拘留不致发生社会危险的，由被处罚人或者其近亲属提出符合本法第一百零八条规定条件的担保人，或者按每日行政拘留二百元的标准交纳保证金，行政拘留的处罚决定暂缓执行。

第一百零八条 担保人应当符合下列条件：

（一）与本案无牵连；

（二）享有政治权利，人身自由未受到限制；

（三）在当地有常住户口和固定住所；

（四）有能力履行担保义务。

第一百零九条　担保人应当保证被担保人不逃避行政拘留处罚的执行。

担保人不履行担保义务，致使被担保人逃避行政拘留处罚的执行的，由公安机关对其处三千元以下罚款。

第一百一十条　被决定给予行政拘留处罚的人交纳保证金，暂缓行政拘留后，逃避行政拘留处罚的执行的，保证金予以没收并上缴国库，已经作出的行政拘留决定仍应执行。

第一百一十一条　行政拘留的处罚决定被撤销，或者行政拘留处罚开始执行的，公安机关收取的保证金应当及时退还交纳人。

第五章　执法监督

第一百一十二条　公安机关及其人民警察应当依法、公正、严格、高效办理治安案件，文明执法，不得徇私舞弊。

第一百一十三条　公安机关及其人民警察办理治安案件，禁止对违反治安管理行为人打骂、虐待或者侮辱。

第一百一十四条　公安机关及其人民警察办理治安案件，应当自觉接受社会和公民的监督。

公安机关及其人民警察办理治安案件，不严格执法或者有违法违纪行为的，任何单位和个人都有权向公安机关或者人民检察院、行政监察机关检举、控告；收到检举、控告的机关，应当依据职责及时处理。

第一百一十五条　公安机关依法实施罚款处罚，应当依照有关法律、行政法规的规定，实行罚款决定与罚款收缴分离；收缴的罚款应当全部上缴国库。

第一百一十六条　人民警察办理治安案件，有下列行为之一的，依法给予行政处分；构成犯罪的，依法追究刑事责任：

（一）刑讯逼供、体罚、虐待、侮辱他人的；

（二）超过询问查证的时间限制人身自由的；

（三）不执行罚款决定与罚款收缴分离制度或者不按规定将罚没的财物上缴国库或者依法处理的；

（四）私分、侵占、挪用、故意损毁收缴、扣押的财物的；

（五）违反规定使用或者不及时返还被侵害人财物的；

（六）违反规定不及时退还保证金的；

（七）利用职务上的便利收受他人财物或者谋取其他利益的；

（八）当场收缴罚款不出具罚款收据或者不如实填写罚款数额的；

（九）接到要求制止违反治安管理行为的报警后，不及时出警的；

（十）在查处违反治安管理活动时，为违法犯罪行为人通风报信的；

（十一）有徇私舞弊、滥用职权，不依法履行法定职责的其他情形的。

办理治安案件的公安机关有前款所列行为的，对直接负责的主管人员和其他直接责任人员给予相应的行政处分。

第一百一十七条　公安机关及其人民警察违法行使职权，侵犯公民、法人和其他组织合法权益的，应当赔礼道歉；造成损害的，应当依法承担赔偿责任。

第六章　附　　则

第一百一十八条　本法所称以上、以下、以内，包括本数。

第一百一十九条　本法自2006年3月1日起施行。1986年9月5日公布、1994年5月12日修订公布的《中华人民共和国治安管理处罚条例》同时废止。

中华人民共和国劳动合同法

2012年中华人民共和国主席令第73号(2012年12月28日发布)

《全国人民代表大会常务委员会关于修改〈中华人民共和国劳动合同法〉的决定》已由中华人民共和国第十一届全国人民代表大会常务委员会第三十次会议于2012年12月28日通过,现予公布,自2013年7月1日起施行。

中华人民共和国主席 **胡锦涛**

2012年12月28日

全国人民代表大会常务委员会关于修改《中华人民共和国劳动合同法》的决定

(2012年12月28日第十一届全国人民代表大会常务委员会第三十次会议通过)

第十一届全国人民代表大会常务委员会第三十次会议决定对《中华人民共和国劳动合同法》作如下修改:

一、将第五十七条修改为:“经营劳务派遣业务应当具备下列条件:

“(一)注册资本不得少于人民币二百万元;

“(二)有与开展业务相适应的固定的经营场所和设施;

“(三)有符合法律、行政法规规定的劳务派遣管理制度;

“(四)法律、行政法规规定的其他条件。

“经营劳务派遣业务,应当向劳动行政部门依法申请行政许可;经许可的,依法办理相应的公司登记。未经许可,任何单位和个人不得经营劳务派遣业务。”

二、将第六十三条修改为:“被派遣劳动者享有与用工单位的劳动者同工同酬的权利。用工单位应当按照同工同酬原则,对被派遣劳动者与本单位同类岗位的劳动者实行相同的劳动报酬分配办法。用工单位无同类岗位劳动者的,参照用工单位所在地相同或者相近岗位劳动者的劳动报酬确定。

“劳务派遣单位与被派遣劳动者订立的劳动合同和与用工单位订立的劳务派遣协议,载明或者约定的向被派遣劳动者支付的劳动报酬应当符合前款规定。”

三、将第六十六条修改为:“劳动合同用工是我国的企业基本用工形式。劳务派遣用工是补充形式,只能在临时性、辅助性或者替代性的工作岗位上实施。

“前款规定的临时性工作岗位是指存续时间不超过六个月的岗位;辅助性工作岗位是指为主营业务岗位提供服务的非主营业务岗位;替代性工作岗位是指用工单位的劳动者因脱产学习、休假等原因无法工作的一定期间内,可以由其他劳动者替代工作的岗位。

“用工单位应当严格控制劳务派遣用工数量,不得超过其用工总量的一定比例,具体比例由国务院劳动行政部门规定。”

四、将第九十二条修改为:“违反本法规定,未经许可,擅自经营劳务派遣业务的,由劳动行政部门责令停止违法行为,没收违法所得,并处违法所得一倍以上五倍以下的罚款;没有违法所得的,可以处五万元以下的罚款。

"劳务派遣单位、用工单位违反本法有关劳务派遣规定的,由劳动行政部门责令限期改正;逾期不改正的,以每人五千元以上一万元以下的标准处以罚款,对劳务派遣单位,吊销其劳务派遣业务经营许可证。用工单位给被派遣劳动者造成损害的,劳务派遣单位与用工单位承担连带赔偿责任。"

本决定自2013年7月1日起施行。

本决定公布前已依法订立的劳动合同和劳务派遣协议继续履行至期限届满,但是劳动合同和劳务派遣协议的内容不符合本决定关于按照同工同酬原则实行相同的劳动报酬分配办法的规定的,应当依照本决定进行调整;本决定施行前经营劳务派遣业务的单位,应当在本决定施行之日起一年内依法取得行政许可并办理公司变更登记,方可经营新的劳务派遣业务。具体办法由国务院劳动行政部门会同国务院有关部门规定。

《中华人民共和国劳动合同法》根据本决定作相应修改,重新公布。

中华人民共和国劳动合同法

目　　录

第一章　总　　则

第一条　为了完善劳动合同制度,明确劳动合同双方当事人的权利和义务,保护劳动者的合法权益,构建和发展和谐稳定的劳动关系,制定本法。

第二条　中华人民共和国境内的企业、个体经济组织、民办非企业单位等组织(以下称用人单位)与劳动者建立劳动关系,订立、履行、变更、解除或者终止劳动合同,适用本法。

国家机关、事业单位、社会团体和与其建立劳动关系的劳动者,订立、履行、变更、解除或者终止劳动合同,依照本法执行。

第三条　订立劳动合同,应当遵循合法、公平、平等自愿、协商一致、诚实信用的原则。

依法订立的劳动合同具有约束力,用人单位与劳动者应当履行劳动合同约定的义务。

第四条　用人单位应当依法建立和完善劳动规章制度,保障劳动者享有劳动权利、履行劳动义务。

用人单位在制定、修改或者决定有关劳动报酬、工作时间、休息休假、劳动安全卫生、保险福利、职工培训、劳动纪律以及劳动定额管理等直接涉及劳动者切身利益的规章制度或者重大事项时,应当经职工代表大会或者全体职工讨论,提出方案和意见,与工会或者职工代表平等协商确定。

在规章制度和重大事项决定实施过程中,工会或者职工认为不适当的,有权向用人单位提出,通过协商予以修改完善。

用人单位应当将直接涉及劳动者切身利益的规章制度和重大事项决定公示,或者告知劳动者。

第五条 县级以上人民政府劳动行政部门会同工会和企业方面代表,建立健全协调劳动关系三方机制,共同研究解决有关劳动关系的重大问题。

第六条 工会应当帮助、指导劳动者与用人单位依法订立和履行劳动合同,并与用人单位建立集体协商机制,维护劳动者的合法权益。

第二章　劳动合同的订立

第七条 用人单位自用工之日起即与劳动者建立劳动关系。用人单位应当建立职工名册备查。

第八条 用人单位招用劳动者时,应当如实告知劳动者工作内容、工作条件、工作地点、职业危害、安全生产状况、劳动报酬,以及劳动者要求了解的其他情况;用人单位有权了解劳动者与劳动合同直接相关的基本情况,劳动者应当如实说明。

第九条 用人单位招用劳动者,不得扣押劳动者的居民身份证和其他证件,不得要求劳动者提供担保或者以其他名义向劳动者收取财物。

第十条 建立劳动关系,应当订立书面劳动合同。

已建立劳动关系,未同时订立书面劳动合同的,应当自用工之日起一个月内订立书面劳动合同。

用人单位与劳动者在用工前订立劳动合同的,劳动关系自用工之日起建立。

第十一条 用人单位未在用工的同时订立书面劳动合同,与劳动者约定的劳动报酬不明确的,新招用的劳动者的劳动报酬按照集体合同规定的标准执行;没有集体合同或者集体合同未规定的,实行同工同酬。

第十二条 劳动合同分为固定期限劳动合同、无固定期限劳动合同和以完成一定工作任务为期限的劳动合同。

第十三条 固定期限劳动合同,是指用人单位与劳动者约定合同终止时间的劳动合同。

用人单位与劳动者协商一致,可以订立固定期限劳动合同。

第十四条 无固定期限劳动合同,是指用人单位与劳动者约定无确定终止时间的劳动合同。

用人单位与劳动者协商一致,可以订立无固定期限劳动合同。有下列情形之一,劳动者提出或者同意续订、订立劳动合同的,除劳动者提出订立固定期限劳动合同外,应当订立无固定期限劳动合同:

(一)劳动者在该用人单位连续工作满十年的;

(二)用人单位初次实行劳动合同制度或者国有企业改制重新订立劳动合同时,劳动者在该用人单位连续工作满十年且距法定退休年龄不足十年的;

(三)连续订立二次固定期限劳动合同,且劳动者没有本法第三十九条和第四十条第一项、第二项规定的情形,续订劳动合同的。

用人单位自用工之日起满一年不与劳动者订立书面劳动合同的,视为用人单位与劳动者已订立无固定期限劳动合同。

第十五条 以完成一定工作任务为期限的劳动合同,是指用人单位与劳动者约定以某项工作的完成为合同期限的劳动合同。

用人单位与劳动者协商一致,可以订立以完成一定工作任务为期限的劳动合同。

第十六条 劳动合同由用人单位与劳动者协商一致,并经用人单位与劳动者在劳动合同文本上签字或者盖章生效。

劳动合同文本由用人单位和劳动者各执一份。

第十七条 劳动合同应当具备以下条款:

(一)用人单位的名称、住所和法定代表人或者主要负责人;

(二)劳动者的姓名、住址和居民身份证或者其他有效身份证件号码;

(三)劳动合同期限;

（四）工作内容和工作地点；

（五）工作时间和休息休假；

（六）劳动报酬；

（七）社会保险；

（八）劳动保护、劳动条件和职业危害防护；

（九）法律、法规规定应当纳入劳动合同的其他事项。

劳动合同除前款规定的必备条款外，用人单位与劳动者可以约定试用期、培训、保守秘密、补充保险和福利待遇等其他事项。

第十八条 劳动合同对劳动报酬和劳动条件等标准约定不明确，引发争议的，用人单位与劳动者可以重新协商；协商不成的，适用集体合同规定；没有集体合同或者集体合同未规定劳动报酬的，实行同工同酬；没有集体合同或者集体合同未规定劳动条件等标准的，适用国家有关规定。

第十九条 劳动合同期限三个月以上不满一年的，试用期不得超过一个月；劳动合同期限一年以上不满三年的，试用期不得超过二个月；三年以上固定期限和无固定期限的劳动合同，试用期不得超过六个月。

同一用人单位与同一劳动者只能约定一次试用期。

以完成一定工作任务为期限的劳动合同或者劳动合同期限不满三个月的，不得约定试用期。

试用期包含在劳动合同期限内。劳动合同仅约定试用期的，试用期不成立，该期限为劳动合同期限。

第二十条 劳动者在试用期的工资不得低于本单位相同岗位最低档工资或者劳动合同约定工资的百分之八十，并不得低于用人单位所在地的最低工资标准。

第二十一条 在试用期中，除劳动者有本法第三十九条和第四十条第一项、第二项规定的情形外，用人单位不得解除劳动合同。用人单位在试用期解除劳动合同的，应当向劳动者说明理由。

第二十二条 用人单位为劳动者提供专项培训费用，对其进行专业技术培训的，可以与该劳动者订立协议，约定服务期。

劳动者违反服务期约定的，应当按照约定向用人单位支付违约金。违约金的数额不得超过用人单位提供的培训费用。用人单位要求劳动者支付的违约金不得超过服务期尚未履行部分所应分摊的培训费用。

用人单位与劳动者约定服务期的，不影响按照正常的工资调整机制提高劳动者在服务期期间的劳动报酬。

第二十三条 用人单位与劳动者可以在劳动合同中约定保守用人单位的商业秘密和与知识产权相关的保密事项。

对负有保密义务的劳动者，用人单位可以在劳动合同或者保密协议中与劳动者约定竞业限制条款，并约定在解除或者终止劳动合同后，在竞业限制期限内按月给予劳动者经济补偿。劳动者违反竞业限制约定的，应当按照约定向用人单位支付违约金。

第二十四条 竞业限制的人员限于用人单位的高级管理人员、高级技术人员和其他负有保密义务的人员。竞业限制的范围、地域、期限由用人单位与劳动者约定，竞业限制的约定不得违反法律、法规的规定。

在解除或者终止劳动合同后，前款规定的人员到与本单位生产或者经营同类产品、从事同类业务的有竞争关系的其他用人单位，或者自己开业生产或者经营同类产品、从事同类业务的竞业限制期限，不得超过二年。

第二十五条 除本法第二十二条和第二十三条规定的情形外，用人单位不得与劳动者约定由劳动者承担违约金。

第二十六条 下列劳动合同无效或者部分无效：

（一）以欺诈、胁迫的手段或者乘人之危，使对方在违背真实意思的情况下订立或者变更劳动合同的；

（二）用人单位免除自己的法定责任、排除劳动者权利的；

（三）违反法律、行政法规强制性规定的。

对劳动合同的无效或者部分无效有争议的，由劳动争议仲裁机构或者人民法院确认。

第二十七条 劳动合同部分无效，不影响其他部分效力的，其他部分仍然有效。

第二十八条 劳动合同被确认无效，劳动者已付出劳动的，用人单位应当向劳动者支付劳动报酬。劳动报酬的数额，参照本单位相同或者相近岗位劳动者的劳动报酬确定。

第三章 劳动合同的履行和变更

第二十九条 用人单位与劳动者应当按照劳动合同的约定，全面履行各自的义务。

第三十条 用人单位应当按照劳动合同约定和国家规定，向劳动者及时足额支付劳动报酬。

用人单位拖欠或者未足额支付劳动报酬的，劳动者可以依法向当地人民法院申请支付令，人民法院应当依法发出支付令。

第三十一条 用人单位应当严格执行劳动定额标准，不得强迫或者变相强迫劳动者加班。用人单位安排加班的，应当按照国家有关规定向劳动者支付加班费。

第三十二条 劳动者拒绝用人单位管理人员违章指挥、强令冒险作业的，不视为违反劳动合同。

劳动者对危害生命安全和身体健康的劳动条件，有权对用人单位提出批评、检举和控告。

第三十三条 用人单位变更名称、法定代表人、主要负责人或者投资人等事项，不影响劳动合同的履行。

第三十四条 用人单位发生合并或者分立等情况，原劳动合同继续有效，劳动合同由承继其权利和义务的用人单位继续履行。

第三十五条 用人单位与劳动者协商一致，可以变更劳动合同约定的内容。变更劳动合同，应当采用书面形式。

变更后的劳动合同文本由用人单位和劳动者各执一份。

第四章 劳动合同的解除和终止

第三十六条 用人单位与劳动者协商一致，可以解除劳动合同。

第三十七条 劳动者提前三十日以书面形式通知用人单位，可以解除劳动合同。劳动者在试用期内提前三日通知用人单位，可以解除劳动合同。

第三十八条 用人单位有下列情形之一的，劳动者可以解除劳动合同：

（一）未按照劳动合同约定提供劳动保护或者劳动条件的；

（二）未及时足额支付劳动报酬的；

（三）未依法为劳动者缴纳社会保险费的；

（四）用人单位的规章制度违反法律、法规的规定，损害劳动者权益的；

（五）因本法第二十六条第一款规定的情形致使劳动合同无效的；

（六）法律、行政法规规定劳动者可以解除劳动合同的其他情形。

用人单位以暴力、威胁或者非法限制人身自由的手段强迫劳动者劳动的，或者用人单位违章指挥、强令冒险作业危及劳动者人身安全的，劳动者可以立即解除劳动合同，不需事先告知用人单位。

第三十九条 劳动者有下列情形之一的，用人单位可以解除劳动合同：

（一）在试用期间被证明不符合录用条件的；

（二）严重违反用人单位的规章制度的；

（三）严重失职，营私舞弊，给用人单位造成重大损害的；

(四)劳动者同时与其他用人单位建立劳动关系,对完成本单位的工作任务造成严重影响,或者经用人单位提出,拒不改正的;

(五)因本法第二十六条第一款第一项规定的情形致使劳动合同无效的;

(六)被依法追究刑事责任的。

第四十条 有下列情形之一的,用人单位提前三十日以书面形式通知劳动者本人或者额外支付劳动者一个月工资后,可以解除劳动合同:

(一)劳动者患病或者非因工负伤,在规定的医疗期满后不能从事原工作,也不能从事由用人单位另行安排的工作的;

(二)劳动者不能胜任工作,经过培训或者调整工作岗位,仍不能胜任工作的;

(三)劳动合同订立时所依据的客观情况发生重大变化,致使劳动合同无法履行,经用人单位与劳动者协商,未能就变更劳动合同内容达成协议的。

第四十一条 有下列情形之一,需要裁减人员二十人以上或者裁减不足二十人但占企业职工总数百分之十以上的,用人单位提前三十日向工会或者全体职工说明情况,听取工会或者职工的意见后,裁减人员方案经向劳动行政部门报告,可以裁减人员:

(一)依照企业破产法规定进行重整的;

(二)生产经营发生严重困难的;

(三)企业转产、重大技术革新或者经营方式调整,经变更劳动合同后,仍需裁减人员的;

(四)其他因劳动合同订立时所依据的客观经济情况发生重大变化,致使劳动合同无法履行的。

裁减人员时,应当优先留用下列人员:

(一)与本单位订立较长期限的固定期限劳动合同的;

(二)与本单位订立无固定期限劳动合同的;

(三)家庭无其他就业人员,有需要扶养的老人或者未成年人的。

用人单位依照本条第一款规定裁减人员,在六个月内重新招用人员的,应当通知被裁减的人员,并在同等条件下优先招用被裁减的人员。

第四十二条 劳动者有下列情形之一的,用人单位不得依照本法第四十条、第四十一条的规定解除劳动合同:

(一)从事接触职业病危害作业的劳动者未进行离岗前职业健康检查,或者疑似职业病病人在诊断或者医学观察期间的;

(二)在本单位患职业病或者因工负伤并被确认丧失或者部分丧失劳动能力的;

(三)患病或者非因工负伤,在规定的医疗期内的;

(四)女职工在孕期、产期、哺乳期的;

(五)在本单位连续工作满十五年,且距法定退休年龄不足五年的;

(六)法律、行政法规规定的其他情形。

第四十三条 用人单位单方解除劳动合同,应当事先将理由通知工会。用人单位违反法律、行政法规规定或者劳动合同约定的,工会有权要求用人单位纠正。用人单位应当研究工会的意见,并将处理结果书面通知工会。

第四十四条 有下列情形之一的,劳动合同终止:

(一)劳动合同期满的;

(二)劳动者开始依法享受基本养老保险待遇的;

(三)劳动者死亡,或者被人民法院宣告死亡或者宣告失踪的;

(四)用人单位被依法宣告破产的;

(五)用人单位被吊销营业执照、责令关闭、撤销或者用人单位决定提前解散的;

(六)法律、行政法规规定的其他情形。

第四十五条 劳动合同期满,有本法第四十二条规定情形之一的,劳动合同应当续延至相应的情形消失时终止。但是,本法第四十二条第二项规定丧失或者部分丧失劳动能力劳动者的劳动合同的终止,按照国家有关工伤保险的规定执行。

第四十六条 有下列情形之一的,用人单位应当向劳动者支付经济补偿:

(一)劳动者依照本法第三十八条规定解除劳动合同的;

(二)用人单位依照本法第三十六条规定向劳动者提出解除劳动合同并与劳动者协商一致解除劳动合同的;

(三)用人单位依照本法第四十条规定解除劳动合同的;

(四)用人单位依照本法第四十一条第一款规定解除劳动合同的;

(五)除用人单位维持或者提高劳动合同约定条件续订劳动合同,劳动者不同意续订的情形外,依照本法第四十四条第一项规定终止固定期限劳动合同的;

(六)依照本法第四十四条第四项、第五项规定终止劳动合同的;

(七)法律、行政法规规定的其他情形。

第四十七条 经济补偿按劳动者在本单位工作的年限,每满一年支付一个月工资的标准向劳动者支付。六个月以上不满一年的,按一年计算;不满六个月的,向劳动者支付半个月工资的经济补偿。

劳动者月工资高于用人单位所在直辖市、设区的市级人民政府公布的本地区上年度职工月平均工资三倍的,向其支付经济补偿的标准按职工月平均工资三倍的数额支付,向其支付经济补偿的年限最高不超过十二年。

本条所称月工资是指劳动者在劳动合同解除或者终止前十二个月的平均工资。

第四十八条 用人单位违反本法规定解除或者终止劳动合同,劳动者要求继续履行劳动合同的,用人单位应当继续履行;劳动者不要求继续履行劳动合同或者劳动合同已经不能继续履行的,用人单位应当依照本法第八十七条规定支付赔偿金。

第四十九条 国家采取措施,建立健全劳动者社会保险关系跨地区转移接续制度。

第五十条 用人单位应当在解除或者终止劳动合同时出具解除或者终止劳动合同的证明,并在十五日内为劳动者办理档案和社会保险关系转移手续。

劳动者应当按照双方约定,办理工作交接。用人单位依照本法有关规定应当向劳动者支付经济补偿的,在办结工作交接时支付。

用人单位对已经解除或者终止的劳动合同的文本,至少保存二年备查。

第五章 特别规定

第一节 集体合同

第五十一条 企业职工一方与用人单位通过平等协商,可以就劳动报酬、工作时间、休息休假、劳动安全卫生、保险福利等事项订立集体合同。集体合同草案应当提交职工代表大会或者全体职工讨论通过。

集体合同由工会代表企业职工一方与用人单位订立;尚未建立工会的用人单位,由上级工会指导劳动者推举的代表与用人单位订立。

第五十二条 企业职工一方与用人单位可以订立劳动安全卫生、女职工权益保护、工资调整机制等专项集体合同。

第五十三条 在县级以下区域内,建筑业、采矿业、餐饮服务业等行业可以由工会与企业方面代表订立行业性集体合同,或者订立区域性集体合同。

第五十四条 集体合同订立后,应当报送劳动行政部门;劳动行政部门自收到集体合同文本之日起十五日内未提出异议的,集体合同即行生效。

依法订立的集体合同对用人单位和劳动者具有约束力。行业性、区域性集体合同对当地本行业、本区域的用人单位和劳动者具有约束力。

第五十五条 集体合同中劳动报酬和劳动条件等标准不得低于当地人民政府规定的最低标准;用人单位与劳动者订立的劳动合同中劳动报酬和劳动条件等标准不得低于集体合同规定的标准。

第五十六条 用人单位违反集体合同,侵犯职工劳动权益的,工会可以依法要求用人单位承担责任;因履行集体合同发生争议,经协商解决不成的,工会可以依法申请仲裁、提起诉讼。

第二节 劳务派遣

第五十七条 劳务派遣单位应当依照公司法的有关规定设立,注册资本不得少于五十万元。

第五十八条 劳务派遣单位是本法所称用人单位,应当履行用人单位对劳动者的义务。劳务派遣单位与被派遣劳动者订立的劳动合同,除应当载明本法第十七条规定的事项外,还应当载明被派遣劳动者的用工单位以及派遣期限、工作岗位等情况。

劳务派遣单位应当与被派遣劳动者订立二年以上的固定期限劳动合同,按月支付劳动报酬;被派遣劳动者在无工作期间,劳务派遣单位应当按照所在地人民政府规定的最低工资标准,向其按月支付报酬。

第五十九条 劳务派遣单位派遣劳动者应当与接受以劳务派遣形式用工的单位(以下称用工单位)订立劳务派遣协议。劳务派遣协议应当约定派遣岗位和人员数量、派遣期限、劳动报酬和社会保险费的数额与支付方式以及违反协议的责任。

用工单位应当根据工作岗位的实际需要与劳务派遣单位确定派遣期限,不得将连续用工期限分割订立数个短期劳务派遣协议。

第六十条 劳务派遣单位应当将劳务派遣协议的内容告知被派遣劳动者。

劳务派遣单位不得克扣用工单位按照劳务派遣协议支付给被派遣劳动者的劳动报酬。

劳务派遣单位和用工单位不得向被派遣劳动者收取费用。

第六十一条 劳务派遣单位跨地区派遣劳动者的,被派遣劳动者享有的劳动报酬和劳动条件,按照用工单位所在地的标准执行。

第六十二条 用工单位应当履行下列义务:

(一)执行国家劳动标准,提供相应的劳动条件和劳动保护;

(二)告知被派遣劳动者的工作要求和劳动报酬;

(三)支付加班费、绩效奖金,提供与工作岗位相关的福利待遇;

(四)对在岗被派遣劳动者进行工作岗位所必需的培训;

(五)连续用工的,实行正常的工资调整机制。

用工单位不得将被派遣劳动者再派遣到其他用人单位。

第六十三条 被派遣劳动者享有与用工单位的劳动者同工同酬的权利。用工单位无同类岗位劳动者的,参照用工单位所在地相同或者相近岗位劳动者的劳动报酬确定。

第六十四条 被派遣劳动者有权在劳务派遣单位或者用工单位依法参加或者组织工会,维护自身的合法权益。

第六十五条 被派遣劳动者可以依照本法第三十六条、第三十八条的规定与劳务派遣单位解除劳动合同。

被派遣劳动者有本法第三十九条和第四十条第一项、第二项规定情形的,用工单位可以将劳动者退回劳务派遣单位,劳务派遣单位依照本法有关规定,可以与劳动者解除劳动合同。

第六十六条 劳务派遣一般在临时性、辅助性或者替代性的工作岗位上实施。

第六十七条 用人单位不得设立劳务派遣单位向本单位或者所属单位派遣劳动者。

第三节 非全日制用工

第六十八条 非全日制用工,是指以小时计酬为主,劳动者在同一用人单位一般平均每日工作时间不超过四小时,每周工作时间累计不超过二十四小时的用工形式。

第六十九条 非全日制用工双方当事人可以订立口头协议。

从事非全日制用工的劳动者可以与一个或者一个以上用人单位订立劳动合同;但是,后订立的劳动合同不得影响先订立的劳动合同的履行。

第七十条 非全日制用工双方当事人不得约定试用期。

第七十一条 非全日制用工双方当事人任何一方都可以随时通知对方终止用工。终止用工,用人单位不向劳动者支付经济补偿。

第七十二条 非全日制用工小时计酬标准不得低于用人单位所在地人民政府规定的最低小时工资标准。

非全日制用工劳动报酬结算支付周期最长不得超过十五日。

第六章 监督检查

第七十三条 国务院劳动行政部门负责全国劳动合同制度实施的监督管理。

县级以上地方人民政府劳动行政部门负责本行政区域内劳动合同制度实施的监督管理。

县级以上各级人民政府劳动行政部门在劳动合同制度实施的监督管理工作中,应当听取工会、企业方面代表以及有关行业主管部门的意见。

第七十四条 县级以上地方人民政府劳动行政部门依法对下列实施劳动合同制度的情况进行监督检查:

(一)用人单位制定直接涉及劳动者切身利益的规章制度及其执行的情况;

(二)用人单位与劳动者订立和解除劳动合同的情况;

(三)劳务派遣单位和用工单位遵守劳务派遣有关规定的情况;

(四)用人单位遵守国家关于劳动者工作时间和休息休假规定的情况;

(五)用人单位支付劳动合同约定的劳动报酬和执行最低工资标准的情况;

(六)用人单位参加各项社会保险和缴纳社会保险费的情况;

(七)法律、法规规定的其他劳动监察事项。

第七十五条 县级以上地方人民政府劳动行政部门实施监督检查时,有权查阅与劳动合同、集体合同有关的材料,有权对劳动场所进行实地检查,用人单位和劳动者都应当如实提供有关情况和材料。

劳动行政部门的工作人员进行监督检查,应当出示证件,依法行使职权,文明执法。

第七十六条 县级以上人民政府建设、卫生、安全生产监督管理等有关主管部门在各自职责范围内,对用人单位执行劳动合同制度的情况进行监督管理。

第七十七条 劳动者合法权益受到侵害的,有权要求有关部门依法处理,或者依法申请仲裁、提起诉讼。

第七十八条 工会依法维护劳动者的合法权益,对用人单位履行劳动合同、集体合同的情况进行监督。用人单位违反劳动法律、法规和劳动合同、集体合同的,工会有权提出意见或者要求纠正;劳动者申请仲裁、提起诉讼的,工会依法给予支持和帮助。

第七十九条 任何组织或者个人对违反本法的行为都有权举报,县级以上人民政府劳动行政部门应当及时核实、处理,并对举报有功人员给予奖励。

第七章 法律责任

第八十条 用人单位直接涉及劳动者切身利益的规章制度违反法律、法规规定的,由劳动行政部门责令改正,给予警告;给劳动者造成损害的,应当承担赔偿责任。

第八十一条 用人单位提供的劳动合同文本未载明本法规定的劳动合同必备条款或者用人单位未将劳动合同文本交付劳动者的,由劳动行政部门责令改正;给劳动者造成损害的,应当承担赔偿责任。

第八十二条 用人单位自用工之日起超过一个月不满一年未与劳动者订立书面劳动合同的，应当向劳动者每月支付二倍的工资。

用人单位违反本法规定不与劳动者订立无固定期限劳动合同的，自应当订立无固定期限劳动合同之日起向劳动者每月支付二倍的工资。

第八十三条 用人单位违反本法规定与劳动者约定试用期的，由劳动行政部门责令改正；违法约定的试用期已经履行的，由用人单位以劳动者试用期满月工资为标准，按已经履行的超过法定试用期的期间向劳动者支付赔偿金。

第八十四条 用人单位违反本法规定，扣押劳动者居民身份证等证件的，由劳动行政部门责令限期退还劳动者本人，并依照有关法律规定给予处罚。

用人单位违反本法规定，以担保或者其他名义向劳动者收取财物的，由劳动行政部门责令限期退还劳动者本人，并以每人五百元以上二千元以下的标准处以罚款；给劳动者造成损害的，应当承担赔偿责任。

劳动者依法解除或者终止劳动合同，用人单位扣押劳动者档案或者其他物品的，依照前款规定处罚。

第八十五条 用人单位有下列情形之一的，由劳动行政部门责令限期支付劳动报酬、加班费或者经济补偿；劳动报酬低于当地最低工资标准的，应当支付其差额部分；逾期不支付的，责令用人单位按应付金额百分之五十以上百分之一百以下的标准向劳动者加付赔偿金：

（一）未按照劳动合同的约定或者国家规定及时足额支付劳动者劳动报酬的；

（二）低于当地最低工资标准支付劳动者工资的；

（三）安排加班不支付加班费的；

（四）解除或者终止劳动合同，未依照本法规定向劳动者支付经济补偿的。

第八十六条 劳动合同依照本法第二十六条规定被确认无效，给对方造成损害的，有过错的一方应当承担赔偿责任。

第八十七条 用人单位违反本法规定解除或者终止劳动合同的，应当依照本法第四十七条规定的经济补偿标准的二倍向劳动者支付赔偿金。

第八十八条 用人单位有下列情形之一的，依法给予行政处罚；构成犯罪的，依法追究刑事责任；给劳动者造成损害的，应当承担赔偿责任：

（一）以暴力、威胁或者非法限制人身自由的手段强迫劳动的；

（二）违章指挥或者强令冒险作业危及劳动者人身安全的；

（三）侮辱、体罚、殴打、非法搜查或者拘禁劳动者的；

（四）劳动条件恶劣、环境污染严重，给劳动者身心健康造成严重损害的。

第八十九条 用人单位违反本法规定未向劳动者出具解除或者终止劳动合同的书面证明，由劳动行政部门责令改正；给劳动者造成损害的，应当承担赔偿责任。

第九十条 劳动者违反本法规定解除劳动合同，或者违反劳动合同中约定的保密义务或者竞业限制，给用人单位造成损失的，应当承担赔偿责任。

第九十一条 用人单位招用与其他用人单位尚未解除或者终止劳动合同的劳动者，给其他用人单位造成损失的，应当承担连带赔偿责任。

第九十二条 劳务派遣单位违反本法规定的，由劳动行政部门和其他有关主管部门责令改正；情节严重的，以每人一千元以上五千元以下的标准处以罚款，并由工商行政管理部门吊销营业执照；给被派遣劳动者造成损害的，劳务派遣单位与用工单位承担连带赔偿责任。

第九十三条 对不具备合法经营资格的用人单位的违法犯罪行为，依法追究法律责任；劳动者已经付出劳动的，该单位或者其出资人应当依照本法有关规定向劳动者支付劳动报酬、经济补偿、赔偿金；给劳动者造成损害的，应当承担赔偿责任。

第九十四条 个人承包经营违反本法规定招用劳动者，给劳动者造成损害的，发包的组织与个人承包经营者承担连带赔偿责任。

第九十五条 劳动行政部门和其他有关主管部门及其工作人员玩忽职守、不履行法定职责，或者违法行使职权，给劳动者或者用人单位造成损害的，应当承担赔偿责任；对直接负责的主管人员和其他直接责任人员，依法给予行政处分；构成犯罪的，依法追究刑事责任。

第八章 附 则

第九十六条 事业单位与实行聘用制的工作人员订立、履行、变更、解除或者终止劳动合同，法律、行政法规或者国务院另有规定的，依照其规定；未作规定的，依照本法有关规定执行。

第九十七条 本法施行前已依法订立且在本法施行之日存续的劳动合同，继续履行；本法第十四条第二款第三项规定连续订立固定期限劳动合同的次数，自本法施行后续订固定期限劳动合同时开始计算。

本法施行前已建立劳动关系，尚未订立书面劳动合同的，应当自本法施行之日起一个月内订立。

本法施行之日存续的劳动合同在本法施行后解除或者终止，依照本法第四十六条规定应当支付经济补偿的，经济补偿年限自本法施行之日起计算；本法施行前按照当时有关规定，用人单位应当向劳动者支付经济补偿的，按照当时有关规定执行。

第九十八条 本法自 2008 年 1 月 1 日起施行。

第二部分　相关法规

中华人民共和国监控化学品管理条例

国务院令第190号(1995年12月27日发布)

现发布《中华人民共和国监控化学品管理条例》,自发布之日起施行。

总理　李鹏

一九九五年十二月二十七日

第一条　为了加强对监控化学品的管理,保障公民的人身安全和保护环境,制定本条例。

第二条　在中华人民共和国境内从事监控化学品的生产、经营和使用活动,必须遵守本条例。

第三条　本条例所称监控化学品,是指下列各类化学品:

第一类:可作为化学武器的化学品;

第二类:可作为生产化学武器前体的化学品;

第三类:可作为生产化学武器主要原料的化学品;

第四类:除炸药和纯碳氢化合物外的特定有机化学品。

前款各类监控化学品的名录由国务院入学工业主管部门提出,报国务院批准后公布。

第四条　国务院化学工业主管部门负责全国监控化学品的管理工作。省、自治区、直辖市人民政府化学工业主管部门负责本行政区域内监控化学品的管理工作。

第五条　生产、经营或者使用监控化学品的,应当依照本条例和国家有关规定向国务院化学工业主管部门或者省、自治区、直辖市人民政府化学工业主管部门申报生产、经营或者使用监控化学品的有关资料、数据和使用目的,接受化学工业主管部门的检查监督。

第六条　国家严格控制第一类监控化学品的生产。

为科研、医疗、制造药物或者防护目的需要生产第一类监控化学品的,应当报国务院化学工业主管部门批准,并在国务院化学工业主管部门指定的小型设施中生产。严禁在未经国务院化学工业主管部门指定的设施中生产第一类监控化学品。

第七条　国家对第二类、第三类监控化学品和第四类监控化学品中含磷、硫、氟的特定有机化学品的生产,实行特别许可制度;未经特别许可的,任何单位和个人均不得生产。特别许可办法,由国务院化学工业主管部门制定。

第八条　新建、扩建或者改建用于生产第二类、第三类监控化学品和第四类监控化学品中含磷、硫、氟的特定有机化学品的设施,应当向所在地省、自治区、直辖市人民政府化学工业主管部门提出申请,经省、自治区、直辖市人民政府化学工业主管部门审查签署意见,报国务院化学工业主管部门批准后,方可开工建设;工程竣工后,经所在地省、自治区、直辖市人民政府化学工业主管部门验收合格,并报国务院化学工业主管部门批准后,方可投产使用。

新建、扩建或者改建用于生产第四类监控化学品中不含磷、硫、氟的特定有机化学品的设施,应当在开工生产前向所在地省、自治区、直辖市人民政府化学工业主管部门备案。

第九条　监控化学品应当在专用的化工仓库中储存,并设专人管理。监控化学品的储存条件应当符合国家有关规定。

第十条　储存监控化学品的单位,应当建立严格的出库、入库检查制度和登记制度;发现丢失、被盗时,应当立即报告当地公安机关和所在地省、自治区、直辖市人民政府化学工业主管部门;省、自治区、直辖市人民政府化学工业主管部门应当积极配合公安机关进行查处。

第十一条 对变质或者过期失效的监控化学品,应当及时处理。处理方案报所在地省、自治区、直辖市人民政府化学工业主管部门批准后实施。

第十二条 为科研、医疗、制造药物或者防护目的需要使用第一类监控化学品的,应当向国务院化学工业主管部门提出申请,经国务院化学工业主管部门审查批准后,凭批准文件同国务院化学工业主管部门指定的生产单位签订合同,并将合同副本报送国务院化学工业主管部门备案。

第十三条 需要使用第二类监控化学品的,应当向所在地省、自治区、直辖市人民政府化学工业主管部门提出申请,经省、自治区、直辖市人民政府化学工业主管部门审查批准后,凭批准文件同国务院化学工业主管部门指定的经销单位签订合同,并将合同副本报送所在地省、自治区、直辖市人民政府化学工业主管部门备案。

第十四条 国务院化学工业主管部门会同国务院对外经济贸易主管部门指定的单位(以下简称被指定单位),可以从事第一类监控化学品和第二类、第三类监控化学品及其生产技术、专用设备的进出口业务。

需要进口或者出口第一类监控化学品和第二类、第三类监控化学品及其生产技术、专用设备的,应当委托被指定单位代理进口或者出口。除被指定单位外,任何单位和个人均不得从事这类进出口业务。

第十五条 国家严格控制第一类监控化学品的进口和出口。非为科研、医疗、制造药物或者防护目的,不得进口第一类监控化学品。接受委托进口第一类监控化学品的被指定单位;应当向国务院化学工业主管部门提出申请,并提交产品最终用途的说明和证明;经国务院化学工业主管部门审查签署意见后,报国务院审查批准。被指定单位凭国务院的批准文件向国务院对外经济贸易主管部门申请领取进口许可证。

第十六条 接受委托进口第二类、第三类监控化学品及其生产技术、专用设备的被指定单位,应当向国务院化学工业主管部门提出申请,并提交所进口的化学品、生产技术或者专用设备最终用途的说明和证明;经国务院化学工业主管部门审查批准后,被指定单位凭国务院化学工业主管部门的批准文件向国务院对外经济贸易主管部门申请领取进口许可证。

第十七条 接受委托出口第一类监控化学品的被指定单位,应当向国务院化学工业主管部门提出申请,并提交进口国政府或者政府委托机构出具的所进口的化学品仅用于科研、医疗、制造药物或者防护目的和不转口第三国的保证书;经国务院化学工业主管部门审查签署意见后,报国务院审查批准。被指定单位凭国务院的批准文件向国务院对外经济贸易主管部门申请领取出口许可证。

第十八条 接受委托出口第二类、第三类监控化学品及其生产技术、专用设备的被指定单位,应当向国务院化学工业主管部门提出申请,并提交进口国政府或者政府委托机构出具的所进口的化学品、生产技术、专用设备不用于生产化学武器和不转口第三国的保证书;经国务院化学工业主管部门审查批准后,被指定单位凭国务院化学工业主管部门的批准文件向国务院对外经济贸易主管部门申请领取出口许可证。

第十九条 使用监控化学品的,应当与其申报的使用目的相一致;需要政变使用目的的,应当报原审批机关批准。

第二十条 使用第一类、第二类监控化学品的,应当按照国家有关规定,定期向所在地省、自治区、直辖市人民政府化学工业主管部门报告消耗此类监控化学品的数量和使用此类监控化学品生产最终产品的数量。

第二十一条 违反本条例规定,生产监控化学品的,由省、自治区、直辖市人民政府化学工业主管部门责令限期改正;逾期不改正的,可以处20万元以下的罚款;情节严重的,可以提请省、自治区、直辖市人民政府责令停产整顿。

第二十二条 违反本条例规定,使用监控化学品的,由省、自治区、直辖市人民政府化学工业主管部门责令限期改正;逾期不改正的,可以处5万元以下的罚款。

第二十三条 违反本条例规定,经营监控化学品的,由省、自治区、直辖市人民政府化学工业主管部门没收其违法经营的监控化学品和违法所得,可以并处违法经营额一倍以上二倍以下的罚款。

第二十四条 违反本条例规定，隐瞒、拒报有关监控化学品的资料、数据，或者妨碍、阻挠化学工业主管部门依照本条例的规定履行检查监督职责的，由省、自治区、直辖市人民政府化学工业主管部门处以5万元以下的罚款。

第二十五条 违反本条例规定，构成违反治安管理行为的，依照《中华人民共和国治安管理处罚条例》的有关规定处罚；构成犯罪的，依法追究刑事责任。

第二十六条 在本条例施行前已经从事生产、经营或者使用监控化学品的，应当依照本条例的规定，办理有关手续。

第二十七条 本条例自发布之日起施行。

附件1:各类监控化学品名录

第一类 可作为化学武器的化学品(化学文摘社登记号)

A.

(1)烷基(甲基、乙基、正丙基或异丙基)氟膦酸烷(少于或等于10个碳原子的碳链，包括环烷)酯

例如:

沙林:甲基氟磷酸异丙酯(107-44-8)

梭曼:甲基氟膦酸频那酯(96-64-0)

(2)二烷(甲、乙、正丙或异丙)氮基氰膦酸烷(少于或等于10个碳原子的碳链，包括环烷)酯

例如:

塔崩:二甲氨基氰膦酸乙酯(77-81-6)

(3)烷基(甲基、乙基、正丙基或异丙基)硫代磷酸烷基(氢或少于或等于10个碳原子的碳链，包括环烷基)-S-2-二烷(甲、乙、正丙或异丙)氨基乙酯及相应烷基化盐或质子化盐

例如:

VX:甲基硫代膦酸乙基-S-2-二异丙氨基乙酯(50782-69-9)

(4)硫芥气

2-氯乙基氯甲基琉醚(2625-76-5)

芥子气:二(2-氯乙基)硫醚(505-60-2)

二(2-氯乙硫基)甲烷(63869-13-6)

倍半芥气:1,2-二(2-氯乙硫基)乙烷(3563-36-8)

1,3-二(2-氯乙琉基)正丙烷(63905-10-2)

1,4-二(2-氯已琉基)正丁烷(142868-93-7)

1,5-二(2-氯乙硫基)正戊烷(142868-94-8)

二(2-氯乙硫基甲基)醚(63918-90-1)

氧芥气:二(2-氯乙硫基乙基)醚(63918-89-8)

(5)路易氏剂

路易氏剂1:2-氯乙烯基二氯胂(541-25-3)

路易氏剂2:二(2-氯乙烯基)氯胂(40334-69-8)

路易氏剂3:三(2-氯乙烯基)胂(40334-70-1)

(6)氮芥气

HN1:N,N-二(2-氯乙基)乙胺(538-07-8)

HN2:N,N-二(2-氯乙基)甲胺(51-75-2)

HN3:三(2-氯乙基)胺(565-77-1)

(7)石房蛤毒素(35523-89-8)

(8)蓖麻毒素(9009-86-3)

B.

(9)烷基(甲基、乙基、正丙基或异丙基)膦酰二氟

例如:

DF:甲基膦酰二氟(676-99-3)

(10)烷基(甲基、乙基、正丙基或异丙基)亚磷酸

烷基(氢或少于或等于10个碳原子的碳链,包括环烷基)-2-二烷(甲、乙、正丙或异丙)氨基乙酯及相应烷基化盐或质子化盐

例如:

QL:甲基亚膦酸乙基-2-二异丙氨基乙酯(57856-11-8)

(11)氯沙林:甲基氯膦酸异丙酯(1445-76-7)

(12)氯梭曼:甲基氯膦酸频那酯(7040-57-5)

第二类 可作为生产化学武器前体的化学品

A.

(1)胺吸膦:硫代磷酸二乙基-S-2-二乙氨基乙酯及相应烷基化盐或质子化盐(78-53-5)

(2)PFIB:1,1,3,3,3-五氟-2-三氟甲基-1-丙烯(又名:全氟异丁烯;八氟异丁烯)(382-21-8)

(3)BZ:二苯乙醇酸-3-奎宁环酯(*)(6581-06-2)

B.

(4)含有一个磷原子并有一个甲基、乙基或(正或异)丙基原子团与该磷原子结合的化学品,不包括含更多碳原子的情形,但第一类名录所列者除外。

例如:

甲基膦酰二氯(676-97-1)

甲基膦酸二甲酯(756-79-6)

例外:地虫磷:二硫代乙基膦酸-S-苯基乙酯(944-22-9)

(5)二烷(甲、乙、正丙或异丙)氨基膦酰二卤

(6)二烷(甲、乙、正丙或异丙)氨基膦酯二烷(甲、乙、正丙或异丙)酯

(7)三氯化砷(7784-34-1)

(8)2,2-二苯基-2-羟基乙酸:二苯羟乙酸;二苯乙醇酸(76-93-7)

(9)奎宁环-3-醇(1619-34-7)

(10)二烷(甲、乙、正丙或异丙)氨基乙基-2-氯及相应质子化盐

(11)二烷(甲、乙、正丙或异丙)氨基乙-2-醇及相应质子化盐

例外:二甲氨基乙醇及相应质子化盐(108-01-0)

二乙氨基乙醇及相应质子化盐(100-37-8)

(12)烷基(甲、乙、正丙或异丙)氨基乙-2-硫醇及相应质子化盐

(13)硫二甘醇:二(2-羟乙基)硫醚;硫代双乙醇(111-48-8)

(14)频那基醇:3,3-二甲基丁-2-醇(464-07-3)

第三类 可作为生产化学武器主要原料的化学品

A.

(1)光气:碳酰二氯(75-44-5)

(2)氯化氰(506-77-4)

(3)氰化氢(74-90-8)

(4)氯化苦:三氯硝基甲烷(76-06-2)

B.

(5)磷酰氯:三氯氧磷;氧氯化磷(10025-87-3)

(6)三氯化磷(7719-12-2)

(7)五氯化磷(10026-13-8)
(8)亚磷酸三甲酯(121-45-9)
(9)亚磷酸三乙酯(122-52-1)
(10)亚磷酸二甲酯(868-85-9)
(11)亚磷酸二乙酯(762-04-9)
(12)一氯化硫(10025-67-9)
(13)二氯化硫(10545-99-0)
(14)亚硫酰氯:氯化亚砜;氧氯化硫(7719-09-7)
(15)乙基二乙醇胺(139-87-7)
(16)甲基二乙醇胺(105-59-9)
(17)三乙醇胺(102-71-6)

第四类　除炸药和纯碳氢化合物以外的特定有机化学品

"特定有机化学品"是指可由其化学名称、结构式(如果已知的话)和化学文摘社登记号(如果已给定此一号码)辨明的属于除碳的氧化物、硫化物和金属碳酸盐以外的碳化合物所组成的化合物族类的任何化学品。

附件2:列入第三类监控化学品的新增品种清单

列入第三类监控化学品的新增品种清单的化学品名称如下:
(1)3-羟基-1-甲基哌啶(3554-74-3)
(2)3-奎宁环酮(3731-38-2)
(3)频哪酮(75-97-8)
(4)氰化钾(151-50-8)
(5)氰化钠(143-33-9)
(6)五硫化二磷(1314-80-3)
(7)二甲胺(124-40-3)
(8)三乙醇胺盐酸盐(637-39-8)
(9)二甲胺盐酸盐(606-59-2)
(10)二苯乙醇酸甲酯(76-89-1)

国务院关于特大安全事故行政责任追究的规定

国务院令第302号(2001年4月21日发布)

(2001年4月21日中华人民共和国国务院令第302号公布　自公布之日起施行)

第一条　为了有效地防范特大安全事故的发生,严肃追究特大安全事故的行政责任,保障人民群众生命、财产安全,制定本规定。

第二条　地方人民政府主要领导人和政府有关部门正职负责人对下列特大安全事故的防范、发生,依照法律、行政法规和本规定的规定有失职、渎职情形或者负有领导责任的,依照本规定给予行政处分;构成玩忽职守罪或者其他罪的,依法追究刑事责任:

(一)特大火灾事故;

(二)特大交通安全事故;

(三)特大建筑质量安全事故;

(四)民用爆炸物品和化学危险品特大安全事故;

(五)煤矿和其他矿山特大安全事故;

(六)锅炉、压力容器、压力管道和特种设备特大安全事故;

(七)其他特大安全事故。

地方人民政府和政府有关部门对特大安全事故的防范、发生直接负责的主管人员和其他直接责任人员,比照本规定给予行政处分;构成玩忽职守罪或者其他罪的,依法追究刑事责任。

特大安全事故肇事单位和个人的刑事处罚、行政处罚和民事责任,依照有关法律、法规和规章的规定执行。

第三条　特大安全事故的具体标准,按照国家有关规定执行。

第四条　地方各级人民政府及政府有关部门应当依照有关法律、法规和规章的规定,采取行政措施,对本地区实施安全监督管理,保障本地区人民群众生命、财产安全,对本地区或者职责范围内防范特大安全事故的发生、特大安全事故发生后的迅速和妥善处理负责。

第五条　地方各级人民政府应当每个季度至少召开一次防范特大安全事故工作会议,由政府主要领导人或者政府主要领导人委托政府分管领导人召集有关部门正职负责人参加,分析、布置、督促、检查本地区防范特大安全事故的工作。会议应当作出决定并形成纪要,会议确定的各项防范措施必须严格实施。

第六条　市(地、州)、县(市、区)人民政府应当组织有关部门按照职责分工对本地区容易发生特大安全事故的单位、设施和场所安全事故的防范明确责任、采取措施,并组织有关部门对上述单位、设施和场所进行严格检查。

第七条　市(地、州)、县(市、区)人民政府必须制定本地区特大安全事故应急处理预案。本地区特大安全事故应急处理预案经政府主要领导人签署后,报上一级人民政府备案。

第八条　市(地、州)、县(市、区)人民政府应当组织有关部门对本规定第二条所列各类特大安全事故的隐患进行查处;发现特大安全事故隐患的,责令立即排除;特大安全事故隐患排除前或者排除过程中,无法保证安全的,责令暂时停产、停业或者停止使用。法律、行政法规对查处机关另有规定的,依照其规定。

第九条　市(地、州)、县(市、区)人民政府及其有关部门对本地区存在的特大安全事故隐患,超出其管辖或者职责范围的,应当立即向有管辖权或者负有职责的上级人民政府或者政府有关部门报告;情况紧急的,可以立即采取包括责令暂时停产、停业在内的紧急措施,同时报告;有关上级人民政府或者政府有关部门接到报告后,应当立即组织查处。

第十条 中小学校对学生进行劳动技能教育以及组织学生参加公益劳动等社会实践活动,必须确保学生安全。严禁以任何形式、名义组织学生从事接触易燃、易爆、有毒、有害等危险品的劳动或者其他危险性劳动。严禁将学校场地出租作为从事易燃、易爆、有毒、有害等危险品的生产、经营场所。

中小学校违反前款规定的,按照学校隶属关系,对县(市、区)、乡(镇)人民政府主要领导人和县(市、区)人民政府教育行政部门正职负责人,根据情节轻重,给予记过、降级直至撤职的行政处分;构成玩忽职守罪或者其他罪的,依法追究刑事责任。

中小学校违反本条第一款规定的,对校长给予撤职的行政处分,对直接组织者给予开除公职的行政处分;构成非法制造爆炸物罪或者其他罪的,依法追究刑事责任。

第十一条 依法对涉及安全生产事项负责行政审批(包括批准、核准、许可、注册、认证、颁发证照、竣工验收等,下同)的政府部门或者机构,必须严格依照法律、法规和规章规定的安全条件和程序进行审查;不符合法律、法规和规章规定的安全条件的,不得批准;不符合法律、法规和规章规定的安全条件,弄虚作假,骗取批准或者勾结串通行政审批工作人员取得批准的,负责行政审批的政府部门或者机构除必须立即撤销原批准外,应当对弄虚作假骗取批准或者勾结串通行政审批工作人员的当事人依法给予行政处罚;构成行贿罪或者其他罪的,依法追究刑事责任。

负责行政审批的政府部门或者机构违反前款规定,对不符合法律、法规和规章规定的安全条件予以批准的,对部门或者机构的正职负责人,根据情节轻重,给予降级、撤职直至开除公职的行政处分;与当事人勾结串通的,应当开除公职;构成受贿罪、玩忽职守罪或者其他罪的,依法追究刑事责任。

第十二条 对依照本规定第十一条第一款的规定取得批准的单位和个人,负责行政审批的政府部门或者机构必须对其实施严格监督检查;发现其不再具备安全条件的,必须立即撤销原批准。

负责行政审批的政府部门或者机构违反前款规定,不对取得批准的单位和个人实施严格监督检查,或者发现其不再具备安全条件而不立即撤销原批准的,对部门或者机构的正职负责人,根据情节轻重,给予降级或者撤职的行政处分;构成受贿罪、玩忽职守罪或者其他罪的,依法追究刑事责任。

第十三条 对未依法取得批准,擅自从事有关活动的,负责行政审批的政府部门或者机构发现或者接到举报后,应当立即予以查封、取缔,并依法给予行政处罚;属于经营单位的,由工商行政管理部门依法相应吊销营业执照。

负责行政审批的政府部门或者机构违反前款规定,对发现或者举报的未依法取得批准而擅自从事有关活动的,不予查封、取缔、不依法给予行政处罚,工商行政管理部门不予吊销营业执照的,对部门或者机构的正职负责人,根据情节轻重,给予降级或者撤职的行政处分;构成受贿罪、玩忽职守罪或者其他罪的,依法追究刑事责任。

第十四条 市(地、州)、县(市、区)人民政府依照本规定应当履行职责而未履行,或者未按照规定的职责和程序履行,本地区发生特大安全事故的,对政府主要领导人,根据情节轻重,给予降级或者撤职的行政处分;构成玩忽职守罪的,依法追究刑事责任。

负责行政审批的政府部门或者机构、负责安全监督管理的政府有关部门,未依照本规定履行职责,发生特大安全事故的,对部门或者机构的正职负责人,根据情节轻重,给予撤职或者开除公职的行政处分;构成玩忽职守罪或者其他罪的,依法追究刑事责任。

第十五条 发生特大安全事故,社会影响特别恶劣或者性质特别严重的,由国务院对负有领导责任的省长、自治区主席、直辖市市长和国务院有关部门正职负责人给予行政处分。

第十六条 特大安全事故发生后,有关县(市、区)、市(地、州)和省、自治区、直辖市人民政府及政府有关部门应当按照国家规定的程序和时限立即上报,不得隐瞒不报、谎报或者拖延报告,并应当配合、协助事故调查,不得以任何方式阻碍、干涉事故调查。

特大安全事故发生后,有关地方人民政府及政府有关部门违反前款规定的,对政府主要领导人和政府部门正职负责人给予降级的行政处分。

第十七条 特大安全事故发生后,有关地方人民政府应当迅速组织救助,有关部门应当服从指挥、调度,参加或者配合救助,将事故损失降到最低限度。

第十八条 特大安全事故发生后,省、自治区、直辖市人民政府应当按照国家有关规定迅速、如实发布事故消息。

第十九条 特大安全事故发生后,按照国家有关规定组织调查组对事故进行调查。事故调查工作应当自事故发生之日起60日内完成,并由调查组提出调查报告;遇有特殊情况的,经调查组提出并报国家安全生产监督管理机构批准后,可以适当延长时间。调查报告应当包括依照本规定对有关责任人员追究行政责任或者其他法律责任的意见。

省、自治区、直辖市人民政府应当自调查报告提交之日起30日内,对有关责任人员作出处理决定;必要时,国务院可以对特大安全事故的有关责任人员作出处理决定。

第二十条 地方人民政府或者政府部门阻挠、干涉对特大安全事故有关责任人员追究行政责任的,对该地方人民政府主要领导人或者政府部门正职负责人,根据情节轻重,给予降级或者撤职的行政处分。

第二十一条 任何单位和个人均有权向有关地方人民政府或者政府部门报告特大安全事故隐患,有权向上级人民政府或者政府部门举报地方人民政府或者政府部门不履行安全监督管理职责或者不按照规定履行职责的情况。接到报告或者举报的有关人民政府或者政府部门,应当立即组织对事故隐患进行查处,或者对举报的不履行、不按照规定履行安全监督管理职责的情况进行调查处理。

第二十二条 监察机关依照行政监察法的规定,对地方各级人民政府和政府部门及其工作人员履行安全监督管理职责实施监察。

第二十三条 对特大安全事故以外的其他安全事故的防范、发生追究行政责任的办法,由省、自治区、直辖市人民政府参照本规定制定。

第二十四条 本规定自公布之日起施行。

使用有毒物品作业场所劳动保护条例

国务院令第352号(2002年5月12日发布)

《使用有毒物品作业场所劳动保护条例》已经2002年4月30日国务院第57次常务会议通过,现予公布,自公布之日起施行。

总理　**朱镕基**

二〇〇二年五月十二日

第一章　总　　则

第一条　为了保证作业场所安全使用有毒物品,预防、控制和消除职业中毒危害,保护劳动者的生命安全、身体健康及其相关权益,根据职业病防治法和其他有关法律、行政法规的规定,制定本条例。

第二条　作业场所使用有毒物品可能产生职业中毒危害的劳动保护,适用本条例。

第三条　按照有毒物品产生的职业中毒危害程度,有毒物品分为一般有毒物品和高毒物品。国家对作业场所使用高毒物品实行特殊管理。

一般有毒物品目录、高毒物品目录由国务院卫生行政部门会同有关部门依据国家标准制定、调整并公布。

第四条　从事使用有毒物品作业的用人单位(以下简称用人单位)应当使用符合国家标准的有毒物品,不得在作业场所使用国家明令禁止使用的有毒物品或者使用不符合国家标准的有毒物品。

用人单位应当尽可能使用无毒物品;需要使用有毒物品的,应当优先选择使用低毒物品。

第五条　用人单位应当依照本条例和其他有关法律、行政法规的规定,采取有效的防护措施,预防职业中毒事故的发生,依法参加工伤保险,保障劳动者的生命安全和身体健康。

第六条　国家鼓励研制、开发、推广、应用有利于预防、控制、消除职业中毒危害和保护劳动者健康的新技术、新工艺、新材料;限制使用或者淘汰有关职业中毒危害严重的技术、工艺、材料;加强对有关职业病的机理和发生规律的基础研究,提高有关职业病防治科学技术水平。

第七条　禁止使用童工。

用人单位不得安排未成年人和孕期、哺乳期的女职工从事使用有毒物品的作业。

第八条　工会组织应当督促并协助用人单位开展职业卫生宣传教育和培训,对用人单位的职业卫生工作提出意见和建议,与用人单位就劳动者反映的职业病防治问题进行协调并督促解决。

工会组织对用人单位违反法律、法规,侵犯劳动者合法权益的行为,有权要求纠正;产生严重职业中毒危害时,有权要求用人单位采取防护措施,或者向政府有关部门建议采取强制性措施;发生职业中毒事故时,有权参与事故调查处理;发现危及劳动者生命、健康的情形时,有权建议用人单位组织劳动者撤离危险现场,用人单位应当立即作出处理。

第九条　县级以上人民政府卫生行政部门及其他有关行政部门应当依据各自的职责,监督用人单位严格遵守本条例和其他有关法律、法规的规定,加强作业场所使用有毒物品的劳动保护,防止职业中毒事故发生,确保劳动者依法享有的权利。

第十条　各级人民政府应当加强对使用有毒物品作业场所职业卫生安全及相关劳动保护工作的领导,督促、支持卫生行政部门及其他有关行政部门依法履行监督检查职责,及时协调、解决有关重大问题;在发生职业中毒事故时,应当采取有效措施,控制事故危害的蔓延并消除事故危害,并妥善处理有关善后工作。

第二章 作业场所的预防措施

第十一条 用人单位的设立,应当符合有关法律、行政法规规定的设立条件,并依法办理有关手续,取得营业执照。

用人单位的使用有毒物品作业场所,除应当符合职业病防治法规定的职业卫生要求外,还必须符合下列要求:

(一)作业场所与生活场所分开,作业场所不得住人;

(二)有害作业与无害作业分开,高毒作业场所与其他作业场所隔离;

(三)设置有效的通风装置;可能突然泄漏大量有毒物品或者易造成急性中毒的作业场所,设置自动报警装置和事故通风设施;

(四)高毒作业场所设置应急撤离通道和必要的泄险区。

用人单位及其作业场所符合前两款规定的,由卫生行政部门发给职业卫生安全许可证,方可从事使用有毒物品的作业。

第十二条 使用有毒物品作业场所应当设置黄色区域警示线、警示标识和中文警示说明。警示说明应当载明产生职业中毒危害的种类、后果、预防以及应急救治措施等内容。

高毒作业场所应当设置红色区域警示线、警示标识和中文警示说明,并设置通讯报警设备。

第十三条 新建、扩建、改建的建设项目和技术改造、技术引进项目(以下统称建设项目),可能产生职业中毒危害的,应当依照职业病防治法的规定进行职业中毒危害预评价,并经卫生行政部门审核同意;可能产生职业中毒危害的建设项目的职业中毒危害防护设施应当与主体工程同时设计,同时施工,同时投入生产和使用;建设项目竣工,应当进行职业中毒危害控制效果评价,并经卫生行政部门验收合格。

存在高毒作业的建设项目的职业中毒危害防护设施设计,应当经卫生行政部门进行卫生审查;经审查,符合国家职业卫生标准和卫生要求的,方可施工。

第十四条 用人单位应当按照国务院卫生行政部门的规定,向卫生行政部门及时、如实申报存在职业中毒危害项目。

从事使用高毒物品作业的用人单位,在申报使用高毒物品作业项目时,应当向卫生行政部门提交下列有关资料:

(一)职业中毒危害控制效果评价报告;

(二)职业卫生管理制度和操作规程等材料;

(三)职业中毒事故应急救援预案。

从事使用高毒物品作业的用人单位变更所使用的高毒物品品种的,应当依照前款规定向原受理申报的卫生行政部门重新申报。

第十五条 用人单位变更名称、法定代表人或者负责人的,应当向原受理申报的卫生行政部门备案。

第十六条 从事使用高毒物品作业的用人单位,应当配备应急救援人员和必要的应急救援器材、设备,制定事故应急救援预案,并根据实际情况变化对应急救援预案适时进行修订,定期组织演练。事故应急救援预案和演练记录应当报当地卫生行政部门、安全生产监督管理部门和公安部门备案。

第三章 劳动过程的防护

第十七条 用人单位应当依照职业病防治法的有关规定,采取有效的职业卫生防护管理措施,加强劳动过程中的防护与管理。

从事使用高毒物品作业的用人单位,应当配备专职的或者兼职的职业卫生医师和护士;不具备配备专职的或者兼职的职业卫生医师和护士条件的,应当与依法取得资质认证的职业卫生技术服务机构签订合同,由其提供职业卫生服务。

第十八条 用人单位应当与劳动者订立劳动合同,将工作过程中可能产生的职业中毒危害及其后果、职业中毒危害防护措施和待遇等如实告知劳动者,并在劳动合同中写明,不得隐瞒或者欺骗。

劳动者在已订立劳动合同期间因工作岗位或者工作内容变更,从事劳动合同中未告知的存在职业中毒危害的作业时,用人单位应当依照前款规定,如实告知劳动者,并协商变更原劳动合同有关条款。

用人单位违反前两款规定的,劳动者有权拒绝从事存在职业中毒危害的作业,用人单位不得因此单方面解除或者终止与劳动者所订立的劳动合同。

第十九条 用人单位有关管理人员应当熟悉有关职业病防治的法律、法规以及确保劳动者安全使用有毒物品作业的知识。

用人单位应当对劳动者进行上岗前的职业卫生培训和在岗期间的定期职业卫生培训,普及有关职业卫生知识,督促劳动者遵守有关法律、法规和操作规程,指导劳动者正确使用职业中毒危害防护设备和个人使用的职业中毒危害防护用品。

劳动者经培训考核合格,方可上岗作业。

第二十条 用人单位应当确保职业中毒危害防护设备、应急救援设施、通讯报警装置处于正常适用状态,不得擅自拆除或者停止运行。

用人单位应当对前款所列设施进行经常性的维护、检修,定期检测其性能和效果,确保其处于良好运行状态。

职业中毒危害防护设备、应急救援设施和通讯报警装置处于不正常状态时,用人单位应当立即停止使用有毒物品作业;恢复正常状态后,方可重新作业。

第二十一条 用人单位应当为从事使用有毒物品作业的劳动者提供符合国家职业卫生标准的防护用品,并确保劳动者正确使用。

第二十二条 有毒物品必须附具说明书,如实载明产品特性、主要成分、存在的职业中毒危害因素、可能产生的危害后果、安全使用注意事项、职业中毒危害防护以及应急救治措施等内容;没有说明书或者说明书不符合要求的,不得向用人单位销售。

用人单位有权向生产、经营有毒物品的单位索取说明书。

第二十三条 有毒物品的包装应当符合国家标准,并以易于劳动者理解的方式加贴或者拴挂有毒物品安全标签。有毒物品的包装必须有醒目的警示标识和中文警示说明。

经营、使用有毒物品的单位,不得经营、使用没有安全标签、警示标识和中文警示说明的有毒物品。

第二十四条 用人单位维护、检修存在高毒物品的生产装置,必须事先制订维护、检修方案,明确职业中毒危害防护措施,确保维护、检修人员的生命安全和身体健康。

维护、检修存在高毒物品的生产装置,必须严格按照维护、检修方案和操作规程进行。维护、检修现场应当有专人监护,并设置警示标志。

第二十五条 需要进入存在高毒物品的设备、容器或者狭窄封闭场所作业时,用人单位应当事先采取下列措施:

(一)保持作业场所良好的通风状态,确保作业场所职业中毒危害因素浓度符合国家职业卫生标准;

(二)为劳动者配备符合国家职业卫生标准的防护用品;

(三)设置现场监护人员和现场救援设备。

未采取前款规定措施或者采取的措施不符合要求的,用人单位不得安排劳动者进入存在高毒物品的设备、容器或者狭窄封闭场所作业。

第二十六条 用人单位应当按照国务院卫生行政部门的规定,定期对使用有毒物品作业场所职业中毒危害因素进行检测、评价。检测、评价结果存入用人单位职业卫生档案,定期向所在地卫生行政部门报告并向劳动者公布。

从事使用高毒物品作业的用人单位应当至少每一个月对高毒作业场所进行一次职业中毒危害因素检测;至少每半年进行一次职业中毒危害控制效果评价。

高毒作业场所职业中毒危害因素不符合国家职业卫生标准和卫生要求时,用人单位必须立即停止高毒作业,并采取相应的治理措施;经治理,职业中毒危害因素符合国家职业卫生标准和卫生要求的,方可重新作业。

第二十七条 从事使用高毒物品作业的用人单位应当设置淋浴间和更衣室,并设置清洗、存放或者处理从事使用高毒物品作业劳动者的工作服、工作鞋帽等物品的专用间。

劳动者结束作业时,其使用的工作服、工作鞋帽等物品必须存放在高毒作业区域内,不得穿戴到非高毒作业区域。

第二十八条 用人单位应当按照规定对从事使用高毒物品作业的劳动者进行岗位轮换。

用人单位应当为从事使用高毒物品作业的劳动者提供岗位津贴。

第二十九条 用人单位转产、停产、停业或者解散、破产的,应当采取有效措施,妥善处理留存或者残留有毒物品的设备、包装物和容器。

第三十条 用人单位应当对本单位执行本条例规定的情况进行经常性的监督检查;发现问题,应当及时依照本条例规定的要求进行处理。

第四章 职业健康监护

第三十一条 用人单位应当组织从事使用有毒物品作业的劳动者进行上岗前职业健康检查。

用人单位不得安排未经上岗前职业健康检查的劳动者从事使用有毒物品的作业,不得安排有职业禁忌的劳动者从事其所禁忌的作业。

第三十二条 用人单位应当对从事使用有毒物品作业的劳动者进行定期职业健康检查。

用人单位发现有职业禁忌或者有与所从事职业相关的健康损害的劳动者,应当将其及时调离原工作岗位,并妥善安置。

用人单位对需要复查和医学观察的劳动者,应当按照体检机构的要求安排其复查和医学观察。

第三十三条 用人单位应当对从事使用有毒物品作业的劳动者进行离岗时的职业健康检查;对离岗时未进行职业健康检查的劳动者,不得解除或者终止与其订立的劳动合同。

用人单位发生分立、合并、解散、破产等情形的,应当对从事使用有毒物品作业的劳动者进行健康检查,并按照国家有关规定妥善安置职业病病人。

第三十四条 用人单位对受到或者可能受到急性职业中毒危害的劳动者,应当及时组织进行健康检查和医学观察。

第三十五条 劳动者职业健康检查和医学观察的费用,由用人单位承担。

第三十六条 用人单位应当建立职业健康监护档案。

职业健康监护档案应当包括下列内容:

(一)劳动者的职业史和职业中毒危害接触史;

(二)相应作业场所职业中毒危害因素监测结果;

(三)职业健康检查结果及处理情况;

(四)职业病诊疗等劳动者健康资料。

第五章 劳动者的权利与义务

第三十七条 从事使用有毒物品作业的劳动者在存在威胁生命安全或者身体健康危险的情况下,

有权通知用人单位并从使用有毒物品造成的危险现场撤离。

用人单位不得因劳动者依据前款规定行使权利，而取消或者减少劳动者在正常工作时享有的工资、福利待遇。

第三十八条 劳动者享有下列职业卫生保护权利：

（一）获得职业卫生教育、培训；

（二）获得职业健康检查、职业病诊疗、康复等职业病防治服务；

（三）了解工作场所产生或者可能产生的职业中毒危害因素、危害后果和应当采取的职业中毒危害防护措施；

（四）要求用人单位提供符合防治职业病要求的职业中毒危害防护设施和个人使用的职业中毒危害防护用品，改善工作条件；

（五）对违反职业病防治法律、法规，危及生命、健康的行为提出批评、检举和控告；

（六）拒绝违章指挥和强令进行没有职业中毒危害防护措施的作业；

（七）参与用人单位职业卫生工作的民主管理，对职业病防治工作提出意见和建议。

用人单位应当保障劳动者行使前款所列权利。禁止因劳动者依法行使正当权利而降低其工资、福利等待遇或者解除、终止与其订立的劳动合同。

第三十九条 劳动者有权在正式上岗前从用人单位获得下列资料：

（一）作业场所使用的有毒物品的特性、有害成分、预防措施、教育和培训资料；

（二）有毒物品的标签、标识及有关资料；

（三）有毒物品安全使用说明书；

（四）可能影响安全使用有毒物品的其他有关资料。

第四十条 劳动者有权查阅、复印其本人职业健康监护档案。

劳动者离开用人单位时，有权索取本人健康监护档案复印件；用人单位应当如实、无偿提供，并在所提供的复印件上签章。

第四十一条 用人单位按照国家规定参加工伤保险的，患职业病的劳动者有权按照国家有关工伤保险的规定，享受下列工伤保险待遇：

（一）医疗费：因患职业病进行诊疗所需费用，由工伤保险基金按照规定标准支付；

（二）住院伙食补助费：由用人单位按照当地因公出差伙食标准的一定比例支付；

（三）康复费：由工伤保险基金按照规定标准支付；

（四）残疾用具费：因残疾需要配置辅助器具的，所需费用由工伤保险基金按照普及型辅助器具标准支付；

（五）停工留薪期待遇：原工资、福利待遇不变，由用人单位支付；

（六）生活护理补助费：经评残并确认需要生活护理的，生活护理补助费由工伤保险基金按照规定标准支付；

（七）一次性伤残补助金：经鉴定为十级至一级伤残的，按照伤残等级享受相当于 6 个月至 24 个月的本人工资的一次性伤残补助金，由工伤保险基金支付；

（八）伤残津贴：经鉴定为四级至一级伤残的，按照规定享受相当于本人工资 75% 至 90% 的伤残津贴，由工伤保险基金支付；

（九）死亡补助金：因职业中毒死亡的，由工伤保险基金按照不低于 48 个月的统筹地区上年度职工月平均工资的标准一次支付；

（十）丧葬补助金：因职业中毒死亡的，由工伤保险基金按照 6 个月的统筹地区上年度职工月平均工资的标准一次支付；

（十一）供养亲属抚恤金：因职业中毒死亡的，对由死者生前提供主要生活来源的亲属由工伤保险基金支付抚恤金：对其配偶每月按照统筹地区上年度职工月平均工资的 40% 发给，对其生前供养的直系亲属每人每月按照统筹地区上年度职工月平均工资的 30% 发给；

（十二）国家规定的其他工伤保险待遇。

本条例施行后，国家对工伤保险待遇的项目和标准作出调整时，从其规定。

第四十二条 用人单位未参加工伤保险的，其劳动者从事有毒物品作业患职业病的，用人单位应当按照国家有关工伤保险规定的项目和标准，保证劳动者享受工伤待遇。

第四十三条 用人单位无营业执照以及被依法吊销营业执照，其劳动者从事使用有毒物品作业患职业病的，应当按照国家有关工伤保险规定的项目和标准，给予劳动者一次性赔偿。

第四十四条 用人单位分立、合并的，承继单位应当承担由原用人单位对患职业病的劳动者承担的补偿责任。

用人单位解散、破产的，应当依法从其清算财产中优先支付患职业病的劳动者的补偿费用。

第四十五条 劳动者除依法享有工伤保险外，依照有关民事法律的规定，尚有获得赔偿的权利的，有权向用人单位提出赔偿要求。

第四十六条 劳动者应当学习和掌握相关职业卫生知识，遵守有关劳动保护的法律、法规和操作规程，正确使用和维护职业中毒危害防护设施及其用品；发现职业中毒事故隐患时，应当及时报告。

作业场所出现使用有毒物品产生的危险时，劳动者应当采取必要措施，按照规定正确使用防护设施，将危险加以消除或者减少到最低限度。

第六章 监督管理

第四十七条 县级以上人民政府卫生行政部门应当依照本条例的规定和国家有关职业卫生要求，依据职责划分，对作业场所使用有毒物品作业及职业中毒危害检测、评价活动进行监督检查。

卫生行政部门实施监督检查，不得收取费用，不得接受用人单位的财物或者其他利益。

第四十八条 卫生行政部门应当建立、健全监督制度，核查反映用人单位有关劳动保护的材料，履行监督责任。

用人单位应当向卫生行政部门如实、具体提供反映有关劳动保护的材料；必要时，卫生行政部门可以查阅或者要求用人单位报送有关材料。

第四十九条 卫生行政部门应当监督用人单位严格执行有关职业卫生规范。

卫生行政部门应当依照本条例的规定对使用有毒物品作业场所的职业卫生防护设备、设施的防护性能进行定期检验和不定期的抽查；发现职业卫生防护设备、设施存在隐患时，应当责令用人单位立即消除隐患；消除隐患期间，应当责令其停止作业。

第五十条 卫生行政部门应当采取措施，鼓励对用人单位的违法行为进行举报、投诉、检举和控告。

卫生行政部门对举报、投诉、检举和控告应当及时核实，依法作出处理，并将处理结果予以公布。

卫生行政部门对举报人、投诉人、检举人和控告人负有保密的义务。

第五十一条 卫生行政部门执法人员依法执行职务时，应当出示执法证件。

卫生行政部门执法人员应当忠于职守，秉公执法；涉及用人单位秘密的，应当为其保密。

第五十二条 卫生行政部门依法实施罚款的行政处罚，应当依照有关法律、行政法规的规定，实施罚款决定与罚款收缴分离；收缴的罚款以及依法没收的经营所得，必须全部上缴国库。

第五十三条 卫生行政部门履行监督检查职责时，有权采取下列措施：

（一）进入用人单位和使用有毒物品作业场所现场，了解情况，调查取证，进行抽样检查、检测、检验，进行实地检查；

（二）查阅或者复制与违反本条例行为有关的资料，采集样品；

（三）责令违反本条例规定的单位和个人停止违法行为。

第五十四条 发生职业中毒事故或者有证据证明职业中毒危害状态可能导致事故发生时，卫生行政部门有权采取下列临时控制措施：

（一）责令暂停导致职业中毒事故的作业；

（二）封存造成职业中毒事故或者可能导致事故发生的物品；

（三）组织控制职业中毒事故现场。

在职业中毒事故或者危害状态得到有效控制后，卫生行政部门应当及时解除控制措施。

第五十五条 卫生行政部门执法人员依法执行职务时，被检查单位应当接受检查并予以支持、配合，不得拒绝和阻碍。

第五十六条 卫生行政部门应当加强队伍建设，提高执法人员的政治、业务素质，依照本条例的规定，建立、健全内部监督制度，对执法人员执行法律、法规和遵守纪律的情况进行监督检查。

第七章 罚 则

第五十七条 卫生行政部门的工作人员有下列行为之一，导致职业中毒事故发生的，依照刑法关于滥用职权罪、玩忽职守罪或者其他罪的规定，依法追究刑事责任；造成职业中毒危害但尚未导致职业中毒事故发生，不够刑事处罚的，根据不同情节，依法给予降级、撤职或者开除的行政处分：

（一）对不符合本条例规定条件的涉及使用有毒物品作业事项，予以批准的；

（二）发现用人单位擅自从事使用有毒物品作业，不予取缔的；

（三）对依法取得批准的用人单位不履行监督检查职责，发现其不再具备本条例规定的条件而不撤销原批准或者发现违反本条例的其他行为不予查处的；

（四）发现用人单位存在职业中毒危害，可能造成职业中毒事故，不及时依法采取控制措施的。

第五十八条 用人单位违反本条例的规定，有下列情形之一的，由卫生行政部门给予警告，责令限期改正，处10万元以上50万元以下的罚款；逾期不改正的，提请有关人民政府按照国务院规定的权限责令停建、予以关闭；造成严重职业中毒危害或者导致职业中毒事故发生的，对负有责任的主管人员和其他直接责任人员依照刑法关于重大劳动安全事故罪或者其他罪的规定，依法追究刑事责任：

（一）可能产生职业中毒危害的建设项目，未依照职业病防治法的规定进行职业中毒危害预评价，或者预评价未经卫生行政部门审核同意，擅自开工的；

（二）职业卫生防护设施未与主体工程同时设计，同时施工，同时投入生产和使用的；

（三）建设项目竣工，未进行职业中毒危害控制效果评价，或者未经卫生行政部门验收或者验收不合格，擅自投入使用的；

（四）存在高毒作业的建设项目的防护设施设计未经卫生行政部门审查同意，擅自施工的。

第五十九条 用人单位违反本条例的规定，有下列情形之一的，由卫生行政部门给予警告，责令限期改正，处5万元以上20万元以下的罚款；逾期不改正的，提请有关人民政府按照国务院规定的权限予以关闭；造成严重职业中毒危害或者导致职业中毒事故发生的，对负有责任的主管人员和其他直接责任人员依照刑法关于重大劳动安全事故罪或者其他罪的规定，依法追究刑事责任：

（一）使用有毒物品作业场所未按照规定设置警示标识和中文警示说明的；

（二）未对职业卫生防护设备、应急救援设施、通讯报警装置进行维护、检修和定期检测，导致上述设施处于不正常状态的；

（三）未依照本条例的规定进行职业中毒危害因素检测和职业中毒危害控制效果评价的；

（四）高毒作业场所未按照规定设置撤离通道和泄险区的；

（五）高毒作业场所未按照规定设置警示线的；

（六）未向从事使用有毒物品作业的劳动者提供符合国家职业卫生标准的防护用品，或者未保证劳动者正确使用的。

第六十条 用人单位违反本条例的规定，有下列情形之一的，由卫生行政部门给予警告，责令限期改正，处5万元以上30万元以下的罚款；逾期不改正的，提请有关人民政府按照国务院规定的权限予以关闭；造成严重职业中毒危害或者导致职业中毒事故发生的，对负有责任的主管人员和其他直接责任人员依照刑法关于重大责任事故罪、重大劳动安全事故罪或者其他罪的规定，依法追究刑事责任：

（一）使用有毒物品作业场所未设置有效通风装置的，或者可能突然泄漏大量有毒物品或者易造成急性中毒的作业场所未设置自动报警装置或者事故通风设施的；

（二）职业卫生防护设备、应急救援设施、通讯报警装置处于不正常状态而不停止作业，或者擅自拆除或者停止运行职业卫生防护设备、应急救援设施、通讯报警装置的。

第六十一条 从事使用高毒物品作业的用人单位违反本条例的规定，有下列行为之一的，由卫生行政部门给予警告，责令限期改正，处5万元以上20万元以下的罚款；逾期不改正的，提请有关人民政府按照国务院规定的权限予以关闭；造成严重职业中毒危害或者导致职业中毒事故发生的，对负有责任的主管人员和其他直接责任人员依照刑法关于重大责任事故罪或者其他罪的规定，依法追究刑事责任：

（一）作业场所职业中毒危害因素不符合国家职业卫生标准和卫生要求而不立即停止高毒作业并采取相应的治理措施的，或者职业中毒危害因素治理不符合国家职业卫生标准和卫生要求重新作业的；

（二）未依照本条例的规定维护、检修存在高毒物品的生产装置的；

（三）未采取本条例规定的措施，安排劳动者进入存在高毒物品的设备、容器或者狭窄封闭场所作业的。

第六十二条 在作业场所使用国家明令禁止使用的有毒物品或者使用不符合国家标准的有毒物品的，由卫生行政部门责令立即停止使用，处5万元以上30万元以下的罚款；情节严重的，责令停止使用有毒物品作业，或者提请有关人民政府按照国务院规定的权限予以关闭；造成严重职业中毒危害或者导致职业中毒事故发生的，对负有责任的主管人员和其他直接责任人员依照刑法关于危险物品肇事罪、重大责任事故罪或者其他罪的规定，依法追究刑事责任。

第六十三条 用人单位违反本条例的规定，有下列行为之一的，由卫生行政部门给予警告，责令限期改正；逾期不改正的，处5万元以上30万元以下的罚款；造成严重职业中毒危害或者导致职业中毒事故发生的，对负有责任的主管人员和其他直接责任人员依照刑法关于重大责任事故罪或者其他罪的规定，依法追究刑事责任：

（一）使用未经培训考核合格的劳动者从事高毒作业的；

（二）安排有职业禁忌的劳动者从事所禁忌的作业的；

（三）发现有职业禁忌或者有与所从事职业相关的健康损害的劳动者，未及时调离原工作岗位，并妥善安置的；

（四）安排未成年人或者孕期、哺乳期的女职工从事使用有毒物品作业的；

（五）使用童工的。

第六十四条 违反本条例的规定，未经许可，擅自从事使用有毒物品作业的，由工商行政管理部门、卫生行政部门依据各自职权予以取缔；造成职业中毒事故的，依照刑法关于危险物品肇事罪或者其他罪的规定，依法追究刑事责任；尚不够刑事处罚的，由卫生行政部门没收经营所得，并处经营所得3倍以上5倍以下的罚款；对劳动者造成人身伤害的，依法承担赔偿责任。

第六十五条 从事使用有毒物品作业的用人单位违反本条例的规定，在转产、停产、停业或者解散、破产时未采取有效措施，妥善处理留存或者残留高毒物品的设备、包装物和容器的，由卫生行政部门责令改正，处2万元以上10万元以下的罚款；触犯刑律的，对负有责任的主管人员和其他直接责任人员依照刑法关于重大环境污染事故罪、危险物品肇事罪或者其他罪的规定，依法追究刑事责任。

第六十六条 用人单位违反本条例的规定，有下列情形之一的，由卫生行政部门给予警告，责令限期改正，处5000元以上2万元以下的罚款；逾期不改正的，责令停止使用有毒物品作业，或者提请有关人民政府按照国务院规定的权限予以关闭；造成严重职业中毒危害或者导致职业中毒事故发生的，对负有责任的主管人员和其他直接责任人员依照刑法关于重大劳动安全事故罪、危险物品肇事罪或者其他罪的规定，依法追究刑事责任：

（一）使用有毒物品作业场所未与生活场所分开或者在作业场所住人的；

（二）未将有害作业与无害作业分开的；

（三）高毒作业场所未与其他作业场所有效隔离的；

（四）从事高毒作业未按照规定配备应急救援设施或者制定事故应急救援预案的。

第六十七条 用人单位违反本条例的规定，有下列情形之一的，由卫生行政部门给予警告，责令限期改正，处2万元以上5万元以下的罚款；逾期不改正的，提请有关人民政府按照国务院规定的权限予以关闭：

（一）未按照规定向卫生行政部门申报高毒作业项目的；

（二）变更使用高毒物品品种，未按照规定向原受理申报的卫生行政部门重新申报，或者申报不及时、有虚假的。

第六十八条 用人单位违反本条例的规定，有下列行为之一的，由卫生行政部门给予警告，责令限期改正，处2万元以上5万元以下的罚款；逾期不改正的，责令停止使用有毒物品作业，或者提请有关人民政府按照国务院规定的权限予以关闭：

（一）未组织从事使用有毒物品作业的劳动者进行上岗前职业健康检查，安排未经上岗前职业健康检查的劳动者从事使用有毒物品作业的；

（二）未组织从事使用有毒物品作业的劳动者进行定期职业健康检查的；

（三）未组织从事使用有毒物品作业的劳动者进行离岗职业健康检查的；

（四）对未进行离岗职业健康检查的劳动者，解除或者终止与其订立的劳动合同的；

（五）发生分立、合并、解散、破产情形，未对从事使用有毒物品作业的劳动者进行健康检查，并按照国家有关规定妥善安置职业病病人的；

（六）对受到或者可能受到急性职业中毒危害的劳动者，未及时组织进行健康检查和医学观察的；

（七）未建立职业健康监护档案的；

（八）劳动者离开用人单位时，用人单位未如实、无偿提供职业健康监护档案的；

（九）未依照职业病防治法和本条例的规定将工作过程中可能产生的职业中毒危害及其后果、有关职业卫生防护措施和待遇等如实告知劳动者并在劳动合同中写明的；

（十）劳动者在存在威胁生命、健康危险的情况下，从危险现场中撤离，而被取消或者减少应当享有的待遇的。

第六十九条 用人单位违反本条例的规定，有下列行为之一的，由卫生行政部门给予警告，责令限期改正，处5000元以上2万元以下的罚款；逾期不改正的，责令停止使用有毒物品作业，或者提请有关人民政府按照国务院规定的权限予以关闭：

（一）未按照规定配备或者聘请职业卫生医师和护士的；

（二）未为从事使用高毒物品作业的劳动者设置淋浴间、更衣室或者未设置清洗、存放和处理工作服、工作鞋帽等物品的专用间，或者不能正常使用的；

（三）未安排从事使用高毒物品作业一定年限的劳动者进行岗位轮换的。

第八章 附 则

第七十条 涉及作业场所使用有毒物品可能产生职业中毒危害的劳动保护的有关事项，本条例未作规定的，依照职业病防治法和其他有关法律、行政法规的规定执行。

有毒物品的生产、经营、储存、运输、使用和废弃处置的安全管理，依照危险化学品安全管理条例执行。

第七十一条 本条例自公布之日起施行。

突发公共卫生事件应急条例

国务院令第376号(2003年5月9日发布)

第一章　总　　则

第一条　为了有效预防、及时控制和消除突发公共卫生事件的危害,保障公众身体健康与生命安全,维护正常的社会秩序,制定本条例。

第二条　本条例所称突发公共卫生事件(以下简称突发事件),是指突然发生,造成或者可能造成社会公众健康严重损害的重大传染病疫情、群体性不明原因疾病、重大食物和职业中毒以及其他严重影响公众健康的事件。

第三条　突发事件发生后,国务院设立全国突发事件应急处理指挥部,由国务院有关部门和军队有关部门组成,国务院主管领导人担任总指挥,负责对全国突发事件应急处理的统一领导、统一指挥。

国务院卫生行政主管部门和其他有关部门,在各自的职责范围内做好突发事件应急处理的有关工作。

第四条　突发事件发生后,省、自治区、直辖市人民政府成立地方突发事件应急处理指挥部,省、自治区、直辖市人民政府主要领导人担任总指挥,负责领导、指挥本行政区域内突发事件应急处理工作。

县级以上地方人民政府卫生行政主管部门,具体负责组织突发事件的调查、控制和医疗救治工作。

县级以上地方人民政府有关部门,在各自的职责范围内做好突发事件应急处理的有关工作。

第五条　突发事件应急工作,应当遵循预防为主、常备不懈的方针,贯彻统一领导、分级负责、反应及时、措施果断、依靠科学、加强合作的原则。

第六条　县级以上各级人民政府应当组织开展防治突发事件相关科学研究,建立突发事件应急流行病学调查、传染源隔离、医疗救护、现场处置、监督检查、监测检验、卫生防护等有关物资、设备、设施、技术与人才资源储备,所需经费列入本级政府财政预算。

国家对边远贫困地区突发事件应急工作给予财政支持。

第七条　国家鼓励、支持开展突发事件监测、预警、反应处理有关技术的国际交流与合作。

第八条　国务院有关部门和县级以上地方人民政府及其有关部门,应当建立严格的突发事件防范和应急处理责任制,切实履行各自的职责,保证突发事件应急处理工作的正常进行。

第九条　县级以上各级人民政府及其卫生行政主管部门,应当对参加突发事件应急处理的医疗卫生人员,给予适当补助和保健津贴;对参加突发事件应急处理作出贡献的人员,给予表彰和奖励;对因参与应急处理工作致病、致残、死亡的人员,按照国家有关规定,给予相应的补助和抚恤。

第二章　预防与应急准备

第十条　国务院卫生行政主管部门按照分类指导、快速反应的要求,制定全国突发事件应急预案,报请国务院批准。

省、自治区、直辖市人民政府根据全国突发事件应急预案,结合本地实际情况,制定本行政区域的突发事件应急预案。

第十一条　全国突发事件应急预案应当包括以下主要内容:

(一)突发事件应急处理指挥部的组成和相关部门的职责;

（二）突发事件的监测与预警；

（三）突发事件信息的收集、分析、报告、通报制度；

（四）突发事件应急处理技术和监测机构及其任务；

（五）突发事件的分级和应急处理工作方案；

（六）突发事件预防、现场控制，应急设施、设备、救治药品和医疗器械以及其他物资和技术的储备与调度；

（七）突发事件应急处理专业队伍的建设和培训。

第十二条 突发事件应急预案应当根据突发事件的变化和实施中发现的问题及时进行修订、补充。

第十三条 地方各级人民政府应当依照法律、行政法规的规定，做好传染病预防和其他公共卫生工作，防范突发事件的发生。

县级以上各级人民政府卫生行政主管部门和其他有关部门，应当对公众开展突发事件应急知识的专门教育，增强全社会对突发事件的防范意识和应对能力。

第十四条 国家建立统一的突发事件预防控制体系。

县级以上地方人民政府应当建立和完善突发事件监测与预警系统。

县级以上各级人民政府卫生行政主管部门，应当指定机构负责开展突发事件的日常监测，并确保监测与预警系统的正常运行。

第十五条 监测与预警工作应当根据突发事件的类别，制定监测计划，科学分析、综合评价监测数据。对早期发现的潜在隐患以及可能发生的突发事件，应当依照本条例规定的报告程序和时限及时报告。

第十六条 国务院有关部门和县级以上地方人民政府及其有关部门，应当根据突发事件应急预案的要求，保证应急设施、设备、救治药品和医疗器械等物资储备。

第十七条 县级以上各级人民政府应当加强急救医疗服务网络的建设，配备相应的医疗救治药物、技术、设备和人员，提高医疗卫生机构应对各类突发事件的救治能力。

设区的市级以上地方人民政府应当设置与传染病防治工作需要相适应的传染病专科医院，或者指定具备传染病防治条件和能力的医疗机构承担传染病防治任务。

第十八条 县级以上地方人民政府卫生行政主管部门，应当定期对医疗卫生机构和人员开展突发事件应急处理相关知识、技能的培训，定期组织医疗卫生机构进行突发事件应急演练，推广最新知识和先进技术。

第三章　报告与信息发布

第十九条 国家建立突发事件应急报告制度。

国务院卫生行政主管部门制定突发事件应急报告规范，建立重大、紧急疫情信息报告系统。

有下列情形之一的，省、自治区、直辖市人民政府应当在接到报告1小时内，向国务院卫生行政主管部门报告：

（一）发生或者可能发生传染病暴发、流行的；

（二）发生或者发现不明原因的群体性疾病的；

（三）发生传染病菌种、毒种丢失的；

（四）发生或者可能发生重大食物和职业中毒事件的。

国务院卫生行政主管部门对可能造成重大社会影响的突发事件，应当立即向国务院报告。

第二十条 突发事件监测机构、医疗卫生机构和有关单位发现有本条例第十九条规定情形之一的，应当在2小时内向所在地县级人民政府卫生行政主管部门报告；接到报告的卫生行政主管部门应当在2小时内向本级人民政府报告，并同时向上级人民政府卫生行政主管部门和国务院卫生行政主管部门报告。

县级人民政府应当在接到报告后2小时内向设区的市级人民政府或者上一级人民政府报告;设区的市级人民政府应当在接到报告后2小时内向省、自治区、直辖市人民政府报告。

第二十一条 任何单位和个人对突发事件,不得隐瞒、缓报、谎报或者授意他人隐瞒、缓报、谎报。

第二十二条 接到报告的地方人民政府、卫生行政主管部门依照本条例规定报告的同时,应当立即组织力量对报告事项调查核实、确证,采取必要的控制措施,并及时报告调查情况。

第二十三条 国务院卫生行政主管部门应当根据发生突发事件的情况,及时向国务院有关部门和各省、自治区、直辖市人民政府卫生行政主管部门以及军队有关部门通报。

突发事件发生地的省、自治区、直辖市人民政府卫生行政主管部门,应当及时向毗邻省、自治区、直辖市人民政府卫生行政主管部门通报。

接到通报的省、自治区、直辖市人民政府卫生行政主管部门,必要时应当及时通知本行政区域内的医疗卫生机构。

县级以上地方人民政府有关部门,已经发生或者发现可能引起突发事件的情形时,应当及时向同级人民政府卫生行政主管部门通报。

第二十四条 国家建立突发事件举报制度,公布统一的突发事件报告、举报电话。

任何单位和个人有权向人民政府及其有关部门报告突发事件隐患,有权向上级人民政府及其有关部门举报地方人民政府及其有关部门不履行突发事件应急处理职责,或者不按照规定履行职责的情况。接到报告、举报的有关人民政府及其有关部门,应当立即组织对突发事件隐患、不履行或者不按照规定履行突发事件应急处理职责的情况进行调查处理。

对举报突发事件有功的单位和个人,县级以上各级人民政府及其有关部门应当予以奖励。

第二十五条 国家建立突发事件的信息发布制度。

国务院卫生行政主管部门负责向社会发布突发事件的信息。必要时,可以授权省、自治区、直辖市人民政府卫生行政主管部门向社会发布本行政区域内突发事件的信息。

信息发布应当及时、准确、全面。

第四章 应 急 处 理

第二十六条 突发事件发生后,卫生行政主管部门应当组织专家对突发事件进行综合评估,初步判断突发事件的类型,提出是否启动突发事件应急预案的建议。

第二十七条 在全国范围内或者跨省、自治区、直辖市范围内启动全国突发事件应急预案,由国务院卫生行政主管部门报国务院批准后实施。省、自治区、直辖市启动突发事件应急预案,由省、自治区、直辖市人民政府决定,并向国务院报告。

第二十八条 全国突发事件应急处理指挥部对突发事件应急处理工作进行督察和指导,地方各级人民政府及其有关部门应当予以配合。

省、自治区、直辖市突发事件应急处理指挥部对本行政区域内突发事件应急处理工作进行督察和指导。

第二十九条 省级以上人民政府卫生行政主管部门或者其他有关部门指定的突发事件应急处理专业技术机构,负责突发事件的技术调查、确证、处置、控制和评价工作。

第三十条 国务院卫生行政主管部门对新发现的突发传染病,根据危害程度、流行强度,依照《中华人民共和国传染病防治法》的规定及时宣布为法定传染病;宣布为甲类传染病的,由国务院决定。

第三十一条 应急预案启动前,县级以上各级人民政府有关部门应当根据突发事件的实际情况,做好应急处理准备,采取必要的应急措施。

应急预案启动后,突发事件发生地的人民政府有关部门,应当根据预案规定的职责要求,服从突发事件应急处理指挥部的统一指挥,立即到达规定岗位,采取有关的控制措施。

医疗卫生机构、监测机构和科学研究机构,应当服从突发事件应急处理指挥部的统一指挥,相互配合、协作,集中力量开展相关的科学研究工作。

第三十二条 突发事件发生后,国务院有关部门和县级以上地方人民政府及其有关部门,应当保证突发事件应急处理所需的医疗救护设备、救治药品、医疗器械等物资的生产、供应;铁路、交通、民用航空行政主管部门应当保证及时运送。

第三十三条 根据突发事件应急处理的需要,突发事件应急处理指挥部有权紧急调集人员、储备的物资、交通工具以及相关设施、设备;必要时,对人员进行疏散或者隔离,并可以依法对传染病疫区实行封锁。

第三十四条 突发事件应急处理指挥部根据突发事件应急处理的需要,可以对食物和水源采取控制措施。

县级以上地方人民政府卫生行政主管部门应当对突发事件现场等采取控制措施,宣传突发事件防治知识,及时对易受感染的人群和其他易受损害的人群采取应急接种、预防性投药、群体防护等措施。

第三十五条 参加突发事件应急处理的工作人员,应当按照预案的规定,采取卫生防护措施,并在专业人员的指导下进行工作。

第三十六条 国务院卫生行政主管部门或者其他有关部门指定的专业技术机构,有权进入突发事件现场进行调查、采样、技术分析和检验,对地方突发事件的应急处理工作进行技术指导,有关单位和个人应当予以配合;任何单位和个人不得以任何理由予以拒绝。

第三十七条 对新发现的突发传染病、不明原因的群体性疾病、重大食物和职业中毒事件,国务院卫生行政主管部门应当尽快组织力量制定相关的技术标准、规范和控制措施。

第三十八条 交通工具上发现根据国务院卫生行政主管部门的规定需要采取应急控制措施的传染病病人、疑似传染病病人,其负责人应当以最快的方式通知前方停靠点,并向交通工具的营运单位报告。交通工具的前方停靠点和营运单位应当立即向交通工具营运单位行政主管部门和县级以上地方人民政府卫生行政主管部门报告。卫生行政主管部门接到报告后,应当立即组织有关人员采取相应的医学处置措施。

交通工具上的传染病病人密切接触者,由交通工具停靠点的县级以上各级人民政府卫生行政主管部门或者铁路、交通、民用航空行政主管部门,根据各自的职责,依照传染病防治法律、行政法规的规定,采取控制措施。

涉及国境口岸和入出境的人员、交通工具、货物、集装箱、行李、邮包等需要采取传染病应急控制措施的,依照国境卫生检疫法律、行政法规的规定办理。

第三十九条 医疗卫生机构应当对因突发事件致病的人员提供医疗救护和现场救援,对就诊病人必须接诊治疗,并书写详细、完整的病历记录;对需要转送的病人,应当按照规定将病人及其病历记录的复印件转送至接诊的或者指定的医疗机构。

医疗卫生机构内应当采取卫生防护措施,防止交叉感染和污染。

医疗卫生机构应当对传染病病人密切接触者采取医学观察措施,传染病病人密切接触者应当予以配合。

医疗机构收治传染病病人、疑似传染病病人,应当依法报告所在地的疾病预防控制机构。接到报告的疾病预防控制机构应当立即对可能受到危害的人员进行调查,根据需要采取必要的控制措施。

第四十条 传染病暴发、流行时,街道、乡镇以及居民委员会、村民委员会应当组织力量,团结协作,群防群治,协助卫生行政主管部门和其他有关部门、医疗卫生机构做好疫情信息的收集和报告、人员的分散隔离、公共卫生措施的落实工作,向居民、村民宣传传染病防治的相关知识。

第四十一条 对传染病暴发、流行区域内流动人口,突发事件发生地的县级以上地方人民政府应当做好预防工作,落实有关卫生控制措施;对传染病病人和疑似传染病病人,应当采取就地隔离、就地观察、就地治疗的措施。对需要治疗和转诊的,应当依照本条例第三十九条第一款的规定执行。

第四十二条 有关部门、医疗卫生机构应当对传染病做到早发现、早报告、早隔离、早治疗,切断传播途径,防止扩散。

第四十三条 县级以上各级人民政府应当提供必要资金,保障因突发事件致病、致残的人员得到及时、有效的救治。具体办法由国务院财政部门、卫生行政主管部门和劳动保障行政主管部门制定。

第四十四条 在突发事件中需要接受隔离治疗、医学观察措施的病人、疑似病人和传染病病人密切接触者在卫生行政主管部门或者有关机构采取医学措施时应当予以配合;拒绝配合的,由公安机关依法协助强制执行。

第五章 法 律 责 任

第四十五条 县级以上地方人民政府及其卫生行政主管部门未依照本条例的规定履行报告职责,对突发事件隐瞒、缓报、谎报或者授意他人隐瞒、缓报、谎报的,对政府主要领导人及其卫生行政主管部门主要负责人,依法给予降级或者撤职的行政处分;造成传染病传播、流行或者对社会公众健康造成其他严重危害后果的,依法给予开除的行政处分;构成犯罪的,依法追究刑事责任。

第四十六条 国务院有关部门、县级以上地方人民政府及其有关部门未依照本条例的规定,完成突发事件应急处理所需要的设施、设备、药品和医疗器械等物资的生产、供应、运输和储备的,对政府主要领导人和政府部门主要负责人依法给予降级或者撤职的行政处分;造成传染病传播、流行或者对社会公众健康造成其他严重危害后果的,依法给予开除的行政处分;构成犯罪的,依法追究刑事责任。

第四十七条 突发事件发生后,县级以上地方人民政府及其有关部门对上级人民政府有关部门的调查不予配合,或者采取其他方式阻碍、干涉调查的,对政府主要领导人和政府部门主要负责人依法给予降级或者撤职的行政处分;构成犯罪的,依法追究刑事责任。

第四十八条 县级以上各级人民政府卫生行政主管部门和其他有关部门在突发事件调查、控制、医疗救治工作中玩忽职守、失职、渎职的,由本级人民政府或者上级人民政府有关部门责令改正、通报批评、给予警告;对主要负责人、负有责任的主管人员和其他责任人员依法给予降级、撤职的行政处分;造成传染病传播、流行或者对社会公众健康造成其他严重危害后果的,依法给予开除的行政处分;构成犯罪的,依法追究刑事责任。

第四十九条 县级以上各级人民政府有关部门拒不履行应急处理职责的,由同级人民政府或者上级人民政府有关部门责令改正、通报批评、给予警告;对主要负责人、负有责任的主管人员和其他责任人员依法给予降级、撤职的行政处分;造成传染病传播、流行或者对社会公众健康造成其他严重危害后果的,依法给予开除的行政处分;构成犯罪的,依法追究刑事责任。

第五十条 医疗卫生机构有下列行为之一的,由卫生行政主管部门责令改正、通报批评、给予警告;情节严重的,吊销《医疗机构执业许可证》;对主要负责人、负有责任的主管人员和其他直接责任人员依法给予降级或者撤职的纪律处分;造成传染病传播、流行或者对社会公众健康造成其他严重危害后果,构成犯罪的,依法追究刑事责任:

(一)未依照本条例的规定履行报告职责,隐瞒、缓报或者谎报的;

(二)未依照本条例的规定及时采取控制措施的;

(三)未依照本条例的规定履行突发事件监测职责的;

(四)拒绝接诊病人的;

(五)拒不服从突发事件应急处理指挥部调度的。

第五十一条 在突发事件应急处理工作中,有关单位和个人未依照本条例的规定履行报告职责,隐瞒、缓报或者谎报,阻碍突发事件应急处理工作人员执行职务,拒绝国务院卫生行政主管部门或者其他有关部门指定的专业技术机构进入突发事件现场,或者不配合调查、采样、技术分析和检验的,对有关责任人员依法给予行政处分或者纪律处分;触犯《中华人民共和国治安管理处罚条例》,构成违反治安管理行为的,由公安机关依法予以处罚;构成犯罪的,依法追究刑事责任。

第五十二条 在突发事件发生期间，散布谣言、哄抬物价、欺骗消费者，扰乱社会秩序、市场秩序的，由公安机关或者工商行政管理部门依法给予行政处罚；构成犯罪的，依法追究刑事责任。

第六章 附 则

第五十三条 中国人民解放军、武装警察部队医疗卫生机构参与突发事件应急处理的，依照本条例的规定和军队的相关规定执行。

第五十四条 本条例自公布之日起施行。

安全生产许可证条例

国务院令第397号(2004年1月13日发布)

《安全生产许可证条例》已经2004年1月7日国务院第34次常务会议通过,现予公布,自公布之日起施行。

总理 **温家宝**

二〇〇四年一月十三日

第一条 为了严格规范安全生产条件,进一步加强安全生产监督管理,防止和减少生产安全事故,根据《中华人民共和国安全生产法》的有关规定,制定本条例。

第二条 国家对矿山企业、建筑施工企业和危险化学品、烟花爆竹、民用爆破器材生产企业(以下统称企业)实行安全生产许可制度。

企业未取得安全生产许可证的,不得从事生产活动。

第三条 国务院安全生产监督管理部门负责中央管理的非煤矿矿山企业和危险化学品、烟花爆竹生产企业安全生产许可证的颁发和管理。

省、自治区、直辖市人民政府安全生产监督管理部门负责前款规定以外的非煤矿矿山企业和危险化学品、烟花爆竹生产企业安全生产许可证的颁发和管理,并接受国务院安全生产监督管理部门的指导和监督。

国家煤矿安全监察机构负责中央管理的煤矿企业安全生产许可证的颁发和管理。

在省、自治区、直辖市设立的煤矿安全监察机构负责前款规定以外的其他煤矿企业安全生产许可证的颁发和管理,并接受国家煤矿安全监察机构的指导和监督。

第四条 国务院建设主管部门负责中央管理的建筑施工企业安全生产许可证的颁发和管理。

省、自治区、直辖市人民政府建设主管部门负责前款规定以外的建筑施工企业安全生产许可证的颁发和管理,并接受国务院建设主管部门的指导和监督。

第五条 国务院国防科技工业主管部门负责民用爆破器材生产企业安全生产许可证的颁发和管理。

第六条 企业取得安全生产许可证,应当具备下列安全生产条件:

(一)建立、健全安全生产责任制,制定完备的安全生产规章制度和操作规程;

(二)安全投入符合安全生产要求;

(三)设置安全生产管理机构,配备专职安全生产管理人员;

(四)主要负责人和安全生产管理人员经考核合格;

(五)特种作业人员经有关业务主管部门考核合格,取得特种作业操作资格证书;

(六)从业人员经安全生产教育和培训合格;

(七)依法参加工伤保险,为从业人员缴纳保险费;

(八)厂房、作业场所和安全设施、设备、工艺符合有关安全生产法律、法规、标准和规程的要求;

(九)有职业危害防治措施,并为从业人员配备符合国家标准或者行业标准的劳动防护用品;

(十)依法进行安全评价;

(十一)有重大危险源检测、评估、监控措施和应急预案;

(十二)有生产安全事故应急救援预案、应急救援组织或者应急救援人员,配备必要的应急救援器

材、设备;

(十三)法律、法规规定的其他条件。

第七条 企业进行生产前,应当依照本条例的规定向安全生产许可证颁发管理机关申请领取安全生产许可证,并提供本条例第六条规定的相关文件、资料。安全生产许可证颁发管理机关应当自收到申请之日起45日内审查完毕,经审查符合本条例规定的安全生产条件的,颁发安全生产许可证;不符合本条例规定的安全生产条件的,不予颁发安全生产许可证,书面通知企业并说明理由。

煤矿企业应当以矿(井)为单位,在申请领取煤炭生产许可证前,依照本条例的规定取得安全生产许可证。

第八条 安全生产许可证由国务院安全生产监督管理部门规定统一的式样。

第九条 安全生产许可证的有效期为3年。安全生产许可证有效期满需要延期的,企业应当于期满前3个月向原安全生产许可证颁发管理机关办理延期手续。

企业在安全生产许可证有效期内,严格遵守有关安全生产的法律法规,未发生死亡事故的,安全生产许可证有效期届满时,经原安全生产许可证颁发管理机关同意,不再审查,安全生产许可证有效期延期3年。

第十条 安全生产许可证颁发管理机关应当建立、健全安全生产许可证档案管理制度,并定期向社会公布企业取得安全生产许可证的情况。

第十一条 煤矿企业安全生产许可证颁发管理机关、建筑施工企业安全生产许可证颁发管理机关、民用爆破器材生产企业安全生产许可证颁发管理机关,应当每年向同级安全生产监督管理部门通报其安全生产许可证颁发和管理情况。

第十二条 国务院安全生产监督管理部门和省、自治区、直辖市人民政府安全生产监督管理部门对建筑施工企业、民用爆破器材生产企业、煤矿企业取得安全生产许可证的情况进行监督。

第十三条 企业不得转让、冒用安全生产许可证或者使用伪造的安全生产许可证。

第十四条 企业取得安全生产许可证后,不得降低安全生产条件,并应当加强日常安全生产管理,接受安全生产许可证颁发管理机关的监督检查。

安全生产许可证颁发管理机关应当加强对取得安全生产许可证的企业的监督检查,发现其不再具备本条例规定的安全生产条件的,应当暂扣或者吊销安全生产许可证。

第十五条 安全生产许可证颁发管理机关工作人员在安全生产许可证颁发、管理和监督检查工作中,不得索取或者接受企业的财物,不得谋取其他利益。

第十六条 监察机关依照《中华人民共和国行政监察法》的规定,对安全生产许可证颁发管理机关及其工作人员履行本条例规定的职责实施监察。

第十七条 任何单位或者个人对违反本条例规定的行为,有权向安全生产许可证颁发管理机关或者监察机关等有关部门举报。

第十八条 安全生产许可证颁发管理机关工作人员有下列行为之一的,给予降级或者撤职的行政处分;构成犯罪的,依法追究刑事责任:

(一)向不符合本条例规定的安全生产条件的企业颁发安全生产许可证的;

(二)发现企业未依法取得安全生产许可证擅自从事生产活动,不依法处理的;

(三)发现取得安全生产许可证的企业不再具备本条例规定的安全生产条件,不依法处理的;

(四)接到对违反本条例规定行为的举报后,不及时处理的;

(五)在安全生产许可证颁发、管理和监督检查工作中,索取或者接受企业的财物,或者谋取其他利益的。

第十九条 违反本条例规定,未取得安全生产许可证擅自进行生产的,责令停止生产,没收违法所得,并处10万元以上50万元以下的罚款;造成重大事故或者其他严重后果,构成犯罪的,依法追究刑事责任。

第二十条 违反本条例规定,安全生产许可证有效期满未办理延期手续,继续进行生产的,责令停止生产，限期补办延期手续，没收违法所得，并处5万元以上10万元以下的罚款；逾期仍不办理延期手续，继续进行生产的，依照本条例第十九条的规定处罚。

第二十一条 违反本条例规定，转让安全生产许可证的，没收违法所得，处10万元以上50万元以下的罚款，并吊销其安全生产许可证；构成犯罪的，依法追究刑事责任；接受转让的，依照本条例第十九条的规定处罚。

冒用安全生产许可证或者使用伪造的安全生产许可证的，依照本条例第十九条的规定处罚。

第二十二条 本条例施行前已经进行生产的企业，应当自本条例施行之日起1年内，依照本条例的规定向安全生产许可证颁发管理机关申请办理安全生产许可证；逾期不办理安全生产许可证，或者经审查不符合本条例规定的安全生产条件，未取得安全生产许可证，继续进行生产的，依照本条例第十九条的规定处罚。

第二十三条 本条例规定的行政处罚，由安全生产许可证颁发管理机关决定。

第二十四条 本条例自公布之日起施行。

中华人民共和国道路交通安全法实施条例

国务院令第405号(2004年4月30日发布)

第一章 总 则

第一条 根据《中华人民共和国道路交通安全法》(以下简称道路交通安全法)的规定,制定本条例。

第二条 中华人民共和国境内的车辆驾驶人、行人、乘车人以及与道路交通活动有关的单位和个人,应当遵守道路交通安全法和本条例。

第三条 县级以上地方各级人民政府应当建立、健全道路交通安全工作协调机制,组织有关部门对城市建设项目进行交通影响评价,制定道路交通安全管理规划,确定管理目标,制定实施方案。

第二章 车辆和驾驶人

第一节 机 动 车

第四条 机动车的登记,分为注册登记、变更登记、转移登记、抵押登记和注销登记。

第五条 初次申领机动车号牌、行驶证的,应当向机动车所有人住所地的公安机关交通管理部门申请注册登记。申请机动车注册登记,应当交验机动车,并提交以下证明、凭证:

(一)机动车所有人的身份证明;

(二)购车发票等机动车来历证明;

(三)机动车整车出厂合格证明或者进口机动车进口凭证;

(四)车辆购置税完税证明或者免税凭证;

(五)机动车第三者责任强制保险凭证;

(六)法律、行政法规规定应当在机动车注册登记时提交的其他证明、凭证。

不属于国务院机动车产品主管部门规定免予安全技术检验的车型的,还应当提供机动车安全技术检验合格证明。

第六条 已注册登记的机动车有下列情形之一的,机动车所有人应当向登记该机动车的公安机关交通管理部门申请变更登记:

(一)改变机动车车身颜色的;

(二)更换发动机的;

(三)更换车身或者车架的;

(四)因质量有问题,制造厂更换整车的;

(五)营运机动车改为非营运机动车或者非营运机动车改为营运机动车的;

(六)机动车所有人的住所迁出或者迁入公安机关交通管理部门管辖区域的。

申请机动车变更登记,应当提交下列证明、凭证,属于前款第(一)项、第(二)项、第(三)项、第(四)项、第(五)项情形之一的,还应当交验机动车;属于前款第(二)项、第(三)项情形之一的,还应当同时提交机动车安全技术检验合格证明:

(一)机动车所有人的身份证明;

（二）机动车登记证书；

（三）机动车行驶证。

机动车所有人的住所在公安机关交通管理部门管辖区域内迁移、机动车所有人的姓名（单位名称）或者联系方式变更的，应当向登记该机动车的公安机关交通管理部门备案。

第七条 已注册登记的机动车所有权发生转移的，应当及时办理转移登记。

申请机动车转移登记，当事人应当向登记该机动车的公安机关交通管理部门交验机动车，并提交以下证明、凭证：

（一）当事人的身份证明；

（二）机动车所有权转移的证明、凭证；

（三）机动车登记证书；

（四）机动车行驶证。

第八条 机动车所有人将机动车作为抵押物抵押的，机动车所有人应当向登记该机动车的公安机关交通管理部门申请抵押登记。

第九条 已注册登记的机动车达到国家规定的强制报废标准的，公安机关交通管理部门应当在报废期满的2个月前通知机动车所有人办理注销登记。机动车所有人应当在报废期满前将机动车交售给机动车回收企业，由机动车回收企业将报废的机动车登记证书、号牌、行驶证交公安机关交通管理部门注销。机动车所有人逾期不办理注销登记的，公安机关交通管理部门应当公告该机动车登记证书、号牌、行驶证作废。

因机动车灭失申请注销登记的，机动车所有人应当向公安机关交通管理部门提交本人身份证明，交回机动车登记证书。

第十条 办理机动车登记的申请人提交的证明、凭证齐全、有效的，公安机关交通管理部门应当当场办理登记手续。

人民法院、人民检察院以及行政执法部门依法查封、扣押的机动车，公安机关交通管理部门不予办理机动车登记。

第十一条 机动车登记证书、号牌、行驶证丢失或者损毁，机动车所有人申请补发的，应当向公安机关交通管理部门提交本人身份证明和申请材料。公安机关交通管理部门经与机动车登记档案核实后，在收到申请之日起15日内补发。

第十二条 税务部门、保险机构可以在公安机关交通管理部门的办公场所集中办理与机动车有关的税费缴纳、保险合同订立等事项。

第十三条 机动车号牌应当悬挂在车前、车后指定位置，保持清晰、完整。重型、中型载货汽车及其挂车、拖拉机及其挂车的车身或者车厢后部应当喷涂放大的牌号，字样应当端正并保持清晰。

机动车检验合格标志、保险标志应当粘贴在机动车前窗右上角。

机动车喷涂、粘贴标识或者车身广告的，不得影响安全驾驶。

第十四条 用于公路营运的载客汽车、重型载货汽车、半挂牵引车应当安装、使用符合国家标准的行驶记录仪。交通警察可以对机动车行驶速度、连续驾驶时间以及其他行驶状态信息进行检查。安装行驶记录仪可以分步实施，实施步骤由国务院机动车产品主管部门会同有关部门规定。

第十五条 机动车安全技术检验由机动车安全技术检验机构实施。机动车安全技术检验机构应当按照国家机动车安全技术检验标准对机动车进行检验，对检验结果承担法律责任。

质量技术监督部门负责对机动车安全技术检验机构实行资格管理和计量认证管理，对机动车安全技术检验设备进行检定，对执行国家机动车安全技术检验标准的情况进行监督。

机动车安全技术检验项目由国务院公安部门会同国务院质量技术监督部门规定。

第十六条 机动车应当从注册登记之日起，按照下列期限进行安全技术检验：

（一）营运载客汽车5年以内每年检验1次；超过5年的，每6个月检验1次；

（二）载货汽车和大型、中型非营运载客汽车10年以内每年检验1次；超过10年的，每6个月检验

1 次;

(三)小型、微型非营运载客汽车 6 年以内每 2 年检验 1 次;超过 6 年的,每年检验 1 次;超过 15 年的,每 6 个月检验 1 次;

(四)摩托车 4 年以内每 2 年检验 1 次;超过 4 年的,每年检验 1 次;

(五)拖拉机和其他机动车每年检验 1 次。

营运机动车在规定检验期限内经安全技术检验合格的,不再重复进行安全技术检验。

第十七条 已注册登记的机动车进行安全技术检验时,机动车行驶证记载的登记内容与该机动车的有关情况不符,或者未按照规定提供机动车第三者责任强制保险凭证的,不予通过检验。

第十八条 警车、消防车、救护车、工程救险车标志图案的喷涂以及警报器、标志灯具的安装、使用规定,由国务院公安部门制定。

第二节 机动车驾驶人

第十九条 符合国务院公安部门规定的驾驶许可条件的人,可以向公安机关交通管理部门申请机动车驾驶证。

机动车驾驶证由国务院公安部门规定式样并监制。

第二十条 学习机动车驾驶,应当先学习道路交通安全法律、法规和相关知识,考试合格后,再学习机动车驾驶技能。

在道路上学习驾驶,应当按照公安机关交通管理部门指定的路线、时间进行。在道路上学习机动车驾驶技能应当使用教练车,在教练员随车指导下进行,与教学无关的人员不得乘坐教练车。学员在学习驾驶中有道路交通安全违法行为或者造成交通事故的,由教练员承担责任。

第二十一条 公安机关交通管理部门应当对申请机动车驾驶证的人进行考试,对考试合格的,在 5 日内核发机动车驾驶证;对考试不合格的,书面说明理由。

第二十二条 机动车驾驶证的有效期为 6 年,本条例另有规定的除外。

机动车驾驶人初次申领机动车驾驶证后的 12 个月为实习期。在实习期内驾驶机动车的,应当在车身后部粘贴或者悬挂统一式样的实习标志。

机动车驾驶人在实习期内不得驾驶公共汽车、营运客车或者执行任务的警车、消防车、救护车、工程救险车以及载有爆炸物品、易燃易爆化学物品、剧毒或者放射性等危险物品的机动车;驾驶的机动车不得牵引挂车。

第二十三条 公安机关交通管理部门对机动车驾驶人的道路交通安全违法行为除给予行政处罚外,实行道路交通安全违法行为累积记分(以下简称记分)制度,记分周期为 12 个月。对在一个记分周期内记分达到 12 分的,由公安机关交通管理部门扣留其机动车驾驶证,该机动车驾驶人应当按照规定参加道路交通安全法律、法规的学习并接受考试。考试合格的,记分予以清除,发还机动车驾驶证;考试不合格的,继续参加学习和考试。

应当给予记分的道路交通安全违法行为及其分值,由国务院公安部门根据道路交通安全违法行为的危害程度规定。

公安机关交通管理部门应当提供记分查询方式供机动车驾驶人查询。

第二十四条 机动车驾驶人在一个记分周期内记分未达到 12 分,所处罚款已经缴纳的,记分予以清除;记分虽未达到 12 分,但尚有罚款未缴纳的,记分转入下一记分周期。

机动车驾驶人在一个记分周期内记分 2 次以上达到 12 分的,除按照第二十三条的规定扣留机动车驾驶证、参加学习、接受考试外,还应当接受驾驶技能考试。考试合格的,记分予以清除,发还机动车驾驶证;考试不合格的,继续参加学习和考试。

接受驾驶技能考试的,按照本人机动车驾驶证载明的最高准驾车型考试。

第二十五条 机动车驾驶人记分达到 12 分,拒不参加公安机关交通管理部门通知的学习,也不接受考试的,由公安机关交通管理部门公告其机动车驾驶证停止使用。

第二十六条 机动车驾驶人在机动车驾驶证的6年有效期内，每个记分周期均未达到12分的，换发10年有效期的机动车驾驶证；在机动车驾驶证的10年有效期内，每个记分周期均未达到12分的，换发长期有效的机动车驾驶证。

换发机动车驾驶证时，公安机关交通管理部门应当对机动车驾驶证进行审验。

第二十七条 机动车驾驶证丢失、损毁，机动车驾驶人申请补发的，应当向公安机关交通管理部门提交本人身份证明和申请材料。公安机关交通管理部门经与机动车驾驶证档案核实后，在收到申请之日起3日内补发。

第二十八条 机动车驾驶人在机动车驾驶证丢失、损毁、超过有效期或者被依法扣留、暂扣期间以及记分达到12分的，不得驾驶机动车。

第三章　道路通行条件

第二十九条 交通信号灯分为：机动车信号灯、非机动车信号灯、人行横道信号灯、车道信号灯、方向指示信号灯、闪光警告信号灯、道路与铁路平面交叉道口信号灯。

第三十条 交通标志分为：指示标志、警告标志、禁令标志、指路标志、旅游区标志、道路施工安全标志和辅助标志。

道路交通标线分为：指示标线、警告标线、禁止标线。

第三十一条 交通警察的指挥分为：手势信号和使用器具的交通指挥信号。

第三十二条 道路交叉路口和行人横过道路较为集中的路段应当设置人行横道、过街天桥或者过街地下通道。

在盲人通行较为集中的路段，人行横道信号灯应当设置声响提示装置。

第三十三条 城市人民政府有关部门可以在不影响行人、车辆通行的情况下，在城市道路上施划停车泊位，并规定停车泊位的使用时间。

第三十四条 开辟或者调整公共汽车、长途汽车的行驶路线或者车站，应当符合交通规划和安全、畅通的要求。

第三十五条 道路养护施工单位在道路上进行养护、维修时，应当按照规定设置规范的安全警示标志和安全防护设施。道路养护施工作业车辆、机械应当安装示警灯，喷涂明显的标志图案，作业时应当开启示警灯和危险报警闪光灯。对未中断交通的施工作业道路，公安机关交通管理部门应当加强交通安全监督检查。发生交通阻塞时，及时做好分流、疏导，维护交通秩序。

道路施工需要车辆绕行的，施工单位应当在绕行处设置标志；不能绕行的，应当修建临时通道，保证车辆和行人通行。需要封闭道路中断交通的，除紧急情况外，应当提前5日向社会公告。

第三十六条 道路或者交通设施养护部门、管理部门应当在急弯、陡坡、临崖、临水等危险路段，按照国家标准设置警告标志和安全防护设施。

第三十七条 道路交通标志、标线不规范，机动车驾驶人容易发生辨认错误的，交通标志、标线的主管部门应当及时予以改善。

道路照明设施应当符合道路建设技术规范，保持照明功能完好。

第四章　道路通行规定

第一节　一 般 规 定

第三十八条 机动车信号灯和非机动车信号灯表示：

（一）绿灯亮时，准许车辆通行，但转弯的车辆不得妨碍被放行的直行车辆、行人通行；

（二）黄灯亮时，已越过停止线的车辆可以继续通行；

（三）红灯亮时，禁止车辆通行。

在未设置非机动车信号灯和人行横道信号灯的路口，非机动车和行人应当按照机动车信号灯的表示通行。

红灯亮时，右转弯的车辆在不妨碍被放行的车辆、行人通行的情况下，可以通行。

第三十九条 人行横道信号灯表示：

（一）绿灯亮时，准许行人通过人行横道；

（二）红灯亮时，禁止行人进入人行横道，但是已经进入人行横道的，可以继续通过或者在道路中心线处停留等候。

第四十条 车道信号灯表示：

（一）绿色箭头灯亮时，准许本车道车辆按指示方向通行；

（二）红色叉形灯或者箭头灯亮时，禁止本车道车辆通行。

第四十一条 方向指示信号灯的箭头方向向左、向上、向右分别表示左转、直行、右转。

第四十二条 闪光警告信号灯为持续闪烁的黄灯，提示车辆、行人通行时注意瞭望，确认安全后通过。

第四十三条 道路与铁路平面交叉道口有两个红灯交替闪烁或者一个红灯亮时，表示禁止车辆、行人通行；红灯熄灭时，表示允许车辆、行人通行。

第二节　机动车通行规定

第四十四条 在道路同方向划有 2 条以上机动车道的，左侧为快速车道，右侧为慢速车道。在快速车道行驶的机动车应当按照快速车道规定的速度行驶，未达到快速车道规定的行驶速度的，应当在慢速车道行驶。摩托车应当在最右侧车道行驶。有交通标志标明行驶速度的，按照标明的行驶速度行驶。慢速车道内的机动车超越前车时，可以借用快速车道行驶。

在道路同方向划有 2 条以上机动车道的，变更车道的机动车不得影响相关车道内行驶的机动车的正常行驶。

第四十五条 机动车在道路上行驶不得超过限速标志、标线标明的速度。在没有限速标志、标线的道路上，机动车不得超过下列最高行驶速度：

（一）没有道路中心线的道路，城市道路为每小时 30 公里，公路为每小时 40 公里；

（二）同方向只有 1 条机动车道的道路，城市道路为每小时 50 公里，公路为每小时 70 公里。

第四十六条 机动车行驶中遇有下列情形之一的，最高行驶速度不得超过每小时 30 公里，其中拖拉机、电瓶车、轮式专用机械车不得超过每小时 15 公里：

（一）进出非机动车道，通过铁路道口、急弯路、窄路、窄桥时；

（二）掉头、转弯、下陡坡时；

（三）遇雾、雨、雪、沙尘、冰雹，能见度在 50 米以内时；

（四）在冰雪、泥泞的道路上行驶时；

（五）牵引发生故障的机动车时。

第四十七条 机动车超车时，应当提前开启左转向灯、变换使用远、近光灯或者鸣喇叭。在没有道路中心线或者同方向只有 1 条机动车道的道路上，前车遇后车发出超车信号时，在条件许可的情况下，应当降低速度、靠右让路。后车应当在确认有充足的安全距离后，从前车的左侧超越，在与被超车辆拉开必要的安全距离后，开启右转向灯，驶回原车道。

第四十八条 在没有中心隔离设施或者没有中心线的道路上，机动车遇相对方向来车时应当遵守下列规定：

（一）减速靠右行驶，并与其他车辆、行人保持必要的安全距离；

（二）在有障碍的路段，无障碍的一方先行；但有障碍的一方已驶入障碍路段而无障碍的一方未驶入时，有障碍的一方先行；

（三）在狭窄的坡路，上坡的一方先行；但下坡的一方已行至中途而上坡的一方未上坡时，下坡的一方先行；

（四）在狭窄的山路，不靠山体的一方先行；

（五）夜间会车应当在距相对方向来车 150 米以外改用近光灯，在窄路、窄桥与非机动车会车时应当使用近光灯。

第四十九条 机动车在有禁止掉头或者禁止左转弯标志、标线的地点以及在铁路道口、人行横道、桥梁、急弯、陡坡、隧道或者容易发生危险的路段，不得掉头。

机动车在没有禁止掉头或者没有禁止左转弯标志、标线的地点可以掉头，但不得妨碍正常行驶的其他车辆和行人的通行。

第五十条 机动车倒车时，应当察明车后情况，确认安全后倒车。不得在铁路道口、交叉路口、单行路、桥梁、急弯、陡坡或者隧道中倒车。

第五十一条 机动车通过有交通信号灯控制的交叉路口，应当按照下列规定通行：

（一）在划有导向车道的路口，按所需行进方向驶入导向车道；

（二）准备进入环形路口的让已在路口内的机动车先行；

（三）向左转弯时，靠路口中心点左侧转弯。转弯时开启转向灯，夜间行驶开启近光灯；

（四）遇放行信号时，依次通过；

（五）遇停止信号时，依次停在停止线以外。没有停止线的，停在路口以外；

（六）向右转弯遇有同车道前车正在等候放行信号时，依次停车等候；

（七）在没有方向指示信号灯的交叉路口，转弯的机动车让直行的车辆、行人先行。相对方向行驶的右转弯机动车让左转弯车辆先行。

第五十二条 机动车通过没有交通信号灯控制也没有交通警察指挥的交叉路口，除应当遵守第五十一条第（二）项、第（三）项的规定外，还应当遵守下列规定：

（一）有交通标志、标线控制的，让优先通行的一方先行；

（二）没有交通标志、标线控制的，在进入路口前停车瞭望，让右方道路的来车先行；

（三）转弯的机动车让直行的车辆先行；

（四）相对方向行驶的右转弯的机动车让左转弯的车辆先行。

第五十三条 机动车遇有前方交叉路口交通阻塞时，应当依次停在路口以外等候，不得进入路口。

机动车在遇有前方机动车停车排队等候或者缓慢行驶时，应当依次排队，不得从前方车辆两侧穿插或者超越行驶，不得在人行横道、网状线区域内停车等候。

机动车在车道减少的路口、路段，遇有前方机动车停车排队等候或者缓慢行驶的，应当每车道一辆依次交替驶入车道减少后的路口、路段。

第五十四条 机动车载物不得超过机动车行驶证上核定的载质量，装载长度、宽度不得超出车厢，并应当遵守下列规定：

（一）重型、中型载货汽车，半挂车载物，高度从地面起不得超过 4 米，载运集装箱的车辆不得超过 4.2 米；

（二）其他载货的机动车载物，高度从地面起不得超过 2.5 米；

（三）摩托车载物，高度从地面起不得超过 1.5 米，长度不得超出车身 0.2 米。两轮摩托车载物宽度左右各不得超出车把 0.15 米；三轮摩托车载物宽度不得超过车身。

载客汽车除车身外部的行李架和内置的行李箱外，不得载货。载客汽车行李架载货，从车顶起高度不得超过 0.5 米，从地面起高度不得超过 4 米。

第五十五条 机动车载人应当遵守下列规定：

（一）公路载客汽车不得超过核定的载客人数，但按照规定免票的儿童除外，在载客人数已满的情况下，按照规定免票的儿童不得超过核定载客人数的 10%；

（二）载货汽车车厢不得载客。在城市道路上，货运机动车在留有安全位置的情况下，车厢内可以附载临时作业人员 1 人至 5 人；载物高度超过车厢栏板时，货物上不得载人；

（三）摩托车后座不得乘坐未满 12 周岁的未成年人，轻便摩托车不得载人。

第五十六条 机动车牵引挂车应当符合下列规定：

（一）载货汽车、半挂牵引车、拖拉机只允许牵引 1 辆挂车。挂车的灯光信号、制动、连接、安全防护等装置应当符合国家标准；

（二）小型载客汽车只允许牵引旅居挂车或者总质量 700 千克以下的挂车。挂车不得载人；

（三）载货汽车所牵引挂车的载质量不得超过载货汽车本身的载质量。

大型、中型载客汽车，低速载货汽车，三轮汽车以及其他机动车不得牵引挂车。

第五十七条 机动车应当按照下列规定使用转向灯：

（一）向左转弯、向左变更车道、准备超车、驶离停车地点或者掉头时，应当提前开启左转向灯；

（二）向右转弯、向右变更车道、超车完毕驶回原车道、靠路边停车时，应当提前开启右转向灯。

第五十八条 机动车在夜间没有路灯、照明不良或者遇有雾、雨、雪、沙尘、冰雹等低能见度情况下行驶时，应当开启前照灯、示廓灯和后位灯，但同方向行驶的后车与前车近距离行驶时，不得使用远光灯。机动车雾天行驶应当开启雾灯和危险报警闪光灯。

第五十九条 机动车在夜间通过急弯、坡路、拱桥、人行横道或者没有交通信号灯控制的路口时，应当交替使用远近光灯示意。

机动车驶近急弯、坡道顶端等影响安全视距的路段以及超车或者遇有紧急情况时，应当减速慢行，并鸣喇叭示意。

第六十条 机动车在道路上发生故障或者发生交通事故，妨碍交通又难以移动的，应当按照规定开启危险报警闪光灯并在车后 50 米至 100 米处设置警告标志，夜间还应当同时开启示廓灯和后位灯。

第六十一条 牵引故障机动车应当遵守下列规定：

（一）被牵引的机动车除驾驶人外不得载人，不得拖带挂车；

（二）被牵引的机动车宽度不得大于牵引机动车的宽度；

（三）使用软连接牵引装置时，牵引车与被牵引车之间的距离应当大于 4 米小于 10 米；

（四）对制动失效的被牵引车，应当使用硬连接牵引装置牵引；

（五）牵引车和被牵引车均应当开启危险报警闪光灯。

汽车吊车和轮式专用机械车不得牵引车辆。摩托车不得牵引车辆或者被其他车辆牵引。

转向或者照明、信号装置失效的故障机动车，应当使用专用清障车拖曳。

第六十二条 驾驶机动车不得有下列行为：

（一）在车门、车厢没有关好时行车；

（二）在机动车驾驶室的前后窗范围内悬挂、放置妨碍驾驶人视线的物品；

（三）拨打接听手持电话、观看电视等妨碍安全驾驶的行为；

（四）下陡坡时熄火或者空挡滑行；

（五）向道路上抛撒物品；

（六）驾驶摩托车手离车把或者在车把上悬挂物品；

（七）连续驾驶机动车超过 4 小时未停车休息或者停车休息时间少于 20 分钟；

（八）在禁止鸣喇叭的区域或者路段鸣喇叭。

第六十三条 机动车在道路上临时停车，应当遵守下列规定：

（一）在设有禁停标志、标线的路段，在机动车道与非机动车道、人行道之间设有隔离设施的路段以及人行横道、施工地段，不得停车；

（二）交叉路口、铁路道口、急弯路、宽度不足 4 米的窄路、桥梁、陡坡、隧道以及距离上述地点 50 米以内的路段，不得停车；

（三）公共汽车站、急救站、加油站、消防栓或者消防队（站）门前以及距离上述地点 30 米以内的路段，除使用上述设施的以外，不得停车；

（四）车辆停稳前不得开车门和上下人员，开关车门不得妨碍其他车辆和行人通行；

（五）路边停车应当紧靠道路右侧，机动车驾驶人不得离车，上下人员或者装卸物品后，立即驶离；

（六）城市公共汽车不得在站点以外的路段停车上下乘客。

第六十四条 机动车行经漫水路或者漫水桥时，应当停车察明水情，确认安全后，低速通过。

第六十五条 机动车载运超限物品行经铁路道口的，应当按照当地铁路部门指定的铁路道口、时间通过。

机动车行经渡口，应当服从渡口管理人员指挥，按照指定地点依次待渡。机动车上下渡船时，应当低速慢行。

第六十六条 警车、消防车、救护车、工程救险车在执行紧急任务遇交通受阻时，可以断续使用警报器，并遵守下列规定：

（一）不得在禁止使用警报器的区域或者路段使用警报器；

（二）夜间在市区不得使用警报器；

（三）列队行驶时，前车已经使用警报器的，后车不再使用警报器。

第六十七条 在单位院内、居民居住区内，机动车应当低速行驶，避让行人；有限速标志的，按照限速标志行驶。

第三节 非机动车通行规定

第六十八条 非机动车通过有交通信号灯控制的交叉路口，应当按照下列规定通行：

（一）转弯的非机动车让直行的车辆、行人优先通行；

（二）遇有前方路口交通阻塞时，不得进入路口；

（三）向左转弯时，靠路口中心点的右侧转弯；

（四）遇有停止信号时，应当依次停在路口停止线以外。没有停止线的，停在路口以外；

（五）向右转弯遇有同方向前车正在等候放行信号时，在本车道内能够转弯的，可以通行；不能转弯的，依次等候。

第六十九条 非机动车通过没有交通信号灯控制也没有交通警察指挥的交叉路口，除应当遵守第六十八条第（一）项、第（二）项和第（三）项的规定外，还应当遵守下列规定：

（一）有交通标志、标线控制的，让优先通行的一方先行；

（二）没有交通标志、标线控制的，在路口外慢行或者停车瞭望，让右方道路的来车先行；

（三）相对方向行驶的右转弯的非机动车让左转弯的车辆先行。

第七十条 驾驶自行车、电动自行车、三轮车在路段上横过机动车道，应当下车推行，有人行横道或者行人过街设施的，应当从人行横道或者行人过街设施通过；没有人行横道、没有行人过街设施或者不便使用行人过街设施的，在确认安全后直行通过。

因非机动车道被占用无法在本车道内行驶的非机动车，可以在受阻的路段借用相邻的机动车道行驶，并在驶过被占用路段后迅速驶回非机动车道。机动车遇此情况应当减速让行。

第七十一条 非机动车载物，应当遵守下列规定：

（一）自行车、电动自行车、残疾人机动轮椅车载物，高度从地面起不得超过1.5米，宽度左右各不得超出车把0.15米，长度前端不得超出车轮，后端不得超出车身0.3米；

（二）三轮车、人力车载物，高度从地面起不得超过2米，宽度左右各不得超出车身0.2米，长度不得超出车身1米；

（三）畜力车载物，高度从地面起不得超过2.5米，宽度左右各不得超出车身0.2米，长度前端不得超出车辕，后端不得超出车身1米。

自行车载人的规定，由省、自治区、直辖市人民政府根据当地实际情况制定。

第七十二条 在道路上驾驶自行车、三轮车、电动自行车、残疾人机动轮椅车应当遵守下列规定：

（一）驾驶自行车、三轮车必须年满12周岁；

（二）驾驶电动自行车和残疾人机动轮椅车必须年满16周岁；

（三）不得醉酒驾驶；

（四）转弯前应当减速慢行，伸手示意，不得突然猛拐，超越前车时不得妨碍被超越的车辆行驶；

（五）不得牵引、攀扶车辆或者被其他车辆牵引，不得双手离把或者手中持物；

（六）不得扶身并行、互相追逐或者曲折竞驶；

（七）不得在道路上骑独轮自行车或者2人以上骑行的自行车；

（八）非下肢残疾的人不得驾驶残疾人机动轮椅车；

（九）自行车、三轮车不得加装动力装置；

（十）不得在道路上学习驾驶非机动车。

第七十三条 在道路上驾驭畜力车应当年满16周岁，并遵守下列规定：

（一）不得醉酒驾驭；

（二）不得并行，驾驭人不得离开车辆；

（三）行经繁华路段、交叉路口、铁路道口、人行横道、急弯路、宽度不足4米的窄路或者窄桥、陡坡、隧道或者容易发生危险的路段，不得超车。驾驭两轮畜力车应当下车牵引牲畜；

（四）不得使用未经驯服的牲畜驾车，随车幼畜须拴系；

（五）停放车辆应当拉紧车闸，拴系牲畜。

第四节　行人和乘车人通行规定

第七十四条 行人不得有下列行为：

（一）在道路上使用滑板、旱冰鞋等滑行工具；

（二）在车行道内坐卧、停留、嬉闹；

（三）追车、抛物击车等妨碍道路交通安全的行为。

第七十五条 行人横过机动车道，应当从行人过街设施通过；没有行人过街设施的，应当从人行横道通过；没有人行横道的，应当观察来往车辆的情况，确认安全后直行通过，不得在车辆临近时突然加速横穿或者中途倒退、折返。

第七十六条 行人列队在道路上通行，每横列不得超过2人，但在已经实行交通管制的路段不受限制。

第七十七条 乘坐机动车应当遵守下列规定：

（一）不得在机动车道上拦乘机动车；

（二）在机动车道上不得从机动车左侧上下车；

（三）开关车门不得妨碍其他车辆和行人通行；

（四）机动车行驶中，不得干扰驾驶，不得将身体任何部分伸出车外，不得跳车；

（五）乘坐两轮摩托车应当正向骑坐。

第五节　高速公路的特别规定

第七十八条 高速公路应当标明车道的行驶速度，最高车速不得超过每小时120公里，最低车速不得低于每小时60公里。

在高速公路上行驶的小型载客汽车最高车速不得超过每小时120公里，其他机动车不得超过每小时100公里，摩托车不得超过每小时80公里。

同方向有2条车道的，左侧车道的最低车速为每小时100公里；同方向有3条以上车道的，最左侧车道的最低车速为每小时110公里，中间车道的最低车速为每小时90公里。道路限速标志标明的车速与上述车道行驶车速的规定不一致的，按照道路限速标志标明的车速行驶。

第七十九条 机动车从匝道驶入高速公路,应当开启左转向灯,在不妨碍已在高速公路内的机动车正常行驶的情况下驶入车道。

机动车驶离高速公路时,应当开启右转向灯,驶入减速车道,降低车速后驶离。

第八十条 机动车在高速公路上行驶,车速超过每小时100公里时,应当与同车道前车保持100米以上的距离,车速低于每小时100公里时,与同车道前车距离可以适当缩短,但最小距离不得少于50米。

第八十一条 机动车在高速公路上行驶,遇有雾、雨、雪、沙尘、冰雹等低能见度气象条件时,应当遵守下列规定:

(一)能见度小于200米时,开启雾灯、近光灯、示廓灯和前后位灯,车速不得超过每小时60公里,与同车道前车保持100米以上的距离;

(二)能见度小于100米时,开启雾灯、近光灯、示廓灯、前后位灯和危险报警闪光灯,车速不得超过每小时40公里,与同车道前车保持50米以上的距离;

(三)能见度小于50米时,开启雾灯、近光灯、示廓灯、前后位灯和危险报警闪光灯,车速不得超过每小时20公里,并从最近的出口尽快驶离高速公路。

遇有前款规定情形时,高速公路管理部门应当通过显示屏等方式发布速度限制、保持车距等提示信息。

第八十二条 机动车在高速公路上行驶,不得有下列行为:

(一)倒车、逆行、穿越中央分隔带掉头或者在车道内停车;

(二)在匝道、加速车道或者减速车道上超车;

(三)骑、轧车行道分界线或者在路肩上行驶;

(四)非紧急情况时在应急车道行驶或者停车;

(五)试车或者学习驾驶机动车。

第八十三条 在高速公路上行驶的载货汽车车厢不得载人。两轮摩托车在高速公路行驶时不得载人。

第八十四条 机动车通过施工作业路段时,应当注意警示标志,减速行驶。

第八十五条 城市快速路的道路交通安全管理,参照本节的规定执行。

高速公路、城市快速路的道路交通安全管理工作,省、自治区、直辖市人民政府公安机关交通管理部门可以指定设区的市人民政府公安机关交通管理部门或者相当于同级的公安机关交通管理部门承担。

第五章　交通事故处理

第八十六条 机动车与机动车、机动车与非机动车在道路上发生未造成人身伤亡的交通事故,当事人对事实及成因无争议的,在记录交通事故的时间、地点、对方当事人的姓名和联系方式、机动车牌号、驾驶证号、保险凭证号、碰撞部位,并共同签名后,撤离现场,自行协商损害赔偿事宜。当事人对交通事故事实及成因有争议的,应当迅速报警。

第八十七条 非机动车与非机动车或者行人在道路上发生交通事故,未造成人身伤亡,且基本事实及成因清楚的,当事人应当先撤离现场,再自行协商处理损害赔偿事宜。当事人对交通事故事实及成因有争议的,应当迅速报警。

第八十八条 机动车发生交通事故,造成道路、供电、通讯等设施损毁的,驾驶人应当报警等候处理,不得驶离。机动车可以移动的,应当将机动车移至不妨碍交通的地点。公安机关交通管理部门应当将事故有关情况通知有关部门。

第八十九条 公安机关交通管理部门或者交通警察接到交通事故报警,应当及时赶赴现场,对未造成人身伤亡,事实清楚,并且机动车可以移动的,应当在记录事故情况后责令当事人撤离现场,恢复交通。对拒不撤离现场的,予以强制撤离。

对属于前款规定情况的道路交通事故,交通警察可以适用简易程序处理,并当场出具事故认定书。当事人共同请求调解的,交通警察可以当场对损害赔偿争议进行调解。

对道路交通事故造成人员伤亡和财产损失需要勘验、检查现场的,公安机关交通管理部门应当按照勘查现场工作规范进行。现场勘查完毕,应当组织清理现场,恢复交通。

第九十条 投保机动车第三者责任强制保险的机动车发生交通事故,因抢救受伤人员需要保险公司支付抢救费用的,由公安机关交通管理部门通知保险公司。

抢救受伤人员需要道路交通事故救助基金垫付费用的,由公安机关交通管理部门通知道路交通事故社会救助基金管理机构。

第九十一条 公安机关交通管理部门应当根据交通事故当事人的行为对发生交通事故所起的作用以及过错的严重程度,确定当事人的责任。

第九十二条 发生交通事故后当事人逃逸的,逃逸的当事人承担全部责任。但是,有证据证明对方当事人也有过错的,可以减轻责任。

当事人故意破坏、伪造现场、毁灭证据的,承担全部责任。

第九十三条 公安机关交通管理部门对经过勘验、检查现场的交通事故应当在勘查现场之日起 10 日内制作交通事故认定书。对需要进行检验、鉴定的,应当在检验、鉴定结果确定之日起 5 日内制作交通事故认定书。

第九十四条 当事人对交通事故损害赔偿有争议,各方当事人一致请求公安机关交通管理部门调解的,应当在收到交通事故认定书之日起 10 日内提出书面调解申请。

对交通事故致死的,调解从办理丧葬事宜结束之日起开始;对交通事故致伤的,调解从治疗终结或者定残之日起开始;对交通事故造成财产损失的,调解从确定损失之日起开始。

第九十五条 公安机关交通管理部门调解交通事故损害赔偿争议的期限为 10 日。调解达成协议的,公安机关交通管理部门应当制作调解书送交各方当事人,调解书经各方当事人共同签字后生效;调解未达成协议的,公安机关交通管理部门应当制作调解终结书送交各方当事人。

交通事故损害赔偿项目和标准依照有关法律的规定执行。

第九十六条 对交通事故损害赔偿的争议,当事人向人民法院提起民事诉讼的,公安机关交通管理部门不再受理调解申请。

公安机关交通管理部门调解期间,当事人向人民法院提起民事诉讼的,调解终止。

第九十七条 车辆在道路以外发生交通事故,公安机关交通管理部门接到报案的,参照道路交通安全法和本条例的规定处理。

车辆、行人与火车发生的交通事故以及在渡口发生的交通事故,依照国家有关规定处理。

第六章 执 法 监 督

第九十八条 公安机关交通管理部门应当公开办事制度、办事程序,建立警风警纪监督员制度,自觉接受社会和群众的监督。

第九十九条 公安机关交通管理部门及其交通警察办理机动车登记,发放号牌,对驾驶人考试、发证,处理道路交通安全违法行为,处理道路交通事故,应当严格遵守有关规定,不得越权执法,不得延迟履行职责,不得擅自改变处罚的种类和幅度。

第一百条 公安机关交通管理部门应当公布举报电话,受理群众举报投诉,并及时调查核实,反馈查处结果。

第一百零一条 公安机关交通管理部门应当建立执法质量考核评议、执法责任制和执法过错追究制度,防止和纠正道路交通安全执法中的错误或者不当行为。

第七章 法律责任

第一百零二条 违反本条例规定的行为,依照道路交通安全法和本条例的规定处罚。

第一百零三条 以欺骗、贿赂等不正当手段取得机动车登记或者驾驶许可的,收缴机动车登记证书、号牌、行驶证或者机动车驾驶证,撤销机动车登记或者机动车驾驶许可;申请人在3年内不得申请机动车登记或者机动车驾驶许可。

第一百零四条 机动车驾驶人有下列行为之一,又无其他机动车驾驶人即时替代驾驶的,公安机关交通管理部门除依法给予处罚外,可以将其驾驶的机动车移至不妨碍交通的地点或者有关部门指定的地点停放:

(一)不能出示本人有效驾驶证的;

(二)驾驶的机动车与驾驶证载明的准驾车型不符的;

(三)饮酒、服用国家管制的精神药品或者麻醉药品、患有妨碍安全驾驶的疾病,或者过度疲劳仍继续驾驶的;

(四)学习驾驶人员没有教练人员随车指导单独驾驶的。

第一百零五条 机动车驾驶人有饮酒、醉酒、服用国家管制的精神药品或者麻醉药品嫌疑的,应当接受测试、检验。

第一百零六条 公路客运载客汽车超过核定乘员、载货汽车超过核定载质量的,公安机关交通管理部门依法扣留机动车后,驾驶人应当将超载的乘车人转运、将超载的货物卸载,费用由超载机动车的驾驶人或者所有人承担。

第一百零七条 依照道路交通安全法第九十二条、第九十五条、第九十六条、第九十八条的规定被扣留的机动车,驾驶人或者所有人、管理人30日内没有提供被扣留机动车的合法证明,没有补办相应手续,或者不前来接受处理,经公安机关交通管理部门通知并且经公告3个月仍不前来接受处理的,由公安机关交通管理部门将该机动车送交有资格的拍卖机构拍卖,所得价款上缴国库;非法拼装的机动车予以拆除;达到报废标准的机动车予以报废;机动车涉及其他违法犯罪行为的,移交有关部门处理。

第一百零八条 交通警察按照简易程序当场作出行政处罚的,应当告知当事人道路交通安全违法行为的事实、处罚的理由和依据,并将行政处罚决定书当场交付被处罚人。

第一百零九条 对道路交通安全违法行为人处以罚款或者暂扣驾驶证处罚的,由违法行为发生地的县级以上人民政府公安机关交通管理部门或者相当于同级的公安机关交通管理部门作出决定;对处以吊销机动车驾驶证处罚的,由设区的市人民政府公安机关交通管理部门或者相当于同级的公安机关交通管理部门作出决定。

公安机关交通管理部门对非本辖区机动车的道路交通安全违法行为没有当场处罚的,可以由机动车登记地的公安机关交通管理部门处罚。

第一百一十条 当事人对公安机关交通管理部门及其交通警察的处罚有权进行陈述和申辩,交通警察应当充分听取当事人的陈述和申辩,不得因当事人陈述、申辩而加重其处罚。

第八章 附则

第一百一十一条 本条例所称上道路行驶的拖拉机,是指手扶拖拉机等最高设计行驶速度不超过每小时20公里的轮式拖拉机和最高设计行驶速度不超过每小时40公里、牵引挂车方可从事道路运输的轮式拖拉机。

第一百一十二条 农业(农业机械)主管部门应当定期向公安机关交通管理部门提供拖拉机登记、安全技术检验以及拖拉机驾驶证发放的资料、数据。公安机关交通管理部门对拖拉机驾驶人作出暂扣、吊销驾驶证处罚或者记分处理的,应当定期将处罚决定书和记分情况通报有关的农业(农业机械)主管部门。吊销驾驶证的，还应当将驾驶证送交有关的农业（农业机械）主管部门。

第一百一十三条 境外机动车入境行驶，应当向入境地的公安机关交通管理部门申请临时通行号牌、行驶证。临时通行号牌、行驶证应当根据行驶需要，载明有效日期和允许行驶的区域。

入境的境外机动车申请临时通行号牌、行驶证以及境外人员申请机动车驾驶许可的条件、考试办法由国务院公安部门规定。

第一百一十四条 机动车驾驶许可考试的收费标准，由国务院价格主管部门规定。

第一百一十五条 本条例自 2004 年 5 月 1 日起施行。1960 年 2 月 11 日国务院批准、交通部发布的《机动车管理办法》，1988 年 3 月 9 日国务院发布的《中华人民共和国道路交通管理条例》，1991 年 9 月 22 日国务院发布的《道路交通事故处理办法》，同时废止。

企业事业单位内部治安保卫条例

国务院令第421号(2004年9月27日发布)

第一条 为了规范企业、事业单位(以下简称单位)内部治安保卫工作,保护公民人身、财产安全和公共财产安全,维护单位的工作、生产、经营、教学和科研秩序,制定本条例。

第二条 单位内部治安保卫工作贯彻预防为主、单位负责、突出重点、保障安全的方针。

单位内部治安保卫工作应当突出保护单位内人员的人身安全,单位不得以经济效益、财产安全或者其他任何借口忽视人身安全。

第三条 国务院公安部门指导、监督全国的单位内部治安保卫工作,对行业、系统有监管职责的国务院有关部门指导、检查本行业、本系统的单位内部治安保卫工作;县级以上地方各级人民政府公安机关指导、监督本行政区域内的单位内部治安保卫工作,对行业、系统有监管职责的县级以上地方各级人民政府有关部门指导、检查本行政区域内的本行业、本系统的单位内部治安保卫工作,及时解决单位内部治安保卫工作中的突出问题。

第四条 县级以上地方各级人民政府应当加强对本行政区域内的单位内部治安保卫工作的领导,督促公安机关和有关部门依法履行职责,并及时协调解决单位内部治安保卫工作中的重大问题。

第五条 单位的主要负责人对本单位的内部治安保卫工作负责。

第六条 单位应当根据内部治安保卫工作需要,设置治安保卫机构或者配备专职、兼职治安保卫人员。

治安保卫重点单位应当设置与治安保卫任务相适应的治安保卫机构,配备专职治安保卫人员,并将治安保卫机构的设置和人员的配备情况报主管公安机关备案。

第七条 单位内部治安保卫工作的要求是:

(一)有适应单位具体情况的内部治安保卫制度、措施和必要的治安防范设施;

(二)单位范围内的治安保卫情况有人检查,重要部位得到重点保护,治安隐患及时得到排查;

(三)单位范围内的治安隐患和问题及时得到处理,发生治安案件、涉嫌刑事犯罪的案件及时得到处置。

第八条 单位制定的内部治安保卫制度应当包括下列内容:

(一)门卫、值班、巡查制度;

(二)工作、生产、经营、教学、科研等场所的安全管理制度;

(三)现金、票据、印鉴、有价证券等重要物品使用、保管、储存、运输的安全管理制度;

(四)单位内部的消防、交通安全管理制度;

(五)治安防范教育培训制度;

(六)单位内部发生治安案件、涉嫌刑事犯罪案件的报告制度;

(七)治安保卫工作检查、考核及奖惩制度;

(八)存放有爆炸性、易燃性、放射性、毒害性、传染性、腐蚀性等危险物品和传染性菌种、毒种以及武器弹药的单位,还应当有相应的安全管理制度;

(九)其他有关的治安保卫制度。

单位制定的内部治安保卫制度不得与法律、法规、规章的规定相抵触。

第九条 单位内部治安保卫人员应当接受有关法律知识和治安保卫业务、技能以及相关专业知识的培训、考核。

第十条 单位内部治安保卫人员应当依法、文明履行职责，不得侵犯他人合法权益。治安保卫人员依法履行职责的行为受法律保护。

第十一条 单位内部治安保卫机构、治安保卫人员应当履行下列职责：

（一）开展治安防范宣传教育，并落实本单位的内部治安保卫制度和治安防范措施；

（二）根据需要，检查进入本单位人员的证件，登记出入的物品和车辆；

（三）在单位范围内进行治安防范巡逻和检查，建立巡逻、检查和治安隐患整改记录；

（四）维护单位内部的治安秩序，制止发生在本单位的违法行为，对难以制止的违法行为以及发生的治安案件、涉嫌刑事犯罪案件应当立即报警，并采取措施保护现场，配合公安机关的侦查、处置工作；

（五）督促落实单位内部治安防范设施的建设和维护。

第十二条 在单位管理范围内的人员，应当遵守单位的内部治安保卫制度。

第十三条 关系全国或者所在地区国计民生、国家安全和公共安全的单位是治安保卫重点单位。治安保卫重点单位由县级以上地方各级人民政府公安机关按照下列范围提出，报本级人民政府确定：

（一）广播电台、电视台、通讯社等重要新闻单位；

（二）机场、港口、大型车站等重要交通枢纽；

（三）国防科技工业重要产品的研制、生产单位；

（四）电信、邮政、金融单位；

（五）大型能源动力设施、水利设施和城市水、电、燃气、热力供应设施；

（六）大型物资储备单位和大型商贸中心；

（七）教育、科研、医疗单位和大型文化、体育场所；

（八）博物馆、档案馆和重点文物保护单位；

（九）研制、生产、销售、储存危险物品或者实验、保藏传染性菌种、毒种的单位；

（十）国家重点建设工程单位；

（十一）其他需要列为治安保卫重点的单位。

治安保卫重点单位应当遵守本条例对单位治安保卫工作的一般规定和对治安保卫重点单位的特别规定。

第十四条 治安保卫重点单位应当确定本单位的治安保卫重要部位，按照有关国家标准对重要部位设置必要的技术防范设施，并实施重点保护。

第十五条 治安保卫重点单位应当在公安机关指导下制定单位内部治安突发事件处置预案，并定期演练。

第十六条 公安机关对本行政区域内的单位内部治安保卫工作履行下列职责：

（一）指导单位制定、完善内部治安保卫制度，落实治安防范措施，指导治安保卫人员队伍建设和治安保卫重点单位的治安保卫机构建设；

（二）检查、指导单位的内部治安保卫工作，发现单位有违反本条例规定的行为或者治安隐患，及时下达整改通知书，责令限期整改；

（三）接到单位内部发生治安案件、涉嫌刑事犯罪案件的报警，及时出警，依法处置。

第十七条 对认真落实治安防范措施，严格执行治安保卫工作制度，在单位内部治安保卫工作中取得显著成绩的单位和个人，有关人民政府、公安机关和有关部门应当给予表彰、奖励。

第十八条 单位治安保卫人员因履行治安保卫职责伤残或者死亡的，依照国家有关工伤保险、评定伤残、批准烈士的规定给予相应的待遇。

第十九条 单位违反本条例的规定，存在治安隐患的，公安机关应当责令限期整改，并处警告；单位逾期不整改，造成公民人身伤害、公私财产损失，或者严重威胁公民人身安全、公私财产安全或者公共安全的，对单位处 1 万元以上 10 万元以下的罚款，对单位主要负责人和其他直接责任人员处 500 元以上 5000 元以下的罚款，并可以建议有关组织对单位主要负责人和其他直接责任人员依法给予处分；情节严重，构成犯罪的，依法追究刑事责任。

第二十条 单位治安保卫人员在履行职责时侵害他人合法权益的，应当赔礼道歉，给他人造成损害的，单位应当承担赔偿责任。单位赔偿后，有权责令因故意或者重大过失造成侵权的治安保卫人员承担部分或者全部赔偿的费用；对故意或者重大过失造成侵权的治安保卫人员，单位应当依法给予处分。治安保卫人员侵害他人合法权益的行为属于受单位负责人指使、胁迫的，对单位负责人依法给予处分，并由其承担赔偿责任；情节严重，构成犯罪的，依法追究刑事责任。

第二十一条 公安机关接到单位报警后不依法履行职责，致使公民人身、财产和公共财产遭受损失，或者有其他玩忽职守、滥用职权行为的，对直接负责的主管人员和其他直接责任人员依法给予行政处分；情节严重，构成犯罪的，依法追究刑事责任。

对行业、系统有监管职责的人民政府有关部门在指导、检查本行业、本系统的单位内部治安保卫工作过程中有玩忽职守、滥用职权行为的，参照前款规定处罚。

第二十二条 机关、团体的内部治安保卫工作参照本条例的有关规定执行。

高等学校治安保卫工作的具体规定由国务院另行制定。

第二十三条 本条例自2004年12月1日起施行。

劳动保障监察条例

国务院令第423号(2004年11月1日发布)

第一章　总　　则

第一条　为了贯彻实施劳动和社会保障(以下称劳动保障)法律、法规和规章,规范劳动保障监察工作,维护劳动者的合法权益,根据劳动法和有关法律,制定本条例。

第二条　对企业和个体工商户(以下称用人单位)进行劳动保障监察,适用本条例。

对职业介绍机构、职业技能培训机构和职业技能考核鉴定机构进行劳动保障监察,依照本条例执行。

第三条　国务院劳动保障行政部门主管全国的劳动保障监察工作。县级以上地方各级人民政府劳动保障行政部门主管本行政区域内的劳动保障监察工作。

县级以上各级人民政府有关部门根据各自职责,支持、协助劳动保障行政部门的劳动保障监察工作。

第四条　县级、设区的市级人民政府劳动保障行政部门可以委托符合监察执法条件的组织实施劳动保障监察。

劳动保障行政部门和受委托实施劳动保障监察的组织中的劳动保障监察员应当经过相应的考核或者考试录用。

劳动保障监察证件由国务院劳动保障行政部门监制。

第五条　县级以上地方各级人民政府应当加强劳动保障监察工作。劳动保障监察所需经费列入本级财政预算。

第六条　用人单位应当遵守劳动保障法律、法规和规章,接受并配合劳动保障监察。

第七条　各级工会依法维护劳动者的合法权益,对用人单位遵守劳动保障法律、法规和规章的情况进行监督。

劳动保障行政部门在劳动保障监察工作中应当注意听取工会组织的意见和建议。

第八条　劳动保障监察遵循公正、公开、高效、便民的原则。

实施劳动保障监察,坚持教育与处罚相结合,接受社会监督。

第九条　任何组织或者个人对违反劳动保障法律、法规或者规章的行为,有权向劳动保障行政部门举报。

劳动者认为用人单位侵犯其劳动保障合法权益的,有权向劳动保障行政部门投诉。

劳动保障行政部门应当为举报人保密;对举报属实,为查处重大违反劳动保障法律、法规或者规章的行为提供主要线索和证据的举报人,给予奖励。

第二章　劳动保障监察职责

第十条　劳动保障行政部门实施劳动保障监察,履行下列职责:

(一)宣传劳动保障法律、法规和规章,督促用人单位贯彻执行;

(二)检查用人单位遵守劳动保障法律、法规和规章的情况;

(三)受理对违反劳动保障法律、法规或者规章的行为的举报、投诉;

(四)依法纠正和查处违反劳动保障法律、法规或者规章的行为。

第十一条　劳动保障行政部门对下列事项实施劳动保障监察:

（一）用人单位制定内部劳动保障规章制度的情况；

（二）用人单位与劳动者订立劳动合同的情况；

（三）用人单位遵守禁止使用童工规定的情况；

（四）用人单位遵守女职工和未成年工特殊劳动保护规定的情况；

（五）用人单位遵守工作时间和休息休假规定的情况；

（六）用人单位支付劳动者工资和执行最低工资标准的情况；

（七）用人单位参加各项社会保险和缴纳社会保险费的情况；

（八）职业介绍机构、职业技能培训机构和职业技能考核鉴定机构遵守国家有关职业介绍、职业技能培训和职业技能考核鉴定的规定的情况；

（九）法律、法规规定的其他劳动保障监察事项。

第十二条　劳动保障监察员依法履行劳动保障监察职责，受法律保护。

劳动保障监察员应当忠于职守，秉公执法，勤政廉洁，保守秘密。

任何组织或者个人对劳动保障监察员的违法违纪行为，有权向劳动保障行政部门或者有关机关检举、控告。

第三章　劳动保障监察的实施

第十三条　对用人单位的劳动保障监察，由用人单位用工所在地的县级或者设区的市级劳动保障行政部门管辖。

上级劳动保障行政部门根据工作需要，可以调查处理下级劳动保障行政部门管辖的案件。劳动保障行政部门对劳动保障监察管辖发生争议的，报请共同的上一级劳动保障行政部门指定管辖。

省、自治区、直辖市人民政府可以对劳动保障监察的管辖制定具体办法。

第十四条　劳动保障监察以日常巡视检查、审查用人单位按照要求报送的书面材料以及接受举报投诉等形式进行。

劳动保障行政部门认为用人单位有违反劳动保障法律、法规或者规章的行为，需要进行调查处理的，应当及时立案。

劳动保障行政部门或者受委托实施劳动保障监察的组织应当设立举报、投诉信箱和电话。

对因违反劳动保障法律、法规或者规章的行为引起的群体性事件，劳动保障行政部门应当根据应急预案，迅速会同有关部门处理。

第十五条　劳动保障行政部门实施劳动保障监察，有权采取下列调查、检查措施：

（一）进入用人单位的劳动场所进行检查；

（二）就调查、检查事项询问有关人员；

（三）要求用人单位提供与调查、检查事项相关的文件资料，并作出解释和说明，必要时可以发出调查询问书；

（四）采取记录、录音、录像、照相或者复制等方式收集有关情况和资料；

（五）委托会计师事务所对用人单位工资支付、缴纳社会保险费的情况进行审计；

（六）法律、法规规定可以由劳动保障行政部门采取的其他调查、检查措施。

劳动保障行政部门对事实清楚、证据确凿、可以当场处理的违反劳动保障法律、法规或者规章的行为有权当场予以纠正。

第十六条　劳动保障监察员进行调查、检查，不得少于 2 人，并应当佩戴劳动保障监察标志、出示劳动保障监察证件。

劳动保障监察员办理的劳动保障监察事项与本人或者其近亲属有直接利害关系的，应当回避。

第十七条　劳动保障行政部门对违反劳动保障法律、法规或者规章的行为的调查，应当自立案之日起 60 个工作日内完成；对情况复杂的，经劳动保障行政部门负责人批准，可以延长 30 个工作日。

第十八条 劳动保障行政部门对违反劳动保障法律、法规或者规章的行为，根据调查、检查的结果，作出以下处理：

（一）对依法应当受到行政处罚的，依法作出行政处罚决定；

（二）对应当改正未改正的，依法责令改正或者作出相应的行政处理决定；

（三）对情节轻微且已改正的，撤销立案。

发现违法案件不属于劳动保障监察事项的，应当及时移送有关部门处理；涉嫌犯罪的，应当依法移送司法机关。

第十九条 劳动保障行政部门对违反劳动保障法律、法规或者规章的行为作出行政处罚或者行政处理决定前，应当听取用人单位的陈述、申辩；作出行政处罚或者行政处理决定，应当告知用人单位依法享有申请行政复议或者提起行政诉讼的权利。

第二十条 违反劳动保障法律、法规或者规章的行为在2年内未被劳动保障行政部门发现，也未被举报、投诉的，劳动保障行政部门不再查处。

前款规定的期限，自违反劳动保障法律、法规或者规章的行为发生之日起计算；违反劳动保障法律、法规或者规章的行为有连续或者继续状态的，自行为终了之日起计算。

第二十一条 用人单位违反劳动保障法律、法规或者规章，对劳动者造成损害的，依法承担赔偿责任。劳动者与用人单位就赔偿发生争议的，依照国家有关劳动争议处理的规定处理。

对应当通过劳动争议处理程序解决的事项或者已经按照劳动争议处理程序申请调解、仲裁或者已经提起诉讼的事项，劳动保障行政部门应当告知投诉人依照劳动争议处理或者诉讼的程序办理。

第二十二条 劳动保障行政部门应当建立用人单位劳动保障守法诚信档案。用人单位有重大违反劳动保障法律、法规或者规章的行为的，由有关的劳动保障行政部门向社会公布。

第四章　法 律 责 任

第二十三条 用人单位有下列行为之一的，由劳动保障行政部门责令改正，按照受侵害的劳动者每人1000元以上5000元以下的标准计算，处以罚款：

（一）安排女职工从事矿山井下劳动、国家规定的第四级体力劳动强度的劳动或者其他禁忌从事的劳动的；

（二）安排女职工在经期从事高处、低温、冷水作业或者国家规定的第三级体力劳动强度的劳动的；

（三）安排女职工在怀孕期间从事国家规定的第三级体力劳动强度的劳动或者孕期禁忌从事的劳动的；

（四）安排怀孕7个月以上的女职工夜班劳动或者延长其工作时间的；

（五）女职工生育享受产假少于90天的；

（六）安排女职工在哺乳未满1周岁的婴儿期间从事国家规定的第三级体力劳动强度的劳动或者哺乳期禁忌从事的其他劳动，以及延长其工作时间或者安排其夜班劳动的；

（七）安排未成年工从事矿山井下、有毒有害、国家规定的第四级体力劳动强度的劳动或者其他禁忌从事的劳动的；

（八）未对未成年工定期进行健康检查的。

第二十四条 用人单位与劳动者建立劳动关系不依法订立劳动合同的，由劳动保障行政部门责令改正。

第二十五条 用人单位违反劳动保障法律、法规或者规章延长劳动者工作时间的，由劳动保障行政部门给予警告，责令限期改正，并可以按照受侵害的劳动者每人100元以上500元以下的标准计算，处以罚款。

第二十六条 用人单位有下列行为之一的，由劳动保障行政部门分别责令限期支付劳动者的工资报酬、劳动者工资低于当地最低工资标准的差额或者解除劳动合同的经济补偿；逾期不支付的，责令用

人单位按照应付金额50%以上1倍以下的标准计算,向劳动者加付赔偿金:

(一)克扣或者无故拖欠劳动者工资报酬的;

(二)支付劳动者的工资低于当地最低工资标准的;

(三)解除劳动合同未依法给予劳动者经济补偿的。

第二十七条 用人单位向社会保险经办机构申报应缴纳的社会保险费数额时,瞒报工资总额或者职工人数的,由劳动保障行政部门责令改正,并处瞒报工资数额1倍以上3倍以下的罚款。

骗取社会保险待遇或者骗取社会保险基金支出的,由劳动保障行政部门责令退还,并处骗取金额1倍以上3倍以下的罚款;构成犯罪的,依法追究刑事责任。

第二十八条 职业介绍机构、职业技能培训机构或者职业技能考核鉴定机构违反国家有关职业介绍、职业技能培训或者职业技能考核鉴定的规定的,由劳动保障行政部门责令改正,没收违法所得,并处1万元以上5万元以下的罚款;情节严重的,吊销许可证。

未经劳动保障行政部门许可,从事职业介绍、职业技能培训或者职业技能考核鉴定的组织或者个人,由劳动保障行政部门、工商行政管理部门依照国家有关无照经营查处取缔的规定查处取缔。

第二十九条 用人单位违反《中华人民共和国工会法》,有下列行为之一的,由劳动保障行政部门责令改正:

(一)阻挠劳动者依法参加和组织工会,或者阻挠上级工会帮助、指导劳动者筹建工会的;

(二)无正当理由调动依法履行职责的工会工作人员的工作岗位,进行打击报复的;

(三)劳动者因参加工会活动而被解除劳动合同的;

(四)工会工作人员因依法履行职责被解除劳动合同的。

第三十条 有下列行为之一的,由劳动保障行政部门责令改正;对有第(一)项、第(二)项或者第(三)项规定的行为的,处2000元以上2万元以下的罚款:

(一)无理抗拒、阻挠劳动保障行政部门依照本条例的规定实施劳动保障监察的;

(二)不按照劳动保障行政部门的要求报送书面材料,隐瞒事实真相,出具伪证或者隐匿、毁灭证据的;

(三)经劳动保障行政部门责令改正拒不改正,或者拒不履行劳动保障行政部门的行政处理决定的;

(四)打击报复举报人、投诉人的。

违反前款规定,构成违反治安管理行为的,由公安机关依法给予治安管理处罚;构成犯罪的,依法追究刑事责任。

第三十一条 劳动保障监察员滥用职权、玩忽职守、徇私舞弊或者泄露在履行职责过程中知悉的商业秘密的,依法给予行政处分;构成犯罪的,依法追究刑事责任。

劳动保障行政部门和劳动保障监察员违法行使职权,侵犯用人单位或者劳动者的合法权益的,依法承担赔偿责任。

第三十二条 属于本条例规定的劳动保障监察事项,法律、其他行政法规对处罚另有规定的,从其规定。

第五章 附　　则

第三十三条 对无营业执照或者已被依法吊销营业执照,有劳动用工行为的,由劳动保障行政部门依照本条例实施劳动保障监察,并及时通报工商行政管理部门予以查处取缔。

第三十四条 国家机关、事业单位、社会团体执行劳动保障法律、法规和规章的情况,由劳动保障行政部门根据其职责,依照本条例实施劳动保障监察。

第三十五条 劳动安全卫生的监督检查,由卫生部门、安全生产监督管理部门、特种设备安全监督管理部门等有关部门依照有关法律、行政法规的规定执行。

第三十六条 本条例自2004年12月1日起施行。

易制毒化学品管理条例

国务院令第445号(2005年8月26日发布)

《易制毒化学品管理条例》已经2005年8月17日国务院第102次常务会议通过,现予公布,自2005年11月1日起施行。

总理　**温家宝**

二〇〇五年八月二十六日

第一章　总　　则

第一条　为了加强易制毒化学品管理,规范易制毒化学品的生产、经营、购买、运输和进口、出口行为,防止易制毒化学品被用于制造毒品,维护经济和社会秩序,制定本条例。

第二条　国家对易制毒化学品的生产、经营、购买、运输和进口、出口实行分类管理和许可制度。

易制毒化学品分为三类。第一类是可以用于制毒的主要原料,第二类、第三类是可以用于制毒的化学配剂。易制毒化学品的具体分类和品种,由本条例附表列示。

易制毒化学品的分类和品种需要调整的,由国务院公安部门会同国务院食品药品监督管理部门、安全生产监督管理部门、商务主管部门、卫生主管部门和海关总署提出方案,报国务院批准。

省、自治区、直辖市人民政府认为有必要在本行政区域内调整分类或者增加本条例规定以外的品种的,应当向国务院公安部门提出,由国务院公安部门会同国务院有关行政主管部门提出方案,报国务院批准。

第三条　国务院公安部门、食品药品监督管理部门、安全生产监督管理部门、商务主管部门、卫生主管部门、海关总署、价格主管部门、铁路主管部门、交通主管部门、工商行政管理部门、环境保护主管部门在各自的职责范围内,负责全国的易制毒化学品有关管理工作;县级以上地方各级人民政府有关行政主管部门在各自的职责范围内,负责本行政区域内的易制毒化学品有关管理工作。

县级以上地方各级人民政府应当加强对易制毒化学品管理工作的领导,及时协调解决易制毒化学品管理工作中的问题。

第四条　易制毒化学品的产品包装和使用说明书,应当标明产品的名称(含学名和通用名)、化学分子式和成分。

第五条　易制毒化学品的生产、经营、购买、运输和进口、出口,除应当遵守本条例的规定外,属于药品和危险化学品的,还应当遵守法律、其他行政法规对药品和危险化学品的有关规定。

禁止走私或者非法生产、经营、购买、转让、运输易制毒化学品。

禁止使用现金或者实物进行易制毒化学品交易。但是,个人合法购买第一类中的药品类易制毒化学品药品制剂和第三类易制毒化学品的除外。

生产、经营、购买、运输和进口、出口易制毒化学品的单位,应当建立单位内部易制毒化学品管理制度。

第六条　国家鼓励向公安机关等有关行政主管部门举报涉及易制毒化学品的违法行为。接到举报的部门应当为举报者保密。对举报属实的,县级以上人民政府及有关行政主管部门应当给予奖励。

第二章 生产、经营管理

第七条 申请生产第一类易制毒化学品,应当具备下列条件,并经本条例第八条规定的行政主管部门审批,取得生产许可证后,方可进行生产:

(一)属依法登记的化工产品生产企业或者药品生产企业;

(二)有符合国家标准的生产设备、仓储设施和污染物处理设施;

(三)有严格的安全生产管理制度和环境突发事件应急预案;

(四)企业法定代表人和技术、管理人员具有安全生产和易制毒化学品的有关知识,无毒品犯罪记录;

(五)法律、法规、规章规定的其他条件。

申请生产第一类中的药品类易制毒化学品,还应当在仓储场所等重点区域设置电视监控设施以及与公安机关联网的报警装置。

第八条 申请生产第一类中的药品类易制毒化学品的,由国务院食品药品监督管理部门审批;申请生产第一类中的非药品类易制毒化学品的,由省、自治区、直辖市人民政府安全生产监督管理部门审批。

前款规定的行政主管部门应当自收到申请之日起60日内,对申请人提交的申请材料进行审查。对符合规定的,发给生产许可证,或者在企业已经取得的有关生产许可证件上标注;不予许可的,应当书面说明理由。

审查第一类易制毒化学品生产许可申请材料时,根据需要,可以进行实地核查和专家评审。

第九条 申请经营第一类易制毒化学品,应当具备下列条件,并经本条例第十条规定的行政主管部门审批,取得经营许可证后,方可进行经营:

(一)属依法登记的化工产品经营企业或者药品经营企业;

(二)有符合国家规定的经营场所,需要储存、保管易制毒化学品的,还应当有符合国家技术标准的仓储设施;

(三)有易制毒化学品的经营管理制度和健全的销售网络;

(四)企业法定代表人和销售、管理人员具有易制毒化学品的有关知识,无毒品犯罪记录;

(五)法律、法规、规章规定的其他条件。

第十条 申请经营第一类中的药品类易制毒化学品的,由国务院食品药品监督管理部门审批;申请经营第一类中的非药品类易制毒化学品的,由省、自治区、直辖市人民政府安全生产监督管理部门审批。

前款规定的行政主管部门应当自收到申请之日起30日内,对申请人提交的申请材料进行审查。对符合规定的,发给经营许可证,或者在企业已经取得的有关经营许可证件上标注;不予许可的,应当书面说明理由。

审查第一类易制毒化学品经营许可申请材料时,根据需要,可以进行实地核查。

第十一条 取得第一类易制毒化学品生产许可或者依照本条例第十三条第一款规定已经履行第二类、第三类易制毒化学品备案手续的生产企业,可以经销自产的易制毒化学品。但是,在厂外设立销售网点经销第一类易制毒化学品的,应当依照本条例的规定取得经营许可。

第一类中的药品类易制毒化学品药品单方制剂,由麻醉药品定点经营企业经销,且不得零售。

第十二条 取得第一类易制毒化学品生产、经营许可的企业,应当凭生产、经营许可证到工商行政管理部门办理经营范围变更登记。未经变更登记,不得进行第一类易制毒化学品的生产、经营。

第一类易制毒化学品生产、经营许可证被依法吊销的,行政主管部门应当自作出吊销决定之日起5日内通知工商行政管理部门;被吊销许可证的企业,应当及时到工商行政管理部门办理经营范围变更或者企业注销登记。

第十三条 生产第二类、第三类易制毒化学品的,应当自生产之日起30日内,将生产的品种、数量等情况,向所在地的设区的市级人民政府安全生产监督管理部门备案。

经营第二类易制毒化学品的，应当自经营之日起30日内，将经营的品种、数量、主要流向等情况，向所在地的设区的市级人民政府安全生产监督管理部门备案；经营第三类易制毒化学品的，应当自经营之日起30日内，将经营的品种、数量、主要流向等情况，向所在地的县级人民政府安全生产监督管理部门备案。

前两款规定的行政主管部门应当于收到备案材料的当日发给备案证明。

第三章　购 买 管 理

第十四条　申请购买第一类易制毒化学品，应当提交下列证件，经本条例第十五条规定的行政主管部门审批，取得购买许可证：

（一）经营企业提交企业营业执照和合法使用需要证明；

（二）其他组织提交登记证书（成立批准文件）和合法使用需要证明。

第十五条　申请购买第一类中的药品类易制毒化学品的，由所在地的省、自治区、直辖市人民政府食品药品监督管理部门审批；申请购买第一类中的非药品类易制毒化学品的，由所在地的省、自治区、直辖市人民政府公安机关审批。

前款规定的行政主管部门应当自收到申请之日起10日内，对申请人提交的申请材料和证件进行审查。对符合规定的，发给购买许可证；不予许可的，应当书面说明理由。

审查第一类易制毒化学品购买许可申请材料时，根据需要，可以进行实地核查。

第十六条　持有麻醉药品、第一类精神药品购买印鉴卡的医疗机构购买第一类中的药品类易制毒化学品的，无须申请第一类易制毒化学品购买许可证。

个人不得购买第一类、第二类易制毒化学品。

第十七条　购买第二类、第三类易制毒化学品的，应当在购买前将所需购买的品种、数量，向所在地的县级人民政府公安机关备案。个人自用购买少量高锰酸钾的，无须备案。

第十八条　经营单位销售第一类易制毒化学品时，应当查验购买许可证和经办人的身份证明。对委托代购的，还应当查验购买人持有的委托文书。

经营单位在查验无误、留存上述证明材料的复印件后，方可出售第一类易制毒化学品；发现可疑情况的，应当立即向当地公安机关报告。

第十九条　经营单位应当建立易制毒化学品销售台账，如实记录销售的品种、数量、日期、购买方等情况。销售台账和证明材料复印件应当保存2年备查。

第一类易制毒化学品的销售情况，应当自销售之日起5日内报当地公安机关备案；第一类易制毒化学品的使用单位，应当建立使用台账，并保存2年备查。

第二类、第三类易制毒化学品的销售情况，应当自销售之日起30日内报当地公安机关备案。

第四章　运 输 管 理

第二十条　跨设区的市级行政区域（直辖市为跨市界）或者在国务院公安部门确定的禁毒形势严峻的重点地区跨县级行政区域运输第一类易制毒化学品的，由运出地的设区的市级人民政府公安机关审批；运输第二类易制毒化学品的，由运出地的县级人民政府公安机关审批。经审批取得易制毒化学品运输许可证后，方可运输。

运输第三类易制毒化学品的，应当在运输前向运出地的县级人民政府公安机关备案。公安机关应当于收到备案材料的当日发给备案证明。

第二十一条　申请易制毒化学品运输许可，应当提交易制毒化学品的购销合同，货主是企业的，应当提交营业执照；货主是其他组织的，应当提交登记证书（成立批准文件）；货主是个人的，应当提交其个人身份证明。经办人还应当提交本人的身份证明。

公安机关应当自收到第一类易制毒化学品运输许可申请之日起10日内,收到第二类易制毒化学品运输许可申请之日起3日内,对申请人提交的申请材料进行审查。对符合规定的,发给运输许可证;不予许可的,应当书面说明理由。

审查第一类易制毒化学品运输许可申请材料时,根据需要,可以进行实地核查。

第二十二条 对许可运输第一类易制毒化学品的,发给一次有效的运输许可证。

对许可运输第二类易制毒化学品的,发给3个月有效的运输许可证;6个月内运输安全状况良好的,发给12个月有效的运输许可证。

易制毒化学品运输许可证应当载明拟运输的易制毒化学品的品种、数量、运入地、货主及收货人、承运人情况以及运输许可证种类。

第二十三条 运输供教学、科研使用的100克以下的麻黄素样品和供医疗机构制剂配方使用的小包装麻黄素以及医疗机构或者麻醉药品经营企业购买麻黄素片剂6万片以下、注射剂1.5万支以下,货主或者承运人持有依法取得的购买许可证明或者麻醉药品调拨单的,无须申请易制毒化学品运输许可。

第二十四条 接受货主委托运输的,承运人应当查验货主提供的运输许可证或者备案证明,并查验所运货物与运输许可证或者备案证明载明的易制毒化学品品种等情况是否相符;不相符的,不得承运。

运输易制毒化学品,运输人员应当自启运起全程携带运输许可证或者备案证明。公安机关应当在易制毒化学品的运输过程中进行检查。

运输易制毒化学品,应当遵守国家有关货物运输的规定。

第二十五条 因治疗疾病需要,患者、患者近亲属或者患者委托的人凭医疗机构出具的医疗诊断书和本人的身份证明,可以随身携带第一类中的药品类易制毒化学品药品制剂,但是不得超过医用单张处方的最大剂量。

医用单张处方最大剂量,由国务院卫生主管部门规定、公布。

第五章　进口、出口管理

第二十六条 申请进口或者出口易制毒化学品,应当提交下列材料,经国务院商务主管部门或者其委托的省、自治区、直辖市人民政府商务主管部门审批,取得进口或者出口许可证后,方可从事进口、出口活动:

(一)对外贸易经营者备案登记证明(外商投资企业联合年检合格证书)复印件;

(二)营业执照副本;

(三)易制毒化学品生产、经营、购买许可证或者备案证明;

(四)进口或者出口合同(协议)副本;

(五)经办人的身份证明。

申请易制毒化学品出口许可的,还应当提交进口方政府主管部门出具的合法使用易制毒化学品的证明或者进口方合法使用的保证文件。

第二十七条 受理易制毒化学品进口、出口申请的商务主管部门应当自收到申请材料之日起20日内,对申请材料进行审查,必要时可以进行实地核查。对符合规定的,发给进口或者出口许可证;不予许可的,应当书面说明理由。

对进口第一类中的药品类易制毒化学品的,有关的商务主管部门在作出许可决定前,应当征得国务院食品药品监督管理部门的同意。

第二十八条 麻黄素等属于重点监控物品范围的易制毒化学品,由国务院商务主管部门会同国务院有关部门核定的企业进口、出口。

第二十九条 国家对易制毒化学品的进口、出口实行国际核查制度。易制毒化学品国际核查目录及核查的具体办法，由国务院商务主管部门会同国务院公安部门规定、公布。

国际核查所用时间不计算在许可期限之内。

对向毒品制造、贩运情形严重的国家或者地区出口易制毒化学品以及本条例规定品种以外的化学品的，可以在国际核查措施以外实施其他管制措施，具体办法由国务院商务主管部门会同国务院公安部门、海关总署等有关部门规定、公布。

第三十条 进口、出口或者过境、转运、通运易制毒化学品的，应当如实向海关申报，并提交进口或者出口许可证。海关凭许可证办理通关手续。

易制毒化学品在境外与保税区、出口加工区等海关特殊监管区域、保税场所之间进出的，适用前款规定。

易制毒化学品在境内与保税区、出口加工区等海关特殊监管区域、保税场所之间进出的，或者在上述海关特殊监管区域、保税场所之间进出的，无须申请易制毒化学品进口或者出口许可证。

进口第一类中的药品类易制毒化学品，还应当提交食品药品监督管理部门出具的进口药品通关单。

第三十一条 进出境人员随身携带第一类中的药品类易制毒化学品药品制剂和高锰酸钾，应当以自用且数量合理为限，并接受海关监管。

进出境人员不得随身携带前款规定以外的易制毒化学品。

第六章 监督检查

第三十二条 县级以上人民政府公安机关、食品药品监督管理部门、安全生产监督管理部门、商务主管部门、卫生主管部门、价格主管部门、铁路主管部门、交通主管部门、工商行政管理部门、环境保护主管部门和海关，应当依照本条例和有关法律、行政法规的规定，在各自的职责范围内，加强对易制毒化学品生产、经营、购买、运输、价格以及进口、出口的监督检查；对非法生产、经营、购买、运输易制毒化学品，或者走私易制毒化学品的行为，依法予以查处。

前款规定的行政主管部门在进行易制毒化学品监督检查时，可以依法查看现场、查阅和复制有关资料、记录有关情况、扣押相关的证据材料和违法物品；必要时，可以临时查封有关场所。

被检查的单位或者个人应当如实提供有关情况和材料、物品，不得拒绝或者隐匿。

第三十三条 对依法收缴、查获的易制毒化学品，应当在省、自治区、直辖市或者设区的市级人民政府公安机关、海关或者环境保护主管部门的监督下，区别易制毒化学品的不同情况进行保管、回收，或者依照环境保护法律、行政法规的有关规定，由有资质的单位在环境保护主管部门的监督下销毁。其中，对收缴、查获的第一类中的药品类易制毒化学品，一律销毁。

易制毒化学品违法单位或者个人无力提供保管、回收或者销毁费用的，保管、回收或者销毁的费用在回收所得中开支，或者在有关行政主管部门的禁毒经费中列支。

第三十四条 易制毒化学品丢失、被盗、被抢的，发案单位应当立即向当地公安机关报告，并同时报告当地的县级人民政府食品药品监督管理部门、安全生产监督管理部门、商务主管部门或者卫生主管部门。接到报案的公安机关应当及时立案查处，并向上级公安机关报告；有关行政主管部门应当逐级上报并配合公安机关的查处。

第三十五条 有关行政主管部门应当将易制毒化学品许可以及依法吊销许可的情况通报有关公安机关和工商行政管理部门；工商行政管理部门应当将生产、经营易制毒化学品企业依法变更或者注销登记的情况通报有关公安机关和行政主管部门。

第三十六条 生产、经营、购买、运输或者进口、出口易制毒化学品的单位，应当于每年 3 月 31 日前向许可或者备案的行政主管部门和公安机关报告本单位上年度易制毒化学品的生产、经营、购买、运输或者进口、出口情况；有条件的生产、经营、购买、运输或者进口、出口单位，可以与有关行政主管部门建立计算机联网,及时通报有关经营情况。

第三十七条 县级以上人民政府有关行政主管部门应当加强协调合作,建立易制毒化学品管理情况、监督检查情况以及案件处理情况的通报、交流机制。

第七章 法律责任

第三十八条 违反本条例规定,未经许可或者备案擅自生产、经营、购买、运输易制毒化学品,伪造申请材料骗取易制毒化学品生产、经营、购买或者运输许可证,使用他人的或者伪造、变造、失效的许可证生产、经营、购买、运输易制毒化学品的,由公安机关没收非法生产、经营、购买或者运输的易制毒化学品、用于非法生产易制毒化学品的原料以及非法生产、经营、购买或者运输易制毒化学品的设备、工具,处非法生产、经营、购买或者运输的易制毒化学品货值10倍以上20倍以下的罚款,货值的20倍不足1万元的,按1万元罚款;有违法所得的,没收违法所得;有营业执照的,由工商行政管理部门吊销营业执照;构成犯罪的,依法追究刑事责任。

对有前款规定违法行为的单位或者个人,有关行政主管部门可以自作出行政处罚决定之日起3年内,停止受理其易制毒化学品生产、经营、购买、运输或者进口、出口许可申请。

第三十九条 违反本条例规定,走私易制毒化学品的,由海关没收走私的易制毒化学品;有违法所得的,没收违法所得,并依照海关法律、行政法规给予行政处罚;构成犯罪的,依法追究刑事责任。

第四十条 违反本条例规定,有下列行为之一的,由负有监督管理职责的行政主管部门给予警告,责令限期改正,处1万元以上5万元以下的罚款;对违反规定生产、经营、购买的易制毒化学品可以予以没收;逾期不改正的,责令限期停产停业整顿;逾期整顿不合格的,吊销相应的许可证:

(一)易制毒化学品生产、经营、购买、运输或者进口、出口单位未按规定建立安全管理制度的;

(二)将许可证或者备案证明转借他人使用的;

(三)超出许可的品种、数量生产、经营、购买易制毒化学品的;

(四)生产、经营、购买单位不记录或者不如实记录交易情况、不按规定保存交易记录或者不如实、不及时向公安机关和有关行政主管部门备案销售情况的;

(五)易制毒化学品丢失、被盗、被抢后未及时报告,造成严重后果的;

(六)除个人合法购买第一类中的药品类易制毒化学品药品制剂以及第三类易制毒化学品外,使用现金或者实物进行易制毒化学品交易的;

(七)易制毒化学品的产品包装和使用说明书不符合本条例规定要求的;

(八)生产、经营易制毒化学品的单位不如实或者不按时向有关行政主管部门和公安机关报告年度生产、经销和库存等情况的。

企业的易制毒化学品生产经营许可被依法吊销后,未及时到工商行政管理部门办理经营范围变更或者企业注销登记的,依照前款规定,对易制毒化学品予以没收,并处罚款。

第四十一条 运输的易制毒化学品与易制毒化学品运输许可证或者备案证明载明的品种、数量、运入地、货主及收货人、承运人等情况不符,运输许可证种类不当,或者运输人员未全程携带运输许可证或者备案证明的,由公安机关责令停运整改,处5000元以上5万元以下的罚款;有危险物品运输资质的,运输主管部门可以依法吊销其运输资质。

个人携带易制毒化学品不符合品种、数量规定的,没收易制毒化学品,处1000元以上5000元以下的罚款。

第四十二条 生产、经营、购买、运输或者进口、出口易制毒化学品的单位或者个人拒不接受有关行政主管部门监督检查的,由负有监督管理职责的行政主管部门责令改正,对直接负责的主管人员以及其他直接责任人员给予警告;情节严重的,对单位处1万元以上5万元以下的罚款,对直接负责的主管人员以及其他直接责任人员处1000元以上5000元以下的罚款;有违反治安管理行为的,依法给予治安管理处罚;构成犯罪的,依法追究刑事责任。

第四十三条 易制毒化学品行政主管部门工作人员在管理工作中有应当许可而不许可、不应当许可而滥许可，不依法受理备案，以及其他滥用职权、玩忽职守、徇私舞弊行为的，依法给予行政处分；构成犯罪的，依法追究刑事责任。

第八章 附 则

第四十四条 易制毒化学品生产、经营、购买、运输和进口、出口许可证，由国务院有关行政主管部门根据各自的职责规定式样并监制。

第四十五条 本条例自2005年11月1日起施行。

本条例施行前已经从事易制毒化学品生产、经营、购买、运输或者进口、出口业务的，应当自本条例施行之日起6个月内，依照本条例的规定重新申请许可。

附表

易制毒化学品的分类和品种目录

第 一 类

1. 1—苯基—2—丙酮
2. 3,4—亚甲基二氧苯基—2—丙酮
3. 胡椒醛
4. 黄樟素
5. 黄樟油
6. 异黄樟素
7. N—乙酰邻氨基苯酸
8. 邻氨基苯甲酸
9. 麦角酸*
10. 麦角胺*
11. 麦角新碱*
12. 麻黄素、伪麻黄素、消旋麻黄素、去甲麻黄素、甲基麻黄素、麻黄浸膏、麻黄浸膏粉等麻黄素类物质*

第 二 类

1. 苯乙酸
2. 醋酸酐
3. 三氯甲烷
4. 乙醚
5. 哌啶

第 三 类

1. 甲苯
2. 丙酮

3. 甲基乙基酮

4. 高锰酸钾

5. 硫酸

6. 盐酸

说明：

一、第一类、第二类所列物质可能存在的盐类，也纳入管制。

二、带有*标记的品种为第一类中的药品类易制毒化学品，第一类中的药品类易制毒化学品包括原料药及其单方制剂。

烟花爆竹安全管理条例

国务院令第455号(2006年1月21日发布)

第一章　总　　则

第一条　为了加强烟花爆竹安全管理,预防爆炸事故发生,保障公共安全和人身、财产的安全,制定本条例。

第二条　烟花爆竹的生产、经营、运输和燃放,适用本条例。

本条例所称烟花爆竹,是指烟花爆竹制品和用于生产烟花爆竹的民用黑火药、烟火药、引火线等物品。

第三条　国家对烟花爆竹的生产、经营、运输和举办焰火晚会以及其他大型焰火燃放活动,实行许可证制度。

未经许可,任何单位或者个人不得生产、经营、运输烟花爆竹,不得举办焰火晚会以及其他大型焰火燃放活动。

第四条　安全生产监督管理部门负责烟花爆竹的安全生产监督管理;公安部门负责烟花爆竹的公共安全管理;质量监督检验部门负责烟花爆竹的质量监督和进出口检验。

第五条　公安部门、安全生产监督管理部门、质量监督检验部门、工商行政管理部门应当按照职责分工,组织查处非法生产、经营、储存、运输、邮寄烟花爆竹以及非法燃放烟花爆竹的行为。

第六条　烟花爆竹生产、经营、运输企业和焰火晚会以及其他大型焰火燃放活动主办单位的主要负责人,对本单位的烟花爆竹安全工作负责。

烟花爆竹生产、经营、运输企业和焰火晚会以及其他大型焰火燃放活动主办单位应当建立健全安全责任制,制定各项安全管理制度和操作规程,并对从业人员定期进行安全教育、法制教育和岗位技术培训。

中华全国供销合作总社应当加强对本系统企业烟花爆竹经营活动的管理。

第七条　国家鼓励烟花爆竹生产企业采用提高安全程度和提升行业整体水平的新工艺、新配方和新技术。

第二章　生　产　安　全

第八条　生产烟花爆竹的企业,应当具备下列条件:

(一)符合当地产业结构规划;

(二)基本建设项目经过批准;

(三)选址符合城乡规划,并与周边建筑、设施保持必要的安全距离;

(四)厂房和仓库的设计、结构和材料以及防火、防爆、防雷、防静电等安全设备、设施符合国家有关标准和规范;

(五)生产设备、工艺符合安全标准;

(六)产品品种、规格、质量符合国家标准;

(七)有健全的安全生产责任制;

(八)有安全生产管理机构和专职安全生产管理人员;

（九）依法进行了安全评价；

（十）有事故应急救援预案、应急救援组织和人员，并配备必要的应急救援器材、设备；

（十一）法律、法规规定的其他条件。

第九条 生产烟花爆竹的企业，应当在投入生产前向所在地设区的市人民政府安全生产监督管理部门提出安全审查申请，并提交能够证明符合本条例第八条规定条件的有关材料。设区的市人民政府安全生产监督管理部门应当自收到材料之日起20日内提出安全审查初步意见，报省、自治区、直辖市人民政府安全生产监督管理部门审查。省、自治区、直辖市人民政府安全生产监督管理部门应当自受理申请之日起45日内进行安全审查，对符合条件的，核发《烟花爆竹安全生产许可证》；对不符合条件的，应当说明理由。

第十条 生产烟花爆竹的企业为扩大生产能力进行基本建设或者技术改造的，应当依照本条例的规定申请办理安全生产许可证。

生产烟花爆竹的企业，持《烟花爆竹安全生产许可证》到工商行政管理部门办理登记手续后，方可从事烟花爆竹生产活动。

第十一条 生产烟花爆竹的企业，应当按照安全生产许可证核定的产品种类进行生产，生产工序和生产作业应当执行有关国家标准和行业标准。

第十二条 生产烟花爆竹的企业，应当对生产作业人员进行安全生产知识教育，对从事药物混合、造粒、筛选、装药、筑药、压药、切引、搬运等危险工序的作业人员进行专业技术培训。从事危险工序的作业人员经设区的市人民政府安全生产监督管理部门考核合格，方可上岗作业。

第十三条 生产烟花爆竹使用的原料，应当符合国家标准的规定。生产烟花爆竹使用的原料，国家标准有用量限制的，不得超过规定的用量。不得使用国家标准规定禁止使用或者禁忌配伍的物质生产烟花爆竹。

第十四条 生产烟花爆竹的企业，应当按照国家标准的规定，在烟花爆竹产品上标注燃放说明，并在烟花爆竹包装物上印制易燃易爆危险物品警示标志。

第十五条 生产烟花爆竹的企业，应当对黑火药、烟火药、引火线的保管采取必要的安全技术措施，建立购买、领用、销售登记制度，防止黑火药、烟火药、引火线丢失。黑火药、烟火药、引火线丢失的，企业应当立即向当地安全生产监督管理部门和公安部门报告。

第三章　经 营 安 全

第十六条 烟花爆竹的经营分为批发和零售。

从事烟花爆竹批发的企业和零售经营者的经营布点，应当经安全生产监督管理部门审批。

禁止在城市市区布设烟花爆竹批发场所；城市市区的烟花爆竹零售网点，应当按照严格控制的原则合理布设。

第十七条 从事烟花爆竹批发的企业，应当具备下列条件：

（一）具有企业法人条件；

（二）经营场所与周边建筑、设施保持必要的安全距离；

（三）有符合国家标准的经营场所和储存仓库；

（四）有保管员、仓库守护员；

（五）依法进行了安全评价；

（六）有事故应急救援预案、应急救援组织和人员，并配备必要的应急救援器材、设备；

（七）法律、法规规定的其他条件。

第十八条 烟花爆竹零售经营者，应当具备下列条件：

（一）主要负责人经过安全知识教育；

（二）实行专店或者专柜销售，设专人负责安全管理；

（三）经营场所配备必要的消防器材，张贴明显的安全警示标志；

（四）法律、法规规定的其他条件。

第十九条 申请从事烟花爆竹批发的企业，应当向所在地省、自治区、直辖市人民政府安全生产监督管理部门或者其委托的设区的市人民政府安全生产监督管理部门提出申请，并提供能够证明符合本条例第十七条规定条件的有关材料。受理申请的安全生产监督管理部门应当自受理申请之日起30日内对提交的有关材料和经营场所进行审查，对符合条件的，核发《烟花爆竹经营（批发）许可证》；对不符合条件的，应当说明理由。

申请从事烟花爆竹零售的经营者，应当向所在地县级人民政府安全生产监督管理部门提出申请，并提供能够证明符合本条例第十八条规定条件的有关材料。受理申请的安全生产监督管理部门应当自受理申请之日起20日内对提交的有关材料和经营场所进行审查，对符合条件的，核发《烟花爆竹经营（零售）许可证》；对不符合条件的，应当说明理由。

《烟花爆竹经营（零售）许可证》，应当载明经营负责人、经营场所地址、经营期限、烟花爆竹种类和限制存放量。

烟花爆竹的批发企业、零售经营者，持烟花爆竹经营许可证到工商行政管理部门办理登记手续后，方可从事烟花爆竹经营活动。

第二十条 从事烟花爆竹批发的企业，应当向生产烟花爆竹的企业采购烟花爆竹，向从事烟花爆竹零售的经营者供应烟花爆竹。从事烟花爆竹零售的经营者，应当向从事烟花爆竹批发的企业采购烟花爆竹。

从事烟花爆竹批发的企业、零售经营者不得采购和销售非法生产、经营的烟花爆竹。

从事烟花爆竹批发的企业，不得向从事烟花爆竹零售的经营者供应按照国家标准规定应由专业燃放人员燃放的烟花爆竹。从事烟花爆竹零售的经营者，不得销售按照国家标准规定应由专业燃放人员燃放的烟花爆竹。

第二十一条 生产、经营黑火药、烟火药、引火线的企业，不得向未取得烟花爆竹安全生产许可的任何单位或者个人销售黑火药、烟火药和引火线。

第四章　运 输 安 全

第二十二条 经由道路运输烟花爆竹的，应当经公安部门许可。

经由铁路、水路、航空运输烟花爆竹的，依照铁路、水路、航空运输安全管理的有关法律、法规、规章的规定执行。

第二十三条 经由道路运输烟花爆竹的，托运人应当向运达地县级人民政府公安部门提出申请，并提交下列有关材料：

（一）承运人从事危险货物运输的资质证明；

（二）驾驶员、押运员从事危险货物运输的资格证明；

（三）危险货物运输车辆的道路运输证明；

（四）托运人从事烟花爆竹生产、经营的资质证明；

（五）烟花爆竹的购销合同及运输烟花爆竹的种类、规格、数量；

（六）烟花爆竹的产品质量和包装合格证明；

（七）运输车辆牌号、运输时间、起始地点、行驶路线、经停地点。

第二十四条 受理申请的公安部门应当自受理申请之日起3日内对提交的有关材料进行审查，对符合条件的，核发《烟花爆竹道路运输许可证》；对不符合条件的，应当说明理由。

《烟花爆竹道路运输许可证》应当载明托运人、承运人、一次性运输有效期限、起始地点、行驶路线、经停地点、烟花爆竹的种类、规格和数量。

第二十五条 经由道路运输烟花爆竹的，除应当遵守《中华人民共和国道路交通安全法》外，还应当遵守下列规定：

（一）随车携带《烟花爆竹道路运输许可证》；

（二）不得违反运输许可事项；

（三）运输车辆悬挂或者安装符合国家标准的易燃易爆危险物品警示标志；

（四）烟花爆竹的装载符合国家有关标准和规范；

（五）装载烟花爆竹的车厢不得载人；

（六）运输车辆限速行驶，途中经停必须有专人看守；

（七）出现危险情况立即采取必要的措施，并报告当地公安部门。

第二十六条 烟花爆竹运达目的地后，收货人应当在3日内将《烟花爆竹道路运输许可证》交回发证机关核销。

第二十七条 禁止携带烟花爆竹搭乘公共交通工具。

禁止邮寄烟花爆竹，禁止在托运的行李、包裹、邮件中夹带烟花爆竹。

第五章 燃放安全

第二十八条 燃放烟花爆竹，应当遵守有关法律、法规和规章的规定。县级以上地方人民政府可以根据本行政区域的实际情况，确定限制或者禁止燃放烟花爆竹的时间、地点和种类。

第二十九条 各级人民政府和政府有关部门应当开展社会宣传活动，教育公民遵守有关法律、法规和规章，安全燃放烟花爆竹。

广播、电视、报刊等新闻媒体，应当做好安全燃放烟花爆竹的宣传、教育工作。

未成年人的监护人应当对未成年人进行安全燃放烟花爆竹的教育。

第三十条 禁止在下列地点燃放烟花爆竹：

（一）文物保护单位；

（二）车站、码头、飞机场等交通枢纽以及铁路线路安全保护区内；

（三）易燃易爆物品生产、储存单位；

（四）输变电设施安全保护区内；

（五）医疗机构、幼儿园、中小学校、敬老院；

（六）山林、草原等重点防火区；

（七）县级以上地方人民政府规定的禁止燃放烟花爆竹的其他地点。

第三十一条 燃放烟花爆竹，应当按照燃放说明燃放，不得以危害公共安全和人身、财产安全的方式燃放烟花爆竹。

第三十二条 举办焰火晚会以及其他大型焰火燃放活动，应当按照举办的时间、地点、环境、活动性质、规模以及燃放烟花爆竹的种类、规格和数量，确定危险等级，实行分级管理。分级管理的具体办法，由国务院公安部门规定。

第三十三条 申请举办焰火晚会以及其他大型焰火燃放活动，主办单位应当按照分级管理的规定，向有关人民政府公安部门提出申请，并提交下列有关材料：

（一）举办焰火晚会以及其他大型焰火燃放活动的时间、地点、环境、活动性质、规模；

（二）燃放烟花爆竹的种类、规格、数量；

（三）燃放作业方案；

（四）燃放作业单位、作业人员符合行业标准规定条件的证明。

受理申请的公安部门应当自受理申请之日起20日内对提交的有关材料进行审查，对符合条件的，核发《焰火燃放许可证》；对不符合条件的，应当说明理由。

第三十四条 焰火晚会以及其他大型焰火燃放活动燃放作业单位和作业人员，应当按照焰火燃放安全规程和经许可的燃放作业方案进行燃放作业。

第三十五条 公安部门应当加强对危险等级较高的焰火晚会以及其他大型焰火燃放活动的监督检查。

第六章 法 律 责 任

第三十六条 对未经许可生产、经营烟花爆竹制品,或者向未取得烟花爆竹安全生产许可的单位或者个人销售黑火药、烟火药、引火线的,由安全生产监督管理部门责令停止非法生产、经营活动,处2万元以上10万元以下的罚款,并没收非法生产、经营的物品及违法所得。

对未经许可经由道路运输烟花爆竹的,由公安部门责令停止非法运输活动,处1万元以上5万元以下的罚款,并没收非法运输的物品及违法所得。

非法生产、经营、运输烟花爆竹,构成违反治安管理行为的,依法给予治安管理处罚;构成犯罪的,依法追究刑事责任。

第三十七条 生产烟花爆竹的企业有下列行为之一的,由安全生产监督管理部门责令限期改正,处1万元以上5万元以下的罚款;逾期不改正的,责令停产停业整顿,情节严重的,吊销安全生产许可证:

(一)未按照安全生产许可证核定的产品种类进行生产的;

(二)生产工序或者生产作业不符合有关国家标准、行业标准的;

(三)雇佣未经设区的市人民政府安全生产监督管理部门考核合格的人员从事危险工序作业的;

(四)生产烟花爆竹使用的原料不符合国家标准规定的,或者使用的原料超过国家标准规定的用量限制的;

(五)使用按照国家标准规定禁止使用或者禁忌配伍的物质生产烟花爆竹的;

(六)未按照国家标准的规定在烟花爆竹产品上标注燃放说明,或者未在烟花爆竹的包装物上印制易燃易爆危险物品警示标志的。

第三十八条 从事烟花爆竹批发的企业向从事烟花爆竹零售的经营者供应非法生产、经营的烟花爆竹,或者供应按照国家标准规定应由专业燃放人员燃放的烟花爆竹的,由安全生产监督管理部门责令停止违法行为,处2万元以上10万元以下的罚款,并没收非法经营的物品及违法所得;情节严重的,吊销烟花爆竹经营许可证。

从事烟花爆竹零售的经营者销售非法生产、经营的烟花爆竹,或者销售按照国家标准规定应由专业燃放人员燃放的烟花爆竹的,由安全生产监督管理部门责令停止违法行为,处1000元以上5000元以下的罚款,并没收非法经营的物品及违法所得;情节严重的,吊销烟花爆竹经营许可证。

第三十九条 生产、经营、使用黑火药、烟火药、引火线的企业,丢失黑火药、烟火药、引火线未及时向当地安全生产监督管理部门和公安部门报告的,由公安部门对企业主要负责人处5000元以上2万元以下的罚款,对丢失的物品予以追缴。

第四十条 经由道路运输烟花爆竹,有下列行为之一的,由公安部门责令改正,处200元以上2000元以下的罚款:

(一)违反运输许可事项的;

(二)未随车携带《烟花爆竹道路运输许可证》的;

(三)运输车辆没有悬挂或者安装符合国家标准的易燃易爆危险物品警示标志的;

(四)烟花爆竹的装载不符合国家有关标准和规范的;

(五)装载烟花爆竹的车厢载人的;

(六)超过危险物品运输车辆规定时速行驶的;

(七)运输车辆途中经停没有专人看守的;

(八)运达目的地后,未按规定时间将《烟花爆竹道路运输许可证》交回发证机关核销的。

第四十一条 对携带烟花爆竹搭乘公共交通工具,或者邮寄烟花爆竹以及在托运的行李、包裹、邮件中夹带烟花爆竹的,由公安部门没收非法携带、邮寄、夹带的烟花爆竹,可以并处200元以上1000元以下的罚款。

第四十二条 对未经许可举办焰火晚会以及其他大型焰火燃放活动,或者焰火晚会以及其他大型焰火燃放活动燃放作业单位和作业人员违反焰火燃放安全规程、燃放作业方案进行燃放作业的,由公安部门责令停止燃放,对责任单位处1万元以上5万元以下的罚款。

在禁止燃放烟花爆竹的时间、地点燃放烟花爆竹,或者以危害公共安全和人身、财产安全的方式燃放烟花爆竹的,由公安部门责令停止燃放,处100元以上500元以下的罚款;构成违反治安管理行为的,依法给予治安管理处罚。

第四十三条 对没收的非法烟花爆竹以及生产、经营企业弃置的废旧烟花爆竹,应当就地封存,并由公安部门组织销毁、处置。

第四十四条 安全生产监督管理部门、公安部门、质量监督检验部门、工商行政管理部门的工作人员,在烟花爆竹安全监管工作中滥用职权、玩忽职守、徇私舞弊,构成犯罪的,依法追究刑事责任;尚不构成犯罪的,依法给予行政处分。

第七章　附　　则

第四十五条 《烟花爆竹安全生产许可证》、《烟花爆竹经营(批发)许可证》、《烟花爆竹经营(零售)许可证》,由国务院安全生产监督管理部门规定式样;《烟花爆竹道路运输许可证》、《焰火燃放许可证》,由国务院公安部门规定式样。

第四十六条 本条例自公布之日起施行。

民用爆炸物品安全管理条例

国务院令第466号(2006年5月10日发布)

第一章　总　　则

第一条　为了加强对民用爆炸物品的安全管理,预防爆炸事故发生,保障公民生命、财产安全和公共安全,制定本条例。

第二条　民用爆炸物品的生产、销售、购买、进出口、运输、爆破作业和储存以及硝酸铵的销售、购买,适用本条例。

本条例所称民用爆炸物品,是指用于非军事目的、列入民用爆炸物品品名表的各类火药、炸药及其制品和雷管、导火索等点火、起爆器材。

民用爆炸物品品名表,由国务院国防科技工业主管部门会同国务院公安部门制订、公布。

第三条　国家对民用爆炸物品的生产、销售、购买、运输和爆破作业实行许可证制度。

未经许可,任何单位或者个人不得生产、销售、购买、运输民用爆炸物品,不得从事爆破作业。

严禁转让、出借、转借、抵押、赠送、私藏或者非法持有民用爆炸物品。

第四条　国防科技工业主管部门负责民用爆炸物品生产、销售的安全监督管理。

公安机关负责民用爆炸物品公共安全管理和民用爆炸物品购买、运输、爆破作业的安全监督管理,监控民用爆炸物品流向。

安全生产监督、铁路、交通、民用航空主管部门依照法律、行政法规的规定,负责做好民用爆炸物品的有关安全监督管理工作。

国防科技工业主管部门、公安机关、工商行政管理部门按照职责分工,负责组织查处非法生产、销售、购买、储存、运输、邮寄、使用民用爆炸物品的行为。

第五条　民用爆炸物品生产、销售、购买、运输和爆破作业单位(以下称民用爆炸物品从业单位)的主要负责人是本单位民用爆炸物品安全管理责任人,对本单位的民用爆炸物品安全管理工作全面负责。

民用爆炸物品从业单位是治安保卫工作的重点单位,应当依法设置治安保卫机构或者配备治安保卫人员,设置技术防范设施,防止民用爆炸物品丢失、被盗、被抢。

民用爆炸物品从业单位应当建立安全管理制度、岗位安全责任制度,制订安全防范措施和事故应急预案,设置安全管理机构或者配备专职安全管理人员。

第六条　无民事行为能力人、限制民事行为能力人或者曾因犯罪受过刑事处罚的人,不得从事民用爆炸物品的生产、销售、购买、运输和爆破作业。

民用爆炸物品从业单位应当加强对本单位从业人员的安全教育、法制教育和岗位技术培训,从业人员经考核合格的,方可上岗作业;对有资格要求的岗位,应当配备具有相应资格的人员。

第七条　国家建立民用爆炸物品信息管理系统,对民用爆炸物品实行标识管理,监控民用爆炸物品流向。

民用爆炸物品生产企业、销售企业和爆破作业单位应当建立民用爆炸物品登记制度,如实将本单位生产、销售、购买、运输、储存、使用民用爆炸物品的品种、数量和流向信息输入计算机系统。

第八条　任何单位或者个人都有权举报违反民用爆炸物品安全管理规定的行为;接到举报的主管部门、公安机关应当立即查处,并为举报人员保密,对举报有功人员给予奖励。

第九条　国家鼓励民用爆炸物品从业单位采用提高民用爆炸物品安全性能的新技术,鼓励发展民用爆炸物品生产、配送、爆破作业一体化的经营模式。

第二章 生 产

第十条 设立民用爆炸物品生产企业，应当遵循统筹规划、合理布局的原则。

第十一条 申请从事民用爆炸物品生产的企业，应当具备下列条件：

（一）符合国家产业结构规划和产业技术标准；

（二）厂房和专用仓库的设计、结构、建筑材料、安全距离以及防火、防爆、防雷、防静电等安全设备、设施符合国家有关标准和规范；

（三）生产设备、工艺符合有关安全生产的技术标准和规程；

（四）有具备相应资格的专业技术人员、安全生产管理人员和生产岗位人员；

（五）有健全的安全管理制度、岗位安全责任制度；

（六）法律、行政法规规定的其他条件。

第十二条 申请从事民用爆炸物品生产的企业，应当向国务院国防科技工业主管部门提交申请书、可行性研究报告以及能够证明其符合本条例第十一条规定条件的有关材料。国务院国防科技工业主管部门应当自受理申请之日起45日内进行审查，对符合条件的，核发《民用爆炸物品生产许可证》；对不符合条件的，不予核发《民用爆炸物品生产许可证》，书面向申请人说明理由。

民用爆炸物品生产企业为调整生产能力及品种进行改建、扩建的，应当依照前款规定申请办理《民用爆炸物品生产许可证》。

第十三条 取得《民用爆炸物品生产许可证》的企业应当在基本建设完成后，向国务院国防科技工业主管部门申请安全生产许可。国务院国防科技工业主管部门应当依照《安全生产许可证条例》的规定对其进行查验，对符合条件的，在《民用爆炸物品生产许可证》上标注安全生产许可。民用爆炸物品生产企业持经标注安全生产许可的《民用爆炸物品生产许可证》到工商行政管理部门办理工商登记后，方可生产民用爆炸物品。

民用爆炸物品生产企业应当在办理工商登记后3日内，向所在地县级人民政府公安机关备案。

第十四条 民用爆炸物品生产企业应当严格按照《民用爆炸物品生产许可证》核定的品种和产量进行生产，生产作业应当严格执行安全技术规程的规定。

第十五条 民用爆炸物品生产企业应当对民用爆炸物品做出警示标识、登记标识，对雷管编码打号。民用爆炸物品警示标识、登记标识和雷管编码规则，由国务院公安部门会同国务院国防科技工业主管部门规定。

第十六条 民用爆炸物品生产企业应当建立健全产品检验制度，保证民用爆炸物品的质量符合相关标准。民用爆炸物品的包装，应当符合法律、行政法规的规定以及相关标准。

第十七条 试验或者试制民用爆炸物品，必须在专门场地或者专门的试验室进行。严禁在生产车间或者仓库内试验或者试制民用爆炸物品。

第三章 销售和购买

第十八条 申请从事民用爆炸物品销售的企业，应当具备下列条件：

（一）符合对民用爆炸物品销售企业规划的要求；

（二）销售场所和专用仓库符合国家有关标准和规范；

（三）有具备相应资格的安全管理人员、仓库管理人员；

（四）有健全的安全管理制度、岗位安全责任制度；

（五）法律、行政法规规定的其他条件。

第十九条 申请从事民用爆炸物品销售的企业，应当向所在地省、自治区、直辖市人民政府国防科技工业主管部门提交申请书、可行性研究报告以及能够证明其符合本条例第十八条规定条件的有关材料。省、自治区、直辖市人民政府国防科技工业主管部门应当自受理申请之日起30日内进行审查,并对申请单位的销售场所和专用仓库等经营设施进行查验,对符合条件的,核发《民用爆炸物品销售许可证》;对不符合条件的,不予核发《民用爆炸物品销售许可证》,书面向申请人说明理由。

民用爆炸物品销售企业持《民用爆炸物品销售许可证》到工商行政管理部门办理工商登记后,方可销售民用爆炸物品。

民用爆炸物品销售企业应当在办理工商登记后3日内,向所在地县级人民政府公安机关备案。

第二十条 民用爆炸物品生产企业凭《民用爆炸物品生产许可证》,可以销售本企业生产的民用爆炸物品。

民用爆炸物品生产企业销售本企业生产的民用爆炸物品,不得超出核定的品种、产量。

第二十一条 民用爆炸物品使用单位申请购买民用爆炸物品的,应当向所在地县级人民政府公安机关提出购买申请,并提交下列有关材料:

(一)工商营业执照或者事业单位法人证书;

(二)《爆破作业单位许可证》或者其他合法使用的证明;

(三)购买单位的名称、地址、银行账户;

(四)购买的品种、数量和用途说明。

受理申请的公安机关应当自受理申请之日起5日内对提交的有关材料进行审查,对符合条件的,核发《民用爆炸物品购买许可证》;对不符合条件的,不予核发《民用爆炸物品购买许可证》,书面向申请人说明理由。

《民用爆炸物品购买许可证》应当载明许可购买的品种、数量、购买单位以及许可的有效期限。

第二十二条 民用爆炸物品生产企业凭《民用爆炸物品生产许可证》购买属于民用爆炸物品的原料,民用爆炸物品销售企业凭《民用爆炸物品销售许可证》向民用爆炸物品生产企业购买民用爆炸物品,民用爆炸物品使用单位凭《民用爆炸物品购买许可证》购买民用爆炸物品,还应当提供经办人的身份证明。

销售民用爆炸物品的企业,应当查验前款规定的许可证和经办人的身份证明;对持《民用爆炸物品购买许可证》购买的,应当按照许可的品种、数量销售。

第二十三条 销售、购买民用爆炸物品,应当通过银行账户进行交易,不得使用现金或者实物进行交易。

销售民用爆炸物品的企业,应当将购买单位的许可证、银行账户转账凭证、经办人的身份证明复印件保存2年备查。

第二十四条 销售民用爆炸物品的企业,应当自民用爆炸物品买卖成交之日起3日内,将销售的品种、数量和购买单位向所在地省、自治区、直辖市人民政府国防科技工业主管部门和所在地县级人民政府公安机关备案。

购买民用爆炸物品的单位,应当自民用爆炸物品买卖成交之日起3日内,将购买的品种、数量向所在地县级人民政府公安机关备案。

第二十五条 进出口民用爆炸物品,应当经国务院国防科技工业主管部门审批。进出口民用爆炸物品审批办法,由国务院国防科技工业主管部门会同国务院公安部门、海关总署规定。

进出口单位应当将进出口的民用爆炸物品的品种、数量向收货地或者出境口岸所在地县级人民政府公安机关备案。

第四章　运　　输

第二十六条 运输民用爆炸物品,收货单位应当向运达地县级人民政府公安机关提出申请,并提交包括下列内容的材料:

（一）民用爆炸物品生产企业、销售企业、使用单位以及进出口单位分别提供的《民用爆炸物品生产许可证》、《民用爆炸物品销售许可证》、《民用爆炸物品购买许可证》或者进出口批准证明；

（二）运输民用爆炸物品的品种、数量、包装材料和包装方式；

（三）运输民用爆炸物品的特性、出现险情的应急处置方法；

（四）运输时间、起始地点、运输路线、经停地点。

受理申请的公安机关应当自受理申请之日起 3 日内对提交的有关材料进行审查，对符合条件的，核发《民用爆炸物品运输许可证》；对不符合条件的，不予核发《民用爆炸物品运输许可证》，书面向申请人说明理由。

《民用爆炸物品运输许可证》应当载明收货单位、销售企业、承运人，一次性运输有效期限、起始地点、运输路线、经停地点，民用爆炸物品的品种、数量。

第二十七条 运输民用爆炸物品的，应当凭《民用爆炸物品运输许可证》，按照许可的品种、数量运输。

第二十八条 经由道路运输民用爆炸物品的，应当遵守下列规定：

（一）携带《民用爆炸物品运输许可证》；

（二）民用爆炸物品的装载符合国家有关标准和规范，车厢内不得载人；

（三）运输车辆安全技术状况应当符合国家有关安全技术标准的要求，并按照规定悬挂或者安装符合国家标准的易燃易爆危险物品警示标志；

（四）运输民用爆炸物品的车辆应当保持安全车速；

（五）按照规定的路线行驶，途中经停应当有专人看守，并远离建筑设施和人口稠密的地方，不得在许可以外的地点经停；

（六）按照安全操作规程装卸民用爆炸物品，并在装卸现场设置警戒，禁止无关人员进入；

（七）出现危险情况立即采取必要的应急处置措施，并报告当地公安机关。

第二十九条 民用爆炸物品运达目的地，收货单位应当进行验收后在《民用爆炸物品运输许可证》上签注，并在 3 日内将《民用爆炸物品运输许可证》交回发证机关核销。

第三十条 禁止携带民用爆炸物品搭乘公共交通工具或者进入公共场所。

禁止邮寄民用爆炸物品，禁止在托运的货物、行李、包裹、邮件中夹带民用爆炸物品。

第五章 爆破作业

第三十一条 申请从事爆破作业的单位，应当具备下列条件：

（一）爆破作业属于合法的生产活动；

（二）有符合国家有关标准和规范的民用爆炸物品专用仓库；

（三）有具备相应资格的安全管理人员、仓库管理人员和具备国家规定执业资格的爆破作业人员；

（四）有健全的安全管理制度、岗位安全责任制度；

（五）有符合国家标准、行业标准的爆破作业专用设备；

（六）法律、行政法规规定的其他条件。

第三十二条 申请从事爆破作业的单位，应当按照国务院公安部门的规定，向有关人民政府公安机关提出申请，并提供能够证明其符合本条例第三十一条规定条件的有关材料。受理申请的公安机关应当自受理申请之日起 20 日内进行审查，对符合条件的，核发《爆破作业单位许可证》；对不符合条件的，不予核发《爆破作业单位许可证》，书面向申请人说明理由。

营业性爆破作业单位持《爆破作业单位许可证》到工商行政管理部门办理工商登记后，方可从事营业性爆破作业活动。

爆破作业单位应当在办理工商登记后 3 日内，向所在地县级人民政府公安机关备案。

第三十三条 爆破作业单位应当对本单位的爆破作业人员、安全管理人员、仓库管理人员进行专业技术培训。爆破作业人员应当经设区的市级人民政府公安机关考核合格，取得《爆破作业人员许可证》后，方可从事爆破作业。

第三十四条 爆破作业单位应当按照其资质等级承接爆破作业项目，爆破作业人员应当按照其资格等级从事爆破作业。爆破作业的分级管理办法由国务院公安部门规定。

第三十五条 在城市、风景名胜区和重要工程设施附近实施爆破作业的，应当向爆破作业所在地设区的市级人民政府公安机关提出申请，提交《爆破作业单位许可证》和具有相应资质的安全评估企业出具的爆破设计、施工方案评估报告。受理申请的公安机关应当自受理申请之日起20日内对提交的有关材料进行审查，对符合条件的，作出批准的决定；对不符合条件的，作出不予批准的决定，并书面向申请人说明理由。

实施前款规定的爆破作业，应当由具有相应资质的安全监理企业进行监理，由爆破作业所在地县级人民政府公安机关负责组织实施安全警戒。

第三十六条 爆破作业单位跨省、自治区、直辖市行政区域从事爆破作业的，应当事先将爆破作业项目的有关情况向爆破作业所在地县级人民政府公安机关报告。

第三十七条 爆破作业单位应当如实记载领取、发放民用爆炸物品的品种、数量、编号以及领取、发放人员姓名。领取民用爆炸物品的数量不得超过当班用量，作业后剩余的民用爆炸物品必须当班清退回库。

爆破作业单位应当将领取、发放民用爆炸物品的原始记录保存2年备查。

第三十八条 实施爆破作业，应当遵守国家有关标准和规范，在安全距离以外设置警示标志并安排警戒人员，防止无关人员进入；爆破作业结束后应当及时检查、排除未引爆的民用爆炸物品。

第三十九条 爆破作业单位不再使用民用爆炸物品时，应当将剩余的民用爆炸物品登记造册，报所在地县级人民政府公安机关组织监督销毁。

发现、拣拾无主民用爆炸物品的，应当立即报告当地公安机关。

第六章 储　　存

第四十条 民用爆炸物品应当储存在专用仓库内，并按照国家规定设置技术防范设施。

第四十一条 储存民用爆炸物品应当遵守下列规定：

（一）建立出入库检查、登记制度，收存和发放民用爆炸物品必须进行登记，做到账目清楚，账物相符；

（二）储存的民用爆炸物品数量不得超过储存设计容量，对性质相抵触的民用爆炸物品必须分库储存，严禁在库房内存放其他物品；

（三）专用仓库应当指定专人管理、看护，严禁无关人员进入仓库区内，严禁在仓库区内吸烟和用火，严禁把其他容易引起燃烧、爆炸的物品带入仓库区内，严禁在库房内住宿和进行其他活动；

（四）民用爆炸物品丢失、被盗、被抢，应当立即报告当地公安机关。

第四十二条 在爆破作业现场临时存放民用爆炸物品的，应当具备临时存放民用爆炸物品的条件，并设专人管理、看护，不得在不具备安全存放条件的场所存放民用爆炸物品。

第四十三条 民用爆炸物品变质和过期失效的，应当及时清理出库，并予以销毁。销毁前应当登记造册，提出销毁实施方案，报省、自治区、直辖市人民政府国防科技工业主管部门、所在地县级人民政府公安机关组织监督销毁。

第七章 法律责任

第四十四条 非法制造、买卖、运输、储存民用爆炸物品，构成犯罪的，依法追究刑事责任；尚不构成犯罪，有违反治安管理行为的，依法给予治安管理处罚。

违反本条例规定，在生产、储存、运输、使用民用爆炸物品中发生重大事故，造成严重后果或者后果特别严重，构成犯罪的，依法追究刑事责任。

违反本条例规定，未经许可生产、销售民用爆炸物品的，由国防科技工业主管部门责令停止非法生产、销售活动，处10万元以上50万元以下的罚款，并没收非法生产、销售的民用爆炸物品及其违法所得。

违反本条例规定，未经许可购买、运输民用爆炸物品或者从事爆破作业的，由公安机关责令停止非法购买、运输、爆破作业活动，处5万元以上20万元以下的罚款，并没收非法购买、运输以及从事爆破作业使用的民用爆炸物品及其违法所得。

国防科技工业主管部门、公安机关对没收的非法民用爆炸物品，应当组织销毁。

第四十五条 违反本条例规定，生产、销售民用爆炸物品的企业有下列行为之一的，由国防科技工业主管部门责令限期改正，处10万元以上50万元以下的罚款；逾期不改正的，责令停产停业整顿；情节严重的，吊销《民用爆炸物品生产许可证》或者《民用爆炸物品销售许可证》：

（一）超出生产许可的品种、产量进行生产、销售的；

（二）违反安全技术规程生产作业的；

（三）民用爆炸物品的质量不符合相关标准的；

（四）民用爆炸物品的包装不符合法律、行政法规的规定以及相关标准的；

（五）超出购买许可的品种、数量销售民用爆炸物品的；

（六）向没有《民用爆炸物品生产许可证》、《民用爆炸物品销售许可证》、《民用爆炸物品购买许可证》的单位销售民用爆炸物品的；

（七）民用爆炸物品生产企业销售本企业生产的民用爆炸物品未按照规定向国防科技工业主管部门备案的；

（八）未经审批进出口民用爆炸物品的。

第四十六条 违反本条例规定，有下列情形之一的，由公安机关责令限期改正，处5万元以上20万元以下的罚款；逾期不改正的，责令停产停业整顿：

（一）未按照规定对民用爆炸物品做出警示标识、登记标识或者未对雷管编码打号的；

（二）超出购买许可的品种、数量购买民用爆炸物品的；

（三）使用现金或者实物进行民用爆炸物品交易的；

（四）未按照规定保存购买单位的许可证、银行账户转账凭证、经办人的身份证明复印件的；

（五）销售、购买、进出口民用爆炸物品，未按照规定向公安机关备案的；

（六）未按照规定建立民用爆炸物品登记制度，如实将本单位生产、销售、购买、运输、储存、使用民用爆炸物品的品种、数量和流向信息输入计算机系统的；

（七）未按照规定将《民用爆炸物品运输许可证》交回发证机关核销的。

第四十七条 违反本条例规定，经由道路运输民用爆炸物品，有下列情形之一的，由公安机关责令改正，处5万元以上20万元以下的罚款：

（一）违反运输许可事项的；

（二）未携带《民用爆炸物品运输许可证》的；

（三）违反有关标准和规范混装民用爆炸物品的；

（四）运输车辆未按照规定悬挂或者安装符合国家标准的易燃易爆危险物品警示标志的；

（五）未按照规定的路线行驶，途中经停没有专人看守或者在许可以外的地点经停的；

（六）装载民用爆炸物品的车厢载人的；

（七）出现危险情况未立即采取必要的应急处置措施、报告当地公安机关的。

第四十八条 违反本条例规定，从事爆破作业的单位有下列情形之一的，由公安机关责令停止违法行为或者限期改正，处10万元以上50万元以下的罚款；逾期不改正的，责令停产停业整顿；情节严重的，吊销《爆破作业单位许可证》：

（一）爆破作业单位未按照其资质等级从事爆破作业的；

（二）营业性爆破作业单位跨省、自治区、直辖市行政区域实施爆破作业，未按照规定事先向爆破作业所在地的县级人民政府公安机关报告的；

（三）爆破作业单位未按照规定建立民用爆炸物品领取登记制度、保存领取登记记录的；

（四）违反国家有关标准和规范实施爆破作业的。

爆破作业人员违反国家有关标准和规范的规定实施爆破作业的，由公安机关责令限期改正，情节严重的，吊销《爆破作业人员许可证》。

第四十九条 违反本条例规定，有下列情形之一的，由国防科技工业主管部门、公安机关按照职责责令限期改正，可以并处5万元以上20万元以下的罚款；逾期不改正的，责令停产停业整顿；情节严重的，吊销许可证：

（一）未按照规定在专用仓库设置技术防范设施的；

（二）未按照规定建立出入库检查、登记制度或者收存和发放民用爆炸物品，致使账物不符的；

（三）超量储存、在非专用仓库储存或者违反储存标准和规范储存民用爆炸物品的；

（四）有本条例规定的其他违反民用爆炸物品储存管理规定行为的。

第五十条 违反本条例规定，民用爆炸物品从业单位有下列情形之一的，由公安机关处2万元以上10万元以下的罚款；情节严重的，吊销其许可证；有违反治安管理行为的，依法给予治安管理处罚：

（一）违反安全管理制度，致使民用爆炸物品丢失、被盗、被抢的；

（二）民用爆炸物品丢失、被盗、被抢，未按照规定向当地公安机关报告或者故意隐瞒不报的；

（三）转让、出借、转借、抵押、赠送民用爆炸物品的。

第五十一条 违反本条例规定，携带民用爆炸物品搭乘公共交通工具或者进入公共场所，邮寄或者在托运的货物、行李、包裹、邮件中夹带民用爆炸物品，构成犯罪的，依法追究刑事责任；尚不构成犯罪的，由公安机关依法给予治安管理处罚，没收非法的民用爆炸物品，处1000元以上1万元以下的罚款。

第五十二条 民用爆炸物品从业单位的主要负责人未履行本条例规定的安全管理责任，导致发生重大伤亡事故或者造成其他严重后果，构成犯罪的，依法追究刑事责任；尚不构成犯罪的，对主要负责人给予撤职处分，对个人经营的投资人处2万元以上20万元以下的罚款。

第五十三条 国防科技工业主管部门、公安机关、工商行政管理部门的工作人员，在民用爆炸物品安全监督管理工作中滥用职权、玩忽职守或者徇私舞弊，构成犯罪的，依法追究刑事责任；尚不构成犯罪的，依法给予行政处分。

第八章　附　　则

第五十四条 《民用爆炸物品生产许可证》、《民用爆炸物品销售许可证》，由国务院国防科技工业主管部门规定式样；《民用爆炸物品购买许可证》、《民用爆炸物品运输许可证》、《爆破作业单位许可证》、《爆破作业人员许可证》，由国务院公安部门规定式样。

第五十五条 本条例自2006年9月1日起施行。1984年1月6日国务院发布的《中华人民共和国民用爆炸物品管理条例》同时废止。

生产安全事故报告和调查处理条例

国务院令第493号(2007年4月9日发布)

第一章　总　　则

第一条　为了规范生产安全事故的报告和调查处理,落实生产安全事故责任追究制度,防止和减少生产安全事故,根据《中华人民共和国安全生产法》和有关法律,制定本条例。

第二条　生产经营活动中发生的造成人身伤亡或者直接经济损失的生产安全事故的报告和调查处理,适用本条例;环境污染事故、核设施事故、国防科研生产事故的报告和调查处理不适用本条例。

第三条　根据生产安全事故(以下简称事故)造成的人员伤亡或者直接经济损失,事故一般分为以下等级:

(一)特别重大事故,是指造成30人以上死亡,或者100人以上重伤(包括急性工业中毒,下同),或者1亿元以上直接经济损失的事故;

(二)重大事故,是指造成10人以上30人以下死亡,或者50人以上100人以下重伤,或者5000万元以上1亿元以下直接经济损失的事故;

(三)较大事故,是指造成3人以上10人以下死亡,或者10人以上50人以下重伤,或者1000万元以上5000万元以下直接经济损失的事故;

(四)一般事故,是指造成3人以下死亡,或者10人以下重伤,或者1000万元以下直接经济损失的事故。

国务院安全生产监督管理部门可以会同国务院有关部门,制定事故等级划分的补充性规定。

本条第一款所称的"以上"包括本数,所称的"以下"不包括本数。

第四条　事故报告应当及时、准确、完整,任何单位和个人对事故不得迟报、漏报、谎报或者瞒报。

事故调查处理应当坚持实事求是、尊重科学的原则,及时、准确地查清事故经过、事故原因和事故损失,查明事故性质,认定事故责任,总结事故教训,提出整改措施,并对事故责任者依法追究责任。

第五条　县级以上人民政府应当依照本条例的规定,严格履行职责,及时、准确地完成事故调查处理工作。

事故发生地有关地方人民政府应当支持、配合上级人民政府或者有关部门的事故调查处理工作,并提供必要的便利条件。

参加事故调查处理的部门和单位应当互相配合,提高事故调查处理工作的效率。

第六条　工会依法参加事故调查处理,有权向有关部门提出处理意见。

第七条　任何单位和个人不得阻挠和干涉对事故的报告和依法调查处理。

第八条　对事故报告和调查处理中的违法行为,任何单位和个人有权向安全生产监督管理部门、监察机关或者其他有关部门举报,接到举报的部门应当依法及时处理。

第二章　事　故　报　告

第九条　事故发生后,事故现场有关人员应当立即向本单位负责人报告;单位负责人接到报告后,应当于1小时内向事故发生地县级以上人民政府安全生产监督管理部门和负有安全生产监督管理职责的有关部门报告。

情况紧急时，事故现场有关人员可以直接向事故发生地县级以上人民政府安全生产监督管理部门和负有安全生产监督管理职责的有关部门报告。

第十条 安全生产监督管理部门和负有安全生产监督管理职责的有关部门接到事故报告后，应当依照下列规定上报事故情况，并通知公安机关、劳动保障行政部门、工会和人民检察院：

（一）特别重大事故、重大事故逐级上报至国务院安全生产监督管理部门和负有安全生产监督管理职责的有关部门；

（二）较大事故逐级上报至省、自治区、直辖市人民政府安全生产监督管理部门和负有安全生产监督管理职责的有关部门；

（三）一般事故上报至设区的市级人民政府安全生产监督管理部门和负有安全生产监督管理职责的有关部门。

安全生产监督管理部门和负有安全生产监督管理职责的有关部门依照前款规定上报事故情况，应当同时报告本级人民政府。国务院安全生产监督管理部门和负有安全生产监督管理职责的有关部门以及省级人民政府接到发生特别重大事故、重大事故的报告后，应当立即报告国务院。

必要时，安全生产监督管理部门和负有安全生产监督管理职责的有关部门可以越级上报事故情况。

第十一条 安全生产监督管理部门和负有安全生产监督管理职责的有关部门逐级上报事故情况，每级上报的时间不得超过2小时。

第十二条 报告事故应当包括下列内容：

（一）事故发生单位概况；

（二）事故发生的时间、地点以及事故现场情况；

（三）事故的简要经过；

（四）事故已经造成或者可能造成的伤亡人数（包括下落不明的人数）和初步估计的直接经济损失；

（五）已经采取的措施；

（六）其他应当报告的情况。

第十三条 事故报告后出现新情况的，应当及时补报。

自事故发生之日起30日内，事故造成的伤亡人数发生变化的，应当及时补报。道路交通事故、火灾事故自发生之日起7日内，事故造成的伤亡人数发生变化的，应当及时补报。

第十四条 事故发生单位负责人接到事故报告后，应当立即启动事故相应应急预案，或者采取有效措施，组织抢救，防止事故扩大，减少人员伤亡和财产损失。

第十五条 事故发生地有关地方人民政府、安全生产监督管理部门和负有安全生产监督管理职责的有关部门接到事故报告后，其负责人应当立即赶赴事故现场，组织事故救援。

第十六条 事故发生后，有关单位和人员应当妥善保护事故现场以及相关证据，任何单位和个人不得破坏事故现场、毁灭相关证据。

因抢救人员、防止事故扩大以及疏通交通等原因，需要移动事故现场物件的，应当做出标志，绘制现场简图并做出书面记录，妥善保存现场重要痕迹、物证。

第十七条 事故发生地公安机关根据事故的情况，对涉嫌犯罪的，应当依法立案侦查，采取强制措施和侦查措施。犯罪嫌疑人逃匿的，公安机关应当迅速追捕归案。

第十八条 安全生产监督管理部门和负有安全生产监督管理职责的有关部门应当建立值班制度，并向社会公布值班电话，受理事故报告和举报。

第三章 事故调查

第十九条 特别重大事故由国务院或者国务院授权有关部门组织事故调查组进行调查。

重大事故、较大事故、一般事故分别由事故发生地省级人民政府、设区的市级人民政府、县级人民政府负责调查。省级人民政府、设区的市级人民政府、县级人民政府可以直接组织事故调查组进行调查，也可以授权或者委托有关部门组织事故调查组进行调查。

未造成人员伤亡的一般事故，县级人民政府也可以委托事故发生单位组织事故调查组进行调查。

第二十条 上级人民政府认为必要时，可以调查由下级人民政府负责调查的事故。

自事故发生之日起30日内（道路交通事故、火灾事故自发生之日起7日内），因事故伤亡人数变化导致事故等级发生变化，依照本条例规定应当由上级人民政府负责调查的，上级人民政府可以另行组织事故调查组进行调查。

第二十一条 特别重大事故以下等级事故，事故发生地与事故发生单位不在同一个县级以上行政区域的，由事故发生地人民政府负责调查，事故发生单位所在地人民政府应当派人参加。

第二十二条 事故调查组的组成应当遵循精简、效能的原则。

根据事故的具体情况，事故调查组由有关人民政府、安全生产监督管理部门、负有安全生产监督管理职责的有关部门、监察机关、公安机关以及工会派人组成，并应当邀请人民检察院派人参加。

事故调查组可以聘请有关专家参与调查。

第二十三条 事故调查组成员应当具有事故调查所需要的知识和专长，并与所调查的事故没有直接利害关系。

第二十四条 事故调查组组长由负责事故调查的人民政府指定。事故调查组组长主持事故调查组的工作。

第二十五条 事故调查组履行下列职责：

（一）查明事故发生的经过、原因、人员伤亡情况及直接经济损失；

（二）认定事故的性质和事故责任；

（三）提出对事故责任者的处理建议；

（四）总结事故教训，提出防范和整改措施；

（五）提交事故调查报告。

第二十六条 事故调查组有权向有关单位和个人了解与事故有关的情况，并要求其提供相关文件、资料，有关单位和个人不得拒绝。

事故发生单位的负责人和有关人员在事故调查期间不得擅离职守，并应当随时接受事故调查组的询问，如实提供有关情况。

事故调查中发现涉嫌犯罪的，事故调查组应当及时将有关材料或者其复印件移交司法机关处理。

第二十七条 事故调查中需要进行技术鉴定的，事故调查组应当委托具有国家规定资质的单位进行技术鉴定。必要时，事故调查组可以直接组织专家进行技术鉴定。技术鉴定所需时间不计入事故调查期限。

第二十八条 事故调查组成员在事故调查工作中应当诚信公正、恪尽职守，遵守事故调查组的纪律，保守事故调查的秘密。

未经事故调查组组长允许，事故调查组成员不得擅自发布有关事故的信息。

第二十九条 事故调查组应当自事故发生之日起60日内提交事故调查报告；特殊情况下，经负责事故调查的人民政府批准，提交事故调查报告的期限可以适当延长，但延长的期限最长不超过60日。

第三十条 事故调查报告应当包括下列内容：

（一）事故发生单位概况；

（二）事故发生经过和事故救援情况；

（三）事故造成的人员伤亡和直接经济损失；

（四）事故发生的原因和事故性质；

（五）事故责任的认定以及对事故责任者的处理建议；

（六）事故防范和整改措施。

事故调查报告应当附具有关证据材料。事故调查组成员应当在事故调查报告上签名。

第三十一条 事故调查报告报送负责事故调查的人民政府后，事故调查工作即告结束。事故调查的有关资料应当归档保存。

第四章 事 故 处 理

第三十二条 重大事故、较大事故、一般事故，负责事故调查的人民政府应当自收到事故调查报告之日起15日内做出批复；特别重大事故，30日内做出批复，特殊情况下，批复时间可以适当延长，但延长的时间最长不超过30日。

有关机关应当按照人民政府的批复，依照法律、行政法规规定的权限和程序，对事故发生单位和有关人员进行行政处罚，对负有事故责任的国家工作人员进行处分。

事故发生单位应当按照负责事故调查的人民政府的批复，对本单位负有事故责任的人员进行处理。

负有事故责任的人员涉嫌犯罪的，依法追究刑事责任。

第三十三条 事故发生单位应当认真吸取事故教训，落实防范和整改措施，防止事故再次发生。防范和整改措施的落实情况应当接受工会和职工的监督。

安全生产监督管理部门和负有安全生产监督管理职责的有关部门应当对事故发生单位落实防范和整改措施的情况进行监督检查。

第三十四条 事故处理的情况由负责事故调查的人民政府或者其授权的有关部门、机构向社会公布，依法应当保密的除外。

第五章 法 律 责 任

第三十五条 事故发生单位主要负责人有下列行为之一的，处上一年年收入40%至80%的罚款；属于国家工作人员的，并依法给予处分；构成犯罪的，依法追究刑事责任：

（一）不立即组织事故抢救的；

（二）迟报或者漏报事故的；

（三）在事故调查处理期间擅离职守的。

第三十六条 事故发生单位及其有关人员有下列行为之一的，对事故发生单位处100万元以上500万元以下的罚款；对主要负责人、直接负责的主管人员和其他直接责任人员处上一年年收入60%至100%的罚款；属于国家工作人员的，并依法给予处分；构成违反治安管理行为的，由公安机关依法给予治安管理处罚；构成犯罪的，依法追究刑事责任：

（一）谎报或者瞒报事故的；

（二）伪造或者故意破坏事故现场的；

（三）转移、隐匿资金、财产，或者销毁有关证据、资料的；

（四）拒绝接受调查或者拒绝提供有关情况和资料的；

（五）在事故调查中作伪证或者指使他人作伪证的；

（六）事故发生后逃匿的。

第三十七条 事故发生单位对事故发生负有责任的，依照下列规定处以罚款：

（一）发生一般事故的，处10万元以上20万元以下的罚款；

（二）发生较大事故的，处20万元以上50万元以下的罚款；

（三）发生重大事故的，处50万元以上200万元以下的罚款；

（四）发生特别重大事故的，处200万元以上500万元以下的罚款。

第三十八条 事故发生单位主要负责人未依法履行安全生产管理职责，导致事故发生的，依照下列规定处以罚款；属于国家工作人员的，并依法给予处分；构成犯罪的，依法追究刑事责任：

（一）发生一般事故的，处上一年年收入30%的罚款；

（二）发生较大事故的，处上一年年收入40%的罚款；

（三）发生重大事故的，处上一年年收入60%的罚款；

（四）发生特别重大事故的，处上一年年收入80%的罚款。

第三十九条 有关地方人民政府、安全生产监督管理部门和负有安全生产监督管理职责的有关部门有下列行为之一的，对直接负责的主管人员和其他直接责任人员依法给予处分；构成犯罪的，依法追究刑事责任：

（一）不立即组织事故抢救的；

（二）迟报、漏报、谎报或者瞒报事故的；

（三）阻碍、干涉事故调查工作的；

（四）在事故调查中作伪证或者指使他人作伪证的。

第四十条 事故发生单位对事故发生负有责任的，由有关部门依法暂扣或者吊销其有关证照；对事故发生单位负有事故责任的有关人员，依法暂停或者撤销其与安全生产有关的执业资格、岗位证书；事故发生单位主要负责人受到刑事处罚或者撤职处分的，自刑罚执行完毕或者受处分之日起，5年内不得担任任何生产经营单位的主要负责人。

为发生事故的单位提供虚假证明的中介机构，由有关部门依法暂扣或者吊销其有关证照及其相关人员的执业资格；构成犯罪的，依法追究刑事责任。

第四十一条 参与事故调查的人员在事故调查中有下列行为之一的，依法给予处分；构成犯罪的，依法追究刑事责任：

（一）对事故调查工作不负责任，致使事故调查工作有重大疏漏的；

（二）包庇、袒护负有事故责任的人员或者借机打击报复的。

第四十二条 违反本条例规定，有关地方人民政府或者有关部门故意拖延或者拒绝落实经批复的对事故责任人的处理意见的，由监察机关对有关责任人员依法给予处分。

第四十三条 本条例规定的罚款的行政处罚，由安全生产监督管理部门决定。

法律、行政法规对行政处罚的种类、幅度和决定机关另有规定的，依照其规定。

第六章 附 则

第四十四条 没有造成人员伤亡，但是社会影响恶劣的事故，国务院或者有关地方人民政府认为需要调查处理的，依照本条例的有关规定执行。

国家机关、事业单位、人民团体发生的事故的报告和调查处理，参照本条例的规定执行。

第四十五条 特别重大事故以下等级事故的报告和调查处理，有关法律、行政法规或者国务院另有规定的，依照其规定。

第四十六条 本条例自2007年6月1日起施行。国务院1989年3月29日公布的《特别重大事故调查程序暂行规定》和1991年2月22日公布的《企业职工伤亡事故报告和处理规定》同时废止。

中华人民共和国劳动合同法实施条例

国务院令第535号(2008年9月18日发布)

第一章　总　　则

第一条　为了贯彻实施《中华人民共和国劳动合同法》(以下简称劳动合同法),制定本条例。

第二条　各级人民政府和县级以上人民政府劳动行政等有关部门以及工会等组织,应当采取措施,推动劳动合同法的贯彻实施,促进劳动关系的和谐。

第三条　依法成立的会计师事务所、律师事务所等合伙组织和基金会,属于劳动合同法规定的用人单位。

第二章　劳动合同的订立

第四条　劳动合同法规定的用人单位设立的分支机构,依法取得营业执照或者登记证书的,可以作为用人单位与劳动者订立劳动合同;未依法取得营业执照或者登记证书的,受用人单位委托可以与劳动者订立劳动合同。

第五条　自用工之日起一个月内,经用人单位书面通知后,劳动者不与用人单位订立书面劳动合同的,用人单位应当书面通知劳动者终止劳动关系,无需向劳动者支付经济补偿,但是应当依法向劳动者支付其实际工作时间的劳动报酬。

第六条　用人单位自用工之日起超过一个月不满一年未与劳动者订立书面劳动合同的,应当依照劳动合同法第八十二条的规定向劳动者每月支付两倍的工资,并与劳动者补订书面劳动合同;劳动者不与用人单位订立书面劳动合同的,用人单位应当书面通知劳动者终止劳动关系,并依照劳动合同法第四十七条的规定支付经济补偿。

前款规定的用人单位向劳动者每月支付两倍工资的起算时间为用工之日起满一个月的次日,截止时间为补订书面劳动合同的前一日。

第七条　用人单位自用工之日起满一年未与劳动者订立书面劳动合同的,自用工之日起满一个月的次日至满一年的前一日应当依照劳动合同法第八十二条的规定向劳动者每月支付两倍的工资,并视为自用工之日起满一年的当日已经与劳动者订立无固定期限劳动合同,应当立即与劳动者补订书面劳动合同。

第八条　劳动合同法第七条规定的职工名册,应当包括劳动者姓名、性别、公民身份号码、户籍地址及现住址、联系方式、用工形式、用工起始时间、劳动合同期限等内容。

第九条　劳动合同法第十四条第二款规定的连续工作满10年的起始时间,应当自用人单位用工之日起计算,包括劳动合同法施行前的工作年限。

第十条　劳动者非因本人原因从原用人单位被安排到新用人单位工作的,劳动者在原用人单位的工作年限合并计算为新用人单位的工作年限。原用人单位已经向劳动者支付经济补偿的,新用人单位在依法解除、终止劳动合同计算支付经济补偿的工作年限时,不再计算劳动者在原用人单位的工作年限。

第十一条　除劳动者与用人单位协商一致的情形外,劳动者依照劳动合同法第十四条第二款的规定,提出订立无固定期限劳动合同的,用人单位应当与其订立无固定期限劳动合同。对劳动合同的内容,双方应当按照合法、公平、平等自愿、协商一致、诚实信用的原则协商确定;对协商不一致的内容,依照劳动合同法第十八条的规定执行。

第十二条 地方各级人民政府及县级以上地方人民政府有关部门为安置就业困难人员提供的给予岗位补贴和社会保险补贴的公益性岗位,其劳动合同不适用劳动合同法有关无固定期限劳动合同的规定以及支付经济补偿的规定。

第十三条 用人单位与劳动者不得在劳动合同法第四十四条规定的劳动合同终止情形之外约定其他的劳动合同终止条件。

第十四条 劳动合同履行地与用人单位注册地不一致的,有关劳动者的最低工资标准、劳动保护、劳动条件、职业危害防护和本地区上年度职工月平均工资标准等事项,按照劳动合同履行地的有关规定执行;用人单位注册地的有关标准高于劳动合同履行地的有关标准,且用人单位与劳动者约定按照用人单位注册地的有关规定执行的,从其约定。

第十五条 劳动者在试用期的工资不得低于本单位相同岗位最低档工资的80%或者不得低于劳动合同约定工资的80%,并不得低于用人单位所在地的最低工资标准。

第十六条 劳动合同法第二十二条第二款规定的培训费用,包括用人单位为了对劳动者进行专业技术培训而支付的有凭证的培训费用、培训期间的差旅费用以及因培训产生的用于该劳动者的其他直接费用。

第十七条 劳动合同期满,但是用人单位与劳动者依照劳动合同法第二十二条的规定约定的服务期尚未到期的,劳动合同应当续延至服务期满;双方另有约定的,从其约定。

第三章 劳动合同的解除和终止

第十八条 有下列情形之一的,依照劳动合同法规定的条件、程序,劳动者可以与用人单位解除固定期限劳动合同、无固定期限劳动合同或者以完成一定工作任务为期限的劳动合同:

(一)劳动者与用人单位协商一致的;

(二)劳动者提前30日以书面形式通知用人单位的;

(三)劳动者在试用期内提前3日通知用人单位的;

(四)用人单位未按照劳动合同约定提供劳动保护或者劳动条件的;

(五)用人单位未及时足额支付劳动报酬的;

(六)用人单位未依法为劳动者缴纳社会保险费的;

(七)用人单位的规章制度违反法律、法规的规定,损害劳动者权益的;

(八)用人单位以欺诈、胁迫的手段或者乘人之危,使劳动者在违背真实意思的情况下订立或者变更劳动合同的;

(九)用人单位在劳动合同中免除自己的法定责任、排除劳动者权利的;

(十)用人单位违反法律、行政法规强制性规定的;

(十一)用人单位以暴力、威胁或者非法限制人身自由的手段强迫劳动者劳动的;

(十二)用人单位违章指挥、强令冒险作业危及劳动者人身安全的;

(十三)法律、行政法规规定劳动者可以解除劳动合同的其他情形。

第十九条 有下列情形之一的,依照劳动合同法规定的条件、程序,用人单位可以与劳动者解除固定期限劳动合同、无固定期限劳动合同或者以完成一定工作任务为期限的劳动合同:

(一)用人单位与劳动者协商一致的;

(二)劳动者在试用期间被证明不符合录用条件的;

(三)劳动者严重违反用人单位的规章制度的;

(四)劳动者严重失职,营私舞弊,给用人单位造成重大损害的;

(五)劳动者同时与其他用人单位建立劳动关系,对完成本单位的工作任务造成严重影响,或者经用人单位提出，拒不改正的；

（六）劳动者以欺诈、胁迫的手段或者乘人之危，使用人单位在违背真实意思的情况下订立或者变更劳动合同的；

（七）劳动者被依法追究刑事责任的；

（八）劳动者患病或者非因工负伤，在规定的医疗期满后不能从事原工作，也不能从事由用人单位另行安排的工作的；

（九）劳动者不能胜任工作，经过培训或者调整工作岗位，仍不能胜任工作的；

（十）劳动合同订立时所依据的客观情况发生重大变化，致使劳动合同无法履行，经用人单位与劳动者协商，未能就变更劳动合同内容达成协议的；

（十一）用人单位依照企业破产法规定进行重整的；

（十二）用人单位生产经营发生严重困难的；

（十三）企业转产、重大技术革新或者经营方式调整，经变更劳动合同后，仍需裁减人员的；

（十四）其他因劳动合同订立时所依据的客观经济情况发生重大变化，致使劳动合同无法履行的。

第二十条 用人单位依照劳动合同法第四十条的规定，选择额外支付劳动者一个月工资解除劳动合同的，其额外支付的工资应当按照该劳动者上一个月的工资标准确定。

第二十一条 劳动者达到法定退休年龄的，劳动合同终止。

第二十二条 以完成一定工作任务为期限的劳动合同因任务完成而终止的，用人单位应当依照劳动合同法第四十七条的规定向劳动者支付经济补偿。

第二十三条 用人单位依法终止工伤职工的劳动合同的，除依照劳动合同法第四十七条的规定支付经济补偿外，还应当依照国家有关工伤保险的规定支付一次性工伤医疗补助金和伤残就业补助金。

第二十四条 用人单位出具的解除、终止劳动合同的证明，应当写明劳动合同期限、解除或者终止劳动合同的日期、工作岗位、在本单位的工作年限。

第二十五条 用人单位违反劳动合同法的规定解除或者终止劳动合同，依照劳动合同法第八十七条的规定支付了赔偿金的，不再支付经济补偿。赔偿金的计算年限自用工之日起计算。

第二十六条 用人单位与劳动者约定了服务期，劳动者依照劳动合同法第三十八条的规定解除劳动合同的，不属于违反服务期的约定，用人单位不得要求劳动者支付违约金。

有下列情形之一，用人单位与劳动者解除约定服务期的劳动合同的，劳动者应当按照劳动合同的约定向用人单位支付违约金：

（一）劳动者严重违反用人单位的规章制度的；

（二）劳动者严重失职，营私舞弊，给用人单位造成重大损害的；

（三）劳动者同时与其他用人单位建立劳动关系，对完成本单位的工作任务造成严重影响，或者经用人单位提出，拒不改正的；

（四）劳动者以欺诈、胁迫的手段或者乘人之危，使用人单位在违背真实意思的情况下订立或者变更劳动合同的；

（五）劳动者被依法追究刑事责任的。

第二十七条 劳动合同法第四十七条规定的经济补偿的月工资按照劳动者应得工资计算，包括计时工资或者计件工资以及奖金、津贴和补贴等货币性收入。劳动者在劳动合同解除或者终止前12个月的平均工资低于当地最低工资标准的，按照当地最低工资标准计算。劳动者工作不满12个月的，按照实际工作的月数计算平均工资。

第四章　劳务派遣特别规定

第二十八条 用人单位或者其所属单位出资或者合伙设立的劳务派遣单位，向本单位或者所属单位派遣劳动者的，属于劳动合同法第六十七条规定的不得设立的劳务派遣单位。

第二十九条 用工单位应当履行劳动合同法第六十二条规定的义务，维护被派遣劳动者的合法权益。

第三十条 劳务派遣单位不得以非全日制用工形式招用被派遣劳动者。

第三十一条 劳务派遣单位或者被派遣劳动者依法解除、终止劳动合同的经济补偿，依照劳动合同法第四十六条、第四十七条的规定执行。

第三十二条 劳务派遣单位违法解除或者终止被派遣劳动者的劳动合同的，依照劳动合同法第四十八条的规定执行。

第五章 法律责任

第三十三条 用人单位违反劳动合同法有关建立职工名册规定的，由劳动行政部门责令限期改正；逾期不改正的，由劳动行政部门处2000元以上2万元以下的罚款。

第三十四条 用人单位依照劳动合同法的规定应当向劳动者每月支付两倍的工资或者应当向劳动者支付赔偿金而未支付的，劳动行政部门应当责令用人单位支付。

第三十五条 用工单位违反劳动合同法和本条例有关劳务派遣规定的，由劳动行政部门和其他有关主管部门责令改正；情节严重的，以每位被派遣劳动者1000元以上5000元以下的标准处以罚款；给被派遣劳动者造成损害的，劳务派遣单位和用工单位承担连带赔偿责任。

第六章 附则

第三十六条 对违反劳动合同法和本条例的行为的投诉、举报，县级以上地方人民政府劳动行政部门依照《劳动保障监察条例》的规定处理。

第三十七条 劳动者与用人单位因订立、履行、变更、解除或者终止劳动合同发生争议的，依照《中华人民共和国劳动争议调解仲裁法》的规定处理。

第三十八条 本条例自公布之日起施行。

特种设备安全监察条例

国务院令第 549 号(2009 年 1 月 24 日发布)

《国务院关于修改〈特种设备安全监察条例〉的决定》已经 2009 年 1 月 14 日国务院第 46 次常务会议通过,现予公布,自 2009 年 5 月 1 日起施行。

总理 **温家宝**

二〇〇九年一月二十四日

国务院关于修改《特种设备安全监察条例》的决定

国务院决定对《特种设备安全监察条例》做如下修改:

一、第二条第一款修改为:"本条例所称特种设备是指涉及生命安全、危险性较大的锅炉、压力容器(含气瓶,下同)、压力管道、电梯、起重机械、客运索道、大型游乐设施和场(厂)内专用机动车辆。"

二、第三条第二款修改为:"军事装备、核设施、航空航天器、铁路机车、海上设施和船舶以及矿山井下使用的特种设备、民用机场专用设备的安全监察不适用本条例。"

第三款修改为:"房屋建筑工地和市政工程工地用起重机械、场(厂)内专用机动车辆的安装、使用的监督管理,由建设行政主管部门依照有关法律、法规的规定执行。"

三、第五条第一款修改为:"特种设备生产、使用单位应当建立健全特种设备安全、节能管理制度和岗位安全、节能责任制度。"

第二款修改为:"特种设备生产、使用单位的主要负责人应当对本单位特种设备的安全和节能全面负责。"

四、第八条增加一款作为第二款:"国家鼓励特种设备节能技术的研究、开发、示范和推广,促进特种设备节能技术创新和应用。"

增加一款,作为第三款:"特种设备生产、使用单位和特种设备检验检测机构,应当保证必要的安全和节能投入。"

增加一款,作为第四款:"国家鼓励实行特种设备责任保险制度,提高事故赔付能力。"

五、第十条第二款修改为:"特种设备生产单位对其生产的特种设备的安全性能和能效指标负责,不得生产不符合安全性能要求和能效指标的特种设备,不得生产国家产业政策明令淘汰的特种设备。"

六、第二十二条第三款修改为:"气瓶充装单位应当向气体使用者提供符合安全技术规范要求的气瓶,对使用者进行气瓶安全使用指导,并按照安全技术规范的要求办理气瓶使用登记,提出气瓶的定期检验要求。"

七、第二十六条增加一项作为第六项:"高耗能特种设备的能效测试报告、能耗状况记录以及节能改造技术资料。"

八、第二十七条增加一款作为第四款:"锅炉使用单位应当按照安全技术规范的要求进行锅炉水(介)质处理,并接受特种设备检验检测机构实施的水(介)质处理定期检验。"

增加一款,作为第五款:"从事锅炉清洗的单位,应当按照安全技术规范的要求进行锅炉清洗,并接受特种设备检验检测机构实施的锅炉清洗过程监督检验。"

九、第二十九条增加一款作为第二款:“特种设备不符合能效指标的,特种设备使用单位应当采取相应措施进行整改。”

十、删除第三十一条。

十一、第四十条改为第三十九条,第一款修改为:“特种设备使用单位应当对特种设备作业人员进行特种设备安全、节能教育和培训,保证特种设备作业人员具备必要的特种设备安全、节能知识。”

十二、第四十九条改为第四十八条,修改为:“特种设备检验检测机构进行特种设备检验检测,发现严重事故隐患或者能耗严重超标的,应当及时告知特种设备使用单位,并立即向特种设备安全监督管理部门报告。”

十三、第五十三条改为第五十二条,第一款修改为:“依照本条例规定实施许可、核准、登记的特种设备安全监督管理部门,应当严格依照本条例规定条件和安全技术规范要求对有关事项进行审查;不符合本条例规定条件和安全技术规范要求的,不得许可、核准、登记;在申请办理许可、核准期间,特种设备安全监督管理部门发现申请人未经许可从事特种设备相应活动或者伪造许可、核准证书的,不予受理或者不予许可、核准,并在1年内不再受理其新的许可、核准申请。”

第三款修改为:“违反本条例规定,被依法撤销许可的,自撤销许可之日起3年内,特种设备安全监督管理部门不予受理其新的许可申请。”

十四、第五十九条改为第五十八条,修改为:“特种设备安全监督管理部门对特种设备生产、使用单位和检验检测机构进行安全监察时,发现有违反本条例规定和安全技术规范要求的行为或者在用的特种设备存在事故隐患、不符合能效指标的,应当以书面形式发出特种设备安全监察指令,责令有关单位及时采取措施,予以改正或者消除事故隐患。紧急情况下需要采取紧急处置措施的,应当随后补发书面通知。”

十五、删除第六十二条。

十六、删除第六十三条。

十七、增加一条,作为第六十一条:“有下列情形之一的,为特别重大事故:

“(一)特种设备事故造成30人以上死亡,或者100人以上重伤(包括急性工业中毒,下同),或者1亿元以上直接经济损失的;

“(二)600兆瓦以上锅炉爆炸的;

“(三)压力容器、压力管道有毒介质泄漏,造成15万人以上转移的;

“(四)客运索道、大型游乐设施高空滞留100人以上并且时间在48小时以上的。”

十八、增加一条,作为第六十二条:“有下列情形之一的,为重大事故:

“(一)特种设备事故造成10人以上30人以下死亡,或者50人以上100人以下重伤,或者5000万元以上1亿元以下直接经济损失的;

“(二)600兆瓦以上锅炉因安全故障中断运行240小时以上的;

“(三)压力容器、压力管道有毒介质泄漏,造成5万人以上15万人以下转移的;

“(四)客运索道、大型游乐设施高空滞留100人以上并且时间在24小时以上48小时以下的。”

十九、增加一条,作为第六十三条:“有下列情形之一的,为较大事故:

“(一)特种设备事故造成3人以上10人以下死亡,或者10人以上50人以下重伤,或者1000万元以上5000万元以下直接经济损失的;

“(二)锅炉、压力容器、压力管道爆炸的;

“(三)压力容器、压力管道有毒介质泄漏,造成1万人以上5万人以下转移的;

“(四)起重机械整体倾覆的;

“(五)客运索道、大型游乐设施高空滞留人员12小时以上的。”

二十、增加一条,作为第六十四条:“有下列情形之一的,为一般事故:

“(一)特种设备事故造成3人以下死亡,或者10人以下重伤,或者1万元以上1000万元以下直接经济损失的;

“(二)压力容器、压力管道有毒介质泄漏,造成500人以上1万人以下转移的;

“(三)电梯轿厢滞留人员2小时以上的;

“(四)起重机械主要受力结构件折断或者起升机构坠落的;

“(五)客运索道高空滞留人员3.5小时以上12小时以下的;

“(六)大型游乐设施高空滞留人员1小时以上12小时以下的。

“除前款规定外,国务院特种设备安全监督管理部门可以对一般事故的其他情形做出补充规定。”

二十一、增加一条,作为第六十五条:“特种设备安全监督管理部门应当制定特种设备应急预案。特种设备使用单位应当制定事故应急专项预案,并定期进行事故应急演练。

“压力容器、压力管道发生爆炸或者泄漏,在抢险救援时应当区分介质特性,严格按照相关预案规定程序处理,防止二次爆炸。”

二十二、增加一条,作为第六十六条:“特种设备事故发生后,事故发生单位应当立即启动事故应急预案,组织抢救,防止事故扩大,减少人员伤亡和财产损失,并及时向事故发生地县以上特种设备安全监督管理部门和有关部门报告。

“县以上特种设备安全监督管理部门接到事故报告,应当尽快核实有关情况,立即向所在地人民政府报告,并逐级上报事故情况。必要时,特种设备安全监督管理部门可以越级上报事故情况。对特别重大事故、重大事故,国务院特种设备安全监督管理部门应当立即报告国务院并通报国务院安全生产监督管理部门等有关部门。”

二十三、增加一条,作为第六十七条:“特别重大事故由国务院或者国务院授权有关部门组织事故调查组进行调查。

“重大事故由国务院特种设备安全监督管理部门会同有关部门组织事故调查组进行调查。

“较大事故由省、自治区、直辖市特种设备安全监督管理部门会同有关部门组织事故调查组进行调查。

“一般事故由设区的市的特种设备安全监督管理部门会同有关部门组织事故调查组进行调查。”

二十四、增加一条,作为第六十八条:“事故调查报告应当由负责组织事故调查的特种设备安全监督管理部门的所在地人民政府批复,并报上一级特种设备安全监督管理部门备案。

“有关机关应当按照批复,依照法律、行政法规规定的权限和程序,对事故责任单位和有关人员进行行政处罚,对负有事故责任的国家工作人员进行处分。”

二十五、增加一条,作为第六十九条:“特种设备安全监督管理部门应当在有关地方人民政府的领导下,组织开展特种设备事故调查处理工作。

“有关地方人民政府应当支持、配合上级人民政府或者特种设备安全监督管理部门的事故调查处理工作,并提供必要的便利条件。”

二十六、增加一条,作为第七十条:“特种设备安全监督管理部门应当对发生事故的原因进行分析,并根据特种设备的管理和技术特点、事故情况对相关安全技术规范进行评估;需要制定或者修订相关安全技术规范的,应当及时制定或者修订。”

二十七、第七十二条改为第八十条,第一款修改为:“未经许可,擅自从事移动式压力容器或者气瓶充装活动的,由特种设备安全监督管理部门予以取缔,没收违法充装的气瓶,处10万元以上50万元以下罚款;有违法所得的,没收违法所得;触犯刑律的,对负有责任的主管人员和其他直接责任人员依照刑法关于非法经营罪或者其他罪的规定,依法追究刑事责任。”

增加一款,作为第二款:“移动式压力容器、气瓶充装单位未按照安全技术规范的要求进行充装活动的,由特种设备安全监督管理部门责令改正,处2万元以上10万元以下罚款;情节严重的,撤销其充装资格。”

二十八、增加一条,作为第八十二条:“已经取得许可、核准的特种设备生产单位、检验检测机构有下列行为之一的,由特种设备安全监督管理部门责令改正,处2万元以上10万元以下罚款;情节严重的,撤销其相应资格:

“(一)未按照安全技术规范的要求办理许可证变更手续的；

“(二)不再符合本条例规定或者安全技术规范要求的条件，继续从事特种设备生产、检验检测的；

“(三)未依照本条例规定或者安全技术规范要求进行特种设备生产、检验检测的；

“(四)伪造、变造、出租、出借、转让许可证书或者监督检验报告的。”

二十九、第七十四条改为第八十三条，增加一项作为第九项：“未按照安全技术规范要求进行锅炉水(介)质处理的；”

增加一项作为第十项：“特种设备不符合能效指标，未及时采取相应措施进行整改的。”

增加一款，作为第二款：“特种设备使用单位使用未取得生产许可的单位生产的特种设备或者将非承压锅炉、非压力容器作为承压锅炉、压力容器使用的，由特种设备安全监督管理部门责令停止使用，予以没收，处2万元以上10万元以下罚款。”

三十、第七十八条改为第八十七条，修改为：“发生特种设备事故，有下列情形之一的，对单位，由特种设备安全监督管理部门处5万元以上20万元以下罚款；对主要负责人，由特种设备安全监督管理部门处4000元以上2万元以下罚款；属于国家工作人员的，依法给予处分；触犯刑律的，依照刑法关于重大责任事故罪或者其他罪的规定，依法追究刑事责任：

“(一)特种设备使用单位的主要负责人在本单位发生特种设备事故时，不立即组织抢救或者在事故调查处理期间擅离职守或者逃匿的；

“(二)特种设备使用单位的主要负责人对特种设备事故隐瞒不报、谎报或者拖延不报的。”

三十一、增加一条，作为第八十八条：“对事故发生负有责任的单位，由特种设备安全监督管理部门依照下列规定处以罚款：

“(一)发生一般事故的，处10万元以上20万元以下罚款；

“(二)发生较大事故的，处20万元以上50万元以下罚款；

“(三)发生重大事故的，处50万元以上200万元以下罚款。”

三十二、增加一条，作为第八十九条：“对事故发生负有责任的单位的主要负责人未依法履行职责，导致事故发生的，由特种设备安全监督管理部门依照下列规定处以罚款；属于国家工作人员的，并依法给予处分；触犯刑律的，依照刑法关于重大责任事故罪或者其他罪的规定，依法追究刑事责任：

“(一)发生一般事故的，处上一年年收入30%的罚款；

“(二)发生较大事故的，处上一年年收入40%的罚款；

“(三)发生重大事故的，处上一年年收入60%的罚款。”

三十三、第八十六条改为第九十七条，增加一项作为第八项：“迟报、漏报、瞒报或者谎报事故的；”

增加一项作为第九项：“妨碍事故救援或者事故调查处理的。”

三十四、第八十七条改为第九十八条，增加一款作为第二款：“特种设备生产、使用单位擅自动用、调换、转移、损毁被查封、扣押的特种设备或者其主要部件的，由特种设备安全监督管理部门责令改正，处5万元以上20万元以下罚款；情节严重的，撤销其相应资格。”

三十五、第九十九条第一款增加一项作为第八项：“场(厂)内专用机动车辆，是指除道路交通、农用车辆以外仅在工厂厂区、旅游景区、游乐场所等特定区域使用的专用机动车辆。”

三十六、增加一条，作为第一百零一条：“国务院特种设备安全监督管理部门可以授权省、自治区、直辖市特种设备安全监督管理部门负责本条例规定的特种设备行政许可工作，具体办法由国务院特种设备安全监督管理部门制定。”

三十七、第九十条改为第一百零二条，修改为：“特种设备行政许可、检验检测，应当按照国家有关规定收取费用。”

此外，对条文的顺序和部分文字作相应的调整和修改。

本决定自2009年5月1日起施行。

《特种设备安全监察条例》根据本决定做相应的修订，重新公布。

特种设备安全监察条例

（2003年3月11日中华人民共和国国务院令第373号公布
根据2009年1月24日《国务院关于修改〈特种设备安全监察条例〉的决定》修订）

第一章　总　　则

第一条　为了加强特种设备的安全监察，防止和减少事故，保障人民群众生命和财产安全，促进经济发展，制定本条例。

第二条　本条例所称特种设备是指涉及生命安全、危险性较大的锅炉、压力容器（含气瓶，下同）、压力管道、电梯、起重机械、客运索道、大型游乐设施和场（厂）内专用机动车辆。

前款特种设备的目录由国务院负责特种设备安全监督管理的部门（以下简称国务院特种设备安全监督管理部门）制订，报国务院批准后执行。

第三条　特种设备的生产（含设计、制造、安装、改造、维修，下同）、使用、检验检测及其监督检查，应当遵守本条例，但本条例另有规定的除外。

军事装备、核设施、航空航天器、铁路机车、海上设施和船舶以及矿山井下使用的特种设备、民用机场专用设备的安全监察不适用本条例。

房屋建筑工地和市政工程工地用起重机械、场（厂）内专用机动车辆的安装、使用的监督管理，由建设行政主管部门依照有关法律、法规的规定执行。

第四条　国务院特种设备安全监督管理部门负责全国特种设备的安全监察工作，县以上地方负责特种设备安全监督管理的部门对本行政区域内特种设备实施安全监察（以下统称特种设备安全监督管理部门）。

第五条　特种设备生产、使用单位应当建立健全特种设备安全、节能管理制度和岗位安全、节能责任制度。

特种设备生产、使用单位的主要负责人应当对本单位特种设备的安全和节能全面负责。

特种设备生产、使用单位和特种设备检验检测机构，应当接受特种设备安全监督管理部门依法进行的特种设备安全监察。

第六条　特种设备检验检测机构，应当依照本条例规定，进行检验检测工作，对其检验检测结果、鉴定结论承担法律责任。

第七条　县级以上地方人民政府应当督促、支持特种设备安全监督管理部门依法履行安全监察职责，对特种设备安全监察中存在的重大问题及时予以协调、解决。

第八条　国家鼓励推行科学的管理方法，采用先进技术，提高特种设备安全性能和管理水平，增强特种设备生产、使用单位防范事故的能力，对取得显著成绩的单位和个人，给予奖励。

国家鼓励特种设备节能技术的研究、开发、示范和推广，促进特种设备节能技术创新和应用。

特种设备生产、使用单位和特种设备检验检测机构，应当保证必要的安全和节能投入。

国家鼓励实行特种设备责任保险制度，提高事故赔付能力。

第九条　任何单位和个人对违反本条例规定的行为，有权向特种设备安全监督管理部门和行政监察等有关部门举报。

特种设备安全监督管理部门应当建立特种设备安全监察举报制度，公布举报电话、信箱或者电子邮件地址，受理对特种设备生产、使用和检验检测违法行为的举报，并及时予以处理。

特种设备安全监督管理部门和行政监察等有关部门应当为举报人保密，并按照国家有关规定给予奖励。

第二章　特种设备的生产

第十条　特种设备生产单位，应当依照本条例规定以及国务院特种设备安全监督管理部门制订并公布的安全技术规范（以下简称安全技术规范）的要求，进行生产活动。

特种设备生产单位对其生产的特种设备的安全性能和能效指标负责，不得生产不符合安全性能要求和能效指标的特种设备，不得生产国家产业政策明令淘汰的特种设备。

第十一条　压力容器的设计单位应当经国务院特种设备安全监督管理部门许可，方可从事压力容器的设计活动。

压力容器的设计单位应当具备下列条件：

（一）有与压力容器设计相适应的设计人员、设计审核人员；

（二）有与压力容器设计相适应的场所和设备；

（三）有与压力容器设计相适应的健全的管理制度和责任制度。

第十二条　锅炉、压力容器中的气瓶（以下简称气瓶）、氧舱和客运索道、大型游乐设施以及高耗能特种设备的设计文件，应当经国务院特种设备安全监督管理部门核准的检验检测机构鉴定，方可用于制造。

第十三条　按照安全技术规范的要求，应当进行型式试验的特种设备产品、部件或者试制特种设备新产品、新部件、新材料，必须进行型式试验和能效测试。

第十四条　锅炉、压力容器、电梯、起重机械、客运索道、大型游乐设施及其安全附件、安全保护装置的制造、安装、改造单位，以及压力管道用管子、管件、阀门、法兰、补偿器、安全保护装置等（以下简称压力管道元件）的制造单位和场（厂）内专用机动车辆的制造、改造单位，应当经国务院特种设备安全监督管理部门许可，方可从事相应的活动。

前款特种设备的制造、安装、改造单位应当具备下列条件：

（一）有与特种设备制造、安装、改造相适应的专业技术人员和技术工人；

（二）有与特种设备制造、安装、改造相适应的生产条件和检测手段；

（三）有健全的质量管理制度和责任制度。

第十五条　特种设备出厂时，应当附有安全技术规范要求的设计文件、产品质量合格证明、安装及使用维修说明、监督检验证明等文件。

第十六条　锅炉、压力容器、电梯、起重机械、客运索道、大型游乐设施、场（厂）内专用机动车辆的维修单位，应当有与特种设备维修相适应的专业技术人员和技术工人以及必要的检测手段，并经省、自治区、直辖市特种设备安全监督管理部门许可，方可从事相应的维修活动。

第十七条　锅炉、压力容器、起重机械、客运索道、大型游乐设施的安装、改造、维修以及场（厂）内专用机动车辆的改造、维修，必须由依照本条例取得许可的单位进行。

电梯的安装、改造、维修，必须由电梯制造单位或者其通过合同委托、同意的依照本条例取得许可的单位进行。电梯制造单位对电梯质量以及安全运行涉及的质量问题负责。

特种设备安装、改造、维修的施工单位应当在施工前将拟进行的特种设备安装、改造、维修情况书面告知直辖市或者设区的市的特种设备安全监督管理部门，告知后即可施工。

第十八条　电梯井道的土建工程必须符合建筑工程质量要求。电梯安装施工过程中，电梯安装单位应当遵守施工现场的安全生产要求，落实现场安全防护措施。电梯安装施工过程中，施工现场的安全生产监督，由有关部门依照有关法律、行政法规的规定执行。

电梯安装施工过程中，电梯安装单位应当服从建筑施工总承包单位对施工现场的安全生产管理，并订立合同，明确各自的安全责任。

第十九条　电梯的制造、安装、改造和维修活动，必须严格遵守安全技术规范的要求。电梯制造单位委托或者同意其他单位进行电梯安装、改造、维修活动的，应当对其安装、改造、维修活动进行安全指导和监控。电梯的安装、改造、维修活动结束后,电梯制造单位应当按照安全技术规范的要求对电梯进行校验和调试,并对校验和调试的结果负责。

第二十条 锅炉、压力容器、电梯、起重机械、客运索道、大型游乐设施的安装、改造、维修以及场(厂)内专用机动车辆的改造、维修竣工后,安装、改造、维修的施工单位应当在验收后30日内将有关技术资料移交使用单位,高耗能特种设备还应当按照安全技术规范的要求提交能效测试报告。使用单位应当将其存入该特种设备的安全技术档案。

第二十一条 锅炉、压力容器、压力管道元件、起重机械、大型游乐设施的制造过程和锅炉、压力容器、电梯、起重机械、客运索道、大型游乐设施的安装、改造、重大维修过程,必须经国务院特种设备安全监督管理部门核准的检验检测机构按照安全技术规范的要求进行监督检验;未经监督检验合格的不得出厂或者交付使用。

第二十二条 移动式压力容器、气瓶充装单位应当经省、自治区、直辖市的特种设备安全监督管理部门许可,方可从事充装活动。

充装单位应当具备下列条件:

(一)有与充装和管理相适应的管理人员和技术人员;

(二)有与充装和管理相适应的充装设备、检测手段、场地厂房、器具、安全设施;

(三)有健全的充装管理制度、责任制度、紧急处理措施。

气瓶充装单位应当向气体使用者提供符合安全技术规范要求的气瓶,对使用者进行气瓶安全使用指导,并按照安全技术规范的要求办理气瓶使用登记,提出气瓶的定期检验要求。

第三章　特种设备的使用

第二十三条 特种设备使用单位,应当严格执行本条例和有关安全生产的法律、行政法规的规定,保证特种设备的安全使用。

第二十四条 特种设备使用单位应当使用符合安全技术规范要求的特种设备。特种设备投入使用前,使用单位应当核对其是否附有本条例第十五条规定的相关文件。

第二十五条 特种设备在投入使用前或者投入使用后30日内,特种设备使用单位应当向直辖市或者设区的市的特种设备安全监督管理部门登记。登记标志应当置于或者附着于该特种设备的显著位置。

第二十六条 特种设备使用单位应当建立特种设备安全技术档案。安全技术档案应当包括以下内容:

(一)特种设备的设计文件、制造单位、产品质量合格证明、使用维护说明等文件以及安装技术文件和资料;

(二)特种设备的定期检验和定期自行检查的记录;

(三)特种设备的日常使用状况记录;

(四)特种设备及其安全附件、安全保护装置、测量调控装置及有关附属仪器仪表的日常维护保养记录;

(五)特种设备运行故障和事故记录;

(六)高耗能特种设备的能效测试报告、能耗状况记录以及节能改造技术资料。

第二十七条 特种设备使用单位应当对在用特种设备进行经常性日常维护保养,并定期自行检查。

特种设备使用单位对在用特种设备应当至少每月进行一次自行检查,并作出记录。特种设备使用单位在对在用特种设备进行自行检查和日常维护保养时发现异常情况的,应当及时处理。

特种设备使用单位应当对在用特种设备的安全附件、安全保护装置、测量调控装置及有关附属仪器仪表进行定期校验、检修,并作出记录。

锅炉使用单位应当按照安全技术规范的要求进行锅炉水(介)质处理,并接受特种设备检验检测机构实施的水(介)质处理定期检验。

从事锅炉清洗的单位,应当按照安全技术规范的要求进行锅炉清洗,并接受特种设备检验检测机构实施的锅炉清洗过程监督检验。

第二十八条 特种设备使用单位应当按照安全技术规范的定期检验要求,在安全检验合格有效期届满前1个月向特种设备检验检测机构提出定期检验要求。

检验检测机构接到定期检验要求后,应当按照安全技术规范的要求及时进行安全性能检验和能效测试。

未经定期检验或者检验不合格的特种设备,不得继续使用。

第二十九条 特种设备出现故障或者发生异常情况,使用单位应当对其进行全面检查,消除事故隐患后,方可重新投入使用。

特种设备不符合能效指标的,特种设备使用单位应当采取相应措施进行整改。

第三十条 特种设备存在严重事故隐患,无改造、维修价值,或者超过安全技术规范规定使用年限,特种设备使用单位应当及时予以报废,并应当向原登记的特种设备安全监督管理部门办理注销。

第三十一条 电梯的日常维护保养必须由依照本条例取得许可的安装、改造、维修单位或者电梯制造单位进行。

电梯应当至少每15日进行一次清洁、润滑、调整和检查。

第三十二条 电梯的日常维护保养单位应当在维护保养中严格执行国家安全技术规范的要求,保证其维护保养的电梯的安全技术性能,并负责落实现场安全防护措施,保证施工安全。

电梯的日常维护保养单位,应当对其维护保养的电梯的安全性能负责。接到故障通知后,应当立即赶赴现场,并采取必要的应急救援措施。

第三十三条 电梯、客运索道、大型游乐设施等为公众提供服务的特种设备运营使用单位,应当设置特种设备安全管理机构或者配备专职的安全管理人员;其他特种设备使用单位,应当根据情况设置特种设备安全管理机构或者配备专职、兼职的安全管理人员。

特种设备的安全管理人员应当对特种设备使用状况进行经常性检查,发现问题的应当立即处理;情况紧急时,可以决定停止使用特种设备并及时报告本单位有关负责人。

第三十四条 客运索道、大型游乐设施的运营使用单位在客运索道、大型游乐设施每日投入使用前,应当进行试运行和例行安全检查,并对安全装置进行检查确认。

电梯、客运索道、大型游乐设施的运营使用单位应当将电梯、客运索道、大型游乐设施的安全注意事项和警示标志置于易于为乘客注意的显著位置。

第三十五条 客运索道、大型游乐设施的运营使用单位的主要负责人应当熟悉客运索道、大型游乐设施的相关安全知识,并全面负责客运索道、大型游乐设施的安全使用。

客运索道、大型游乐设施的运营使用单位的主要负责人至少应当每月召开一次会议,督促、检查客运索道、大型游乐设施的安全使用工作。

客运索道、大型游乐设施的运营使用单位,应当结合本单位的实际情况,配备相应数量的营救装备和急救物品。

第三十六条 电梯、客运索道、大型游乐设施的乘客应当遵守使用安全注意事项的要求,服从有关工作人员的指挥。

第三十七条 电梯投入使用后,电梯制造单位应当对其制造的电梯的安全运行情况进行跟踪调查和了解,对电梯的日常维护保养单位或者电梯的使用单位在安全运行方面存在的问题,提出改进建议,并提供必要的技术帮助。发现电梯存在严重事故隐患的,应当及时向特种设备安全监督管理部门报告。电梯制造单位对调查和了解的情况,应当作出记录。

第三十八条 锅炉、压力容器、电梯、起重机械、客运索道、大型游乐设施、场(厂)内专用机动车辆的作业人员及其相关管理人员(以下统称特种设备作业人员),应当按照国家有关规定经特种设备安全监督管理部门考核合格，取得国家统一格式的特种作业人员证书，方可从事相应的作业或者管理工作。

第三十九条 特种设备使用单位应当对特种设备作业人员进行特种设备安全、节能教育和培训，保证特种设备作业人员具备必要的特种设备安全、节能知识。

特种设备作业人员在作业中应当严格执行特种设备的操作规程和有关的安全规章制度。

第四十条 特种设备作业人员在作业过程中发现事故隐患或者其他不安全因素，应当立即向现场安全管理人员和单位有关负责人报告。

第四章 检验检测

第四十一条 从事本条例规定的监督检验、定期检验、型式试验以及专门为特种设备生产、使用、检验检测提供无损检测服务的特种设备检验检测机构，应当经国务院特种设备安全监督管理部门核准。

特种设备使用单位设立的特种设备检验检测机构，经国务院特种设备安全监督管理部门核准，负责本单位核准范围内的特种设备定期检验工作。

第四十二条 特种设备检验检测机构，应当具备下列条件：

（一）有与所从事的检验检测工作相适应的检验检测人员；

（二）有与所从事的检验检测工作相适应的检验检测仪器和设备；

（三）有健全的检验检测管理制度、检验检测责任制度。

第四十三条 特种设备的监督检验、定期检验、型式试验和无损检测应当由依照本条例经核准的特种设备检验检测机构进行。

特种设备检验检测工作应当符合安全技术规范的要求。

第四十四条 从事本条例规定的监督检验、定期检验、型式试验和无损检测的特种设备检验检测人员应当经国务院特种设备安全监督管理部门组织考核合格，取得检验检测人员证书，方可从事检验检测工作。

检验检测人员从事检验检测工作，必须在特种设备检验检测机构执业，但不得同时在两个以上检验检测机构中执业。

第四十五条 特种设备检验检测机构和检验检测人员进行特种设备检验检测，应当遵循诚信原则和方便企业的原则，为特种设备生产、使用单位提供可靠、便捷的检验检测服务。

特种设备检验检测机构和检验检测人员对涉及的被检验检测单位的商业秘密，负有保密义务。

第四十六条 特种设备检验检测机构和检验检测人员应当客观、公正、及时地出具检验检测结果、鉴定结论。检验检测结果、鉴定结论经检验检测人员签字后，由检验检测机构负责人签署。

特种设备检验检测机构和检验检测人员对检验检测结果、鉴定结论负责。

国务院特种设备安全监督管理部门应当组织对特种设备检验检测机构的检验检测结果、鉴定结论进行监督抽查。县以上地方负责特种设备安全监督管理的部门在本行政区域内也可以组织监督抽查，但是要防止重复抽查。监督抽查结果应当向社会公布。

第四十七条 特种设备检验检测机构和检验检测人员不得从事特种设备的生产、销售，不得以其名义推荐或者监制、监销特种设备。

第四十八条 特种设备检验检测机构进行特种设备检验检测，发现严重事故隐患或者能耗严重超标的，应当及时告知特种设备使用单位，并立即向特种设备安全监督管理部门报告。

第四十九条 特种设备检验检测机构和检验检测人员利用检验检测工作故意刁难特种设备生产、使用单位，特种设备生产、使用单位有权向特种设备安全监督管理部门投诉，接到投诉的特种设备安全监督管理部门应当及时进行调查处理。

第五章　监督检查

第五十条　特种设备安全监督管理部门依照本条例规定，对特种设备生产、使用单位和检验检测机构实施安全监察。

对学校、幼儿园以及车站、客运码头、商场、体育场馆、展览馆、公园等公众聚集场所的特种设备，特种设备安全监督管理部门应当实施重点安全监察。

第五十一条　特种设备安全监督管理部门根据举报或者取得的涉嫌违法证据，对涉嫌违反本条例规定的行为进行查处时，可以行使下列职权：

（一）向特种设备生产、使用单位和检验检测机构的法定代表人、主要负责人和其他有关人员调查、了解与涉嫌从事违反本条例的生产、使用、检验检测有关的情况；

（二）查阅、复制特种设备生产、使用单位和检验检测机构的有关合同、发票、账簿以及其他有关资料；

（三）对有证据表明不符合安全技术规范要求的或者有其他严重事故隐患、能耗严重超标的特种设备，予以查封或者扣押。

第五十二条　依照本条例规定实施许可、核准、登记的特种设备安全监督管理部门，应当严格依照本条例规定条件和安全技术规范要求对有关事项进行审查；不符合本条例规定条件和安全技术规范要求的，不得许可、核准、登记；在申请办理许可、核准期间，特种设备安全监督管理部门发现申请人未经许可从事特种设备相应活动或者伪造许可、核准证书的，不予受理或者不予许可、核准，并在 1 年内不再受理其新的许可、核准申请。

未依法取得许可、核准、登记的单位擅自从事特种设备的生产、使用或者检验检测活动的，特种设备安全监督管理部门应当依法予以处理。

违反本条例规定，被依法撤销许可的，自撤销许可之日起 3 年内，特种设备安全监督管理部门不予受理其新的许可申请。

第五十三条　特种设备安全监督管理部门在办理本条例规定的有关行政审批事项时，其受理、审查、许可、核准的程序必须公开，并应当自受理申请之日起 30 日内，作出许可、核准或者不予许可、核准的决定；不予许可、核准的，应当书面向申请人说明理由。

第五十四条　地方各级特种设备安全监督管理部门不得以任何形式进行地方保护和地区封锁，不得对已经依照本条例规定在其他地方取得许可的特种设备生产单位重复进行许可，也不得要求对依照本条例规定在其他地方检验检测合格的特种设备，重复进行检验检测。

第五十五条　特种设备安全监督管理部门的安全监察人员（以下简称特种设备安全监察人员）应当熟悉相关法律、法规、规章和安全技术规范，具有相应的专业知识和工作经验，并经国务院特种设备安全监督管理部门考核，取得特种设备安全监察人员证书。

特种设备安全监察人员应当忠于职守、坚持原则、秉公执法。

第五十六条　特种设备安全监督管理部门对特种设备生产、使用单位和检验检测机构实施安全监察时，应当有两名以上特种设备安全监察人员参加，并出示有效的特种设备安全监察人员证件。

第五十七条　特种设备安全监督管理部门对特种设备生产、使用单位和检验检测机构实施安全监察，应当对每次安全监察的内容、发现的问题及处理情况，作出记录，并由参加安全监察的特种设备安全监察人员和被检查单位的有关负责人签字后归档。被检查单位的有关负责人拒绝签字的，特种设备安全监察人员应当将情况记录在案。

第五十八条　特种设备安全监督管理部门对特种设备生产、使用单位和检验检测机构进行安全监察时，发现有违反本条例规定和安全技术规范要求的行为或者在用的特种设备存在事故隐患、不符合能效指标的，应当以书面形式发出特种设备安全监察指令，责令有关单位及时采取措施，予以改正或者消除事故隐患。紧急情况下需要采取紧急处置措施的，应当随后补发书面通知。

第五十九条 特种设备安全监督管理部门对特种设备生产、使用单位和检验检测机构进行安全监察，发现重大违法行为或者严重事故隐患时，应当在采取必要措施的同时，及时向上级特种设备安全监督管理部门报告。接到报告的特种设备安全监督管理部门应当采取必要措施，及时予以处理。

对违法行为、严重事故隐患或者不符合能效指标的处理需要当地人民政府和有关部门的支持、配合时，特种设备安全监督管理部门应当报告当地人民政府，并通知其他有关部门。当地人民政府和其他有关部门应当采取必要措施，及时予以处理。

第六十条 国务院特种设备安全监督管理部门和省、自治区、直辖市特种设备安全监督管理部门应当定期向社会公布特种设备安全以及能效状况。

公布特种设备安全以及能效状况，应当包括下列内容：

（一）特种设备质量安全状况；

（二）特种设备事故的情况、特点、原因分析、防范对策；

（三）特种设备能效状况；

（四）其他需要公布的情况。

第六章　事故预防和调查处理

第六十一条 有下列情形之一的，为特别重大事故：

（一）特种设备事故造成30人以上死亡，或者100人以上重伤（包括急性工业中毒，下同），或者1亿元以上直接经济损失的；

（二）600兆瓦以上锅炉爆炸的；

（三）压力容器、压力管道有毒介质泄漏，造成15万人以上转移的；

（四）客运索道、大型游乐设施高空滞留100人以上并且时间在48小时以上的。

第六十二条 有下列情形之一的，为重大事故：

（一）特种设备事故造成10人以上30人以下死亡，或者50人以上100人以下重伤，或者5000万元以上1亿元以下直接经济损失的；

（二）600兆瓦以上锅炉因安全故障中断运行240小时以上的；

（三）压力容器、压力管道有毒介质泄漏，造成5万人以上15万人以下转移的；

（四）客运索道、大型游乐设施高空滞留100人以上并且时间在24小时以上48小时以下的。

第六十三条 有下列情形之一的，为较大事故：

（一）特种设备事故造成3人以上10人以下死亡，或者10人以上50人以下重伤，或者1000万元以上5000万元以下直接经济损失的；

（二）锅炉、压力容器、压力管道爆炸的；

（三）压力容器、压力管道有毒介质泄漏，造成1万人以上5万人以下转移的；

（四）起重机械整体倾覆的；

（五）客运索道、大型游乐设施高空滞留人员12小时以上的。

第六十四条 有下列情形之一的，为一般事故：

（一）特种设备事故造成3人以下死亡，或者10人以下重伤，或者1万元以上1000万元以下直接经济损失的；

（二）压力容器、压力管道有毒介质泄漏，造成500人以上1万人以下转移的；

（三）电梯轿厢滞留人员2小时以上的；

（四）起重机械主要受力结构件折断或者起升机构坠落的；

（五）客运索道高空滞留人员3.5小时以上12小时以下的；

（六）大型游乐设施高空滞留人员1小时以上12小时以下的。

除前款规定外,国务院特种设备安全监督管理部门可以对一般事故的其他情形做出补充规定。

第六十五条 特种设备安全监督管理部门应当制定特种设备应急预案。特种设备使用单位应当制定事故应急专项预案,并定期进行事故应急演练。

压力容器、压力管道发生爆炸或者泄漏,在抢险救援时应当区分介质特性,严格按照相关预案规定程序处理,防止二次爆炸。

第六十六条 特种设备事故发生后,事故发生单位应当立即启动事故应急预案,组织抢救,防止事故扩大,减少人员伤亡和财产损失,并及时向事故发生地县以上特种设备安全监督管理部门和有关部门报告。

县以上特种设备安全监督管理部门接到事故报告,应当尽快核实有关情况,立即向所在地人民政府报告,并逐级上报事故情况。必要时,特种设备安全监督管理部门可以越级上报事故情况。对特别重大事故、重大事故,国务院特种设备安全监督管理部门应当立即报告国务院并通报国务院安全生产监督管理部门等有关部门。

第六十七条 特别重大事故由国务院或者国务院授权有关部门组织事故调查组进行调查。

重大事故由国务院特种设备安全监督管理部门会同有关部门组织事故调查组进行调查。

较大事故由省、自治区、直辖市特种设备安全监督管理部门会同有关部门组织事故调查组进行调查。

一般事故由设区的市的特种设备安全监督管理部门会同有关部门组织事故调查组进行调查。

第六十八条 事故调查报告应当由负责组织事故调查的特种设备安全监督管理部门的所在地人民政府批复,并报上一级特种设备安全监督管理部门备案。

有关机关应当按照批复,依照法律、行政法规规定的权限和程序,对事故责任单位和有关人员进行行政处罚,对负有事故责任的国家工作人员进行处分。

第六十九条 特种设备安全监督管理部门应当在有关地方人民政府的领导下,组织开展特种设备事故调查处理工作。

有关地方人民政府应当支持、配合上级人民政府或者特种设备安全监督管理部门的事故调查处理工作,并提供必要的便利条件。

第七十条 特种设备安全监督管理部门应当对发生事故的原因进行分析,并根据特种设备的管理和技术特点、事故情况对相关安全技术规范进行评估;需要制定或者修订相关安全技术规范的,应当及时制定或者修订。

第七十一条 本章所称的“以上”包括本数,所称的“以下”不包括本数。

第七章　法 律 责 任

第七十二条 未经许可,擅自从事压力容器设计活动的,由特种设备安全监督管理部门予以取缔,处5万元以上20万元以下罚款;有违法所得的,没收违法所得;触犯刑律的,对负有责任的主管人员和其他直接责任人员依照刑法关于非法经营罪或者其他罪的规定,依法追究刑事责任。

第七十三条 锅炉、气瓶、氧舱和客运索道、大型游乐设施以及高耗能特种设备的设计文件,未经国务院特种设备安全监督管理部门核准的检验检测机构鉴定,擅自用于制造的,由特种设备安全监督管理部门责令改正,没收非法制造的产品,处5万元以上20万元以下罚款;触犯刑律的,对负有责任的主管人员和其他直接责任人员依照刑法关于生产、销售伪劣产品罪、非法经营罪或者其他罪的规定,依法追究刑事责任。

第七十四条 按照安全技术规范的要求应当进行型式试验的特种设备产品、部件或者试制特种设备新产品、新部件,未进行整机或者部件型式试验的,由特种设备安全监督管理部门责令限期改正;逾期未改正的,处2万元以上10万元以下罚款。

第七十五条 未经许可,擅自从事锅炉、压力容器、电梯、起重机械、客运索道、大型游乐设施、场

(厂)内专用机动车辆及其安全附件、安全保护装置的制造、安装、改造以及压力管道元件的制造活动的,由特种设备安全监督管理部门予以取缔,没收非法制造的产品,已经实施安装、改造的,责令恢复原状或者责令限期由取得许可的单位重新安装、改造,处10万元以上50万元以下罚款;触犯刑律的,对负有责任的主管人员和其他直接责任人员依照刑法关于生产、销售伪劣产品罪、非法经营罪、重大责任事故罪或者其他罪的规定,依法追究刑事责任。

第七十六条 特种设备出厂时,未按照安全技术规范的要求附有设计文件、产品质量合格证明、安装及使用维修说明、监督检验证明等文件的,由特种设备安全监督管理部门责令改正;情节严重的,责令停止生产、销售,处违法生产、销售货值金额30%以下罚款;有违法所得的,没收违法所得。

第七十七条 未经许可,擅自从事锅炉、压力容器、电梯、起重机械、客运索道、大型游乐设施、场(厂)内专用机动车辆的维修或者日常维护保养的,由特种设备安全监督管理部门予以取缔,处1万元以上5万元以下罚款;有违法所得的,没收违法所得;触犯刑律的,对负有责任的主管人员和其他直接责任人员依照刑法关于非法经营罪、重大责任事故罪或者其他罪的规定,依法追究刑事责任。

第七十八条 锅炉、压力容器、电梯、起重机械、客运索道、大型游乐设施的安装、改造、维修的施工单位以及场(厂)内专用机动车辆的改造、维修单位,在施工前未将拟进行的特种设备安装、改造、维修情况书面告知直辖市或者设区的市的特种设备安全监督管理部门即行施工的,或者在验收后30日内未将有关技术资料移交锅炉、压力容器、电梯、起重机械、客运索道、大型游乐设施的使用单位的,由特种设备安全监督管理部门责令限期改正;逾期未改正的,处2000元以上1万元以下罚款。

第七十九条 锅炉、压力容器、压力管道元件、起重机械、大型游乐设施的制造过程和锅炉、压力容器、电梯、起重机械、客运索道、大型游乐设施的安装、改造、重大维修过程,以及锅炉清洗过程,未经国务院特种设备安全监督管理部门核准的检验检测机构按照安全技术规范的要求进行监督检验的,由特种设备安全监督管理部门责令改正,已经出厂的,没收违法生产、销售的产品,已经实施安装、改造、重大维修或者清洗的,责令限期进行监督检验,处5万元以上20万元以下罚款;有违法所得的,没收违法所得;情节严重的,撤销制造、安装、改造或者维修单位已经取得的许可,并由工商行政管理部门吊销其营业执照;触犯刑律的,对负有责任的主管人员和其他直接责任人员依照刑法关于生产、销售伪劣产品罪或者其他罪的规定,依法追究刑事责任。

第八十条 未经许可,擅自从事移动式压力容器或者气瓶充装活动的,由特种设备安全监督管理部门予以取缔,没收违法充装的气瓶,处10万元以上50万元以下罚款;有违法所得的,没收违法所得;触犯刑律的,对负有责任的主管人员和其他直接责任人员依照刑法关于非法经营罪或者其他罪的规定,依法追究刑事责任。

移动式压力容器、气瓶充装单位未按照安全技术规范的要求进行充装活动的,由特种设备安全监督管理部门责令改正,处2万元以上10万元以下罚款;情节严重的,撤销其充装资格。

第八十一条 电梯制造单位有下列情形之一的,由特种设备安全监督管理部门责令限期改正;逾期未改正的,予以通报批评:

(一)未依照本条例第十九条的规定对电梯进行校验、调试的;

(二)对电梯的安全运行情况进行跟踪调查和了解时,发现存在严重事故隐患,未及时向特种设备安全监督管理部门报告的。

第八十二条 已经取得许可、核准的特种设备生产单位、检验检测机构有下列行为之一的,由特种设备安全监督管理部门责令改正,处2万元以上10万元以下罚款;情节严重的,撤销其相应资格:

(一)未按照安全技术规范的要求办理许可证变更手续的;

(二)不再符合本条例规定或者安全技术规范要求的条件,继续从事特种设备生产、检验检测的;

(三)未依照本条例规定或者安全技术规范要求进行特种设备生产、检验检测的;

(四)伪造、变造、出租、出借、转让许可证书或者监督检验报告的。

第八十三条 特种设备使用单位有下列情形之一的,由特种设备安全监督管理部门责令限期改正;

逾期未改正的，处2000元以上2万元以下罚款；情节严重的，责令停止使用或者停产停业整顿：

（一）特种设备投入使用前或者投入使用后30日内，未向特种设备安全监督管理部门登记，擅自将其投入使用的；

（二）未依照本条例第二十六条的规定，建立特种设备安全技术档案的；

（三）未依照本条例第二十七条的规定，对在用特种设备进行经常性日常维护保养和定期自行检查的，或者对在用特种设备的安全附件、安全保护装置、测量调控装置及有关附属仪器仪表进行定期校验、检修，并作出记录的；

（四）未按照安全技术规范的定期检验要求，在安全检验合格有效期届满前1个月向特种设备检验检测机构提出定期检验要求的；

（五）使用未经定期检验或者检验不合格的特种设备的；

（六）特种设备出现故障或者发生异常情况，未对其进行全面检查、消除事故隐患，继续投入使用的；

（七）未制定特种设备事故应急专项预案的；

（八）未依照本条例第三十一条第二款的规定，对电梯进行清洁、润滑、调整和检查的；

（九）未按照安全技术规范要求进行锅炉水（介）质处理的；

（十）特种设备不符合能效指标，未及时采取相应措施进行整改的。

特种设备使用单位使用未取得生产许可的单位生产的特种设备或者将非承压锅炉、非压力容器作为承压锅炉、压力容器使用的，由特种设备安全监督管理部门责令停止使用，予以没收，处2万元以上10万元以下罚款。

第八十四条　特种设备存在严重事故隐患，无改造、维修价值，或者超过安全技术规范规定的使用年限，特种设备使用单位未予以报废，并向原登记的特种设备安全监督管理部门办理注销的，由特种设备安全监督管理部门责令限期改正；逾期未改正的，处5万元以上20万元以下罚款。

第八十五条　电梯、客运索道、大型游乐设施的运营使用单位有下列情形之一的，由特种设备安全监督管理部门责令限期改正；逾期未改正的，责令停止使用或者停产停业整顿，处1万元以上5万元以下罚款：

（一）客运索道、大型游乐设施每日投入使用前，未进行试运行和例行安全检查，并对安全装置进行检查确认的；

（二）未将电梯、客运索道、大型游乐设施的安全注意事项和警示标志置于易于为乘客注意的显著位置的。

第八十六条　特种设备使用单位有下列情形之一的，由特种设备安全监督管理部门责令限期改正；逾期未改正的，责令停止使用或者停产停业整顿，处2000元以上2万元以下罚款：

（一）未依照本条例规定设置特种设备安全管理机构或者配备专职、兼职的安全管理人员的；

（二）从事特种设备作业的人员，未取得相应特种作业人员证书，上岗作业的；

（三）未对特种设备作业人员进行特种设备安全教育和培训的。

第八十七条　发生特种设备事故，有下列情形之一的，对单位，由特种设备安全监督管理部门处5万元以上20万元以下罚款；对主要负责人，由特种设备安全监督管理部门处4000元以上2万元以下罚款；属于国家工作人员的，依法给予处分；触犯刑律的，依照刑法关于重大责任事故罪或者其他罪的规定，依法追究刑事责任：

（一）特种设备使用单位的主要负责人在本单位发生特种设备事故时，不立即组织抢救或者在事故调查处理期间擅离职守或者逃匿的；

（二）特种设备使用单位的主要负责人对特种设备事故隐瞒不报、谎报或者拖延不报的。

第八十八条　对事故发生负有责任的单位，由特种设备安全监督管理部门依照下列规定处以罚款：

（一）发生一般事故的，处10万元以上20万元以下罚款；

（二）发生较大事故的，处20万元以上50万元以下罚款；

（三）发生重大事故的，处50万元以上200万元以下罚款。

第八十九条 对事故发生负有责任的单位的主要负责人未依法履行职责，导致事故发生的，由特种设备安全监督管理部门依照下列规定处以罚款；属于国家工作人员的，并依法给予处分；触犯刑律的，依照刑法关于重大责任事故罪或者其他罪的规定，依法追究刑事责任：

（一）发生一般事故的，处上一年年收入30%的罚款；

（二）发生较大事故的，处上一年年收入40%的罚款；

（三）发生重大事故的，处上一年年收入60%的罚款。

第九十条 特种设备作业人员违反特种设备的操作规程和有关的安全规章制度操作，或者在作业过程中发现事故隐患或者其他不安全因素，未立即向现场安全管理人员和单位有关负责人报告的，由特种设备使用单位给予批评教育、处分；情节严重的，撤销特种设备作业人员资格；触犯刑律的，依照刑法关于重大责任事故罪或者其他罪的规定，依法追究刑事责任。

第九十一条 未经核准，擅自从事本条例所规定的监督检验、定期检验、型式试验以及无损检测等检验检测活动的，由特种设备安全监督管理部门予以取缔，处5万元以上20万元以下罚款；有违法所得的，没收违法所得；触犯刑律的，对负有责任的主管人员和其他直接责任人员依照刑法关于非法经营罪或者其他罪的规定，依法追究刑事责任。

第九十二条 特种设备检验检测机构，有下列情形之一的，由特种设备安全监督管理部门处2万元以上10万元以下罚款；情节严重的，撤销其检验检测资格：

（一）聘用未经特种设备安全监督管理部门组织考核合格并取得检验检测人员证书的人员，从事相关检验检测工作的；

（二）在进行特种设备检验检测中，发现严重事故隐患或者能耗严重超标，未及时告知特种设备使用单位，并立即向特种设备安全监督管理部门报告的。

第九十三条 特种设备检验检测机构和检验检测人员，出具虚假的检验检测结果、鉴定结论或者检验检测结果、鉴定结论严重失实的，由特种设备安全监督管理部门对检验检测机构没收违法所得，处5万元以上20万元以下罚款，情节严重的，撤销其检验检测资格；对检验检测人员处5000元以上5万元以下罚款，情节严重的，撤销其检验检测资格，触犯刑律的，依照刑法关于中介组织人员提供虚假证明文件罪、中介组织人员出具证明文件重大失实罪或者其他罪的规定，依法追究刑事责任。

特种设备检验检测机构和检验检测人员，出具虚假的检验检测结果、鉴定结论或者检验检测结果、鉴定结论严重失实，造成损害的，应当承担赔偿责任。

第九十四条 特种设备检验检测机构或者检验检测人员从事特种设备的生产、销售，或者以其名义推荐或者监制、监销特种设备的，由特种设备安全监督管理部门撤销特种设备检验检测机构和检验检测人员的资格，处5万元以上20万元以下罚款；有违法所得的，没收违法所得。

第九十五条 特种设备检验检测机构和检验检测人员利用检验检测工作故意刁难特种设备生产、使用单位，由特种设备安全监督管理部门责令改正；拒不改正的，撤销其检验检测资格。

第九十六条 检验检测人员，从事检验检测工作，不在特种设备检验检测机构执业或者同时在两个以上检验检测机构中执业的，由特种设备安全监督管理部门责令改正，情节严重的，给予停止执业6个月以上2年以下的处罚；有违法所得的，没收违法所得。

第九十七条 特种设备安全监督管理部门及其特种设备安全监察人员，有下列违法行为之一的，对直接负责的主管人员和其他直接责任人员，依法给予降级或者撤职的处分；触犯刑律的，依照刑法关于受贿罪、滥用职权罪、玩忽职守罪或者其他罪的规定，依法追究刑事责任：

（一）不按照本条例规定的条件和安全技术规范要求，实施许可、核准、登记的；

（二）发现未经许可、核准、登记擅自从事特种设备的生产、使用或者检验检测活动不予取缔或者不依法予以处理的；

（三）发现特种设备生产、使用单位不再具备本条例规定的条件而不撤销其原许可，或者发现特种设备生产、使用违法行为不予查处的；

（四）发现特种设备检验检测机构不再具备本条例规定的条件而不撤销其原核准，或者对其出具虚假的检验检测结果、鉴定结论或者检验检测结果、鉴定结论严重失实的行为不予查处的；

（五）对依照本条例规定在其他地方取得许可的特种设备生产单位重复进行许可，或者对依照本条例规定在其他地方检验检测合格的特种设备，重复进行检验检测的；

（六）发现有违反本条例和安全技术规范的行为或者在用的特种设备存在严重事故隐患，不立即处理的；

（七）发现重大的违法行为或者严重事故隐患，未及时向上级特种设备安全监督管理部门报告，或者接到报告的特种设备安全监督管理部门不立即处理的；

（八）迟报、漏报、瞒报或者谎报事故的；

（九）妨碍事故救援或者事故调查处理的。

第九十八条 特种设备的生产、使用单位或者检验检测机构，拒不接受特种设备安全监督管理部门依法实施的安全监察的，由特种设备安全监督管理部门责令限期改正；逾期未改正的，责令停产停业整顿，处2万元以上10万元以下罚款；触犯刑律的，依照刑法关于妨害公务罪或者其他罪的规定，依法追究刑事责任。

特种设备生产、使用单位擅自动用、调换、转移、损毁被查封、扣押的特种设备或者其主要部件的，由特种设备安全监督管理部门责令改正，处5万元以上20万元以下罚款；情节严重的，撤销其相应资格。

第八章　附　　则

第九十九条 本条例下列用语的含义是：

（一）锅炉，是指利用各种燃料、电或者其他能源，将所盛装的液体加热到一定的参数，并对外输出热能的设备，其范围规定为容积大于或者等于30L的承压蒸汽锅炉；出口水压大于或者等于0.1MPa（表压），且额定功率大于或者等于0.1MW的承压热水锅炉；有机热载体锅炉。

（二）压力容器，是指盛装气体或者液体，承载一定压力的密闭设备，其范围规定为最高工作压力大于或者等于0.1MPa（表压），且压力与容积的乘积大于或者等于2.5MPa·L的气体、液化气体和最高工作温度高于或者等于标准沸点的液体的固定式容器和移动式容器；盛装公称工作压力大于或者等于0.2MPa（表压），且压力与容积的乘积大于或者等于1.0MPa·L的气体、液化气体和标准沸点等于或者低于60℃液体的气瓶；氧舱等。

（三）压力管道，是指利用一定的压力，用于输送气体或者液体的管状设备，其范围规定为最高工作压力大于或者等于0.1MPa（表压）的气体、液化气体、蒸汽介质或者可燃、易爆、有毒、有腐蚀性、最高工作温度高于或者等于标准沸点的液体介质，且公称直径大于25mm的管道。

（四）电梯，是指动力驱动，利用沿刚性导轨运行的箱体或者沿固定线路运行的梯级（踏步），进行升降或者平行运送人、货物的机电设备，包括载人（货）电梯、自动扶梯、自动人行道等。

（五）起重机械，是指用于垂直升降或者垂直升降并水平移动重物的机电设备，其范围规定为额定起重量大于或者等于0.5t的升降机；额定起重量大于或者等于1t，且提升高度大于或者等于2m的起重机和承重形式固定的电动葫芦等。

（六）客运索道，是指动力驱动，利用柔性绳索牵引箱体等运载工具运送人员的机电设备，包括客运架空索道、客运缆车、客运拖牵索道等。

（七）大型游乐设施，是指用于经营目的，承载乘客游乐的设施，其范围规定为设计最大运行线速度大于或者等于2m/s，或者运行高度距地面高于或者等于2m的载人大型游乐设施。

（八）场（厂）内专用机动车辆，是指除道路交通、农用车辆以外仅在工厂厂区、旅游景区、游乐场所等特定区域使用的专用机动车辆。

特种设备包括其所用的材料、附属的安全附件、安全保护装置和与安全保护装置相关的设施。

第一百条 压力管道设计、安装、使用的安全监督管理办法由国务院另行制定。

第一百零一条 国务院特种设备安全监督管理部门可以授权省、自治区、直辖市特种设备安全监督管理部门负责本条例规定的特种设备行政许可工作,具体办法由国务院特种设备安全监督管理部门制定。

第一百零二条 特种设备行政许可、检验检测,应当按照国家有关规定收取费用。

第一百零三条 本条例自2003年6月1日起施行。1982年2月6日国务院发布的《锅炉压力容器安全监察暂行条例》同时废止。

防治船舶污染海洋环境管理条例

国务院令第561号(2009年9月9日发布)

《防治船舶污染海洋环境管理条例》已经2009年9月2日国务院第79次常务会议通过,现予公布,自2010年3月1日起施行。

总理 **温家宝**

二〇〇九年九月九日

第一章 总 则

第一条 为了防治船舶及其有关作业活动污染海洋环境,根据《中华人民共和国海洋环境保护法》,制定本条例。

第二条 防治船舶及其有关作业活动污染中华人民共和国管辖海域适用本条例。

第三条 防治船舶及其有关作业活动污染海洋环境,实行预防为主、防治结合的原则。

第四条 国务院交通运输主管部门主管所辖港区水域内非军事船舶和港区水域外非渔业、非军事船舶污染海洋环境的防治工作。

海事管理机构依照本条例规定具体负责防治船舶及其有关作业活动污染海洋环境的监督管理。

第五条 国务院交通运输主管部门应当根据防治船舶及其有关作业活动污染海洋环境的需要,组织编制防治船舶及其有关作业活动污染海洋环境应急能力建设规划,报国务院批准后公布实施。

沿海设区的市级以上地方人民政府应当按照国务院批准的防治船舶及其有关作业活动污染海洋环境应急能力建设规划,并根据本地区的实际情况,组织编制相应的防治船舶及其有关作业活动污染海洋环境应急能力建设规划。

第六条 国务院交通运输主管部门、沿海设区的市级以上地方人民政府应当建立健全防治船舶及其有关作业活动污染海洋环境应急反应机制,并制定防治船舶及其有关作业活动污染海洋环境应急预案。

第七条 海事管理机构应当根据防治船舶及其有关作业活动污染海洋环境的需要,会同海洋主管部门建立健全船舶及其有关作业活动污染海洋环境的监测、监视机制,加强对船舶及其有关作业活动污染海洋环境的监测、监视。

第八条 国务院交通运输主管部门、沿海设区的市级以上地方人民政府应当按照防治船舶及其有关作业活动污染海洋环境应急能力建设规划,建立专业应急队伍和应急设备库,配备专用的设施、设备和器材。

第九条 任何单位和个人发现船舶及其有关作业活动造成或者可能造成海洋环境污染的,应当立即就近向海事管理机构报告。

第二章 防治船舶及其有关作业活动污染海洋环境的一般规定

第十条 船舶的结构、设备、器材应当符合国家有关防治船舶污染海洋环境的技术规范以及中华人民共和国缔结或者参加的国际条约的要求。

船舶应当依照法律、行政法规、国务院交通运输主管部门的规定以及中华人民共和国缔结或者参加的国际条约的要求，取得并随船携带相应的防治船舶污染海洋环境的证书、文书。

第十一条 中国籍船舶的所有人、经营人或者管理人应当按照国务院交通运输主管部门的规定，建立健全安全营运和防治船舶污染管理体系。

海事管理机构应当对安全营运和防治船舶污染管理体系进行审核，审核合格的，发给符合证明和相应的船舶安全管理证书。

第十二条 港口、码头、装卸站以及从事船舶修造的单位应当配备与其装卸货物种类和吞吐能力或者修造船舶能力相适应的污染监视设施和污染物接收设施，并使其处于良好状态。

第十三条 港口、码头、装卸站以及从事船舶修造、打捞、拆解等作业活动的单位应当制定有关安全营运和防治污染的管理制度，按照国家有关防治船舶及其有关作业活动污染海洋环境的规范和标准，配备相应的防治污染设备和器材，并通过海事管理机构的专项验收。

港口、码头、装卸站以及从事船舶修造、打捞、拆解等作业活动的单位，应当定期检查、维护配备的防治污染设备和器材，确保防治污染设备和器材符合防治船舶及其有关作业活动污染海洋环境的要求。

第十四条 船舶所有人、经营人或者管理人以及有关作业单位应当制定防治船舶及其有关作业活动污染海洋环境的应急预案，并报海事管理机构批准。

港口、码头、装卸站的经营人应当制定防治船舶及其有关作业活动污染海洋环境的应急预案，并报海事管理机构备案。

船舶、港口、码头、装卸站以及其他有关作业单位应当按照应急预案，定期组织演练，并做好相应记录。

第三章　船舶污染物的排放和接收

第十五条 船舶在中华人民共和国管辖海域向海洋排放的船舶垃圾、生活污水、含油污水、含有毒有害物质污水、废气等污染物以及压载水，应当符合法律、行政法规、中华人民共和国缔结或者参加的国际条约以及相关标准的要求。

船舶应当将不符合前款规定的排放要求的污染物排入港口接收设施或者由船舶污染物接收单位接收。

船舶不得向依法划定的海洋自然保护区、海滨风景名胜区、重要渔业水域以及其他需要特别保护的海域排放船舶污染物。

第十六条 船舶处置污染物，应当在相应的记录簿内如实记录。

船舶应当将使用完毕的船舶垃圾记录簿在船舶上保留 2 年；将使用完毕的含油污水、含有毒有害物质污水记录簿在船舶上保留 3 年。

第十七条 船舶污染物接收单位从事船舶垃圾、残油、含油污水、含有毒有害物质污水接收作业，应当依法经海事管理机构批准。

第十八条 船舶污染物接收单位接收船舶污染物，应当向船舶出具污染物接收单证，并由船长签字确认。

船舶凭污染物接收单证向海事管理机构办理污染物接收证明，并将污染物接收证明保存在相应的记录簿中。

第十九条 船舶污染物接收单位应当按照国家有关污染物处理的规定处理接收的船舶污染物，并每月将船舶污染物的接收和处理情况报海事管理机构备案。

第四章　船舶有关作业活动的污染防治

第二十条 从事船舶清舱、洗舱、油料供受、装卸、过驳、修造、打捞、拆解，污染危害性货物装箱、充罐,污染清除作业以及利用船舶进行水上水下施工等作业活动的,应当遵守相关操作规程,并采取必要的安全和防治污染的措施。

从事前款规定的作业活动的人员,应当具备相关安全和防治污染的专业知识和技能。

第二十一条 船舶不符合污染危害性货物适载要求的,不得载运污染危害性货物,码头、装卸站不得为其进行装载作业。

污染危害性货物的名录由国家海事管理机构公布。

第二十二条 载运污染危害性货物进出港口的船舶,其承运人、货物所有人或者代理人,应当向海事管理机构提出申请,经批准方可进出港口、过境停留或者进行装卸作业。

第二十三条 载运污染危害性货物的船舶,应当在海事管理机构公布的具有相应安全装卸和污染物处理能力的码头、装卸站进行装卸作业。

第二十四条 货物所有人或者代理人交付船舶载运污染危害性货物,应当确保货物的包装与标志等符合有关安全和防治污染的规定,并在运输单证上准确注明货物的技术名称、编号、类别(性质)、数量、注意事项和应急措施等内容。

货物所有人或者代理人交付船舶载运污染危害性不明的货物,应当由国家海事管理机构认定的评估机构进行危害性评估,明确货物的危害性质以及有关安全和防治污染要求,方可交付船舶载运。

第二十五条 海事管理机构认为交付船舶载运的污染危害性货物应当申报而未申报,或者申报的内容不符合实际情况的,可以按照国务院交通运输主管部门的规定采取开箱等方式查验。

海事管理机构查验污染危害性货物,货物所有人或者代理人应当到场,并负责搬移货物,开拆和重封货物的包装。海事管理机构认为必要的,可以径行查验、复验或者提取货样,有关单位和个人应当配合。

第二十六条 进行散装液体污染危害性货物过驳作业的船舶,其承运人、货物所有人或者代理人应当向海事管理机构提出申请,告知作业地点,并附送过驳作业方案、作业程序、防治污染措施等材料。

海事管理机构应当自受理申请之日起2个工作日内作出许可或者不予许可的决定。2个工作日内无法作出决定的,经海事管理机构负责人批准,可以延长5个工作日。

第二十七条 依法获得船舶油料供受作业资质的单位,应当向海事管理机构备案。海事管理机构应当对船舶油料供受作业进行监督检查,发现不符合安全和防治污染要求的,应当予以制止。

第二十八条 船舶燃油供给单位应当如实填写燃油供受单证,并向船舶提供船舶燃油供受单证和燃油样品。

船舶和船舶燃油供给单位应当将燃油供受单证保存3年,并将燃油样品妥善保存1年。

第二十九条 船舶修造、水上拆解的地点应当符合环境功能区划和海洋功能区划,并由海事管理机构征求当地环境保护主管部门和海洋主管部门意见后确定并公布。

第三十条 从事船舶拆解的单位在船舶拆解作业前,应当对船舶上的残余物和废弃物进行处置,将油舱(柜)中的存油驳出,进行船舶清舱、洗舱、测爆等工作,并经海事管理机构检查合格,方可进行船舶拆解作业。

从事船舶拆解的单位应当及时清理船舶拆解现场,并按照国家有关规定处理船舶拆解产生的污染物。

禁止采取冲滩方式进行船舶拆解作业。

第三十一条 禁止船舶经过中华人民共和国内水、领海转移危险废物。

经过中华人民共和国管辖的其他海域转移危险废物的,应当事先取得国务院环境保护主管部门的书面同意,并按照海事管理机构指定的航线航行,定时报告船舶所处的位置。

第三十二条 使用船舶向海洋倾倒废弃物的,应当向驶出港所在地的海事管理机构提交海洋主管部门的批准文件,经核实方可办理船舶出港签证。

船舶向海洋倾倒废弃物,应当如实记录倾倒情况。返港后,应当向驶出港所在地的海事管理机构提交书面报告。

第三十三条 载运散装液体污染危害性货物的船舶和1万总吨以上的其他船舶,其经营人应当在作业前或者进出港口前与取得污染清除作业资质的单位签订污染清除作业协议,明确双方在发生船舶污染事故后污染清除的权利和义务。

与船舶经营人签订污染清除作业协议的污染清除作业单位应当在发生船舶污染事故后,按照污染清除作业协议及时进行污染清除作业。

第三十四条 申请取得污染清除作业资质的单位应当向海事管理机构提出书面申请,并提交其符合下列条件的材料:

(一)配备的污染清除设施、设备、器材和作业人员符合国务院交通运输主管部门的规定;

(二)制定的污染清除作业方案符合防治船舶及其有关作业活动污染海洋环境的要求;

(三)污染物处理方案符合国家有关防治污染的规定。

海事管理机构应当自受理申请之日起30个工作日内完成审查,并对符合条件的单位颁发资质证书;对不符合条件的,书面通知申请单位并说明理由。

第五章 船舶污染事故应急处置

第三十五条 本条例所称船舶污染事故,是指船舶及其有关作业活动发生油类、油性混合物和其他有毒有害物质泄漏造成的海洋环境污染事故。

第三十六条 船舶污染事故分为以下等级:

(一)特别重大船舶污染事故,是指船舶溢油1000吨以上,或者造成直接经济损失2亿元以上的船舶污染事故;

(二)重大船舶污染事故,是指船舶溢油500吨以上不足1000吨,或者造成直接经济损失1亿元以上不足2亿元的船舶污染事故;

(三)较大船舶污染事故,是指船舶溢油100吨以上不足500吨,或者造成直接经济损失5000万元以上不足1亿元的船舶污染事故;

(四)一般船舶污染事故,是指船舶溢油不足100吨,或者造成直接经济损失不足5000万元的船舶污染事故。

第三十七条 船舶在中华人民共和国管辖海域发生污染事故,或者在中华人民共和国管辖海域外发生污染事故造成或者可能造成中华人民共和国管辖海域污染的,应当立即启动相应的应急预案,采取措施控制和消除污染,并就近向有关海事管理机构报告。

发现船舶及其有关作业活动可能对海洋环境造成污染的,船舶、码头、装卸站应当立即采取相应的应急处置措施,并就近向有关海事管理机构报告。

接到报告的海事管理机构应当立即核实有关情况,并向上级海事管理机构或者国务院交通运输主管部门报告,同时报告有关沿海设区的市级以上地方人民政府。

第三十八条 船舶污染事故报告应当包括下列内容:

(一)船舶的名称、国籍、呼号或者编号;

(二)船舶所有人、经营人或者管理人的名称、地址;

(三)发生事故的时间、地点以及相关气象和水文情况;

(四)事故原因或者事故原因的初步判断;

(五)船舶上污染物的种类、数量、装载位置等概况;

(六)污染程度;

(七)已经采取或者准备采取的污染控制、清除措施和污染控制情况以及救助要求;

(八)国务院交通运输主管部门规定应当报告的其他事项。

作出船舶污染事故报告后出现新情况的,船舶、有关单位应当及时补报。

第三十九条 发生特别重大船舶污染事故,国务院或者国务院授权国务院交通运输主管部门成立事故应急指挥机构。

发生重大船舶污染事故，有关省、自治区、直辖市人民政府应当会同海事管理机构成立事故应急指挥机构。

发生较大船舶污染事故和一般船舶污染事故，有关设区的市级人民政府应当会同海事管理机构成立事故应急指挥机构。

有关部门、单位应当在事故应急指挥机构统一组织和指挥下，按照应急预案的分工，开展相应的应急处置工作。

第四十条 船舶发生事故有沉没危险，船员离船前，应当尽可能关闭所有货舱（柜）、油舱（柜）管系的阀门，堵塞货舱（柜）、油舱（柜）通气孔。

船舶沉没的，船舶所有人、经营人或者管理人应当及时向海事管理机构报告船舶燃油、污染危害性货物以及其他污染物的性质、数量、种类、装载位置等情况，并及时采取措施予以清除。

第四十一条 发生船舶污染事故或者船舶沉没，可能造成中华人民共和国管辖海域污染的，有关沿海设区的市级以上地方人民政府、海事管理机构根据应急处置的需要，可以征用有关单位或者个人的船舶和防治污染设施、设备、器材以及其他物资，有关单位和个人应当予以配合。

被征用的船舶和防治污染设施、设备、器材以及其他物资使用完毕或者应急处置工作结束，应当及时返还。船舶和防治污染设施、设备、器材以及其他物资被征用或者征用后毁损、灭失的，应当给予补偿。

第四十二条 发生船舶污染事故，海事管理机构可以采取清除、打捞、拖航、引航、过驳等必要措施，减轻污染损害。相关费用由造成海洋环境污染的船舶、有关作业单位承担。

需要承担前款规定费用的船舶，应当在开航前缴清相关费用或者提供相应的财务担保。

第四十三条 处置船舶污染事故使用的消油剂，应当符合国家有关标准。

海事管理机构应当及时将符合国家有关标准的消油剂名录向社会公布。

船舶、有关单位使用消油剂处置船舶污染事故的，应当依照《中华人民共和国海洋环境保护法》有关规定执行。

第六章　船舶污染事故调查处理

第四十四条 船舶污染事故的调查处理依照下列规定进行：

（一）特别重大船舶污染事故由国务院或者国务院授权国务院交通运输主管部门等部门组织事故调查处理；

（二）重大船舶污染事故由国家海事管理机构组织事故调查处理；

（三）较大船舶污染事故和一般船舶污染事故由事故发生地的海事管理机构组织事故调查处理。

船舶污染事故给渔业造成损害的，应当吸收渔业主管部门参与调查处理；给军事港口水域造成损害的，应当吸收军队有关主管部门参与调查处理。

第四十五条 发生船舶污染事故，组织事故调查处理的机关或者海事管理机构应当及时、客观、公正地开展事故调查，勘验事故现场，检查相关船舶，询问相关人员，收集证据，查明事故原因。

第四十六条 组织事故调查处理的机关或者海事管理机构根据事故调查处理的需要，可以暂扣相应的证书、文书、资料；必要时，可以禁止船舶驶离港口或者责令停航、改航、停止作业直至暂扣船舶。

第四十七条 事故调查处理需要委托有关机构进行技术鉴定或者检验、检测的，应当委托国务院交通运输主管部门认定的机构进行。

第四十八条 组织事故调查处理的机关或者海事管理机构开展事故调查时，船舶污染事故的当事人和其他有关人员应当如实反映情况和提供资料，不得伪造、隐匿、毁灭证据或者以其他方式妨碍调查取证。

第四十九条 组织事故调查处理的机关或者海事管理机构应当自事故调查结束之日起 20 个工作日内制作事故认定书，并送达当事人。

事故认定书应当载明事故基本情况、事故原因和事故责任。

第七章　船舶污染事故损害赔偿

第五十条　造成海洋环境污染损害的责任者，应当排除危害，并赔偿损失；完全由于第三者的故意或者过失，造成海洋环境污染损害的，由第三者排除危害，并承担赔偿责任。

第五十一条　完全属于下列情形之一，经过及时采取合理措施，仍然不能避免对海洋环境造成污染损害的，免予承担责任：

（一）战争；

（二）不可抗拒的自然灾害；

（三）负责灯塔或者其他助航设备的主管部门，在执行职责时的疏忽，或者其他过失行为。

第五十二条　船舶污染事故的赔偿限额依照《中华人民共和国海商法》关于海事赔偿责任限制的规定执行。但是，船舶载运的散装持久性油类物质造成中华人民共和国管辖海域污染的，赔偿限额依照中华人民共和国缔结或者参加的有关国际条约的规定执行。

前款所称持久性油类物质，是指任何持久性烃类矿物油。

第五十三条　在中华人民共和国管辖海域内航行的船舶，其所有人应当按照国务院交通运输主管部门的规定，投保船舶油污损害民事责任保险或者取得相应的财务担保。但是，1000总吨以下载运非油类物质的船舶除外。

船舶所有人投保船舶油污损害民事责任保险或者取得的财务担保的额度应当不低于《中华人民共和国海商法》、中华人民共和国缔结或者参加的有关国际条约规定的油污赔偿限额。

承担船舶油污损害民事责任保险的商业性保险机构和互助性保险机构，由国家海事管理机构征求国务院保险监督管理机构意见后确定并公布。

第五十四条　已依照本条例第五十三条的规定投保船舶油污损害民事责任保险或者取得财务担保的中国籍船舶，其所有人应当持船舶国籍证书、船舶油污损害民事责任保险合同或者财务担保证明，向船籍港的海事管理机构申请办理船舶油污损害民事责任保险证书或者财务保证证书。

第五十五条　发生船舶油污事故，国家组织有关单位进行应急处置、清除污染所发生的必要费用，应当在船舶油污损害赔偿中优先受偿。

第五十六条　在中华人民共和国管辖水域接收海上运输的持久性油类物质货物的货物所有人或者代理人应当缴纳船舶油污损害赔偿基金。

船舶油污损害赔偿基金征收、使用和管理的具体办法由国务院财政部门会同国务院交通运输主管部门制定。

国家设立船舶油污损害赔偿基金管理委员会，负责处理船舶油污损害赔偿基金的赔偿等事务。船舶油污损害赔偿基金管理委员会由有关行政机关和缴纳船舶油污损害赔偿基金的主要货主组成。

第五十七条　对船舶污染事故损害赔偿的争议，当事人可以请求海事管理机构调解，也可以向仲裁机构申请仲裁或者向人民法院提起民事诉讼。

第八章　法 律 责 任

第五十八条　船舶、有关作业单位违反本条例规定的，海事管理机构应当责令改正；拒不改正的，海事管理机构可以责令停止作业、强制卸载，禁止船舶进出港口、靠泊、过境停留，或者责令停航、改航、离境、驶向指定地点。

第五十九条　违反本条例的规定，船舶的结构不符合国家有关防治船舶污染海洋环境的技术规范或者有关国际条约要求的，由海事管理机构处10万元以上30万元以下的罚款。

第六十条　违反本条例的规定，有下列情形之一的，由海事管理机构依照《中华人民共和国海洋环境保护法》有关规定予以处罚：

（一）船舶未取得并随船携带防治船舶污染海洋环境的证书、文书的；

（二）船舶、港口、码头、装卸站未配备防治污染设备、器材的；

（三）船舶向海域排放本条例禁止排放的污染物的；

（四）船舶未如实记录污染物处置情况的；

（五）船舶超过标准向海域排放污染物的；

（六）从事船舶水上拆解作业，造成海洋环境污染损害的。

第六十一条 违反本条例的规定，船舶未按照规定在船舶上留存船舶污染物处置记录，或者船舶污染物处置记录与船舶运行过程中产生的污染物数量不符合的，由海事管理机构处 2 万元以上 10 万元以下的罚款。

第六十二条 违反本条例的规定，船舶污染物接收单位未经海事管理机构批准，擅自从事船舶垃圾、残油、含油污水、含有毒有害物质污水接收作业的，由海事管理机构处 1 万元以上 5 万元以下的罚款；造成海洋环境污染的，处 5 万元以上 25 万元以下的罚款。

第六十三条 违反本条例的规定，船舶未按照规定办理污染物接收证明，或者船舶污染物接收单位未按照规定将船舶污染物的接收和处理情况报海事管理机构备案的，由海事管理机构处 2 万元以下的罚款。

第六十四条 违反本条例的规定，有下列情形之一的，由海事管理机构处 2000 元以上 1 万元以下的罚款：

（一）船舶未按照规定保存污染物接收证明的；

（二）船舶燃油供给单位未如实填写燃油供受单证的；

（三）船舶燃油供给单位未按照规定向船舶提供燃油供受单证和燃油样品的；

（四）船舶和船舶燃油供给单位未按照规定保存燃油供受单证和燃油样品的。

第六十五条 违反本条例的规定，有下列情形之一的，由海事管理机构处 2 万元以上 10 万元以下的罚款：

（一）载运污染危害性货物的船舶不符合污染危害性货物适载要求的；

（二）载运污染危害性货物的船舶未在具有相应安全装卸和污染物处理能力的码头、装卸站进行装卸作业的；

（三）货物所有人或者代理人未按照规定对污染危害性不明的货物进行危害性评估的。

第六十六条 违反本条例的规定，未经海事管理机构批准，船舶载运污染危害性货物进出港口、过境停留、进行装卸或者过驳作业的，由海事管理机构处 1 万元以上 5 万元以下的罚款。

第六十七条 违反本条例的规定，有下列情形之一的，由海事管理机构处 2 万元以上 10 万元以下的罚款：

（一）船舶发生事故沉没，船舶所有人或者经营人未及时向海事管理机构报告船舶燃油、污染危害性货物以及其他污染物的性质、数量、种类、装载位置等情况的；

（二）船舶发生事故沉没，船舶所有人或者经营人未及时采取措施清除船舶燃油、污染危害性货物以及其他污染物的。

第六十八条 违反本条例的规定，有下列情形之一的，由海事管理机构处 1 万元以上 5 万元以下的罚款：

（一）载运散装液体污染危害性货物的船舶和 1 万总吨以上的其他船舶，其经营人未按照规定签订污染清除作业协议的；

（二）未取得污染清除作业资质的单位擅自签订污染清除作业协议并从事污染清除作业的。

第六十九条 违反本条例的规定，发生船舶污染事故，船舶、有关作业单位未立即启动应急预案的，对船舶、有关作业单位，由海事管理机构处 2 万元以上 10 万元以下的罚款；对直接负责的主管人员和其他直接责任人员，由海事管理机构处 1 万元以上 2 万元以下的罚款。直接负责的主管人员和其他直接责任人员属于船员的，并处给予暂扣适任证书或者其他有关证件1个月至3个月的处罚。

第七十条 违反本条例的规定，发生船舶污染事故，船舶、有关作业单位迟报、漏报事故的，对船舶、有关作业单位，由海事管理机构处5万元以上25万元以下的罚款；对直接负责的主管人员和其他直接责任人员，由海事管理机构处1万元以上5万元以下的罚款。直接负责的主管人员和其他直接责任人员属于船员的，并处给予暂扣适任证书或者其他有关证件3个月至6个月的处罚。瞒报、谎报事故的，对船舶、有关作业单位，由海事管理机构处25万元以上50万元以下的罚款；对直接负责的主管人员和其他直接责任人员，由海事管理机构处5万元以上10万元以下的罚款。直接负责的主管人员和其他直接责任人员属于船员的，并处给予吊销适任证书或者其他有关证件的处罚。

第七十一条 违反本条例的规定，未经海事管理机构批准使用消油剂的，由海事管理机构对船舶或者使用单位处1万元以上5万元以下的罚款。

第七十二条 违反本条例的规定，船舶污染事故的当事人和其他有关人员，未如实向组织事故调查处理的机关或者海事管理机构反映情况和提供资料，伪造、隐匿、毁灭证据或者以其他方式妨碍调查取证的，由海事管理机构处1万元以上5万元以下的罚款。

第七十三条 违反本条例的规定，船舶所有人有下列情形之一的，由海事管理机构责令改正，可以处5万元以下的罚款；拒不改正的，处5万元以上25万元以下的罚款：

（一）在中华人民共和国管辖海域内航行的船舶，其所有人未按照规定投保船舶油污损害民事责任保险或者取得相应的财务担保的；

（二）船舶所有人投保船舶油污损害民事责任保险或者取得的财务担保的额度低于《中华人民共和国海商法》、中华人民共和国缔结或者参加的有关国际条约规定的油污赔偿限额的。

第七十四条 违反本条例的规定，在中华人民共和国管辖水域接收海上运输的持久性油类物质货物的货物所有人或者代理人，未按照规定缴纳船舶油污损害赔偿基金的，由海事管理机构责令改正；拒不改正的，可以停止其接收的持久性油类物质货物在中华人民共和国管辖水域进行装卸、过驳作业。

货物所有人或者代理人逾期未缴纳船舶油污损害赔偿基金的，应当自应缴之日起按日加缴未缴额的万分之五的滞纳金。

第九章　附　　则

第七十五条 中华人民共和国缔结或者参加的国际条约对防治船舶及其有关作业活动污染海洋环境有规定的，适用国际条约的规定。但是，中华人民共和国声明保留的条款除外。

第七十六条 县级以上人民政府渔业主管部门负责渔港水域内非军事船舶和渔港水域外渔业船舶污染海洋环境的监督管理，负责保护渔业水域生态环境工作，负责调查处理《中华人民共和国海洋环境保护法》第五条第四款规定的渔业污染事故。

第七十七条 军队环境保护部门负责军事船舶污染海洋环境的监督管理及污染事故的调查处理。

第七十八条 本条例自2010年3月1日起施行。1983年12月29日国务院发布的《中华人民共和国防止船舶污染海域管理条例》同时废止。

放射性物品运输安全管理条例

国务院令第 562 号(2009 年 9 月 14 日发布)

《放射性物品运输安全管理条例》已经 2009 年 9 月 7 日国务院第 80 次常务会议通过,现予公布,自 2010 年 1 月 1 日起施行。

总理　**温家宝**

二〇〇九年九月十四日

第一章　总　　则

第一条　为了加强对放射性物品运输的安全管理,保障人体健康,保护环境,促进核能、核技术的开发与和平利用,根据《中华人民共和国放射性污染防治法》,制定本条例。

第二条　放射性物品的运输和放射性物品运输容器的设计、制造等活动,适用本条例。

本条例所称放射性物品,是指含有放射性核素,并且其活度和比活度均高于国家规定的豁免值的物品。

第三条　根据放射性物品的特性及其对人体健康和环境的潜在危害程度,将放射性物品分为一类、二类和三类。

一类放射性物品,是指Ⅰ类放射源、高水平放射性废物、乏燃料等释放到环境后对人体健康和环境产生重大辐射影响的放射性物品。

二类放射性物品,是指Ⅱ类和Ⅲ类放射源、中等水平放射性废物等释放到环境后对人体健康和环境产生一般辐射影响的放射性物品。

三类放射性物品,是指Ⅳ类和Ⅴ类放射源、低水平放射性废物、放射性药品等释放到环境后对人体健康和环境产生较小辐射影响的放射性物品。

放射性物品的具体分类和名录,由国务院核安全监管部门会同国务院公安、卫生、海关、交通运输、铁路、民航、核工业行业主管部门制定。

第四条　国务院核安全监管部门对放射性物品运输的核与辐射安全实施监督管理。

国务院公安、交通运输、铁路、民航等有关主管部门依照本条例规定和各自的职责,负责放射性物品运输安全的有关监督管理工作。

县级以上地方人民政府环境保护主管部门和公安、交通运输等有关主管部门,依照本条例规定和各自的职责,负责本行政区域放射性物品运输安全的有关监督管理工作。

第五条　运输放射性物品,应当使用专用的放射性物品运输包装容器(以下简称运输容器)。

放射性物品的运输和放射性物品运输容器的设计、制造,应当符合国家放射性物品运输安全标准。

国家放射性物品运输安全标准,由国务院核安全监管部门制定,由国务院核安全监管部门和国务院标准化主管部门联合发布。国务院核安全监管部门制定国家放射性物品运输安全标准,应当征求国务院公安、卫生、交通运输、铁路、民航、核工业行业主管部门的意见。

第六条　放射性物品运输容器的设计、制造单位应当建立健全责任制度,加强质量管理,并对所从事的放射性物品运输容器的设计、制造活动负责。

放射性物品的托运人(以下简称托运人)应当制定核与辐射事故应急方案,在放射性物品运输中采取有效的辐射防护和安全保卫措施，并对放射性物品运输中的核与辐射安全负责。

第七条 任何单位和个人对违反本条例规定的行为，有权向国务院核安全监管部门或者其他依法履行放射性物品运输安全监督管理职责的部门举报。

接到举报的部门应当依法调查处理，并为举报人保密。

第二章 放射性物品运输容器的设计

第八条 放射性物品运输容器设计单位应当建立健全和有效实施质量保证体系，按照国家放射性物品运输安全标准进行设计，并通过试验验证或者分析论证等方式，对设计的放射性物品运输容器的安全性能进行评价。

第九条 放射性物品运输容器设计单位应当建立健全档案制度，按照质量保证体系的要求，如实记录放射性物品运输容器的设计和安全性能评价过程。

进行一类放射性物品运输容器设计，应当编制设计安全评价报告书；进行二类放射性物品运输容器设计，应当编制设计安全评价报告表。

第十条 一类放射性物品运输容器的设计，应当在首次用于制造前报国务院核安全监管部门审查批准。

申请批准一类放射性物品运输容器的设计，设计单位应当向国务院核安全监管部门提出书面申请，并提交下列材料：

（一）设计总图及其设计说明书；

（二）设计安全评价报告书；

（三）质量保证大纲。

第十一条 国务院核安全监管部门应当自受理申请之日起45个工作日内完成审查，对符合国家放射性物品运输安全标准的，颁发一类放射性物品运输容器设计批准书，并公告批准文号；对不符合国家放射性物品运输安全标准的，书面通知申请单位并说明理由。

第十二条 设计单位修改已批准的一类放射性物品运输容器设计中有关安全内容的，应当按照原申请程序向国务院核安全监管部门重新申请领取一类放射性物品运输容器设计批准书。

第十三条 二类放射性物品运输容器的设计，设计单位应当在首次用于制造前，将设计总图及其设计说明书、设计安全评价报告表报国务院核安全监管部门备案。

第十四条 三类放射性物品运输容器的设计，设计单位应当编制设计符合国家放射性物品运输安全标准的证明文件并存档备查。

第三章 放射性物品运输容器的制造与使用

第十五条 放射性物品运输容器制造单位，应当按照设计要求和国家放射性物品运输安全标准，对制造的放射性物品运输容器进行质量检验，编制质量检验报告。

未经质量检验或者经检验不合格的放射性物品运输容器，不得交付使用。

第十六条 从事一类放射性物品运输容器制造活动的单位，应当具备下列条件：

（一）有与所从事的制造活动相适应的专业技术人员；

（二）有与所从事的制造活动相适应的生产条件和检测手段；

（三）有健全的管理制度和完善的质量保证体系。

第十七条 从事一类放射性物品运输容器制造活动的单位，应当申请领取一类放射性物品运输容器制造许可证（以下简称制造许可证）。

申请领取制造许可证的单位，应当向国务院核安全监管部门提出书面申请，并提交其符合本条例第十六条规定条件的证明材料和申请制造的运输容器型号。

禁止无制造许可证或者超出制造许可证规定的范围从事一类放射性物品运输容器的制造活动。

第十八条 国务院核安全监管部门应当自受理申请之日起45个工作日内完成审查，对符合条件的，颁发制造许可证，并予以公告；对不符合条件的，书面通知申请单位并说明理由。

第十九条 制造许可证应当载明下列内容：

（一）制造单位名称、住所和法定代表人；

（二）许可制造的运输容器的型号；

（三）有效期限；

（四）发证机关、发证日期和证书编号。

第二十条 一类放射性物品运输容器制造单位变更单位名称、住所或者法定代表人的，应当自工商变更登记之日起20日内，向国务院核安全监管部门办理制造许可证变更手续。

一类放射性物品运输容器制造单位变更制造的运输容器型号的，应当按照原申请程序向国务院核安全监管部门重新申请领取制造许可证。

第二十一条 制造许可证有效期为5年。

制造许可证有效期届满，需要延续的，一类放射性物品运输容器制造单位应当于制造许可证有效期届满6个月前，向国务院核安全监管部门提出延续申请。

国务院核安全监管部门应当在制造许可证有效期届满前作出是否准予延续的决定。

第二十二条 从事二类放射性物品运输容器制造活动的单位，应当在首次制造活动开始30日前，将其具备与所从事的制造活动相适应的专业技术人员、生产条件、检测手段，以及具有健全的管理制度和完善的质量保证体系的证明材料，报国务院核安全监管部门备案。

第二十三条 一类、二类放射性物品运输容器制造单位，应当按照国务院核安全监管部门制定的编码规则，对其制造的一类、二类放射性物品运输容器统一编码，并于每年1月31日前将上一年度的运输容器编码清单报国务院核安全监管部门备案。

第二十四条 从事三类放射性物品运输容器制造活动的单位，应当于每年1月31日前将上一年度制造的运输容器的型号和数量报国务院核安全监管部门备案。

第二十五条 放射性物品运输容器使用单位应当对其使用的放射性物品运输容器定期进行保养和维护，并建立保养和维护档案；放射性物品运输容器达到设计使用年限，或者发现放射性物品运输容器存在安全隐患的，应当停止使用，进行处理。

一类放射性物品运输容器使用单位还应当对其使用的一类放射性物品运输容器每两年进行一次安全性能评价，并将评价结果报国务院核安全监管部门备案。

第二十六条 使用境外单位制造的一类放射性物品运输容器的，应当在首次使用前报国务院核安全监管部门审查批准。

申请使用境外单位制造的一类放射性物品运输容器的单位，应当向国务院核安全监管部门提出书面申请，并提交下列材料：

（一）设计单位所在国核安全监管部门颁发的设计批准文件的复印件；

（二）设计安全评价报告书；

（三）制造单位相关业绩的证明材料；

（四）质量合格证明；

（五）符合中华人民共和国法律、行政法规规定，以及国家放射性物品运输安全标准或者经国务院核安全监管部门认可的标准的说明材料。

国务院核安全监管部门应当自受理申请之日起45个工作日内完成审查，对符合国家放射性物品运输安全标准的，颁发使用批准书；对不符合国家放射性物品运输安全标准的，书面通知申请单位并说明理由。

第二十七条 使用境外单位制造的二类放射性物品运输容器的，应当在首次使用前将运输容器质量合格证明和符合中华人民共和国法律、行政法规规定，以及国家放射性物品运输安全标准或者经国务院核安全监管部门认可的标准的说明材料，报国务院核安全监管部门备案。

第二十八条 国务院核安全监管部门办理使用境外单位制造的一类、二类放射性物品运输容器审查批准和备案手续，应当同时为运输容器确定编码。

第四章 放射性物品的运输

第二十九条 托运放射性物品的，托运人应当持有生产、销售、使用或者处置放射性物品的有效证明，使用与所托运的放射性物品类别相适应的运输容器进行包装，配备必要的辐射监测设备、防护用品和防盗、防破坏设备，并编制运输说明书、核与辐射事故应急响应指南、装卸作业方法、安全防护指南。

运输说明书应当包括放射性物品的品名、数量、物理化学形态、危害风险等内容。

第三十条 托运一类放射性物品的，托运人应当委托有资质的辐射监测机构对其表面污染和辐射水平实施监测，辐射监测机构应当出具辐射监测报告。

托运二类、三类放射性物品的，托运人应当对其表面污染和辐射水平实施监测，并编制辐射监测报告。

监测结果不符合国家放射性物品运输安全标准的，不得托运。

第三十一条 承运放射性物品应当取得国家规定的运输资质。承运人的资质管理，依照有关法律、行政法规和国务院交通运输、铁路、民航、邮政主管部门的规定执行。

第三十二条 托运人和承运人应当对直接从事放射性物品运输的工作人员进行运输安全和应急响应知识的培训，并进行考核；考核不合格的，不得从事相关工作。

托运人和承运人应当按照国家放射性物品运输安全标准和国家有关规定，在放射性物品运输容器和运输工具上设置警示标志。

国家利用卫星定位系统对一类、二类放射性物品运输工具的运输过程实行在线监控。具体办法由国务院核安全监管部门会同国务院有关部门制定。

第三十三条 托运人和承运人应当按照国家职业病防治的有关规定，对直接从事放射性物品运输的工作人员进行个人剂量监测，建立个人剂量档案和职业健康监护档案。

第三十四条 托运人应当向承运人提交运输说明书、辐射监测报告、核与辐射事故应急响应指南、装卸作业方法、安全防护指南，承运人应当查验、收存。托运人提交文件不齐全的，承运人不得承运。

第三十五条 托运一类放射性物品的，托运人应当编制放射性物品运输的核与辐射安全分析报告书，报国务院核安全监管部门审查批准。

放射性物品运输的核与辐射安全分析报告书应当包括放射性物品的品名、数量、运输容器型号、运输方式、辐射防护措施、应急措施等内容。

国务院核安全监管部门应当自受理申请之日起45个工作日内完成审查，对符合国家放射性物品运输安全标准的，颁发核与辐射安全分析报告批准书；对不符合国家放射性物品运输安全标准的，书面通知申请单位并说明理由。

第三十六条 放射性物品运输的核与辐射安全分析报告批准书应当载明下列主要内容：

（一）托运人的名称、地址、法定代表人；

（二）运输放射性物品的品名、数量；

（三）运输放射性物品的运输容器型号和运输方式；

（四）批准日期和有效期限。

第三十七条 一类放射性物品启运前，托运人应当将放射性物品运输的核与辐射安全分析报告批准书、辐射监测报告，报启运地的省、自治区、直辖市人民政府环境保护主管部门备案。

收到备案材料的环境保护主管部门应当及时将有关情况通报放射性物品运输的途经地和抵达地的省、自治区、直辖市人民政府环境保护主管部门。

第三十八条 通过道路运输放射性物品的，应当经公安机关批准，按照指定的时间、路线、速度行驶,并悬挂警示标志,配备押运人员,使放射性物品处于押运人员的监管之下。

通过道路运输核反应堆乏燃料的,托运人应当报国务院公安部门批准。通过道路运输其他放射性物品的,托运人应当报启运地县级以上人民政府公安机关批准。具体办法由国务院公安部门商国务院核安全监管部门制定。

第三十九条 通过水路运输放射性物品的,按照水路危险货物运输的法律、行政法规和规章的有关规定执行。

通过铁路、航空运输放射性物品的,按照国务院铁路、民航主管部门的有关规定执行。

禁止邮寄一类、二类放射性物品。邮寄三类放射性物品的,按照国务院邮政管理部门的有关规定执行。

第四十条 生产、销售、使用或者处置放射性物品的单位,可以依照《中华人民共和国道路运输条例》的规定,向设区的市级人民政府道路运输管理机构申请非营业性道路危险货物运输资质,运输本单位的放射性物品,并承担本条例规定的托运人和承运人的义务。

申请放射性物品非营业性道路危险货物运输资质的单位,应当具备下列条件:

(一)持有生产、销售、使用或者处置放射性物品的有效证明;

(二)有符合本条例规定要求的放射性物品运输容器;

(三)有具备辐射防护与安全防护知识的专业技术人员和经考试合格的驾驶人员;

(四)有符合放射性物品运输安全防护要求,并经检测合格的运输工具、设施和设备;

(五)配备必要的防护用品和依法经定期检定合格的监测仪器;

(六)有运输安全和辐射防护管理规章制度以及核与辐射事故应急措施。

放射性物品非营业性道路危险货物运输资质的具体条件,由国务院交通运输主管部门会同国务院核安全监管部门制定。

第四十一条 一类放射性物品从境外运抵中华人民共和国境内,或者途经中华人民共和国境内运输的,托运人应当编制放射性物品运输的核与辐射安全分析报告书,报国务院核安全监管部门审查批准。审查批准程序依照本条例第三十五条第三款的规定执行。

二类、三类放射性物品从境外运抵中华人民共和国境内,或者途经中华人民共和国境内运输的,托运人应当编制放射性物品运输的辐射监测报告,报国务院核安全监管部门备案。

托运人、承运人或者其代理人向海关办理有关手续,应当提交国务院核安全监管部门颁发的放射性物品运输的核与辐射安全分析报告批准书或者放射性物品运输的辐射监测报告备案证明。

第四十二条 县级以上人民政府组织编制的突发环境事件应急预案,应当包括放射性物品运输中可能发生的核与辐射事故应急响应的内容。

第四十三条 放射性物品运输中发生核与辐射事故的,承运人、托运人应当按照核与辐射事故应急响应指南的要求,做好事故应急工作,并立即报告事故发生地的县级以上人民政府环境保护主管部门。接到报告的环境保护主管部门应当立即派人赶赴现场,进行现场调查,采取有效措施控制事故影响,并及时向本级人民政府报告,通报同级公安、卫生、交通运输等有关主管部门。

接到报告的县级以上人民政府及其有关主管部门应当按照应急预案做好应急工作,并按照国家突发事件分级报告的规定及时上报核与辐射事故信息。

核反应堆乏燃料运输的核事故应急准备与响应,还应当遵守国家核应急的有关规定。

第五章　监督检查

第四十四条 国务院核安全监管部门和其他依法履行放射性物品运输安全监督管理职责的部门,应当依据各自职责对放射性物品运输安全实施监督检查。

国务院核安全监管部门应当将其已批准或者备案的一类、二类、三类放射性物品运输容器的设计、制造情况和放射性物品运输情况通报设计、制造单位所在地和运输途经地的省、自治区、直辖市人民政府环境保护主管部门。省、自治区、直辖市人民政府环境保护主管部门应当加强对本行政区域放射性物品运输安全的监督检查和监督性监测。

被检查单位应当予以配合，如实反映情况，提供必要的资料，不得拒绝和阻碍。

第四十五条 国务院核安全监管部门和省、自治区、直辖市人民政府环境保护主管部门以及其他依法履行放射性物品运输安全监督管理职责的部门进行监督检查，监督检查人员不得少于2人，并应当出示有效的行政执法证件。

国务院核安全监管部门和省、自治区、直辖市人民政府环境保护主管部门以及其他依法履行放射性物品运输安全监督管理职责的部门的工作人员，对监督检查中知悉的商业秘密负有保密义务。

第四十六条 监督检查中发现经批准的一类放射性物品运输容器设计确有重大设计安全缺陷的，由国务院核安全监管部门责令停止该型号运输容器的制造或者使用，撤销一类放射性物品运输容器设计批准书。

第四十七条 监督检查中发现放射性物品运输活动有不符合国家放射性物品运输安全标准情形的，或者一类放射性物品运输容器制造单位有不符合制造许可证规定条件情形的，应当责令限期整改；发现放射性物品运输活动可能对人体健康和环境造成核与辐射危害的，应当责令停止运输。

第四十八条 国务院核安全监管部门和省、自治区、直辖市人民政府环境保护主管部门以及其他依法履行放射性物品运输安全监督管理职责的部门，对放射性物品运输活动实施监测，不得收取监测费用。

国务院核安全监管部门和省、自治区、直辖市人民政府环境保护主管部门以及其他依法履行放射性物品运输安全监督管理职责的部门，应当加强对监督管理人员辐射防护与安全防护知识的培训。

第六章 法律责任

第四十九条 国务院核安全监管部门和省、自治区、直辖市人民政府环境保护主管部门或者其他依法履行放射性物品运输安全监督管理职责的部门有下列行为之一的，对直接负责的主管人员和其他直接责任人员依法给予处分；直接负责的主管人员和其他直接责任人员构成犯罪的，依法追究刑事责任：

（一）未依照本条例规定作出行政许可或者办理批准文件的；

（二）发现违反本条例规定的行为不予查处，或者接到举报不依法处理的；

（三）未依法履行放射性物品运输核与辐射事故应急职责的；

（四）对放射性物品运输活动实施监测收取监测费用的；

（五）其他不依法履行监督管理职责的行为。

第五十条 放射性物品运输容器设计、制造单位有下列行为之一的，由国务院核安全监管部门责令停止违法行为，处50万元以上100万元以下的罚款；有违法所得的，没收违法所得：

（一）将未取得设计批准书的一类放射性物品运输容器设计用于制造的；

（二）修改已批准的一类放射性物品运输容器设计中有关安全内容，未重新取得设计批准书即用于制造的。

第五十一条 放射性物品运输容器设计、制造单位有下列行为之一的，由国务院核安全监管部门责令停止违法行为，处5万元以上10万元以下的罚款；有违法所得的，没收违法所得：

（一）将不符合国家放射性物品运输安全标准的二类、三类放射性物品运输容器设计用于制造的；

（二）将未备案的二类放射性物品运输容器设计用于制造的。

第五十二条 放射性物品运输容器设计单位有下列行为之一的，由国务院核安全监管部门责令限期改正；逾期不改正的，处1万元以上5万元以下的罚款：

（一）未对二类、三类放射性物品运输容器的设计进行安全性能评价的；

（二）未如实记录二类、三类放射性物品运输容器设计和安全性能评价过程的；

（三）未编制三类放射性物品运输容器设计符合国家放射性物品运输安全标准的证明文件并存档

备查的。

第五十三条 放射性物品运输容器制造单位有下列行为之一的，由国务院核安全监管部门责令停止违法行为，处50万元以上100万元以下的罚款；有违法所得的，没收违法所得：

（一）未取得制造许可证从事一类放射性物品运输容器制造活动的；

（二）制造许可证有效期届满，未按照规定办理延续手续，继续从事一类放射性物品运输容器制造活动的；

（三）超出制造许可证规定的范围从事一类放射性物品运输容器制造活动的；

（四）变更制造的一类放射性物品运输容器型号，未按照规定重新领取制造许可证的；

（五）将未经质量检验或者经检验不合格的一类放射性物品运输容器交付使用的。

有前款第（三）项、第（四）项和第（五）项行为之一，情节严重的，吊销制造许可证。

第五十四条 一类放射性物品运输容器制造单位变更单位名称、住所或者法定代表人，未依法办理制造许可证变更手续的，由国务院核安全监管部门责令限期改正；逾期不改正的，处2万元的罚款。

第五十五条 放射性物品运输容器制造单位有下列行为之一的，由国务院核安全监管部门责令停止违法行为，处5万元以上10万元以下的罚款；有违法所得的，没收违法所得：

（一）在二类放射性物品运输容器首次制造活动开始前，未按照规定将有关证明材料报国务院核安全监管部门备案的；

（二）将未经质量检验或者经检验不合格的二类、三类放射性物品运输容器交付使用的。

第五十六条 放射性物品运输容器制造单位有下列行为之一的，由国务院核安全监管部门责令限期改正；逾期不改正的，处1万元以上5万元以下的罚款：

（一）未按照规定对制造的一类、二类放射性物品运输容器统一编码的；

（二）未按照规定将制造的一类、二类放射性物品运输容器编码清单报国务院核安全监管部门备案的；

（三）未按照规定将制造的三类放射性物品运输容器的型号和数量报国务院核安全监管部门备案的。

第五十七条 放射性物品运输容器使用单位未按照规定对使用的一类放射性物品运输容器进行安全性能评价，或者未将评价结果报国务院核安全监管部门备案的，由国务院核安全监管部门责令限期改正；逾期不改正的，处1万元以上5万元以下的罚款。

第五十八条 未按照规定取得使用批准书使用境外单位制造的一类放射性物品运输容器的，由国务院核安全监管部门责令停止违法行为，处50万元以上100万元以下的罚款。

未按照规定办理备案手续使用境外单位制造的二类放射性物品运输容器的，由国务院核安全监管部门责令停止违法行为，处5万元以上10万元以下的罚款。

第五十九条 托运人未按照规定编制放射性物品运输说明书、核与辐射事故应急响应指南、装卸作业方法、安全防护指南的，由国务院核安全监管部门责令限期改正；逾期不改正的，处1万元以上5万元以下的罚款。

托运人未按照规定将放射性物品运输的核与辐射安全分析报告批准书、辐射监测报告备案的，由启运地的省、自治区、直辖市人民政府环境保护主管部门责令限期改正；逾期不改正的，处1万元以上5万元以下的罚款。

第六十条 托运人或者承运人在放射性物品运输活动中，有违反有关法律、行政法规关于危险货物运输管理规定行为的，由交通运输、铁路、民航等有关主管部门依法予以处罚。

违反有关法律、行政法规规定邮寄放射性物品的，由公安机关和邮政管理部门依法予以处罚。在邮寄进境物品中发现放射性物品的，由海关依照有关法律、行政法规的规定处理。

第六十一条 托运人未取得放射性物品运输的核与辐射安全分析报告批准书托运一类放射性物品的，由国务院核安全监管部门责令停止违法行为，处50万元以上100万元以下的罚款。

第六十二条 通过道路运输放射性物品，有下列行为之一的，由公安机关责令限期改正，处2万元以上10万元以下的罚款；构成犯罪的，依法追究刑事责任：

（一）未经公安机关批准通过道路运输放射性物品的；

（二）运输车辆未按照指定的时间、路线、速度行驶或者未悬挂警示标志的；

（三）未配备押运人员或者放射性物品脱离押运人员监管的。

第六十三条 托运人有下列行为之一的，由启运地的省、自治区、直辖市人民政府环境保护主管部门责令停止违法行为，处5万元以上20万元以下的罚款：

（一）未按照规定对托运的放射性物品表面污染和辐射水平实施监测的；

（二）将经监测不符合国家放射性物品运输安全标准的放射性物品交付托运的；

（三）出具虚假辐射监测报告的。

第六十四条 未取得放射性物品运输的核与辐射安全分析报告批准书或者放射性物品运输的辐射监测报告备案证明，将境外的放射性物品运抵中华人民共和国境内，或者途经中华人民共和国境内运输的，由海关责令托运人退运该放射性物品，并依照海关法律、行政法规给予处罚；构成犯罪的，依法追究刑事责任。托运人不明的，由承运人承担退运该放射性物品的责任，或者承担该放射性物品的处置费用。

第六十五条 违反本条例规定，在放射性物品运输中造成核与辐射事故的，由县级以上地方人民政府环境保护主管部门处以罚款，罚款数额按照核与辐射事故造成的直接损失的20%计算；构成犯罪的，依法追究刑事责任。

托运人、承运人未按照核与辐射事故应急响应指南的要求，做好事故应急工作并报告事故的，由县级以上地方人民政府环境保护主管部门处5万元以上20万元以下的罚款。

因核与辐射事故造成他人损害的，依法承担民事责任。

第六十六条 拒绝、阻碍国务院核安全监管部门或者其他依法履行放射性物品运输安全监督管理职责的部门进行监督检查，或者在接受监督检查时弄虚作假的，由监督检查部门责令改正，处1万元以上2万元以下的罚款；构成违反治安管理行为的，由公安机关依法给予治安管理处罚；构成犯罪的，依法追究刑事责任。

第七章 附 则

第六十七条 军用放射性物品运输安全的监督管理，依照《中华人民共和国放射性污染防治法》第六十条的规定执行。

第六十八条 本条例自2010年1月1日起施行。

气象灾害防御条例

国务院令第570号(2010年1月27日发布)

《气象灾害防御条例》已经2010年1月20日国务院第98次常务会议通过,现予公布,自2010年4月1日起施行。

总　理　温家宝

二〇一〇年一月二十七日

第一章　总　　则

第一条　为了加强气象灾害的防御,避免、减轻气象灾害造成的损失,保障人民生命财产安全,根据《中华人民共和国气象法》,制定本条例。

第二条　在中华人民共和国领域和中华人民共和国管辖的其他海域内从事气象灾害防御活动的,应当遵守本条例。

本条例所称气象灾害,是指台风、暴雨(雪)、寒潮、大风(沙尘暴)、低温、高温、干旱、雷电、冰雹、霜冻和大雾等所造成的灾害。

水旱灾害、地质灾害、海洋灾害、森林草原火灾等因气象因素引发的衍生、次生灾害的防御工作,适用有关法律、行政法规的规定。

第三条　气象灾害防御工作实行以人为本、科学防御、部门联动、社会参与的原则。

第四条　县级以上人民政府应当加强对气象灾害防御工作的组织、领导和协调,将气象灾害的防御纳入本级国民经济和社会发展规划,所需经费纳入本级财政预算。

第五条　国务院气象主管机构和国务院有关部门应当按照职责分工,共同做好全国气象灾害防御工作。

地方各级气象主管机构和县级以上地方人民政府有关部门应当按照职责分工,共同做好本行政区域的气象灾害防御工作。

第六条　气象灾害防御工作涉及两个以上行政区域的,有关地方人民政府、有关部门应当建立联防制度,加强信息沟通和监督检查。

第七条　地方各级人民政府、有关部门应当采取多种形式,向社会宣传普及气象灾害防御知识,提高公众的防灾减灾意识和能力。

学校应当把气象灾害防御知识纳入有关课程和课外教育内容,培养和提高学生的气象灾害防范意识和自救互救能力。教育、气象等部门应当对学校开展的气象灾害防御教育进行指导和监督。

第八条　国家鼓励开展气象灾害防御的科学技术研究,支持气象灾害防御先进技术的推广和应用,加强国际合作与交流,提高气象灾害防御的科技水平。

第九条　公民、法人和其他组织有义务参与气象灾害防御工作,在气象灾害发生后开展自救互救。

对在气象灾害防御工作中做出突出贡献的组织和个人,按照国家有关规定给予表彰和奖励。

第二章　预　　防

第十条　县级以上地方人民政府应当组织气象等有关部门对本行政区域内发生的气象灾害的种

类、次数、强度和造成的损失等情况开展气象灾害普查，建立气象灾害数据库，按照气象灾害的种类进行气象灾害风险评估，并根据气象灾害分布情况和气象灾害风险评估结果，划定气象灾害风险区域。

第十一条 国务院气象主管机构应当会同国务院有关部门，根据气象灾害风险评估结果和气象灾害风险区域，编制国家气象灾害防御规划，报国务院批准后组织实施。

县级以上地方人民政府应当组织有关部门，根据上一级人民政府的气象灾害防御规划，结合本地气象灾害特点，编制本行政区域的气象灾害防御规划。

第十二条 气象灾害防御规划应当包括气象灾害发生发展规律和现状、防御原则和目标、易发区和易发时段、防御设施建设和管理以及防御措施等内容。

第十三条 国务院有关部门和县级以上地方人民政府应当按照气象灾害防御规划，加强气象灾害防御设施建设，做好气象灾害防御工作。

第十四条 国务院有关部门制定电力、通信等基础设施的工程建设标准，应当考虑气象灾害的影响。

第十五条 国务院气象主管机构应当会同国务院有关部门，根据气象灾害防御需要，编制国家气象灾害应急预案，报国务院批准。

县级以上地方人民政府、有关部门应当根据气象灾害防御规划，结合本地气象灾害的特点和可能造成的危害，组织制定本行政区域的气象灾害应急预案，报上一级人民政府、有关部门备案。

第十六条 气象灾害应急预案应当包括应急预案启动标准、应急组织指挥体系与职责、预防与预警机制、应急处置措施和保障措施等内容。

第十七条 地方各级人民政府应当根据本地气象灾害特点，组织开展气象灾害应急演练，提高应急救援能力。居民委员会、村民委员会、企业事业单位应当协助本地人民政府做好气象灾害防御知识的宣传和气象灾害应急演练工作。

第十八条 大风（沙尘暴）、龙卷风多发区域的地方各级人民政府、有关部门应当加强防护林和紧急避难场所等建设，并定期组织开展建（构）筑物防风避险的监督检查。

台风多发区域的地方各级人民政府、有关部门应当加强海塘、堤防、避风港、防护林、避风锚地、紧急避难场所等建设，并根据台风情况做好人员转移等准备工作。

第十九条 地方各级人民政府、有关部门和单位应当根据本地降雨情况，定期组织开展各种排水设施检查，及时疏通河道和排水管网，加固病险水库，加强对地质灾害易发区和堤防等重要险段的巡查。

第二十条 地方各级人民政府、有关部门和单位应当根据本地降雪、冰冻发生情况，加强电力、通信线路的巡查，做好交通疏导、积雪（冰）清除、线路维护等准备工作。

有关单位和个人应当根据本地降雪情况，做好危旧房屋加固、粮草储备、牲畜转移等准备工作。

第二十一条 地方各级人民政府、有关部门和单位应当在高温来临前做好供电、供水和防暑医药供应的准备工作，并合理调整工作时间。

第二十二条 大雾、霾多发区域的地方各级人民政府、有关部门和单位应当加强对机场、港口、高速公路、航道、渔场等重要场所和交通要道的大雾、霾的监测设施建设，做好交通疏导、调度和防护等准备工作。

第二十三条 各类建（构）筑物、场所和设施安装雷电防护装置应当符合国家有关防雷标准的规定。

对新建、改建、扩建建（构）筑物设计文件进行审查，应当就雷电防护装置的设计征求气象主管机构的意见；对新建、改建、扩建建（构）筑物进行竣工验收，应当同时验收雷电防护装置并有气象主管机构参加。雷电易发区内的矿区、旅游景点或者投入使用的建（构）筑物、设施需要单独安装雷电防护装置的，雷电防护装置的设计审核和竣工验收由县级以上地方气象主管机构负责。

第二十四条 专门从事雷电防护装置设计、施工、检测的单位应当具备下列条件，取得国务院气象主管机构或者省、自治区、直辖市气象主管机构颁发的资质证：

（一）有法人资格；

（二）有固定的办公场所和必要的设备、设施；

（三）有相应的专业技术人员；

（四）有完备的技术和质量管理制度；

（五）国务院气象主管机构规定的其他条件。

从事电力、通信雷电防护装置检测的单位的资质证由国务院气象主管机构和国务院电力或者国务院通信主管部门共同颁发。依法取得建设工程设计、施工资质的单位，可以在核准的资质范围内从事建设工程雷电防护装置的设计、施工。

第二十五条 地方各级人民政府、有关部门应当根据本地气象灾害发生情况，加强农村地区气象灾害预防、监测、信息传播等基础设施建设，采取综合措施，做好农村气象灾害防御工作。

第二十六条 各级气象主管机构应当在本级人民政府的领导和协调下，根据实际情况组织开展人工影响天气工作，减轻气象灾害的影响。

第二十七条 县级以上人民政府有关部门在国家重大建设工程、重大区域性经济开发项目和大型太阳能、风能等气候资源开发利用项目以及城乡规划编制中，应当统筹考虑气候可行性和气象灾害的风险性，避免、减轻气象灾害的影响。

第三章　监测、预报和预警

第二十八条 县级以上地方人民政府应当根据气象灾害防御的需要，建设应急移动气象灾害监测设施，健全应急监测队伍，完善气象灾害监测体系。

县级以上人民政府应当整合完善气象灾害监测信息网络，实现信息资源共享。

第二十九条 各级气象主管机构及其所属的气象台站应当完善灾害性天气的预报系统，提高灾害性天气预报、警报的准确率和时效性。

各级气象主管机构所属的气象台站、其他有关部门所属的气象台站和与灾害性天气监测、预报有关的单位应当根据气象灾害防御的需要，按照职责开展灾害性天气的监测工作，并及时向气象主管机构和有关灾害防御、救助部门提供雨情、水情、风情、旱情等监测信息。

各级气象主管机构应当根据气象灾害防御的需要组织开展跨地区、跨部门的气象灾害联合监测，并将人口密集区、农业主产区、地质灾害易发区域、重要江河流域、森林、草原、渔场作为气象灾害监测的重点区域。

第三十条 各级气象主管机构所属的气象台站应当按照职责向社会统一发布灾害性天气警报和气象灾害预警信号，并及时向有关灾害防御、救助部门通报；其他组织和个人不得向社会发布灾害性天气警报和气象灾害预警信号。

气象灾害预警信号的种类和级别，由国务院气象主管机构规定。

第三十一条 广播、电视、报纸、电信等媒体应当及时向社会播发或者刊登当地气象主管机构所属的气象台站提供的适时灾害性天气警报、气象灾害预警信号，并根据当地气象台站的要求及时增播、插播或者刊登。

第三十二条 县级以上地方人民政府应当建立和完善气象灾害预警信息发布系统，并根据气象灾害防御的需要，在交通枢纽、公共活动场所等人口密集区域和气象灾害易发区域建立灾害性天气警报、气象灾害预警信号接收和播发设施，并保证设施的正常运转。

乡（镇）人民政府、街道办事处应当确定人员，协助气象主管机构、民政部门开展气象灾害防御知识宣传、应急联络、信息传递、灾害报告和灾情调查等工作。

第三十三条 各级气象主管机构应当做好太阳风暴、地球空间暴等空间天气灾害的监测、预报和预警工作。

第四章　应急处置

第三十四条 各级气象主管机构所属的气象台站应当及时向本级人民政府和有关部门报告灾害性

天气预报、警报情况和气象灾害预警信息。

县级以上地方人民政府、有关部门应当根据灾害性天气警报、气象灾害预警信号和气象灾害应急预案启动标准,及时作出启动相应应急预案的决定,向社会公布,并报告上一级人民政府;必要时,可以越级上报,并向当地驻军和可能受到危害的毗邻地区的人民政府通报。

发生跨省、自治区、直辖市大范围的气象灾害,并造成较大危害时,由国务院决定启动国家气象灾害应急预案。

第三十五条 县级以上地方人民政府应当根据灾害性天气影响范围、强度,将可能造成人员伤亡或者重大财产损失的区域临时确定为气象灾害危险区,并及时予以公告。

第三十六条 县级以上地方人民政府、有关部门应当根据气象灾害发生情况,依照《中华人民共和国突发事件应对法》的规定及时采取应急处置措施;情况紧急时,及时动员、组织受到灾害威胁的人员转移、疏散,开展自救互救。

对当地人民政府、有关部门采取的气象灾害应急处置措施,任何单位和个人应当配合实施,不得妨碍气象灾害救助活动。

第三十七条 气象灾害应急预案启动后,各级气象主管机构应当组织所属的气象台站加强对气象灾害的监测和评估,启用应急移动气象灾害监测设施,开展现场气象服务,及时向本级人民政府、有关部门报告灾害性天气实况、变化趋势和评估结果,为本级人民政府组织防御气象灾害提供决策依据。

第三十八条 县级以上人民政府有关部门应当按照各自职责,做好相应的应急工作。

民政部门应当设置避难场所和救济物资供应点,开展受灾群众救助工作,并按照规定职责核查灾情、发布灾情信息。

卫生主管部门应当组织医疗救治、卫生防疫等卫生应急工作。

交通运输、铁路等部门应当优先运送救灾物资、设备、药物、食品,及时抢修被毁的道路交通设施。

住房城乡建设部门应当保障供水、供气、供热等市政公用设施的安全运行。

电力、通信主管部门应当组织做好电力、通信应急保障工作。

国土资源部门应当组织开展地质灾害监测、预防工作。

农业主管部门应当组织开展农业抗灾救灾和农业生产技术指导工作。

水利主管部门应当统筹协调主要河流、水库的水量调度,组织开展防汛抗旱工作。

公安部门应当负责灾区的社会治安和道路交通秩序维护工作,协助组织灾区群众进行紧急转移。

第三十九条 气象、水利、国土资源、农业、林业、海洋等部门应当根据气象灾害发生的情况,加强对气象因素引发的衍生、次生灾害的联合监测,并根据相应的应急预案,做好各项应急处置工作。

第四十条 广播、电视、报纸、电信等媒体应当及时、准确地向社会传播气象灾害的发生、发展和应急处置情况。

第四十一条 县级以上人民政府及其有关部门应当根据气象主管机构提供的灾害性天气发生、发展趋势信息以及灾情发展情况,按照有关规定适时调整气象灾害级别或者作出解除气象灾害应急措施的决定。

第四十二条 气象灾害应急处置工作结束后,地方各级人民政府应当组织有关部门对气象灾害造成的损失进行调查,制定恢复重建计划,并向上一级人民政府报告。

第五章 法律责任

第四十三条 违反本条例规定,地方各级人民政府、各级气象主管机构和其他有关部门及其工作人员,有下列行为之一的,由其上级机关或者监察机关责令改正;情节严重的,对直接负责的主管人员和其他直接责任人员依法给予处分;构成犯罪的,依法追究刑事责任:

(一)未按照规定编制气象灾害防御规划或者气象灾害应急预案的;

(二)未按照规定采取气象灾害预防措施的;

（三）向不符合条件的单位颁发雷电防护装置设计、施工、检测资质证的；

（四）隐瞒、谎报或者由于玩忽职守导致重大漏报、错报灾害性天气警报、气象灾害预警信号的；

（五）未及时采取气象灾害应急措施的；

（六）不依法履行职责的其他行为。

第四十四条 违反本条例规定，有下列行为之一的，由县级以上地方人民政府或者有关部门责令改正；构成违反治安管理行为的，由公安机关依法给予处罚；构成犯罪的，依法追究刑事责任：

（一）未按照规定采取气象灾害预防措施的；

（二）不服从所在地人民政府及其有关部门发布的气象灾害应急处置决定、命令，或者不配合实施其依法采取的气象灾害应急措施的。

第四十五条 违反本条例规定，有下列行为之一的，由县级以上气象主管机构或者其他有关部门按照权限责令停止违法行为，处5万元以上10万元以下的罚款；有违法所得的，没收违法所得；给他人造成损失的，依法承担赔偿责任：

（一）无资质或者超越资质许可范围从事雷电防护装置设计、施工、检测的；

（二）在雷电防护装置设计、施工、检测中弄虚作假的。

第四十六条 违反本条例规定，有下列行为之一的，由县级以上气象主管机构责令改正，给予警告，可以处5万元以下的罚款；构成违反治安管理行为的，由公安机关依法给予处罚：

（一）擅自向社会发布灾害性天气警报、气象灾害预警信号的；

（二）广播、电视、报纸、电信等媒体未按照要求播发、刊登灾害性天气警报和气象灾害预警信号的；

（三）传播虚假的或者通过非法渠道获取的灾害性天气信息和气象灾害灾情的。

第六章 附 则

第四十七条 中国人民解放军的气象灾害防御活动，按照中央军事委员会的规定执行。

第四十八条 本条例自2010年4月1日起施行。

工伤保险条例

国务院令第586号(2010年12月20日发布)

《国务院关于修改〈工伤保险条例〉的决定》已经2010年12月8日国务院第136次常务会议通过,现予公布,自2011年1月1日起施行。

总 理 温家宝

二〇一〇年十二月二十日

国务院关于修改《工伤保险条例》的决定

国务院决定对《工伤保险条例》作如下修改:

一、第二条修改为:"中华人民共和国境内的企业、事业单位、社会团体、民办非企业单位、基金会、律师事务所、会计师事务所等组织和有雇工的个体工商户(以下称用人单位)应当依照本条例规定参加工伤保险,为本单位全部职工或者雇工(以下称职工)缴纳工伤保险费。

"中华人民共和国境内的企业、事业单位、社会团体、民办非企业单位、基金会、律师事务所、会计师事务所等组织的职工和个体工商户的雇工,均有依照本条例的规定享受工伤保险待遇的权利。"

二、第八条第二款修改为:"国家根据不同行业的工伤风险程度确定行业的差别费率,并根据工伤保险费使用、工伤发生率等情况在每个行业内确定若干费率档次。行业差别费率及行业内费率档次由国务院社会保险行政部门制定,报国务院批准后公布施行。"

三、第九条修改为:"国务院社会保险行政部门应当定期了解全国各统筹地区工伤保险基金收支情况,及时提出调整行业差别费率及行业内费率档次的方案,报国务院批准后公布施行。"

四、第十条增加一款,作为第三款:"对难以按照工资总额缴纳工伤保险费的行业,其缴纳工伤保险费的具体方式,由国务院社会保险行政部门规定。"

五、第十一条第一款修改为:"工伤保险基金逐步实行省级统筹。"

六、第十二条修改为:"工伤保险基金存入社会保障基金财政专户,用于本条例规定的工伤保险待遇,劳动能力鉴定,工伤预防的宣传、培训等费用,以及法律、法规规定的用于工伤保险的其他费用的支付。

"工伤预防费用的提取比例、使用和管理的具体办法,由国务院社会保险行政部门会同国务院财政、卫生行政、安全生产监督管理等部门规定。

"任何单位或者个人不得将工伤保险基金用于投资运营、兴建或者改建办公场所、发放奖金,或者挪作其他用途。"

七、第十四条第(六)项修改为:"在上下班途中,受到非本人主要责任的交通事故或者城市轨道交通、客运轮渡、火车事故伤害的;"

八、第十六条修改为:"职工符合本条例第十四条、第十五条的规定,但是有下列情形之一的,不得认定为工伤或者视同工伤:

"(一)故意犯罪的;

"(二)醉酒或者吸毒的;

"(三)自残或者自杀的。"

九、第二十条修改为:"社会保险行政部门应当自受理工伤认定申请之日起60日内作出工伤认定的决定,并书面通知申请工伤认定的职工或者其近亲属和该职工所在单位。

"社会保险行政部门对受理的事实清楚、权利义务明确的工伤认定申请,应当在15日内作出工伤认定的决定。

"作出工伤认定决定需要以司法机关或者有关行政主管部门的结论为依据的,在司法机关或者有关行政主管部门尚未作出结论期间,作出工伤认定决定的时限中止。

"社会保险行政部门工作人员与工伤认定申请人有利害关系的,应当回避。"

十、增加一条,作为第二十九条:"劳动能力鉴定委员会依照本条例第二十六条和第二十八条的规定进行再次鉴定和复查鉴定的期限,依照本条例第二十五条第二款的规定执行。"

十一、第二十九条改为第三十条,第四款修改为:"职工住院治疗工伤的伙食补助费,以及经医疗机构出具证明,报经办机构同意,工伤职工到统筹地区以外就医所需的交通、食宿费用从工伤保险基金支付,基金支付的具体标准由统筹地区人民政府规定。"

第六款修改为:"工伤职工到签订服务协议的医疗机构进行工伤康复的费用,符合规定的,从工伤保险基金支付。"

十二、增加一条,作为第三十一条:"社会保险行政部门作出认定为工伤的决定后发生行政复议、行政诉讼的,行政复议和行政诉讼期间不停止支付工伤职工治疗工伤的医疗费用。"

十三、第三十三条改为第三十五条,第一款第(一)项修改为:"从工伤保险基金按伤残等级支付一次性伤残补助金,标准为:一级伤残为27个月的本人工资,二级伤残为25个月的本人工资,三级伤残为23个月的本人工资,四级伤残为21个月的本人工资;"

第一款第(三)项修改为:"工伤职工达到退休年龄并办理退休手续后,停发伤残津贴,按照国家有关规定享受基本养老保险待遇。基本养老保险待遇低于伤残津贴的,由工伤保险基金补足差额。"

十四、第三十四条改为第三十六条,第一款第(一)项修改为:"从工伤保险基金按伤残等级支付一次性伤残补助金,标准为:五级伤残为18个月的本人工资,六级伤残为16个月的本人工资;"

第二款修改为:"经工伤职工本人提出,该职工可以与用人单位解除或者终止劳动关系,由工伤保险基金支付一次性工伤医疗补助金,由用人单位支付一次性伤残就业补助金。一次性工伤医疗补助金和一次性伤残就业补助金的具体标准由省、自治区、直辖市人民政府规定。"

十五、第三十五条改为第三十七条,修改为:"职工因工致残被鉴定为七级至十级伤残的,享受以下待遇:

"(一)从工伤保险基金按伤残等级支付一次性伤残补助金,标准为:七级伤残为13个月的本人工资,八级伤残为11个月的本人工资,九级伤残为9个月的本人工资,十级伤残为7个月的本人工资;

"(二)劳动、聘用合同期满终止,或者职工本人提出解除劳动、聘用合同的,由工伤保险基金支付一次性工伤医疗补助金,由用人单位支付一次性伤残就业补助金。一次性工伤医疗补助金和一次性伤残就业补助金的具体标准由省、自治区、直辖市人民政府规定。"

十六、第三十七条改为第三十九条,第一款第(三)项修改为:"一次性工亡补助金标准为上一年度全国城镇居民人均可支配收入的20倍。"

十七、第四十条改为第四十二条,删去第(四)项。

十八、第四十一条改为第四十三条,第四款修改为:"企业破产的,在破产清算时依法拨付应当由单位支付的工伤保险待遇费用。"

十九、第五十三条改为第五十五条,修改为:"有下列情形之一的,有关单位或者个人可以依法申请行政复议,也可以依法向人民法院提起行政诉讼:

"(一)申请工伤认定的职工或者其近亲属、该职工所在单位对工伤认定申请不予受理的决定不服的;

"(二)申请工伤认定的职工或者其近亲属、该职工所在单位对工伤认定结论不服的;

"(三)用人单位对经办机构确定的单位缴费费率不服的;

"(四)签订服务协议的医疗机构、辅助器具配置机构认为经办机构未履行有关协议或者规定的;

“(五)工伤职工或者其近亲属对经办机构核定的工伤保险待遇有异议的。”

二十、第五十八条改为第六十条,修改为:“用人单位、工伤职工或者其近亲属骗取工伤保险待遇,医疗机构、辅助器具配置机构骗取工伤保险基金支出的,由社会保险行政部门责令退还,处骗取金额2倍以上5倍以下的罚款;情节严重,构成犯罪的,依法追究刑事责任。”

二十一、第六十条改为第六十二条,修改为:“用人单位依照本条例规定应当参加工伤保险而未参加的,由社会保险行政部门责令限期参加,补缴应当缴纳的工伤保险费,并自欠缴之日起,按日加收万分之五的滞纳金;逾期仍不缴纳的,处欠缴数额1倍以上3倍以下的罚款。

“依照本条例规定应当参加工伤保险而未参加工伤保险的用人单位职工发生工伤的,由该用人单位按照本条例规定的工伤保险待遇项目和标准支付费用。

“用人单位参加工伤保险并补缴应当缴纳的工伤保险费、滞纳金后,由工伤保险基金和用人单位依照本条例的规定支付新发生的费用。”

二十二、增加一条,作为第六十三条:“用人单位违反本条例第十九条的规定,拒不协助社会保险行政部门对事故进行调查核实的,由社会保险行政部门责令改正,处2000元以上2万元以下的罚款。”

二十三、第六十一条改为第六十四条,删去第一款。

二十四、第六十二条改为第六十五条,修改为:“公务员和参照公务员法管理的事业单位、社会团体的工作人员因工作遭受事故伤害或者患职业病的,由所在单位支付费用。具体办法由国务院社会保险行政部门会同国务院财政部门规定。”

此外,对条文的个别文字作了修改,对条文的顺序作了相应调整。

本决定自2011年1月1日起施行。

《工伤保险条例》根据本决定作相应的修改,重新公布。本条例施行后本决定施行前受到事故伤害或者患职业病的职工尚未完成工伤认定的,依照本决定的规定执行。

工伤保险条例

(2003年4月27日中华人民共和国国务院令第375号公布根据2010年12月20日《国务院关于修改〈工伤保险条例〉的决定》修订)

第一章　总　　则

第一条　为了保障因工作遭受事故伤害或者患职业病的职工获得医疗救治和经济补偿,促进工伤预防和职业康复,分散用人单位的工伤风险,制定本条例。

第二条　中华人民共和国境内的企业、事业单位、社会团体、民办非企业单位、基金会、律师事务所、会计师事务所等组织和有雇工的个体工商户(以下称用人单位)应当依照本条例规定参加工伤保险,为本单位全部职工或者雇工(以下称职工)缴纳工伤保险费。

中华人民共和国境内的企业、事业单位、社会团体、民办非企业单位、基金会、律师事务所、会计师事务所等组织的职工和个体工商户的雇工,均有依照本条例的规定享受工伤保险待遇的权利。

第三条　工伤保险费的征缴按照《社会保险费征缴暂行条例》关于基本养老保险费、基本医疗保险费、失业保险费的征缴规定执行。

第四条　用人单位应当将参加工伤保险的有关情况在本单位内公示。

用人单位和职工应当遵守有关安全生产和职业病防治的法律法规,执行安全卫生规程和标准,预防工伤事故发生,避免和减少职业病危害。

职工发生工伤时,用人单位应当采取措施使工伤职工得到及时救治。

第五条　国务院社会保险行政部门负责全国的工伤保险工作。

县级以上地方各级人民政府社会保险行政部门负责本行政区域内的工伤保险工作。

社会保险行政部门按照国务院有关规定设立的社会保险经办机构(以下称经办机构)具体承办工伤保险事务。

第六条 社会保险行政部门等部门制定工伤保险的政策、标准,应当征求工会组织、用人单位代表的意见。

第二章 工伤保险基金

第七条 工伤保险基金由用人单位缴纳的工伤保险费、工伤保险基金的利息和依法纳入工伤保险基金的其他资金构成。

第八条 工伤保险费根据以支定收、收支平衡的原则,确定费率。

国家根据不同行业的工伤风险程度确定行业的差别费率,并根据工伤保险费使用、工伤发生率等情况在每个行业内确定若干费率档次。行业差别费率及行业内费率档次由国务院社会保险行政部门制定,报国务院批准后公布施行。

统筹地区经办机构根据用人单位工伤保险费使用、工伤发生率等情况,适用所属行业内相应的费率档次确定单位缴费费率。

第九条 国务院社会保险行政部门应当定期了解全国各统筹地区工伤保险基金收支情况,及时提出调整行业差别费率及行业内费率档次的方案,报国务院批准后公布施行。

第十条 用人单位应当按时缴纳工伤保险费。职工个人不缴纳工伤保险费。

用人单位缴纳工伤保险费的数额为本单位职工工资总额乘以单位缴费费率之积。

对难以按照工资总额缴纳工伤保险费的行业,其缴纳工伤保险费的具体方式,由国务院社会保险行政部门规定。

第十一条 工伤保险基金逐步实行省级统筹。

跨地区、生产流动性较大的行业,可以采取相对集中的方式异地参加统筹地区的工伤保险。具体办法由国务院社会保险行政部门会同有关行业的主管部门制定。

第十二条 工伤保险基金存入社会保障基金财政专户,用于本条例规定的工伤保险待遇,劳动能力鉴定,工伤预防的宣传、培训等费用,以及法律、法规规定的用于工伤保险的其他费用的支付。

工伤预防费用的提取比例、使用和管理的具体办法,由国务院社会保险行政部门会同国务院财政、卫生行政、安全生产监督管理等部门规定。

任何单位或者个人不得将工伤保险基金用于投资运营、兴建或者改建办公场所、发放奖金,或者挪作其他用途。

第十三条 工伤保险基金应当留有一定比例的储备金,用于统筹地区重大事故的工伤保险待遇支付;储备金不足支付的,由统筹地区的人民政府垫付。储备金占基金总额的具体比例和储备金的使用办法,由省、自治区、直辖市人民政府规定。

第三章 工 伤 认 定

第十四条 职工有下列情形之一的,应当认定为工伤:

(一)在工作时间和工作场所内,因工作原因受到事故伤害的;

(二)工作时间前后在工作场所内,从事与工作有关的预备性或者收尾性工作受到事故伤害的;

(三)在工作时间和工作场所内,因履行工作职责受到暴力等意外伤害的;

(四)患职业病的;

(五)因工外出期间,由于工作原因受到伤害或者发生事故下落不明的;

(六)在上下班途中,受到非本人主要责任的交通事故或者城市轨道交通、客运轮渡、火车事故伤

害的;

(七)法律、行政法规规定应当认定为工伤的其他情形。

第十五条 职工有下列情形之一的,视同工伤:

(一)在工作时间和工作岗位,突发疾病死亡或者在48小时之内经抢救无效死亡的;

(二)在抢险救灾等维护国家利益、公共利益活动中受到伤害的;

(三)职工原在军队服役,因战、因公负伤致残,已取得革命伤残军人证,到用人单位后旧伤复发的。

职工有前款第(一)项、第(二)项情形的,按照本条例的有关规定享受工伤保险待遇;职工有前款第(三)项情形的,按照本条例的有关规定享受除一次性伤残补助金以外的工伤保险待遇。

第十六条 职工符合本条例第十四条、第十五条的规定,但是有下列情形之一的,不得认定为工伤或者视同工伤:

(一)故意犯罪的;

(二)醉酒或者吸毒的;

(三)自残或者自杀的。

第十七条 职工发生事故伤害或者按照职业病防治法规定被诊断、鉴定为职业病,所在单位应当自事故伤害发生之日或者被诊断、鉴定为职业病之日起30日内,向统筹地区社会保险行政部门提出工伤认定申请。遇有特殊情况,经报社会保险行政部门同意,申请时限可以适当延长。

用人单位未按前款规定提出工伤认定申请的,工伤职工或者其近亲属、工会组织在事故伤害发生之日或者被诊断、鉴定为职业病之日起1年内,可以直接向用人单位所在地统筹地区社会保险行政部门提出工伤认定申请。

按照本条第一款规定应当由省级社会保险行政部门进行工伤认定的事项,根据属地原则由用人单位所在地的设区的市级社会保险行政部门办理。

用人单位未在本条第一款规定的时限内提交工伤认定申请,在此期间发生符合本条例规定的工伤待遇等有关费用由该用人单位负担。

第十八条 提出工伤认定申请应当提交下列材料:

(一)工伤认定申请表;

(二)与用人单位存在劳动关系(包括事实劳动关系)的证明材料;

(三)医疗诊断证明或者职业病诊断证明书(或者职业病诊断鉴定书)。

工伤认定申请表应当包括事故发生的时间、地点、原因以及职工伤害程度等基本情况。

工伤认定申请人提供材料不完整的,社会保险行政部门应当一次性书面告知工伤认定申请人需要补正的全部材料。申请人按照书面告知要求补正材料后,社会保险行政部门应当受理。

第十九条 社会保险行政部门受理工伤认定申请后,根据审核需要可以对事故伤害进行调查核实,用人单位、职工、工会组织、医疗机构以及有关部门应当予以协助。职业病诊断和诊断争议的鉴定,依照职业病防治法的有关规定执行。对依法取得职业病诊断证明书或者职业病诊断鉴定书的,社会保险行政部门不再进行调查核实。

职工或者其近亲属认为是工伤,用人单位不认为是工伤的,由用人单位承担举证责任。

第二十条 社会保险行政部门应当自受理工伤认定申请之日起60日内作出工伤认定的决定,并书面通知申请工伤认定的职工或者其近亲属和该职工所在单位。

社会保险行政部门对受理的事实清楚、权利义务明确的工伤认定申请,应当在15日内作出工伤认定的决定。

作出工伤认定决定需要以司法机关或者有关行政主管部门的结论为依据的,在司法机关或者有关行政主管部门尚未作出结论期间,作出工伤认定决定的时限中止。

社会保险行政部门工作人员与工伤认定申请人有利害关系的,应当回避。

第四章　劳动能力鉴定

第二十一条　职工发生工伤,经治疗伤情相对稳定后存在残疾、影响劳动能力的,应当进行劳动能力鉴定。

第二十二条　劳动能力鉴定是指劳动功能障碍程度和生活自理障碍程度的等级鉴定。

劳动功能障碍分为十个伤残等级,最重的为一级,最轻的为十级。

生活自理障碍分为三个等级:生活完全不能自理、生活大部分不能自理和生活部分不能自理。

劳动能力鉴定标准由国务院社会保险行政部门会同国务院卫生行政部门等部门制定。

第二十三条　劳动能力鉴定由用人单位、工伤职工或者其近亲属向设区的市级劳动能力鉴定委员会提出申请,并提供工伤认定决定和职工工伤医疗的有关资料。

第二十四条　省、自治区、直辖市劳动能力鉴定委员会和设区的市级劳动能力鉴定委员会分别由省、自治区、直辖市和设区的市级社会保险行政部门、卫生行政部门、工会组织、经办机构代表以及用人单位代表组成。

劳动能力鉴定委员会建立医疗卫生专家库。列入专家库的医疗卫生专业技术人员应当具备下列条件:

(一)具有医疗卫生高级专业技术职务任职资格;

(二)掌握劳动能力鉴定的相关知识;

(三)具有良好的职业品德。

第二十五条　设区的市级劳动能力鉴定委员会收到劳动能力鉴定申请后,应当从其建立的医疗卫生专家库中随机抽取3名或者5名相关专家组成专家组,由专家组提出鉴定意见。设区的市级劳动能力鉴定委员会根据专家组的鉴定意见作出工伤职工劳动能力鉴定结论;必要时,可以委托具备资格的医疗机构协助进行有关的诊断。

设区的市级劳动能力鉴定委员会应当自收到劳动能力鉴定申请之日起60日内作出劳动能力鉴定结论,必要时,作出劳动能力鉴定结论的期限可以延长30日。劳动能力鉴定结论应当及时送达申请鉴定的单位和个人。

第二十六条　申请鉴定的单位或者个人对设区的市级劳动能力鉴定委员会作出的鉴定结论不服的,可以在收到该鉴定结论之日起15日内向省、自治区、直辖市劳动能力鉴定委员会提出再次鉴定申请。省、自治区、直辖市劳动能力鉴定委员会作出的劳动能力鉴定结论为最终结论。

第二十七条　劳动能力鉴定工作应当客观、公正。劳动能力鉴定委员会组成人员或者参加鉴定的专家与当事人有利害关系的,应当回避。

第二十八条　自劳动能力鉴定结论作出之日起1年后,工伤职工或者其近亲属、所在单位或者经办机构认为伤残情况发生变化的,可以申请劳动能力复查鉴定。

第二十九条　劳动能力鉴定委员会依照本条例第二十六条和第二十八条的规定进行再次鉴定和复查鉴定的期限,依照本条例第二十五条第二款的规定执行。

第五章　工伤保险待遇

第三十条　职工因工作遭受事故伤害或者患职业病进行治疗,享受工伤医疗待遇。

职工治疗工伤应当在签订服务协议的医疗机构就医,情况紧急时可以先到就近的医疗机构急救。

治疗工伤所需费用符合工伤保险诊疗项目目录、工伤保险药品目录、工伤保险住院服务标准的,从工伤保险基金支付。工伤保险诊疗项目目录、工伤保险药品目录、工伤保险住院服务标准,由国务院社会保险行政部门会同国务院卫生行政部门、食品药品监督管理部门等部门规定。

职工住院治疗工伤的伙食补助费,以及经医疗机构出具证明,报经办机构同意,工伤职工到统筹地区以外就医所需的交通、食宿费用从工伤保险基金支付，基金支付的具体标准由统筹地区人民政府规定。

工伤职工治疗非工伤引发的疾病，不享受工伤医疗待遇，按照基本医疗保险办法处理。

工伤职工到签订服务协议的医疗机构进行工伤康复的费用，符合规定的，从工伤保险基金支付。

第三十一条 社会保险行政部门作出认定为工伤的决定后发生行政复议、行政诉讼的，行政复议和行政诉讼期间不停止支付工伤职工治疗工伤的医疗费用。

第三十二条 工伤职工因日常生活或者就业需要，经劳动能力鉴定委员会确认，可以安装假肢、矫形器、假眼、假牙和配置轮椅等辅助器具，所需费用按照国家规定的标准从工伤保险基金支付。

第三十三条 职工因工作遭受事故伤害或者患职业病需要暂停工作接受工伤医疗的，在停工留薪期内，原工资福利待遇不变，由所在单位按月支付。

停工留薪期一般不超过12个月。伤情严重或者情况特殊，经设区的市级劳动能力鉴定委员会确认，可以适当延长，但延长不得超过12个月。工伤职工评定伤残等级后，停发原待遇，按照本章的有关规定享受伤残待遇。工伤职工在停工留薪期满后仍需治疗的，继续享受工伤医疗待遇。

生活不能自理的工伤职工在停工留薪期需要护理的，由所在单位负责。

第三十四条 工伤职工已经评定伤残等级并经劳动能力鉴定委员会确认需要生活护理的，从工伤保险基金按月支付生活护理费。

生活护理费按照生活完全不能自理、生活大部分不能自理或者生活部分不能自理3个不同等级支付，其标准分别为统筹地区上年度职工月平均工资的50%、40%或者30%。

第三十五条 职工因工致残被鉴定为一级至四级伤残的，保留劳动关系，退出工作岗位，享受以下待遇：

（一）从工伤保险基金按伤残等级支付一次性伤残补助金，标准为：一级伤残为27个月的本人工资，二级伤残为25个月的本人工资，三级伤残为23个月的本人工资，四级伤残为21个月的本人工资；

（二）从工伤保险基金按月支付伤残津贴，标准为：一级伤残为本人工资的90%，二级伤残为本人工资的85%，三级伤残为本人工资的80%，四级伤残为本人工资的75%。伤残津贴实际金额低于当地最低工资标准的，由工伤保险基金补足差额；

（三）工伤职工达到退休年龄并办理退休手续后，停发伤残津贴，按照国家有关规定享受基本养老保险待遇。基本养老保险待遇低于伤残津贴的，由工伤保险基金补足差额。

职工因工致残被鉴定为一级至四级伤残的，由用人单位和职工个人以伤残津贴为基数，缴纳基本医疗保险费。

第三十六条 职工因工致残被鉴定为五级、六级伤残的，享受以下待遇：

（一）从工伤保险基金按伤残等级支付一次性伤残补助金，标准为：五级伤残为18个月的本人工资，六级伤残为16个月的本人工资；

（二）保留与用人单位的劳动关系，由用人单位安排适当工作。难以安排工作的，由用人单位按月发给伤残津贴，标准为：五级伤残为本人工资的70%，六级伤残为本人工资的60%，并由用人单位按照规定为其缴纳应缴纳的各项社会保险费。伤残津贴实际金额低于当地最低工资标准的，由用人单位补足差额。

经工伤职工本人提出，该职工可以与用人单位解除或者终止劳动关系，由工伤保险基金支付一次性工伤医疗补助金，由用人单位支付一次性伤残就业补助金。一次性工伤医疗补助金和一次性伤残就业补助金的具体标准由省、自治区、直辖市人民政府规定。

第三十七条 职工因工致残被鉴定为七级至十级伤残的，享受以下待遇：

（一）从工伤保险基金按伤残等级支付一次性伤残补助金，标准为：七级伤残为13个月的本人工资，八级伤残为11个月的本人工资，九级伤残为9个月的本人工资，十级伤残为7个月的本人工资；

（二）劳动、聘用合同期满终止，或者职工本人提出解除劳动、聘用合同的，由工伤保险基金支付一次性工伤医疗补助金，由用人单位支付一次性伤残就业补助金。一次性工伤医疗补助金和一次性伤残就业补助金的具体标准由省、自治区、直辖市人民政府规定。

第三十八条 工伤职工工伤复发，确认需要治疗的，享受本条例第三十条、第三十二条和第三十三条规定的工伤待遇。

第三十九条 职工因工死亡，其近亲属按照下列规定从工伤保险基金领取丧葬补助金、供养亲属抚恤金和一次性工亡补助金：

（一）丧葬补助金为6个月的统筹地区上年度职工月平均工资；

（二）供养亲属抚恤金按照职工本人工资的一定比例发给由因工死亡职工生前提供主要生活来源、无劳动能力的亲属。标准为：配偶每月40%，其他亲属每人每月30%，孤寡老人或者孤儿每人每月在上述标准的基础上增加10%。核定的各供养亲属的抚恤金之和不应高于因工死亡职工生前的工资。供养亲属的具体范围由国务院社会保险行政部门规定；

（三）一次性工亡补助金标准为上一年度全国城镇居民人均可支配收入的20倍。

伤残职工在停工留薪期内因工伤导致死亡的，其近亲属享受本条第一款规定的待遇。

一级至四级伤残职工在停工留薪期满后死亡的，其近亲属可以享受本条第一款第（一）项、第（二）项规定的待遇。

第四十条 伤残津贴、供养亲属抚恤金、生活护理费由统筹地区社会保险行政部门根据职工平均工资和生活费用变化等情况适时调整。调整办法由省、自治区、直辖市人民政府规定。

第四十一条 职工因工外出期间发生事故或者在抢险救灾中下落不明的，从事故发生当月起3个月内照发工资，从第4个月起停发工资，由工伤保险基金向其供养亲属按月支付供养亲属抚恤金。生活有困难的，可以预支一次性工亡补助金的50%。职工被人民法院宣告死亡的，按照本条例第三十九条职工因工死亡的规定处理。

第四十二条 工伤职工有下列情形之一的，停止享受工伤保险待遇：

（一）丧失享受待遇条件的；

（二）拒不接受劳动能力鉴定的；

（三）拒绝治疗的。

第四十三条 用人单位分立、合并、转让的，承继单位应当承担原用人单位的工伤保险责任；原用人单位已经参加工伤保险的，承继单位应当到当地经办机构办理工伤保险变更登记。

用人单位实行承包经营的，工伤保险责任由职工劳动关系所在单位承担。

职工被借调期间受到工伤事故伤害的，由原用人单位承担工伤保险责任，但原用人单位与借调单位可以约定补偿办法。

企业破产的，在破产清算时依法拨付应当由单位支付的工伤保险待遇费用。

第四十四条 职工被派遣出境工作，依据前往国家或者地区的法律应当参加当地工伤保险的，参加当地工伤保险，其国内工伤保险关系中止；不能参加当地工伤保险的，其国内工伤保险关系不中止。

第四十五条 职工再次发生工伤，根据规定应当享受伤残津贴的，按照新认定的伤残等级享受伤残津贴待遇。

第六章　监督管理

第四十六条 经办机构具体承办工伤保险事务，履行下列职责：

（一）根据省、自治区、直辖市人民政府规定，征收工伤保险费；

（二）核查用人单位的工资总额和职工人数，办理工伤保险登记，并负责保存用人单位缴费和职工享受工伤保险待遇情况的记录；

（三）进行工伤保险的调查、统计；

（四）按照规定管理工伤保险基金的支出；

（五）按照规定核定工伤保险待遇；

（六）为工伤职工或者其近亲属免费提供咨询服务。

第四十七条 经办机构与医疗机构、辅助器具配置机构在平等协商的基础上签订服务协议，并公布签订服务协议的医疗机构、辅助器具配置机构的名单。具体办法由国务院社会保险行政部门分别会同国务院卫生行政部门、民政部门等部门制定。

第四十八条 经办机构按照协议和国家有关目录、标准对工伤职工医疗费用、康复费用、辅助器具费用的使用情况进行核查，并按时足额结算费用。

第四十九条 经办机构应当定期公布工伤保险基金的收支情况，及时向社会保险行政部门提出调整费率的建议。

第五十条 社会保险行政部门、经办机构应当定期听取工伤职工、医疗机构、辅助器具配置机构以及社会各界对改进工伤保险工作的意见。

第五十一条 社会保险行政部门依法对工伤保险费的征缴和工伤保险基金的支付情况进行监督检查。

财政部门和审计机关依法对工伤保险基金的收支、管理情况进行监督。

第五十二条 任何组织和个人对有关工伤保险的违法行为，有权举报。社会保险行政部门对举报应当及时调查，按照规定处理，并为举报人保密。

第五十三条 工会组织依法维护工伤职工的合法权益，对用人单位的工伤保险工作实行监督。

第五十四条 职工与用人单位发生工伤待遇方面的争议，按照处理劳动争议的有关规定处理。

第五十五条 有下列情形之一的，有关单位或者个人可以依法申请行政复议，也可以依法向人民法院提起行政诉讼：

（一）申请工伤认定的职工或者其近亲属、该职工所在单位对工伤认定申请不予受理的决定不服的；

（二）申请工伤认定的职工或者其近亲属、该职工所在单位对工伤认定结论不服的；

（三）用人单位对经办机构确定的单位缴费费率不服的；

（四）签订服务协议的医疗机构、辅助器具配置机构认为经办机构未履行有关协议或者规定的；

（五）工伤职工或者其近亲属对经办机构核定的工伤保险待遇有异议的。

第七章 法律责任

第五十六条 单位或者个人违反本条例第十二条规定挪用工伤保险基金，构成犯罪的，依法追究刑事责任；尚不构成犯罪的，依法给予处分或者纪律处分。被挪用的基金由社会保险行政部门追回，并入工伤保险基金；没收的违法所得依法上缴国库。

第五十七条 社会保险行政部门工作人员有下列情形之一的，依法给予处分；情节严重，构成犯罪的，依法追究刑事责任：

（一）无正当理由不受理工伤认定申请，或者弄虚作假将不符合工伤条件的人员认定为工伤职工的；

（二）未妥善保管申请工伤认定的证据材料，致使有关证据灭失的；

（三）收受当事人财物的。

第五十八条 经办机构有下列行为之一的，由社会保险行政部门责令改正，对直接负责的主管人员和其他责任人员依法给予纪律处分；情节严重，构成犯罪的，依法追究刑事责任；造成当事人经济损失的，由经办机构依法承担赔偿责任：

（一）未按规定保存用人单位缴费和职工享受工伤保险待遇情况记录的；

（二）不按规定核定工伤保险待遇的；

（三）收受当事人财物的。

第五十九条 医疗机构、辅助器具配置机构不按服务协议提供服务的，经办机构可以解除服务协议。

经办机构不按时足额结算费用的，由社会保险行政部门责令改正；医疗机构、辅助器具配置机构可以解除服务协议。

第六十条 用人单位、工伤职工或者其近亲属骗取工伤保险待遇，医疗机构、辅助器具配置机构骗取工伤保险基金支出的，由社会保险行政部门责令退还，处骗取金额2倍以上5倍以下的罚款；情节严重，构成犯罪的，依法追究刑事责任。

第六十一条 从事劳动能力鉴定的组织或者个人有下列情形之一的，由社会保险行政部门责令改正，处2000元以上1万元以下的罚款；情节严重，构成犯罪的，依法追究刑事责任：

(一)提供虚假鉴定意见的；

(二)提供虚假诊断证明的；

(三)收受当事人财物的。

第六十二条 用人单位依照本条例规定应当参加工伤保险而未参加的，由社会保险行政部门责令限期参加，补缴应当缴纳的工伤保险费，并自欠缴之日起，按日加收万分之五的滞纳金；逾期仍不缴纳的，处欠缴数额1倍以上3倍以下的罚款。

依照本条例规定应当参加工伤保险而未参加工伤保险的用人单位职工发生工伤的，由该用人单位按照本条例规定的工伤保险待遇项目和标准支付费用。

用人单位参加工伤保险并补缴应当缴纳的工伤保险费、滞纳金后，由工伤保险基金和用人单位依照本条例的规定支付新发生的费用。

第六十三条 用人单位违反本条例第十九条的规定，拒不协助社会保险行政部门对事故进行调查核实的，由社会保险行政部门责令改正，处2000元以上2万元以下的罚款。

第八章　附　　则

第六十四条 本条例所称工资总额，是指用人单位直接支付给本单位全部职工的劳动报酬总额。

本条例所称本人工资，是指工伤职工因工作遭受事故伤害或者患职业病前12个月平均月缴费工资。本人工资高于统筹地区职工平均工资300%的，按照统筹地区职工平均工资的300%计算；本人工资低于统筹地区职工平均工资60%的，按照统筹地区职工平均工资的60%计算。

第六十五条 公务员和参照公务员法管理的事业单位、社会团体的工作人员因工作遭受事故伤害或者患职业病的，由所在单位支付费用。具体办法由国务院社会保险行政部门会同国务院财政部门规定。

第六十六条 无营业执照或者未经依法登记、备案的单位以及被依法吊销营业执照或者撤销登记、备案的单位的职工受到事故伤害或者患职业病的，由该单位向伤残职工或者死亡职工的近亲属给予一次性赔偿，赔偿标准不得低于本条例规定的工伤保险待遇；用人单位不得使用童工，用人单位使用童工造成童工伤残、死亡的，由该单位向童工或者童工的近亲属给予一次性赔偿，赔偿标准不得低于本条例规定的工伤保险待遇。具体办法由国务院社会保险行政部门规定。

前款规定的伤残职工或者死亡职工的近亲属就赔偿数额与单位发生争议的，以及前款规定的童工或者童工的近亲属就赔偿数额与单位发生争议的，按照处理劳动争议的有关规定处理。

第六十七条 本条例自2004年1月1日起施行。本条例施行前已受到事故伤害或者患职业病的职工尚未完成工伤认定的，按照本条例的规定执行。

危险化学品安全管理条例

国务院令第591号(2011年3月2日发布)

《危险化学品安全管理条例》已经2011年2月16日国务院第144次常务会议修订通过,现将修订后的《危险化学品安全管理条例》公布,自2011年12月1日起施行。

总 理 温家宝

二〇一一年三月二日

危险化学品安全管理条例

(2002年1月26日中华人民共和国国务院令第344号公布
2011年2月16日国务院第144次常务会议修订通过)

第一章 总 则

第一条 为了加强危险化学品的安全管理,预防和减少危险化学品事故,保障人民群众生命财产安全,保护环境,制定本条例。

第二条 危险化学品生产、储存、使用、经营和运输的安全管理,适用本条例。

废弃危险化学品的处置,依照有关环境保护的法律、行政法规和国家有关规定执行。

第三条 本条例所称危险化学品,是指具有毒害、腐蚀、爆炸、燃烧、助燃等性质,对人体、设施、环境具有危害的剧毒化学品和其他化学品。

危险化学品目录,由国务院安全生产监督管理部门会同国务院工业和信息化、公安、环境保护、卫生、质量监督检验检疫、交通运输、铁路、民用航空、农业主管部门,根据化学品危险特性的鉴别和分类标准确定、公布,并适时调整。

第四条 危险化学品安全管理,应当坚持安全第一、预防为主、综合治理的方针,强化和落实企业的主体责任。

生产、储存、使用、经营、运输危险化学品的单位(以下统称危险化学品单位)的主要负责人对本单位的危险化学品安全管理工作全面负责。

危险化学品单位应当具备法律、行政法规规定和国家标准、行业标准要求的安全条件,建立、健全安全管理规章制度和岗位安全责任制度,对从业人员进行安全教育、法制教育和岗位技术培训。从业人员应当接受教育和培训,考核合格后上岗作业;对有资格要求的岗位,应当配备依法取得相应资格的人员。

第五条 任何单位和个人不得生产、经营、使用国家禁止生产、经营、使用的危险化学品。

国家对危险化学品的使用有限制性规定的,任何单位和个人不得违反限制性规定使用危险化学品。

第六条 对危险化学品的生产、储存、使用、经营、运输实施安全监督管理的有关部门(以下统称负有危险化学品安全监督管理职责的部门),依照下列规定履行职责:

(一)安全生产监督管理部门负责危险化学品安全监督管理综合工作,组织确定、公布、调整危险化学品目录,对新建、改建、扩建生产、储存危险化学品(包括使用长输管道输送危险化学品,下同)的建设项目进行安全条件审查,核发危险化学品安全生产许可证、危险化学品安全使用许可证和危险化学品经营许可证,并负责危险化学品登记工作。

(二)公安机关负责危险化学品的公共安全管理,核发剧毒化学品购买许可证、剧毒化学品道路运输通行证,并负责危险化学品运输车辆的道路交通安全管理。

(三)质量监督检验检疫部门负责核发危险化学品及其包装物、容器(不包括储存危险化学品的固定式大型储罐,下同)生产企业的工业产品生产许可证,并依法对其产品质量实施监督,负责对进出口危险化学品及其包装实施检验。

(四)环境保护主管部门负责废弃危险化学品处置的监督管理,组织危险化学品的环境危害性鉴定和环境风险程度评估,确定实施重点环境管理的危险化学品,负责危险化学品环境管理登记和新化学物质环境管理登记;依照职责分工调查相关危险化学品环境污染事故和生态破坏事件,负责危险化学品事故现场的应急环境监测。

(五)交通运输主管部门负责危险化学品道路运输、水路运输的许可以及运输工具的安全管理,对危险化学品水路运输安全实施监督,负责危险化学品道路运输企业、水路运输企业驾驶人员、船员、装卸管理人员、押运人员、申报人员、集装箱装箱现场检查员的资格认定。铁路主管部门负责危险化学品铁路运输的安全管理,负责危险化学品铁路运输承运人、托运人的资质审批及其运输工具的安全管理。民用航空主管部门负责危险化学品航空运输以及航空运输企业及其运输工具的安全管理。

(六)卫生主管部门负责危险化学品毒性鉴定的管理,负责组织、协调危险化学品事故受伤人员的医疗卫生救援工作。

(七)工商行政管理部门依据有关部门的许可证件,核发危险化学品生产、储存、经营、运输企业营业执照,查处危险化学品经营企业违法采购危险化学品的行为。

(八)邮政管理部门负责依法查处寄递危险化学品的行为。

第七条 负有危险化学品安全监督管理职责的部门依法进行监督检查,可以采取下列措施:

(一)进入危险化学品作业场所实施现场检查,向有关单位和人员了解情况,查阅、复制有关文件、资料;

(二)发现危险化学品事故隐患,责令立即消除或者限期消除;

(三)对不符合法律、行政法规、规章规定或者国家标准、行业标准要求的设施、设备、装置、器材、运输工具,责令立即停止使用;

(四)经本部门主要负责人批准,查封违法生产、储存、使用、经营危险化学品的场所,扣押违法生产、储存、使用、经营、运输的危险化学品以及用于违法生产、使用、运输危险化学品的原材料、设备、运输工具;

(五)发现影响危险化学品安全的违法行为,当场予以纠正或者责令限期改正。

负有危险化学品安全监督管理职责的部门依法进行监督检查,监督检查人员不得少于2人,并应当出示执法证件;有关单位和个人对依法进行的监督检查应当予以配合,不得拒绝、阻碍。

第八条 县级以上人民政府应当建立危险化学品安全监督管理工作协调机制,支持、督促负有危险化学品安全监督管理职责的部门依法履行职责,协调、解决危险化学品安全监督管理工作中的重大问题。

负有危险化学品安全监督管理职责的部门应当相互配合、密切协作,依法加强对危险化学品的安全监督管理。

第九条 任何单位和个人对违反本条例规定的行为,有权向负有危险化学品安全监督管理职责的部门举报。负有危险化学品安全监督管理职责的部门接到举报,应当及时依法处理;对不属于本部门职责的,应当及时移送有关部门处理。

第十条 国家鼓励危险化学品生产企业和使用危险化学品从事生产的企业采用有利于提高安全保障水平的先进技术、工艺、设备以及自动控制系统,鼓励对危险化学品实行专门储存、统一配送、集中销售。

第二章　生产、储存安全

第十一条　国家对危险化学品的生产、储存实行统筹规划、合理布局。

国务院工业和信息化主管部门以及国务院其他有关部门依据各自职责，负责危险化学品生产、储存的行业规划和布局。

地方人民政府组织编制城乡规划，应当根据本地区的实际情况，按照确保安全的原则，规划适当区域专门用于危险化学品的生产、储存。

第十二条　新建、改建、扩建生产、储存危险化学品的建设项目（以下简称建设项目），应当由安全生产监督管理部门进行安全条件审查。

建设单位应当对建设项目进行安全条件论证，委托具备国家规定的资质条件的机构对建设项目进行安全评价，并将安全条件论证和安全评价的情况报告报建设项目所在地设区的市级以上人民政府安全生产监督管理部门；安全生产监督管理部门应当自收到报告之日起 45 日内作出审查决定，并书面通知建设单位。具体办法由国务院安全生产监督管理部门制定。

新建、改建、扩建储存、装卸危险化学品的港口建设项目，由港口行政管理部门按照国务院交通运输主管部门的规定进行安全条件审查。

第十三条　生产、储存危险化学品的单位，应当对其铺设的危险化学品管道设置明显标志，并对危险化学品管道定期检查、检测。

进行可能危及危险化学品管道安全的施工作业，施工单位应当在开工的 7 日前书面通知管道所属单位，并与管道所属单位共同制定应急预案，采取相应的安全防护措施。管道所属单位应当指派专门人员到现场进行管道安全保护指导。

第十四条　危险化学品生产企业进行生产前，应当依照《安全生产许可证条例》的规定，取得危险化学品安全生产许可证。

生产列入国家实行生产许可证制度的工业产品目录的危险化学品的企业，应当依照《中华人民共和国工业产品生产许可证管理条例》的规定，取得工业产品生产许可证。

负责颁发危险化学品安全生产许可证、工业产品生产许可证的部门，应当将其颁发许可证的情况及时向同级工业和信息化主管部门、环境保护主管部门和公安机关通报。

第十五条　危险化学品生产企业应当提供与其生产的危险化学品相符的化学品安全技术说明书，并在危险化学品包装（包括外包装件）上粘贴或者拴挂与包装内危险化学品相符的化学品安全标签。化学品安全技术说明书和化学品安全标签所载明的内容应当符合国家标准的要求。

危险化学品生产企业发现其生产的危险化学品有新的危险特性的，应当立即公告，并及时修订其化学品安全技术说明书和化学品安全标签。

第十六条　生产实施重点环境管理的危险化学品的企业，应当按照国务院环境保护主管部门的规定，将该危险化学品向环境中释放等相关信息向环境保护主管部门报告。环境保护主管部门可以根据情况采取相应的环境风险控制措施。

第十七条　危险化学品的包装应当符合法律、行政法规、规章的规定以及国家标准、行业标准的要求。

危险化学品包装物、容器的材质以及危险化学品包装的型式、规格、方法和单件质量（重量），应当与所包装的危险化学品的性质和用途相适应。

第十八条　生产列入国家实行生产许可证制度的工业产品目录的危险化学品包装物、容器的企业，应当依照《中华人民共和国工业产品生产许可证管理条例》的规定，取得工业产品生产许可证；其生产的危险化学品包装物、容器经国务院质量监督检验检疫部门认定的检验机构检验合格，方可出厂销售。

运输危险化学品的船舶及其配载的容器，应当按照国家船舶检验规范进行生产，并经海事管理机构认定的船舶检验机构检验合格，方可投入使用。

对重复使用的危险化学品包装物、容器,使用单位在重复使用前应当进行检查;发现存在安全隐患的,应当维修或者更换。使用单位应当对检查情况作出记录,记录的保存期限不得少于2年。

第十九条 危险化学品生产装置或者储存数量构成重大危险源的危险化学品储存设施(运输工具加油站、加气站除外),与下列场所、设施、区域的距离应当符合国家有关规定:

(一)居住区以及商业中心、公园等人员密集场所;

(二)学校、医院、影剧院、体育场(馆)等公共设施;

(三)饮用水源、水厂以及水源保护区;

(四)车站、码头(依法经许可从事危险化学品装卸作业的除外)、机场以及通信干线、通信枢纽、铁路线路、道路交通干线、水路交通干线、地铁风亭以及地铁站出入口;

(五)基本农田保护区、基本草原、畜禽遗传资源保护区、畜禽规模化养殖场(养殖小区)、渔业水域以及种子、种畜禽、水产苗种生产基地;

(六)河流、湖泊、风景名胜区、自然保护区;

(七)军事禁区、军事管理区;

(八)法律、行政法规规定的其他场所、设施、区域。

已建的危险化学品生产装置或者储存数量构成重大危险源的危险化学品储存设施不符合前款规定的,由所在地设区的市级人民政府安全生产监督管理部门会同有关部门监督其所属单位在规定期限内进行整改;需要转产、停产、搬迁、关闭的,由本级人民政府决定并组织实施。

储存数量构成重大危险源的危险化学品储存设施的选址,应当避开地震活动断层和容易发生洪灾、地质灾害的区域。

本条例所称重大危险源,是指生产、储存、使用或者搬运危险化学品,且危险化学品的数量等于或者超过临界量的单元(包括场所和设施)。

第二十条 生产、储存危险化学品的单位,应当根据其生产、储存的危险化学品的种类和危险特性,在作业场所设置相应的监测、监控、通风、防晒、调温、防火、灭火、防爆、泄压、防毒、中和、防潮、防雷、防静电、防腐、防泄漏以及防护围堤或者隔离操作等安全设施、设备,并按照国家标准、行业标准或者国家有关规定对安全设施、设备进行经常性维护、保养,保证安全设施、设备的正常使用。

生产、储存危险化学品的单位,应当在其作业场所和安全设施、设备上设置明显的安全警示标志。

第二十一条 生产、储存危险化学品的单位,应当在其作业场所设置通信、报警装置,并保证处于适用状态。

第二十二条 生产、储存危险化学品的企业,应当委托具备国家规定的资质条件的机构,对本企业的安全生产条件每3年进行一次安全评价,提出安全评价报告。安全评价报告的内容应当包括对安全生产条件存在的问题进行整改的方案。

生产、储存危险化学品的企业,应当将安全评价报告以及整改方案的落实情况报所在地县级人民政府安全生产监督管理部门备案。在港区内储存危险化学品的企业,应当将安全评价报告以及整改方案的落实情况报港口行政管理部门备案。

第二十三条 生产、储存剧毒化学品或者国务院公安部门规定的可用于制造爆炸物品的危险化学品(以下简称易制爆危险化学品)的单位,应当如实记录其生产、储存的剧毒化学品、易制爆危险化学品的数量、流向,并采取必要的安全防范措施,防止剧毒化学品、易制爆危险化学品丢失或者被盗;发现剧毒化学品、易制爆危险化学品丢失或者被盗的,应当立即向当地公安机关报告。

生产、储存剧毒化学品、易制爆危险化学品的单位,应当设置治安保卫机构,配备专职治安保卫人员。

第二十四条 危险化学品应当储存在专用仓库、专用场地或者专用储存室(以下统称专用仓库)内,并由专人负责管理;剧毒化学品以及储存数量构成重大危险源的其他危险化学品,应当在专用仓库内单独存放,并实行双人收发、双人保管制度。

危险化学品的储存方式、方法以及储存数量应当符合国家标准或者国家有关规定。

第二十五条 储存危险化学品的单位应当建立危险化学品出入库核查、登记制度。

对剧毒化学品以及储存数量构成重大危险源的其他危险化学品,储存单位应当将其储存数量、储存地点以及管理人员的情况,报所在地县级人民政府安全生产监督管理部门(在港区内储存的,报港口行政管理部门)和公安机关备案。

第二十六条 危险化学品专用仓库应当符合国家标准、行业标准的要求,并设置明显的标志。储存剧毒化学品、易制爆危险化学品的专用仓库,应当按照国家有关规定设置相应的技术防范设施。

储存危险化学品的单位应当对其危险化学品专用仓库的安全设施、设备定期进行检测、检验。

第二十七条 生产、储存危险化学品的单位转产、停产、停业或者解散的,应当采取有效措施,及时、妥善处置其危险化学品生产装置、储存设施以及库存的危险化学品,不得丢弃危险化学品;处置方案应当报所在地县级人民政府安全生产监督管理部门、工业和信息化主管部门、环境保护主管部门和公安机关备案。安全生产监督管理部门应当会同环境保护主管部门和公安机关对处置情况进行监督检查,发现未依照规定处置的,应当责令其立即处置。

第三章　使 用 安 全

第二十八条 使用危险化学品的单位,其使用条件(包括工艺)应当符合法律、行政法规的规定和国家标准、行业标准的要求,并根据所使用的危险化学品的种类、危险特性以及使用量和使用方式,建立、健全使用危险化学品的安全管理规章制度和安全操作规程,保证危险化学品的安全使用。

第二十九条 使用危险化学品从事生产并且使用量达到规定数量的化工企业(属于危险化学品生产企业的除外,下同),应当依照本条例的规定取得危险化学品安全使用许可证。

前款规定的危险化学品使用量的数量标准,由国务院安全生产监督管理部门会同国务院公安部门、农业主管部门确定并公布。

第三十条 申请危险化学品安全使用许可证的化工企业,除应当符合本条例第二十八条的规定外,还应当具备下列条件:

(一)有与所使用的危险化学品相适应的专业技术人员;

(二)有安全管理机构和专职安全管理人员;

(三)有符合国家规定的危险化学品事故应急预案和必要的应急救援器材、设备;

(四)依法进行了安全评价。

第三十一条 申请危险化学品安全使用许可证的化工企业,应当向所在地设区的市级人民政府安全生产监督管理部门提出申请,并提交其符合本条例第三十条规定条件的证明材料。设区的市级人民政府安全生产监督管理部门应当依法进行审查,自收到证明材料之日起45日内作出批准或者不予批准的决定。予以批准的,颁发危险化学品安全使用许可证;不予批准的,书面通知申请人并说明理由。

安全生产监督管理部门应当将其颁发危险化学品安全使用许可证的情况及时向同级环境保护主管部门和公安机关通报。

第三十二条 本条例第十六条关于生产实施重点环境管理的危险化学品的企业的规定,适用于使用实施重点环境管理的危险化学品从事生产的企业;第二十条、第二十一条、第二十三条第一款、第二十七条关于生产、储存危险化学品的单位的规定,适用于使用危险化学品的单位;第二十二条关于生产、储存危险化学品的企业的规定,适用于使用危险化学品从事生产的企业。

第四章　经 营 安 全

第三十三条 国家对危险化学品经营(包括仓储经营,下同)实行许可制度。未经许可,任何单位和个人不得经营危险化学品。

依法设立的危险化学品生产企业在其厂区范围内销售本企业生产的危险化学品,不需要取得危险化学品经营许可。

依照《中华人民共和国港口法》的规定取得港口经营许可证的港口经营人，在港区内从事危险化学品仓储经营，不需要取得危险化学品经营许可。

第三十四条 从事危险化学品经营的企业应当具备下列条件：

（一）有符合国家标准、行业标准的经营场所，储存危险化学品的，还应当有符合国家标准、行业标准的储存设施；

（二）从业人员经过专业技术培训并经考核合格；

（三）有健全的安全管理规章制度；

（四）有专职安全管理人员；

（五）有符合国家规定的危险化学品事故应急预案和必要的应急救援器材、设备；

（六）法律、法规规定的其他条件。

第三十五条 从事剧毒化学品、易制爆危险化学品经营的企业，应当向所在地设区的市级人民政府安全生产监督管理部门提出申请，从事其他危险化学品经营的企业，应当向所在地县级人民政府安全生产监督管理部门提出申请（有储存设施的，应当向所在地设区的市级人民政府安全生产监督管理部门提出申请）。申请人应当提交其符合本条例第三十四条规定条件的证明材料。设区的市级人民政府安全生产监督管理部门或者县级人民政府安全生产监督管理部门应当依法进行审查，并对申请人的经营场所、储存设施进行现场核查，自收到证明材料之日起30日内作出批准或者不予批准的决定。予以批准的，颁发危险化学品经营许可证；不予批准的，书面通知申请人并说明理由。

设区的市级人民政府安全生产监督管理部门和县级人民政府安全生产监督管理部门应当将其颁发危险化学品经营许可证的情况及时向同级环境保护主管部门和公安机关通报。

申请人持危险化学品经营许可证向工商行政管理部门办理登记手续后，方可从事危险化学品经营活动。法律、行政法规或者国务院规定经营危险化学品还需要经其他有关部门许可的，申请人向工商行政管理部门办理登记手续时还应当持相应的许可证件。

第三十六条 危险化学品经营企业储存危险化学品的，应当遵守本条例第二章关于储存危险化学品的规定。危险化学品商店内只能存放民用小包装的危险化学品。

第三十七条 危险化学品经营企业不得向未经许可从事危险化学品生产、经营活动的企业采购危险化学品，不得经营没有化学品安全技术说明书或者化学品安全标签的危险化学品。

第三十八条 依法取得危险化学品安全生产许可证、危险化学品安全使用许可证、危险化学品经营许可证的企业，凭相应的许可证件购买剧毒化学品、易制爆危险化学品。民用爆炸物品生产企业凭民用爆炸物品生产许可证购买易制爆危险化学品。

前款规定以外的单位购买剧毒化学品的，应当向所在地县级人民政府公安机关申请取得剧毒化学品购买许可证；购买易制爆危险化学品的，应当持本单位出具的合法用途说明。

个人不得购买剧毒化学品（属于剧毒化学品的农药除外）和易制爆危险化学品。

第三十九条 申请取得剧毒化学品购买许可证，申请人应当向所在地县级人民政府公安机关提交下列材料：

（一）营业执照或者法人证书（登记证书）的复印件；

（二）拟购买的剧毒化学品品种、数量的说明；

（三）购买剧毒化学品用途的说明；

（四）经办人的身份证明。

县级人民政府公安机关应当自收到前款规定的材料之日起3日内，作出批准或者不予批准的决定。予以批准的，颁发剧毒化学品购买许可证；不予批准的，书面通知申请人并说明理由。

剧毒化学品购买许可证管理办法由国务院公安部门制定。

第四十条 危险化学品生产企业、经营企业销售剧毒化学品、易制爆危险化学品，应当查验本条例第三十八条第一款、第二款规定的相关许可证件或者证明文件，不得向不具有相关许可证件或者证明文件的单位销售剧毒化学品、易制爆危险化学品。对持剧毒化学品购买许可证购买剧毒化学品的，应当按照许可证载明的品种、数量销售。

禁止向个人销售剧毒化学品（属于剧毒化学品的农药除外）和易制爆危险化学品。

第四十一条 危险化学品生产企业、经营企业销售剧毒化学品、易制爆危险化学品，应当如实记录购买单位的名称、地址、经办人的姓名、身份证号码以及所购买的剧毒化学品、易制爆危险化学品的品种、数量、用途。销售记录以及经办人的身份证明复印件、相关许可证件复印件或者证明文件的保存期限不得少于1年。

剧毒化学品、易制爆危险化学品的销售企业、购买单位应当在销售、购买后5日内，将所销售、购买的剧毒化学品、易制爆危险化学品的品种、数量以及流向信息报所在地县级人民政府公安机关备案，并输入计算机系统。

第四十二条 使用剧毒化学品、易制爆危险化学品的单位不得出借、转让其购买的剧毒化学品、易制爆危险化学品；因转产、停产、搬迁、关闭等确需转让的，应当向具有本条例第三十八条第一款、第二款规定的相关许可证件或者证明文件的单位转让，并在转让后将有关情况及时向所在地县级人民政府公安机关报告。

第五章　运 输 安 全

第四十三条 从事危险化学品道路运输、水路运输的，应当分别依照有关道路运输、水路运输的法律、行政法规的规定，取得危险货物道路运输许可、危险货物水路运输许可，并向工商行政管理部门办理登记手续。

危险化学品道路运输企业、水路运输企业应当配备专职安全管理人员。

第四十四条 危险化学品道路运输企业、水路运输企业的驾驶人员、船员、装卸管理人员、押运人员、申报人员、集装箱装箱现场检查员应当经交通运输主管部门考核合格，取得从业资格。具体办法由国务院交通运输主管部门制定。

危险化学品的装卸作业应当遵守安全作业标准、规程和制度，并在装卸管理人员的现场指挥或者监控下进行。水路运输危险化学品的集装箱装箱作业应当在集装箱装箱现场检查员的指挥或者监控下进行，并符合积载、隔离的规范和要求；装箱作业完毕后，集装箱装箱现场检查员应当签署装箱证明书。

第四十五条 运输危险化学品，应当根据危险化学品的危险特性采取相应的安全防护措施，并配备必要的防护用品和应急救援器材。

用于运输危险化学品的槽罐以及其他容器应当封口严密，能够防止危险化学品在运输过程中因温度、湿度或者压力的变化发生渗漏、洒漏；槽罐以及其他容器的溢流和泄压装置应当设置准确、起闭灵活。

运输危险化学品的驾驶人员、船员、装卸管理人员、押运人员、申报人员、集装箱装箱现场检查员，应当了解所运输的危险化学品的危险特性及其包装物、容器的使用要求和出现危险情况时的应急处置方法。

第四十六条 通过道路运输危险化学品的，托运人应当委托依法取得危险货物道路运输许可的企业承运。

第四十七条 通过道路运输危险化学品的，应当按照运输车辆的核定载质量装载危险化学品，不得超载。

危险化学品运输车辆应当符合国家标准要求的安全技术条件，并按照国家有关规定定期进行安全技术检验。

危险化学品运输车辆应当悬挂或者喷涂符合国家标准要求的警示标志。

第四十八条 通过道路运输危险化学品的，应当配备押运人员，并保证所运输的危险化学品处于押运人员的监控之下。

运输危险化学品途中因住宿或者发生影响正常运输的情况，需要较长时间停车的，驾驶人员、押运人员应当采取相应的安全防范措施；运输剧毒化学品或者易制爆危险化学品的，还应当向当地公安机关报告。

第四十九条 未经公安机关批准，运输危险化学品的车辆不得进入危险化学品运输车辆限制通行的区域。危险化学品运输车辆限制通行的区域由县级人民政府公安机关划定，并设置明显的标志。

第五十条 通过道路运输剧毒化学品的，托运人应当向运输始发地或者目的地县级人民政府公安机关申请剧毒化学品道路运输通行证。

申请剧毒化学品道路运输通行证，托运人应当向县级人民政府公安机关提交下列材料：

（一）拟运输的剧毒化学品品种、数量的说明；

（二）运输始发地、目的地、运输时间和运输路线的说明；

（三）承运人取得危险货物道路运输许可、运输车辆取得营运证以及驾驶人员、押运人员取得上岗资格的证明文件；

（四）本条例第三十八条第一款、第二款规定的购买剧毒化学品的相关许可证件，或者海关出具的进出口证明文件。

县级人民政府公安机关应当自收到前款规定的材料之日起7日内，作出批准或者不予批准的决定。予以批准的，颁发剧毒化学品道路运输通行证；不予批准的，书面通知申请人并说明理由。

剧毒化学品道路运输通行证管理办法由国务院公安部门制定。

第五十一条 剧毒化学品、易制爆危险化学品在道路运输途中丢失、被盗、被抢或者出现流散、泄漏等情况的，驾驶人员、押运人员应当立即采取相应的警示措施和安全措施，并向当地公安机关报告。公安机关接到报告后，应当根据实际情况立即向安全生产监督管理部门、环境保护主管部门、卫生主管部门通报。有关部门应当采取必要的应急处置措施。

第五十二条 通过水路运输危险化学品的，应当遵守法律、行政法规以及国务院交通运输主管部门关于危险货物水路运输安全的规定。

第五十三条 海事管理机构应当根据危险化学品的种类和危险特性，确定船舶运输危险化学品的相关安全运输条件。

拟交付船舶运输的化学品的相关安全运输条件不明确的，应当经国家海事管理机构认定的机构进行评估，明确相关安全运输条件并经海事管理机构确认后，方可交付船舶运输。

第五十四条 禁止通过内河封闭水域运输剧毒化学品以及国家规定禁止通过内河运输的其他危险化学品。

前款规定以外的内河水域，禁止运输国家规定禁止通过内河运输的剧毒化学品以及其他危险化学品。

禁止通过内河运输的剧毒化学品以及其他危险化学品的范围，由国务院交通运输主管部门会同国务院环境保护主管部门、工业和信息化主管部门、安全生产监督管理部门，根据危险化学品的危险特性、危险化学品对人体和水环境的危害程度以及消除危害后果的难易程度等因素规定并公布。

第五十五条 国务院交通运输主管部门应当根据危险化学品的危险特性，对通过内河运输本条例第五十四条规定以外的危险化学品（以下简称通过内河运输危险化学品）实行分类管理，对各类危险化学品的运输方式、包装规范和安全防护措施等分别作出规定并监督实施。

第五十六条 通过内河运输危险化学品，应当由依法取得危险货物水路运输许可的水路运输企业承运，其他单位和个人不得承运。托运人应当委托依法取得危险货物水路运输许可的水路运输企业承运，不得委托其他单位和个人承运。

第五十七条 通过内河运输危险化学品，应当使用依法取得危险货物适装证书的运输船舶。水路运输企业应当针对所运输的危险化学品的危险特性，制定运输船舶危险化学品事故应急救援预案，并为运输船舶配备充足、有效的应急救援器材和设备。

通过内河运输危险化学品的船舶，其所有人或者经营人应当取得船舶污染损害责任保险证书或者财务担保证明。船舶污染损害责任保险证书或者财务担保证明的副本应当随船携带。

第五十八条 通过内河运输危险化学品，危险化学品包装物的材质、型式、强度以及包装方法应当符合水路运输危险化学品包装规范的要求。国务院交通运输主管部门对单船运输的危险化学品数量有限制性规定的，承运人应当按照规定安排运输数量。

第五十九条 用于危险化学品运输作业的内河码头、泊位应当符合国家有关安全规范，与饮用水取水口保持国家规定的距离。有关管理单位应当制定码头、泊位危险化学品事故应急预案，并为码头、泊位配备充足、有效的应急救援器材和设备。

用于危险化学品运输作业的内河码头、泊位，经交通运输主管部门按照国家有关规定验收合格后方可投入使用。

第六十条 船舶载运危险化学品进出内河港口，应当将危险化学品的名称、危险特性、包装以及进出港时间等事项，事先报告海事管理机构。海事管理机构接到报告后，应当在国务院交通运输主管部门规定的时间内作出是否同意的决定，通知报告人，同时通报港口行政管理部门。定船舶、定航线、定货种的船舶可以定期报告。

在内河港口内进行危险化学品的装卸、过驳作业，应当将危险化学品的名称、危险特性、包装和作业的时间、地点等事项报告港口行政管理部门。港口行政管理部门接到报告后，应当在国务院交通运输主管部门规定的时间内作出是否同意的决定，通知报告人，同时通报海事管理机构。

载运危险化学品的船舶在内河航行，通过过船建筑物的，应当提前向交通运输主管部门申报，并接受交通运输主管部门的管理。

第六十一条 载运危险化学品的船舶在内河航行、装卸或者停泊，应当悬挂专用的警示标志，按照规定显示专用信号。

载运危险化学品的船舶在内河航行，按照国务院交通运输主管部门的规定需要引航的，应当申请引航。

第六十二条 载运危险化学品的船舶在内河航行，应当遵守法律、行政法规和国家其他有关饮用水水源保护的规定。内河航道发展规划应当与依法经批准的饮用水水源保护区划定方案相协调。

第六十三条 托运危险化学品的，托运人应当向承运人说明所托运的危险化学品的种类、数量、危险特性以及发生危险情况的应急处置措施，并按照国家有关规定对所托运的危险化学品妥善包装，在外包装上设置相应的标志。

运输危险化学品需要添加抑制剂或者稳定剂的，托运人应当添加，并将有关情况告知承运人。

第六十四条 托运人不得在托运的普通货物中夹带危险化学品，不得将危险化学品匿报或者谎报为普通货物托运。

任何单位和个人不得交寄危险化学品或者在邮件、快件内夹带危险化学品，不得将危险化学品匿报或者谎报为普通物品交寄。邮政企业、快递企业不得收寄危险化学品。

对涉嫌违反本条第一款、第二款规定的，交通运输主管部门、邮政管理部门可以依法开拆查验。

第六十五条 通过铁路、航空运输危险化学品的安全管理，依照有关铁路、航空运输的法律、行政法规、规章的规定执行。

第六章　危险化学品登记与事故应急救援

第六十六条 国家实行危险化学品登记制度，为危险化学品安全管理以及危险化学品事故预防和应急救援提供技术、信息支持。

第六十七条 危险化学品生产企业、进口企业，应当向国务院安全生产监督管理部门负责危险化学品登记的机构(以下简称危险化学品登记机构)办理危险化学品登记。

危险化学品登记包括下列内容：

(一)分类和标签信息；

（二）物理、化学性质；

（三）主要用途；

（四）危险特性；

（五）储存、使用、运输的安全要求；

（六）出现危险情况的应急处置措施。

对同一企业生产、进口的同一品种的危险化学品，不进行重复登记。危险化学品生产企业、进口企业发现其生产、进口的危险化学品有新的危险特性的，应当及时向危险化学品登记机构办理登记内容变更手续。

危险化学品登记的具体办法由国务院安全生产监督管理部门制定。

第六十八条 危险化学品登记机构应当定期向工业和信息化、环境保护、公安、卫生、交通运输、铁路、质量监督检验检疫等部门提供危险化学品登记的有关信息和资料。

第六十九条 县级以上地方人民政府安全生产监督管理部门应当会同工业和信息化、环境保护、公安、卫生、交通运输、铁路、质量监督检验检疫等部门，根据本地区实际情况，制定危险化学品事故应急预案，报本级人民政府批准。

第七十条 危险化学品单位应当制定本单位危险化学品事故应急预案，配备应急救援人员和必要的应急救援器材、设备，并定期组织应急救援演练。

危险化学品单位应当将其危险化学品事故应急预案报所在地设区的市级人民政府安全生产监督管理部门备案。

第七十一条 发生危险化学品事故，事故单位主要负责人应当立即按照本单位危险化学品应急预案组织救援，并向当地安全生产监督管理部门和环境保护、公安、卫生主管部门报告；道路运输、水路运输过程中发生危险化学品事故的，驾驶人员、船员或者押运人员还应当向事故发生地交通运输主管部门报告。

第七十二条 发生危险化学品事故，有关地方人民政府应当立即组织安全生产监督管理、环境保护、公安、卫生、交通运输等有关部门，按照本地区危险化学品事故应急预案组织实施救援，不得拖延、推诿。

有关地方人民政府及其有关部门应当按照下列规定，采取必要的应急处置措施，减少事故损失，防止事故蔓延、扩大：

（一）立即组织营救和救治受害人员，疏散、撤离或者采取其他措施保护危害区域内的其他人员；

（二）迅速控制危害源，测定危险化学品的性质、事故的危害区域及危害程度；

（三）针对事故对人体、动植物、土壤、水源、大气造成的现实危害和可能产生的危害，迅速采取封闭、隔离、洗消等措施；

（四）对危险化学品事故造成的环境污染和生态破坏状况进行监测、评估，并采取相应的环境污染治理和生态修复措施。

第七十三条 有关危险化学品单位应当为危险化学品事故应急救援提供技术指导和必要的协助。

第七十四条 危险化学品事故造成环境污染的，由设区的市级以上人民政府环境保护主管部门统一发布有关信息。

第七章　法 律 责 任

第七十五条 生产、经营、使用国家禁止生产、经营、使用的危险化学品的，由安全生产监督管理部门责令停止生产、经营、使用活动，处20万元以上50万元以下的罚款，有违法所得的，没收违法所得；构成犯罪的，依法追究刑事责任。

有前款规定行为的，安全生产监督管理部门还应当责令其对所生产、经营、使用的危险化学品进行无害化处理。

违反国家关于危险化学品使用的限制性规定使用危险化学品的，依照本条第一款的规定处理。

第七十六条 未经安全条件审查，新建、改建、扩建生产、储存危险化学品的建设项目的，由安全生产监督管理部门责令停止建设，限期改正；逾期不改正的，处50万元以上100万元以下的罚款；构成犯罪的，依法追究刑事责任。

未经安全条件审查，新建、改建、扩建储存、装卸危险化学品的港口建设项目的，由港口行政管理部门依照前款规定予以处罚。

第七十七条 未依法取得危险化学品安全生产许可证从事危险化学品生产，或者未依法取得工业产品生产许可证从事危险化学品及其包装物、容器生产的，分别依照《安全生产许可证条例》、《中华人民共和国工业产品生产许可证管理条例》的规定处罚。

违反本条例规定，化工企业未取得危险化学品安全使用许可证，使用危险化学品从事生产的，由安全生产监督管理部门责令限期改正，处10万元以上20万元以下的罚款；逾期不改正的，责令停产整顿。

违反本条例规定，未取得危险化学品经营许可证从事危险化学品经营的，由安全生产监督管理部门责令停止经营活动，没收违法经营的危险化学品以及违法所得，并处10万元以上20万元以下的罚款；构成犯罪的，依法追究刑事责任。

第七十八条 有下列情形之一的，由安全生产监督管理部门责令改正，可以处5万元以下的罚款；拒不改正的，处5万元以上10万元以下的罚款；情节严重的，责令停产停业整顿：

（一）生产、储存危险化学品的单位未对其铺设的危险化学品管道设置明显的标志，或者未对危险化学品管道定期检查、检测的；

（二）进行可能危及危险化学品管道安全的施工作业，施工单位未按照规定书面通知管道所属单位，或者未与管道所属单位共同制定应急预案、采取相应的安全防护措施，或者管道所属单位未指派专门人员到现场进行管道安全保护指导的；

（三）危险化学品生产企业未提供化学品安全技术说明书，或者未在包装（包括外包装件）上粘贴、拴挂化学品安全标签的；

（四）危险化学品生产企业提供的化学品安全技术说明书与其生产的危险化学品不相符，或者在包装（包括外包装件）粘贴、拴挂的化学品安全标签与包装内危险化学品不相符，或者化学品安全技术说明书、化学品安全标签所载明的内容不符合国家标准要求的；

（五）危险化学品生产企业发现其生产的危险化学品有新的危险特性不立即公告，或者不及时修订其化学品安全技术说明书和化学品安全标签的；

（六）危险化学品经营企业经营没有化学品安全技术说明书和化学品安全标签的危险化学品的；

（七）危险化学品包装物、容器的材质以及包装的型式、规格、方法和单件质量（重量）与所包装的危险化学品的性质和用途不相适应的；

（八）生产、储存危险化学品的单位未在作业场所和安全设施、设备上设置明显的安全警示标志，或者未在作业场所设置通信、报警装置的；

（九）危险化学品专用仓库未设专人负责管理，或者对储存的剧毒化学品以及储存数量构成重大危险源的其他危险化学品未实行双人收发、双人保管制度的；

（十）储存危险化学品的单位未建立危险化学品出入库核查、登记制度的；

（十一）危险化学品专用仓库未设置明显标志的；

（十二）危险化学品生产企业、进口企业不办理危险化学品登记，或者发现其生产、进口的危险化学品有新的危险特性不办理危险化学品登记内容变更手续的。

从事危险化学品仓储经营的港口经营人有前款规定情形的，由港口行政管理部门依照前款规定予以处罚。储存剧毒化学品、易制爆危险化学品的专用仓库未按照国家有关规定设置相应的技术防范设施的，由公安机关依照前款规定予以处罚。

生产、储存剧毒化学品、易制爆危险化学品的单位未设置治安保卫机构、配备专职治安保卫人员的，依照《企业事业单位内部治安保卫条例》的规定处罚。

第七十九条 危险化学品包装物、容器生产企业销售未经检验或者经检验不合格的危险化学品包装物、容器的,由质量监督检验检疫部门责令改正,处10万元以上20万元以下的罚款,有违法所得的,没收违法所得;拒不改正的,责令停产停业整顿;构成犯罪的,依法追究刑事责任。

将未经检验合格的运输危险化学品的船舶及其配载的容器投入使用的,由海事管理机构依照前款规定予以处罚。

第八十条 生产、储存、使用危险化学品的单位有下列情形之一的,由安全生产监督管理部门责令改正,处5万元以上10万元以下的罚款;拒不改正的,责令停产停业整顿直至由原发证机关吊销其相关许可证件,并由工商行政管理部门责令其办理经营范围变更登记或者吊销其营业执照;有关责任人员构成犯罪的,依法追究刑事责任:

(一)对重复使用的危险化学品包装物、容器,在重复使用前不进行检查的;

(二)未根据其生产、储存的危险化学品的种类和危险特性,在作业场所设置相关安全设施、设备,或者未按照国家标准、行业标准或者国家有关规定对安全设施、设备进行经常性维护、保养的;

(三)未依照本条例规定对其安全生产条件定期进行安全评价的;

(四)未将危险化学品储存在专用仓库内,或者未将剧毒化学品以及储存数量构成重大危险源的其他危险化学品在专用仓库内单独存放的;

(五)危险化学品的储存方式、方法或者储存数量不符合国家标准或者国家有关规定的;

(六)危险化学品专用仓库不符合国家标准、行业标准的要求的;

(七)未对危险化学品专用仓库的安全设施、设备定期进行检测、检验的。

从事危险化学品仓储经营的港口经营人有前款规定情形的,由港口行政管理部门依照前款规定予以处罚。

第八十一条 有下列情形之一的,由公安机关责令改正,可以处1万元以下的罚款;拒不改正的,处1万元以上5万元以下的罚款:

(一)生产、储存、使用剧毒化学品、易制爆危险化学品的单位不如实记录生产、储存、使用的剧毒化学品、易制爆危险化学品的数量、流向的;

(二)生产、储存、使用剧毒化学品、易制爆危险化学品的单位发现剧毒化学品、易制爆危险化学品丢失或者被盗,不立即向公安机关报告的;

(三)储存剧毒化学品的单位未将剧毒化学品的储存数量、储存地点以及管理人员的情况报所在地县级人民政府公安机关备案的;

(四)危险化学品生产企业、经营企业不如实记录剧毒化学品、易制爆危险化学品购买单位的名称、地址、经办人的姓名、身份证号码以及所购买的剧毒化学品、易制爆危险化学品的品种、数量、用途,或者保存销售记录和相关材料的时间少于1年的;

(五)剧毒化学品、易制爆危险化学品的销售企业、购买单位未在规定的时限内将所销售、购买的剧毒化学品、易制爆危险化学品的品种、数量以及流向信息报所在地县级人民政府公安机关备案的;

(六)使用剧毒化学品、易制爆危险化学品的单位依照本条例规定转让其购买的剧毒化学品、易制爆危险化学品,未将有关情况向所在地县级人民政府公安机关报告的。

生产、储存危险化学品的企业或者使用危险化学品从事生产的企业未按照本条例规定将安全评价报告以及整改方案的落实情况报安全生产监督管理部门或者港口行政管理部门备案,或者储存危险化学品的单位未将其剧毒化学品以及储存数量构成重大危险源的其他危险化学品的储存数量、储存地点以及管理人员的情况报安全生产监督管理部门或者港口行政管理部门备案的,分别由安全生产监督管理部门或者港口行政管理部门依照前款规定予以处罚。

生产实施重点环境管理的危险化学品的企业或者使用实施重点环境管理的危险化学品从事生产的企业未按照规定将相关信息向环境保护主管部门报告的,由环境保护主管部门依照本条第一款的规定予以处罚。

第八十二条 生产、储存、使用危险化学品的单位转产、停产、停业或者解散,未采取有效措施及时、妥善处置其危险化学品生产装置、储存设施以及库存的危险化学品，或者丢弃危险化学品的，由安全生产监督管理部门责令改正，处5万元以上10万元以下的罚款；构成犯罪的，依法追究刑事责任。

生产、储存、使用危险化学品的单位转产、停产、停业或者解散，未依照本条例规定将其危险化学品生产装置、储存设施以及库存危险化学品的处置方案报有关部门备案的，分别由有关部门责令改正，可以处1万元以下的罚款；拒不改正的，处1万元以上5万元以下的罚款。

第八十三条 危险化学品经营企业向未经许可违法从事危险化学品生产、经营活动的企业采购危险化学品的，由工商行政管理部门责令改正，处10万元以上20万元以下的罚款；拒不改正的，责令停业整顿直至由原发证机关吊销其危险化学品经营许可证，并由工商行政管理部门责令其办理经营范围变更登记或者吊销其营业执照。

第八十四条 危险化学品生产企业、经营企业有下列情形之一的，由安全生产监督管理部门责令改正，没收违法所得，并处10万元以上20万元以下的罚款；拒不改正的，责令停产停业整顿直至吊销其危险化学品安全生产许可证、危险化学品经营许可证，并由工商行政管理部门责令其办理经营范围变更登记或者吊销其营业执照：

（一）向不具有本条例第三十八条第一款、第二款规定的相关许可证件或者证明文件的单位销售剧毒化学品、易制爆危险化学品的；

（二）不按照剧毒化学品购买许可证载明的品种、数量销售剧毒化学品的；

（三）向个人销售剧毒化学品（属于剧毒化学品的农药除外）、易制爆危险化学品的。

不具有本条例第三十八条第一款、第二款规定的相关许可证件或者证明文件的单位购买剧毒化学品、易制爆危险化学品，或者个人购买剧毒化学品（属于剧毒化学品的农药除外）、易制爆危险化学品的，由公安机关没收所购买的剧毒化学品、易制爆危险化学品，可以并处5000元以下的罚款。

使用剧毒化学品、易制爆危险化学品的单位出借或者向不具有本条例第三十八条第一款、第二款规定的相关许可证件的单位转让其购买的剧毒化学品、易制爆危险化学品，或者向个人转让其购买的剧毒化学品（属于剧毒化学品的农药除外）、易制爆危险化学品的，由公安机关责令改正，处10万元以上20万元以下的罚款；拒不改正的，责令停产停业整顿。

第八十五条 未依法取得危险货物道路运输许可、危险货物水路运输许可，从事危险化学品道路运输、水路运输的，分别依照有关道路运输、水路运输的法律、行政法规的规定处罚。

第八十六条 有下列情形之一的，由交通运输主管部门责令改正，处5万元以上10万元以下的罚款；拒不改正的，责令停产停业整顿；构成犯罪的，依法追究刑事责任：

（一）危险化学品道路运输企业、水路运输企业的驾驶人员、船员、装卸管理人员、押运人员、申报人员、集装箱装箱现场检查员未取得从业资格上岗作业的；

（二）运输危险化学品，未根据危险化学品的危险特性采取相应的安全防护措施，或者未配备必要的防护用品和应急救援器材的；

（三）使用未依法取得危险货物适装证书的船舶，通过内河运输危险化学品的；

（四）通过内河运输危险化学品的承运人违反国务院交通运输主管部门对单船运输的危险化学品数量的限制性规定运输危险化学品的；

（五）用于危险化学品运输作业的内河码头、泊位不符合国家有关安全规范，或者未与饮用水取水口保持国家规定的安全距离，或者未经交通运输主管部门验收合格投入使用的；

（六）托运人不向承运人说明所托运的危险化学品的种类、数量、危险特性以及发生危险情况的应急处置措施，或者未按照国家有关规定对所托运的危险化学品妥善包装并在外包装上设置相应标志的；

（七）运输危险化学品需要添加抑制剂或者稳定剂，托运人未添加或者未将有关情况告知承运人的。

第八十七条 有下列情形之一的，由交通运输主管部门责令改正，处10万元以上20万元以下的罚款，有违法所得的，没收违法所得；拒不改正的，责令停产停业整顿；构成犯罪的，依法追究刑事责任：

(一)委托未依法取得危险货物道路运输许可、危险货物水路运输许可的企业承运危险化学品的;

(二)通过内河封闭水域运输剧毒化学品以及国家规定禁止通过内河运输的其他危险化学品的;

(三)通过内河运输国家规定禁止通过内河运输的剧毒化学品以及其他危险化学品的;

(四)在托运的普通货物中夹带危险化学品,或者将危险化学品谎报或者匿报为普通货物托运的。

在邮件、快件内夹带危险化学品,或者将危险化学品谎报为普通物品交寄的,依法给予治安管理处罚;构成犯罪的,依法追究刑事责任。

邮政企业、快递企业收寄危险化学品的,依照《中华人民共和国邮政法》的规定处罚。

第八十八条 有下列情形之一的,由公安机关责令改正,处5万元以上10万元以下的罚款;构成违反治安管理行为的,依法给予治安管理处罚;构成犯罪的,依法追究刑事责任:

(一)超过运输车辆的核定载质量装载危险化学品的;

(二)使用安全技术条件不符合国家标准要求的车辆运输危险化学品的;

(三)运输危险化学品的车辆未经公安机关批准进入危险化学品运输车辆限制通行的区域的;

(四)未取得剧毒化学品道路运输通行证,通过道路运输剧毒化学品的。

第八十九条 有下列情形之一的,由公安机关责令改正,处1万元以上5万元以下的罚款;构成违反治安管理行为的,依法给予治安管理处罚:

(一)危险化学品运输车辆未悬挂或者喷涂警示标志,或者悬挂或者喷涂的警示标志不符合国家标准要求的;

(二)通过道路运输危险化学品,不配备押运人员的;

(三)运输剧毒化学品或者易制爆危险化学品途中需要较长时间停车,驾驶人员、押运人员不向当地公安机关报告的;

(四)剧毒化学品、易制爆危险化学品在道路运输途中丢失、被盗、被抢或者发生流散、泄露等情况,驾驶人员、押运人员不采取必要的警示措施和安全措施,或者不向当地公安机关报告的。

第九十条 对发生交通事故负有全部责任或者主要责任的危险化学品道路运输企业,由公安机关责令消除安全隐患,未消除安全隐患的危险化学品运输车辆,禁止上道路行驶。

第九十一条 有下列情形之一的,由交通运输主管部门责令改正,可以处1万元以下的罚款;拒不改正的,处1万元以上5万元以下的罚款:

(一)危险化学品道路运输企业、水路运输企业未配备专职安全管理人员的;

(二)用于危险化学品运输作业的内河码头、泊位的管理单位未制定码头、泊位危险化学品事故应急救援预案,或者未为码头、泊位配备充足、有效的应急救援器材和设备的。

第九十二条 有下列情形之一的,依照《中华人民共和国内河交通安全管理条例》的规定处罚:

(一)通过内河运输危险化学品的水路运输企业未制定运输船舶危险化学品事故应急救援预案,或者未为运输船舶配备充足、有效的应急救援器材和设备的;

(二)通过内河运输危险化学品的船舶的所有人或者经营人未取得船舶污染损害责任保险证书或者财务担保证明的;

(三)船舶载运危险化学品进出内河港口,未将有关事项事先报告海事管理机构并经其同意的;

(四)载运危险化学品的船舶在内河航行、装卸或者停泊,未悬挂专用的警示标志,或者未按照规定显示专用信号,或者未按照规定申请引航的。

未向港口行政管理部门报告并经其同意,在港口内进行危险化学品的装卸、过驳作业的,依照《中华人民共和国港口法》的规定处罚。

第九十三条 伪造、变造或者出租、出借、转让危险化学品安全生产许可证、工业产品生产许可证,或者使用伪造、变造的危险化学品安全生产许可证、工业产品生产许可证的,分别依照《安全生产许可证条例》、《中华人民共和国工业产品生产许可证管理条例》的规定处罚。

伪造、变造或者出租、出借、转让本条例规定的其他许可证,或者使用伪造、变造的本条例规定的其他许可证的,分别由相关许可证的颁发管理机关处10万元以上20万元以下的罚款,有违法所得的，没收违法所得；构成违反治安管理行为的，依法给予治安管理处罚；构成犯罪的，依法追究刑事责任。

第九十四条 危险化学品单位发生危险化学品事故，其主要负责人不立即组织救援或者不立即向有关部门报告的，依照《生产安全事故报告和调查处理条例》的规定处罚。

危险化学品单位发生危险化学品事故，造成他人人身伤害或者财产损失的，依法承担赔偿责任。

第九十五条 发生危险化学品事故，有关地方人民政府及其有关部门不立即组织实施救援，或者不采取必要的应急处置措施减少事故损失，防止事故蔓延、扩大的，对直接负责的主管人员和其他直接责任人员依法给予处分；构成犯罪的，依法追究刑事责任。

第九十六条 负有危险化学品安全监督管理职责的部门的工作人员，在危险化学品安全监督管理工作中滥用职权、玩忽职守、徇私舞弊，构成犯罪的，依法追究刑事责任；尚不构成犯罪的，依法给予处分。

第八章　附　　则

第九十七条 监控化学品、属于危险化学品的药品和农药的安全管理，依照本条例的规定执行；法律、行政法规另有规定的，依照其规定。

民用爆炸物品、烟花爆竹、放射性物品、核能物质以及用于国防科研生产的危险化学品的安全管理，不适用本条例。

法律、行政法规对燃气的安全管理另有规定的，依照其规定。

危险化学品容器属于特种设备的，其安全管理依照有关特种设备安全的法律、行政法规的规定执行。

第九十八条 危险化学品的进出口管理，依照有关对外贸易的法律、行政法规、规章的规定执行；进口的危险化学品的储存、使用、经营、运输的安全管理，依照本条例的规定执行。

危险化学品环境管理登记和新化学物质环境管理登记，依照有关环境保护的法律、行政法规、规章的规定执行。危险化学品环境管理登记，按照国家有关规定收取费用。

第九十九条 公众发现、捡拾的无主危险化学品，由公安机关接收。公安机关接收或者有关部门依法没收的危险化学品，需要进行无害化处理的，交由环境保护主管部门组织其认定的专业单位进行处理，或者交由有关危险化学品生产企业进行处理。处理所需费用由国家财政负担。

第一百条 化学品的危险特性尚未确定的，由国务院安全生产监督管理部门、国务院环境保护主管部门、国务院卫生主管部门分别负责组织对该化学品的物理危险性、环境危害性、毒理特性进行鉴定。根据鉴定结果，需要调整危险化学品目录的，依照本条例第三条第二款的规定办理。

第一百零一条 本条例施行前已经使用危险化学品从事生产的化工企业，依照本条例规定需要取得危险化学品安全使用许可证的，应当在国务院安全生产监督管理部门规定的期限内，申请取得危险化学品安全使用许可证。

第一百零二条 本条例自 2011 年 12 月 1 日起施行。

女职工劳动保护特别规定

国务院令第619号(2012年4月28日发布)

第一条 为了减少和解决女职工在劳动中因生理特点造成的特殊困难,保护女职工健康,制定本规定。

第二条 中华人民共和国境内的国家机关、企业、事业单位、社会团体、个体经济组织以及其他社会组织等用人单位及其女职工,适用本规定。

第三条 用人单位应当加强女职工劳动保护,采取措施改善女职工劳动安全卫生条件,对女职工进行劳动安全卫生知识培训。

第四条 用人单位应当遵守女职工禁忌从事的劳动范围的规定。用人单位应当将本单位属于女职工禁忌从事的劳动范围的岗位书面告知女职工。

女职工禁忌从事的劳动范围由本规定附录列示。国务院安全生产监督管理部门会同国务院人力资源社会保障行政部门、国务院卫生行政部门根据经济社会发展情况,对女职工禁忌从事的劳动范围进行调整。

第五条 用人单位不得因女职工怀孕、生育、哺乳降低其工资、予以辞退、与其解除劳动或者聘用合同。

第六条 女职工在孕期不能适应原劳动的,用人单位应当根据医疗机构的证明,予以减轻劳动量或者安排其他能够适应的劳动。

对怀孕7个月以上的女职工,用人单位不得延长劳动时间或者安排夜班劳动,并应当在劳动时间内安排一定的休息时间。

怀孕女职工在劳动时间内进行产前检查,所需时间计入劳动时间。

第七条 女职工生育享受98天产假,其中产前可以休假15天;难产的,增加产假15天;生育多胞胎的,每多生育1个婴儿,增加产假15天。

女职工怀孕未满4个月流产的,享受15天产假;怀孕满4个月流产的,享受42天产假。

第八条 女职工产假期间的生育津贴,对已经参加生育保险的,按照用人单位上年度职工月平均工资的标准由生育保险基金支付;对未参加生育保险的,按照女职工产假前工资的标准由用人单位支付。

女职工生育或者流产的医疗费用,按照生育保险规定的项目和标准,对已经参加生育保险的,由生育保险基金支付;对未参加生育保险的,由用人单位支付。

第九条 对哺乳未满1周岁婴儿的女职工,用人单位不得延长劳动时间或者安排夜班劳动。

用人单位应当在每天的劳动时间内为哺乳期女职工安排1小时哺乳时间;女职工生育多胞胎的,每多哺乳1个婴儿每天增加1小时哺乳时间。

第十条 女职工比较多的用人单位应当根据女职工的需要,建立女职工卫生室、孕妇休息室、哺乳室等设施,妥善解决女职工在生理卫生、哺乳方面的困难。

第十一条 在劳动场所,用人单位应当预防和制止对女职工的性骚扰。

第十二条 县级以上人民政府人力资源社会保障行政部门、安全生产监督管理部门按照各自职责负责对用人单位遵守本规定的情况进行监督检查。

工会、妇女组织依法对用人单位遵守本规定的情况进行监督。

第十三条 用人单位违反本规定第六条第二款、第七条、第九条第一款规定的,由县级以上人民政府人力资源社会保障行政部门责令限期改正,按照受侵害女职工每人1000元以上5000元以下的标准计算,处以罚款。

用人单位违反本规定附录第一条、第二条规定的，由县级以上人民政府安全生产监督管理部门责令限期改正，按照受侵害女职工每人1000元以上5000元以下的标准计算，处以罚款。用人单位违反本规定附录第三条、第四条规定的，由县级以上人民政府安全生产监督管理部门责令限期治理，处5万元以上30万元以下的罚款；情节严重的，责令停止有关作业，或者提请有关人民政府按照国务院规定的权限责令关闭。

第十四条 用人单位违反本规定，侵害女职工合法权益的，女职工可以依法投诉、举报、申诉，依法向劳动人事争议调解仲裁机构申请调解仲裁，对仲裁裁决不服的，依法向人民法院提起诉讼。

第十五条 用人单位违反本规定，侵害女职工合法权益，造成女职工损害的，依法给予赔偿；用人单位及其直接负责的主管人员和其他直接责任人员构成犯罪的，依法追究刑事责任。

第十六条 本规定自公布之日起施行。1988年7月21日国务院发布的《女职工劳动保护规定》同时废止。

附录：

女职工禁忌从事的劳动范围

一、女职工禁忌从事的劳动范围

（一）矿山井下作业；

（二）体力劳动强度分级标准中规定的第四级体力劳动强度的作业；

（三）每小时负重6次以上、每次负重超过20公斤的作业，或者间断负重、每次负重超过25公斤的作业。

二、女职工在经期禁忌从事的劳动范围

（一）冷水作业分级标准中规定的第二级、第三级、第四级冷水作业；

（二）低温作业分级标准中规定的第二级、第三级、第四级低温作业；

（三）体力劳动强度分级标准中规定的第三级、第四级体力劳动强度的作业；

（四）高处作业分级标准中规定的第三级、第四级高处作业。

三、女职工在孕期禁忌从事的劳动范围：

（一）作业场所空气中铅及其化合物、汞及其化合物、苯、镉、铍、砷、氰化物、氮氧化物、一氧化碳、二硫化碳、氯、己内酰胺、氯丁二烯、氯乙烯、环氧乙烷、苯胺、甲醛等有毒物质浓度超过国家职业卫生标准的作业；

（二）从事抗癌药物、己烯雌酚生产，接触麻醉剂气体等的作业；

（三）非密封源放射性物质的操作，核事故与放射事故的应急处置；

（四）高处作业分级标准中规定的高处作业；

（五）冷水作业分级标准中规定的冷水作业；

（六）低温作业分级标准中规定的低温作业；

（七）高温作业分级标准中规定的第三级、第四级的作业；

（八）噪声作业分级标准中规定的第三级、第四级的作业；

（九）体力劳动强度分级标准中规定的第三级、第四级体力劳动强度的作业；

（十）在密闭空间、高压室作业或者潜水作业，伴有强烈振动的作业，或者需要频繁弯腰、攀高、下蹲的作业。

四、女职工在哺乳期禁忌从事的劳动范围：

（一）孕期禁忌从事的劳动范围的第一项、第三项、第九项；

（二）作业场所空气中锰、氟、溴、甲醇、有机磷化合物、有机氯化合物等有毒物质浓度超过国家职业卫生标准的作业。

国务院关于进一步加强安全生产工作的决定

国发〔2004〕2号(2004年1月9日发布)

各省、自治区、直辖市人民政府,国务院各部委、各直属机构:

安全生产关系人民群众的生命财产安全,关系改革发展和社会稳定大局。党中央、国务院高度重视安全生产工作,建国以来特别是改革开放以来,采取了一系列重大举措加强安全生产工作。颁布实施了《中华人民共和国安全生产法》(以下简称《安全生产法》)等法律法规,明确了安全生产责任;初步建立了安全生产监管体系,安全生产监督管理得到加强;对重点行业和领域集中开展了安全生产专项整治,生产经营秩序和安全生产条件有所改善,安全生产状况总体上趋于稳定好转。但是,目前全国的安全生产形势依然严峻,煤矿、道路交通运输、建筑等领域伤亡事故多发的状况尚未根本扭转;安全生产基础比较薄弱,保障体系和机制不健全;部分地方和生产经营单位安全意识不强,责任不落实,投入不足;安全生产监督管理机构、队伍建设以及监管工作亟待加强。为了进一步加强安全生产工作,尽快实现我国安全生产局面的根本好转,特作如下决定。

一、提高认识,明确指导思想和奋斗目标

1. 充分认识安全生产工作的重要性。搞好安全生产工作,切实保障人民群众的生命财产安全,体现了最广大人民群众的根本利益,反映了先进生产力的发展要求和先进文化的前进方向。做好安全生产工作是全面建设小康社会、统筹经济社会全面发展的重要内容,是实施可持续发展战略的组成部分,是政府履行社会管理和市场监管职能的基本任务,是企业生存发展的基本要求。我国目前尚处于社会主义初级阶段,要实现安全生产状况的根本好转,必须付出持续不懈的努力。各地区、各部门要把安全生产作为一项长期艰巨的任务,警钟长鸣,常抓不懈,从全面贯彻落实“三个代表”重要思想,维护人民群众生命财产安全的高度,充分认识加强安全生产工作的重要意义和现实紧迫性,动员全社会力量,齐抓共管,全力推进。

2. 指导思想。认真贯彻“三个代表”重要思想,适应全面建设小康社会的要求和完善社会主义市场经济体制的新形势,坚持“安全第一、预防为主”的基本方针,进一步强化政府对安全生产工作的领导,大力推进安全生产各项工作,落实生产经营单位安全生产主体责任,加强安全生产监督管理;大力推进安全生产监管体制、安全生产法制和执法队伍“三项建设”,建立安全生产长效机制,实施科技兴安战略,积极采用先进的安全管理方法和安全生产技术,努力实现全国安全生产状况的根本好转。

3. 奋斗目标。到2007年,建立起较为完善的安全生产监管体系,全国安全生产状况稳定好转,矿山、危险化学品、建筑等重点行业和领域事故多发状况得到扭转,工矿企业事故死亡人数、煤矿百万吨死亡率、道路交通运输万车死亡率等指标均有一定幅度的下降。到2010年,初步形成规范完善的安全生产法治秩序,全国安全生产状况明显好转,重特大事故得到有效遏制,各类生产安全事故和死亡人数有较大幅度的下降。力争到2020年,我国安全生产状况实现根本性好转,亿元国内生产总值死亡率、十万人死亡率等指标达到或者接近世界中等发达国家水平。

二、完善政策,大力推进安全生产各项工作

4. 加强产业政策的引导。制定和完善产业政策,调整和优化产业结构。逐步淘汰技术落后、浪费资源和环境污染严重的工艺技术、装备及不具备安全生产条件的企业。通过兼并、联合、重组等措施,积极发展跨区域、跨行业经营的大公司、大集团和大型生产供应基地,提高有安全生产保障企业的生产能力。

5. 加大政府对安全生产的投入。加强安全生产基础设施建设和支撑体系建设,加大对企业安全生产技术改造的支持力度。运用长期建设国债和预算内基本建设投资,支持大中型国有煤炭企业的安全生产技术改造。各级地方人民政府要重视安全生产基础设施建设资金的投入，并积极支持企业安全技术改造，对国家安排的安全生产专项资金，地方政府要加强监督管理，确保专款专用，并安排配套资金予以保障。

6. 深化安全生产专项整治。坚持把矿山、道路和水上交通运输、危险化学品、民用爆破器材和烟花爆竹、人员密集场所消防安全等方面的安全生产专项整治，作为整顿和规范社会主义市场经济秩序的一项重要任务，持续不懈地抓下去。继续关闭取缔非法和不具备安全生产条件的小矿小厂、经营网点，遏制低水平重复建设。开展公路货车超限超载治理，保障道路交通运输安全。把安全生产专项整治与依法落实生产经营单位安全生产保障制度、加强日常监督管理以及建立安全生产长效机制结合起来，确保整治工作取得实效。

7. 健全完善安全生产法制。对《安全生产法》确立的各项法律制度，要抓紧制定配套法规规章。认真做好各项安全生产技术规范、标准的制定修订工作。各地区要结合本地实际，制定和完善《安全生产法》配套实施办法和措施。加大安全生产法律法规的学习宣传和贯彻力度，普及安全生产法律知识，增强全民安全生产法制观念。

8. 建立生产安全应急救援体系。加快全国生产安全应急救援体系建设，尽快建立国家生产安全应急救援指挥中心，充分利用现有的应急救援资源，建设具有快速反应能力的专业化救援队伍，提高救援装备水平，增强生产安全事故的抢险救援能力。加强区域性生产安全应急救援基地建设。搞好重大危险源的普查登记，加强国家、省（区、市）、市（地）、县（市）四级重大危险源监控工作，建立应急救援预案和生产安全预警机制。

9. 加强安全生产科研和技术开发。加强安全生产科学学科建设，积极发展安全生产普通高等教育，培养和造就更多的安全生产科技和管理人才。加大科技投入力度，充分利用高等院校、科研机构、社会团体等安全生产科研资源，加强安全生产基础研究和应用研究。建立国家安全生产信息管理系统，提高安全生产信息统计的准确性、科学性和权威性。积极开展安全生产领域的国际交流与合作，加快先进的生产安全技术引进、消化、吸收和自主创新步伐。

三、强化管理，落实生产经营单位安全生产主体责任

10. 依法加强和改进生产经营单位安全管理。强化生产经营单位安全生产主体地位，进一步明确安全生产责任，全面落实安全保障的各项法律法规。生产经营单位要根据《安全生产法》等有关法律规定，设置安全生产管理机构或者配备专职（或兼职）安全生产管理人员。保证安全生产的必要投入，积极采用安全性能可靠的新技术、新工艺、新设备和新材料，不断改善安全生产条件。改进生产经营单位安全管理，积极采用职业安全健康管理体系认证、风险评估、安全评价等方法，落实各项安全防范措施，提高安全生产管理水平。

11. 开展安全质量标准化活动。制定和颁布重点行业、领域安全生产技术规范和安全生产质量工作标准，在全国所有工矿、商贸、交通运输、建筑施工等企业普遍开展安全质量标准化活动。企业生产流程的各环节、各岗位要建立严格的安全生产质量责任制。生产经营活动和行为，必须符合安全生产有关法律法规和安全生产技术规范的要求，做到规范化和标准化。

12. 搞好安全生产技术培训。加强安全生产培训工作，整合培训资源，完善培训网络，加大培训力度，提高培训质量。生产经营单位必须对所有从业人员进行必要的安全生产技术培训，其主要负责人及有关经营管理人员、重要工种人员必须按照有关法律、法规的规定，接受规范的安全生产培训，经考试合格，持证上岗。完善注册安全工程师考试、任职、考核制度。

13. 建立企业提取安全费用制度。为保证安全生产所需资金投入，形成企业安全生产投入的长效机制，借鉴煤矿提取安全费用的经验，在条件成熟后，逐步建立对高危行业生产企业提取安全费用制度。企业安全费用的提取，要根据地区和行业的特点，分别确定提取标准，由企业自行提取，专户储存，专项用于安全生产。

14. 依法加大生产经营单位对伤亡事故的经济赔偿。生产经营单位必须认真执行工伤保险制度，依法参加工伤保险，及时为从业人员缴纳保险费。同时，依据《安全生产法》等有关法律法规，向受到生产安全事故伤害的员工或家属支付赔偿金。进一步提高企业生产安全事故伤亡赔偿标准,建立企业负责人自觉保障安全投入,努力减少事故的机制。

四、完善制度,加强安全生产监督管理

15. 加强地方各级安全生产监管机构和执法队伍建设。县级以上各级地方人民政府要依照《安全生产法》的规定,建立健全安全生产监管机构,充实必要的人员,加强安全生产监管队伍建设,提高安全生产监管工作的权威,切实履行安全生产监管职能。完善煤矿安全生产监察体制,进一步加强煤矿安全生产监察队伍建设和监察执法工作。

16. 建立安全生产控制指标体系。要制订全国安全生产中长期发展规划,明确年度安全生产控制指标,建立全国和分省(区、市)的控制指标体系,对安全生产情况实行定量控制和考核。从 2004 年起,国家向各省(区、市)人民政府下达年度安全生产各项控制指标,并进行跟踪检查和监督考核。对各省(区、市)安全生产控制指标完成情况,国家安全生产监督管理部门将通过新闻发布会、政府公告、简报等形式,每季度公布一次。

17. 建立安全生产行政许可制度。把安全生产纳入国家行政许可的范围,在各行业的行政许可制度中,把安全生产作为一项重要内容,从源头上制止不具备安全生产条件的企业进入市场。开办企业必须具备法律规定的安全生产条件,依法向政府有关部门申请、办理安全生产许可证,持证生产经营。新建、改建、扩建项目的安全设施必须与主体工程同时设计、同时施工、同时投入生产和使用(简称“三同时”),对未通过“三同时”审查的建设项目,有关部门不予办理行政许可手续,企业不准开工投产。

18. 建立企业安全生产风险抵押金制度。为强化生产经营单位的安全生产责任,各地区可结合实际,依法对矿山、道路交通运输、建筑施工、危险化学品、烟花爆竹等领域从事生产经营活动的企业,收取一定数额的安全生产风险抵押金,企业生产经营期间发生生产安全事故的,转作事故抢险救灾和善后处理所需资金。具体办法由国家安全生产监督管理部门会同财政部研究制定。

19. 强化安全生产监管监察行政执法。各级安全生产监管监察机构要增强执法意识,做到严格、公正、文明执法。依法对生产经营单位安全生产情况进行监督检查,指导督促生产经营单位建立健全安全生产责任制,落实各项防范措施。组织开展好企业安全评估,搞好分类指导和重点监管。对严重忽视安全生产的企业及其负责人或业主,要依法加大行政执法和经济处罚的力度。认真查处各类事故,坚持事故原因未查清不放过、责任人员未处理不放过、整改措施未落实不放过、有关人员未受到教育不放过的“四不放过”原则,不仅要追究事故直接责任人的责任,同时要追究有关负责人的领导责任。

20. 加强对小企业的安全生产监管。小企业是安全生产管理的薄弱环节,各地要高度重视小企业的安全生产工作,切实加强监督管理。从组织领导、工作机制和安全投入等方面入手,逐步探索出一套行之有效的监管办法。坚持寓监督管理于服务之中,积极为小企业提供安全技术、人才、政策咨询等方面的服务,加强检查指导,督促帮助小企业搞好安全生产。要重视解决小煤矿安全生产投入问题,对乡镇及个体煤矿,要严格监督其按照有关规定提取安全费用。

五、加强领导,形成齐抓共管的合力

21. 认真落实各级领导安全生产责任。地方各级人民政府要建立健全领导干部安全生产责任制,把安全生产作为干部政绩考核的重要内容,逐级抓好落实。特别要加强县乡两级领导干部安全生产责任制的落实。加强对地方领导干部的安全知识培训和安全生产监管人员的执法业务培训。国家组织对市(地)、县(市)两级政府分管安全生产工作的领导干部进行培训;各省(区、市)要对县级以上安全生产监管部门负责人,分期分批进行执法能力培训。依法严肃查处事故责任,对存在失职、渎职行为,或对事故发生负有领导责任的地方政府、企业领导人,要依照有关法律法规严格追究责任。严厉惩治安全生产领域的腐败现象和黑恶势力。

22. 构建全社会齐抓共管的安全生产工作格局。地方各级人民政府每季度至少召开一次安全生产例会,分析、部署、督促和检查本地区的安全生产工作;大力支持并帮助解决安全生产监管部门在行政执法中遇到的困难和问题。各级安全生产委员会及其办公室要积极发挥综合协调作用。安全生产综合监管及其他负有安全生产监督管理职责的部门要在政府的统一领导下,依照有关法律法规的规定,各负其责,密切配合,切实履行安全监管职能。各级工会、共青团组织要围绕安全生产,发挥各自优势,开展群众性安全生产活动。充分发挥各类协会、学会、中心等中介机构和社团组织的作用,构建信息、法律、技术装备、宣传教育、培训和应急救援等安全生产支撑体系。强化社会监督、群众监督和新闻媒体监督,丰富全国“安全生产月”、“安全生产万里行”等活动内容,努力构建“政府统一领导、部门依法监管、企业全面负责、群众参与监督、全社会广泛支持”的安全生产工作格局。

23. 做好宣传教育和舆论引导工作。把安全生产宣传教育纳入宣传思想工作的总体布局,坚持正确的舆论导向,大力宣传党和国家安全生产方针政策、法律法规和加强安全生产工作的重大举措,宣传安全生产工作的先进典型和经验;对严重忽视安全生产、导致重特大事故发生的典型事例要予以曝光。在大中专院校和中小学开设安全知识课程,提高青少年在道路交通、消防、城市燃气等方面的识灾和防灾能力。通过广泛深入的宣传教育,不断增强群众依法自我安全保护的意识。

各地区、各部门和各单位要加强调查研究,注意发现安全生产工作中出现的新情况,研究新问题,推进安全生产理论、监管体制和机制、监管方式和手段、安全科技、安全文化等方面的创新,不断增强安全生产工作的针对性和实效性,努力开创我国安全生产工作的新局面,为完善社会主义市场经济体制,实现党的十六大提出的全面建设小康社会的宏伟目标创造安全稳定的环境。

中华人民共和国国务院

二〇〇四年一月九日

国务院关于全面加强应急管理工作的意见

国发〔2006〕24号(2006年6月15日发布)

各省、自治区、直辖市人民政府,国务院各部委、各直属机构:

加强应急管理,是关系国家经济社会发展全局和人民群众生命财产安全的大事,是全面落实科学发展观、构建社会主义和谐社会的重要内容,是各级政府坚持以人为本、执政为民、全面履行政府职能的重要体现。当前,我国现代化建设进入新的阶段,改革和发展处于关键时期,影响公共安全的因素增多,各类突发公共事件时有发生。但是,我国应急管理工作基础仍然比较薄弱,体制、机制、法制尚不完善,预防和处置突发公共事件的能力有待提高。为深入贯彻实施《国家突发公共事件总体应急预案》(以下简称《国家总体应急预案》),全面加强应急管理工作,提出以下意见:

一、明确指导思想和工作目标

(一)指导思想。以邓小平理论和"三个代表"重要思想为指导,全面落实科学发展观,坚持以人为本、预防为主,充分依靠法制、科技和人民群众,以保障公众生命财产安全为根本,以落实和完善应急预案为基础,以提高预防和处置突发公共事件能力为重点,全面加强应急管理工作,最大程度地减少突发公共事件及其造成的人员伤亡和危害,维护国家安全和社会稳定,促进经济社会全面、协调、可持续发展。

(二)工作目标。在"十一五"期间,建成覆盖各地区、各行业、各单位的应急预案体系;健全分类管理、分级负责、条块结合、属地为主的应急管理体制,落实党委领导下的行政领导责任制,加强应急管理机构和应急救援队伍建设;构建统一指挥、反应灵敏、协调有序、运转高效的应急管理机制;完善应急管理法律法规,建设突发公共事件预警预报信息系统和专业化、社会化相结合的应急管理保障体系,形成政府主导、部门协调、军地结合、全社会共同参与的应急管理工作格局。

二、加强应急管理规划和制度建设

(三)编制并实施突发公共事件应急体系建设规划。依据《国民经济和社会发展第十一个五年规划纲要》(以下简称"十一五"规划),编制并尽快组织实施《"十一五"期间国家突发公共事件应急体系建设规划》,优化、整合各类资源,统一规划突发公共事件预防预警、应急处置、恢复重建等方面的项目和基础设施,科学指导各项应急管理体系建设。各地区、各部门要在《"十一五"期间国家突发公共事件应急体系建设规划》指导下,编制本地区和本行业突发公共事件应急体系建设规划并纳入国民经济和社会发展规划。城乡建设等有关专项规划的编制要与应急体系建设规划相衔接,合理布局重点建设项目,统筹规划应对突发公共事件所必需的基础设施建设。

(四)健全应急管理法律法规。要加强应急管理的法制建设,逐步形成规范各类突发公共事件预防和处置工作的法律体系。抓紧做好突发事件应对法的立法准备工作和公布后的贯彻实施工作,研究制定配套法规和政策措施。国务院各有关部门要根据预防和处置自然灾害、事故灾难、公共卫生事件、社会安全事件等各类突发公共事件的需要,抓紧做好有关法律法规草案和修订草案的起草工作,以及有关规章、标准的修订工作。各地区要依据有关法律、行政法规,结合实际制定并完善应急管理的地方性法规和规章。

(五)加强应急预案体系建设和管理。各地区、各部门要根据《国家总体应急预案》,抓紧编制修订本地区、本行业和领域的各类预案,并加强对预案编制工作的领导和督促检查。各基层单位要根据实际情况制订和完善本单位预案,明确各类突发公共事件的防范措施和处置程序。尽快构建覆盖各地区、各行业、各单位的预案体系,并做好各级、各类相关预案的衔接工作。要加强对预案的动态管理,不断增强预案的针对性和实效性。狠抓预案落实工作，经常性地开展预案演练，特别是涉及多个地区和部门的预案，要通过开展联合演练等方式，促进各单位的协调配合和职责落实。

（六）加强应急管理体制和机制建设。国务院是全国应急管理工作的最高行政领导机关，国务院各有关部门依据有关法律、行政法规和各自职责，负责相关类别突发公共事件的应急管理工作。地方各级人民政府是本行政区域应急管理工作的行政领导机关，要根据《国家总体应急预案》的要求和应对各类突发公共事件的需要，结合实际明确应急管理的指挥机构、办事机构及其职责。各专项应急指挥机构要进一步强化职责，充分发挥在相关领域应对突发公共事件的作用。加强各地区、各部门以及各级各类应急管理机构的协调联动，积极推进资源整合和信息共享。加快突发公共事件预测预警、信息报告、应急响应、恢复重建及调查评估等机制建设。研究建立保险、社会捐赠等方面参与、支持应急管理工作的机制，充分发挥其在突发公共事件预防与处置等方面的作用。

三、做好各类突发公共事件的防范工作

（七）开展对各类突发公共事件风险隐患的普查和监控。各地区、各有关部门要组织力量认真开展风险隐患普查工作，全面掌握本行政区域、本行业和领域各类风险隐患情况，建立分级、分类管理制度，落实综合防范和处置措施，实行动态管理和监控，加强地区、部门之间的协调配合。对可能引发突发公共事件的风险隐患，要组织力量限期治理，特别是对位于城市和人口密集地区的高危企业，不符合安全布局要求、达不到安全防护距离的，要依法采取停产、停业、搬迁等措施，尽快消除隐患。要加强对影响社会稳定因素的排查调处，认真做好预警报告和快速处置工作。社区、乡村、企业、学校等基层单位要经常开展风险隐患的排查，及时解决存在的问题。

（八）促进各行业和领域安全防范措施的落实。地方各级人民政府及有关部门要进一步加强对本行政区域各单位、各重点部位安全管理的监督检查，严密防范各类安全事故；要加强监管监察队伍建设，充实必要的人员，完善监管手段。各有关部门要按照有关法律法规和职责分工，加强对本系统、本行业和领域的安全监管监察，严格执行安全许可制度，经常性开展监督检查，依法加大处罚力度；要提高监管效率，对事故多发的行业和领域进一步明确监管职责，实施联合执法。上级主管部门和有关监察机构要把督促风险隐患整改情况作为衡量监管机构履行职责是否到位的重要内容，加大监督检查和考核力度。各企业、事业单位要切实落实安全管理的主体责任，建立健全安全管理的规章制度，加大安全投入，全面落实安全防范措施。

（九）加强突发公共事件的信息报告和预警工作。特别重大、重大突发公共事件发生后，事发地省级人民政府、国务院有关部门要按规定及时、准确地向国务院报告，并向有关地方、部门和应急管理机构通报。要进一步建立健全信息报告工作制度，明确信息报告的责任主体，对迟报、漏报甚至瞒报、谎报行为要依法追究责任。在加强地方各级人民政府和有关部门信息报告工作的同时，通过建立社会公众报告、举报奖励制度，设立基层信息员等多种方式，不断拓宽信息报告渠道。建设各级人民政府组织协调、有关部门分工负责的各类突发公共事件预警系统，建立预警信息通报与发布制度，充分利用广播、电视、互联网、手机短信息、电话、宣传车等各种媒体和手段，及时发布预警信息。

（十）积极开展应急管理培训。各地区、各有关部门要制订应急管理的培训规划和培训大纲，明确培训内容、标准和方式，充分运用多种方法和手段，做好应急管理培训工作，并加强培训资质管理。积极开展对地方和部门各级领导干部应急指挥和处置能力的培训，并纳入各级党校和行政学院培训内容。加强各单位从业人员安全知识和操作规程培训，负有安全监管职责的部门要强化培训考核，对未按要求开展安全培训的单位要责令其限期整改，达不到考核要求的管理人员和职工一律不准上岗。各级应急管理机构要加强对应急管理培训工作的组织和指导。

四、加强应对突发公共事件的能力建设

（十一）推进国家应急平台体系建设。要统筹规划建设具备监测监控、预测预警、信息报告、辅助决策、调度指挥和总结评估等功能的国家应急平台。加快国务院应急平台建设，完善有关专业应急平台功能，推进地方人民政府综合应急平台建设，形成连接各地区和各专业应急指挥机构、统一高效的应急平台体系。应急平台建设要结合实际，依托政府系统办公业务资源网络，规范技术标准，充分整合利用现有专业系统资源，实现互联互通和信息共享，避免重复建设。积极推进紧急信息接报平台整合，建立统一接报、分类分级处置的工作机制。

（十二）提高基层应急管理能力。要以社区、乡村、学校、企业等基层单位为重点，全面加强应急管理工作。充分发挥基层组织在应急管理中的作用，进一步明确行政负责人、法定代表人、社区或村级组织负责人在应急管理中的职责，确定专（兼）职的工作人员或机构，加强基层应急投入，结合实际制订各类应急预案，增强第一时间预防和处置各类突发公共事件的能力。社区要针对群众生活中可能遇到的突发公共事件，制订操作性强的应急预案，经常性地开展应急知识宣传，做到家喻户晓；乡村要结合社会主义新农村建设，因地制宜加强应急基础设施建设，努力提高群众自救、互救能力，并充分发挥城镇应急救援力量的辐射作用；学校要在加强校园安全工作的同时，积极开展公共安全知识和应急防护知识的教育和普及，增强师生公共安全意识；企业特别是高危行业企业要切实落实法定代表人负责制和安全生产主体责任，做到有预案、有救援队伍、有联动机制、有善后措施。地方各级人民政府和有关部门要加强对基层应急管理工作的指导和检查，及时协调解决人力、物力、财力等方面的问题，促进基层应急管理能力的全面提高。

（十三）加强应急救援队伍建设。落实“十一五”规划有关安全生产应急救援、国家灾害应急救援体系建设的重点工程。建立充分发挥公安消防、特警以及武警、解放军、预备役民兵的骨干作用，各专业应急救援队伍各负其责、互为补充，企业专兼职救援队伍和社会志愿者共同参与的应急救援体系。加强各类应急抢险救援队伍建设，改善技术装备，强化培训演练，提高应急救援能力。建立应急救援专家队伍，充分发挥专家学者的专业特长和技术优势。逐步建立社会化的应急救援机制，大中型企业特别是高危行业企业要建立专职或者兼职应急救援队伍，并积极参与社会应急救援；研究制订动员和鼓励志愿者参与应急救援工作的办法，加强对志愿者队伍的招募、组织和培训。

（十四）加强各类应急资源的管理。建立国家、地方和基层单位应急资源储备制度，在对现有各类应急资源普查和有效整合的基础上，统筹规划应急处置所需物料、装备、通信器材、生活用品等物资和紧急避难场所，以及运输能力、通信能力、生产能力和有关技术、信息的储备。加强对储备物资的动态管理，保证及时补充和更新。要建立国家和地方重要物资监测网络及应急物资生产、储备、调拨和紧急配送体系，保障应急处置和恢复重建工作的需要。合理规划建设国家重要应急物资储备库，按照分级负责的原则，加强地方应急物资储备库建设。充分发挥社会各方面在应急物资的生产和储备方面的作用，实现社会储备与专业储备的有机结合。加强应急管理基础数据库建设和对有关技术资料、历史资料等的收集管理，实现资源共享，为妥善应对各类突发公共事件提供可靠的基础数据。

（十五）全力做好应急处置和善后工作。突发公共事件发生后，事发单位及直接受其影响的单位要根据预案立即采取有效措施，迅速开展先期处置工作，并按规定及时报告。地方各级人民政府和国务院有关部门要依照预案规定及时采取相关应急响应措施。按照属地管理为主的原则，事发地人民政府负有统一组织领导应急处置工作的职责，要积极调动有关救援队伍和力量开展救援工作，采取必要措施，防止发生次生、衍生灾害事件，并做好受影响群众的基本生活保障和事故现场环境评估工作。应急处置结束后，要及时组织受影响地区恢复正常的生产、生活和社会秩序。灾后恢复重建要与防灾减灾相结合，坚持统一领导、科学规划、加快实施。健全社会捐助和对口支援等社会动员机制，动员社会力量参与重大灾害应急救助和灾后恢复重建。各级人民政府及有关部门要依照有关法律法规及时开展事故调查处理工作，查明原因，依法依纪处理责任人员，总结事故教训，制订整改措施并督促落实。

（十六）加强评估和统计分析工作。建立健全突发公共事件的评估制度，研究制订客观、科学的评估方法。各级人民政府及有关部门在对各类突发公共事件调查处理的同时，要对事件的处置及相关防范工作做出评估，并对年度应急管理工作情况进行全面评估。各地区、各有关部门要加强应急管理统计分析工作，完善分类分级标准，明确责任部门和人员，及时、全面、准确地统计各类突发公共事件发生起数、伤亡人数、造成的经济损失等相关情况，并纳入经济和社会发展统计指标体系。突发公共事件的统计信息实行月度、季度和年度报告制度。要研究建立突发公共事件发生后统计系统快速应急机制，及时调查掌握突发公共事件对国民经济发展和城乡居民生活的影响并预测发展趋势。

五、制定和完善全面加强应急管理的政策措施

（十七）加大对应急管理的资金投入力度。根据《国家总体应急预案》的规定，各级财政部门要按照现行事权、财权划分原则，分级负担公共安全工作以及预防与处置突发公共事件中需由政府负担的经费，并纳入本级财政年度预算，健全应急资金拨付制度。对规划布局内的重大建设项目给予重点支持。支持地方应急管理工作，建立完善财政专项转移支付制度。建立健全国家、地方、企业、社会相结合的应急保障资金投入机制，适应应急队伍、装备、交通、通信、物资储备等方面建设与更新维护资金的要求。建立企业安全生产的长效投入机制，增强高危行业企业安全保障和应急救援能力。研究建立应对突发公共事件社会资源依法征用与补偿办法。

（十八）大力发展公共安全技术和产品。在推进产业结构调整中，要将具有较高技术含量的公共安全工艺、技术和产品列入《国家产业结构调整指导目录》的鼓励类发展项目，在政策上积极予以支持。对公共安全、应急处置重大项目和技术开发、产业化示范项目，政府给予直接投资或资金补助、贷款贴息等支持。采取政府采购等办法，推动国家公共安全应急成套设备及防护用品的研发和生产。加强对公共安全产品的质量监督管理，实行严格的市场准入制度，确保产品质量安全可靠。

（十九）建立公共安全科技支撑体系。按照《国家中长期科学和技术发展规划纲要》的要求，高度重视利用科技手段提高应对突发公共事件的能力，通过国家科技计划和科学基金等，对突发公共事件应急管理的基础理论、应用和关键技术研究给予支持，并在大专院校、科研院所加强公共安全与应急管理学科、专业建设，大力培养公共安全科技人才。坚持自主创新和引进消化吸收相结合，形成公共安全科技创新机制和应急管理技术支撑体系。扶持一批在公共安全领域拥有自主知识产权和核心技术的重点企业，实现成套核心技术与重大装备的突破，增强安全技术保障能力。

六、加强领导和协调配合，努力形成全民参与的合力

（二十）进一步加强对应急管理工作的领导。地方各级人民政府要在党委领导下，建立和完善突发公共事件应急处置工作责任制，并将落实情况纳入干部政绩考核的内容，特别要抓好市（地）、县（区）两级领导干部责任的落实。各地区、各部门要加强沟通协调，理顺关系，明确职责，搞好条块之间的衔接和配合。建立和完善应对突发公共事件部际联席会议制度，加强部门之间的协调配合，定期研究解决有关问题。各级领导干部要不断增强处置突发公共事件的能力，深入一线，加强组织指挥。要建立并落实责任追究制度，对有失职、渎职、玩忽职守等行为的，要依照法律法规追究责任。

（二十一）构建全社会共同参与的应急管理工作格局。全面加强应急管理工作，需要紧紧依靠群众，军地结合，动员社会各方面力量积极参与。要切实发挥工会、共青团、妇联等人民团体在动员群众、宣传教育、社会监督等方面的作用，重视培育和发展社会应急管理中介组织。鼓励公民、法人和其他社会组织为应对突发公共事件提供资金、物资捐赠和技术支持。积极开展基层公共安全创建活动，树立一批应急管理工作先进典型，表彰奖励取得显著成绩的单位和个人，形成全社会共同参与、齐心协力做好应急管理工作的局面。

（二十二）大力宣传普及公共安全和应急防护知识。加强应急管理科普宣教工作，提高社会公众维护公共安全意识和应对突发公共事件能力。深入宣传各类应急预案，全面普及预防、避险、自救、互救、减灾等知识和技能，逐步推广应急识别系统。尽快把公共安全和应急防护知识纳入学校教学内容，编制中小学公共安全教育指导纲要和适应全日制各级各类教育需要的公共安全教育读本，安排相应的课程或课时。要在各种招考和资格认证考试中逐步增加公共安全内容。充分运用各种现代传播手段，扩大应急管理科普宣教工作覆盖面。新闻媒体应无偿开展突发公共事件预防与处置、自救与互救知识的公益宣传，并支持社会各界发挥应急管理科普宣传作用。

（二十三）做好信息发布和舆论引导工作。要高度重视突发公共事件的信息发布、舆论引导和舆情分析工作，加强对相关信息的核实、审查和管理，为积极稳妥地处置突发公共事件营造良好的舆论环境。坚持及时准确、主动引导的原则和正面宣传为主的方针，完善政府信息发布制度和新闻发言人制度，建立健全重大突发公共事件新闻报道快速反应机制、舆情收集和分析机制，把握正确的舆论导向。加强对信息发布、新闻报道工作的组织协调和归口管理，周密安排、精心组织信息发布工作，充分发挥中央和省级主要新闻媒体的舆论引导作用。新闻单位要严格遵守国家有关法律法规和新闻宣传纪律，不断提高新闻报道水平，自觉维护改革发展稳定的大局。

（二十四）开展国际交流与合作。加强与有关国家、地区及国际组织在应急管理领域的沟通与合作，参与有关国际组织并积极发挥作用，共同应对各类跨国或世界性突发公共事件。大力宣传我国在应对突发公共事件、加强应急管理方面的政策措施和成功做法，积极参与国际应急救援活动，向国际社会展示我国的良好形象。密切跟踪研究国际应急管理发展的动态和趋势，参与公共安全领域重大国际项目研究与合作，学习、借鉴有关国家在灾害预防、紧急处置和应急体系建设等方面的有益经验，促进我国应急管理工作水平的提高。

国务院

二〇〇六年六月十五日

国务院关于进一步加强企业安全生产工作的通知

国发〔2010〕23号(2010年7月19日发布)

各省、自治区、直辖市人民政府,国务院各部委、各直属机构:

近年来,全国生产安全事故逐年下降,安全生产状况总体稳定、趋于好转,但形势依然十分严峻,事故总量仍然很大,非法违法生产现象严重,重特大事故多发频发,给人民群众生命财产安全造成重大损失,暴露出一些企业重生产轻安全、安全管理薄弱、主体责任不落实,一些地方和部门安全监管不到位等突出问题。为进一步加强安全生产工作,全面提高企业安全生产水平,现就有关事项通知如下:

一、总体要求

1. 工作要求。深入贯彻落实科学发展观,坚持以人为本,牢固树立安全发展的理念,切实转变经济发展方式,调整产业结构,提高经济发展的质量和效益,把经济发展建立在安全生产有可靠保障的基础上;坚持"安全第一、预防为主、综合治理"的方针,全面加强企业安全管理,健全规章制度,完善安全标准,提高企业技术水平,夯实安全生产基础;坚持依法依规生产经营,切实加强安全监管,强化企业安全生产主体责任落实和责任追究,促进我国安全生产形势实现根本好转。

2. 主要任务。以煤矿、非煤矿山、交通运输、建筑施工、危险化学品、烟花爆竹、民用爆炸物品、冶金等行业(领域)为重点,全面加强企业安全生产工作。要通过更加严格的目标考核和责任追究,采取更加有效的管理手段和政策措施,集中整治非法违法生产行为,坚决遏制重特大事故发生;要尽快建成完善的国家安全生产应急救援体系,在高危行业强制推行一批安全适用的技术装备和防护设施,最大程度减少事故造成的损失;要建立更加完善的技术标准体系,促进企业安全生产技术装备全面达到国家和行业标准,实现我国安全生产技术水平的提高;要进一步调整产业结构,积极推进重点行业的企业重组和矿产资源开发整合,彻底淘汰安全性能低下、危及安全生产的落后产能;以更加有力的政策引导,形成安全生产长效机制。

二、严格企业安全管理

3. 进一步规范企业生产经营行为。企业要健全完善严格的安全生产规章制度,坚持不安全不生产。加强对生产现场监督检查,严格查处违章指挥、违规作业、违反劳动纪律的"三违"行为。凡超能力、超强度、超定员组织生产的,要责令停产停工整顿,并对企业和企业主要负责人依法给予规定上限的经济处罚。对以整合、技改名义违规组织生产,以及规定期限内未实施改造或故意拖延工期的矿井,由地方政府依法予以关闭。要加强对境外中资企业安全生产工作的指导和管理,严格落实境内投资主体和派出企业的安全生产监督责任。

4. 及时排查治理安全隐患。企业要经常性开展安全隐患排查,并切实做到整改措施、责任、资金、时限和预案"五到位"。建立以安全生产专业人员为主导的隐患整改效果评价制度,确保整改到位。对隐患整改不力造成事故的,要依法追究企业和企业相关负责人的责任。对停产整改逾期未完成的不得复产。

5. 强化生产过程管理的领导责任。企业主要负责人和领导班子成员要轮流现场带班。煤矿、非煤矿山要有矿领导带班并与工人同时下井、同时升井,对无企业负责人带班下井或该带班而未带班的,对有关责任人按擅离职守处理,同时给予规定上限的经济处罚。发生事故而没有领导现场带班的,对企业给予规定上限的经济处罚,并依法从重追究企业主要负责人的责任。

6. 强化职工安全培训。企业主要负责人和安全生产管理人员、特殊工种人员一律严格考核,按国家有关规定持职业资格证书上岗;职工必须全部经过培训合格后上岗。企业用工要严格依照劳动合同法与职工签订劳动合同。凡存在不经培训上岗、无证上岗的企业,依法停产整顿。没有对井下作业人员进行安全培训教育,或存在特种作业人员无证上岗的企业,情节严重的要依法予以关闭。

7. 全面开展安全达标。深入开展以岗位达标、专业达标和企业达标为内容的安全生产标准化建设,凡在规定时间内未实现达标的企业要依法暂扣其生产许可证、安全生产许可证,责令停产整顿;对整改逾期未达标的,地方政府要依法予以关闭。

三、建设坚实的技术保障体系

8. 加强企业生产技术管理。强化企业技术管理机构的安全职能,按规定配备安全技术人员,切实落实企业负责人安全生产技术管理负责制,强化企业主要技术负责人技术决策和指挥权。因安全生产技术问题不解决产生重大隐患的,要对企业主要负责人、主要技术负责人和有关人员给予处罚;发生事故的,依法追究责任。

9. 强制推行先进适用的技术装备。煤矿、非煤矿山要制定和实施生产技术装备标准,安装监测监控系统、井下人员定位系统、紧急避险系统、压风自救系统、供水施救系统和通信联络系统等技术装备,并于3年之内完成。逾期未安装的,依法暂扣安全生产许可证、生产许可证。运输危险化学品、烟花爆竹、民用爆炸物品的道路专用车辆,旅游包车和三类以上的班线客车要安装使用具有行驶记录功能的卫星定位装置,于2年之内全部完成;鼓励有条件的渔船安装防撞自动识别系统,在大型尾矿库安装全过程在线监控系统,大型起重机械要安装安全监控管理系统;积极推进信息化建设,努力提高企业安全防护水平。

10. 加快安全生产技术研发。企业在年度财务预算中必须确定必要的安全投入。国家鼓励企业开展安全科技研发,加快安全生产关键技术装备的换代升级。进一步落实《国家中长期科学和技术发展规划纲要(2006—2020年)》等,加大对高危行业安全技术、装备、工艺和产品研发的支持力度,引导高危行业提高机械化、自动化生产水平,合理确定生产一线用工。"十二五"期间要继续组织研发一批提升我国重点行业领域安全生产保障能力的关键技术和装备项目。

四、实施更加有力的监督管理

11. 进一步加大安全监管力度。强化安全生产监管部门对安全生产的综合监管,全面落实公安、交通、国土资源、建设、工商、质检等部门的安全生产监督管理及工业主管部门的安全生产指导职责,形成安全生产综合监管与行业监管指导相结合的工作机制,加强协作,形成合力。在各级政府统一领导下,严厉打击非法违法生产、经营、建设等影响安全生产的行为,安全生产综合监管和行业管理部门要会同司法机关联合执法,以强有力措施查处、取缔非法企业。对重大安全隐患治理实行逐级挂牌督办、公告制度,重大隐患治理由省级安全生产监管部门或行业主管部门挂牌督办,国家相关部门加强督促检查。对拒不执行监管监察指令的企业,要依法依规从重处罚。进一步加强监管力量建设,提高监管人员专业素质和技术装备水平,强化基层站点监管能力,加强对企业安全生产的现场监管和技术指导。

12. 强化企业安全生产属地管理。安全生产监管监察部门、负有安全生产监管职责的有关部门和行业管理部门要按职责分工,对当地企业包括中央、省属企业实行严格的安全生产监督检查和管理,组织对企业安全生产状况进行安全标准化分级考核评价,评价结果向社会公开,并向银行业、证券业、保险业、担保业等主管部门通报,作为企业信用评级的重要参考依据。

13. 加强建设项目安全管理。强化项目安全设施核准审批,加强建设项目的日常安全监管,严格落实审批、监管的责任。企业新建、改建、扩建工程项目的安全设施,要包括安全监控设施和防瓦斯等有害气体、防尘、排水、防火、防爆等设施,并与主体工程同时设计、同时施工、同时投入生产和使用。安全设施与建设项目主体工程未做到同时设计的一律不予审批,未做到同时施工的责令立即停止施工,未同时投入使用的不得颁发安全生产许可证,并视情节追究有关单位负责人的责任。严格落实建设、设计、施工、监理、监管等各方安全责任。对项目建设生产经营单位存在违法分包、转包等行为的,立即依法停工停产整顿,并追究项目业主、承包方等各方责任。

14. 加强社会监督和舆论监督。要充分发挥工会、共青团、妇联组织的作用,依法维护和落实企业职工对安全生产的参与权与监督权，鼓励职工监督举报各类安全隐患，对举报者予以奖励。有关部门和地方要进一步畅通安全生产的社会监督渠道，设立举报箱，公布举报电话，接受人民群众的公开监督。要发挥新闻媒体的舆论监督，对舆论反映的客观问题要深查原因，切实整改。

五、建设更加高效的应急救援体系

15. 加快国家安全生产应急救援基地建设。按行业类型和区域分布，依托大型企业，在中央预算内基建投资支持下，先期抓紧建设7个国家矿山应急救援队，配备性能可靠、机动性强的装备和设备，保障必要的运行维护费用。推进公路交通、铁路运输、水上搜救、船舶溢油、油气田、危险化学品等行业（领域）国家救援基地和队伍建设。鼓励和支持各地区、各部门、各行业依托大型企业和专业救援力量，加强服务周边的区域性应急救援能力建设。

16. 建立完善企业安全生产预警机制。企业要建立完善安全生产动态监控及预警预报体系，每月进行一次安全生产风险分析。发现事故征兆要立即发布预警信息，落实防范和应急处置措施。对重大危险源和重大隐患要报当地安全生产监管监察部门、负有安全生产监管职责的有关部门和行业管理部门备案。涉及国家秘密的，按有关规定执行。

17. 完善企业应急预案。企业应急预案要与当地政府应急预案保持衔接，并定期进行演练。赋予企业生产现场带班人员、班组长和调度人员在遇到险情时第一时间下达停产撤人命令的直接决策权和指挥权。因撤离不及时导致人身伤亡事故的，要从重追究相关人员的法律责任。

六、严格行业安全准入

18. 加快完善安全生产技术标准。各行业管理部门和负有安全生产监管职责的有关部门要根据行业技术进步和产业升级的要求，加快制定修订生产、安全技术标准，制定和实施高危行业从业人员资格标准。对实施许可证管理制度的危险性作业要制定落实专项安全技术作业规程和岗位安全操作规程。

19. 严格安全生产准入前置条件。把符合安全生产标准作为高危行业企业准入的前置条件，实行严格的安全标准核准制度。矿山建设项目和用于生产、储存危险物品的建设项目，应当分别按照国家有关规定进行安全条件论证和安全评价，严把安全生产准入关。凡不符合安全生产条件违规建设的，要立即停止建设，情节严重的由本级人民政府或主管部门实施关闭取缔。降低标准造成隐患的，要追究相关人员和负责人的责任。

20. 发挥安全生产专业服务机构的作用。依托科研院所，结合事业单位改制，推动安全生产评价、技术支持、安全培训、技术改造等服务性机构的规范发展。制定完善安全生产专业服务机构管理办法，保证专业服务机构从业行为的专业性、独立性和客观性。专业服务机构对相关评价、鉴定结论承担法律责任，对违法违规、弄虚作假的，要依法依规从严追究相关人员和机构的法律责任，并降低或取消相关资质。

七、加强政策引导

21. 制定促进安全技术装备发展的产业政策。要鼓励和引导企业研发、采用先进适用的安全技术和产品，鼓励安全生产适用技术和新装备、新工艺、新标准的推广应用。把安全检测监控、安全避险、安全保护、个人防护、灾害监控、特种安全设施及应急救援等安全生产专用设备的研发制造，作为安全产业加以培育，纳入国家振兴装备制造业的政策支持范畴。大力发展安全装备融资租赁业务，促进高危行业企业加快提升安全装备水平。

22. 加大安全专项投入。切实做好尾矿库治理、扶持煤矿安全技改建设、瓦斯防治和小煤矿整顿关闭等各类中央资金的安排使用，落实地方和企业配套资金。加强对高危行业企业安全生产费用提取和使用管理的监督检查，进一步完善高危行业企业安全生产费用财务管理制度，研究提高安全生产费用提取下限标准，适当扩大适用范围。依法加强道路交通事故社会救助基金制度建设，加快建立完善水上搜救奖励与补偿机制。高危行业企业探索实行全员安全风险抵押金制度。完善落实工伤保险制度，积极稳妥推行安全生产责任保险制度。

23. 提高工伤事故死亡职工一次性赔偿标准。从2011年1月1日起，依照《工伤保险条例》的规定，对因生产安全事故造成的职工死亡,其一次性工亡补助金标准调整为按全国上一年度城镇居民人均可支配收入的20倍计算,发放给工亡职工近亲属。同时,依法确保工亡职工一次性丧葬补助金、供养亲属抚恤金的发放。

24.鼓励扩大专业技术和技能人才培养。进一步落实完善校企合作办学、对口单招、订单式培养等政策,鼓励高等院校、职业学校逐年扩大采矿、机电、地质、通风、安全等相关专业人才的招生培养规模,加快培养高危行业专业人才和生产一线急需技能型人才。

八、更加注重经济发展方式转变

25.制定落实安全生产规划。各地区、各有关部门要把安全生产纳入经济社会发展的总体布局,在制定国家、地区发展规划时,要同步明确安全生产目标和专项规划。企业要把安全生产工作的各项要求落实在企业发展和日常工作之中,在制定企业发展规划和年度生产经营计划中要突出安全生产,确保安全投入和各项安全措施到位。

26.强制淘汰落后技术产品。不符合有关安全标准、安全性能低下、职业危害严重、危及安全生产的落后技术、工艺和装备要列入国家产业结构调整指导目录,予以强制性淘汰。各省级人民政府也要制订本地区相应的目录和措施,支持有效消除重大安全隐患的技术改造和搬迁项目,遏制安全水平低、保障能力差的项目建设和延续。对存在落后技术装备、构成重大安全隐患的企业,要予以公布,责令限期整改,逾期未整改的依法予以关闭。

27.加快产业重组步伐。要充分发挥产业政策导向和市场机制的作用,加大对相关高危行业企业重组力度,进一步整合或淘汰浪费资源、安全保障低的落后产能,提高安全基础保障能力。

九、实行更加严格的考核和责任追究

28.严格落实安全目标考核。对各地区、各有关部门和企业完成年度生产安全事故控制指标情况进行严格考核,并建立激励约束机制。加大重特大事故的考核权重,发生特别重大生产安全事故的,要根据情节轻重,追究地市级分管领导或主要领导的责任;后果特别严重、影响特别恶劣的,要按规定追究省部级相关领导的责任。加强安全生产基础工作考核,加快推进安全生产长效机制建设,坚决遏制重特大事故的发生。

29.加大对事故企业负责人的责任追究力度。企业发生重大生产安全责任事故,追究事故企业主要负责人责任;触犯法律的,依法追究事故企业主要负责人或企业实际控制人的法律责任。发生特别重大事故,除追究企业主要负责人和实际控制人责任外,还要追究上级企业主要负责人的责任;触犯法律的,依法追究企业主要负责人、企业实际控制人和上级企业负责人的法律责任。对重大、特别重大生产安全责任事故负有主要责任的企业,其主要负责人终身不得担任本行业企业的矿长(厂长、经理)。对非法违法生产造成人员伤亡的,以及瞒报事故、事故后逃逸等情节特别恶劣的,要依法从重处罚。

30.加大对事故企业的处罚力度。对于发生重大、特别重大生产安全责任事故或一年内发生2次以上较大生产安全责任事故并负主要责任的企业,以及存在重大隐患整改不力的企业,由省级及以上安全监管监察部门会同有关行业主管部门向社会公告,并向投资、国土资源、建设、银行、证券等主管部门通报,一年内严格限制新增的项目核准、用地审批、证券融资等,并作为银行贷款等的重要参考依据。

31.对打击非法生产不力的地方实行严格的责任追究。在所辖区域对群众举报、上级督办、日常检查发现的非法生产企业(单位)没有采取有效措施予以查处,致使非法生产企业(单位)存在的,对县(市、区)、乡(镇)人民政府主要领导以及相关责任人,根据情节轻重,给予降级、撤职或者开除的行政处分,涉嫌犯罪的,依法追究刑事责任。国家另有规定的,从其规定。

32.建立事故查处督办制度。依法严格事故查处,对事故查处实行地方各级安全生产委员会层层挂牌督办,重大事故查处实行国务院安全生产委员会挂牌督办。事故查处结案后,要及时予以公告,接受社会监督。

各地区、各部门和各有关单位要做好对加强企业安全生产工作的组织实施，制订部署本地区本行业贯彻落实本通知要求的具体措施，加强监督检查和指导，及时研究、协调解决贯彻实施中出现的突出问题。国务院安全生产委员会办公室和国务院有关部门要加强工作督查，及时掌握各地区、各部门和本行业（领域）工作进展情况，确保各项规定、措施执行落实到位。省级人民政府和国务院有关部门要将加强企业安全生产工作情况及时报送国务院安全生产委员会办公室。

国务院

二○一○年七月十九日

国务院关于坚持科学发展安全发展促进安全生产形势持续稳定好转的意见

国发〔2011〕40号(2011年11月26日发布)

各省、自治区、直辖市人民政府,国务院各部委、各直属机构:

安全生产事关人民群众生命财产安全,事关改革开放、经济发展和社会稳定大局,事关党和政府形象和声誉。为深入贯彻落实科学发展观,实现安全发展,促进全国安全生产形势持续稳定好转,提出以下意见:

一、充分认识坚持科学发展安全发展的重大意义

(一)坚持科学发展安全发展是对安全生产实践经验的科学总结。多年来,各地区、各部门、各单位深入贯彻落实科学发展观,按照党中央、国务院的决策部署,大力推进安全发展,全国安全生产工作取得了积极进展和明显成效。"十一五"期间,事故总量和重特大事故大幅度下降,全国各类事故死亡人数年均减少约1万人,反映安全生产状况的各项指标显著改善,安全生产形势持续稳定好转。实践表明,坚持科学发展安全发展,是对新时期安全生产客观规律的科学认识和准确把握,是保障人民群众生命财产安全的必然选择。

(二)坚持科学发展安全发展是解决安全生产问题的根本途径。我国正处于工业化、城镇化快速发展进程中,处于生产安全事故易发多发的高峰期,安全基础仍然比较薄弱,重特大事故尚未得到有效遏制,非法违法生产经营建设行为屡禁不止,安全责任不落实、防范和监督管理不到位等问题在一些地方和企业还比较突出。安全生产工作既要解决长期积累的深层次、结构性和区域性问题,又要应对不断出现的新情况、新问题,根本出路在于坚持科学发展安全发展。要把这一重要思想和理念落实到生产经营建设的每一个环节,使之成为衡量各行业领域、各生产经营单位安全生产工作的基本标准,自觉做到不安全不生产,实现安全与发展的有机统一。

(三)坚持科学发展安全发展是经济发展社会进步的必然要求。随着经济发展和社会进步,全社会对安全生产的期待不断提高,广大从业人员"体面劳动"意识不断增强,对加强安全监管监察、改善作业环境、保障职业安全健康权益等方面的要求越来越高。这就要求各地区、各部门、各单位必须始终把安全生产摆在经济社会发展重中之重的位置,自觉坚持科学发展安全发展,把安全真正作为发展的前提和基础,使经济社会发展切实建立在安全保障能力不断增强、劳动者生命安全和身体健康得到切实保障的基础之上,确保人民群众平安幸福地享有经济发展和社会进步的成果。

二、指导思想和基本原则

(四)指导思想。坚持以邓小平理论和"三个代表"重要思想为指导,深入贯彻落实科学发展观,牢固树立以人为本、安全发展的理念,始终把保障人民群众生命财产安全放在首位,大力实施安全发展战略,紧紧围绕科学发展主题和加快转变经济发展方式主线,自觉坚持"安全第一、预防为主、综合治理"方针,坚持速度、质量、效益与安全的有机统一,以强化和落实企业主体责任为重点,以事故预防为主攻方向,以规范生产为保障,以科技进步为支撑,认真落实安全生产各项措施,标本兼治、综合治理,有效防范和坚决遏制重特大事故,促进安全生产与经济社会同步协调发展。

(五)基本原则。——统筹兼顾,协调发展。正确处理安全生产与经济社会发展、与速度质量效益的关系,坚持把安全生产放在首要位置,促进区域、行业领域的科学、安全、可持续发展。——依法治安,综合治理。健全完善安全生产法律法规、制度标准体系,严格安全生产执法,严厉打击非法违法行为,综合运用法律、行政、经济等手段,推动安全生产工作规范、有序、高效开展。——突出预防,落实责任。加大安全投入，严格安全准入，深化隐患排查治理，筑牢安全生产基础，全面落实企业安全生产主体责任、政府及部门监管责任和属地管理责任。——依靠科技，创新管理。加快安全科技研发应用，加强专业技术人才队伍和高素质的职工队伍培养，创新安全管理体制机制和方式方法，不断提升安全保障能力和安全管理水平。

三、进一步加强安全生产法制建设

（六）健全完善安全生产法律制度体系。加快推进安全生产法等相关法律法规的修订制定工作。适应经济社会快速发展的新要求，制定高速铁路、高速公路、大型桥梁隧道、超高层建筑、城市轨道交通和地下管网等建设、运行、管理方面的安全法规规章。根据技术进步和产业升级需要，抓紧修订完善国家和行业安全技术标准，尽快健全覆盖各行业领域的安全生产标准体系。进一步建立完善安全生产激励约束、督促检查、行政问责、区域联动等制度，形成规范有力的制度保障体系。

（七）加大安全生产普法执法力度。加强安全生产法制教育，普及安全生产法律知识，提高全民安全法制意识，增强依法生产经营建设的自觉性。加强安全生产日常执法、重点执法和跟踪执法，强化相关部门及与司法机关的联合执法，确保执法实效。继续依法严厉打击各类非法违法生产经营建设行为，切实落实停产整顿、关闭取缔、严格问责的惩治措施。强化地方人民政府特别是县乡级人民政府责任，对打击非法生产不力的，要严肃追究责任。

（八）依法严肃查处各类事故。严格按照"科学严谨、依法依规、实事求是、注重实效"的原则，认真调查处理每一起事故，查明原因，依法严肃追究事故单位和有关责任人的责任，严厉查处事故背后的腐败行为，及时向社会公布调查进展和处理结果。认真落实事故查处分级挂牌督办、跟踪督办、警示通报、诫勉约谈和现场分析制度，深刻吸取事故教训，查找安全漏洞，完善相关管理措施，切实改进安全生产工作。

四、全面落实安全生产责任

（九）认真落实企业安全生产主体责任。企业必须严格遵守和执行安全生产法律法规、规章制度与技术标准，依法依规加强安全生产，加大安全投入，健全安全管理机构，加强班组安全建设，保持安全设备设施完好有效。企业主要负责人、实际控制人要切实承担安全生产第一责任人的责任，带头执行现场带班制度，加强现场安全管理。强化企业技术负责人技术决策和指挥权，注重发挥注册安全工程师对企业安全状况诊断、评估、整改方面的作用。企业主要负责人、安全管理人员、特种作业人员一律经严格考核、持证上岗。企业用工要严格依照劳动合同法与职工签订劳动合同，职工必须全部经培训合格后上岗。

（十）强化地方人民政府安全监管责任。地方各级人民政府要健全完善安全生产责任制，把安全生产作为衡量地方经济发展、社会管理、文明建设成效的重要指标，切实履行属地管理职责，对辖区内各类企业包括中央、省属企业实施严格的安全生产监督检查和管理。严格落实地方行政首长安全生产第一责任人的责任，建立健全政府领导班子成员安全生产"一岗双责"制度。省、市、县级政府主要负责人要定期研究部署安全生产工作，组织解决安全生产重点难点问题。

（十一）切实履行部门安全生产管理和监督职责。健全完善安全生产综合监管与行业监管相结合的工作机制，强化安全生产监管部门对安全生产的综合监管，全面落实行业主管部门的专业监管、行业管理和指导职责。相关部门、境内投资主体和派出企业要切实加强对境外中资企业安全生产工作的指导和管理。要不断探索创新与经济运行、社会管理相适应的安全监管模式，建立健全与企业信誉、项目核准、用地审批、证券融资、银行贷款等方面相挂钩的安全生产约束机制。

五、着力强化安全生产基础

（十二）严格安全生产准入条件。要认真执行安全生产许可制度和产业政策，严格技术和安全质量标准，严把行业安全准入关。强化建设项目安全核准，把安全生产条件作为高危行业建设项目审批的前置条件，未通过安全评估的不准立项；未经批准擅自开工建设的，要依法取缔。严格执行建设项目安全设施"三同时"（同时设计、同时施工、同时投产和使用）制度。制定和实施高危行业从业人员资格标准。

加强对安全生产专业服务机构管理，实行严格的资格认证制度，确保其评价、检测结果的专业性和客观性。

（十三）加强安全生产风险监控管理。充分运用科技和信息手段，建立健全安全生产隐患排查治理体系，强化监测监控、预报预警，及时发现和消除安全隐患。企业要定期进行安全风险评估分析，重大隐患要及时报安全监管监察和行业主管部门备案。各级政府要对重大隐患实行挂牌督办，确保监控、整改、防范等措施落实到位。各地区要建立重大危险源管理档案，实施动态全程监控。

（十四）推进安全生产标准化建设。在工矿商贸和交通运输行业领域普遍开展岗位达标、专业达标和企业达标建设，对在规定期限内未实现达标的企业，要依据有关规定暂扣其生产许可证、安全生产许可证，责令停产整顿；对整改逾期仍未达标的，要依法予以关闭。加强安全标准化分级考核评价，将评价结果向银行、证券、保险、担保等主管部门通报，作为企业信用评级的重要参考依据。

（十五）加强职业病危害防治工作。要严格执行职业病防治法，认真实施国家职业病防治规划，深入落实职业危害防护设施“三同时”制度，切实抓好煤（矽）尘、热害、高毒物质等职业危害防范治理。对可能产生职业病危害的建设项目，必须进行严格的职业病危害预评价，未提交预评价报告或预评价报告未经审核同意的，一律不得批准建设；对职业病危害防控措施不到位的企业，要依法责令其整改，情节严重的要依法予以关闭。切实做好职业病诊断、鉴定和治疗，保障职工安全健康权益。

六、深化重点行业领域安全专项整治

（十六）深入推进煤矿瓦斯防治和整合技改。加快建设“通风可靠、抽采达标、监控有效、管理到位”的瓦斯综合治理工作体系，完善落实瓦斯抽采利用扶持政策，推进瓦斯防治技术创新。严格控制高瓦斯和煤与瓦斯突出矿井建设项目审批。建立完善煤矿瓦斯防治能力评估制度，对不具备防治能力的高瓦斯和煤与瓦斯突出矿井，要严格按规定停产整改、重组或依法关闭。继续运用中央预算内投资扶持煤矿安全技术改造，支持煤矿整顿关闭和兼并重组。加强对整合技改煤矿的安全管理，加快推进煤矿井下安全避险系统建设和小煤矿机械化改造。

（十七）加大交通运输安全综合治理力度。加强道路长途客运安全管理，修订完善长途客运车辆安全技术标准，逐步淘汰安全性能差的运营车型。强化交通运输企业安全主体责任，禁止客运车辆挂靠运营，禁止非法改装车辆从事旅客运输。严格长途客运、危险品车辆驾驶人资格准入，研究建立长途客车驾驶人强制休息制度，持续严厉整治超载、超限、超速、酒后驾驶、高速公路违规停车等违法行为。加强道路运输车辆动态监管，严格按规定强制安装具有行驶记录功能的卫星定位装置并实行联网联控。提高道路建设质量，完善安全防护设施，加强桥梁、隧道、码头安全隐患排查治理。加强高速铁路和城市轨道交通建设运营安全管理。继续强化民航、农村和山区交通、水上交通的安全监管，特别要抓紧完善校车安全法规和标准，依法强化校车安全监管。

（十八）严格危险化学品安全管理。全面开展危险化学品安全管理现状普查评估，建立危险化学品安全管理信息系统。科学规划化工园区，优化化工企业布局，严格控制城镇涉及危险化学品的建设项目。各地区要积极研究制定鼓励支持政策，加快城区高风险危险化学品生产、储存企业搬迁。地方各级人民政府要组织开展地下危险化学品输送管道设施安全整治，加强和规范城镇地面开挖作业管理。继续推进化工装置自动控制系统改造。切实加强烟花爆竹和民用爆炸物品的安全监管，深入开展“三超一改”（超范围、超定员、超药量和擅自改变工房用途）和礼花弹等高危产品专项治理。

（十九）深化非煤矿山安全整治。进一步完善矿产资源开发整合常态化管理机制，制定实施非煤矿山主要矿种最小开采规模和最低服务年限标准。研究制定充填开采标准和规定。积极推行尾矿库一次性筑坝、在线监测技术，搞好尾矿综合利用。全面加强矿井安全避险系统建设，组织实施非煤矿山采空区监测监控等科技示范工程。加强陆地和海洋石油天然气勘探开采的安全管理，重点防范井喷失控、硫化氢中毒、海上溢油等事故。

（二十）加强建筑施工安全生产管理。按照“谁发证、谁审批、谁负责”的原则，进一步落实建筑工程招投标、资质审批、施工许可、现场作业等各环节安全监管责任。强化建筑工程参建各方企业安全生产主体责任。严密排查治理起重机、吊罐、脚手架等设施设备安全隐患。建立建筑工程安全生产信息系统，健全施工企业和从业人员安全信用体系，完善失信惩戒制度。建立完善铁路、公路、水利、核电等重点工程项目安全风险评估制度。严厉打击超越资质范围承揽工程、违法分包转包工程等不法行为。

（二十一）加强消防、冶金等其他行业领域的安全监管。地方各级人民政府要把消防规划纳入当地城乡规划，切实加强公共消防设施建设。大力实施社会消防安全“防火墙”工程，落实建设项目消防安全设计审核、验收和备案抽查制度，严禁使用不符合消防安全要求的装修装饰材料和建筑外保温材料。严格落实人员密集场所、大型集会活动等安全责任制，严防拥挤踩踏事故。加强冶金、有色等其他工贸行业企业安全专项治理，严格执行压力容器、电梯、游乐设施等特种设备安全管理制度，加强电力、农机和渔船安全管理。

七、大力加强安全保障能力建设

（二十二）持续加大安全生产投入。探索建立中央、地方、企业和社会共同承担的安全生产长效投入机制，加大对贫困地区和高危行业领域倾斜。完善有利于安全生产的财政、税收、信贷政策，强化政府投资对安全生产投入的引导和带动作用。企业在年度财务预算中必须确定必要的安全投入，提足用好安全生产费用。完善落实工伤保险制度，积极稳妥推行安全生产责任保险制度，发挥保险机制的预防和促进作用。

（二十三）充分发挥科技支撑作用。整合安全科技优势资源，建立完善以企业为主体、以市场为导向、产学研用相结合的安全技术创新体系。加快推进安全生产关键技术及装备的研发，在事故预防预警、防治控制、抢险处置等方面尽快推出一批具有自主知识产权的科技成果。积极推广应用安全性能可靠、先进适用的新技术、新工艺、新设备和新材料。企业必须加快国家规定的各项安全系统和装备建设，提高生产安全防护水平。加强安全生产信息化建设，建立健全信息科技支撑服务体系。

（二十四）加强产业政策引导。加大高危行业企业重组力度，进一步整合浪费资源、安全保障低的落后产能，加快淘汰不符合安全标准、职业危害严重、危及安全生产的落后技术、工艺和装备。地方各级人民政府要制定相关政策，遏制安全水平低、保障能力差的项目的建设和延续。对存在落后技术设备、构成重大安全隐患的企业，要予以公布，责令其限期整改，逾期未整改的依法予以关闭。把安全产业纳入国家重点支持的战略产业，积极发展安全装备融资租赁业务，促进企业加快提升安全装备水平。

（二十五）加强安全人才和监管监察队伍建设。加强安全科学与工程学科建设，办好安全工程类高等教育和职业教育，重点培养中高级安全工程与管理人才。鼓励高等院校、职业学校进一步落实完善校企合作办学、对口单招、订单式培养等政策，加快培养高危行业专业人才和生产一线急需技能型人才。加快建设专业化的安全监管监察队伍，建立以岗位职责为基础的能力评价体系，加强在岗人员业务培训。进一步充实基层监管力量，改善监管监察装备和条件，创新安全监管监察机制，切实做到严格、公正、廉洁、文明执法。

八、建设更加高效的应急救援体系

（二十六）加强应急救援队伍和基地建设。抓紧7个国家级、14个区域性矿山应急救援基地建设，加快推进重点行业领域的专业应急救援队伍建设。县级以上地方人民政府要结合实际，整合应急资源，依托大型企业、公安消防等救援力量，加强本地区应急救援队伍建设。建立紧急医学救援体系，提升事故医疗救治能力。建立救援队伍社会化服务补偿机制，鼓励和引导社会力量参与应急救援。

（二十七）完善应急救援机制和基础条件。健全省、市、县及中央企业安全生产应急管理体系，加快建设应急平台，完善应急救援协调联动机制。建立健全自然灾害预报预警联合处置机制，加强安监、气象、地震、海洋等部门的协调配合，严防自然灾害引发事故灾难。建立完善企业安全生产动态监控及预警预报体系。加强应急救援装备建设，强化应急物资和紧急运输能力储备，提高应急处置效率。

（二十八）加强预案管理和应急演练。建立健全安全生产应急预案体系，加强动态修订完善。落实省、市、县三级安全生产预案报备制度，加强企业预案与政府相关应急预案的衔接。定期开展应急预案演练，切实提高事故救援实战能力。企业生产现场带班人员、班组长和调度人员在遇到险情时，要按照预案规定，立即组织停产撤人。

九、积极推进安全文化建设

（二十九）加强安全知识普及和技能培训。加强安全教育基地建设，充分利用电视、互联网、报纸、广播等多种形式和手段普及安全常识，增强全社会科学发展、安全发展的思想意识。在中小学广泛普及安全基础教育，加强防灾避险演练。全面开展安全生产、应急避险和职业健康知识进企业、进学校、进乡村、进社区、进家庭活动，努力提升全民安全素质。大力开展企业全员安全培训，重点强化高危行业和中小企业一线员工安全培训。完善农民工向产业工人转化过程中的安全教育培训机制。建立完善安全技术人员继续教育制度。大型企业要建立健全职业教育和培训机构。加强地方政府安全生产分管领导干部的安全培训，提高安全管理水平。

（三十）推动安全文化发展繁荣。充分利用社会资源和市场机制，培育发展安全文化产业，打造安全文化精品，促进安全文化市场繁荣。加强安全公益宣传，大力倡导“关注安全、关爱生命”的安全文化。建设安全文化主题公园、主题街道和安全社区，创建若干安全文化示范企业和安全发展示范城市。推进安全文化理论和建设手段创新，构建自我约束、持续改进的长效机制，不断提高安全文化建设水平，切实发挥其对安全生产工作的引领和推动作用。

十、切实加强组织领导和监督

（三十一）健全完善安全生产工作格局。各地区要进一步健全完善政府统一领导、部门依法监管、企业全面负责、群众参与监督、全社会广泛支持的安全生产工作格局，形成各方面齐抓共管的合力。要切实加强安全生产工作的组织领导，充分发挥各级政府安全生产委员会及其办公室的指导协调作用，落实各成员单位工作责任。县级以上人民政府要依法健全完善安全生产、职业健康监管体系，安全生产任务较重的乡镇要加强安全监管力量建设，确保事有人做、责有人负。

（三十二）加强安全生产绩效考核。把安全生产考核控制指标纳入经济社会发展考核评价指标体系，加大各级领导干部政绩业绩考核中安全生产的权重和考核力度。把安全生产工作纳入社会主义精神文明和党风廉政建设、社会管理综合治理体系之中。制定完善安全生产奖惩制度，对成效显著的单位和个人要以适当形式予以表扬和奖励，对违法违规、失职渎职的，依法严格追究责任。

（三十三）发挥社会公众的参与监督作用。推进安全生产政务公开，健全行政许可网上申请、受理、审批制度。落实安全生产新闻发布制度和救援工作报道机制，完善隐患、事故举报奖励制度，加强社会监督、舆论监督和群众监督。支持各级工会、共青团、妇联等群众组织动员广大职工开展群众性安全生产监督和隐患排查，落实职工岗位安全责任，推进群防群治。

国务院

二〇一一年十一月二十六日

国务院关于加强道路交通安全工作的意见

国发〔2012〕30号（2012年7月22日发布）

各省、自治区、直辖市人民政府，国务院各部委、各直属机构：

为适应我国道路通车里程、机动车和驾驶人数量、道路交通运量持续大幅度增长的形势，进一步加强道路交通安全工作，保障人民群众生命财产安全，提出以下意见：

一、总体要求

（一）指导思想。以邓小平理论和"三个代表"重要思想为指导，深入贯彻落实科学发展观，牢固树立以人为本、安全发展的理念，始终把维护人民群众生命财产安全放在首位，以防事故、保安全、保畅通为核心，以落实企业主体责任为重点，全面加强人、车、路、环境的安全管理和监督执法，推进交通安全社会管理创新，形成政府统一领导、各部门协调联动、全社会共同参与的交通安全管理工作格局，有效防范和坚决遏制重特大道路交通事故，促进全国安全生产形势持续稳定好转，为经济社会发展、人民平安出行创造良好环境。

（二）基本原则。

——安全第一，协调发展。正确处理安全与速度、质量、效益的关系，坚持把安全放在首位，加强统筹规划，使道路交通安全融入国民经济社会发展大局，与经济社会同步协调发展。

——预防为主，综合治理。严格驾驶人、车辆、运输企业准入和安全管理，加强道路交通安全设施建设，深化隐患排查治理，着力解决制约和影响道路交通安全的源头性、根本性问题，夯实道路交通安全基础。

——落实责任，强化考核。全面落实企业主体责任、政府及部门监管责任和属地管理责任，健全目标考核和责任追究制度，加强督导检查和责任倒查，依法严格追究事故责任。

——科技支撑，法治保障。强化科技装备和信息化技术应用，建立健全法律法规和标准规范，加强执法队伍建设，依法严厉打击各类交通违法违规行为，不断提高道路交通科学管理与执法服务水平。

二、强化道路运输企业安全管理

（三）规范道路运输企业生产经营行为。严格道路运输市场准入管理，对新设立运输企业，要严把安全管理制度和安全生产条件审核关。强化道路运输企业安全主体责任，鼓励客运企业实行规模化、公司化经营，积极培育集约化、网络化经营的货运龙头企业。严禁客运车辆、危险品运输车辆挂靠经营。推进道路运输企业诚信体系建设，将诚信考核结果与客运线路招投标、运力投放以及保险费率、银行信贷等挂钩，不断完善企业安全管理的激励约束机制。鼓励运输企业采用交通安全统筹等形式，加强行业互助，提高企业抗风险能力。

（四）加强企业安全生产标准化建设。道路运输企业要建立健全安全生产管理机构，加强安全班组建设，严格执行安全生产制度、规范和技术标准，强化对车辆和驾驶人的安全管理，持续加大道路交通安全投入，提足、用好安全生产费用。建立专业运输企业交通安全质量管理体系，健全客运、危险品运输企业安全评估制度，对安全管理混乱、存在重大安全隐患的企业，依法责令停业整顿，对整改不达标的按规定取消其相应资质。

（五）严格长途客运和旅游客运安全管理。严格客运班线审批和监管，加强班线途经道路的安全适应性评估，合理确定营运线路、车型和时段，严格控制1000公里以上的跨省长途客运班线和夜间运行时间，对现有的长途客运班线进行清理整顿，整改不合格的坚决停止运营。创造条件积极推行长途客运车辆凌晨2时至5时停止运行或实行接驳运输。客运车辆夜间行驶速度不得超过日间限速的80%，并严禁夜间通行达不到安全通行条件的三级以下山区公路。夜间遇暴雨、浓雾等影响安全视距的恶劣天气时，可以采取临时管理措施，暂停客运车辆运行。加强旅游包车安全管理，根据运行里程严格按规定配备包车驾驶人，逐步推行包车业务网上申请和办理制度，严禁发放空白旅游包车牌证。运输企业要积极创造条件，严格落实长途客运驾驶人停车换人、落地休息制度，确保客运驾驶人24小时累计驾驶时间原则上不超过8小时，日间连续驾驶不超过4小时，夜间连续驾驶不超过2小时，每次停车休息时间不少于20分钟。有关部门要加强监督检查，对违反规定超时、超速驾驶的驾驶人及相关企业依法严格处罚。

（六）加强运输车辆动态监管。抓紧制定道路运输车辆动态监督管理办法，规范卫星定位装置安装、使用行为。旅游包车、三类以上班线客车、危险品运输车和校车应严格按规定安装使用具有行驶记录功能的卫星定位装置，卧铺客车应同时安装车载视频装置，鼓励农村客运车辆安装使用卫星定位装置。重型载货汽车和半挂牵引车应在出厂前安装卫星定位装置，并接入道路货运车辆公共监管与服务平台。运输企业要落实安全监控主体责任，切实加强对所属车辆和驾驶人的动态监管，确保车载卫星定位装置工作正常、监控有效。对不按规定使用或故意损坏卫星定位装置的，要追究相关责任人和企业负责人的责任。

三、严格驾驶人培训考试和管理

（七）加强和改进驾驶人培训考试工作。进一步完善机动车驾驶人培训大纲和考试标准，严格考试程序，推广应用科技评判和监控手段，强化驾驶人安全、法制、文明意识和实际道路驾驶技能考试。客、货车辆驾驶人培训考试要增加复杂路况、恶劣天气、突发情况应对处置技能的内容，大中型客、货车辆驾驶人增加夜间驾驶考试。将大客车驾驶人培养纳入国家职业教育体系，努力解决高素质客运驾驶人短缺问题。实行交通事故驾驶人培训质量、考试发证责任倒查制度。

（八）严格驾驶人培训机构监管。加强驾驶人培训市场调控，提高驾驶人培训机构准入门槛，按照培训能力核定其招生数量，严格教练员资格管理。加强驾驶人培训质量监督，全面推广应用计算机计时培训管理系统，督促落实培训教学大纲和学时。定期向社会公开驾驶人培训机构的培训质量、考试合格率以及毕业学员的交通违法率和肇事率等，并作为其资质审核的重要参考。

（九）加强客货运驾驶人安全管理。严把客货运驾驶人从业资格准入关，加强从业条件审核与培训考试。建立客货运驾驶人从业信息、交通违法信息、交通事故信息的共享机制，加快推进信息查询平台建设，设立驾驶人"黑名单"信息库。加强对长期在本地经营的异地客货运车辆和驾驶人安全管理。督促运输企业加强驾驶人聘用管理，对发生道路交通事故致人死亡且负同等以上责任的，交通违法记满12分的，以及有酒后驾驶、超员20%以上、超速50%（高速公路超速20%）以上，或者12个月内有3次以上超速违法记录的客运驾驶人，要严格依法处罚并通报企业解除聘用。

四、加强车辆安全监管

（十）提高机动车安全性能。制定完善相关政策，推动机动车生产企业兼并重组，调整产品结构，鼓励发展安全、节能、环保的汽车产品，积极推进机动车标准化、轻量化，加快传统汽车升级换代。大力推广厢式货车取代栏板式货车，尽快淘汰高安全风险车型。抓紧清理、修订并逐步提高机动车安全技术标准，督促生产企业改进车辆安全技术，增设客运车辆限速和货运车辆限载等安全装置。进一步提高大中型客车和公共汽车的车身结构强度、座椅安装强度、内部装饰材料阻燃性能等，增强车辆行驶稳定性和抗侧倾能力。客运车辆座椅要尽快全部配置安全带。

（十一）加强机动车安全管理。落实和完善机动车生产企业及产品公告管理、强制性产品认证、注册登记、使用维修和报废等管理制度。积极推动机动车生产企业诚信体系建设，加强机动车产品准入、生产一致性监管，对不符合机动车国家安全技术标准或者与公告产品不一致的车辆，不予办理注册登记，生产企业要依法依规履行更换、退货义务。严禁无资质企业生产、销售电动汽车。落实和健全缺陷汽车产品召回制度，加大对大中型客、货汽车缺陷产品召回力度。严格报废汽车回收企业资格认定和监督管理，依法严厉打击制造和销售拼装车行为，严禁拼装车和报废汽车上路行驶。加强机动车安全技术检验和营运车辆综合性能检测，严格检验检测机构的资格管理和计量认证管理。对道路交通事故中涉及车辆非法生产、改装、拼装以及机动车产品严重质量安全问题的，要严查责任，依法从重处理。

（十二）强化电动自行车安全监管。修订完善电动自行车生产国家强制标准，着力加强对电动自行车生产、销售和使用的监督管理，严禁生产、销售不符合国家强制标准的电动自行车。省级人民政府要制定电动自行车登记管理办法，质监部门要做好电动自行车生产许可证管理和国家强制性标准修订工作，工业和信息化部门要严格电动自行车生产的行业管理，工商部门要依法加强电动自行车销售企业的日常监管。对违规生产、销售不合格产品的企业，要依法责令整改并严格处罚、公开曝光。公安机关要加强电动自行车通行秩序管理，严格查处电动自行车交通违法行为。地方各级人民政府要通过加强政策引导，逐步解决在用的超出国家标准的电动自行车问题。

五、提高道路安全保障水平

（十三）完善道路交通安全设施标准和制度。加快修订完善公路安全设施设计、施工、安全性评价等技术规范和行业标准，科学设置安全防护设施。鼓励地方在国家和行业标准的基础上，进一步提高本地区公路安全设施建设标准。严格落实交通安全设施与道路建设主体工程同时设计、同时施工、同时投入使用的“三同时”制度，新建、改建、扩建道路工程在竣（交）工验收时要吸收公安、安全监管等部门人员参加，严格安全评价，交通安全设施验收不合格的不得通车运行。对因交通安全设施缺失导致重大事故的，要限期进行整改，整改到位前暂停该区域新建道路项目的审批。

（十四）加强道路交通安全设施建设。地方各级人民政府要结合实际科学规划，有计划、分步骤地逐年增加和改善道路交通安全设施。在保证国省干线公路网等项目建设资金的基础上，加大车辆购置税等资金对公路安保工程的投入力度，进一步加强国省干线公路安全防护设施建设，特别是临水临崖、连续下坡、急弯陡坡等事故易发路段要严格按标准安装隔离栅、防护栏、防撞墙等安全设施，设置标志标线。加强公路与铁路、河道、码头联接交叉路段特别是公铁立交、跨航道桥梁的安全保护。收费公路经营企业要加强公路养护管理，对安全设施缺失、损毁的，要及时予以完善和修复，确保公路及其附属设施始终处于良好的技术状况。要积极推进公路灾害性天气预报和预警系统建设，提高对暴雨、浓雾、团雾、冰雪等恶劣天气的防范应对能力。

（十五）深入开展隐患排查治理。地方各级人民政府要建立完善道路交通安全隐患排查治理制度，落实治理措施和治理资金，根据隐患严重程度，实施省、市、县三级人民政府挂牌督办整改，对隐患整改不落实的，要追究有关负责人的责任。有关部门要强化交通事故统计分析，排查确定事故多发点段和存在安全隐患路段，全面梳理桥涵隧道、客货运场站等风险点，设立管理台账，明确治理责任单位和时限，强化对整治情况的全过程监督。切实加强公路两侧农作物秸秆禁烧监管，严防焚烧烟雾影响交通安全。

六、加大农村道路交通安全管理力度

（十六）强化农村道路交通安全基础。深入开展“平安畅通县市”和“平安农机”创建活动，改善农村道路交通安全环境。严格落实县级人民政府农村公路建设养护管理主体责任，制定改善农村道路交通安全状况的计划，落实资金，加大建设和养护力度。新建、改建农村公路要根据需要同步建设安全设施，已建成的农村公路要按照“安全、有效、经济、实用”的原则，逐步完善安全设施。地方各级人民政府要统筹城乡公共交通发展，以城市公交同等优惠条件扶持发展农村公共交通，拓展延伸农村地区客运的覆盖范围，着力解决农村群众安全出行问题。

（十七）加强农村道路交通安全监管。地方各级人民政府要加强农村道路交通安全组织体系建设，落实乡镇政府安全监督管理责任，调整优化交警警力布局，加强乡镇道路交通安全管控。发挥农村派出所、农机监理站以及驾驶人协会、村委会的作用，建立专兼职道路交通安全管理队伍，扩大农村道路交通管理覆盖面。完善农业机械安全监督管理体系，加强对农机安全监理机构的支持保障，积极推广应用农机安全技术，加强对拖拉机、联合收割机等农业机械的安全管理。

七、强化道路交通安全执法

（十八）严厉整治道路交通违法行为。加强公路巡逻管控，加大客运、旅游包车、危险品运输车等重点车辆检查力度，严厉打击和整治超速超员超载、疲劳驾驶、酒后驾驶、吸毒后驾驶、货车违法占道行驶、不按规定使用安全带等各类交通违法行为，严禁三轮汽车、低速货车和拖拉机违法载人。依法加强校车安全管理，保障乘坐校车学生安全。健全和完善治理车辆超限超载工作长效机制。研究推动将客货运车辆严重超速、超员、超限超载等行为列入以危险方法危害公共安全行为，追究驾驶人刑事责任。制定客货运车辆和驾驶人严重交通违法行为有奖举报办法，并将车辆动态监控系统记录的交通违法信息作为执法依据，定期进行检查，依法严格处罚。大力推进文明交通示范公路创建活动，加强城市道路通行秩序整治，规范机动车通行和停放，严格非机动车、行人交通管理。

（十九）切实提升道路交通安全执法效能。推进高速公路全程监控等智能交通管理系统建设，强化科技装备和信息化技术在道路交通执法中的应用，提高道路交通安全管控能力。整合道路交通管理力量和资源，建立部门、区域联勤联动机制，实现监控信息等资源共享。严格落实客货运车辆及驾驶人交通事故、交通违法行为通报制度，全面推进交通违法记录省际转递工作。研究推动将公民交通安全违法记录与个人信用、保险、职业准入等挂钩。

（二十）完善道路交通事故应急救援机制。地方各级人民政府要进一步加强道路交通事故应急救援体系建设，完善应急救援预案，定期组织演练。健全公安消防、卫生等部门联动的省、市、县三级交通事故紧急救援机制，完善交通事故急救通信系统，加强交通事故紧急救援队伍建设，配足救援设备，提高施救水平。地方各级人民政府要依法加快道路交通事故社会救助基金制度建设，制定并完善实施细则，确保事故受伤人员的医疗救治。

八、深入开展道路交通安全宣传教育

（二十一）建立交通安全宣传教育长效机制。地方各级人民政府每年要制定并组织实施道路交通安全宣传教育计划，加大宣传投入，督促各部门和单位积极履行宣传责任和义务，实现交通安全宣传教育社会化、制度化。加大公益宣传力度，报刊、广播、电视、网络等新闻媒体要在重要版面、时段通过新闻报道、专题节目、公益广告等方式开展交通安全公益宣传。设立“全国交通安全日”，充分发挥主管部门、汽车企业、行业协会、社区、学校和单位的宣传作用，广泛开展道路交通安全宣传活动，不断提高全民的交通守法意识、安全意识和公德意识。

（二十二）全面实施文明交通素质教育工程。深入推进“文明交通行动计划”，广泛开展交通安全宣传进农村、进社区、进企业、进学校、进家庭活动，推行实时、动态的交通安全教育和在线服务。建立交通安全警示提示信息发布平台，加强事故典型案例警示教育，开展交通安全文明驾驶人评选活动，充分利用各种手段促进驾驶人依法驾车、安全驾车、文明驾车。坚持交通安全教育从儿童抓起，督促指导中小学结合有关课程加强交通安全教育，鼓励学校结合实际开发有关交通安全教育的校本课程，夯实国民交通安全素质基础。

（二十三）加强道路交通安全文化建设。积极拓展交通安全宣传渠道，建立交通安全宣传教育基地，创新宣传教育方法，以学校、驾驶人培训机构、运输企业为重点，广泛宣传道路交通安全法律法规和安全知识。推动开设交通安全宣传教育网站、电视频道，加强交通安全文学、文艺、影视等作品创作、征集和传播活动，积极营造全社会关注交通安全、全民参与文明交通的良好文化氛围。

九、严格道路交通事故责任追究

（二十四）加强重大道路交通事故联合督办。严格执行重大事故挂牌督办制度，健全完善重大道路交通事故“现场联合督导、统筹协调调查、挂牌通报警示、重点约谈检查、跟踪整改落实”的联合督办工作机制，形成各有关部门齐抓共管的监管合力。研究制定道路交通安全奖惩制度，对于成效显著的地方、部门和单位予以表扬和奖励；对发生特别重大道路交通事故的，或者一年内发生 3 起及以上重大道路交通事故的，省级人民政府要向国务院作出书面检查；对一年内发生两起重大道路交通事故或发生性质严重、造成较大社会影响的重大道路交通事故的，国务院安全生产委员会办公室要会同有关部门及时约谈相关地方政府和部门负责同志。

（二十五）加大事故责任追究力度。研究制定重特大道路交通事故处置规范，完善跨区域责任追究机制，建立健全重大道路交通事故信息公开制度。对发生重大及以上或者 6 个月内发生两起较大及以上责任事故的道路运输企业,依法责令停业整顿;停业整顿后符合安全生产条件的,准予恢复运营,但客运企业3年内不得新增客运班线,旅游企业3年内不得新增旅游车辆;停业整顿仍不具备安全生产条件的,取消相应许可或吊销其道路运输经营许可证,并责令其办理变更、注销登记直至依法吊销营业执照。对道路交通事故发生负有责任的单位及其负责人,依法依规予以处罚,构成犯罪的,依法追究刑事责任。发生重特大道路交通事故的,要依法依纪追究地方政府及相关部门的责任。

十、强化道路交通安全组织保障

(二十六)加强道路交通安全组织领导。地方各级人民政府要高度重视道路交通安全工作,将其纳入经济和社会发展规划,与经济建设和社会发展同部署、同落实、同考核,并加强对道路交通安全工作的统筹协调和监督指导。实行道路交通安全地方行政首长负责制,将道路交通安全工作纳入政府工作重要议事日程,定期分析研判安全形势,研究部署重点工作。严格道路交通事故总结报告制度,省级人民政府每年1月15日前要将本地区道路交通安全工作情况向国务院作出专题报告。

(二十七)落实部门管理和监督职责。各有关部门要按照"谁主管、谁负责,谁审批、谁负责"的原则,依法履行职责,落实监管责任,切实构建"权责一致、分工负责、齐抓共管、综合治理"的协调联动机制。要严格责任考核,将道路交通安全工作作为有关领导干部实绩考评的重要内容,并将考评结果作为综合考核评价的重要依据。

(二十八)完善道路交通安全保障机制。研究建立中央、地方、企业和社会共同承担的道路交通安全长效投入机制,不断拓展道路交通安全资金保障来源,推动完善相关财政、税收、信贷支持政策,强化政府投资对道路交通安全投入的引导和带动作用,将交警、运政、路政、农机监理各项经费按规定纳入政府预算。要根据道路里程、机动车增长等情况,相应加强道路交通安全管理力量建设,完善道路交通警务保障机制。地方各级人民政府要研究出台高速公路交通安全发展的相关保障政策,将高速公路交通安全执勤执法营房等配套设施与高速公路建设同步规划设计、同步投入使用并给予资金保障,高速公路建设管理单位要积极创造条件予以配合支持。

国务院

2012年7月22日

第三部分　相关部门行政规章

港口消防监督实施办法

交通部令1988年第2号(1988年7月5日发布)

第一章　总　　则

第一条　为了加强港口消防监督管理,保障港口、船舶运输生产安全,根据《中华人民共和国消防条例实施细则》第四十七条、六十八条的规定,制定本办法。

第二条　港口消防工作必须贯彻“预防为主,防消结合”的方针。

第三条　本办法适用于:

一、中华人民共和国的沿海和内河港口(以下简称港口);

二、在港口水域内航行、停泊、作业的一切中外民用船舶;

三、港口内的一切单位和人员。

第四条　港口公安机关依照国家有关法规和本办法实施消防监督。

港口公安机关要设置消防监督机构,配备消防监督员。消防监督员的配备应根据实际需要,本着从严掌握的精神,控制在职工总数的2‰以内。

第二章　火 灾 预 防

第五条　港口规划建设部门在新建、改建、扩建港口码头时,必须执行有关消防法规,会同港口公安消防监督机关制定水域陆域消防站(包括消防艇专用码头)、消防供水、消防通讯和消防通道等消防设施的具体建设方案。建设方案应纳入港口建设总体规划。消防设施的建设应与港口建设同步进行。

第六条　港口码头原有消防设施不足或者不适应消防要求的,港口规划建设部门应按照港口公安消防监督机关的建议进行改造或者增设。

第七条　港口区域内建设工程的防火设计,必须严格执行《建筑设计防火规范》及其他有关规范。油品码头的防火设计,必须执行《石油库设计规范》和《装卸油品码头防火设计规范》。严格防火防爆安全标准。

在港口区域内的中外合资、合作经营和外资独立经营的企业,其建筑工程或从国外引进工程项目的防火设计,必须符合我国消防技术规范要求。

防火设计,经港口公安消防监督机关审查批准后才准施工。

第八条　施工单位必须按照批准的防火设计图纸进行施工,不得擅自改动。同时要负责做好施工现场的消防安全工作。

第九条　工程竣工时,由港口公安消防监督机关负责验收。当地公安消防监督机关在建筑审核业务技术方面予以指导。重点工程的防火设计,同时报部消防监督部门备案。

第十条　未经港口公安消防监督机关许可,任何单位和个人不准在港区内搭建临时工棚和易燃建筑。

第十一条　港口装卸、储存、运输、管理易燃易爆危险物品,必须严格执行国务院《化学危险物品安全管理条例》以及交通部《港口危险货物管理暂行规定》等有关法规。

一、运载易燃易爆危险货物的车辆进出港口,必须持有公安机关签发的危险货物准运证,并主动接受港口公安消防监督机关的监督和门卫的检查;

二、装卸、储存易燃易爆危险货物,应使用专用码头、仓库、货场;

三、装卸易燃易爆危险货物使用的机械、工属具,应符合防火防爆要求,严格执行安全技术操作规程;

四、易燃易爆危险货物应分类储存,留有安全间距,严禁将产生物理、化学反应的货物混装混放。遇水燃烧、禁冻、禁晒的危险货物,严禁在露天、低温、高温处存放;

五、从事易燃易爆危险货物装卸、运输、管理人员,应了解易燃易爆危险品的物理、化学性能,要经过防火防爆安全知识的培训,并由所在单位安全技术部门考试合格,方可上岗位工作,还应严格执行防火防爆制度,遵守安全技术操作规程。

第十二条 港区内的生产、生活用电设备,必须符合防火防爆要求。严禁违章用电。

第十三条 进入港区仓库、货场、危险品作业现场的机动车辆,必须配戴火星消除装置和灭火器材。

第十四条 进入港口装卸作业区或仓库、货场、油区、油库以及登轮作业的人员,严禁携带火种。

第十五条 港区内严禁燃放焰火、鞭炮,严禁在禁烟场所吸烟。

第十六条 采用有火灾危险性的新设备、新工艺和可燃易燃物资材料的单位,必须按照研制部门提供的预防火灾的具体办法,采取相应的消防安全措施,并经港口公安消防监督机关认可。

第十七条 严格明火作业审批制度,实行动火管制。

在港口码头、港作船舶等非消防重点处所进行的一般性明火作业,由港口安全、生产部门负责审批,报消防监督机关备案;在火灾、爆炸危险性大的处所和消防重点部位进行动火作业,必须报经港口公安消防监督机关批准。

在港口水域锚泊、作业的运输船舶进行电气焊割等明火作业,按照交通部有关规定,报经港务监督(港航监督)部门批准,向港口公安消防监督机关备案;对火灾危险性大的明火作业,港口公安消防监督机关应积极参加动火方案研究,并实行消防监督。

第十八条 对消防安全措施不落实,有发生火灾、爆炸事故危险的明火作业,港口公安消防监督机关应责令其停止作业。

第十九条 审批部门要设立专人负责动火审批工作。负责动火审批的人员,必须具备防火防爆知识。因审批不当或违章作业而发生火灾的,要追究有关人员的责任。

第二十条 进行明火作业,必须按下列规定办理:

一、需要动用明火的单位、船舶,应按规定向主管动火审批部门申报;

二、动火单位应指派专人到动火现场看护,落实消防安全措施;

三、审批部门应派员到动火现场进行检查;

四、对危险性大的明火作业,港口公安消防部门应派消防车、船实施现场监护。

第二十一条 港口客运部门应增设专(兼)职危险品检查员,配备必须的安全检测仪器,对旅客携带和托运的行李进行检查,严禁易燃易爆危险物品进站、上船。

第二十二条 在港口水域航行、停泊、作业的一切中外民用船舶,必须遵守下列规定:

一、载运危险货物,必须具备适载条件,严格执行《国际海上危险货物运输规则》,配备足够数量的消防设备和器材。按照危险货物性质,合理配载。

二、装载危险货物船舶的船员,必须经过船舶消防业务知识培训,了解和掌握危险货物的性质、防火措施及灭火方法;

三、港口货商或生产调度部门应在作业前向港口公安消防监督机关提供所载危险货物的名称、性质、数量以及采取的消防安全措施;

四、凡装载易燃易爆危险货物的船舶,在装卸作业或通过港区特定水域时,必须接受港口公安消防监督机关监督。

第二十三条 港口所属单位及驻港单位,要建立健全防火组织,全面实行逐级防火责任制,把防火安全工作纳入经营管理之中。可确定一名行政领导为防火负责人,协助行政主要负责人做好本单位的消防安全工作。其主要职责是:

一、贯彻执行政府和有关部门颁发的消防法令和规章制度；

二、把消防工作列入工作、生产、施工、运输、经营管理的内容；

三、组织制订防火安全制度，组织实施逐级防火责任制和岗位防火责任制；

四、组织防火宣传教育，对职工进行消防知识培训；

五、组织防火安全检查，负责整改火险隐患，改善消防安全条件，完善消防设施；

六、经常了解、掌握消防工作情况，进行督促检查，解决消防工作中的实际问题；

七、领导企业专职和义务消防组织；

八、组织制定重点单位、重点部位的灭火方案，带领职工扑救火灾，保护火灾现场；

九、追查处理火警事故，协助调查火灾原因；

十、负责消防奖惩事宜。

第二十四条 港口所属单位及驻港单位，应根据防火、灭火的需要，配置相应种类、数量的消防器材、设备和设施，并确定专人负责管理消防设施、设备、器材，定期进行维修保养和补充更新，使之完好有效。

第二十五条 任何单位和个人都有责任维护消防设施。不准损坏和擅自挪用消防设备、器材，不准埋压和圈占消防水源，不准占用防火间距，堵塞消防通道。铁路机车、车厢不准甩放在消防通道上。

基建维修、电力部门，在维修道路影响消防通行以及停电、停水、切断通讯线路时，必须事先通知港口公安消防监督机关。

第二十六条 专用消防车、船以及其他消防器材、设备和设施，除抢险救灾外，不得用于与消防无关的方面。

第三章 消 防 组 织

第二十七条 沿海开放港口和内河重点港口应设立港口公安消防队，负责对港口水域航行、停泊、作业的一切中外民用船舶和港区内的设施、物品发生火灾的扑救。

消防站的布局、装备标准应按交通部发布的《港口消防站布局与建设标准》执行。

第二十八条 大型油库、危险品仓库、大型物资仓库以及地处偏远、规模较大的厂、站，要建立企业专职消防队，由单位防火负责人领导，并接受公安消防监督机关的业务指导。企业专职消防队的建立和撤销，应经港口公安消防监督机关批准。

第二十九条 港口所属基层生产部门，应在编制内设立相应数量的专职或兼职防火员。防火员在单位防火负责人和管区派出所防火民警的领导下，负责本单位日常防火安全工作。

第三十条 拖消两用船是港口公安消防队扑救船舶火灾的辅助力量。平时由生产部门管理使用，港口公安消防监督机关负责消防业务指导。灭火时服从港口公安消防监督机关的统一调动、指挥。船员要经常进行消防业务学习和演练，提高灭火技能。船上消防系统要经常维修保养，灭火药剂要配足，使之处于良好状态。

第三十一条 港口各单位应加强群防群消，建立义务消防组织。由单位防火负责人领导，接受公安消防监督机关的业务指导。

第四章 火 灾 扑 救

第三十二条 任何人在港区内发现火警，都应立即向港口公安消防队或当地公安消防队准确地报警。

通讯部门应当优先传递火警、火灾信息，不得延误。

第三十三条 港口消防队接到报警后，消防车须在5分钟内到达起火现场；消防船应在5分钟内启航，以最快速度赶赴火场。其他车辆、船舶应为其让路。

第三十四条 船舶、水上设施发生火灾时，由海上安全指挥部或海上安全监督部门统一组织力量施救。火场的扑救工作，由港口公安消防监督机关指挥，有关部门应积极配合，服从调动。扑救船舶火灾时，应吸收船方人员参加，共同研究制定灭火方案，避免扩大损失。港口陆域发生火灾，由港口公安消防监督机关统一指挥扑救，当地公安消防监督机构给予协助。没有建立公安消防监督机构和公安消防队的港口，由当地公安消防监督机构指挥火场扑救工作。

第三十五条 扑救火灾时，港口公安消防监督机关有权调用一切交通工具和抢救力量。

第三十六条 参加扑救火灾的单位和人员，都必须服从火场指挥员的统一指挥。港口公安交通管理、港务监督（港航监督）和治安管理人员应当负责维护秩序，疏散车辆、船舶及人员，必要时可实行交通管制。

第三十七条 港口公安消防队参加扑救有保险的外单位的火灾中所损耗的燃料、灭火剂和器材装备，以及对火灾原因进行技术鉴定的费用，按照有关文件规定，从保险公司偿付的施救费中予以补偿。对在港外籍船舶（包括挂外国旗的远洋租船）和在国外投保火险的国内运输船舶火灾扑救收费，按交通部《关于航行国际航线船舶消防费收规定》办理。

第三十八条 参加扑救火灾或消防训练中受伤致残或牺牲的非国家职工，其医疗费用和抚恤待遇，由起火单位或者所在单位按照国家有关规定办理；国家职工的医药费用和抚恤待遇，由职工所在单位负责，同时执行消防条例实施细则有关规定。

第五章　消 防 监 督

第三十九条 港口公安消防监督机关的职责是：

一、负责督促港口各单位制定消防安全办法和技术标准，并负责审查、监督实行；

二、负责港口公安消防队伍的组织领导，对专职、义务消防队和专职、兼职防火员的业务指导；

三、负责日常的防火安全检查，并对查出的重大火险隐患及时向有关单位及其上级主管部门发出《火险隐患整改通知书》，必要时，可传唤有关人员，督促整改火险隐患；

四、对不执行《火险隐患整改通知书》的单位，消防监督机关有权责令其停工、停产、停业，限期整改。造成一定后果的，要依法追究当事人和有关领导人员的责任；

五、负责港区建筑防火设计审核和施工过程中的消防监督，以及参加竣工验收；

六、负责港区明火作业审批或监督；

七、对危险货物装卸、运输、储存进行消防监督检查，对装（卸）载危险物品的船舶进行消防监督、护航；

八、对在港口水域航行、停泊、作业的一切中外民用船舶实施消防监督；

九、对辖区单位的消防设施、设备、器材的配备、管理、维修保养情况进行监督检查；

十、负责起火原因的调查。在港船舶火灾的调查，要吸收船方、港监、船检等部门参加，联合进行调查，作出火因技术鉴定，并根据事故性质、情节和后果，对有关责任者提出处理意见；

十一、负责辖区火灾事故的统计报告；

十二、负责对消防器材、设备等的规格、性能进行检查；

十三、负责考查评定、奖励在防火、灭火工作中成绩显著的单位和个人，处罚违反消防法规的单位和责任者。

第四十条 消防监督员的主要职责：

一、依照消防法规，对管辖单位进行消防监督检查，督促制定和落实消防安全制度；

二、经常进行安全检查，发现火险隐患及时提出整改意见，并督促落实整改；

三、对管区内建筑施工进行防火安全检查，并参加竣工验收；

四、协助管区内消防重点单位制定防火安全制度和灭火应急方案；

五、对管区单位的职工群众进行安全防火宣传教育，普及防火、灭火知识，及时制止各种违法违章行

为,消除火险隐患;

六、指导管区单位的专职和义务消防队开展消防活动;

七、对管区单位的消防器材、设备、设施的配备、管理等,进行检查;

八、对管区内的消防安全工作提出改进和加强的措施;

九、参加管区内发生的火警火灾事故的调查、勘查和鉴定,提出处理意见。

第四十一条 港口公安消防监督员执行消防监督任务,必须着制式警服,佩戴消防监督臂章,严格依法办事。

第四十二条 各港区派出所应设专职防火民警,负责辖区日常消防安全工作。业务上接受公安消防监督机构的指导。

第六章 奖励与惩罚

第四十三条 在消防工作中,凡具备下列条件之一的单位和个人,应当给予表彰、奖励:

一、全面达到公安部规定的消防十项标准,积极整改火险隐患,成绩显著,1 年内未发生火灾、爆炸事故的单位;

二、在扑救火灾中,积极抢救国家和人民生命财产,成绩突出的;

三、在危急时刻,防止了火灾、爆炸事故发生,或发生火灾后能及时报警、予以扑救,减少损失的;

四、及时发现和消除重大火险隐患,避免火灾、爆炸事故发生的;

五、及时提供和反映情况,对查明起火原因有突出贡献的;

六、在消防安全设施、技术装备上有重大革新及发明创造,成绩显著的;

七、在消防工作中的其他方面做出显著成绩的。

第四十四条 在消防工作中有贡献的或者成绩显著的先进单位、集体和个人,由行政、主管部门或港口公安消防监督机关给予表彰、奖励。奖励经费由奖励单位从安全奖励基金中开支。

第四十五条 对违反消防法规和本办法的人员(包括外籍船员和人员),港口公安机关除依照《中华人民共和国治安管理处罚条例》和有关规定,予以处罚外,有下列行为之一、情节较严重的,由本单位或者上级主管部门给予行政处分或经济处罚:

一、施工人员不按照防火设计进行施工的;

二、防火负责人不履行职责的;

三、值班人员擅离职守或失职的;

四、不按照规定进行生产作业,违章蛮干的;

五、对火险隐患拒绝整改或拖延整改的。

第四十六条 消防监督员玩忽职守、有严重失职行为的,由港口公安机关给予行政处分,或撤消其监督员资格。

第四十七条 违反消防法规和本办法,情节严重,造成火灾、爆炸事故,构成犯罪的,依法追究肇事者和有关人员的刑事责任。

第七章 附　　则

第四十八条 各港口可根据本办法,结合实际情况,制定具体防火管理规定,并报交通部备案。

第四十九条 本办法由中华人民共和国交通部负责解释。

第五十条 本办法自 1988 年 8 月 1 日起施行。

港口治安管理规定

公安部、交通部令 1989 年第 3 号(1989 年 3 月 4 日发布)

第一章 总 则

第一条 为了加强港口治安管理,维护港口治安秩序,保障港口和旅客生命财产的安全,特制定本规定。

第二条 本规定适用于中华人民共和国沿海和内河的客货运输港口,军港、渔港除外。

进出港口和在港区工作、居住及从事其他活动的人员、车辆和船舶必须遵守本规定。

第三条 本规定由港口公安机关负责监督执行。

第四条 港口治安管理实行依靠群众,依法管理,业务生产,保障安全的原则。

第二章 港区治安管理

第五条 人员、车辆进入港区,须持港口公安或行政管理部门签发的入港证或港口管理部门认可的其他有效身份证件;船员须持海员证、船员证。无证件的人员、车辆不得进入港区。非港区工作人员进入港区应进行登记。

第六条 人员、车辆进入港区的货场、仓库提送货物,必须遵守货场、仓库的管理规定,在指定地点进行装卸作业。

第七条 携带或运载物资出港,必须接受门卫检查,交验物资出港证明。

第八条 人员、车辆在港区内活动,必须遵守港内交通管理规定,服从港口交通民警指挥。禁止一切危害港区交通安全的行为。

第九条 港区内的人员、车辆和船舶必须遵守港口消防安全管理规定,服从港口消防监督人员管理。禁止一切危害港区防火安全的行为。

第十条 港区的易燃、易爆、剧毒、腐蚀和放射性物品,特种物资,贵重物资仓库及其他重点部位,必须严格安全管理制度,实行分库存放、专人管理,加强巡逻看守,防止发生事故。

第十一条 在港区内临时居住从事建筑施工、运输、装卸或其他工作的合同工、临时工、承包工等,除由用人单位按照“谁主管、谁负责”的原则加强管理外,还必须到港口公安机关办理入港证和暂住证,严格遵守港口治安管理规定。

第十二条 港区内禁止钓鱼、捕捞、狩猎、游泳、捡拾废品和进行其他妨害安全生产作业的活动。

第十三条 任何人不得在港区进行盗窃、哄抢、故意损坏运输物资和港口设施;走私、投机倒把;套购、倒卖船票;行凶斗殴、酗酒滋事、侮辱妇女、赌博等各种危害港区治安的违法犯罪活动。

第三章 旅客治安管理

第十四条 乘船旅客必须遵守客运站(点)的各项规定,按顺序购票、检票,文明候船,不得拥挤抢购、抢行,不得霸占售票窗口、强行发放自制的编队序号,不得妨碍客运工作人员和民警执行公务。

第十五条 接送旅客的人员、车辆须在指定地点接送,未经准许,不得进入码头、趸船。

第十六条 在客运站(点)设置商业摊点,须持有工商部门核发的营业执照,经港口有关部门批准,在指定地点营业。各类商贩、搬运人员不准围船叫卖、强买强卖、强拉生意、欺行霸市、敲诈勒索、扰乱客运秩序。

第十七条 严禁旅客携带下列物品进港上船:

(一)易燃、易爆、剧毒、腐蚀和放射性等危险物品;

(二)匕首、三棱刀、弹簧刀和其他管制刀具;

(三)淫秽物品和其他违禁物品。

第十八条 因公携带枪支须持有持枪证,携带公用枪支还须持有持枪通行证。严禁非法携带各类枪支、弹药进入港区。

第十九条 旅客托运或寄存行李包裹,须严格遵守有关规定,接受检查。不得以夹带或伪报品名方式托运和寄存枪支、弹药、管制刀具以及易燃、易爆、剧毒、放射性物品和其他违禁物品。

第四章 船舶治安管理

第二十条 各类船舶在港期间必须遵守港口治安管理规定,服从港口公安机关管理,严禁走私和其他违法交易活动。

第二十一条 渔船、小型民间船(艇)不得围靠、追逐中外客货船舶,也不得向中外客货船舶讨要财物或以物换物。严禁利用船舶卖淫、嫖娼和进行其他有伤风化的活动。

第五章 奖 惩

第二十二条 对勇于检举揭发违法犯罪分子,积极同违法行为作斗争,为维护港口治安秩序作出突出贡献的人员,所在单位或港口公安机关应予以表彰或奖励。

第二十三条 对违反本规定的行为,情节轻微的,由港口公安机关或所在单位予以批评教育;构成违反治安管理行为的,由港口公安机关根据《治安管理处罚条例》的有关规定给予处罚;构成犯罪的,依法追究刑事责任。

第六章 附 则

第二十四条 各港口公安机关可依据本规定,结合本港实际情况,制定实施细则。

第二十五条 本规定自一九八九年四月一日起施行。

水路危险货物运输规则(第一部分)
水路包装危险货物运输规则

交通部令1996年第10号(1996年11月4日发布)

第一章　总　　则

第一条　为加强水路危险货物运输管理,保障运输安全,防止事故发生,适应国民经济的发展,根据国家有关法律、法规,制订本规则。

第二条　在中华人民共和国境内从事危险货物的船舶运输、港口装卸、储存等业务,除国际航线运输(包括港口装卸)、军运、散装危险货物另有规定外,均适用本规则。

第三条　凡具有爆炸、易燃、毒害、腐蚀、放射性等特性,在运输、装卸和储存过程中,容易造成人身伤亡和财产毁损而需要特别防护的货物,均属危险货物。

根据中华人民共和国GB 6944《危险货物分类和品名编号》和中华人民共和国GB 12268《危险货物品名表》等有关国家标准,将危险货物划分为以下九类:

第1类　爆炸品

第2类　压缩气体和液化气体

第3类　易燃液体

第4类　易燃固体、自燃物品和遇湿易燃物品

第5类　氧化剂和有机过氧化物

第6类　毒害品和感染性物品

第7类　放射性物品

第8类　腐蚀品

第9类　杂类

各类危险货物根据其危险程度划分为一级和二级危险货物,详见本规则附件一"各类危险货物引言和明细表"。

第四条　水路运输危险货物有关托运人、承运人、作业委托人、港口经营人以及其他各有关单位和人员,应严格执行本规则的各项规定。

各级交通主管部门,港口管理机构,港务(航)监督机构应按照职责范围负责本规则的贯彻实施和监督检查。

第二章　包装和标志

第五条　除爆炸品、压缩气体、液化气体、感染性物品和放射性物品的包装外,危险货物的包装按其防护性能分为:

Ⅰ类包装　适用于盛装高度危险性的货物;

Ⅱ类包装　适用于盛装中度危险性的货物;

Ⅲ类包装　适用于盛装低度危险性的货物。

各类包装应达到的防护性能要求见本规则附件三"包装型号、方法、规格和性能试验"。各种危险

货物所要求的包装类别见该货物明细表。

第六条 危险货物的包装(压力容器和放射性物品的包装另有规定)应按本规则附件三的规定进行性能试验。申报和托运危险货物应持有交通部认可的包装检验机构出具的“危险货物包装检验证明书”(格式三),符合要求后,方可使用。

第七条 盛装危险货物的压力容器和放射性物品的包装应符合国家主管部门的规定,压力容器应持有商检机构或锅炉压力容器检测机构出具的检验合格证书;放射性物品应持有卫生防疫部门出具的“放射性物品包装件辐射水平检查证明书”(格式四)。

第八条 根据危险货物的性质和水路运输的特点,包装应满足以下基本要求:

(一)包装的规格、型式和单件质量(重量)应便于装卸或运输;

(二)包装的材质、型式和包装方法(包括包装的封口)应与拟装货物的性质相适应。包装内的衬垫材料和吸收材料应与拟装货物性质相容,并能防止货物移动和外漏;

(三)包装应具有一定强度,能经受住运输中的一般风险。盛装低沸点货物的容器,其强度须具有足够的安全系数,以承受住容器内可能产生的较高的蒸气压力;

(四)包装应干燥、清洁、无污染,并能经受住运输过程中温、湿度的变化;

(五)容器盛装液体货物时,必须留有足够的膨胀余位(预留容积),防止在运输中因温度变化而造成容器变形或货物渗漏;

(六)盛装下列危险货物的包装应达到气密封口的要求:

1. 产生易燃气体或蒸气的货物;

2. 干燥后成为爆炸品的货物;

3. 产生毒性气体或蒸气的货物;

4. 产生腐蚀性气体或蒸气的货物;

5. 与空气发生危险反应的货物。

第九条 采用与本规则不同的其他包装方法(包括新型包装),应符合本规则第五条、第六条和第八条的规定,由起运港的港务(航)监督机构和港口管理机构共同依据技术部门的鉴定审核同意并报交通部批准后,方可作为等效包装使用。

第十条 危险货物包装重复使用时,应完整无损,无锈蚀,并应符合本规则第六条和第八条的规定。

第十一条 危险货物的成组件应具有足够的强度,并便于用机械装卸作业。

第十二条 使用可移动罐柜盛装危险货物,可移动罐柜应符合本规则附件五“可移动罐柜”的要求。对适用于集装箱条款定义的罐柜还应满足船检部门《集装箱检验规范》的有关要求。

第十三条 每一盛装危险货物的包装上均应标明所装货物的正确运输名称,名称的使用应符合附件一“各类危险货物引言和明细表”中的规定。包装明显处、集装箱四侧、可移动罐柜四周及顶部应粘贴或刷印符合附件二“危险货物标志”的规定。

具有两种或两种以上危险性的货物,除按其主要危险性标贴主标志外,还应标贴本规则危险货物明细表中规定的副标志(副标志无类别号)。

标志应粘贴、刷印牢固,在运输过程中清晰、不脱落。

第十四条 除因包装过小只能粘贴或刷印较小的标志外,危险货物标志不应小于100毫米×100毫米;集装箱、可移动罐柜使用的标志不应小于250毫米×250毫米。

第十五条 集装箱内使用固体二氧化碳(干冰)制冷时,装箱人应在集装箱门上显著标明“危险!内有二氧化碳(干冰),进入前需彻底通风”字样。

第十六条 集装箱、可移动罐柜和重复使用的包装,其标志应符合本章的规定,并除去不适合的标志。

第十七条 按本规则规定属于危险货物,但国际运输时不属于危险货物,外贸出口时,在国内运输区段包装件上可不标贴危险货物标志,由托运人和作业委托人分别在水路货物运单和作业委托单特约事项栏内注明“外贸出口,免贴标志”;外贸进口时,在国内运输区段,按危险货物办理。

国际运输属于危险货物,但按本规则规定不属于危险货物,外贸出口时,国内运输区段,托运人和作业委托人应按外贸要求标贴危险货物标志,并应在水路货物运单和作业委托单特约事项栏内注明"外贸出口属于危险货物";外贸进口时,在国内运输区段,托运人和作业委托人应按进口原包装办理国内运输,并应在水路货物运单和作业委托单特约事项栏内注明"外贸进口属于危险货物"。

如本规则对货物的分类与国际运输分类不一致,外贸出口时,在国内运输区段,其包装件上可粘贴外贸要求的危险货物标志;外货进口时,国内运输区段按本规则的规定粘贴相应的危险货物标志。

第三章　托　　运

第十八条　危险货物的托运人或作业委托人应了解、掌握国家有关危险货物运输的规定,并按有关法规和港口管理机构的规定,向港务(航)监督机构办理申报并分别同承运人和起运、到达港港口经营人签订运输、作业合同。

第十九条　办理危险货物运输、装卸时,托运人、作业委托人应向承运人、港口经营人提交以下有关单证和资料:

(一)"危险货物运输声明"或"放射性物品运输声明";

(二)"危险货物包装检验证明书"或"压力容器检验合格证书"或"放射性物品包装件辐射水平检查证明书"(格式四);

(三)集装箱装运危险货物,应提交有效的"集装箱装箱证明书"(格式五);

(四)托运民用爆炸品应提交所在地县、市公安机关根据《中华人民共和国民用爆炸物品管理条例》核发的"爆炸物品运输证";

(五)除提交上述(一)~(四)款的有关单证外,对可能危及运输和装卸安全或需要特殊说明的货物还要提交有关资料。

第二十条　运输危险货物应使用红色运单;港口作业应使用红色作业委托单。

第二十一条　托运本规则未列名的危险货物,托运前托运人应向起运港港口管理机构和港务(航)监督机构提交经交通部认可的部门出具的"危险货物鉴定表"(格式六),由港口管理机构会同港务(航)监督机构确定装卸、运输条件,经交通部批准后,按本规则相应类别中"未另列名"项办理。

第二十二条　托运装过有毒气体、易燃气体的空钢瓶,按原装危险货物条件办理。

托运装过液体危险货物、毒害品(包括有毒害品副标志的货物)、有机过氧化物、放射性物品的空容器,如符合下列条件,并在运单和作业委托单中注明原装危险货物的品名、编号和"空容器清洁无害"字样,可按普通货物办理:

(一)经倒净、洗清、消毒(毒害品),并持有技术检验部门出具的检验证明书,证明:空容器清洁无害。

(二)盛装过放射性物品的空容器,其表面清洁无污染,或按可接近非固定污染程度 β 或 γ 发射体低于 $4Bq/cm^2$、α 发射体低于 $0.4Bq/cm^2$,并持有卫生防疫部门出具的"放射性物品空容器检查证明书"(格式七)。

托运装过其它危险货物的空容器,经倒净、洗清,并在运单中和作业委托单中注明原装危险货物的品名和编号和"空容器,清洁无害"字样,可按普通货物办理。

第二十三条　符合下列条件之一的危险货物,可按普通货物条件运输:

(一)成套设备中的部分配件或部分材料属于危险货物(只限不能单独包装),托运人确认在运输中不致发生危险,经起运港港口管理机构和港务(航)监督机构认可后,并在运单和作业委托单中注明"不作危险货物"字样。

(二)危险货物品名索引中注有*符号的货物,其包装、标志符合规定,且每个包装件不超过 10 千克,其中每一小包件内货物净重不超过 0.5 千克,并由托运人在运单和作业委托单中注明"小包装化学品"字样;但每批托运货物总净重不得超过 100 千克,并按本章的有关规定办理申报或提交有关单证。

第二十四条 性质相抵触或消防方法不同的危险货物应分票托运。

第二十五条 个人托运危险货物,还须持本人身份证件办理托运手续。

第四章 承 运

第二十六条 装运危险货物时,承运人应选派技术条件良好的适载船舶。船舶的舱室应为钢质结构。电气设备、通风设备、避雷防护、消防设备等技术条件应符合要求。

500 总吨以下的船舶以及乡镇运输船舶、水泥船、木质船装运危险货物,按国家有关规定办理。

第二十七条 客船和客渡船禁止装运危险货物。

客货船和客滚船载客时,原则上不得装运危险货物。确需装运时,船舶所有人(经营人)应根据船舶条件和危险货物的性能制定限额要求,部属航运企业报交通部备案,地方航运企业报省、自治区、直辖市交通主管部门和港务(航)监督机构备案。并严格按限额要求装载。

第二十八条 船舶装运危险货物前,承运人或其代理应向托运人收取本规则第三章中所规定的有关单证。

第二十九条 载运危险货物的船舶,在航行中要严格遵守避碰规则。停泊、装卸时应悬挂或显示规定的信号。除指定地点外,严禁吸烟。

第三十条 装运爆炸品、一级易燃液体和有机过氧化物的船、驳,原则上不得与其他驳船混合编队、拖带。如必须混合编队、拖带时,船舶所有人(经营人)要制定切实可行的安全措施,经港务(航)监督机构批准后,报交通部备案。

第三十一条 装载易燃、易爆危险货物的船舶,不得进行明火、烧焊或易产生火花的修理作业。如有特殊情况,应采用相应的安全措施。在港时,应经港务(航)监督机构批准并向港口公安消防监督机关备案;在航时应经船长批准。

第三十二条 除客货船外,装运危险货物的船舶不准搭乘旅客和无关人员。若需搭乘押运人员时,需经港务(航)监督机构批准。

第三十三条 船舶装载危险货物应严格按照本规则附件四“积载和隔离”的规定和本规则附件一“各类危险货物引言和明细表”中的特殊积载要求合理积载、配装和隔离。积载处所应清洁、阴凉、通风良好。

遇有下列情况,应采用舱面积载:

(一)需要经常检查的货物;

(二)需要近前检查的货物;

(三)能生成爆炸性气体混合物,产生剧毒蒸气或对船舶有强烈腐蚀性的货物;

(四)有机过氧化物;

(五)发生意外事故时必须投弃的货物。

第三十四条 船舶危险货物的积载,要确保其安全和应急消防设备的正常使用及过道的畅通。

第三十五条 发生危险货物落入水中或包装破损溢漏等事故时,船舶应立即采取有效措施并向就近的港务(航)监督机构报告详情并做好记录。

第三十六条 滚装船装运“只限舱面”积载的危险货物,不应装在封闭和开敞式车辆甲板上。

第三十七条 纸质容器(如瓦楞纸箱和硬纸板桶等)应装在舱内,如装在舱面,应妥加保护,使其在任何时候都不会因受潮湿而影响其包装性能。

第三十八条 危险货物装船后,应编制危险货物清单,并在货物积载图上标明所装危险货物的品名、编号、分类、数量和积载位置。

第三十九条 承运人及其代理人应按规定做好船舶的预、确报工作,并向港口经营人提供卸货所需的有关资料。

第四十条 对不符合承运要求的船舶,港务(航)监督机构有权停止船舶进、出港和作业,并责令有关单位采取必要的安全措施。

第五章 装 卸

第四十一条 船舶载运危险货物，承运人应按规定向港务（航）监督机构办理申报手续，港口作业部门根据装卸危险货物通知单安排作业。

第四十二条 装卸危险货物的泊位以及危险货物的品种和数量，应经港口管理机构和港务（航）监督机构批准。

第四十三条 装卸危险货物应选派具有一定专业知识的装卸人员（班组）担任。装卸前应详细了解所装卸危险货物的性质、危险程度、安全和医疗急救等措施，并严格按照有关操作规程作业。

第四十四条 装卸危险货物，应根据货物性质选用合适的装卸机具。装卸易燃、易爆货物，装卸机械应安置火星熄灭装置，禁止使用非防爆型电器设备。装卸前应对装卸机械进行检查，装卸爆炸品、有机过氧化物、一级毒害品、放射性物品，装卸机具应按额定负荷降低25%使用。

第四十五条 装卸危险货物，应根据货物的性质和状态，在船—岸，船—船之间设置安全网，装卸人员应穿戴相应的防护用品。

第四十六条 夜间装卸危险货物，应有良好的照明，装卸易燃、易爆货物应使用防爆型的安全照明设备。

第四十七条 船方应向港口经营人提供安全的在船作业环境。如货舱受到污染，船方应说明情况。对已被毒害品、放射性物品污染的货舱，船方应申请卫生防疫部门检测，采取有效措施后方可作业。

起卸包装破损的危险货物和能放出易燃、有毒气体的危险货物前，应对作业处所进行通风，必要时应进行检测。

如船舶确实不具备作业环境，港口经营人有权停止作业，并书面通知港务（航）监督机构。

第四十八条 船舶装卸易燃、易爆危险货物期间，不得进行加油、加水（岸上管道加水除外）、拷铲等作业；装卸爆炸品（第1.4S除外）时，不得使用和检修雷达、无线电电报发射机。所使用的通讯设备应符合有关规定。

第四十九条 装卸易燃、易爆危险货物，距装卸地点50米范围内为禁火区。内河码头、泊位装卸上述货物应划定合适的禁火区，在确保安全的前提下，方可作业。作业人员不得携带火种或穿铁掌鞋进入作业现场，无关人员不得进入。

第五十条 没有危险货物库场的港口，一级危险货物原则上以直接换装方式作业。特殊情况，需经港口管理机构批准，采取妥善的安全防护措施并在批准的时间内装上船或提离港口。

第五十一条 装卸危险货物时，遇有雷鸣、电闪或附近发生火警，应立即停止作业，并将危险货物妥善处理。雨雪天气禁止装卸遇湿易燃物品。

第五十二条 装卸危险货物，现场应备有相应的消防、应急器材。

第五十三条 装卸危险货物，装卸人员应严格按照计划积载图装卸，不得随意变更。装卸时应稳拿轻放，严禁撞击、滑跌、摔落等不安全作业。堆码要整齐、稳固、桶盖、瓶口朝上，禁止倒放。

包装破损、渗漏或受到污染的危险货物不得装船，理货部门应做好检查工作。

第五十四条 爆炸品、有机过氧化物、一级易燃液体、一级毒害品、放射性物品，原则上应最后装最先卸。

装有爆炸品的舱室内，在中途港不应加载其他货物，确需加载时，应经港务（航）监督机构批准并按爆炸品的有关规定作业。

第五十五条 对温度较为敏感的危险货物，在高温季节，港口应根据所在地区气候条件确定作业时间，并不得在阳光直射处存放。

第五十六条 装卸可移动罐柜，应防止罐柜在搬运过程中因内装液体晃动而产生静电等不安全因素。

第五十七条 危险货物集装箱在港区内拆、装箱,应在港口管理机构批准的地点进行,并按有关规定采取相应的安全措施后方可作业。

第五十八条 对下列各种情况,港口管理机构有权停止船舶作业,并责令有关方面采取必要的安全处置措施:

一、船舶设备和装卸机具不符合要求;

二、货物装载不符合规定;

三、货物包装破损、渗漏、受到污染或不符合有关规定。

第六章 储存和交付

第五十九条 经常装卸危险货物的港口,应建有存放危险货物的专用库(场);建立健全管理制度,配备经过专业培训的管理人员及安全保卫和消防人员,配有相应的消防器材。库(场)区域内,严禁无关人员进入。

第六十条 非危险货物专用库(场)存放危险货物,应经港口管理机构批准,并根据货物性质安装安全电气照明设备,配备消防器材和必要的通风、报警设备。库内应保持干燥、阴凉。

第六十一条 危险货物入库(场)前,应严格验收。包装破损、撒漏、外包装有异状、受潮或沾污其他货物的危险货物应单独存放,及时妥善处理。

第六十二条 危险货物堆码要整齐,稳固,垛顶距灯不少于1.5米;垛距墙不少于0.5米、距垛不少于1米;性质不相容的危险货物、消防方法不同的危险货物不得同库存放,确需存放时应符合附件四中的隔离要求。消防器材、配电箱周围1.5米内禁止存放任何物品。堆场内消防通道不少于6米。

第六十三条 存放危险货物的库(场)应经常进行检查,并做好检查记录,发现异常情况迅速处理。

第六十四条 危险货物出运后,库(场)应清扫干净,对存放危险货物而受到污染的库(场)应进行洗刷,必要时应联系有关部门处理。

第六十五条 抵港危险货物,承运人或其代理人应提前通知收货人做好接运准备,并及时发出提货通知。交付时按货物运单(提单)所列品名、数量、标记核对后交付。对残损和撒漏的地脚货应由收货人提货时一并提离港口。

收货人未在港口规定时间内提货时,港口公安部门应协助做好货物催提工作。

第六十六条 对无票、无货主或经催提后收货人仍未提取的货物,港口可依据国家“关于港口、车站无法交付货物的处理办法”的规定处理。对危及港口安全的危险货物,港口管理机构有权及时处理。

第七章 消防和泄漏处理

第六十七条 港口经营人、承运船舶应建立健全危险货物运输安全规章制度,制订事故应急措施,组织建立相应的消防应急队伍,配备消防、应急器材。

第六十八条 承运船舶、港口经营人在作业前应根据货物性质配备《船舶装运危险货物应急措施》(附录一)有关应急表中要求的应急用具和防护设备,并应符合本规则附件一“各类危险货物引言和明细表”中的特殊要求。作业过程中(包括堆存、保管)发现异常情况,应立即采取措施,消除隐患。一旦发生事故,有关人员应按《危险货物事故医疗急救指南》(附录二)的要求在现场指挥员的统一指挥下迅速开展施救,并立即报告公安消防部门、港口管理机构和港务(航)监督机构等有关部门。

第六十九条 船舶在港区、河流、湖泊和沿海水域发生危险货物泄漏事故,应立即向港务(航)监督机构报告,并尽可能将泄漏物收集起来,清除到岸上的接收设备中去,不得任意倾倒。

船舶在航行中,为保护船舶和人命安全,不得不将泄漏物倾倒或将冲洗水排放到水中时,应尽快向就近的港务(航)监督机构报告。

第七十条 泄漏货物处理后,对受污染处所应进行清洗,消除危害。

船舶发生强腐蚀性货物泄漏,应仔细检查是否对船舶造成结构上的损坏,必要时应申请船舶检验部门检验。

第七十一条 危险货物运输中有关防污染要求,应符合我国有关环境保护法规的规定。

第八章 附 则

第七十二条 本规则由交通部负责解释。

各省、自治区、直辖市交通主管部门可根据本规则的有关规定制订实施细则,并报交通部备案。

第七十三条 本规则自1996年12月1日起实施。

附件一 各类危险货物引言和明细表(略)
附件二 危险货物标志(略)
附件三 包装型号、方法、规格和性能试验(略)
附件四 积载和隔离(略)
附件五 可移动罐柜(略)
附件六 适用于中型散装容器装运的货物及要求(略)
附件七 危险性优先顺序表(略)
格式一 危险货物运输声明(略)
格式二 放射性物品运输声明(略)
格式三 危险货物包装检验证明书(略)
格式四 放射性物品包装件辐射水平检查证明书(略)
格式五 集装箱装箱证明书(略)
格式六 危险货物鉴定表(略)
格式七 放射性物品空容器检查证明书(略)
附录一 船舶装运危险货物应急措施(略)
附录二 危险货物事故医疗急救指南(略)

港口装卸机械管理规定

交通部令1998年第1号(1998年1月5日发布)

第一章　总　　则

第一条　为保障港口的生产和安全,加强港口装卸机械的管理(以下简称港机管理),制定本规定。

第二条　本规定适用于交通部部属港口企业、交通部和地方双重领导港口企业、地方港口企业及其他自有专用码头的企业(以下统称港口企业)。

第三条　国务院交通主管部门直属或者与地方政府双重领导的港务(管理)局负责本港区(长江干线为港辖区)内的港机管理工作。

县级以上各级地方人民政府的港口管理机构负责本行政区域内的港机管理工作。

港务(管理)局和地方港口管理机构港机管理的主要内容是:

(一)贯彻执行国家有关设备管理的法律、法规和方针政策,制定港机发展规划和管理规章;

(二)对本港区(长江干线为港辖区)或者本行政区域范围内的港机进行行业管理,并负责监督、指导和协调服务;

(三)组织交流和推广港机管理的先进经验和维修新技术;

(四)组织港机管理业务技术的培训工作和组织国内外的交流工作;

(五)参与特大港机机损事故的调查处理工作。

第四条　港机管理工作贯彻"安全第一、预防为主"和依靠技术进步、促进生产发展的方针,坚持维护与检修相结合,修理、改造与更新相结合,专业管理与群众管理相结合,技术管理与经济管理相结合的原则。

第五条　港机管理是港口企业管理的重要组成部分,港口企业应当采取技术和经济的措施对港机进行综合管理,不断改善和提高技术装备素质,保持良好的技术状态,充分发挥其效能。

第六条　港口企业应当建立健全港机管理综合体系,对港机的规划、选型、购置(或者设计、制造)、安装、验收、使用、维护、检修、改造直至报废实行全过程管理。

第七条　港机管理应当采用先进的管理方法和维修技术,推行以技术状态为基础的维修方式,逐步提高港机管理和维修的现代化水平。

第二章　管　　理

第一节　分类和编号

第八条　港机划分为四类:起重机械、输送机械、装卸搬运机械、专用机械。

第九条　港口企业应当根据国家和行业标准对本企业港机统一编号。编号应当标示在机械的明显部位,并清晰、醒目。

第十条　港口企业应当根据港机在作业中的地位、投资费用、技术复杂程度和安全等因素,采用先进的管理方式,对港机实行分级分类管理。

第二节　规划、选型和购置

第十一条　港口企业应当根据生产发展需要和港机技术状态,编制港机更新和改造的中、长期规划和年度计划，并组织实施。

第十二条 港机选型应当遵循经济合理、技术先进、满足生产、安全可靠、方便维修、利于管理、节约能源和符合环境保护的原则综合择优选择。

第十三条 港口企业自制港机应当有完整的技术资料，按有关规定进行审批，并组织技术鉴定和验收。未经鉴定或者验收不合格的，不得生产和使用。

第三节 验收及交付使用

第十四条 港口企业应当建立新购置港机的验收工作程序，认真按工作程序进行验收，写出验收报告。凡验收不合格的，不得投入使用。

第十五条 新购置的港机验收工作如下：

（一）根据合同及有关文件清点和核对技术资料、附件、随机工具及备件；

（二）根据有关技术资料检查港机的技术状况和性能。

第十六条 港机经验收合格，应当建立"港机设备登记卡"，其内容如下：

（一）名称、型号和规格；

（二）产地或者制造厂；

（三）出厂、动力、底盘、机械和固定资产编号；

（四）出厂、购置和启用日期；

（五）规定使用年限和购置全值（原值）；

（六）主要技术参数；

（七）主要图纸目录。

第十七条 新购置港机在保修期内，发生属于制造质量的故障与损坏，应当及时做好技术鉴定和记录，按有关规定办理修复、索赔或退货。

第十八条 新型港机投产前，必须编制有关使用操作规程和维修保养规定，建立单机技术档案。

第十九条 购置的二手港机或者经过技术改造的港机，其验收可以适用本节新购置港机验收的规定进行。

第四节 技术状况分类及普查

第二十条 港机根据技术状况分为四类：

一类：各零、部件完整无缺、零件磨损在允许范围之内，技术性能良好，确保安全运行和正常作业。

二类：非主要零、部件欠完整、非主要零件的磨损虽超过允许范围，但对整机的原有技术性能影响不大，经维修保养后能安全运行。

三类：主要零、部件有较大的损坏或磨损，原有技术性能下降，经常发生故障。

四类：主要零、部件严重缺损，已丧失原有技术性能。

正在修理的港机按修理前类别划定。

第二十一条 港口企业应当建立检查评定制度，定期对港机技术状况进行普查评定。

第五节 使 用 年 限

第二十二条 港机的使用年限可以参照其折旧年限确定。

第二十三条 港机达到使用年限后，技术状况良好，有继续使用价值的，应当经过鉴定方可继续使用。

第六节 封存、转让和报废

第二十四条 连续停用一年以上或者新购置的两年以上未投产使用港机，应当列入闲置港机的范围。

第二十五条 技术状况属于一、二类的港机，因生产情况变化而闲置六个月以上的，可办理封存。

第二十六条 港机封存期的管理：

（一）封存前应当作好全面维护，采取防腐、防锈、防风雨和防冻等措施；

（二）定期检查和维护，保持状态完好；

（三）不准擅自动用和拆卸零、部件；

（四）不纳入完好率统计。

第二十七条　港机启封后，应当作全面检查和维护，经试运行无异常后方可投入使用。

第二十八条　闲置、封存或者技术性能不能适应港口作业需要的港机，可以改造或者转让。

第二十九条　港机转让应当按国有资产管理规定办理有关手续。

第三十条　港机有下列情况之一时，应当报废：

（一）预测大修理后技术性能仍不能满足港口作业要求或者难以保证作业安全的；

（二）严重损坏无修复价值的；

（三）大修理后虽能恢复技术性能，但不如更新经济的；

（四）技术性能达不到规范要求，危及安全的；

（五）技术性能差、能耗高、效率低、经济效益差的；

（六）危害人身健康、严重污染环境，进行修理改造又不经济的；

（七）自制的非标准港机，经生产验证不能使用，且无法改造的；

（八）国家规定淘汰的。

第三十一条　港机报废应当经过技术鉴定和经济分析评价，按规定办理审批手续。

已经报废的港机，不准转让或者继续使用。

第三十二条　港口企业对港机的封存、启用和转让应当按有关规定建立审批程序。

第七节　改造与更新

第三十三条　港口企业对重点、主要港机的改造和更新，应当事先进行技术经济论证。

第三十四条　港口企业应当有计划、有步骤地对技术落后、性能差的港机进行技术改造。

第三十五条　港机的技术改造应遵循提高效率、改善性能、便利维修、简化机型、降低消耗、确保安全的原则。

第八节　润　　滑

第三十六条　润滑管理是港机管理的基础工作之一，港口企业应当重视并抓好此项工作。

第三十七条　港口企业应当适时制定润滑消耗定额和计划；编制润滑图表、润滑卡片；编制、绘制维修与润滑有关的资料和图纸；试验确定代用油品；做好培训和技术指导工作，积极推广润滑新技术。

第三十八条　港口企业要积极执行润滑“五定”：定人（定人加油）、定时（定时检换油）、定点（定点给油）、定质（定质选油）、定量（定量用油），合理使用润料，并做好润料的回收工作。

第三十九条　港口企业应当完善油液分析手段，做好原始记录和分析，逐步做到跟踪化验，用油对路、按质换油、状态监测。

第九节　定额和指标

第四十条　港口企业应当建立必要的港机技术经济定额。根据生产发展和技术进步，定期修订定额，保持定额的合理性和先进性。

第四十一条　港口企业应当建立考核制度，对下列主要技术经济指标进行考核：

（一）港机完好率，其计算公式为：

$$完好率=(完好台时/日历台时)\times 100\%$$

（二）港机利用率，其计算公式为：

$$利用率=(工作台时/日历台时)\times 100\%$$

（三）港机一、二类设备比重，其计算公式为：

一、二类设备比重＝(一、二类设备台数/设备总台数)×100%

(四)港机设备固定资产创净产值率,其计算公式为:

设备固定资产创净产值率＝(全年净产值总数/全年设备平均原值)×100%

全年设备平均原值＝(年初设备原值＋年末设备原值)÷2

(五)港机新度系数,其计算公式为:

新度系数＝(年末固定资产净值/年末固定资产原值)×100%

第十节 统 计

第四十二条 港机应当分别按月、季、年度、机种、单机和综合进行统计。统计内容包括:

(一)经济指标:固定资产创净产值率、新度系数等;

(二)技术状况:机械技术状况分类,一、二类设备比重,完好率等;

(三)运用情况:利用率、台时产量、故障率等;

(四)维护和修理情况:各级维修的停机日、工时、费用、返修率等;

(五)机损事故:次数、停机台时、修复费用、事故级别等;

(六)运行消耗情况。

第四十三条 港口企业应当按有关规定建立统计制度,如实填写统计报表,按时上报。

第四十四条 单机经济核算是实现港机技术管理与经济管理相结合的基础,港口企业要逐步实行、深化。

第十一节 技术档案和技术资料

第四十五条 港机技术档案是指建造资料和技术改造资料,内容包括:

(一)技术经济论证和建造合同;

(二)由制造厂提供的原始资料,包括出厂说明书、安装说明书、验收大纲、使用说明书、配件目录、出厂检验合格证及有关图纸等;

(三)技术改造和维修竣工图纸;

(四)档案管理规定的其他资料。

第四十六条 港口企业应当收集整理港机技术档案,并按有关规定分级归档保管,港机技术档案分为单机技术资料、按机种统计和归类的技术资料、机损事故的处理报告及其他综合性资料。

第四十七条 港口企业应当从港机购置到报废的全过程建立完整的单机技术资料(可以为单机履历册或者单机台账)。单机技术资料应当认真填写,妥善保管,不得任意更改。

第十二节 机 损 事 故

第四十八条 港机在运行、维护、修理、吊运或者停放过程中遭受非正常损坏,造成停机或性能下降视为港机损坏事故(以下简称机损事故)。

第四十九条 机损事故按酿成事故的原因分为责任事故和非责任事故。

责任事故是指由港口企业自身的原因造成的事故。

非责任事故是指责任事故以外的事故。

第五十条 机损事故分为轻微事故、一般事故、重大事故和特大事故。

轻微事故:修复费用(包括抢救费用,下同)超过2000元,低于6000元的;

一般事故:价值30万元以下(含30万元)的港机、修复费用超过6000元的;价值30万元以上的港机,修复费用超过该机价值2%的;

重大事故:价值30万元以下(含30万元)的港机,修复费用超过9万元的;价值30万元以上的港机,修复费用超过该机价值30%的;

特大事故:按国家有关特大事故的规定确定。

港机价值是指按事故发生时该机市场价格计算的重置全值。

第五十一条 港口企业在发生机损事故后应当及时上报，并组织力量抢修，努力减少事故损失，尽快恢复生产。

第五十二条 港口企业对机损事故应当按照"三不放过"的原则进行处理。"三不放过"是指：事故原因不清不放过、事故责任者没有受到教育不放过、没有防范措施不放过。

第五十三条 港口企业应当根据机损事故情节轻重，对责任事故的责任人作出处理。凡隐瞒不报、弄虚作假的单位和个人，一经查出，应当从严处理并追究有关领导人的责任。

重大、特大事故处理结案后，应专题报交通部。

第十三节　教育与培训

第五十四条 港口企业应当重视培训港机管理与维修专业人员，把港机专业人员的教育和培训列入企业职工教育计划。

第五十五条 港口企业的港机管理人员，应当具有高中以上文化并具有一定专业知识和实践经验。

第五十六条 港机操作、维修工人应当进行岗位培训，经过考核持证上岗。

新机种投入使用前，应当对操作和维修工人进行超前培训。

第三章　使　　用

第一节　合理使用的原则

第五十七条 港机使用的工况和环境，必须符合本机械技术特性的要求及确保安全运行的基本条件。港口作业应当使用一、二类港机，停用三类港机，禁止使用四类港机。

第五十八条 港口企业应当建立健全的港机操作规程和岗位责任制，根据港机特点和生产需要实行定人定机制度。

第五十九条 港机只能由下列人员进行操作：

（一）正式司机；

（二）在正式司机直接监督下，学习期满半年以上的学徒工等受训人员；

（三）持有有效港机操作证照的其他有关人员。

第六十条 港口企业的生产指挥、机械操作和维修人员，应当严格遵守港机的操作、使用规程和制度，禁止超规范、超负荷操作和使用港机。

第六十一条 港口企业在组织生产作业时，应当选择经济合理的装卸工艺，充分发挥机械的效益，降低消耗和成本。

第六十二条 港口企业在组织流动机械从事搬运作业时，规定如下：

（一）轮胎起重机、汽车起重机和履带起重机，除产品说明书允许外，不得吊载行驶；

（二）叉车的搬运行程不宜超过 300 米；

（三）装载机的搬运行程不宜超过 100 米；

（四）蓄电池搬运车的搬运行程不宜超过 500 米；

（五）集装箱正面吊运机载箱运行距离不宜超过 200 米。

第二节　作　　业

第六十三条 港口企业对港机在运行过程中发生的故障，应当尽快排除。在未排除前，不得继续作业。

第六十四条 故障发生后，司机应当将其发生的时间、地点、部位以及采取的措施、排除故障所用的时间等，认真如实填写在"运行日志"中。

第六十五条 港口企业可以根据具体情况，制定本企业港机在走合期、冬季、夏季、特殊作业时的作业规定。

第四章　维护和检修

第一节　日 常 维 护

第六十六条　港机的日常维护是使港机保持良好技术状况和进行维修的基础，港口企业应当建立健全港机日常维护制度，包括司机交接班制度，技术操作规程和日常检查保养规范等。

第六十七条　港机日常维护由操作人员负责，基本要求是：

（一）严格按操作规程使用港机，在运行过程中经常观察港机运行情况；

（二）保持港机完整无损，安全防护装置完备有效，保证港机安全运行；

（三）按规定对港机进行清洁、检查、调整、紧固、润滑，保持无油垢、无积灰、无泄漏、无松动，使港机保持良好技术状态；

（四）填写"运行日志"和"日常维护记录卡"。

第二节　定 期 保 养

第六十八条　港机的定期保养是指港机运行一定间隔期后，有计划地对港机强制进行的全面维护和保养作业。

第六十九条　港口企业应当根据机种和作业条件的不同，制定定期保养规范，其内容包括：

（一）定期保养级别、周期；

（二）定期保养项目和验收标准；

（三）润滑图谱；

（四）主要检测点及检测范围。

第七十条　港机的定期保养以专业保养人员为主、操作人员为辅，保养的主要内容有：

（一）对机械进行擦洗和清洁内部；

（二）检查、清洁和更换各种滤清器；

（三）检查、调整和紧固各操作、传动等连接机构的零部件；

（四）利用简单检测设备对港机的主要测试点进行检测；

（五）对各润滑点进行检查和清油；

（六）检查和调整安全装置、保证灵敏可靠；

（七）更换已损坏的零部件。

第七十一条　港口企业应当建立和检查"定期保养记录卡"，并将保养检测结果纳入对港机实施状态监测范围。

第三节　定 期 检 查

第七十二条　定期检查是指港机在基本不解体的情况下，通过人体感官和利用检测设备有计划地进行的检查（以下简称定检）。定检是进行状态维修的一个重要组成部分，港口企业应当建立健全的港机定检制度和工作程序。

第七十三条　港口企业应当根据具体情况和机种特点制定定检规范，其主要内容包括：

（一）定检周期和计划；

（二）定检项目和标准；

（三）定检方法。

第七十四条　港机的定检应当由专业人员负责，并严格执行定检制度和定检规范，认真填写"定期检查记录卡"。

第四节　修　　理

第七十五条　港口企业在港机修理中,可以实行以运行时间为基础的修理方式,积极推行以技术状态为基础的修理方式。

第七十六条　港口企业可以根据本企业情况采用不同的修理方式,制定具体的港机修理级别、周期、停机日、标准和定额。

第七十七条　港口企业在港机修理中应当保持港机合理的大修,港机的大修可与技术改造结合进行。

第五节　维修计划

第七十八条　港口企业应当制定完善的港机维修计划,并与企业的生产经营计划同时下达、执行和考核。

第七十九条　编制维修计划的主要依据是:

(一)通过定检所掌握的港机劣化趋势;

(二)通过长期积累检修资料,掌握磨损规律,并确定维修周期。

第八十条　港口企业应当根据维修计划做好维修准备工作,保证维修按时实施,努力缩短维修停机时间。

第六节　维修检验和验收

第八十一条　港口企业应当建立健全的港机维修检验和验收制度,认真做好验收记录。

验收不合格的港机不得投入使用。

第八十二条　港口企业对维修检验和验收实行分级管理,并组成自检、互检、专检的检验网络,保证维修质量,提高一次验收合格率,降低返修率。

第七节　备品配件

第八十三条　港口企业应当建立健全的备品配件管理制度,强化计划管理,保证港机正常维修的需要。

第八十四条　港口企业应当开展进口港机零、部件的改、代和修复工作,制定备件国产化的实施计划,组织进口备件的试制,逐步提高国产化比重。

第五章　奖励与惩罚

第八十五条　对港口企业在港机管理中成效显著、技术先进的应予奖励,并推广应用。对港机管理优秀单位和个人进行表彰。

第八十六条　对港口企业的港机管理混乱,严重失修失养,影响生产或者导致特大事故的,应当追究港口企业法定代表人及其有关人员的责任。

第八十七条　港口企业对玩忽职守、违章指挥、违章操作造成事故和经济损失的人员,应当根据情节轻重,追究其经济和行政责任。对触犯刑律构成犯罪的,由司法机关依法追究刑事责任。

第六章　附　　则

第八十八条　港口企业可以根据本规定结合本企业的实际情况按机型制定相应的港机管理制度。

第八十九条　本规定由中华人民共和国交通部负责解释。

第九十条　本规定自发布之日起施行。原一九八零年发布的《港口装卸机械技术管理制度》(试行本)(〔80〕交水运字770号)同时废止。

国内水路货物运输规则

交通部令2000年第9号(2000年8月28日发布)

第一章 总 则

第一条 为了明确国内水路货物运输有关当事人的权利、义务,保护其合法权益,依据有关法律、行政法规,制定本规则。

第二条 中华人民共和国沿海、江河、湖泊以及其它通航水域中从事的营业性水路货物运输适用本规则。

内河拖航视为水路货物运输,适用本规则。

第三条 本规则下列用语的含义是:

(一)水路货物运输合同(以下简称"运输合同"),是指承运人收取运输费用,负责将托运人托运的货物经水路由一港(站、点)运至另一港(站、点)的合同;

(二)班轮运输,是指在特定的航线上按照预定的船期和挂港从事有规律水上货物运输的运输形式;

(三)航次租船运输,是指船舶出租人向承租人提供船舶的全部或者部分舱位,装运约定的货物,从一港(站、点)运至另一港(站、点)的运输形式;

(四)承运人,是指与托运人订立运输合同的人;

(五)实际承运人,是指接受承运人委托或者接受转委托从事水路货物运输的人;

(六)托运人,是指与承运人订立运输合同的人;

(七)收货人,是指在运输合同中托运人指定接收货物的人;

(八)货物,包括活动物和由托运人提供的用于集装货物的集装箱、货盘或者类似的装运器具;

(九)单元滚装运输,是指以一台不论是否装载货物的机动车辆或者移动机械作为一个运输单元,由托运人或者其受雇人驾驶驶上、驶离船舶的水路运输方式;

(十)集装箱货物运输,是指将货物装入符合国际标准(ISO)、国家标准、行业标准的集装箱进行运输的水路运输方式。

第二章 运输合同的订立

第四条 运输合同,应当按照公平的原则订立。

第五条 指令性水路货物运输,有关当事人应当依照有关法律、行政法规规定的权利和义务订立运输合同。

第六条 当事人可以根据需要订立单航次运输合同和长期运输合同。

第七条 订立运输合同可以采用书面形式、口头形式和其他形式。

书面形式是指合同书、信件和数据电文(包括电报、电传、传真、电子数据交换和电子邮件)等可以有形地表现所载内容的形式。

第八条 班轮运输形式下的运输合同一般包括以下条款:

(一)承运人、托运人和收货人名称;

(二)货物名称、件数、重量、体积(长、宽、高);

(三)运输费用及其结算方式;

(四)船名、航次;

（五）起运港（站、点）（以下简称起运港）、中转港（站、点）（以下简称中转港）和到达港（站、点）（以下简称到达港）；

（六）货物交接的地点和时间；

（七）装船日期；

（八）运到期限；

（九）包装方式；

（十）识别标志；

（十一）违约责任；

（十二）解决争议的方法。

第九条 航次租船运输形式下的运输合同一般包括以下条款：

（一）出租人和承租人名称；

（二）货物名称、件数、重量、体积（长、宽、高）；

（三）运输费用及其结算方式；

（四）船名；

（五）载货重量、载货容积及其他船舶资料；

（六）起运港和到达港；

（七）货物交接的地点和时间；

（八）受载期限；

（九）运到期限；

（十）装、卸货期限及其计算办法；

（十一）滞期费率和速遣费率；

（十二）包装方式；

（十三）识别标志；

（十四）违约责任；

（十五）解决争议的方法。

第十条 采用合同书形式订立运输合同的，自双方当事人签字或者盖章时合同成立。

采用信件、数据电文等形式订立合同的，可以在合同成立之前要求签订确认书。签订确认书时合同成立。

采用合同书形式订立合同，在签字或者盖章之前，当事人一方已经履行主要义务，对方接受的，该合同成立。

第三章　运输合同当事人的权利、义务

第一节　托　运　人

第十一条 托运人应当及时办理港口、海关、检验、检疫、公安和其他货物运输所需的各项手续，并将已办理各项手续的单证送交承运人。

因托运人办理各项手续和有关单证不及时、不完备或者不正确，造成承运人损失的，托运人应当承担赔偿责任。

第十二条 托运人托运货物的名称、件数、重量、体积、包装方式、识别标志，应当与运输合同的约定相符。

托运人未按前款规定托运货物造成承运人损失的，应当承担赔偿责任。

第十三条 散装货物，托运人确定重量有困难时，可以要求承运人提供船舶水尺计量数作为申报的重量。

第十四条 以件运输的货物，承运人验收货物时，发现货物的实际重量或者体积与托运人申报的重

量或者体积不符时，托运人应当按照实际重量或者体积支付运输费用并向承运人支付衡量等费用。

第十五条 需要具备运输包装的货物，托运人应当保证货物的包装符合国家规定的包装标准；没有包装标准的，货物的包装应当保证运输安全和货物质量。

第十六条 需要随附备用包装的货物，托运人应当提供足够数量的备用包装，交承运人随货免费运输。

第十七条 托运危险货物，托运人应当按照有关危险货物运输的规定，妥善包装，制作危险品标志和标签，并将其正式名称和危险性质以及必要时应当采取的预防措施书面通知承运人。

第十八条 托运人应当在货物的外包装或者表面正确制作识别标志。识别标志的内容包括发货符号、货物名称、起运港、中转港、到达港、收货人、货物总件数。

托运人应当根据货物的性质和安全储运要求，按照国家规定，在货物外包装或者表面制作储运指示标志。

识别标志和储运指示标志应当字迹清楚、牢固。

第十九条 同一托运人、收货人整船、整舱装运的直达运输货物可以不制作识别标志。

外贸出口货物到港口不变换原包装的可以使用原包装的商品标志作为识别标志。

第二十条 除另有约定外，托运人应当预付运费。

第二十一条 托运人托运货物，可以办理保价运输。

货物发生损坏、灭失，承运人应当按照货物的声明价值进行赔偿，但承运人证明货物的实际价值低于声明价值的，按照货物的实际价值赔偿。

第二十二条 除另有约定外，运输过程中需要饲养、照料的活动物、有生植物，以及尖端保密物品、稀有珍贵物品和文物、有价证券、货币等，托运人应当向承运人申报并随船押运。托运人押运其他货物须经承运人同意。

托运人应当在运单内注明押运人员的姓名和证件。

第二十三条 托运笨重、长大货物和舱面货物所需要的特殊加固、捆扎、烧焊、衬垫、苫盖物料和人工由托运人负责，卸船时由收货人拆除和收回相关物料；需要改变船上装置的，货物卸船后应当由收货人负责恢复原状。

第二十四条 托运人托运易腐货物和活动物、有生植物时，应当与承运人约定运到期限和运输要求；使用冷藏船(舱)装运易腐货物的，应当在订立运输合同时确定冷藏温度。

第二十五条 托运人托运木(竹)排应当按照与承运人商定的单排数量、规格和技术要求进行编扎。

托运船舶或者其他水上浮物，应当向承运人提供船舶或者其他水上浮物的吨位、吃水及长、宽、高和抗风能力等技术资料。

在船舶或者其他水上浮物上加载货物，应当经承运人同意，并支付运输费用。

航行中，木(竹)排、船舶或者其他水上浮物上的人员(包括船员、排工及押运人员)应当听从承运人的指挥，配合承运人保证航行安全。

第二十六条 下列原因发生的洗舱费用由托运人或者收货人承担：

(一)托运人提出变更合同约定的液体货物品种；

(二)装运特殊液体货物(如航空汽油、煤油、变压器油、植物油等)需要的特殊洗舱；

(三)装运特殊污秽油类(如煤焦油等)，卸后须洗刷船舱。

第二十七条 在承运人已履行本规则第三十条规定义务情况下，因货物的性质或者携带虫害等情况，需要对船舱或者货物进行检疫、洗刷、熏蒸、消毒的，应当由托运人或者收货人负责，并承担船舶滞期费等有关费用。

第二十八条 承运人将货物交付收货人之前，托运人可以要求承运人变更到达港或者将货物交给其他收货人，但应当赔偿承运人因此受到的损失。

第二十九条 托运人不履行合同义务或者履行合同义务不符合约定的，应当承担继续履行、采取补救措施或者赔偿损失等违约责任。

托运人因不可抗力不能履行合同的，根据不可抗力的影响，部分或者全部免除责任。迟延履行后发生不可抗力的，不能免除责任。

第二节 承 运 人

第三十条 承运人应当使船舶处于适航状态，妥善配备船员、装备船舶和配备供应品，并使干货舱、冷藏舱、冷气舱和其他载货处所适于并能安全收受、载运和保管货物。

第三十一条 承运人应当按照运输合同的约定接收货物。

第三十二条 承运人应当妥善地装载、搬移、积载、运输、保管、照料和卸载所运货物。

第三十三条 承运人应当按照约定的或者习惯的或者地理上的航线将货物运送到约定的到达港。

承运人为救助或者企图救助人命或者财产而发生的绕航或者其他合理绕航，不属于违反前款规定的行为。

第三十四条 承运人应当在约定期间或者在没有这种约定时在合理期间内将货物安全运送到约定地点。

货物未能在约定或者合理期间内在约定地点交付的，为迟延交付。对由此造成的损失，承运人应当承担赔偿责任。

承运人未能在本条第一款规定期间届满的次日起六十日内交付货物，有权对货物灭失提出赔偿请求的人可以认为货物已经灭失。

第三十五条 因不可抗力致使不能在合同约定的到达港卸货的，除另有约定外，承运人可以将货物在到达港邻近的安全港口或者地点卸载，视为已经履行合同。

承运人实施前款规定行为应当考虑托运人或者收货人的利益，并及时通知托运人或者收货人。

第三十六条 托运人违反本规则第十五条、第十七条规定，承运人可以拒绝运输。

第三十七条 托运人未按照本规则第十七条规定通知承运人或者通知有误的，承运人可以在任何时间、任何地点根据情况需要将危险货物卸下、销毁或者使之不能为害，而不承担赔偿责任。托运人对承运人因运输此类货物所受到的损失，应当承担赔偿责任。

承运人知道危险货物的性质并已同意装运的，仍然可以在该项货物对于船舶、人员或者其他货物构成实际危险时，将货物卸下、销毁或者使之不能为害，而不承担赔偿责任。但是，本款规定不影响共同海损的分摊。

第三十八条 货物运抵到达港后，承运人应当在24小时内向收货人发出到货通知。

到货通知的时间，信函通知的，以发出邮戳为准；电传、电报、传真通知的，以发出时间为准；采用数据电文形式通知的，收件人指定特定系统接收数据电文的，以该数据电文进入该特定系统的时间为通知时间；未指定特定系统的，以该数据电文进入收件人的任何系统的首次时间为通知时间。

第三十九条 根据运输合同的约定应当由收货人委托港口作业的，货物运抵到达港后，收货人没有委托时，承运人可以委托港口经营人进行作业，由此产生的费用和风险由收货人承担。

第四十条 应当向承运人支付的运费、保管费、滞期费、共同海损的分摊和承运人为货物垫付的必要费用以及应当向承运人支付的其他运输费用没有付清，又没有提供适当担保的，承运人可以留置相应的运输货物，但另有约定的除外。

第四十一条 承运人发出到货通知后，应当每十天催提一次，满三十天收货人不提取或者找不到收货人，承运人应当通知托运人，托运人在承运人发出通知后三十天内负责处理该批货物。

托运人未在前款规定期限内处理货物的，承运人可以将该批货物作无法交付货物处理。

第四十二条 承运人交付货物的情况符合《中华人民共和国合同法》第一百零一条、第三百一十六条规定的条件时，承运人可以根据《中华人民共和国合同法》的规定将货物提存。

第四十三条 承运人对收集的地脚货物，应当做到物归原主；不能确定货主的，应当按照无法交付货物处理。

第四十四条 收货人有权就水路货物运单(以下简称运单)上所载货物损坏、灭失或者迟延交付所造成的损害向承运人索赔;承运人可以适用本规则规定的抗辩理由进行抗辩。

第四十五条 承运人将货物运输或者部分运输委托给实际承运人履行的,承运人仍然应当对全程运输负责。

虽有前款规定,在运输合同中明确约定合同所包括的特定的部分运输由承运人以外的指定的实际承运人履行的,合同可以同时约定,货物在指定的实际承运人运输期间发生的损坏、灭失或者迟延交付,承运人不承担赔偿责任。

第四十六条 承运人与实际承运人都负有赔偿责任的,应当在该项责任范围内承担连带责任。

第四十七条 根据本规则第四十六条的规定,当实际承运人承担连带责任时,本规则对承运人责任的有关规定,适用于实际承运人。

承运人承担本规则未规定的义务或者放弃本规则赋予的权利的任何特别协议,经实际承运人书面明确同意的,对实际承运人发生效力;实际承运人是否同意,不影响此项特别协议对承运人的效力。

第四十八条 承运人对运输合同履行过程中货物的损坏、灭失或者迟延交付承担损害赔偿责任,但承运人证明货物的损坏、灭失或者迟延交付是由于下列原因造成的除外:

(一)不可抗力;

(二)货物的自然属性和潜在缺陷;

(三)货物的自然减量和合理损耗;

(四)包装不符合要求;

(五)包装完好但货物与运单记载内容不符;

(六)识别标志、储运指示标志不符合本规则第十八条、第十九条规定;

(七)托运人申报的货物重量不准确;

(八)托运人押运过程中的过错;

(九)普通货物中夹带危险、流质、易腐货物;

(十)托运人、收货人的其他过错。

第四十九条 货物在运输过程中因不可抗力灭失,未收取运费的,承运人不得要求支付运费;已收取运费的,托运人可以要求返还。货物在运输过程中因不可抗力部分灭失的,承运人按照实际交付的货物比例收取运费。

第五十条 散装液体货物只限于整船、整舱运输,由托运人在装船前验舱认可后才能装载。

第五十一条 单件货物重量或者长度超过下列标准的,应当按照笨重、长大货物运输:

(一)沿海:重量5吨,长度12米;

(二)长江、黑龙江干线:重量3吨,长度10米。

各省(自治区、直辖市)交通主管部门对本省内运输的笨重、长大货物标准可以另行规定,并报国务院交通主管部门备案。

第五十二条 运输笨重、长大货物,应当在运单内载明总件数、重量和体积(长、宽、高),并随附清单标明每件货物的重量、长度和体积(长、宽、高)。

第五十三条 承运人在舱面上装载货物,应当同托运人达成协议,或者符合航运惯例,或者符合有关法律、行政法规的规定。

承运人与托运人约定将货物配装在舱面上的,应当在运单上注明"舱面货物"。

第五十四条 承运人依照本规则第五十三条规定将货物装载在舱面上,对由于此种装载的特殊风险造成的货物损坏、灭失,不承担赔偿责任。

承运人违反本规则第五十三条第一款规定将货物装载在舱面上,造成货物损坏、灭失的,应当承担赔偿责任。

第五十五条 承运人对运输的活动物、有生植物,应当保证航行中所需的淡水,有关费用由托运人承担。

运输活动物所需饲料，由托运人自备，承运人免费运输。

第五十六条 因运输活动物、有生植物的固有的特殊风险造成活动物、有生植物损坏、灭失的，承运人不承担赔偿责任。但是，承运人应当证明业已履行托运人关于运输活动物、有生植物的特别要求，并证明根据实际情况，损坏、灭失是由于此种固有的特殊风险造成的。

第五十七条 承运人应当将与托运人约定的运输易腐货物和活动物、有生植物的运到期限和运输要求，使用冷藏船（舱）装运易腐货物的冷藏温度，木（竹）排的实际规格，托运的船舶或者其他水上浮物的吨位、吃水及长、宽、高和抗风能力等技术资料在运单内载明。

第四章 运 输 单 证

第五十八条 运单是运输合同的证明，是承运人已经接收货物的收据。

第五十九条 运单内容，一般包括下列各项：

（一）承运人、托运人和收货人名称；

（二）货物名称、件数、重量、体积（长、宽、高）；

（三）运输费用及其结算方式；

（四）船名、航次；

（五）起运港、中转港和到达港；

（六）货物交接的地点和时间；

（七）装船日期；

（八）运到期限；

（九）包装方式；

（十）识别标志；

（十一）相关事项。

第六十条 运单应当按照下列要求填制：

（一）一份运单，填写一个托运人、收货人、起运港、到达港；

（二）货物名称填写具体品名，名称过繁的，可以填写概括名称；

（三）规定按重量和体积择大计费的货物，应当填写货物的重量和体积（长、宽、高）；

（四）填写的各项内容应当准确、完整、清晰。

第六十一条 承运人接收货物应当签发运单，运单由载货船舶的船长签发的，视为代表承运人签发。

第六十二条 运单签发后承运人、承运人的代理人、托运人、到达港港口经营人、收货人各留存一份，另外一份由收货人收到货物后作为收据签还给承运人。

承运人可以视情况需要增加或者减少运单份数。

第五章 货物的接收与交付

第六十三条 除另有约定外，散装货物按重量交接；其他货物按件数交接。

第六十四条 散装货物按重量交接的，承运人与托运人应当约定货物交接的计量方法，没有约定的应当按船舶水尺数计量，不能按船舶水尺数计量的，运单中载明的货物重量对承运人不构成其交接货物重量的证据。

第六十五条 散装液体货物装船完毕，由托运人会同承运人按照每处油舱和管道阀门进行施封，施封材料由托运人自备，并将施封的数目、印文、材料品种等在运单内载明；卸船前，由承运人与收货人凭舱封交接。

托运人要求在两个以上地点装载或者卸载或者在同一卸载地点由几个收货人接收货物时，计量分劈及发生重量差数，均由托运人或者收货人负责。

第六十六条　收货人接到到货通知后，应当及时提货，不得因对货物进行检验而滞留船舶。

第六十七条　承运人交付货物时，应当核对证明收货人单位或者身份以及经办人身份的有关证件。

第六十八条　收货人提取货物时，应当验收货物，并签发收据，发现货物损坏、灭失的，交接双方应当编制货运记录。

收货人在提取货物时没有就货物的数量和质量提出异议的，视为承运人已经按照运单的记载交付货物，除非收货人提出相反的证明。

第六十九条　按照约定在提货时支付运费、滞期费和包装整修、加固费用以及其他中途垫款的，应当于办理提货手续时付清。

第七十条　下列情况，应托运人或者收货人的要求，承运人可以编制普通记录：

（一）货物发生损坏、灭失，按照约定或者本规则第四十八条的规定，承运人可以免除责任的；

（二）托运人随附在运单上的单证丢失；

（三）托运人押运和舱面货物发生非承运人责任造成的损坏、灭失；

（四）货物包装经过加固整理；

（五）收货人要求证明与货物数量、质量无关的其他情况。

第七十一条　货运记录和普通记录的编制，应当准确、客观。

货运记录应当在接收或者交付货物的当时由交接双方编制。

第七十二条　收货人在到达港提取货物前或者承运人在到达港交付货物前，可以要求检验机构对货物状况进行检验；要求检验的一方应当支付检验费用，但是有权向造成货物损失的责任方追偿。

收货人或者承运人按照前款进行检验的，应当相互提供合理的便利条件。

第六章　航次租船运输的特别规定

第七十三条　本规则第三十条和第三十三条的规定，适用于航次租船的出租人。

本规则其他有关合同当事人之间的权利、义务的规定，仅在航次租船运输形式下的运输合同没有约定或者没有不同约定时适用于出租人和承租人。

第七十四条　出租人应当按照合同的约定提供船舶舱位；经承租人同意，出租人可以更换船舶。但提供的船舶舱位或者更换的船舶不符合合同约定的，承租人有权拒绝或者解除合同。

因出租人责任未提供约定的船舶舱位造成承租人损失的，出租人应当承担赔偿责任。

第七十五条　出租人在约定的受载期限内未提供船舶舱位的，承租人有权解除合同。但是出租人在受载期限内将船舶延误情况和船舶预期抵达起运港的日期通知承租人的，承租人应当自收到通知时起 24 小时内，将解除合同的决定通知出租人。逾期没有通知的，视为不解除合同。

因出租人责任延误提供船舶舱位造成承租人损失的，出租人应当承担赔偿责任。

第七十六条　承租人可以将其租用的船舶舱位转租；转租后，原合同约定的权利、义务不受影响。

第七十七条　承租人应当提供约定的货物；经出租人同意，可以变更货物。但是，更换的货物对出租人不利的，出租人有权拒绝或者解除合同。

因承租人责任未提供约定的货物造成出租人损失的，承租人应当承担赔偿责任。

第七十八条　航次租船运输形式下，收货人是承租人的，出租人与收货人之间的权利、义务根据航次租船运输形式下运输合同的内容确定；收货人不是承租人的，承运人与收货人之间的权利、义务根据承运人签发的运单的内容确定。

第七章　集装箱运输的特别规定

第七十九条　承运人向托运人提供集装箱空箱时，托运人应当检查箱体并核对箱号；收货人返还空箱时，承运人应当检查箱体并核对箱号；

承运人、托运人、收货人对整箱货物，应当检查箱体、封志状况并核对箱号；

承运人、托运人、收货人对特种集装箱，应当检查集装箱机械、电器装置、设备的运转情况。

集装箱交接状况，应当在交接单证上如实加以记载。

第八十条 根据约定由托运人负责装、拆箱的，运单上应当准确记载集装箱封志号；交接时发现封志号与运单记载不符或者封志破坏的，交接双方应当编制货运记录。

第八十一条 根据约定由承运人负责装、拆箱的，承运人与托运人或者收货人对货物进行交接。

第八十二条 集装箱货物需拆箱后转运的，其包装应当符合第十五条的规定。

第八十三条 收货人提取货物后，应当按照约定将空箱归还，超期不归还的，按照约定交纳滞箱费。

第八十四条 集装箱货物装箱时应当做到合理积载、堆码整齐、牢固。

集装箱受载不得超过其额定的重量。

第八章 单元滚装运输的特别规定

第八十五条 单元滚装运输方式下运输合同的履行期间为运输单元进入起运港至离开到达港。

第八十六条 承运人应当对运输单元的表面状况进行验收，发现有异常状况的，应当在运单内载明。

第八十七条 运输单元进入起运港时承运人应当在运单上签注，离开到达港时托运人应当在运单上签注，并将签注后的运单交还给承运人。

第八十八条 单元滚装运输不得运输危险品。

第八十九条 运单上应当载明车牌号码、运输单元的重量、体积（长、宽、高）。

第九十条 托运人对车辆或者移动机械所载货物应当绑扎牢固。

运输单元在船舶上需要特殊加固绑扎的，托运人应当在托运时向承运人提出，并支付相关费用。

承运人应当备妥加固绑扎的物料，并为防止运输单元滑动而进行一般性绑扎和加固。对有特殊绑扎要求的，由双方另行约定。

第九十一条 运输单元驶上或者驶离船舶时，司乘人员应当遵守有关规定，服从船方指挥，按顺序和指定的行车路线行驶。运输单元进入指定的车位后，司机应当关闭发动机，使车辆处于制动状态。

第九十二条 运输单元的实际重量、体积与运单记载不符的，托运人应当按照实际重量或者体积支付运输费用并向承运人支付衡量等费用。

第九十三条 从事单元滚装运输的船舶应当分设供旅客和运输单元上下船的专用通道；船舶只设有一个通道时，旅客与运输单元上下船时必须分流。

承运人应当在船舱内配备照明、通风等设施。

第九章 附　　则

第九十四条 水路与其他运输方式之间货物联运中的水路运输、水路军事运输、邮件运输、危险货物运输，除另有规定外，适用本规则。

第九十五条 本规则由国务院交通主管部门负责解释。

第九十六条 本规则自2001年1月1日起施行。《水路货物运输规则》和《水路货物运输管理规则》（交通部〔95〕交水发221号）、《国内水路集装箱货物运输规则》（交通部〔1996〕16号令）、《水路货物滚装运输规则》（交通部1997年第6号令）、《船舶无法交付货物处理试行办法》（〔88〕交河字75号）、《关于沿海航线蜜蜂运输的几项规定》（〔82〕交水运字729号）以及本规则施行前交通部发布的其他与本规则不一致的相关规定同时废止。

附件

《国内水路货物运输规则》
有关合同、单证推荐格式

承运人、实际承运人、托运人、收货人的有关权利、义务,适用《国内水路货物运输规则》

水路货物运输合同

编号:

<table>
<tr><td rowspan="2">托运人</td><td>名称</td><td colspan="3"></td><td rowspan="2">承运人</td><td>名称</td><td colspan="2"></td></tr>
<tr><td>地址、电话</td><td colspan="3"></td><td>地址、电话</td><td colspan="2"></td></tr>
<tr><td rowspan="2">实际承运人</td><td>名称</td><td colspan="3"></td><td rowspan="2">收货人</td><td>名称</td><td colspan="2"></td></tr>
<tr><td>地址、电话</td><td colspan="3"></td><td>地址、电话</td><td colspan="2"></td></tr>
<tr><td>船名</td><td>航次</td><td>装船日期</td><td>运到期限</td><td></td><td colspan="2" rowspan="2">货物交接地点和时间</td><td>接收</td><td></td></tr>
<tr><td>起运港</td><td colspan="2">中转港</td><td>到达港</td><td></td><td>交付</td><td></td></tr>
<tr><td>识别标志</td><td>货物名称</td><td>件数</td><td>包装方式</td><td>重量(吨)</td><td>体积(长、宽、高)(立方米)</td><td colspan="3">运输费用及其结算方式</td></tr>
<tr><td></td><td></td><td></td><td></td><td></td><td></td><td colspan="3"></td></tr>
<tr><td colspan="9">其他约定</td></tr>
</table>

说明:1. 本合同格式适用于单航次班轮运输合同;
2. 规格:长 19 厘米,宽 27 厘米。

托运人(签章) 年 月 日

承运人(签章) 年 月 日

承运人、实际承运人、托运人、收货人的有关权利、义务，适用《国内水路货物运输规则》

水路货物运输合同(集装箱)

编号：

<table>
<tr><td rowspan="2">托运人</td><td>名称</td><td colspan="2"></td><td rowspan="2">承运人</td><td>名称</td><td></td></tr>
<tr><td>地址、电话</td><td colspan="2"></td><td>地址、电话</td><td></td></tr>
<tr><td rowspan="2">实际承运人</td><td>名称</td><td colspan="2"></td><td rowspan="2">收货人</td><td>名称</td><td></td></tr>
<tr><td>地址、电话</td><td colspan="2"></td><td>地址、电话</td><td></td></tr>
<tr><td>船名</td><td>航次</td><td>装船日期</td><td>运到期限</td><td colspan="2">货物交接地点和时间</td><td>接收</td></tr>
<tr><td colspan="2">起运港</td><td>中转港</td><td>到达港</td><td colspan="2"></td><td>交付</td></tr>
<tr><td colspan="2">箱量、尺寸、箱型</td><td>货物名称</td><td>重量(吨)</td><td colspan="2">件数、包装</td><td>运输费用及
其结算方式</td></tr>
<tr><td colspan="2"></td><td></td><td></td><td colspan="2"></td><td></td></tr>
<tr><td colspan="7">其他约定</td></tr>
</table>

说明：1. 本合同格式适用于单航次集装箱班轮运输合同；

2. 规格：长 19 厘米，宽 27 厘米。

托运人(签章)　　承运人(签章)

年　月　日　　年　月　日

承运人、实际承运人、托运人、收货人的有关权利、义务，适用《国内水路货物运输规则》

水路货物运单

编号：

<table>
<tr><td rowspan="2">托运人</td><td>名称</td><td colspan="2"></td><td rowspan="2">承运人</td><td>名称</td><td colspan="2"></td></tr>
<tr><td>地址、电话</td><td colspan="2"></td><td>地址、电话</td><td colspan="2"></td></tr>
<tr><td rowspan="2">实际承运人</td><td>名称</td><td colspan="2"></td><td rowspan="2">收货人</td><td>名称</td><td colspan="2"></td></tr>
<tr><td>地址、电话</td><td colspan="2"></td><td>地址、电话</td><td colspan="2"></td></tr>
<tr><td>船名</td><td>航次</td><td>装船日期</td><td>运到期限</td><td colspan="2" rowspan="2">货物交接地点和时间</td><td colspan="2">接收</td></tr>
<tr><td>起运港</td><td colspan="2">中转港</td><td>到达港</td><td colspan="2">交付</td></tr>
<tr><td>识别标志</td><td>货物名称</td><td>件数</td><td>包装方式</td><td>重量（吨）</td><td>体积（长、宽、高）（立方米）</td><td colspan="2">运输费用及其结算方式</td></tr>
<tr><td></td><td></td><td></td><td></td><td></td><td></td><td colspan="2"></td></tr>
<tr><td colspan="8">相关记载</td></tr>
</table>

说明：1. 本运单格式适用于单航次班轮运输；
2. 规格：长 19 厘米，宽 27 厘米。

承运人（签章） 收货人（签章）
年 月 日 年 月 日

承运人、实际承运人、托运人、收货人的有关权利、义务，适用《国内水路货物运输规则》

水路货物运单（集装箱）

编号：

<table>
<tr><td rowspan="2">托运人</td><td>名称</td><td></td><td rowspan="2">承运人</td><td>名称</td><td></td></tr>
<tr><td>地址、电话</td><td></td><td>地址、电话</td><td></td></tr>
<tr><td rowspan="2">实际承运人</td><td>名称</td><td></td><td rowspan="2">收货人</td><td>名称</td><td></td></tr>
<tr><td>地址、电话</td><td></td><td>地址、电话</td><td></td></tr>
</table>

<table>
<tr><td>船名</td><td>航次</td><td>装船日期</td><td>运到期限</td><td rowspan="2">货物交接地点和时间</td><td>接收</td></tr>
<tr><td>起运港</td><td colspan="2">中转港</td><td>到达港</td><td>交付</td></tr>
</table>

<table>
<tr><td>箱号</td><td>封志号</td><td>尺寸、箱型</td><td>货物名称</td><td>重量（吨）</td><td>件数、包装</td><td>运输费用及其结算方式</td></tr>
<tr><td></td><td></td><td></td><td></td><td></td><td></td><td></td></tr>
<tr><td>合计</td><td colspan="6"></td></tr>
<tr><td colspan="7">相关记载</td></tr>
</table>

说明：1. 本运单格式适用于单航次集装箱班轮运输；
2. 规格：长 19 厘米，宽 27 厘米。

承运人（签章） 年 月 日　　收货人（签章） 年 月 日

货 运 记 录

编号：

<table>
<tr><td colspan="6">交货方</td><td colspan="6">接货方</td></tr>
<tr><td colspan="3">运/提单号码</td><td colspan="3">作业合同号码</td><td colspan="3">船名</td><td colspan="3">航次</td></tr>
<tr><td colspan="4">交接时间</td><td colspan="4">交接地点</td><td colspan="4">车号</td></tr>
<tr><td colspan="4">起运港</td><td colspan="4">中转港</td><td colspan="4">到达港</td></tr>
<tr><td colspan="3">货物名称</td><td colspan="3">包装方式</td><td colspan="3">识别标志</td><td colspan="3">集装箱号</td></tr>
<tr><td colspan="12">记录内容</td></tr>
</table>

交货方（签章）　　　　　　　　　　接货方（签章）

年　月　日　　　　　　　　　　　　年　月　日

说明：规格：长 27 厘米，宽 19 厘米。

普 通 记 录

编号：

<table>
<tr><td colspan="6">提/运单号码</td><td colspan="6">作业合同号码</td></tr>
<tr><td colspan="6">船名</td><td colspan="6">航次</td></tr>
<tr><td colspan="4">起运港</td><td colspan="4">中转港</td><td colspan="4">到达港</td></tr>
<tr><td colspan="3">货物名称</td><td colspan="3">识别标志</td><td colspan="3">件数</td><td colspan="3">重量、体积</td></tr>
<tr><td colspan="12">记录内容</td></tr>
</table>

记录人（签章）

年　月　日

说明：规格：长 27 厘米，宽 19 厘米。

识 别 标 志

○
发货符号
货物名称： 到达港： 收货人： 货物总件数： 起运港： 中转港：

说明：1. 规格：长 10 厘米，宽 6 厘米；

2. 制作材料应当采用耐雨淋的塑料、布料、纸料或者金属片，素色易辨认；

3. 发货符号应当粗大易认，收货人可写简称，字迹应当粗大；

4. 不得用铅笔填写。

港口货物作业规则

交通部令2000年第10号(2000年8月28日发布)

第一章　总　　则

第一条　为了明确水路运输货物港口作业有关当事人的权利、义务,依据有关法律、行政法规,制定本规则。

第二条　在中华人民共和国境内,为水路运输货物提供的装卸、驳运、储存、装拆集装箱等港口作业适用本规则。

第三条　本规则下列用语的含义是:

(一)港口货物作业合同(以下简称作业合同),是指港口经营人在港口对水路运输货物进行装卸、驳运、储存、装拆集装箱等作业,作业委托人支付作业费用的合同。

(二)港口经营人,是指与作业委托人订立作业合同的人。

(三)作业委托人,是指与港口经营人订立作业合同的人。

(四)货物接收人,是指作业合同中,由作业委托人指定的从港口经营人处接收货物的人。

第二章　作业合同的订立

第四条　作业合同,应当按照公平的原则订立。

第五条　指令性水路运输货物的港口作业,有关当事人应当依照有关法律、行政法规规定的权利和义务订立作业合同。

第六条　当事人可以根据需要订立单次作业合同和长期作业合同。

第七条　订立作业合同可以采用书面形式、口头形式和其他形式。

书面形式是指合同书、信件和数据电文(包括电报、电传、传真、电子数据交换和电子邮件)等可以有形地表现所载内容的形式。

第八条　作业合同一般包括以下条款:

(一)作业委托人、港口经营人和货物接收人名称;

(二)作业项目;

(三)货物名称、件数、重量、体积(长、宽、高);

(四)作业费用及其结算方式;

(五)货物交接的地点和时间;

(六)包装方式;

(七)识别标志;

(八)船名、航次;

(九)起运港(站、点)(以下简称起运港)和到达港(站、点)(以下简称到达港);

(十)违约责任;

(十一)解决争议的方法。

第九条　采用合同书形式订立作业合同的,自双方当事人签字或者盖章时合同成立。

采用信件、数据电文等形式订立合同的,可以在合同成立之前要求签订确认书。签订确认书时合同成立。

采用合同书形式订立合同，在签字或者盖章之前，当事人一方已经履行主要义务，对方接受的，该合同成立。

第三章　作业合同当事人的权利、义务

第一节　作业委托人

第十条　作业委托人应当及时办理港口、海关、检验、检疫、公安和其他货物运输和作业所需的各种手续，并将已办理各项手续的单证送交港口经营人。

因作业委托人办理各项手续和有关单证不及时、不完备或者不正确，造成港口经营人损失的，作业委托人应当承担赔偿责任。

第十一条　有特殊保管要求的货物，作业委托人应当与港口经营人约定货物保管的特殊方式和条件。

第十二条　作业委托人向港口经营人交付货物的名称、件数、重量、体积、包装方式、识别标志，应当与作业合同的约定相符。笨重、长大货物作业，作业委托人应当声明货物的总件数、重量和体积（长、宽、高）以及每件货物的重量、长度和体积（长、宽、高）。作业委托人未按照本条规定交付货物、进行声明造成港口经营人损失的，应当承担赔偿责任。

第十三条　单件货物重量或者长度超过下列标准的，为笨重、长大货物：

（一）沿海：重量5吨，长度12米；

（二）长江、黑龙江干线；重量3吨，长度10米。

各省（自治区、直辖市）交通主管部门对本省内作业的笨重、长大货物标准可以另行规定，并报国务院交通主管部门备案。

第十四条　以件运输的货物，港口经营人验收货物时，发现货物的实际重量或者体积与作业委托人申报的重量或者体积不符时，作业委托人应当按照实际重量或者体积支付费用并向港口经营人支付衡量等费用。

第十五条　需要具备运输包装的作业货物，作业委托人应当保证货物的包装符合国家规定的包装标准；没有包装标准的，应当在保证作业安全和货物质量的原则下进行包装。

第十六条　需要随附备用包装的货物，作业委托人应当提供足够数量的备用包装。

第十七条　危险货物作业，作业委托人应当按照有关危险货物运输的规定妥善包装，制作危险品标志和标签，并将其正式名称和危害性质以及必要时应当采取的预防措施书面通知港口经营人。

第十八条　作业委托人委托货物作业，可以办理保价作业。

货物发生损坏、灭失，港口经营人应当按照货物的声明价值进行赔偿，但港口经营人证明货物的实际价值低于声明价值的，按照货物的实际价值赔偿。

第十九条　在港口经营人已履行本规则第二十六条规定义务情况下，因货物的性质或者携带虫害等情况，需要对库场或者货物进行检疫、洗刷、熏蒸、消毒的，应当由作业委托人或者货物接收人负责，并承担有关费用。

第二十条　港口经营人将货物交付货物接收人之前，作业委托人可以要求港口经营人将货物交给其他货物接收人，但应当赔偿港口经营人因此受到的损失。

第二十一条　作业合同约定港口经营人从第三方接收货物的，作业委托人应当保证第三方按照作业合同的约定交付货物；作业合同约定港口经营人将货物交付第三方的，作业委托人应当保证第三方按照作业合同的约定接收货物。

第二十二条　作业委托人或者货物接收人应当在约定或者规定的期限内交付或者接收货物。

第二十三条　港口经营人交付货物时，货物接收人应当验收货物，并签发收据，发现货物损坏、灭失的，交接双方应当编制货运记录。

货物接收人在接收货物时没有就货物的数量和质量提出异议的，视为港口经营人已经按照约定交付货物，除非货物接收人提出相反的证明。

第二十四条 除另有约定外，作业委托人应当预付作业费用。

第二十五条 作业委托人不履行合同义务或者履行合同义务不符合约定的，应当承担继续履行、采取补救措施或者赔偿损失等违约责任。因不可抗力不能履行合同的，根据不可抗力的影响，部分或者全部免除责任。作业委托人迟延履行后发生不可抗力的，不能免除责任。

第二节　港口经营人

第二十六条 港口经营人应当按照作业合同的约定，根据作业货物的性质和状态，配备适合的机械、设备、工属具、库场，并使之处于良好的状态。

第二十七条 港口经营人应当按照作业合同的约定接收货物，港口经营人接收货物后应当签发用以确认接收货物的收据。单元滚装货物作业以及货物在运输方式之间立即转移的，不适用前款规定。

第二十八条 港口经营人应当妥善地保管和照料作业货物。经对货物的表面状况检查，发现有变质、滋生病虫害或者其他损坏，应当及时通知作业委托人或者货物接收人。

第二十九条 港口经营人应当在约定期间或者在没有这种约定时在合理期间内完成货物作业。港口经营人未能在约定期间或者合理期间内完成货物作业造成作业委托人损失的，港口经营人应当承担赔偿责任。

第三十条 作业委托人违反本规则第十五条、第十七条规定，港口经营人可以拒绝作业。

第三十一条 作业委托人未按照本规则第十七条通知港口经营人或者通知有误的，港口经营人可以在任何时间、任何地点根据情况需要停止作业、销毁货物或者使之不能为害，而不承担赔偿责任。作业委托人对港口经营人因作业此类货物所受到的损失，应当承担赔偿责任。港口经营人知道危险货物的性质并且已同意作业的，仍然可以在该项货物对港口设施、人员或者其他货物构成实际危险时，停止作业、销毁货物或者使之不能为害，而不承担赔偿责任。

第三十二条 除另有约定外，散装货物按重量交接；其他货物按件数交接。

第三十三条 散装货物按重量交接的，货物在港口经技术监督部门检验合格的计量器具计量的，重量以该计量确认的数字为准；未经技术监督部门检验合格的计量器具计量的，除对计量手段另有约定外，有关单证中载明的货物重量对港口经营人不构成其交接货物重量的证据。

第三十四条 应作业委托人或者货物接收人的要求，港口经营人可以编制普通记录。货运记录和普通记录的编制，应当准确、客观。货运记录应当在接收或者交付货物的当时由交接双方编制。

第三十五条 交接集装箱空箱时，应当检查箱体并核对箱号；交接整箱货物，应当检查箱体、封志状况并核对箱号；交接特种集装箱，应当检查集装箱机械、电器装置、设备的运转情况。集装箱交接状况，应当在交接单证上如实加以记载。

第三十六条 交接时发现集装箱封志号与有关单证记载不符或者封志破坏的，交接双方应当编制货运记录。

第三十七条 货物接收人没有在本规则第二十二条规定的期限内接收货物，港口经营人可以依照有关规定将货物转栈储存，有关费用、风险由作业委托人承担。

第三十八条 货物接收人逾期不提取货物的，港口经营人应当每十天催提一次，满三十天货物接收人不提取或者找不到货物接收人，港口经营人应当通知作业委托人，作业委托人在港口经营人发出通知后三十天内负责处理该批货物。作业委托人未在前款规定期限内处理货物的，港口经营人可以按照有关规定将该批货物作无法交付货物处理。

第三十九条 港口经营人交付货物的情况符合《中华人民共和国合同法》第一百零一条规定的条件时，港口经营人可以根据《中华人民共和国合同法》的规定将货物提存。

第四十条 应当向港口经营人支付的作业费、速遣费和港口经营人为货物垫付的必要费用没有付清，又没有提供适当担保的，港口经营人可以留置相应的运输货物，但另有约定的除外。

第四十一条 港口经营人应当按照作业合同的约定交付货物。

第四十二条 货物接收人接收水路运输货物，港口经营人应当核对证明货物接收人单位或者身份以及经办人身份的有关证件。

第四十三条 港口经营人对收集的地脚货物，应当做到物归原主，不能确定货主的，应当按照无法交付货物处理。

第四十四条 单元滚装运输作业，港口经营人应当提供适合滚装运输单元候船待运的停泊场所、上下船舶和进出港的专用通道；保证作业场所的有关标识齐全、清晰，照明良好；配备符合规范的运输单元司乘人员及旅客的候船场所。旅客与运输单元上下船和进出港的通道应当分开。

第四十五条 港口经营人对港口作业合同履行过程中货物的损坏、灭失或者迟延交付承担损害赔偿责任，但港口经营人证明货物的损坏、灭失或者迟延交付是由于下列原因造成的除外：

（一）不可抗力；

（二）货物的自然属性和潜在缺陷；

（三）货物的自然减量和合理损耗；

（四）包装不符合要求；

（五）包装完好但货物与港口经营人签发的收据记载内容不符；

（六）作业委托人申报的货物重量不准确；

（七）普通货物中夹带危险、流质、易腐货物；

（八）作业委托人、货物接收人的其他过错。

第四章 港、航货物交接的特别规定

第四十六条 除另有约定外，港口经营人与船方在水路运输货物港口装卸作业过程中的交接，适用本章规定。

第四十七条 船方应当向港口经营人提供配、积载图（表），港口经营人应当按照配、积载图（表）进行作业。船方可以在现场对配、积载提出具体要求。

第四十八条 国际运输以件交接货物、集装箱货物和集装箱，船方应当通过理货机构与港口经营人交接。前款规定以外的货物和集装箱，船方可以委托理货机构与港口经营人交接。

第四十九条 船方应当向港口经营人预报和确报船舶到港日期，提供船舶规范以及货物装、卸载的有关资料，使船舶处于适合装、卸载作业的状态，办妥有关手续。

第五十条 水路运输货物，港口经营人与船方在船边进行交接。

第五十一条 同品种、同规格、同定量包装的件装货物，船方与港口经营人应当商定每关货物的数量和关型，约定计数方法，逐关进行交接，成组运输货物比照执行。

第五十二条 船方与港口经营人交接国内水路运输货物应当编制货物交接清单。

第五章 附 则

第五十三条 本规则由国务院交通主管部门负责解释。

第五十四条 本规则自 2001 年 1 月 1 日起施行。《关于港口作业事故处理的几项规定》（〔78〕交水运字 1914 号文颁发试行）、《关于港口作业事故处理的几项补充规定》（〔79〕交水运字 1682 号文颁发试行）以及本规则施行前交通部发布的其他与本规则不一致的相关规定同时废止。

船舶引航管理规定

交通部令2001年第10号(2001年11月30日发布)

第一章　总　　则

第一条　为规范船舶引航活动,维护国家主权,保障水上人命财产安全,适应水上运输和港口生产的需要,制定本规定。

第二条　在中华人民共和国沿海、内河和港口从事船舶引航活动适用本规定。

第三条　本规定下列用语的含义是:

(一)船舶引航是指引领船舶航行、靠泊、离泊、移泊的活动(以下简称引航);

(二)引航区是指在中华人民共和国沿海、内河和港口为引航划定的区域;

(三)引航机构是指专业提供引航服务的法人;

(四)引航员是指持有有效引航员适任证书,在某一引航机构从事引航工作的人员;

(五)船舶是指任何用于水面、近水面和水下航行或者移动的船、艇、筏、移动式海上平台,包括国内外商船、军用船舶、公务船舶、工程船舶和渔船等。

第四条　交通部主管全国引航工作。

市(设区的市,下同)级以上地方人民政府港口主管部门负责本行政辖区引航行政管理工作。交通部设置的长江航务管理部门负责长江干线引航行政管理工作。

海事管理机构负责引航安全监督管理工作。

第五条　交通部的引航管理职责是:

(一)负责制定国家引航政策和规章,并监督实施;

(二)负责划定、调整并对外公布引航区;

(三)负责批准引航机构的设置;

(四)会同有关部门制定引航收费标准和管理规定,并监督实施;

(五)负责引航业务管理和指导;

(六)负责引航员培训、考试和发证的管理工作。

第六条　市级以上地方人民政府港口主管部门的引航管理职责是:

(一)贯彻执行有关引航的法律、法规、规章和政策;

(二)负责筹建引航机构;

(三)负责监督管理引航收费;

(四)负责引航业务监督和协调。

第七条　海事管理机构的引航管理职责是:

(一)贯彻执行有关引航的法律、法规、规章和政策;

(二)负责对引航实施安全监督管理;

(三)组织实施引航员培训、考试和发证工作。

第八条　国家鼓励采取先进技术和科学方法提高引航工作科技水平,鼓励引航新技术研究、开发和推广,提高引航安全水平和工作效率。

第九条　下列船舶在中华人民共和国引航区内航行或者靠泊、离泊、移泊(顺岸相邻两个泊位之间的平行移动除外)以及靠离引航区外系泊点、装卸站应当申请引航:

(一)外国籍船舶;

(二)为保障船舶航行和港口设施的安全,由海事管理机构会同市级地方人民政府港口主管部门提出报交通部批准发布的应当申请引航的中国籍船舶;

(三)法律、行政法规规定应当申请引航的其他中国籍船舶。

本条前款规定以外的其他船舶在引航区内外航行或者靠泊、离泊、移泊,可根据需要申请引航。

第二章 引航机构

第十条 依据下列原则设置引航机构:

(一)有为外国籍船舶和必须申请引航的中国籍船舶提供引航服务,且年引领船舶在600艘次以上的需要,或者在引航区内未设立引航机构的;

(二)引航区内有三名以上持有有效引航员适任证书的引航员。

第十一条 引航机构的设置方案和引航具体范围,由市级地方人民政府港口主管部门根据引航业务发展需要商海事管理机构提出申请,经省级地方人民政府港口主管部门(直辖市除外)审核后,报交通部批准。

第十二条 引航机构的主要职责是:

(一)负责制订引航工作章程和管理制度;

(二)制订引航方案和引航调度计划;

(三)接受引航申请,提供引航服务;

(四)负责引航费的计收和财务管理工作;

(五)负责引航员的聘用、培训、晋升、奖惩等各项日常管理工作;

(六)参与涉及引航的港口、航道等工程项目研究工作;

(七)按国家规定负责引航信息统计工作。

第十三条 引航机构的负责人应当从具有丰富引航经验和良好管理能力的引航员中选拔。

第十四条 引航机构应当不断提高引航工作服务质量和水平,对引航安全隐患应当及时采取有效的防范措施。

第三章 引航员

第十五条 从事引航的人员必须持有有效的引航员适任证书。引航员应按照有关规定提供引航服务,服从引航机构的安排和管理。

第十六条 符合下列条件的人员,可申领引航员适任证书:

(一)具有中华人民共和国国籍;

(二)年满20周岁、未满60周岁;

(三)身体健康;

(四)具备大专以上航海或者船舶驾驶专业学历并完成规定的专业培训。

(五)无重大船舶交通责任事故记录和严重违反船舶及船员管理的违章记录。

第十七条 引航员分助理引航员、三级引航员、二级引航员、一级引航员和高级引航员。处于各等级见习期的,为见习引航员。助理引航员不能独立引领船舶,见习引航员不能独立引领见习等级或者该见习等级以上等级的船舶。

第十八条 引航员应当经过规定的培训、考试,取得培训合格证和引航员适任证书。

引航员考试发证的有关规定,由交通部另行制定。

第十九条 任何人不得伪造、变造、涂改、买卖、租借、转让、冒用引航员适任证书。

第二十条 各等级引航员引领船舶的范围,由海事管理机构根据引航区的航道、通航环境、船舶的尺度和操纵特性、特定类型船舶的安全要求,商市级地方人民政府港口主管部门制定,报交通部备案。

第二十一条 引航机构应当为引航员提供下列条件:

(一)接受专业培训、特殊培训和提高等级培训等各种培训;

(二)合理的休息时间;

(三)高于港航系统船舶驾驶人员平均水平的劳动报酬。

第二十二条 引航员应当尊重被引船舶的船长和船员,按规定着装和佩带标志。

高级引航员应当主持或者积极参与制定引航方案。三级以上引航员应当指导助理引航员或者见习引航员引领船舶。

第二十三条 船舶接受引航服务,不解除被引船舶的船长驾驶和管理船舶的责任。

第四章 引航申请与实施

第二十四条 申请引航的船舶或者其代理人应当向相应的引航机构提出引航申请。船舶不得直接聘请引航员或者非引航员登船引航。

船舶进、出港或移泊的引航申请和变更,应当按市级地方人民政府港口主管部门规定的时间向引航机构提出。

第二十五条 申请引航的船舶或者其代理人应当向引航机构提供被引船舶的下列资料:

(一)船公司、船名(包括中、英文名)、国籍、船舶呼号;

(二)船舶的种类、总长度、宽度、吃水、水面以上最大高度、载重吨、总吨、净吨、主机及侧推器的种类、功率和航速;

(三)装载货物种类、数量;

(四)预计抵、离港或者移泊的时间和地点;

(五)在内河干线航行的船队,还应当提供拖带的方式和队型;

(六)其它需说明的事项。

第二十六条 引航机构在接到船舶引航申请后,应当及时安排持有有效证书的引航员,并将引航方案通知申请人。

第二十七条 引航机构应当满足船舶提出的正当引航要求,及时为船舶提供引航服务,不得无故拒绝或者拖延。对特殊引航作业船舶的引航,引航机构应当制订引航方案,报市级地方人民政府港口主管部门和海事管理机构批准后实施。

第二十八条 引航机构应当根据船舶状况和通航条件,制定合理的拖轮使用方法。被引航船舶应当根据引航机构提供的拖轮使用方法的要求安排拖轮或者委托引航机构安排拖轮,并承担相应的费用。

第二十九条 引航员登船后,应当向被引船舶的船长介绍引航方案;被引船舶的船长应当向引航员介绍本船的操纵性能以及其他与引航业务有关的情况。

第三十条 在一次连续的引航中,同时有两名或两名以上的引航员在船时,引航机构必须指定其中一人为本次引航的责任引航员。

第三十一条 引航员上船引领时,被引船舶应当在其主桅悬挂引航旗。任何船舶不得在非引领时悬挂引航旗。

第三十二条 引航员应当谨慎引航,按规定向海事管理机构及时报告被引船舶动态。

引航员发现海损事故、污染事故或违章行为时,应当及时向海事管理机构报告。

第三十三条 引航员在遇到下列情况之一时,有权拒绝、暂停或者终止引航,并及时向海事管理机构报告:

(一)恶劣的气象、海况;

(二)被引船舶不适航;

(三)没有足够的水深;

(四)被引船舶的引航梯和照明不符合安全规定;

(五)引航员身体不适,不能继续引领船舶;

(六)其它不适于引航的原因。

引航员在作出上述决定之前,应当明确地告知被引船舶的船长,并对被引船舶当时的安全作出妥善安排,包括将船舶引领至安全和不妨碍其他船舶正常航行、停泊或者作业的地点。

第三十四条 在引航过程中被引船舶发生水上安全交通事故,引航员应当采取下列措施:

(一)采取有效措施减少事故损失;

(二)尽快向引航机构和海事管理机构报告;

(三)接受、配合或者协助调查水上交通事故。

引航机构应当在水上交通事故发生后24小时内向海事管理机构递交水上交通事故报告书。

第三十五条 使用拖轮引航,拖轮应当服从引航员的指挥,并保持与引航员通讯联系良好。引航员应当注意拖轮的安全。

第三十六条 船舶接受引航服务,被引船舶的船长应当遵守下列规定:

(一)按照《1974年国际海上人命安全公约》的规定,为引航员提供方便、安全的登离船设备,并采取必要的措施确保引航员安全登离船舶;

(二)为引航员提供工作便利,并配合引航员实施引航;

(三)回答引航员有关引航的疑问,除有危及船舶安全的情况外,应当采纳引航员的引航指令;

(四)在离开驾驶台时,指定代职驾驶员并告知引航员,并尽快返回;

(五)船长发现引航员的引航指令可能对船舶安全构成威胁时,可以要求引航员更改引航指令,必要时还可要求引航机构更换引航员,并及时向海事管理机构报告。

第三十七条 引航员应当将被引船舶从规定的引航起始地点引抵规定的引航目的地。

引航员离船时应当向船长或者接替的引航员交接清楚,在双方确认安全的情况下方可离船。

第三十八条 因恶劣的天气或者海况,引航员不能离开船舶时,船长应当作出合理的等待,或者将船舶驶抵能使引航员安全离开船舶的地点,并负责支付因此造成的相关费用,但事先应当征得海事管理机构的同意。

第三十九条 引航机构、船舶、拖轮,均应当配备必要的通信设备或者器材,以便及时与引航员保持联系。

第四十条 港口企业对被引船舶靠、离泊,应当做好下列工作:

(一)泊位的靠泊等级必须符合被靠船舶相应等级,泊位防护设施完好;

(二)确保泊位有足够的水深,水下无障碍物;

(三)泊位有效长度应当至少为被引船舶总长的120%;被引船舶总长度小于100米的,泊位长度应大于被引船舶总长的20米;

(四)被引船舶靠离泊半小时前,应当按照引航员的要求将有碍船舶靠离泊的装卸机械、货物和其他设施移至安全处所并清理就绪;

(五)指泊员在被引船舶靠离泊半小时前应当到达现场,与引航员保持密切联系,并按规定正确显示泊位信号,备妥碰垫物;

(六)被引船舶夜间靠离泊,码头应当具备足够的照明;

(七)泊位靠泊条件临时发生变化,必须立即告知引航员。

第四十一条 新建码头使用前,码头所属单位应当及时向引航机构提供泊位吨级、系泊能力、泊位水深、主航道水深图等与船舶安全靠、离有关的资料。

对已投入使用的码头应当按引航机构的要求提供泊位水深、主航道及专用航道水深图等有关资料。

第四十二条 引航结束时船长和引航员应当准确填写引航签证单。被引船舶或者其代理人应当按规定支付引航费。

第五章　罚　　则

第四十三条　违反本规定第十一条规定，未经批准擅自设置引航机构的，由市级地方人民政府港口主管部门或者长江航务管理部门责令其纠正违法行为，并对擅自设置的引航机构处以 3 万元以下的罚款。

第四十四条　违反本规定第二十六条、第二十七条、第三十条规定，引航机构不选派适任的引航员或者拒绝或者拖延引航、不指定责任引航员的，由市级地方人民政府港口主管部门、长江航务管理部门责令引航机构纠正其违法行为，并对引航机构处以 1 万元以下的罚款。

第四十五条　违反本规定第四十条、第四十一条规定，港口企业不按规定配合和保障被引船舶靠离泊的、不按规定向引航机构提供相关资料的，由市级地方人民政府港口主管部门或者长江航务管理部门责令港口企业纠正其违法行为，并处以警告或者 1 万元以下的罚款。

第四十六条　违反本规定有关水上交通安全监督管理规定的行为，由海事管理机构按照国家的有关规定实施行政处罚。

第四十七条　执法人员徇私舞弊、玩忽职守、滥用职权的，依法给予行政处分；构成犯罪的，依法追究刑事责任。

第六章　附　　则

第四十八条　本规定由交通部负责解释。

第四十九条　本规定自 2002 年 1 月 1 日起实施。

港口大型机械防阵风防台风管理规定

交通部令2003年第3号(2003年5月9日发布)

第一章 总 则

第一条 为加强港口大型机械的防阵风、防台风(以下简称防风防台)管理,保障港口安全生产,保护国家和人民的财产,制定本规定。

第二条 本规定适用于全国港口的大型机械防阵风、防台风管理工作。

第三条 本规定下列用语的含义是:

(一)阵风是指无预报的、风速15米/秒(7级)以上的大风和龙卷风;

(二)台风是指热带风暴、强热带风暴和中心风力12级以上的热带气旋;

(三)港口大型机械(以下简称大型港机)是指:门座起重机、岸边集装箱起重机、吸粮机、轨道式龙门起重机、装(卸)船机、轮胎式集装箱龙门起重机、斗轮堆取料机、露天固定带式输送机、轮胎起重机(25吨级及以上)和输油臂等。

第二章 防风防台工作的监督与实施

第四条 港口所在地港口管理部门负责大型港机预防、抵御阵风、台风的指导和监督工作:

(一)根据掌握的台风信息,发布防风防台命令,对大型港机防风防台工作进行部署;

(二)监督、检查大型港机防风防台措施的落实工作。在台风来临之前应当对港口企业的防风防台工作进行检查,在台风季节应当进行定期重点检查;

(三)对防风防台工作进行指导,促进港口企业提高大型港机防风防台的技术和水平。

第五条 港口企业负责本单位大型港机预防、抵御阵风和台风具体措施的制订和实施工作:

(一)结合本单位的具体情况,配备大型港机防风防台技术装置,制订符合实际情况的防风防台措施和工作规程,并组织实施;

(二)加强与气象部门和其他相关部门的联系和协调,及时掌握气象信息,注意台风动态,实施预防工作;

(三)加强港口生产人员培训,提高安全素质和意识。

第六条 港口企业接到台风预报后,应当提前组织和布置防台措施;接到台风警报和紧急警报后,应当检查和落实防台措施,并建立24小时专人值班制度,确保大型港机安全。

第三章 防风防台工作的要求和措施

第七条 港口码头的设计应当考虑大型港机防风防台的要求,大型港机安装应当配备和设置防阵风和防台风装置(以下简称防风装置)。防风装置分为防止风的水平力、上拔力的装置和防滑制动装置,以及防风预(警)报装置。

防止风的水平力、上拔力的装置是指码头上设置的防止机械水平移动和倾覆的装置,包括锚定坑、防风系缆(或者拉杆)地锚、系缆墩柱等。

防滑制动装置是指机械自身设置的防滑装置和行走机构配备的惯性制动器,其中,防滑装置应当在防爬器、夹轮器、顶轨器、夹轨器、铁楔等中选取。

防风预(警)报装置是指接收、测量、记录阵风和台风信息、发布警示和警报的设备和设施,基本配置为带记录和警示功能的风速仪。有条件的港口可选择配置气象雷达。

第八条 大型港机防风防台工作应当符合下列基本要求:

(一)对大型港机的防风装置应当定期进行检查和维护,确保其完好并具备防风防台能力;

(二)大型港机作业的码头和场所,应当根据当地阵风或者台风的实际情况设置足够的锚定装置,对不具备防风防台能力的码头和大型港机应当采取有效的改进措施,确保其具备防风防台能力;

(三)正常使用的大型港机应当具有良好的整机机械性能,其行走机构的制动器应当完备、有效,并具有足够的制动力矩。

第九条 轨道式大型港机防风防台工作除应当符合本规定第八条的要求外,还应当符合下列基本要求:

(一)应当配备防滑和制动装置,其中防滑装置须保证设备在15米/秒到35米/秒的现场风力作用下不发生滑移;

(二)选择配备防止风的水平力和上拔力的装置时,须保证设备在35米/秒到55米/秒的现场风力作用下不发生倾覆。使用单位所在地区50年最大风速历史记录超出上述范围的,应当按照50年最大风速设防;

(三)行走轨道应当平整,轨道两端应当设置钢筋混凝土或者钢板制成的挡块,并与码头基础紧固在一起;

(四)应当配备防风预(警)报装置,并进行技术测试,以满足对设计风速警示预报的要求。

第十条 大型港机预防突发性阵风的措施:

(一)在正常作业时,大型港机的行走机构应当具有良好的制动功能。任何情况下,不允许擅自降低行走制动器制动力矩;

(二)大型港机正常作业过程中遭遇阵风时,如无法行驶到锚泊位置,应当就地采取防风措施,使用包括防风装置以及货物、其他设施阻塞轨道等手段来保证设备的安全;

(三)阵风多发季节,大型港机停止作业、移好机位后,操作人员离机前应当检查并确认所使用的防风装置处于正常工作状态,在采取以下措施后,切断操作电源:

(1)门座起重机应当将吊钩起升至驾驶室以上的高度,起重臂收至平衡点或者最小幅度,转盘转至起重臂不易碰撞的位置;

(2)岸边集装箱起重机应当将前大梁收至最小幅度,吊具起升到最高位置或者设计位置;

(3)对轮胎式集装箱龙门起重机将吊具起升到最高位置,并塞紧轮胎防滑块。带支腿的轮胎集装箱起重机(高架吊),应当将旋转销锁定。

第十一条 单台门座起重机在允许旋转机构自由转动时的防台措施:

(一)各门座起重机之间的安全距离应当大于50米,或者确保吊臂不相碰撞;

(二)起重臂摆放的幅度小于三分之二,锁紧变幅制动器,吊钩起升到最高位置;

(三)将门座起重机锚定,盖好各种电机和行走齿轮的防护罩,拴牢机房顶盖,确认防滑制动装置处于锁紧状态。

第十二条 单台门座起重机在不允许旋转机构自由转动时的防台措施:

(一)各门座起重机之间的安全距离应当大于15米;

(二)采取第十一条(三)项的措施;

(三)销定旋转机构,起重臂收至平衡点或者最小幅度,起升钢丝绳收紧并系在一边门腿上,固定好变幅配重箱。

第十三条 岸边集装箱起重机(以下简称装卸桥)的防台措施:

(一)将装卸桥锚定,锁定小车,扬起前大梁并固定在安全钩上,用防台插销锁定大梁,确认防滑制

动装置处于锁紧状态;

(二)使用专用的锚定环,用拉杆或者钢丝绳分别在轨道内外侧垂直地拉紧装卸桥的四条门腿,如不能垂直布置也可以成八字形布置;

(三)装卸吊具起升至设计规定位置,用钢丝绳拉紧并捆绑在自身门框或者设备的其他部位。吊具设有防摆钢丝绳的,应当将吊具的四条防摆钢丝绳拉紧;

(四)关好全部门窗,切断操作电源。

轨道式龙门起重机参照装卸桥的防台措施执行。

第十四条 吸粮机的防台措施:

(一)各吸粮机之间的安全距离应当大于40米;

(二)将吸粮机锚定,确认大车行走制动器处于锁紧状态,并采取与门座起重机相同的防滑制动措施;

(三)把臂架旋转至与轨道平行位置,吸咀放置地面,固定吸粮机臂架和吸咀;

(四)关好全部门窗,盖好并拴牢电机和齿轮箱防护罩,清理走廊和楼梯口的杂物,切断操作电源。

第十五条 装(卸)船机的防台措施:

(一)根据装(卸)船机的结构和类型,结合各港口、码头的实际情况,对轨道式装(卸)船机可以参照岸边装卸桥或者门座起重机的防台措施;对轮胎式装(卸)船机,则应当将装(卸)船机开到堆场,朝着货堆一方摆放并楔紧行走轮胎;

(二)码头上设有防台架的装(卸)船机,应当将装(卸)船机移至防台架附近,把悬臂放在合适的位置上,用铁链或者钢丝绳将悬臂和溜筒固定在防台架上;

(三)将出料皮带机降低至支承位置;

(四)选择适当距离捆扎好输送带;

(五)切断操作电源,卷好电缆,盖好并拴牢需防雨、防潮的部件。

第十六条 轮胎式集装箱龙门起重机的防台措施:

(一)将起重机固定在防风系缆(拉杆)地锚或者系缆墩柱上,锁紧制动装置,塞上轮胎防滑块;

(二)将集装箱吊具与着地重箱连结并收紧吊具钢丝绳;

(三)关好全部门窗,密盖各种箱罩。

第十七条 斗轮堆取料机的防台措施:

(一)将悬臂放低,将斗轮搁在料堆上或者固定在支撑架上;

(二)确认行走制动装置处于抱紧状态,并采取与门座起重机相同的防滑制动措施;

(三)在尾车与地面皮带过渡处挂上皮带防风链或者用绳索把皮带捆于皮带架上;

(四)关好全部门窗,清理杂物,切断操作电源。

第十八条 露天固定带式输送机的防台措施:

(一)用防风链或者绳索把输送带捆在机架上;

(二)切断操作电源,用防水布盖好并拴牢开关箱和配电箱。

第十九条 25吨级及以上轮胎起重机的防台措施:

(一)将起重机停放到指定地点;

(二)将吊钩起升到最高位置、起重臂放置至合适位置;

(三)锁定旋转机构和行走制动器,塞上轮胎防滑块或者打好支腿,关好全部门窗。

第二十条 输油臂的防台措施:

(一)固定旋转部位;

(二)收拢并固定输油臂;

(三)切断操作电源。

第二十一条 其他类型的大型港机的防风防台措施,参照本规定执行。

第四章　罚　　则

第二十二条　港口企业未按本规定组织、实施防风防台工作的，由港口所在地港口管理部门视情况给予警告，并责令整改。

第二十三条　港口所在地港口管理部门的工作人员未按本规定督促、检查港口企业防风防台工作，玩忽职守的，由所在单位或者上级主管部门依照国家有关规定给予行政处分。

第五章　附　　则

第二十四条　本规定自2003年6月1日起施行。1997年10月9日交通部发布的《港口大型机械防台管理规定》（暂行）（交水发〔1997〕619号）同时废止。

港口工程竣工验收办法

交通部令2005年第2号(2005年4月12日发布)

第一条 为规范港口工程竣工验收工作,保证港口工程质量,保护人民生命和财产安全,根据《中华人民共和国港口法》,制定本办法。

第二条 本办法适用于新建和改建的港口工程竣工验收活动。

本办法所称港口工程竣工验收,是指港口工程完工后、投入使用前,对港口工程质量、执行国家和行业强制性标准情况、投资使用情况等事项的全面检查验收,以及对港口工程建设、设计、施工、监理等工作的综合评价。

第三条 港口工程竣工后,经验收合格方可投入使用。

第四条 港口工程竣工验收,应当遵循公开、公正、真实、科学的原则。

第五条 港口工程项目法人、设计、施工、监理等单位应当接受、配合竣工验收工作,提供的有关资料应当真实、有效。

第六条 港口工程竣工验收,实行统一管理、分级负责制度。

交通部统一管理全国港口竣工验收工作。

经国务院投资主管部门审批、核准和经交通部审批的港口工程竣工验收,由交通部负责。

省级人民政府投资主管部门审批、核准和省级交通主管部门审批的港口工程竣工验收,由省级交通主管部门负责。

本条第三款、第四款规定以外的港口工程由港口所在地港口行政管理部门负责竣工验收。

以上负责港口工程竣工验收的部门统称为竣工验收部门。

第七条 港口工程进行竣工验收应当具备以下条件:

(一)港口工程有关合同约定的各项内容已基本完成,申请竣工验收的建设项目有尾留工程的,尾留工程不得影响建设项目的投产使用,尾留工程投资额可根据实际测算投资额或按照工程概算所列的投资额列入竣工决算报告,但不得超过工程总投资的5%,施工单位对工程质量自检合格,监理工程师对工程质量评定合格,项目法人组织设计、施工、监理、工程质量监督等单位进行的交工验收合格;

(二)主要工艺设备或设施通过调试具备生产条件;

(三)一般港口工程经过3个月试运行,设有系统装卸设备的矿石、煤炭、散粮、油气、集装箱码头等港口工程,经过6个月试运行,符合设计要求;

(四)环境保护设施、安全设施、消防设施已按照设计要求与主体工程同时建成,并通过有关部门的专项验收;航标设施以及其他辅助性设施已按照《港口法》的规定,与港口同时建设,并保证按期投入使用;

(五)竣工档案资料齐全,并通过专项验收;

(六)竣工决算报告编制完成,并通过审计;

(七)廉政建设合同已履行。

第八条 港口工程试运行前,项目法人应当向港口所在地港口行政管理部门办理港口工程试运行备案手续。试运行期满后应当及时办理港口工程竣工验收手续。

港口工程试运行期自港口工程试运行备案之日起开始计算。

第九条 港口工程符合竣工验收条件的,项目法人应当向港口所在地港口行政管理部门提出竣工验收申请。

对于一次设计、分期建成的港口工程,项目法人可以对已建成并符合竣工验收条件的部分港口工程提出分期竣工验收申请。

第十条 交通部和省级交通主管部门负责竣工验收的港口工程，由该港口所在地港口行政管理部门组织初步验收。初步验收合格后，由港口行政管理部门向省级交通主管部门提出竣工验收申请，其中交通部负责竣工验收的，由省级交通主管部门向交通部转报竣工验收的申请材料。

第十一条 港口工程竣工验收部门应当自收到竣工验收申请之日起5个工作日内对申请材料进行审查，对于不符合竣工验收条件的，应当及时退回并告知理由；对于符合竣工验收条件的，应当受理竣工验收申请。

港口工程竣工验收或者初步验收应当自受理之日起20个工作日内完成。20个工作日内不能完成的，经竣工验收部门负责人批准，可以延长10个工作日。

第十二条 港口工程竣工验收由竣工验收部门组织质量监督机构、当地海事管理机构、有关行政主管部门、有关专家组成竣工验收委员会实施。

港口工程项目法人、设计单位、监理单位、施工单位等应当参加竣工验收工作。

第十三条 港口工程竣工验收的主要依据是：

（一）按照国家有关规定应当具备的港口工程建设项目的审批、核准、备案文件；

（二）初步设计、施工图设计、变更设计及概算调整等文件；

（三）招标文件及合同文本；

（四）主要设备技术规格或说明书等；

（五）国家和交通部颁布的技术规范和标准及法律、法规、规章的相关规定。

第十四条 港口工程竣工验收的内容是：

（一）审查港口工程是否具备国家规定的审批文件及相关手续；

（二）检查港口工程实体质量；

（三）检查港口工程合同履约情况，审查有关竣工档案资料；

（四）检查国家和行业强制性标准执行情况；

（五）核定码头靠泊等级、吞吐能力以及进出港口的航道等级；

（六）检查环境保护、劳动安全卫生、消防、档案等专项验收情况；

（七）检查对港口工程竣工决算报告的审计情况；

（八）检查廉政建设合同执行情况；

（九）确定工程质量等级；

（十）对存在问题和尾留工程提出处理意见；

（十一）形成、通过并签署《港口工程竣工验收鉴定书》。

第十五条 对竣工验收合格的，港口工程竣工验收部门应当自《港口工程竣工验收鉴定书》签署之日起10个工作日内，签发《港口工程竣工验收证书》。

第十六条 竣工验收不合格的，项目法人应当按照竣工验收委员会提出的处理意见进行限期整改。整改期满后，项目法人应当重新提出港口工程竣工验收申请。

第十七条 港口工程竣工验收完成后，应当在国家规定的时间内办理固定资产移交等相关手续。

第十八条 由省级交通主管部门和港口所在地港口行政管理部门负责竣工验收的，在竣工验收完成后，省级交通主管部门和港口所在地港口行政管理部门应当将竣工验收的有关情况向交通部备案。

第十九条 港口工程未经竣工验收或者竣工验收不合格的，不得投入使用，港口行政管理部门不予办理港口经营许可证。

第二十条 项目法人违反本办法规定，未经备案进行试运行的，由港口所在地港口行政管理部门责令停止试运行。

第二十一条 港口工程未经验收合格，擅自投入使用的，由港口所在地港口行政管理部门责令停止使用，限期改正，可以处5万元以下罚款。

第二十二条 竣工验收部门工作人员在竣工验收中滥用职权、徇私舞弊、索贿受贿的，依法给予行政处分;构成犯罪的,依法追究刑事责任。

第二十三条 竣工验收委员会成员在竣工验收中玩忽职守、徇私舞弊造成重大损失构成犯罪的,依法追究刑事责任。

第二十四条 利用世界银行、亚洲开发银行等国际金融组织或外国政府贷款、援助资金的港口工程,贷款方、资金提供方对工程竣工验收另有规定的,可以适用其规定,但不得违背中华人民共和国的法律、法规规定和社会公共利益。

第二十五条 《港口工程竣工验收鉴定书》和《港口工程竣工验收证书》应当按照交通部规定的统一格式印制。

第二十六条 本办法自2005年6月1日起施行,《交通部港口建设项目(工程)竣工验收办法》(交基发〔1995〕155号)同时废止。本办法施行前公布的有关规定与本办法有抵触的,自本办法施行之日起停止执行

关于码头靠泊能力核查管理工作的通告

交通部令2006年第5号(2006年7月31日发布)

为规范超过原设计船型靠泊码头的管理,确保港口生产安全,我部于2006年3月下发了《关于加强港口码头靠泊能力核查管理工作的通知》(交水发〔2006〕81号,以下简称《通知》)。各地港航管理部门和有关单位按照《通知》要求,认真开展了码头靠泊能力论证、核查工作。为更好地做好此项工作,现将有关事项通告如下:

一、正确认识码头靠泊能力论证工作

改革开放以来,我国港口建设发展迅速,但与经济社会发展需要和船舶大型化发展趋势相比,港口总体吞吐能力仍然不足,特别是大型专业化泊位不足的矛盾非常突出。超过原设计船型的船舶减载靠泊码头是缓解当前港口吞吐能力不足和泊位等级不合理的一种临时性措施。开展码头靠泊能力论证工作不是提升码头靠泊等级,而是对超过原设计船型靠泊码头的船舶,在现行规范允许的范围内,在不突破港口现有设施允许的设计值的前提下,经过科学、合理、安全的论证后,提出一定的限定条件,保证港口安全生产,促进港口健康发展。码头靠泊能力核查工作程序和组织原则应严格按《通知》规定执行。按照"谁论证、谁负责"、"谁审批、谁负责"的原则,科学、规范地开展码头靠泊能力论证工作。各有关设计单位不得违规出具论证报告,各港口管理部门不得违规核准。如有违反规定的,将进行严肃处理。

二、对于确需进行靠泊能力论证的码头,应符合下列规定:

(一)重力式码头建成投产后年限超过30年、桩基码头超过15年不予论证核准。

(二)对于建成投产后年限在20年~30年之间的重力式码头、10年~15年之间的桩基码头,应按照设计单位提出的技术要求由有资质的检测单位对码头设施进行严格的检测,根据检测结果再行论证。

(三)格型钢板桩和板桩码头可参照重力式码头执行,大管桩和后方为桩基的浮码头可参照桩基码头执行。

三、论证工作原则上由工程原设计单位承担。论证工作应严格按照《通知》要求,在港口设施现状的基础上,在水域条件满足航行安全的情况下,按下述限定条件进行核算:

(一)在计算船舶撞击力时,船舶的法向靠岸速度按论证船型在《港口工程荷载规范》(JTJ 215—98)中表10.6.4-1规定的范围内取用。

(二)在计算船舶系缆力时,对于不设风暴系船柱的泊位,离泊风速不低于8级风,风速范围为17.2m/s~20.7m/s。

(三)在计算系泊状况下船舶在波浪作用下的撞击力时,船舶紧急离泊波高取值不低于《海港总平面设计规范》(JTJ 211—99)中表4.3.12和《开敞式码头设计与施工技术规程》(JTJ 295—2000)中表3.5.5船舶装卸作业的允许波高。

此限定条件仅限于此次码头靠泊能力论证工作,不适用于新建码头的设计。在建设时已经进行结构预留或建成后经过技术改造的码头,可按照结构预留或改造后的结构状况进行论证。危险品码头应在现有消防设施等符合规范要求的前提下进行严格的论证。

四、经过综合论证后,应针对港口设施现状提出超过原设计船型的船舶靠离泊码头的限定条件(格式详见附件)。

五、为便于我部核准,论证报告应在今年11月10日前报我部。按照分级管理的原则,我部公布的沿海主要港口中经国家发展改革委和我部审批的项目报我部核准,其余项目报省级交通主管部门核准。此前已经报送论证报告但不符合上述要求的,应重新组织编制论证报告报批。

六、港口所在地港口管理部门在报送论证报告时应提供以下材料：

（一）申请文件一式两份。申请文件应说明论证工作开展情况、所论证泊位基本情况，并汇总审查后的靠离泊码头限定条件。

（二）论证报告一式两份。论证报告主要内容按《通知》要求编制，其中进出港航行靠泊方案和应急预案由港口经营人牵头组织引航、设计院等单位制定。

（三）审查意见一式两份。

七、在抓紧新建码头的同时，鼓励各港根据港口实际情况，加大对老旧码头的技术改造力度，通过技术改造走内涵式扩大生产能力的道路，提高老旧码头对新货种和新船型的适应能力，进一步完善港口功能，适应港口现代化和船舶大型化发展的要求，使港口更好地为经济社会发展服务。待港口吞吐能力、泊位等级能够适应需求时，我部将对船舶超过原设计船型靠泊码头的行为进行统一限制。

附件：靠离泊码头限定条件汇总表

中华人民共和国交通部（章）
二〇〇六年七月三十一日

附件

靠离泊码头限定条件汇总表

泊位名称	泊位等级	核算靠泊船舶吨级	限制条件						备注
			法向靠岸速度(m/s)	离泊风速(m/s)	紧急离泊波高(m)	允许最大吃水(m)	泊位长度		
							核算长度(m)	解决方案	

港口建设管理规定

交通部令2007年第5号(2007年4月24日发布)

第一章　总　　则

第一条　为加强港口建设管理,规范港口建设市场秩序,保证港口工程质量,根据《中华人民共和国港口法》、《建设工程质量管理条例》、《建设工程勘察设计管理条例》等法律、行政法规,制定本规定。

第二条　本规定适用于在中华人民共和国境内新建、扩建、改建港口建设项目(包括与其他建设项目配套建设的港口建设项目)及其配套设施的建设活动。

军事和渔业港口的建设活动不适用本规定。

第三条　交通部负责全国港口建设的行业管理工作,并具体负责经国家发展和改革委员会审批、核准和经交通部审批的港口建设项目的建设管理工作。

省级交通主管部门负责本行政区域内港口建设的行业管理工作,并具体负责经省级人民政府有关部门审批、核准的港口建设项目的建设管理工作。

其余港口建设项目的建设管理工作由港口所在地港口行政管理部门负责。

以上负责港口建设管理的各级交通主管部门和港口所在地港口行政管理部门统称为港口行政管理部门。

第四条　港口建设应当符合港口布局规划和港口总体规划,执行有关建设法律、法规、规章和技术标准。

第五条　港口建设项目应当按照国家有关规定实行项目法人责任制度、招标投标制度、工程监理制度和合同管理制度。

第二章　港口建设程序管理

第六条　港口建设应当按照国家规定的建设程序和有关规定进行。除国家另有规定外,不得擅自简化建设程序。

第七条　政府投资的港口建设项目的项目建议书和可行性研究报告实行审批制,企业投资的港口建设项目的项目申请报告、备案文件分别实行核准制、备案制。

第八条　政府投资的港口建设项目,按照以下建设程序执行:

(一)开展工程预可行性研究,编制项目建议书;

(二)根据批准的项目建议书,进行工程可行性研究,编制可行性研究报告;

(三)根据批准的可行性研究报告,编制初步设计文件;

(四)根据批准的初步设计,编制施工图设计文件;

(五)根据批准的施工图设计,组织项目监理、施工招标;

(六)根据国家有关规定,进行施工前准备工作,并向港口行政管理部门办理开工备案手续;

(七)备案后组织工程实施;

(八)工程完工后,编制竣工材料,进行工程竣工验收的各项准备工作;

(九)港口行政管理部门按权限组织竣工验收。

第九条　企业投资的港口建设项目,按照以下建设程序执行:

(一)开展工程可行性研究,编制工程可行性研究报告;
(二)根据工程可行性研究报告,编制项目申请报告或者备案文件,履行核准或者备案手续;
(三)根据核准或者备案的项目申请报告或者备案文件,编制初步设计文件;
(四)根据批准的初步设计,编制施工图设计文件;
(五)根据批准的施工图设计,组织项目监理、施工招标;
(六)根据国家有关规定,进行施工前准备工作,并向港口行政管理部门办理开工备案手续;
(七)备案后组织工程实施;
(八)工程完工后,编制竣工验收材料,进行工程竣工验收的各项准备工作;
(九)港口行政管理部门按权限组织竣工验收。

第十条 实行审批制的港口建设项目的项目建议书应当符合以下基本要求:
(一)开展了港口建设项目工程预可行性研究;
(二)建设方案符合港口规划;
(三)符合有关编制水运工程预可行性研究、项目建议书的深度要求;
(四)符合国家和行业的有关规定。

第十一条 申请港口建设项目的项目建议书审批,应当提供以下材料:
(一)申请文件一式 2 份;
(二)项目建议书一式 5 份和相应的电子版本 1 份;
(三)工程预可行性研究报告一式 5 份和相应的电子版本 1 份;
(四)审批部门根据项目需要要求提供的其他材料。

第十二条 实行审批制的港口建设项目可行性研究报告应当符合以下基本要求:
(一)符合港口规划;
(二)符合经批准的项目建议书;
(三)符合有关编制水运工程可行性研究报告的深度要求;
(四)符合国家和行业的有关规定和技术标准、规范。

第十三条 申请港口建设项目可行性研究报告审批,应当提供以下材料:
(一)申请文件一式 2 份(含可行性研究报告);
(二)工程可行性研究报告一式 5 份和相应的电子版本 1 份;
(三)有关规定所要求的相关单位的许可、承诺、证明或者评估意见;
(四)根据项目需要要求提供的其他材料。

第十四条 实行核准制的港口建设项目的项目申请报告应包括以下内容:
(一)项目申报单位情况;
(二)拟建项目情况;
(三)相关规划与建设用地;
(四)资源利用和能源耗用分析;
(五)生态环境影响分析;
(六)经济和社会效果分析。

第十五条 申请港口建设项目的项目申请报告核准,应当提供以下材料:
(一)项目申请报告一式 5 份和相应的电子版本 1 份;
(二)建设项目工程可行性研究报告一式 5 份和相应的电子版本 1 份;
(三)城市规划行政主管部门出具的城市规划意见;
(四)国土资源行政主管部门出具的项目用地预审意见;
(五)环境保护行政主管部门出具的环境影响评价文件的审批意见;
(六)根据有关法律法规应提交的其他文件。

第十六条 实行备案制的港口建设项目,项目单位应按省级人民政府制定的建设项目备案管理办法的要求，履行备案手续。

第十七条 港口岸线实行行政许可制度。港口深水岸线由交通部会同国家发展和改革委员会批准；港口非深水岸线由港口行政管理部门批准。国家发展和改革委员会批准建设的港口建设项目使用港口岸线，不再另行办理使用港口岸线的审批手续。

港口岸线审批的具体程序和要求另行制定。

第十八条 港口工程设计实行行政许可制度。港口工程设计分为初步设计和施工图设计两个阶段。港口工程初步设计按照第三条规定的权限由相应的港口行政管理部门审批，施工图设计由港口所在地港口行政管理部门审批。

第十九条 港口工程初步设计应当符合以下基本要求：

（一）建设方案符合经审批机关批准的港口总体规划；

（二）项目建设主要内容、规模及标准等符合经审批机关批准的可行性研究报告或者经核准、备案的项目申请报告或者备案文件；

（三）符合国家和行业现行的有关技术标准；

（四）符合港口工程初步设计文件编制规定的要求。

第二十条 项目法人报批初步设计时应当提供以下材料：

（一）申请文件一式2份；

（二）初步设计文件一式2份和相应的电子版本1份；

（三）港口建设项目批准或者核准、备案文件（包括工程可行性研究报告）的复印件1份。

第二十一条 由港口所在地港口行政管理部门负责审批的初步设计文件，项目法人直接向港口所在地港口行政管理部门提出申请，报送相关材料。

由省级交通主管部门负责审批的初步设计文件，项目法人向港口所在地港口行政管理部门报送相关材料，由港口所在地港口行政管理部门向省级交通主管部门转报相关材料。

由交通部负责审批的初步设计文件，项目法人向港口所在地港口行政管理部门报送相关材料，港口所在地港口行政管理部门向省级交通主管部门报送，省级交通主管部门再向交通部转报相关材料。

转报机关收到初步设计的申请材料后，应当在5个工作日内完成转报工作。

第二十二条 港口行政管理部门在审批初步设计时，应当按照规定委托不低于原初步设计文件编制单位资质等级的另一设计单位对初步设计文件进行技术审查咨询。审查咨询单位在完成审查咨询工作后，出具审查咨询报告报港口行政管理部门。

港口行政管理部门应当根据审查咨询报告、其他相关文件和有关部门的意见在法定期限内批复初步设计文件。

第二十三条 初步设计审查咨询工作的主要内容：

（一）对于政府投资的建设项目，应当进行全面的技术（包括概算）审查，并提出设计方案的优化措施；

（二）对于企业投资的建设项目，主要对涉及公共利益、公众安全、工程强制性标准、主体结构安全稳定性等内容及工程概算的编制依据和方法进行复核审查，并提出合理化建议。

第二十四条 港口工程施工图设计应当符合以下基本要求：

（一）符合经审批机关批准的初步设计；

（二）符合国家和行业现行的有关技术标准及规范；

（三）工程主体结构和地基基础稳定性计算正确；

（四）指导性施工方案合理；

（五）图纸、施工说明表述清晰、完整。

第二十五条 项目法人报批施工图设计文件时应当提供以下材料：

（一）申请文件一式2份；

（二）施工图设计文件一式2份；

（三）经批准的初步设计文件 1 份。

第二十六条 审批部门对符合要求的施工图设计文件，应当作出予以批准的决定；对不符合要求的施工图设计文件，应当作出不予批准的决定并说明理由。

在审批前，审批部门应当委托不低于原施工图编制单位资质等级的另一设计单位，对施工图设计文件中关于结构安全、稳定、耐久性的内容进行审查。

第二十七条 港口工程设计经批准后，应当严格遵照执行，不得擅自修改、变更。如确有必要对已批准的建设规模、标准、内容、工程概算及设计方案、主体结构、主要工艺流程或者主要设备等进行重大调整的，应当报原审批机关批准后方可实施。

第二十八条 港口行政管理部门依法对港口建设项目的招标投标工作进行监督管理。港口项目的项目法人应当按项目管理权限将招标文件、资格预审结果、评标结果报港口行政管理部门备案。

第二十九条 港口建设项目开工应当具备以下条件：

（一）施工图设计文件已经完成并经审查批准；

（二）建设资金已经落实；

（三）征地手续已办理，拆迁基本完成；

（四）施工、监理单位已确定；

（五）已办理质量监督手续。

第三十条 项目法人在开工前应当按照项目管理权限向港口行政管理部门提交以下材料予以备案：

（一）施工图设计批复文件复印件 1 份；

（二）控制性用地的批复复印件 1 份；

（三）与施工单位和监理单位签订的合同复印件 1 份；

（四）质量监督手续材料复印件 1 份。

第三十一条 开工备案文件存在不符合法律、行政法规以及规章规定内容的，港口行政管理部门应当在收到备案文件之日起 7 日内提出处理意见，及时行使监督管理职权。

第三十二条 港口建设项目完工后，应当按照交通部《港口工程竣工验收办法》的有关规定进行竣工验收。

港口建设项目经竣工验收合格后，方可交付使用。

第三章　港口建设市场管理

第三十三条 港口工程实行政府监督、法人管理、社会监理、企业自检的质量保证体系。

第三十四条 参加港口建设的勘察、设计、施工、监理等从业单位应当诚实守信，依法取得相应资质后，方可进入港口建设市场。

第三十五条 港口工程实行项目法人责任制度。项目法人对建设项目的策划、资金筹措、建设实施、生产经营、债务偿还和资产保值增值负责，依照国家有关规定对工程建设项目实行全过程管理。

第三十六条 港口工程实行招标投标制度。项目法人应当按照公开、公平、公正、诚实信用的原则，按照《中华人民共和国招标投标法》和交通部颁布的有关勘察设计、施工、施工监理招标投标管理工作的规定，依法对建设项目勘察、设计、施工、监理以及重要设备、材料的采购等进行招标。

任何单位和个人不得将依法必须进行招标的建设项目化整为零或者以其他任何方式规避招标、虚假招标。

第三十七条 港口工程实行合同管理制度。项目法人应当按照招标文件和中标人的投标文件与中标人订立书面合同。项目法人和中标人不得再行订立背离合同实质性内容的其他协议。

按规定应当签订廉政合同的，项目法人应当与施工、监理单位签订廉政合同，并将廉政合同执行情况纳入建设考核范围。

第三十八条 港口工程实行工程监理制度。监理单位应当依照法律、法规及有关技术标准、规范和文件,代表建设单位对工程质量、安全、进度和工程投资进行监控,对合同、信息与资料进行管理,协调有关单位间的关系。

第三十九条 港口工程勘察必须由具备相应资质的单位承担。执行国家和交通部的有关规定,符合国家和行业有关强制性标准、规范,满足不同阶段工程设计和施工需要。勘察单位对勘察成果的质量负责,所提供的地质、测量、水文等勘察成果必须真实、准确、完整。

第四十条 港口工程设计必须由具备相应资质的单位承担,设计单位对设计成果的质量负责。设计文件应当符合国家规定的设计深度要求,注明工程合理使用年限。

第四十一条 设计单位应当做好设计交底工作,并按要求在施工现场派驻设计代表,及时提供设计后续服务。

第四十二条 施工单位对工程的施工质量负责。施工单位应当建立质量责任制,确定项目经理、技术负责人和施工管理负责人。施工单位的有关人员应根据国家有关规定持证上岗。

第四十三条 施工单位必须按照设计要求、技术标准和合同约定,精心组织施工,不得擅自修改工程设计,不得偷工减料。

第四十四条 施工单位应当建立健全各项质量检验制度,检验应当有书面记录和专人签字。

第四十五条 监理单位和监理人员应当依据科学、公正、独立的原则,全面履行监理的权利和义务。监理单位对施工质量承担监理责任。未经施工监理人员签认,不得进行下一道工序施工。

第四十六条 监理工作实行总监理工程师负责制。监理单位应当选派具备相应执业资格的总监理工程师,并根据工作需要,配备总监理工程师代表、专业监理工程师、监理员、测量和试验专业人员等。监理人员应当按照监理规范要求,采取旁站、巡视和平行检验等形式对工程实施监理。

第四十七条 港口工程项目法人、勘察单位、设计单位、施工单位、监理单位及与建设工程安全生产有关的单位,必须坚持安全第一、预防为主的方针,严格执行国家安全生产法律、法规,建立健全安全生产规章制度,项目法人、施工单位、监理单位应当制定安全应急预案,加强职工安全生产教育,落实安全生产责任人,并依法承担建设工程安全生产责任。

第四十八条 港口工程实行质量、安全监督管理制度。港口行政管理部门及其委托的质量监督机构应当依据有关法律、法规、规章、技术标准和规范,遵循科学、客观、公开、公平、公正的原则,实行质量、安全生产监督管理。

第四十九条 项目法人应当在施工前向交通质量监督机构办理质量监督手续。

港口建设从业单位和人员应当接受、配合港口行政管理部门及质量监督机构依法开展的质量、安全生产监督活动,提供的有关资料应当真实、完整。

第五十条 港口行政管理部门应当加强对港口工程从业单位和从业人员市场行为的动态监督管理,逐步建立港口工程建设市场的信用管理体系,将从业单位和主要从业人员在港口建设活动中的信用情况进行记录并公布。

第五十一条 港口行政管理部门应当建立质量投诉举报制度,接受社会监督,并认真落实各类投诉和举报。

第四章 信 息 报 送

第五十二条 港口工程实行建设项目信息报送制度。

第五十三条 项目法人应当指定信息员将工程进展情况及时进行收集、统计和整理,形成书面材料及电子文本,报港口所在地港口行政管理部门。

第五十四条 项目法人应当自工程开工建设之日起将工程建设信息报送港口所在地港口行政管理部门,报送日期为每月的20日之前。

第五十五条 港口所在地港口行政管理部门负责汇总所辖区域内港口工程建设项目信息,并于每月23日前报省级交通主管部门。省级交通主管部门负责汇总本省区域内港口工程建设信息,每季度向交通部报告,报送日期为本季度最后一个月的25日之前。

第五十六条 当发生工程质量事故和安全事故时,事故发生单位应当按照国家的有关规定及时上报有关部门。

第五章 法律责任

第五十七条 项目法人违反港口规划建设港口工程和未经依法批准使用港口岸线的,由港口行政管理部门责令限期改正;逾期不改正的,由港口行政管理部门申请人民法院强制拆除违法建设的设施,并可处5万元以下罚款。

第五十八条 项目法人应当办理设计审批、施工备案手续而未办理的,港口行政管理部门可处1万元以上3万元以下罚款,并责令其限期补办手续。

第五十九条 勘察单位、设计单位、施工单位、监理单位及与建设工程安全生产有关的单位违反本规定的,按照《建设工程质量管理条例》、《建设工程勘察设计管理条例》和交通部有关规定予以处罚。

第六十条 在招标投标活动中违反本规定的,按《中华人民共和国招标投标法》和交通部有关规定予以处罚。

第六十一条 港口工程未经验收合格,擅自投入使用的,由港口所在地港口行政管理部门责令其停止使用,限期改正,可处5万元以下罚款。

第六十二条 质量监督机构不按规定履行质量监督职责,发生重大质量事故的,责令整改,给予通报批评。

第六十三条 未按规定按时报送项目建设信息的,由港口行政管理部门责令项目法人或者上一级港口行政管理部门责令下级港口行政管理部门限期改正。发生质量事故或安全事故后,隐瞒不报、谎报或故意拖延报告的,由其所在单位或者上级主管部门按有关规定给予行政处分;构成犯罪的,由司法机关依法追究刑事责任。

第六十四条 港口行政管理部门或者质量监督机构工作人员滥用职权、玩忽职守、徇私舞弊的,由有关行政主管部门给予行政处分;构成犯罪的,由司法机关依法追究刑事责任。

第六章 附则

第六十五条 本规定自2007年6月1日起施行。《水运工程建设市场管理办法》(交通部令1997年第1号)同时废止。

中华人民共和国港口设施保安规则

交通部令2007年第10号(2007年12月17日发布)

第一章　总　　则

第一条　为加强港口设施保安工作,根据经修订的《1974年国际海上人命安全公约》(以下简称SOLAS公约)、《国际船舶和港口设施保安规则》(以下简称ISPS规则)和《国际海运危险品规则》,制定本规则。

第二条　为航行国际航线的客船、500总吨及以上的货船、500总吨及以上的特种用途船和移动式海上钻井平台服务的港口设施保安工作,适用本规则。

第三条　本规则下列用语的含义是:

(一)船港界面活动,是指船舶与港口之间人员往来、货物装卸或者接受其他港口服务时发生的交互活动;

(二)港口设施,是指在港口发生船港界面活动的场所,包括码头及其相应设施和航道、锚地等港口公用基础设施;

(三)船到船活动,是指从一船向另一船转移物品或者人员的行为;

(四)保安事件,是指威胁船舶、港口设施、船港界面活动和船到船活动安全的任何可疑行为或者情况;

(五)保安等级,是指可能发生保安事件的风险级别划分;

(六)港口设施保安评估,是指港口所在地港口行政管理部门通过对港口设施保安状况进行分析并提出相关保安措施建议的活动;

(七)港口设施保安计划,是指港口设施经营人或者管理人根据保安评估报告为确保采取旨在保护港口设施和港口设施内的船舶、人员、货物、货物运输单元和船上物料免受保安事件威胁的措施而制订的计划;

(八)港口设施保安主管,又称港口设施保安员,是指被港口设施经营人或者管理人指定负责制定、实施、调整《港口设施保安计划》,并与船舶保安员和船公司保安员进行保安联络的人员;

(九)保安声明,是指发生船港界面活动时,港口设施与船舶为协调各自采取的保安措施签署的书面协议(式样见附件1);

(十)经指定的保安组织,是指具备相关能力,经交通部指定可以受委托从事港口设施保安评估、编写《港口设施保安评估报告》、制订《港口设施保安计划》、提供港口设施保安咨询服务的组织;

(十一)替代保安协议,是指我国政府与其他SOLAS公约缔约国政府就相互间固定短程航线上的港口设施签署的双边或者多边保安协议;

(十二)港口设施保安训练,是指对经批准的《港口设施保安计划》规定内容的部分或者全部保安措施和应急反应程序进行的练习;

(十三)港口设施保安演习,是指为了验证、评价和提高各级保安组织、相关部门、港口设施及人员的综合反应和协调配合能力,通过模拟保安事件,根据经批准的《港口设施保安计划》进行的多单位参与、协同进行的练习;

(十四)港口设施管理人,是指航道、锚地等港口公用基础设施的管理主体。

第四条　交通部主管全国港口设施保安工作,履行下列职责:

(一)制定并发布全国港口设施保安工作制度和技术标准;

(二)确定并发布港口设施保安等级和各保安等级的基本保安措施(内容见附件2)及3级保安状态下的保安指令;

(三)审查《港口设施保安评估报告》,提出修改意见和建议;

(四)批准《港口设施保安计划》;

(五)建立全国港口设施保安管理信息系统,收集、整理、分析港口设施保安信息并按规定向相关单位提供,视情向国际海事组织、相关缔约国政府以及国内其他相关部门通报;

(六)颁发《港口设施保安符合证书》(式样见附件3),监督和检查《港口设施保安符合证书》年度核验工作;

(七)签署替代保安协议;

(八)指定可以受委托从事港口设施保安评估、编写《港口设施保安评估报告》、制订《港口设施保安计划》、提供港口设施保安咨询服务的组织;

(九)组织全国性的港口设施保安演习。

第五条　省级交通(港口)管理部门负责本行政区域内的港口设施保安工作,具体履行下列职责:

(一)负责《港口设施保安符合证书》年度核验工作;

(二)收集、整理、分析并向相关单位提供港口设施保安信息;

(三)组织区域性港口设施保安演习。

第六条　港口所在地港口行政管理部门履行下列职责:

(一)负责组织港口设施保安评估和评估报告的后续修订;

(二)监督检查《港口设施保安计划》的实施;

(三)收集、整理、分析并向有关单位提供港口设施保安信息;

(四)组织本港港口设施保安演习;

(五)对其管理的港口公用基础设施进行保安评估,编写《港口设施保安评估报告》;

(六)受交通部委托,对申请《港口设施保安符合证书》的港口设施实施经批准的《港口设施保安计划》情况进行检查并提交检查报告;

(七)受省级交通(港口)管理部门委托,对申请《港口设施保安符合证书》年度核验的港口设施上一年度的保安工作进行核查并提交核查报告;

(八)监督检查港口设施保安费的征收和使用。

第七条　港口设施经营人或者管理人履行下列职责:

(一)负责制订《港口设施保安计划》和已批准计划的后续修订;

(二)实施经批准的《港口设施保安计划》;

(三)为港口设施保安主管履行职责提供必要的条件;

(四)在3级保安状态下,实施交通部发出的保安指令;

(五)收集、整理、分析并向有关部门提供港口设施保安信息;

(六)进行港口设施保安训练,参加港口设施保安演习。

港口设施经营人按照规定收取港口设施保安费。

第八条　港口设施保安是港口安全管理的重要内容,应当与港口生产经营统筹考虑,遵循节约、环保、资源共享的原则。

第九条　港口设施的保安评估和保安计划的制定及实施的有关费用由港口设施保安费支出。

第二章　保 安 等 级

第十条　交通部应当根据相关情报信息,国内外形势以及影响社会政治稳定的因素,威胁信息的可信程度、威胁信息得到印证的程度、威胁信息的具体或者紧迫程度和保安事件的潜在后果,确定港口设施的保安等级。

地方各级交通(港口)管理部门可以向交通部提出变更港口设施保安等级的建议。

第十一条 港口设施的保安等级从低到高分为三级,分别是保安等级 1、保安等级 2 和保安等级 3。

保安等级 1 是指应当始终保持的最低防范性保安措施的等级。

保安等级 2 是指由于保安事件危险性升高而应在一段时间内保持适当的附加保护性保安措施的等级。

保安等级 3 是指当保安事件可能或者即将发生(尽管可能尚无法确定具体目标)时应当在一段有限时间内保持进一步的特殊保护性保安措施的等级。

第十二条 交通部确定港口设施保安等级为 2 级或者 3 级的依据消失时,应当及时调整港口设施的保安等级。

交通部确定实施 3 级保安时,在必要的情况下应当发出适当的保安指令,并向可能受到影响的港口设施提供与保安有关的信息。

第十三条 港口设施经营人或者管理人应当根据保安等级的变化,按照经批准的《港口设施保安计划》及时调整保安措施。

在 3 级保安状态下,港口设施的经营人或者管理人应当执行交通部发出的保安指令,省、自治区交通(港口)管理部门和港口所在地港口行政管理部门应当监督保安指令的执行。

第十四条 交通部变更港口设施保安等级,应当根据具体情况及时以适当的方式通知有关的交通(港口)管理部门、海事管理机构、港口设施经营人或者管理人。

第十五条 各级交通(港口)管理部门、海事管理机构、港口设施经营人或者管理人收到港口设施保安等级变更的决定后,应当予以确认,并报告所采取的相应措施。

第十六条 计划入港或者在港的船舶保安等级高于港口设施的保安等级时,港口设施保安主管应当与船舶保安员或者船公司保安员协商,对有关情况做出评估,确定适当的保安措施,签署《保安声明》;计划入港或者在港的船舶保安等级不得低于该港口设施保安等级。

第十七条 港口设施经营人或者管理人应当将港口设施保安等级变更过程中的有关情况予以记录,作为进行港口设施保安评估、编写《港口设施保安评估报告》、制(修)订《港口设施保安计划》、实施经批准的《港口设施保安计划》的参考依据。

第三章　保 安 评 估

第十八条 港口所在地港口行政管理部门负责港口设施保安评估,也可以委托经指定的保安组织进行保安评估。

第十九条 港口设施保安评估应当符合交通部制定的港口设施保安评估规范。

港口设施保安评估应当进行现场保安检验。现场保安检验包括检查和评估港口的现有保安措施、程序和操作。

第二十条 对港口设施进行保安评估应当评估下列事项:

(一)设施的保安状况;

(二)设施的结构、布局情况;

(三)对人员进行保护的安全体系;

(四)保安工作程序;

(五)无线电和电信系统,包括计算机系统和网络;

(六)如被损害或者被用于非法窥测,会对人员、财产或者港口作业构成危险的其他区域。

第二十一条 港口设施保安评估应当进行以下工作:

(一)确定和评估重点保护的财产和基础设施;

(二)对可能威胁财产和基础设施的因素及其发生的可能性进行识别,并确定相应的保安要求;

（三）根据可能威胁财产和基础设施的因素及其发生可能性的识别结果，以及相应的保安要求，对采取的保安措施进行鉴别、选择和优化；

（四）分析港口设施和人员的安全保护体系、运营流程等，确定其中可能导致保安事件的薄弱环节，提出消除薄弱环节或者降低薄弱环节影响的措施。

第二十二条 港口设施保安评估完成后应当编写评估报告。

《港口设施保安评估报告》应当结合港口设施实际情况，全面反映评估的开展情况，内容主要包括：

（一）港口设施的基本情况，包括设施种类、位置、经营人、所有人等情况；

（二）港口设施的保安现状调查及分析；

（三）保安事件预测及风险控制评估；

（四）风险评估方法及应用；

（五）可能导致保安事件的薄弱环节及说明；

（六）消除薄弱环节或者降低薄弱环节影响的措施建议；

（七）评估结论。

第二十三条 《港口设施保安评估报告》完成后应当送交通部征求意见。

第二十四条 交通部应当在收到材料后二十个工作日内对《港口设施保安评估报告》提出修改意见和建议。

交通部可以根据需要，建立全国港口设施保安专家库，组织专家开展本条第一款规定的工作。

参加上述工作的人员应当由保安、风险分析、港口行政管理、港口经营、港口设计与工程、船舶经营与管理和海事方面的专家组成。

第二十五条 港口设施的保安评估每五年进行一次。

港口设施发生重大变化时，应当重新进行保安评估。重新进行保安评估及相关程序按照本章规定办理。

前款所称重大变化包括港口主要设施或者其功能发生重大变化，港口设施保安组织、通信系统、保安工作的协调与配合程序发生重大改变，港口设施发生了重大保安事件等。

第二十六条 如果同一经营人所经营的多个港口设施位置、运营方式、设备和设计相类似，可以共同评估并制作一份《港口设施保安评估报告》。

第二十七条 《港口设施保安评估报告》应当保密，港口设施和承担港口设施保安评估的机构应当制定并落实防止擅自接触、泄露的措施。

第四章　保 安 计 划

第二十八条 港口设施经营人或者管理人负责制订《港口设施保安计划》，也可以委托经指定的保安组织制订。

制订《港口设施保安计划》应当根据《港口设施保安评估报告》、交通部提出的修改意见和建议进行。

第二十九条 《港口设施保安计划》应当包含下列内容：

（一）港口设施经营人或者管理人所确定的负责实施《港口设施保安计划》的机构或者部门；

（二）负责实施《港口设施保安计划》的组织与其他有关单位的联系和必要的通信系统；

（三）港口设施保安主管及二十四小时联系方式；

（四）1 级保安状态下的保安措施和保安等级提高时的全部附加措施和特殊的保安措施；

（五）根据经验和实际情况对《港口设施保安计划》进行经常性评价，并不断完善的安排；

（六）《港口设施保安计划》保密措施；

（七）向交通（港口）管理部门报告的程序；

（八）港口设施内部报告保安事件的程序；

(九)便利船上人员登岸或者人员变动以及来访者上船的程序和措施;

(十)对保安状况受到的威胁或者破坏做出反应的程序,包括维护港口设施或者船港界面的关键操作的规定;

(十一)对交通部在3级保安状态下发出的保安指令的反应程序;

(十二)在保安状况受到威胁或者破坏的情况下撤离人员的程序;

(十三)负有保安责任的港口设施人员和设施内参与保安事务的其他人员的职责;

(十四)与船舶保安活动进行配合的程序,特别是港口设施的保安等级低于船舶的保安等级时港口设施应当采取的程序和保安措施;

(十五)港口设施内船舶的保安报警系统被启动后做出反应的程序;

(十六)针对与曾靠泊过非缔约国港口的船舶、不适用ISPS规则的船舶以及固定(浮动)平台或者移动式海上钻井平台进行船港界面活动的程序和保安措施。

第三十条 对港口设施重新进行保安评估时,港口设施经营人或者管理人应当按照本规则规定重新制订《港口设施保安计划》。

当港口设施发生本规则第二十五条以外的情况变化时,港口设施经营人或者管理人可以对《港口设施保安计划》进行必要的调整,但交通部声明未经其同意不得改变的内容除外。

第三十一条 《港口设施保安计划》完成后应当报交通部审查批准。

第三十二条 交通部应当在受理后二十个工作日内对《港口设施保安计划》审查完毕,必要时可以组织对港口设施的现场检查。

第三十三条 《港口设施保安计划》应当保密。港口设施经营人或者管理人、审查批准计划的机构应当制定并落实防止擅自接触、泄露的措施。未经交通部同意,任何人不得泄露其内容。

在下列条件下,执法人员可以查看《港口设施保安计划》:

(一)各级港口行政管理部门进行港口设施保安现场检查时;

(二)《港口设施保安符合证书》年度核验过程中需要对《港口设施保安计划》内容实施情况进行核实时。

第三十四条 港口设施经营人或者管理人应当全面落实批准后的《港口设施保安计划》,包括配备必要的保安人员,安装使用保安设备设施,制定并执行各项保安制度、措施和程序。

第三十五条 港口设施经营人或者管理人应当按照交通部规定的保安标准配备保安、交通、通信装备,按照规定设置港口设施内的标志。

第三十六条 新建或者改扩建的港口设施的保安设备设施应当与港口设施主体工程同时设计、同时建设、同时验收、同时投入使用。

第三十七条 港口设施经营人或者管理人在执行保安措施时,应当最大限度地减少对乘客、船舶、船上人员和来访者、货物以及相关服务的干扰或者延误。

第三十八条 各级交通(港口)管理部门应当对港口设施经营人或者管理人在执行《港口设施保安计划》过程中涉及海事、海关、公安(边防)、检验检疫等部门的相关事宜给予必要的协调。

第三十九条 非经常性地为国际航行船舶提供服务的港口设施和处于试生产阶段的港口设施,经港口所在地港口行政管理部门同意,可以不制订《港口设施保安计划》,但应当采取适当的保安措施来达到保安要求。

港口所在地港口行政管理部门应当对港口设施采取的保安措施是否适当进行现场监管。

第五章 港口设施保安符合证书

第四十条 《港口设施保安计划》实施后,港口设施经营人或者管理人应当向交通部申请《港口设施保安符合证书》,并将申请书抄送港口所在地交通(港口)管理部门。

第四十一条 交通部受理申请后应当委托港口所在地港口行政管理部门对《港口设施保安计划》

落实情况进行检查并提出检查意见，必要时也可以组织直接检查。对检查合格的，交通部颁发《港口设施保安符合证书》。对检查不合格的，不予颁发证书，并说明理由。

《港口设施保安符合证书》应当自受理之日起二十个工作日内完成颁发工作。二十个工作日内不能作出决定的，经本机关负责人批准，可以延长十个工作日，并应将延长期限的理由告知申请人。

《港口设施保安符合证书》由交通部指定的负责人签发，并在签发后通知相关交通（港口）管理部门。

第四十二条 《港口设施保安符合证书》的有效期为五年。在有效期内每年由省级交通（港口）管理部门核验一次。

《港口设施保安符合证书》年度核验期限为签发之日起每周年的前三个月和后三个月。

第四十三条 港口设施经营人或者管理人应当于《港口设施保安符合证书》签发之日起每周年的前三个月内，向省级交通（港口）管理部门提出年度核验申请，并提交如下材料：

（一）《港口设施保安符合证书》年度核验申请表；

（二）《港口设施保安符合证书》正、副本；

（三）港口设施保安年度工作报告；

（四）港口设施保安主管及相关人员具备履行其职责的知识和能力的证明；

（五）港口设施保安自评表；

（六）其他需要提交的文件。

前款所称港口设施保安年度工作报告由港口设施保安主管负责编写，港口设施经营人或者管理人应当盖章确认。港口设施保安年度工作报告应当全面反映《港口设施保安计划》的落实情况、接受相关培训情况、保安训练、演习情况及记录、保安事件发生的情况及记录、《港口设施保安计划》修改记录等内容。

第四十四条 省级交通（港口）管理部门应当自受理之日起二十个工作日内完成《港口设施保安符合证书》年度核验。二十个工作日内不能完成的，经本机关负责人批准，可以延长十个工作日，并应将延长期限的理由告知申请人。年度核验内容包括：

（一）港口设施保安组织结构；

（二）港口设施保安主管及相关人员是否具备履行其职责的知识和能力；

（三）港口设施保安设备状况及运行情况；

（四）港口设施保安通信状况；

（五）港口设施保安规章制度及实施情况；

（六）港口设施保安训练、演习情况；

（七）《港口设施保安计划》所确定保安措施及程序的落实情况；

（八）港口设施保安事件发生及应对情况；

（九）《港口设施保安计划》的年度调整情况；

（十）其他与港口设施保安工作有关的事项。

除前款规定外，港口设施于上一次核验后发生过本规则第二十五条第三款规定的重大变化的，年度核验主管部门应当审查港口设施是否已重新进行保安评估并重新制订《港口设施保安计划》。

年度核验时，省级交通（港口）管理部门可以对港口设施上一年度的保安工作进行核查，也可以委托港口所在地港口行政管理部门核查并接受其提交的核查报告。

第四十五条 下列情况年度核验不得通过：

（一）保安设备设施状况不符合《港口设施保安计划》规定；

（二）港口设施保安主管、港口设施其他保安人员不具备履行其职责的知识和能力；

（三）未按照规定进行或者参加保安训练、演习；

（四）未按照规定收取和使用港口设施保安费。

第四十六条 通过年度核验的港口设施，由省级交通（港口）管理部门主管领导或者其授权的人员

（仅限授权1名）在《港口设施保安符合证书》正、副本上签字并加盖专用章。

前款所指的主管领导或者其授权的人员应当向交通部备案。

第四十七条 未通过年度核验的港口设施，由省级交通（港口）管理部门主管领导或者其授权的人员在年度核验申请书上签署意见并退还申请人，责令其限期改正。港口设施经营人或者管理人在期限内改正完毕，可以重新申请《港口设施保安符合证书》年度核验。

第四十八条 省级交通（港口）管理部门应及时将下列情况报交通部备案：

（一）通过年度核验的港口设施；

（二）未通过年度核验的港口设施；

（三）未按本规则第四十二条规定时间申请年度核验的港口设施；

（四）在年度核验过程中隐瞒有关情况或者提供虚假材料的港口设施；

（五）连续两个年度未申请年度核验的港口设施；

（六）发生过本规则第二十五条第三款规定的重大变化但未重新进行保安评估并重新制订《港口设施保安计划》的港口设施。

第四十九条 交通部应当将全国《港口设施保安符合证书》年度核验情况予以公布。

第五十条 《港口设施保安符合证书》记载的内容发生变化或者证书丢失、毁损时，应当向交通部书面申请换发或者补办，并附相关证明材料。

交通部核发新证书时，应当公告原证书作废。

第六章 港口设施保安主管

第五十一条 港口设施经营人或者管理人应当指定具备履行其职责的知识和能力的人员担任港口设施保安主管。

第五十二条 港口设施保安主管应当由专人担任。

一人只能担任一个港口设施的港口设施保安主管。

第五十三条 港口设施保安主管履行下列职责：

（一）配合港口设施保安评估对港口设施进行初次全面保安检查；

（二）确保港口设施按本规则的规定制订《港口设施保安计划》；

（三）对港口设施进行定期保安检查，保证《港口设施保安计划》有效实施；

（四）对《港口设施保安计划》所载内容进行经常性评价和必要的调整；

（五）进行港口设施相关人员保安意识和警惕性的教育；

（六）确保港口设施保安工作人员获得充分的培训；

（七）与相关机构和人员保持信息沟通，向有关部门报告危及港口设施保安的事件并保存事件记录；

（八）与船公司和船舶保安员协调实施《港口设施保安计划》；

（九）签署《保安声明》；

（十）与提供保安服务的机构协调保安工作；

（十一）确保港口设施保安人员符合相关要求；

（十二）确保正确操作、测试、校准和保养保安设施设备；

（十三）在接到船舶保安员请求时，协助其确认登船人员的身份。

第五十四条 当港口设施保安主管被告知船舶在履行SOLAS公约第XI-2章和ISPS规则的要求或者在实施《船舶保安计划》所列的措施和程序遇到困难时，以及在港口设施处于3级保安的情况下，港口设施的经营人或者管理人执行交通部发出的保安指令遇到困难时，港口设施保安主管和船舶保安员应进行联络并协调适当的行动。

第五十五条 港口设施保安主管在船舶入港之前和船舶在港口期间，应当履行下列义务：

(一)了解船舶履行 SOLAS 公约和 ISPS 规则的情况;

(二)与船舶保安员或者船公司保安员联系,了解该船舶的保安等级,并掌握有关船舶保安等级的任何变化;

(三)在与船舶建立联系后,港口设施保安主管应当将港口设施保安等级及其任何后续变化通知港内靠泊船舶和将要靠泊的船舶,并向船舶提供必要的保安信息。

第五十六条 当港口设施的保安等级确定为 2 级或者 3 级后,港口设施保安主管应及时确认《港口设施保安计划》所列的对应保安措施和程序得到执行,并应当立即与相关船公司和船舶保安员取得联系并协调适当的行动。

第五十七条 当港口设施保安主管得知船舶所处的保安等级高于港口设施的保安等级时,应当及时报告港口所在地港口行政管理部门,并与船舶保安员取得联系并协调适当的行动,包括按照各自的《保安计划》操作,并可视情填写或者签署《保安声明》。

第七章 保 安 声 明

第五十八条 在下列情况下,应船舶的要求,港口设施经营人或者管理人应当与船舶签署《保安声明》:

(一)该船所处的保安等级高于与之发生界面活动的港口设施的保安等级;

(二)中国政府与其他缔约国政府之间有涉及某些国际航线或者这些航线上的特定船舶关于《保安声明》的协议;

(三)曾经有过涉及该船或者涉及该港口设施的保安威胁或者保安事件。

第五十九条 在港口设施保安评估所确定的需要引起特别注意的船港界面活动开始前,应港口设施经营人或者管理人的要求,船舶应当与港口设施经营人或者管理人签署《保安声明》。

前款所称需要引起特别注意的船港界面活动,包括在人口密集或者经济上重要的作业场所或者在其附近的设施进行的作业,以及旅客上下船舶、危险货物或者有害物质的过驳或者装卸作业、船舶曾经靠泊过本规则第二条规定以外的港口设施等。

第六十条 港口设施所在地港口行政管理部门可以根据船港界面活动对人员、财产、环境可能造成危险程度的判断,要求船、港双方签署《保安声明》。

第六十一条 《保安声明》由港口设施保安主管与船长或者船舶保安员签署。

第六十二条 《保安声明》应当根据保安等级变化做相应的改变或者重新签署。

第六十三条 《保安声明》应当由港口设施保安主管保存三年。

第八章 港口设施保安培训、训练和演习

第六十四条 港口设施保安主管及下列从事港口设施保安工作的人员,应当按照 ISPS 规则的有关要求,完成交通部规定的港口设施保安培训,具备履行其职责的知识和能力:

(一)从事港口设施保安行政管理工作的人员;

(二)从事港口设施保安评估的人员;

(三)制订《港口设施保安计划》的人员;

(四)参加《港口设施保安评估报告》、《港口设施保安计划》审查批准和预审工作的人员;

(五)港口设施经营人中主管安全、生产的副总经理。

其他从事与港口设施保安有关工作的人员,应当按照 ISPS 规则的有关要求,经过相应的培训,具备履行其担任职责方面的知识和能力。

第六十五条 万吨级以上的港口设施应有六人以上具备履行保安职责方面的知识和能力,万吨级以下的港口设施应有三人以上具备履行保安职责方面的知识和能力。

第六十六条 港口设施经营人或者管理人应当对其员工进行相关保安基础知识和岗位保安要求的教育或者培训，使其有针对性地了解并掌握《港口设施保安计划》中与其职责相关的内容，并保证其具备如下知识：

（一）各保安等级的含义和本岗位保安要求；

（二）辨认和探察武器、危险物质和装置；

（三）辨认可能威胁保安者的特点和行为模式；

（四）紧急撤离、简单救护等自我保护技术。

第六十七条 港口设施应当进行保安训练和演习，确保港口设施人员熟练履行其在各保安等级所承担的保安职责，发现并及时改进任何保安缺陷。

第六十八条 港口设施的经营人或者管理人应当保证至少每三个月进行一次港口设施保安训练。

训练应当根据《港口设施保安计划》进行，目的是对经批准的《港口设施保安计划》全部或部分内容进行测试。

第六十九条 各级交通（港口）管理部门应当组织保安演习。保安演习至少每年进行一次，两次演习间隔不得超过十八个月。

演习应当结合经批准的《港口设施保安计划》，通过模拟一定保安事件情景，根据船港界面活动所涉及的各项保安要求，由多单位参与、协同进行，验证、评价和提高港口设施保安人员的综合反应能力，加强各级保安组织、各相关部门的整体反应和协调配合能力。

演习应当编制演习方案，并报送上级交通（港口）管理部门备案。

第七十条 港口设施的经营人或者管理人应当参加包括有关部门、船舶保安员共同进行的保安演习。

第七十一条 港口设施保安训练、演习可以采用实地或者模拟的形式，也可以与相关训练、演习结合进行。

第七十二条 训练、演习完成后，应当进行评估并记录存档。

第九章　保安信息与联络

第七十三条 中国海上搜救中心总值班室是全国港口设施保安总联络点，负责全国港口设施的保安报警接收和保安信息联络工作。

各地方港口行政管理部门值班室是所在地港口设施保安联络点，负责下列事项的全天候联系工作：

（一）接收港口设施保安信息，向相关海事管理机构了解船舶保安信息，针对接收到的保安报警及时按照应急反应程序采取保安行动，并视情通报有关部门；

（二）将港口设施保安信息及时通报海事管理机构，并为相关船舶提供保安建议或者援助；

（三）向中国海上搜救中心总值班室报告保安信息。

第七十四条 港口设施保安主管收到保安报警后，应立即与港口所在地港口行政管理部门联系，报告港口设施名称、位置，经营人或者管理人名称，设施内相关船舶、人员和货物，受到的保安威胁等情况。港口设施保安主管应当随时保持通信联络畅通。

第七十五条 港口所在地港口行政管理部门收到相关船舶保安事件和其他船舶保安信息，应当按照应急反应程序，通知相关的港口设施，协调港口设施和船舶的保安行动。

第七十六条 交通部根据国际公约规定和工作需要，向国际海事组织报送港口设施保安信息，并负责接收和向国内相关部门、机构传送相关信息。

第七十七条 港口设施保安相关信息发生变化后港口设施经营人或者管理人应当向原报送单位及时发出更正信息。

第七十八条 各级交通（港口）管理部门应当建立信息系统，保证港口设施保安信息的及时报送、接收、分析和转发。

第十章　监督检查与法律责任

第七十九条　各级交通(港口)管理部门依法对港口设施保安活动实施的监督检查,任何单位或者个人不得拒绝、妨碍或者阻挠。

有关单位或者个人应当接受港口行政管理部门依法实施的监督检查,并为其提供必要的方便。

港口行政管理部门的工作人员实施监督检查时,应当出示执法证件,表明身份。

第八十条　港口所在地港口行政管理部门应当对港口设施的下列保安事项进行监督检查:

(一)《港口设施保安符合证书》的有效性;

(二)《港口设施保安计划》的实施效果,包括保安措施实施过程中的协调性;

(三)港口设施保安主管和相关人员对保安知识的掌握情况。

第八十一条　交通部应当对《港口设施保安符合证书》年度核验工作进行监督检查,发现不符合规定的,应当要求省级交通(港口)管理部门予以纠正。

第八十二条　未按规定取得有效《港口设施保安符合证书》且不符合本规则第三十九条规定的港口设施,不得为航行国际航线船舶提供服务。

对于违反前款规定,擅自为航行国际航线船舶提供服务的港口设施,由港口所在地港口行政管理部门予以警告并责令停止违法行为,并可处以3万元以下罚款。

第八十三条　对于违反本规则规定,港口设施保安主管和相关人员未经必要的培训,港口行政管理部门可以责令更换;港口设施保安主管和相关人员未能履行本规则规定的职责,港口行政管理部门可以责令其参加保安培训,情节严重的,可以责令暂停或者撤销其港口设施保安主管资格。

第十一章　附　　则

第八十四条　交通部通过“中国港口设施保安网”公布与港口设施保安相关的公开信息。

第八十五条　本规则自2008年3月1日起施行。但为500总吨及以上特种用途船服务的港口设施自2008年7月1日起适用本规则。交通部于2003年11月14日发布的《港口设施保安规则》(交水发〔2003〕500号)同时废止。

附件 1

保 安 声 明

船名:	
船籍港:	
IMO 编号:	
港口设施名称:	

本《保安声明》的有效期自…………………至…………………,针对下列活动(指具体船港界面活动的内容,例如集装箱装卸作业、旅客上下船舶、散油过驳作业等):

……………………………………………………………………………

所处保安等级:

船舶保安等级:	
港口设施保安等级:	

港口设施和船舶同意以下保安措施和责任,以确保符合《国际船舶和港口设施保安规则》A 部分的要求。

	船长、船舶保安员和港口设施保安主管在本栏的签名表示该活动将由其所代表的方面根据经批准的保安计划完成	
活　　动	港口设施:	船舶:
确保履行所有保安职责		
监控限制区域,确保只有经批准人员才能进入		
对进入港口设施的控制		
对进入船舶的控制		
监控港口设施,包括靠泊区域和船舶周围水域		
监控船舶,包括靠泊区域和船舶周围水域		
货物装卸		
船舶物料交付		
无人照管行李的装卸		
控制人员及其物品上船		
确保船舶和港口之间的通讯联系随时可用		
……		

本声明的签字人证明,在具体活动中港口设施和船舶的保安措施和安排符合经修订的《1974 年国际海上人命安全公约》第Ⅺ-2 章以及《国际船舶和港口设施保安规则》A 部分的规定,并将按已批准计划的规定或双方商定的具体安排执行。

签署日期………………………………　地点……………………………………….

代表签字	
港口设施：	船舶：

（港口设施保安主管签名）　　　　　　　　（船长或船舶保安员签名）

签字人姓名和职务	
姓名：	姓名：
职务：	职务：

联系细节 （根据情况填写） （写明电话号码或无线电频道或所用频率）	
港口设施方： 港口设施： 港口设施保安主管：	船舶方： 船长： 船舶保安员： 船公司： 船公司保安员：

附件 2

港口设施基本保安措施

下表列举了港口设施在不同保安等级下应采用的基本保安措施，这些措施反映了港口设施保安的基本要求，但未包括针对各类港口设施（如集装箱码头、油港或化工码头等）的特殊措施。这些特殊措施应当在各港口设施制订《港口设施保安计划》时确定。

下表保安等级一栏中的“是”系指在该保安等级下必须执行的措施，“任选”是指在该保安等级下可以选择执行的措施。

1. 保证港口设施保安工作的程序

保安措施	保安等级		
	1	2	3
制订保安计划，对保安计划定期评审和更新	是	是	是
具有独立的保安组织	任选	是	是
相关人员明确并能履行其保安职责、任务	是	是	是
每一港口设施配备港口设施保安主管	是	是	是
港口设施保安主管能与船舶、船公司、相关单位联络并协调保安措施	是	是	是
有一个高效的保安指挥系统	是	是	是
有特别情况下的人员撤离程序	是	是	是
建立保安事件日报制度	是	是	是
所有保安人员穿着成套的、醒目的、有权威性的制服	是	是	是
保安人员针对周边地区和重要区域进行定期的巡查	任选	是	是
与外部保安力量有良好沟通和协助	任选	是	是
按保安计划规定的时间间隔实施保安演习和训练	是	是	是
及时收集、分析港口设施保安信息	是	是	是
规定保安计划的审批程序	是	是	是
保安计划及其内容保密	是	是	是
具有针对未制订保安计划船舶的保安措施	是	是	是

2. 港口设施进入通道的保安措施

保安措施	保安等级		
	1	2	3
建立进港人员身份识别系统	是	是	是
验证进港人员身份	是	是	是
检查进港人员、行李、物品，防止携带违禁武器、危险品和爆炸物进港	是	是	是
要求所有工作人员持证进入限制区域	任选	是	是
证件的设计与外表能让保安人员迅速、肯定地辨别持有人的身份和限制	是	是	是

续上表

保安措施	保安等级		
	1	2	3
确保工作人员离职时证件被收回	是	是	是
在指定区域布置值班人员	任选	是	是
在港区设立符合保安行业标准的栅栏或围墙	是	是	是
港口设施的大门、入口的数量应保持最小数量	任选	任选	是
来访者的活动受到全程陪同	任选	是	是
保留来访者的记录	任选	是	是
具有便利船上人员和其他重要人员来访的程序	是	是	是
协助船舶保安员确认上船人员身份	是	是	是
具有应急交通控制方案	任选	是	是
非工作车辆以外的所有车辆都停放在指定停车区域，司机处于保安人员监控的范围内	任选	是	是
停车场与码头的距离大于15米，而且处于围墙、货物装卸区及储存区之外	任选	是	是
涵洞、隧道、桥梁、下水道、公用设施入口、人行电梯等所有开口处都被适当地加以监控	任选	是	是

3. 港口设施内限制区域的保安措施

保安措施	保安等级		
	1	2	3
根据港口设施的性质及作用设置限制区域	是	是	是
密切监控港口内限制区域的出入口	任选	是	是
所有限制区域的入口处设置岗哨	任选	任选	是
所有限制区域的入口处能进行保安联络	是	是	是
安排人员值班或巡逻	任选	是	是
增加限制区域监视频率和范围，包括： (1)巡逻限制区域； (2)设置岗哨连续守卫限制区域； (3)布置人员连续巡逻限制区域的临近地区； (4)保证逃生、撤退和救援通道畅通	任选	任选	是
所有限制区域入口都设有障碍物	是	是	是
所有限制区域都有人员识别与监控系统	任选	是	是
非工作人员经批准进入限制区域时，处于持续的陪同之下	是	是	是
港口限制区域内的照明系统使用正常	是	是	是
协调船舶与港口设施提供岸边附加灯光照明	任选	是	是
对限制区内重要设施提供附加保安措施	任选	是	是

4. 货物装卸过程中的保安措施

保安措施	保安等级		
	1	2	3
查验货物与清单的一致性	是	是	是
对外来运货车辆进行入港检查	是	是	是
司机凭证件或得到门卫许可方可进入港口设施	是	是	是
有货物的移动与储存的记录	是	是	是
有指定进行货物检查的区域	是	是	是
有指定用于留置观察货物的区域	任选	是	是
在货物验收之前，对电子数据交换（EDI）信息和货物与集装箱的交货单进行检查	任选	是	是
用X-光机、扫描仪、金属探测器、爆炸品探测器等仪器检查货物	任选	是	是
危险货物应有说明以供查验	是	是	是
通过一定方式保留并持续更新所有货物的准确清单、所有设施内的货物、集装箱的位置图	任选	是	是
保安人员了解危险货物的位置，并针对这些货物采取附加的保安措施	是	是	是

5. 船舶物料交付过程中的保安措施

保安措施	保安等级		
	1	2	3
有检查船舶物料的程序	任选	任选	是
检查运送船舶物料的车辆	是	是	是
在港口设施内对物料进行监控	任选	是	是
对船舶物料进行扫描检查	任选	任选	是
对物料交接人进行身份确认	任选	任选	是
设置区域进行船上物料及货物的检查	任选	是	是
设立存储区对部分物料进行留置观察	任选	是	是

6. 无人照管行李的保安措施

保安措施	保安等级		
	1	2	3
无人照管的行李在进入港口设施和在船港之间移动时，能够被确认、辨别、检查	是	是	是
对可疑行李打开检查	任选	是	是
通过功能分区等方法区分已检、未检行李	是	是	是
对可疑行李限制、暂停或拒绝装卸	任选	是	是
设置可疑行李的留置区	任选	是	是
用X-光机、扫描仪、金属探测器、爆炸品探测器等仪器检查无人照管行李	任选	是	是

7. 港口设施保安技术规定

保安措施	保安等级		
	1	2	3
在通道、工作区域、储存区域、岸边设置警示标识和疏散示意图	是	是	是
保安组织间能有效联络并及早报警	是	是	是
警卫的分派、次数以及巡逻路线按间隔进行改变	任选	是	是
保安用车配备有标志、外部或顶部警灯(报)	是	是	是
所有的周边障碍物(栅栏、围墙)和大门都有人值守,并在不用时被锁闭	任选	是	是
如果某一水域形成了障碍物的一部分,能够采取额外的保安措施	是	是	是
照明的检测、修理和更换在合理的时间内完成	是	是	是
照明设备、数量达到标准	是	是	是
所有限制区域的四周都设置有照明	是	是	是
所有车辆和行人入口都有照明	任选	是	是
配备有应急备用电源	是	是	是
保安力量具有自己的通讯系统	任选	是	是
保安通讯中心与各相关单位保持信息沟通	是	是	是
保安通讯中心能满足不同保安等级的要求	是	是	是
通讯系统能够及时向所有保安力量传达指令	是	是	是
配备报警系统	是	是	是
正在工作中的保安人员配备手持通讯终端	任选	是	是
具有对船上报警做出反应的程序	是	中	是
闭路监控系统覆盖限制区域	是	是	是
闭路监控系统覆盖所有港口设施	任选	是	是
对水面(下)进行巡逻和搜索	任选	任选	是
能够对保安威胁事件独立或根据上级指令做出反应,并采取相应的保安措施	是	是	是

附件 3

港口设施保安符合证书

STATEMENT OF COMPLIANCE OF A PORT FACILITY

（套印国徽）

证书编号：
Statement Number：

本证书系根据《国际船舶和港口设施保安规则》B 部分的规定签发

Issued under the provisions of Part B of the

INTERNATIONAL CODE FOR THE SECURITY OF SHIPS AHD OF PORT FACILITIES（ISPS CODE）

中华人民共和国
The Government of CHINA

港口设施名称：………………………………………………
Name of the Port Facility：……………………………

港口设施地址：………………………………………………
Address of the Port Facility：…………………………

兹证明，经核验本港口设施符合经修订的《1974 年国际海上人命安全公约》第Ⅺ-2 章以及《国际船舶和港口设施保安规则》A 部分的规定，且本港口设施根据经批准的《港口设施保安计划》操作。该计划在以下方面得到批准（以下填写适于停靠的船舶类型、操作类型、其它活动及相关信息）：

This is to certify that the compliance of this port facility with the provisions of chapter XI-2 and part A of the International Code for the Security of the Ships and of Port Facilities（ISPS Code）has been verified and that this port facility operates in accordance with the approved Port Facility Security Plan. This plan has been approved for the following <specify the types of operations, types of ships or activities or other relevant information>：

本《符合声明》有效期至：______________________________，

但期间未通过核验的，即行失效。

This Statement of Compliance is valid until ________________,

subject to verifications.

签发地点____________________

Issued at ____________________________

(place of issue of the statement)

签发日期________________ 经授权的官员签字________________

Date of issue ________________ (Signature of the duly authorized official issuing the document)

（发证机关盖章或钢印）

(Seal or stamp of issuing authority)

核 验 签 注

ENDORSEMENT FOR VERIFICATIONS

中华人民共和国政府确定,此符合证书的有效性取决于每年一次的核验。

The government of China has established that the validity of the Statement of Compliance is subject to mandatory annual.

兹证明,本港口设施符合经修订的《1974 年国际海上人命安全公约》第XI-2 章以及《国际船舶和港口设施保安规则》A 部分的规定。

This is to certify that, during a verification carried out in accordance with paragraph B/16.62.4 of the ISPS Code, the port facility was found to comply with the relevant provisions of chapter XI-2 of the Convention and Part A of the ISPS Code.

第 1 次核验　　签署:____________________经授权的官员签字

1st VERIFICATION　　Signed　　(Signature of authorized official)

地点:

日期:

Date ____________________

第 2 次核验　　签署:____________________经授权的官员签字

2nd VERIFICATION　　Signed　　(Signature of authorized official)

地点:

日期:

Date ____________________

第 3 次核验　　签署:____________________经授权的官员签字

3rd VERIFICATION　　Signed　　(Signature of authorized official)

地点:

日期:

Date ____________________

第 4 次核验　　签署:____________________经授权的官员签字

4th VERIFICATION　　Signed　　(Signature of authorized official)

地点:

日期:

Date ____________________

港口规划管理规定

交通部令2007年第11号(2007年12月17日发布)

《港口规划管理规定》已于2007年11月30日经第12次部务会议通过,现予公布,自2008年2月1日起施行。

部　长　李盛霖

2007年12月17日

港口规划管理规定

第一章　总　则

第一条　为规范港口规划工作,科学利用、有效保护港口资源,促进港口健康、持续发展,根据《中华人民共和国港口法》,制定本规定。

第二条　本规定适用于港口规划的编制、审批、公布、修订与调整、实施和监督管理等活动。

第三条　交通部负责全国的港口规划管理工作。

省、自治区、直辖市人民政府港口行政管理部门负责本行政区内的港口规划管理工作。

港口所在地的市(指设区的市,下同)、县(包括县级市)人民政府港口行政管理部门或者省、自治区人民政府设立的负责特定港口管理的部门具体实施该港口的规划管理工作。

本规定所称港口行政管理部门,包括承担港口行政管理职能的交通主管部门或者与交通主管部门分设的港口管理部门。

第四条　港口规划应当根据国民经济和社会发展的要求以及国防建设的需要,统筹考虑产业布局、港口资源条件、综合运输网状况等因素制定,体现贯彻科学发展观、合理利用岸线资源的原则。

第五条　港口规划应当符合城镇体系规划,并与土地利用总体规划、城市总体规划、江河流域规划、防洪规划、海洋功能区划、水路运输发展规划和其他运输方式发展规划以及法律、行政法规规定的其他有关规划相衔接、协调。

第二章　港口规划的编制

第六条　港口规划包括港口布局规划和港口总体规划。

港口布局规划是指港口的分布规划。港口布局规划包括全国港口布局规划和省、自治区、直辖市港口布局规划。对港口资源丰富、港口分布密集的区域,可以根据需要编制跨省、自治区、直辖市或者省、自治区行政区内跨市的港口布局规划。

港口总体规划是指一个港口在一定时期的具体规划。

第七条　港口布局规划主要确定港口的总体发展方向,明确各港口的地位、作用、主要功能与布局等,合理规划港口岸线资源,促进区域内港口健康、有序、协调发展,并指导区域内港口总体规划的编制。

港口总体规划主要确定港口性质、功能和港区划分,根据港口资源条件、吞吐量预测和到港船型分析,重点对港口岸线利用、水陆域布置、港界、港口建设用地配置等进行规划。

第八条 直辖市根据实际情况可不编制港口布局规划，仅编制港口总体规划。

第九条 编制和修订、调整港口布局规划和港口总体规划时，应当根据需要编制相关的专项规划。

港口布局规划的专项规划包括分层次港口布局规划、分运输系统港口布局规划、港口资源整合规划及其他专项规划。

港口总体规划的专项规划包括港区总体规划、港口集疏运设施规划和港口仓储、保税、物流等园区规划及其他专项规划。

专项规划是港口布局规划和港口总体规划的组成部分。

第十条 组织编制港口总体规划的部门应当根据经审批的港口总体规划组织编制有关港区、作业区控制性详细规划。

港区、作业区控制性详细规划，是指对港口总体规划中的港区规划的深化方案。

第十一条 全国港口布局规划由交通部组织编制；跨省、自治区、直辖市的港口布局规划由交通部组织有关省、自治区、直辖市人民政府港口行政管理部门共同编制。

省、自治区、直辖市港口布局规划由省、自治区、直辖市人民政府港口行政管理部门组织编制；省、自治区行政区内跨市的港口布局规划由省、自治区人民政府港口行政管理部门组织有关市人民政府港口行政管理部门共同编制。

第十二条 主要港口的总体规划由港口所在直辖市、市人民政府港口行政管理部门或者省、自治区人民政府确定的具体实施港口行政管理的部门编制。

主要港口以外港口的总体规划，由港口所在市、县人民政府港口行政管理部门编制。

第十三条 编制港口规划应当符合以下要求：

（一）有效保护和节约使用港口资源，实现港口可持续发展；

（二）适应国家对外开放和东中西部区域经济协调发展及产业合理布局的要求；

（三）促进现代化综合运输体系协调发展，发挥港口衔接各种运输方式的综合运输枢纽作用；

（四）统筹不同层次港口的合理布局和功能分工，优化港口资源配置，提高港口群体的综合竞争力；

（五）依靠科技进步，适应国际国内航运、现代物流等发展的要求，提高港口专业化、规模化、集约化、现代化水平。

第十四条 跨省、自治区、直辖市的港口布局规划和省、自治区、直辖市港口布局规划应当符合全国港口布局规划。

省、自治区行政区内跨市的港口布局规划应当符合省、自治区港口布局规划。

港口总体规划应当符合相应的港口布局规划。

第十五条 编制和修订、调整港口布局规划和港口总体规划时，涉及新港区开发或者对现有港区功能有重大调整的，应当进行新港区选址论证或者有关专题论证。其中港口总体规划论证完成后应当编制港区总体规划。

第十六条 港区、作业区的控制性详细规划的编制，应当优化港区水陆域总体布局，统筹安排港区内集疏运、给排水、供电、通信信息、安全监督、口岸管理、环境保护等配套设施的布置，并与城市规划的相关设施协调、衔接。

第十七条 港口规划的编制部门在编制港口规划时，应当征求同级发展和改革、城市规划、国土、铁路、水利、海洋等有关部门和有关军事机关以及海事、航道等管理机构的意见。港口管理部门与交通主管部门分设的，还应当征求同级交通主管部门的意见。

第十八条 港口规划应当按照交通部统一制定的港口规划编制内容及文本格式的要求编制。

第十九条 编制港口规划应当依法进行环境影响评价，并符合国家规定的环境影响评价的程序、内容及深度要求。

第二十条 编制港口规划应当符合港口工程相关规范及有关技术要求，并统筹考虑航道、通航安全与港口规划布置的关系。

第二十一条 港口规划的具体编制工作，应当委托具备国家规定的相应资质的单位承担。

港口布局规划、主要港口和地区性重要港口的总体规划（包括相应的专项规划和港区、作业区控制性详细规划，下同），应当委托持有港口河海工程专业甲级工程咨询资格证书或者水运行业甲级工程设计证书的单位编制；其他港口的总体规划，应当委托持有港口河海工程专业乙级以上工程咨询资格证书或者水运行业乙级以上工程设计证书的单位编制。

前款所称地区性重要港口，是指省、自治区、直辖市人民政府按照《港口法》的规定确定的本地区的重要港口。

第三章 港口规划的审批与公布

第二十二条 全国港口布局规划由交通部报国务院批准后公布实施。

第二十三条 跨省、自治区、直辖市的港口布局规划由交通部征求相关省、自治区、直辖市人民政府和国务院有关部门意见后批准并公布实施。

第二十四条 省、自治区、直辖市港口布局规划和省、自治区行政区内跨市的港口布局规划由省、自治区、直辖市人民政府港口行政管理部门报省、自治区、直辖市人民政府审查同意后，书面征求交通部意见。交通部应当自收到征求意见的材料之日起30个工作日内提出意见。交通部同意或者提出的修改意见被采纳或者在上述规定期限内未提出意见的，有关省、自治区、直辖市人民政府可依法公布实施。有关省、自治区、直辖市人民政府对交通部提出的修改意见有异议的，报国务院决定。

第二十五条 主要港口所在城市是直辖市的，其港口总体规划由直辖市人民政府港口行政管理部门报交通部和直辖市人民政府审批。

主要港口所在城市不是直辖市的，其港口总体规划由港口所在市的港口行政管理部门报经市人民政府审核后，由市人民政府报交通部和省、自治区人民政府审批。

港口总体规划范围因特殊原因涉及跨行政区域的，港口总体规划上报前，相关人民政府应当就规划内容协调一致。

交通部会同省、自治区、直辖市人民政府对上报的港口总体规划进行审查，审查过程中应当征求国务院有关部门和有关军事机关的意见。经审查予以批准的，由交通部会同省、自治区、直辖市人民政府公布实施。

第二十六条 地区性重要港口的总体规划由港口所在地的市、县港口行政管理部门报经市、县人民政府审核同意后，由市、县人民政府报省、自治区人民政府审批。

省、自治区人民政府对上报的地区性重要港口的总体规划进行审查，审查过程中应当书面征求交通部意见。经审查予以批准的，由省、自治区人民政府公布实施。港口行政管理部门应当将公布实施的地区性重要港口总体规划报交通部备案。

第二十七条 主要港口和地区性重要港口以外港口的总体规划，由港口所在市、县的港口行政管理部门报市、县人民政府审批。

市、县人民政府对上报的港口总体规划进行审查，审查过程中应当书面征求省、自治区人民政府港口行政管理部门意见。经审查予以批准的，由市、县人民政府公布实施，并报省、自治区人民政府备案。

由县人民政府审批的港口总体规划在征求省、自治区人民政府港口行政管理部门意见前，应当先征得市人民政府同意。

第二十八条 主要港口所在城市是直辖市的，其港区、作业区控制性详细规划由直辖市人民政府港口行政管理部门书面征得交通部同意后，报直辖市人民政府批准并公布实施。直辖市人民政府港口行政管理部门应当将公布实施的港区、作业区控制性详细规划报交通部备案。

主要港口所在城市不是直辖市的，其港区、作业区控制性详细规划由港口所在市人民政府书面征得交通部和省、自治区人民政府同意后批准并公布实施，同时报交通部和省、自治区人民政府备案。

第二十九条 地区性重要港口的港区、作业区控制性详细规划由港口所在市、县人民政府书面征求交通部意见并征得省、自治区人民政府同意后批准并公布实施，同时报交通部和省、自治区人民政府备案。

由县人民政府审批的地区性重要港口的港区、作业区控制性详细规划在征求交通部和省、自治区人民政府意见前，应当先征得市人民政府同意。

第三十条 主要港口和地区性重要港口以外港口的港区、作业区控制性详细规划由港口所在市、县人民政府书面征求省、自治区人民政府港口行政管理部门意见后批准并公布实施，同时报省、自治区人民政府港口行政管理部门备案。

由县人民政府审批的港区、作业区控制性详细规划在征求省、自治区人民政府港口行政管理部门意见前，应当先征求市人民政府意见。

第三十一条 审批部门在审查港口规划时，应当听取相关专家的意见。

第三十二条 审批部门对送审的材料进行审查后，认为需要作重大修改的，应当提出书面审查意见。报审单位应当按照审查意见的要求进行修改。审查部门对修改后的送审材料可以重新组织审查。

第三十三条 交通部和省、自治区人民政府及其港口行政管理部门收到港口总体规划和港区、作业区控制性详细规划相关的专项规划征求意见文件及相关材料后，应当在30个工作日内提出书面意见，逾期视为同意。

第三十四条 报批港口规划，应当提交以下材料：

（一）申请报批的文件；

（二）报批的规划报告和规划文本；

（三）征求意见的情况；

（四）其他相关材料。

规划文本应当基于规划报告编制，是对规划有关内容提出规定性要求的文件。

第三十五条 港口规划经批准后，审批部门应当在其政府信息网站或者其他便于公众知悉的政府信息发布渠道上公布规划文本。国家规定需要保密的除外。

第四章 港口规划的修订与调整

第三十六条 港口规划经批准后，未经规定程序任何单位和个人不得随意更改。

第三十七条 组织编制港口规划的单位可以根据经济社会和港口发展的需要修订或者调整港口规划。

港口规划的修订是指对规划范围、港口性质及功能、岸线利用、港口布局及水陆域布置等进行重大变更。

港口规划的调整是指对港口规划进行局部修改。

第三十八条 修订或者调整港口规划，应当通过编制相应专项规划的方式进行。

第三十九条 对港口规划进行修订的专项规划，按照相应港口规划的编制、审查、批准、公布的程序办理。

对港口布局规划进行调整的专项规划，按照相应港口布局规划的编制、审查、批准、公布的程序办理。

对港口总体规划进行调整的专项规划，由原组织编制单位组织编制，报同级人民政府审批。同级人民政府征得原审批部门同意后批准并公布实施。

第五章 港口规划的实施与监督管理

第四十条 建设港口设施应当符合港口布局规划和港口总体规划，在港口总体规划确定的港区范围内进行。不得违反港口规划建设任何港口设施和其他设施。

需要在尚未纳入港口总体规划的区域建设港口设施或者在港口总体规划中新开发的港区建设港口设施的，应当首先按港口总体规划修订程序编制新港区总体规划，经批准后作为建设港口设施的规划依据。

第四十一条 拟建设港口项目的功能及选址与港口总体规划有较大差异，经专题论证认为确需改变港口总体规划按所选方案建设的，应当按规定程序修订或者调整港口总体规划后，方可办理港口建设项目的审批、核准手续。

第四十二条 建设港口设施使用港口岸线的，必须符合港口规划，并按国家有关规定办理港口岸线使用审批手续，取得港口岸线使用权。

第四十三条 建设码头（包括单点系泊及水上过驳设施）、船坞、船台、滑道等设施的港口建设项目，建设单位在申请水上水下施工作业许可时，应当提交由发展和改革部门、交通主管部门按照规定的权限出具的港口建设项目审批文件和交通主管部门按照规定的权限出具的港口岸线审批文件。海事管理机构在审批上述港口建设项目水上水下施工作业许可时，应当审查申请人是否依法办理了港口建设项目审批和港口岸线审批的相关手续。未依法办理的，海事管理机构不得批准其施工许可。

第四十四条 任何单位和个人需要使用港口总体规划区内的土地和水域，或者建设任何跨越、穿越港口总体规划区水陆域及其上下部相关空间的设施，建设项目的审批部门审批时应当征求港口所在地港口行政管理部门的意见，港口行政管理部门应当出具其是否符合港口规划及是否影响港口规划实施的审查意见。

第四十五条 在港口总体规划区周边建设工程项目，可能引起港口岸线及港区水陆域、通航水域、航道、锚地等水文、地形、地貌变化，从而影响港口规划实施的，建设项目的审批部门在审批前应当征求港口行政管理部门的意见。

第四十六条 交通部和各级港口行政管理部门应当依法对港口规划的实施情况进行监督检查，核查港口建设项目是否依法办理了项目审批和港口岸线审批手续，并公布检查结果。

港口行政管理部门在监督检查中发现未按规定程序取得批准，违反港口规划建设港口、码头及其他设施的行为，应当及时制止，依法查处，并通报相关部门。主要港口的港口行政管理部门应当将上述违法情况及处理意见书面报告交通部和省、自治区、直辖市人民政府港口行政管理部门；其他港口书面报告省、自治区、直辖市人民政府港口行政管理部门。

交通部和省、自治区、直辖市人民政府港口行政管理部门接到书面报告后，对处理意见无异议的，应当检查、督促有关港口行政管理部门落实对违法行为的处理意见；认为处理意见不当的，应当回复书面意见，并予以督促、落实。

第四十七条 任何企业、单位和个人投资、建设、经营港口、码头及相关设施的行为涉及港口规划的，应当接受各级港口行政管理部门依法进行的监督检查，并如实提供有关情况和相关的文件、资料；港口行政管理部门应当为被检查者保守有关技术秘密和商业秘密。

第六章 法律责任

第四十八条 港口规划审批部门违反规定的审批权限和程序批准规划，或者在审批中徇私舞弊、滥用职权或者玩忽职守的，由其上级行政主管机关责令改正，情节严重的，对其直接负责的主管人员和其他直接责任人员依法给予行政处分；构成犯罪的，依法追究刑事责任。

第四十九条 建设项目的审批或核准部门对违反港口规划的建设项目予以批准的，对其直接负责的主管人员和其他直接责任人员，依法给予行政处分。

第五十条 未经依法批准，违反港口规划建设港口、码头及其他设施的，由县级以上地方人民政府或者港口行政管理部门责令限期改正；逾期不改正的，由作出限期改正决定的机关申请人民法院强制拆除违法建设的设施；可以处五万元以下罚款。

第五十一条 港口行政管理部门不依法履行监督检查职责，对未经依法批准违反港口规划建设港口、码头及其他设施的行为不依法予以查处的,对其直接负责的主管人员和其他直接责任人员依法给予行政处分;构成犯罪的,依法追究刑事责任。

第五十二条 港口行政管理部门滥用规划职权导致破坏港口规划的,对其直接负责的主管人员和其他直接责任人员依法给予行政处分;构成犯罪的,依法追究刑事责任。

第五十三条 不依法履行职责,有下列行为之一的,有关部门对其直接负责的主管人员和其他直接责任人员,依法给予行政处分:

(一)未征求港口行政管理部门意见,违反港口规划擅自批准使用港口总体规划区内土地和水域的;

(二)未征求港口行政管理部门意见,违反港口规划擅自批准建设跨越、穿越港口总体规划区水陆域及其上下部相关空间的设施的;

(三)对违反项目审批、岸线使用审批规定的建设项目批准其水上水下施工作业许可的;

(四)对港口总体规划区周边可能影响港口自然条件变化的工程项目,负责审批该项目的部门在审批前不征求港口行政管理部门意见的。

第七章 附 则

第五十四条 本规定自2008年2月1日起施行。交通部1990年2月4日(90)交计字58号文发布的《港口总体布局规划编制办法》同时废止。

关于沿海港口码头结构加固改造有关事宜的通知

交通运输部令2009年第4号(2009年10月12日发布)

为适应经济社会发展需要,节约岸线资源,保证港口作业安全,经研究,决定在2006年沿海港口靠泊能力核查工作和沿海港口码头改造试点工作的基础上,开展沿海港口码头结构加固改造工作,现将有关事项通告如下:

一、工作范围

(一)对原交通部和各省级交通主管部门在2006年靠泊能力核查中给予缓冲期的泊位,如需继续靠泊超过原设计船型船舶的,必须进行码头结构加固改造。

(二)对原交通部和各省级交通主管部门在2006年靠泊能力核查中给予核准的泊位,鼓励进行码头结构加固改造。

(三)对2006年1月1日后经有关交通主管部门竣工验收合格,但不能满足生产要求,需靠泊超过原设计船型船舶的,可申请进行码头结构加固改造。

二、时间要求

(一)所有需要进行码头结构加固改造的泊位必须在2009年12月31日前由建设单位按审批权限向有关港口行政管理部门申报。

(二)原给予三年缓冲期的泊位,凡未按规定时间申报加固改造的,自2010年1月1日起,一律严格按原设计船型靠泊船舶。原给予核准的泊位,凡未按规定时间申报加固改造的,按部办公厅《关于进一步明确靠泊能力核查工作有关问题的通知》(厅水字〔2006〕347号)有关规定,在核准文件使用时效结束后,一律严格按原设计船型靠泊船舶。

(三)申报码头结构加固改造的项目应在2012年12月31日前完工。

三、审批权限

(一)交通运输部负责由原交通部批复初步设计的煤炭、油品、矿石、集装箱泊位及改造后拟靠泊10万吨级以上(含10万吨级)其他船舶的泊位的码头结构加固改造方案的审批和竣工验收工作。

(二)其他码头结构加固改造方案的审批和竣工验收工作由工程所在地省级交通运输主管部门负责。

四、改造标准

(一)码头结构加固改造后,拟靠泊的设计最大代表船型以不超过原设计最大代表船型2级为准(如1万吨级最大可改造成5万吨级,5万吨级最大可改造成10万吨级)。如超过此标准,应按基建程序向原立项审批部门申报。

(二)码头结构加固改造方案中,应以拟靠泊的最大设计代表船型满载靠泊作为码头结构计算标准。

五、工作程序

(一)建设单位向港口所在地港口行政管理部门报送码头结构加固改造工程设计方案(附检测结果报告)。

(二)港口所在地港口行政管理部门根据有关规定对码头结构加固改造工程的设计方案进行审核,对符合有关规定的设计方案按审批权限分别转报交通运输部和省级交通运输主管部门。

（三）交通运输部或省级交通运输主管部门指定具有资格的设计单位对工程设计方案进行技术审查，并组织有关部门和专家进行论证后进行批复。

（四）码头结构加固改造工程设计方案批复后，建设单位应向港口所在地港口行政管理部门申请工程施工图设计审查。

（五）码头结构加固改造工程完工后，建设单位应向港口所在地港口行政管理部门申请竣工验收，并附工程竣工验收报告（含设计、施工和监理工作报告）、质量监督报告、有关专项验收文件、档案验收文件和工程竣工决算审计报告等。经审核符合有关规定的，港口所在地港口行政管理部门按审批权限分别向交通运输部或省级交通运输主管部门转报，申请竣工验收。

六、工作要求

（一）码头结构加固改造工作的具体管理由港口所在地港口行政管理部门负责。

（二）码头结构加固改造工程的检测单位应具有水运工程检测能力等级，并按有关规定开展检测工作。

（三）码头结构加固改造工程的设计工作原则上应由原设计单位承担，如需变更，设计单位资质等级不得低于原设计单位资质等级。

（四）码头结构加固改造工程的施工和监理单位的确定应执行国家招标投标的有关规定。

（五）码头结构加固改造工程应办理质量监督手续。

（六）码头结构加固改造工程应按规定在开工前征求环保、海洋、安全等有关部门意见，并在竣工验收前通过有关专项验收。

（七）码头结构加固改造工程应进行通航安全论证工作。

（八）码头结构加固改造工程应执行《港口建设管理规定》（交通部令2007年第5号）、《港口工程竣工验收办法》（交通部令2005年第2号）的有关规定，并满足部办公厅《关于明确沿海港口码头改造试点工作有关事宜的通知》（厅水字〔2007〕183号）和部水运局《关于印发沿海港口码头改造试点工作总结研讨会会议纪要的通知》（水运基建函〔2009〕275号）的各项要求。

中华人民共和国交通运输部（章）

二〇〇九年十月十二日

港口经营管理规定

交通运输部令2009年第13号(2009年11月6日发布)

第一章　总　　则

第一条　为规范港口经营行为,维护港口经营秩序,依据《中华人民共和国港口法》和其他有关法律、法规,制定本规定。

第二条　本规定适用于港口经营及相关活动。

第三条　本规定下列用语的含义是:

(一)港口经营,是指港口经营人在港口区域内为船舶、旅客和货物提供港口设施或者服务的活动,主要包括下列各项:

1. 为船舶提供码头、过驳锚地、浮筒等设施;

2. 为旅客提供候船和上下船舶设施和服务;

3. 为委托人提供货物装卸(含过驳)、仓储、港内驳运、集装箱堆放、拆拼箱以及对货物及其包装进行简单加工处理等;

4. 为船舶进出港、靠离码头、移泊提供顶推、拖带等服务;

5. 为委托人提供货物交接过程中的点数和检查货物表面状况的理货服务;

6. 为船舶提供岸电、燃物料、生活品供应、船员接送及船舶污染物(含油污水、残油、洗舱水、生活污水及垃圾)接收、围油栏供应服务等船舶港口服务;

7. 从事港口设施、设备和港口机械的租赁、维修业务。

(二)港口经营人,是指依法取得经营资格从事港口经营活动的组织和个人。

(三)港口设施,是指为从事港口经营而建造和设置的建(构)筑物。

第四条　交通运输部负责全国港口经营行政管理工作。

省、自治区、直辖市人民政府交通运输(港口)主管部门负责本行政区域内的港口经营行政管理工作。

省、自治区、直辖市人民政府、港口所在地设区的市(地)、县人民政府确定的具体实施港口行政管理的部门负责该港口的港口经营行政管理工作。本款上述部门统称港口行政管理部门。

第五条　国家鼓励港口经营性业务实行多家经营、公平竞争。港口经营人不得实施垄断行为。任何组织和部门不得以任何形式实施地区保护和部门保护。

第二章　资 质 管 理

第六条　从事港口经营,应当申请取得港口经营许可。

实施港口经营许可,应当遵循公平、公正和公开透明的原则,不得收取费用,并应当接受社会监督。

第七条　从事港口经营(港口理货、船舶污染物接收除外),应当具备下列条件:

(一)有固定的经营场所;

(二)有与经营范围、规模相适应的港口设施、设备,其中:

1. 码头、客运站、库场、储罐、污水处理设施等固定设施应当符合港口总体规划和法律、法规及有关技术标准的要求;

2. 为旅客提供上、下船服务的，应当具备至少能遮蔽风、雨、雪的候船和上、下船设施；

3. 为国际航线船舶服务的码头（包括过驳锚地、浮筒），应当具备对外开放资格；

4. 为船舶提供码头、过驳锚地、浮筒等设施的，应当有相应的船舶污染物、废弃物接收能力和相应污染应急处理能力，包括必要的设施、设备和器材；

（三）有与经营规模、范围相适应的专业技术人员、管理人员；

（四）有健全的经营管理制度和安全管理制度以及生产安全事故应急预案。

第八条 从事港口理货，应当具备下列条件：

（一）与经营范围、规模相适应的组织机构和管理人员、理货员；

（二）有固定的办公场所和经营设施；

（三）有业务章程和管理制度。

第九条 从事船舶污染物接收经营，应当具备下列条件：

（一）有固定的经营场所；

（二）配备海务、机务、环境工程专职管理人员至少各一名，专职管理人员应当具有三年以上相关专业从业资历；

（三）有健全的经营管理制度和安全管理制度以及生产安全事故应急预案；

（四）使用船舶从事船舶污染物接收的，应当拥有至少一艘不低于300总吨的适应船舶污染物接收的中国籍船舶；使用港口接收设施从事船舶污染物接收的，港口接收设施应处于良好状态；使用车辆从事船舶污染物接收的，应当拥有至少一辆垃圾接收、清运专用车辆。

第十条 从事港口装卸和仓储业务的经营人不得兼营理货业务。理货业务经营人不得兼营港口货物装卸经营业务和仓储经营业务。

第十一条 申请从事港口经营，应当提交下列相应文件和资料：

（一）港口经营业务申请书；

（二）经营管理机构的组成及其办公用房的所有权或者使用权证明；

（三）港口码头、库场、储罐、污水处理等固定设施符合国家有关规定的竣工验收证（明）书及港口岸线使用批准文件；

（四）使用港作船舶的，港作船舶的船舶证书；

（五）负责安全生产的主要管理人员通过安全生产法律法规要求的培训证明材料；

（六）证明符合第七条规定条件的其他文件和资料。

从事港口理货业务的，应当提供上述（一）、（二）项规定的材料和理货人员名录以及表明其理货员身份的相应证明材料。

从事船舶污染物接收经营的，应当提供上述（一）、（二）项规定的材料和证明符合第九条规定条件的其他文件和材料。

第十二条 申请从事港口经营（申请从事港口理货除外），申请人应当向港口行政管理部门提出书面申请和第十一条第一款、第三款规定的相关文件资料。港口行政管理部门应当自受理申请之日起三十个工作日内作出许可或者不许可的决定。符合资质条件的，由港口行政管理部门发给《港口经营许可证》，并在因特网或者报纸上公布；不符合条件的，不予行政许可，并应当将不予许可的决定及理由书面通知申请人。《港口经营许可证》应当明确港口经营人的名称与办公地址、法定代表人、经营项目、经营地域、主要设施设备、发证日期、许可证有效期和证书编号。

《港口经营许可证》的有效期为三年。

第十三条 申请从事港口理货，应当向交通运输部提出书面申请和第十一条第二款规定的相关文件资料。交通运输部在收到申请和相关材料后，可根据需要征求地方交通运输（港口）主管部门和相关港口行政管理部门意见。上述部门应当在七个工作日内提出反馈意见。交通运输部应当在受理申请人的申请之日起二十个工作日内作出许可或者不许可的决定。予以许可的，核发《港口经营许可证》，并在交通运输部网站或者报纸上公布；不予许可的，应当将不予许可的决定及理由书面通知申请人。交通运输部在作出许可决定的同时,应当将许可情况通知相关港口的港口行政管理部门。

第十四条 交通运输部和港口行政管理部门对申请人提出的港口经营许可申请,应当根据下列情况分别做出处理:

(一)申请事项依法不需要取得行政许可的,应当即时告知申请人不受理;

(二)申请事项依法不属于交通运输部或者港口行政管理部门职权范围的,应当即时告知申请人向有关行政机关申请;

(三)申请材料存在可以当场更正的错误的,应当允许申请人当场更正;

(四)申请材料不齐全或者不符合法定形式的,应当当场或者在五日内一次告知申请人需要补正的全部内容,逾期不告知的,自收到申请材料之日起即为受理;

(五)申请事项属于交通运输部或者港口行政管理部门职权范围,申请材料齐全、符合法定形式,或者申请人按照要求提交全部补正申请材料的,应当受理经营业务许可申请。

受理或者不受理经营业务许可申请,应当出具加盖许可机关专用印章和注明日期的书面凭证。

第十五条 申请人凭港口行政管理部门或者交通运输部核发的《港口经营许可证》到工商管理部门办理工商登记,取得营业执照后方可从事港口业务。

第十六条 港口经营人应当按照港口行政管理部门许可的经营范围从事港口经营活动。

第十七条 港口经营人变更经营范围的,应当就变更事项按照本规定第十二条或者第十三条规定办理许可手续,并到工商部门办理相应的变更登记手续。

港口经营人变更企业法定代表人或者办公地址的,应当向港口行政管理部门备案并换发《港口经营许可证》。

第十八条 港口经营人应当在《港口经营许可证》有效期届满之日 30 日以前,向《港口经营许可证》发证机关申请办理延续手续。

申请办理《港口经营许可证》延续手续,应当提交下列材料:

(一)《港口经营许可证》延续申请;

(二)除本规定第十一条第一款第(一)、(二)项之外的其他证明材料。

第十九条 港口经营人停业或者歇业,应当提前三十个工作日告知原许可机关。原许可机关应当收回并注销其《港口经营许可证》,并以适当方式向社会公布。

第三章 经 营 管 理

第二十条 港口行政管理部门及相关部门应当保证港口公用基础设施的完好、畅通。

港口经营人应当按照核定的功能使用和维护港口经营设施、设备,并使其保持正常状态。

第二十一条 港口经营人变更或者改造码头、堆场、仓库、储罐和污水垃圾处理设施等固定经营设施,应当依照有关法律、法规和规章的规定履行相应手续。依照有关规定无需经港口行政管理部门审批的,港口经营人应当向港口行政管理部门备案。

第二十二条 从事港口旅客运输服务的经营人,应当采取必要措施保证旅客运输的安全、快捷、便利,保证旅客基本生活用品的供应,保持良好的候船条件和环境。

第二十三条 港口经营人应当优先安排抢险、救灾和国防建设急需物资的港口作业。

政府在紧急情况下征用港口设施,港口经营人应当服从指挥。港口经营人因此而产生费用或者遭受损失的,下达征用任务的机关应当依法给予相应的经济补偿。

第二十四条 在旅客严重滞留或者货物严重积压阻塞港口的紧急情况下,港口行政管理部门应当采取措施进行疏港。港口所在地的市、县人民政府认为必要时,可以直接采取措施,进行疏港。港口内的单位、个人及船舶、车辆应当服从疏港指挥。

第二十五条 港口行政管理部门应当依法制定可能危及社会公共利益的港口危险货物事故应急预案、重大生产安全事故的旅客紧急疏散和救援预案以及预防自然灾害预案,建立健全港口重大生产安全事故的应急救援体系。

港口行政管理部门按照前款规定制定的各项预案应当予以公布，并报送交通运输部和上级交通运输（港口）主管部门备案。

第二十六条 港口经营人应当依照有关法律、法规和交通运输部有关港口安全作业的规定，加强安全生产管理，完善安全生产条件，建立健全安全生产责任制等规章制度，确保安全生产。

港口经营人应当依法制定本单位的危险货物事故应急预案、重大生产安全事故的旅客紧急疏散和救援预案以及预防自然灾害预案，并保障组织实施。

港口经营人按照前款规定制定的各项预案应当报送港口行政管理部门和港口所在地海事管理机构备案。

第二十七条 港口经营人从事港口经营业务，应当遵守有关法律、法规和规章的规定，依法履行合同约定的义务，为客户提供公平、良好的服务。

第二十八条 港口经营人应当遵守国家有关港口经营价格和收费的规定，应当在其经营场所公布经营服务收费项目和收费标准，使用国家规定的港口经营票据。

第二十九条 港口经营人不得采取不正当手段，排挤竞争对手，限制或者妨碍公平竞争；不得对具有同等条件的服务对象实行歧视；不得以任何手段强迫他人接受其提供的港口服务。

第三十条 港口经营人应当按照有关规定及时足额交纳港口行政性收费。

港口经营人的合法权益受法律保护。任何单位和个人不得向港口经营人摊派或者违法收取费用。

港口经营人有权拒绝违反规定收取或者摊派的各种费用。

第三十一条 港口行政管理部门应当依法做好港口行政性收费的征管工作，保证港口行政性收费征收到位，并及时足额解缴。

港口行政性收费实行专户管理，专款专用。

第三十二条 港口经营人应当按照国家有关规定，及时向港口行政管理部门如实提供港口统计资料及有关信息。

各级交通运输（港口）主管部门和港口行政管理部门应当按照有关规定向交通运输部和上级交通运输（港口）主管部门报送港口统计资料和相关信息，并结合本地区的实际建设港口管理信息系统。

上述部门的工作人员应当为港口经营人保守商业秘密。

第四章 监督检查

第三十三条 港口行政管理部门应当依法对港口安全生产情况和本规定执行情况实施监督检查，并将检查的结果向社会公布。港口行政管理部门应当对旅客集中、货物装卸量较大或者特殊用途的码头进行重点巡查。检查中发现安全隐患的，应当责令被检查人立即排除或者限期排除。

各级交通运输（港口）主管部门应当加强对港口行政管理部门实施《中华人民共和国港口法》和本规定的监督管理，切实落实法律规定的各项制度，及时纠正行政执法中的违法行为。

第三十四条 港口行政管理部门的监督检查人员依法实施监督检查时，有权向被检查单位和有关人员了解情况，并可查阅、复制有关资料。

监督检查人员应当对检查中知悉的商业秘密保密。

监督检查人员实施监督检查，应当两个人以上，并出示执法证件。

第三十五条 监督检查人员应当将监督检查的时间、地点、内容、发现的问题及处理情况作出书面记录，并由监督检查人员和被检查单位的负责人签字；被检查单位的负责人拒绝签字的，监督检查人员应当将情况记录在案，并向港口行政管理部门报告。

第三十六条 被检查单位和有关人员应当接受港口行政管理部门依法实施的监督检查，如实提供有关情况和资料，不得拒绝检查或者隐匿、谎报有关情况和资料。

第五章　法 律 责 任

第三十七条　有下列行为之一的，由港口行政管理部门责令停止违法经营，没收违法所得；违法所得十万元以上的，并处违法所得二倍以上五倍以下罚款；违法所得不足十万元的，处五万元以上二十万元以下罚款：

（一）未依法取得港口经营许可证，从事港口经营的；

（二）未经依法许可，经营港口理货业务的；

（三）港口理货业务经营人兼营货物装卸经营业务、仓储经营业务的。

有前款第（三）项行为，情节严重的，由交通运输部吊销港口理货业务经营许可证，并以适当方式向社会公布。

第三十八条　经检查或者调查证实，港口经营人在取得经营许可后又不符合本规定第七、八、九条规定一项或者几项条件的，由港口行政管理部门责令其停止经营，限期改正；逾期不改正的，由作出行政许可决定的行政机关吊销《港口经营许可证》，并以适当方式向社会公布。

第三十九条　港口经营人不优先安排抢险物资、救灾物资、国防建设急需物资的作业的，由港口行政管理部门责令改正；造成严重后果的，吊销《港口经营许可证》，并以适当方式向社会公布。

第四十条　港口经营人违反本规定第二十六条关于安全生产规定的，由港口行政管理部门或者其他依法负有安全生产监督管理职责的部门依法给予处罚；情节严重的，由港口行政管理部门吊销《港口经营许可证》；构成犯罪的，依法追究刑事责任。

第四十一条　港口经营人违反本规定第二十七条、第二十八条规定，港口行政管理部门应当进行调查，并协助相关部门进行处理。

第四十二条　港口经营人违反本规定第三十二条规定不及时和不如实向港口行政管理部门提供港口统计资料及有关信息的，由港口行政管理部门按照有关法律、法规的规定予以处罚。

第四十三条　港口行政管理部门不依法履行职责，有下列行为之一的，对直接负责的主管人员和其他直接责任人员依法给予行政处分；构成犯罪的，依法追究刑事责任：

（一）对不符合法定条件的申请人给予港口经营许可的；

（二）发现取得经营许可的港口经营人不再具备法定许可条件而不及时吊销许可证的；

（三）不依法履行监督检查职责，对未经依法许可从事港口经营的行为，不遵守安全生产管理规定的行为，危及港口作业安全的行为，以及其他违反本法规定的行为，不依法予以查处的。

第四十四条　港口行政管理部门违法干预港口经营人的经营自主权的，由其上级行政机关或者监察机关责令改正。向港口经营人摊派财物或者违法收取费用的，责令退回；情节严重的，对直接负责的主管人员和其他直接责任人员依法给予行政处分。

第六章　附　　则

第四十五条　《港口经营许可证》的式样由交通运输部统一规定，由省级交通运输（港口）主管部门负责印制。

第四十六条　港口行政管理部门按照《中华人民共和国港口法》制定的港口章程应当在公布的同时送上级交通运输（港口）主管部门和交通运输部备案。

第四十七条　港口引航适用《船舶引航管理规定》（交通部令 2001 年第 10 号）。从事危险货物港口作业的，应当同时遵守《港口危险货物管理规定》（交通部令 2003 年第 9 号）。

第四十八条　本规定由交通运输部负责解释。

第四十九条　本规定自 2010 年 3 月 1 日起施行。2003 年 12 月 26 日交通部发布的《港口经营管理规定》（交通部令 2004 年第 4 号）同时废止。

交通运输突发事件应急管理规定

交通运输部令2011年第9号(2011年11月14日发布)

第一章 总 则

第一条 为规范交通运输突发事件应对活动,控制、减轻和消除突发事件引起的危害,根据《中华人民共和国突发事件应对法》和有关法律、行政法规,制定本规定。

第二条 交通运输突发事件的应急准备、监测与预警、应急处置、终止与善后等活动,适用本规定。

本规定所称交通运输突发事件,是指突然发生,造成或者可能造成交通运输设施毁损,交通运输中断、阻塞,重大船舶污染及海上溢油应急处置等,需要采取应急处置措施,疏散或者救援人员,提供应急运输保障的自然灾害、事故灾难、公共卫生事件和社会安全事件。

第三条 国务院交通运输主管部门主管全国交通运输突发事件应急管理工作。

县级以上各级交通运输主管部门按照职责分工负责本辖区内交通运输突发事件应急管理工作。

第四条 交通运输突发事件应对活动应当遵循属地管理原则,在各级地方人民政府的统一领导下,建立分级负责、分类管理、协调联动的交通运输应急管理体制。

第五条 县级以上各级交通运输主管部门应当会同有关部门建立应急联动协作机制,共同加强交通运输突发事件应急管理工作。

第二章 应急准备

第六条 国务院交通运输主管部门负责编制并发布国家交通运输应急保障体系建设规划,统筹规划、建设国家级交通运输突发事件应急队伍、应急装备和应急物资保障基地,储备应急运力,相关内容纳入国家应急保障体系规划。

各省、自治区、直辖市交通运输主管部门负责编制并发布地方交通运输应急保障体系建设规划,统筹规划、建设本辖区应急队伍、应急装备和应急物资保障基地,储备应急运力,相关内容纳入地方应急保障体系规划。

第七条 国务院交通运输主管部门应当根据国家突发事件总体应急预案和相关专项应急预案,制定交通运输突发事件部门应急预案。

县级以上各级交通运输主管部门应当根据本级地方人民政府和上级交通运输主管部门制定的相关突发事件应急预案,制定本部门交通运输突发事件应急预案。

交通运输企业应当按照所在地交通运输主管部门制定的交通运输突发事件应急预案,制定本单位交通运输突发事件应急预案。

第八条 应急预案应当根据有关法律、法规的规定,针对交通运输突发事件的性质、特点、社会危害程度以及可能需要提供的交通运输应急保障措施,明确应急管理的组织指挥体系与职责、监测与预警、处置程序、应急保障措施、恢复与重建、培训与演练等具体内容。

第九条 应急预案的制定、修订程序应当符合国家相关规定。应急预案涉及其他相关部门职能的,在制定过程中应当征求各相关部门的意见。

第十条 交通运输主管部门制定的应急预案应当与本级人民政府及上级交通运输主管部门制定的相关应急预案衔接一致。

第十一条 交通运输主管部门制定的应急预案应当报上级交通运输主管部门和本级人民政府备案。

公共交通工具、重点港口和场站的经营单位以及储运易燃易爆物品、危险化学品、放射性物品等危险物品的交通运输企业所制定的应急预案，应当向所属地交通运输主管部门备案。

第十二条 应急预案应当根据实际需要、情势变化和演练验证，适时修订。

第十三条 交通运输主管部门、交通运输企业应当按照有关规划和应急预案的要求，根据应急工作的实际需要，建立健全应急装备和应急物资储备、维护、管理和调拨制度，储备必需的应急物资和运力，配备必要的专用应急指挥交通工具和应急通信装备，并确保应急物资装备处于正常使用状态。

第十四条 交通运输主管部门可以根据交通运输突发事件应急处置的实际需要，统筹规划、建设交通运输专业应急队伍。

交通运输企业应当根据实际需要，建立由本单位职工组成的专职或者兼职应急队伍。

第十五条 交通运输主管部门应当加强应急队伍应急能力和人员素质建设，加强专业应急队伍与非专业应急队伍的合作、联合培训及演练，提高协同应急能力。

交通运输主管部门可以根据应急处置的需要，与其他应急力量提供单位建立必要的应急合作关系。

第十六条 交通运输主管部门应当将本辖区内应急装备、应急物资、运力储备和应急队伍的实时情况及时报上级交通运输主管部门和本级人民政府备案。

交通运输企业应当将本单位应急装备、应急物资、运力储备和应急队伍的实时情况及时报所在地交通运输主管部门备案。

第十七条 所有列入应急队伍的交通运输应急人员，其所属单位应当为其购买人身意外伤害保险，配备必要的防护装备和器材，减少应急人员的人身风险。

第十八条 交通运输主管部门可以根据应急处置实际需要鼓励志愿者参与交通运输突发事件应对活动。

第十九条 交通运输主管部门可以建立专家咨询制度，聘请专家或者专业机构，为交通运输突发事件应对活动提供相关意见和支持。

第二十条 交通运输主管部门应当建立健全交通运输突发事件应急培训制度，并结合交通运输的实际情况和需要，组织开展交通运输应急知识的宣传普及活动。

交通运输企业应当按照交通运输主管部门制定的应急预案的有关要求，制订年度应急培训计划，组织开展应急培训工作。

第二十一条 交通运输主管部门、交通运输企业应当根据本地区、本单位交通运输突发事件的类型和特点，制订应急演练计划，定期组织开展交通运输突发事件应急演练。

第二十二条 交通运输主管部门应当鼓励、扶持研究开发用于交通运输突发事件预防、监测、预警、应急处置和救援的新技术、新设备和新工具。

第二十三条 交通运输主管部门应当根据本级人民政府财政预算情况，编列应急资金年度预算，设立突发事件应急工作专项资金。

交通运输企业应当安排应急专项经费，保障交通运输突发事件应急工作的需要。

应急专项资金和经费主要用于应急预案编制及修订、应急培训演练、应急装备和队伍建设、日常应急管理、应急宣传以及应急处置措施等。

第三章　监测与预警

第二十四条 交通运输主管部门应当建立并完善交通运输突发事件信息管理制度，及时收集、统计、分析、报告交通运输突发事件信息。

交通运输主管部门应当与各有关部门建立信息共享机制，及时获取与交通运输有关的突发事件信息。

第二十五条 交通运输主管部门应当建立交通运输突发事件风险评估机制，对影响或者可能影响交通运输的相关信息及时进行汇总分析，必要时同相关部门进行会商，评估突发事件发生的可能性及可能造成的损害，研究确定应对措施，制定应对方案。对可能发生重大或者特别重大突发事件的，应当立即向本级人民政府及上一级交通运输主管部门报告相关信息。

第二十六条 交通运输主管部门负责本辖区内交通运输突发事件危险源管理工作。对危险源、危险区域进行调查、登记、风险评估，组织检查、监控，并责令有关单位采取安全防范措施。

交通运输企业应当组织开展企业内交通运输突发事件危险源辨识、评估工作，采取相应安全防范措施，加强危险源监控与管理，并按规定及时向交通运输主管部门报告。

第二十七条 交通运输主管部门应当根据自然灾害、事故灾难、公共卫生事件和社会安全事件的种类和特点，建立健全交通运输突发事件基础信息数据库，配备必要的监测设备、设施和人员，对突发事件易发区域加强监测。

第二十八条 交通运输主管部门应当建立交通运输突发事件应急指挥通信系统。

第二十九条 交通运输主管部门、交通运输企业应当建立应急值班制度，根据交通运输突发事件的种类、特点和实际需要，配备必要值班设施和人员。

第三十条 县级以上地方人民政府宣布进入预警期后，交通运输主管部门应当根据预警级别和可能发生的交通运输突发事件的特点，采取下列措施：

（一）启动相应的交通运输突发事件应急预案；

（二）根据需要启动应急协作机制，加强与相关部门的协调沟通；

（三）按照所属地方人民政府和上级交通运输主管部门的要求，指导交通运输企业采取相关预防措施；

（四）加强对突发事件发生、发展情况的跟踪监测，加强值班和信息报告；

（五）按照地方人民政府的授权，发布相关信息，宣传避免、减轻危害的常识，提出采取特定措施避免或者减轻危害的建议、劝告；

（六）组织应急救援队伍和相关人员进入待命状态，调集应急处置所需的运力和装备，检测用于疏运转移的交通运输工具和应急通信设备，确保其处于良好状态；

（七）加强对交通运输枢纽、重点通航建筑物、重点场站、重点港口、码头、重点运输线路及航道的巡查维护；

（八）法律、法规或者所属地方人民政府提出的其他应急措施。

第三十一条 交通运输主管部门应当根据事态发展以及所属地方人民政府的决定，相应调整或者停止所采取的措施。

第四章　应 急 处 置

第三十二条 交通运输突发事件的应急处置应当在各级人民政府的统一领导下进行。

第三十三条 交通运输突发事件发生后，发生地交通运输主管部门应当立即启动相应的应急预案，在本级人民政府的领导下，组织、部署交通运输突发事件的应急处置工作。

第三十四条 交通运输突发事件发生后，负责或者参与应急处置的交通运输主管部门应当根据有关规定和实际需要，采取以下措施：

（一）组织运力疏散、撤离受困人员，组织搜救突发事件中的遇险人员，组织应急物资运输；

（二）调集人员、物资、设备、工具，对受损的交通基础设施进行抢修、抢通或搭建临时性设施；

（三）对危险源和危险区域进行控制，设立警示标志；

（四）采取必要措施，防止次生、衍生灾害发生；

（五）必要时请求本级人民政府和上级交通运输主管部门协调有关部门，启动联合机制，开展联合应急行动；

（六）按照应急预案规定的程序报告突发事件信息以及应急处置的进展情况；

（七）建立新闻发言人制度，按照本级人民政府的委托或者授权及相关规定，统一、及时、准确的向社会和媒体发布应急处置信息；

（八）其他有利于控制、减轻和消除危害的必要措施。

第三十五条 交通运输突发事件超出本级交通运输主管部门处置能力或管辖范围的，交通运输主管部门可以采取以下措施：

（一）根据应急处置需要请求上级交通运输主管部门在资金、物资、设备设施、应急队伍等方面给予支持；

（二）请求上级交通运输主管部门协调突发事件发生地周边交通运输主管部门给予支持；

（三）请求上级交通运输主管部门派出现场工作组及有关专业技术人员给予指导；

（四）按照建立的应急协作机制，协调有关部门参与应急处置。

第三十六条 在需要组织开展大规模人员疏散、物资疏运的情况下，交通运输主管部门应当根据本级人民政府或者上级交通运输主管部门的指令，及时组织运力参与应急运输。

第三十七条 交通运输企业应当加强对本单位应急设备、设施、队伍的日常管理，保证应急处置工作及时、有效开展。

交通运输突发事件应急处置过程中，交通运输企业应当接受交通运输主管部门的组织、调度和指挥。

第三十八条 交通运输主管部门根据应急处置工作的需要，可以征用有关单位和个人的交通运输工具、相关设备和其他物资。有关单位和个人应当予以配合。

第五章 终止与善后

第三十九条 交通运输突发事件的威胁和危害得到控制或者消除后，负责应急处置的交通运输主管部门应当按照相关人民政府的决定停止执行应急处置措施，并按照有关要求采取必要措施，防止发生次生、衍生事件。

第四十条 交通运输突发事件应急处置结束后，负责应急处置工作的交通运输主管部门应当对应急处置工作进行评估，并向上级交通运输主管部门和本级人民政府报告。

第四十一条 交通运输突发事件应急处置结束后，交通运输主管部门应当根据国家有关扶持遭受突发事件影响行业和地区发展的政策规定以及本级人民政府的恢复重建规划，制定相应的交通运输恢复重建计划并组织实施，重建受损的交通基础设施，消除突发事件造成的破坏及影响。

第四十二条 因应急处置工作需要被征用的交通运输工具、装备和物资在使用完毕应当及时返还。交通运输工具、装备、物资被征用或者征用后毁损、灭失的，应当按照相关法律法规予以补偿。

第六章 监 督 检 查

第四十三条 交通运输主管部门应当建立健全交通运输突发事件应急管理监督检查和考核机制。

监督检查应当包含以下内容：

（一）应急组织机构建立情况；

（二）应急预案制订及实施情况；

（三）应急物资储备情况；

（四）应急队伍建设情况；

（五）危险源监测情况；

（六）信息管理、报送、发布及宣传情况；

（七）应急培训及演练情况；

（八）应急专项资金和经费落实情况；

（九）突发事件应急处置评估情况。

第四十四条 交通运输主管部门应当加强对辖区内交通运输企业等单位应急工作的指导和监督。

第四十五条 违反本规定影响交通运输突发事件应对活动有效进行的，由其上级交通运输主管部门责令改正、通报批评；情节严重的，对直接负责的主管人员和其他直接责任人员按照有关规定给予相应处分；造成严重后果的，由有关部门依法给予处罚或追究相应责任。

第七章　附　　则

第四十六条 海事管理机构及各级地方人民政府交通运输主管部门对水上交通安全和防治船舶污染等突发事件的应对活动，依照有关法律法规执行。

一般生产安全事故的应急处置，依照国家有关法律法规执行。

第四十七条 本规定自2012年1月1日起实施。

港口危险货物安全管理规定

交通运输部令2012年第9号(2012年12月11日发布)

第一章　总　　则

第一条　为加强港口危险货物管理,预防和减少危险货物事故,保障人民生命、财产安全,保护环境,根据《中华人民共和国港口法》、《中华人民共和国安全生产法》、《危险化学品安全管理条例》等有关法律、行政法规和国际公约,制定本规定。

第二条　在港口内进行装卸、过驳、储存、包装危险货物或者对危险货物集装箱进行装拆箱等作业活动(以下简称"港口危险货物作业")适用本规定。

第三条　本规定所称"危险货物",是指列入国际海事组织制定的《国际海运危险货物规则》和国家标准《危险货物品名表》(GB 12268),具有爆炸、易燃、毒害、感染、腐蚀、放射性等特性,容易造成人身伤亡、财产毁损或者对环境造成危害而需要特别防护的货物。

第四条　交通运输部主管全国港口危险货物安全管理工作。

省、自治区、直辖市人民政府管理的港口,由省、自治区、直辖市人民政府交通运输主管部门所属的港口行政管理部门或者省、自治区、直辖市人民政府设立的港口行政管理部门具体负责该港口的危险货物安全管理工作。

港口所在地的市、县人民政府管理的港口,由市、县人民政府交通运输主管部门所属的港口行政管理部门或者市、县人民政府设立的港口行政管理部门具体负责对该港口的危险货物安全管理工作。

本条第二款、第三款规定的负责港口危险货物管理工作的部门统称为港口行政管理部门。

第二章　港口建设项目安全审查

第五条　新建、改建、扩建从事港口危险货物作业的建设项目(以下简称"港口建设项目")由交通运输部或者港口行政管理部门进行安全条件审查。

未经安全条件审查通过,港口建设项目不得开工建设。

第六条　交通运输部指导、监督全国港口建设项目安全条件审查工作。

国务院、国家发展和改革委、交通运输部和省级人民政府及其有关部门审批、核准、备案的港口建设项目,由省级港口行政管理部门负责安全条件审查。

其他港口建设项目由项目所在地设区的市级港口行政管理部门负责安全条件审查。

第七条　建设单位在申请安全条件审查前,应当对港口建设项目进行安全条件论证,并应当委托具有法律法规规定资质的安全评价机构对该建设项目进行安全评价。

第八条　港口建设项目安全条件论证的内容应当包括:

(一)建设项目是否符合港口总体规划的安全要求;

(二)建设项目内在的危险和有害因素对安全生产的影响;

(三)建设项目与周边设施或者单位、人员密集区、敏感性设施和敏感环境区域在安全方面的相互影响;

(四)自然条件对港口建设项目的影响。

第九条　建设单位应当在港口建设项目审批或者核准前,向港口行政管理部门申请安全条件审查,并提交以下材料：

（一）建设项目安全条件审查申请书；

（二）建设项目概况；

（三）建设项目安全条件论证报告；

（四）建设项目安全评价报告。

第十条 建设单位应当向港口建设项目所在地设区的市级港口行政管理部门报送港口建设项目安全条件审查申请材料。

市级港口行政管理部门应当对属于本级管理权限的申请材料予以受理并进行审查；对属于上级管理权限的申请材料进行形式审查并逐级上报。转报工作应当在 5 日内完成。

第十一条 交通运输部和港口行政管理部门应当自受理申请之日起 45 日内作出审查决定。

港口行政管理部门在安全条件审查过程中应当吸收海事管理机构参加并听取有关部门的意见，在综合各方意见的基础上作出审查决定。

第十二条 已经通过安全条件审查的港口建设项目有下列情形之一的，建设单位应当重新进行安全条件论证和安全评价，并重新申请审查：

（一）港口建设项目周边条件发生重大变化的；

（二）变更建设地址的；

（三）港口建设项目规模进行调整的；

（四）建设项目平面布置、装卸储运货种、工艺、设备设施等发生重大变化的。

第十三条 从事港口危险货物安全评价的机构应当具有法律法规规定的资质，取得许可的业务范围应当包括化学原料、化学品及医药制造业、仓储业和港口码头，其中从事液化天然气码头安全评价的机构取得许可的业务范围还应当包括管道运输业，并符合以下要求：

（一）从事港口危险货物安全评价的甲级机构，应当至少拥有 1 名熟悉港口安全相关法律法规和技术标准，具有港口工程相关专业本科以上学历或者从事港口安全、港口工程技术等相关工作 5 年以上工作经历的专职一级安全评价师；以及 1 名具有油气储运相关专业本科以上学历或者从事油气储运等相关工作 5 年以上工作经历的专职一级安全评价师。

（二）从事港口危险货物安全评价的乙级机构，应当至少拥有 1 名熟悉港口安全相关法律法规和技术标准，具有港口工程相关专业本科以上学历或者从事港口安全、港口工程技术等相关工作 3 年以上工作经历的专职二级安全评价师；以及 1 名具有油气储运相关专业本科以上学历或者从事油气储运等相关工作 3 年以上工作经历的专职二级安全评价师。

从事港口危险货物安全评价的从业人员应当符合交通运输部的有关要求。

第十四条 下列港口建设项目的安全评价应当由符合本规定要求的甲级安全评价机构承担：

（一）沿海 10000 吨级以上、内河 1000 吨级以上的码头，仓储总容量 50000 立方米以上的仓储设施。

（二）装卸储存民用爆炸物品、烟花爆竹、剧毒化学品、液化易燃气体的码头、仓储设施。

第十五条 港口行政管理部门对从事港口危险货物安全评价的机构实行备案管理。甲级安全评价机构应当向交通运输部备案，乙级安全评价机构应当向所在地省级港口行政管理部门备案。

第十六条 建设单位应当按照《安全生产法》的要求编制港口建设项目安全设施设计专篇，并在港口建设项目初步设计审批中进行审查。

港口建设项目安全设施应当在竣工验收前与主体工程同时建成并按照国家有关规定通过专项验收。未经验收合格，不得从事港口危险货物作业。

第三章 港口危险货物作业管理

第十七条 从事港口危险货物作业的港口经营人（以下简称“危险货物港口经营人”），除应当符合《港口经营管理规定》（交通运输部令 2009 年第 13 号）规定的港口经营许可条件外，还应当具备以下条件：

（一）设有安全生产管理机构或者配备专职安全生产管理人员；

（二）具有健全的安全管理制度和操作规程；

（三）企业主要负责人，危险货物装卸管理人员、申报人员、集装箱装箱现场检查员以及其他从业人员应当按照相关法律法规的规定取得相应的从业资格证书；

（四）有符合国家规定的港口危险货物作业设施设备；

（五）有符合国家规定的事故应急预案和应急设施设备。

第十八条 申请危险货物港口经营人资质，除按《港口经营管理规定》的要求提交相关文件和材料外，还应当提交以下文件和材料：

（一）危险货物港口经营申请表；

（二）符合国家规定的应急设备、设施清单；

（三）企业主要负责人、危险货物装卸管理人员、申报人员、集装箱装箱现场检查员的从业资格证书；

（四）安全设施专项验收合格证明。

第十九条 申请危险货物港口经营人资质，应当向港口行政管理部门提交上述材料。其中，从事剧毒化学品、易制爆危险化学品经营或者有储存设施的，应当向所在地设区的市级港口行政管理部门提出申请；从事其他危险化学品经营的企业，应当向所在地县级港口行政管理部门提出申请。

港口行政管理部门应当自受理申请之日起20日内作出许可或者不予许可的决定，20日内不能作出决定的，经负责人批准，可以延长10日，并应当将延长期限的理由告知申请人。符合许可条件的，应当颁发《港口经营许可证》，并对每个具体的危险货物作业场所配发《港口危险货物作业附证》。

《港口经营许可证》应当载明危险货物港口经营人的名称与办公地址、法定代表人、经营项目、经营地域、主要设施设备、附证事项、发证日期、许可证有效期和证书编号。

《港口危险货物作业附证》应当载明危险货物作业的具体区域范围、作业方式、允许作业的危险货物品名（集装箱和包装货物载明到"项别"）及其他相关事项（见附件）。

第二十条 《港口经营许可证》的有效期为3年。

危险货物港口经营人应当在《港口经营许可证》有效期届满之日30日以前，向《港口经营许可证》发证机关申请办理延续手续。

申请办理《港口经营许可证》延续手续，应当提交下列材料：

（一）《港口经营许可证》延续申请；

（二）除本规定第十八条第一款第（一）项之外的其他证明材料；

（三）本规定第二十一条规定的安全评价报告。

第二十一条 从事危险货物作业的港口经营人应当在取得经营资质后，委托具有相应资质条件的评价机构，对本单位的安全生产条件每3年进行一次安全评价，提出安全评价报告。安全评价报告的内容应当包括对安全生产隐患的整改方案。

从事危险货物作业的港口经营人应当将安全评价报告以及整改方案的落实情况报所在地港口行政管理部门备案。

第二十二条 危险货物港口经营人应当根据《港口危险货物作业附证》上载明的危险货物种类和危险特性，在作业场所设置相应的监测、监控、通风、防晒、调温、防火、灭火、防爆、泄压、防毒、中和、防潮、防雷、防静电、防腐、防泄漏以及防护围堤或者隔离操作等安全设施、设备，并按照国家标准、行业标准或者国家有关规定对安全设施、设备进行经常性维护、保养，保证安全设施、设备的正常使用。

第二十三条 危险货物港口经营人应当在其作业场所和安全设施、设备上设置明显的安全警示标志；同时还应当在其作业场所设置通信、报警装置，并保证其处于适用状态。

第二十四条 危险货物专用库场、储罐应当符合国家标准和行业标准，并设置明显标志。

危险货物港口经营人应当对其危险货物专用库场、储罐的安全设施、设备定期进行检测、检验。

危险货物港口经营人不得储存没有安全技术说明书和安全标签的危险货物。

第二十五条 危险货物港口经营人应当对其铺设的危险货物输送管道定期进行检查、检测，并设置明显标志。

在港区内进行可能危及危险货物输送管道安全的施工作业，施工单位应当在开工的7日前书面通知管道所属单位，并与管道所属单位共同制定应急预案，采取相应的安全防护措施。管道所属单位应当指派专门人员到现场进行管道安全保护指导。

第二十六条 船舶载运危险货物进出港口，应当按照有关规定向海事管理机构办理申报手续。海事管理机构应当及时将有关申报信息通报所在地港口行政管理部门。

第二十七条 港口危险货物作业委托人应当向危险货物港口经营人提供完整准确的危险货物名称、联合国编号、危险性分类、包装、数量、应急措施等资料。作业委托人不得在委托作业的普通货物中夹带危险货物，不得将危险货物匿报或者谎报为普通货物。

对涉嫌在普通货物中夹带危险货物，或者将危险货物匿报或者谎报为普通货物的，所在地港口行政管理部门或者海事管理机构可以依法开拆查验，港口经营人应当予以配合。港口行政管理部门和海事管理机构应当将查验情况相互通报，避免重复开拆。

第二十八条 危险货物港口经营人在危险货物港口装卸、过驳作业开始24小时前，应当将作业委托人，以及危险货物品名、数量、理化性质、作业地点和时间、安全防范措施等事项向所在地港口行政管理部门报告。所在地港口行政管理部门应当在接到报告后24小时内作出是否同意作业的决定，通知报告人，并及时将有关信息通报海事管理机构。报告人在取得作业批准后72小时内未开始作业的，应当重新报告。未经所在地港口行政管理部门批准的，不得进行港口危险货物作业。

时间、内容和方式固定的港内危险货物装卸、过驳作业，可以按照港口行政管理部门的要求实行定期申报。

第二十九条 禁止在港口装卸、储存国家禁止通过水路运输的危险货物。

第三十条 港口危险货物作业应当符合有关安全作业标准、规程和制度，并在装卸管理人员的现场指挥或者监控下进行。

第三十一条 在港口内从事危险货物添加抑制剂或者稳定剂作业的，作业前应当将有关情况告知相关危险货物港口经营人。

第三十二条 危险货物港口经营人应当对危险货物包装进行检查，发现包装不符合国家有关规定的，不得予以作业，并应当及时通知作业委托人处理。

第三十三条 所在地港口行政管理部门应当根据国家有关规定对危险货物包装进行抽查。不符合规定的，可以责令作业委托人处理。

发生下列情况之一的，危险货物港口经营人应当及时处理并报告所在地港口行政管理部门：

（一）发现未申报或者申报不实、申报有误的危险货物；

（二）在普通货物或者集装箱中发现夹带危险货物；

（三）在危险货物中发现性质相抵触的危险货物。

对涉及船舶航行、作业安全的相关信息，港口行政管理部门应当及时通报所在地海事管理机构。

第三十四条 危险货物港口经营人进行爆炸品、气体、易燃液体、易燃固体、易于自燃的物质、遇水放出易燃气体的物质、氧化性物质、有机过氧化物、毒性物质、感染性物质、放射性物质、腐蚀性物质的港口作业，应当划定作业区域，明确责任人并实行封闭式管理。作业区域应当设置明显标志，禁止无关人员进入和无关船舶停靠。

第三十五条 危险货物应当储存在港区专用的库场、储罐，并由专人负责管理；剧毒化学品以及储存数量构成重大危险源的其他危险货物，应当单独存放，并实行双人收发、双人保管制度。

危险货物的储存方式、方法以及储存数量应当符合国家标准或者国家有关规定。

第三十六条 危险货物港口经营人应当建立危险货物出入库核查、登记制度。

对剧毒化学品以及储存数量构成重大危险源的其他危险货物，危险货物港口经营人应当将其储存数量、储存地点以及管理措施、管理人员等情况，报所在地港口行政管理部门备案。

第三十七条 出现下列情形之一的，危险货物港口经营人应当进行安全评价，安全评价报告向《港口经营许可证》发证机关备案：

（一）危险货物种类、数量或者装卸、储存方式及其相关设备、设施等发生重大变更的；

（二）发生火灾、爆炸或者危险货物泄漏，导致人员死亡，或者人员重伤和直接经济损失达到较大事故以上的；

（三）周边环境因素发生重大变化，可能对港口安全生产带来重大影响的。

第三十八条 危险货物港口经营人应当根据有关规定，进行重大危险源辨识，确定重大危险源级别，进行分级管理，对本单位的重大危险源登记建档，并报送所在地港口行政管理部门备案。对涉及船舶航行、作业安全的重大危险源信息，港口行政管理部门应当及时通报海事管理机构。

第三十九条 危险货物港口经营人应当建立健全重大危险源安全管理规章制度，制定实施危险货物重大危险源安全管理与监控方案，定期对重大危险源进行安全评估。

第四十条 重大危险源出现第三十七条规定的情形之一，可能影响重大危险源级别和风险程度的，应当对重大危险源重新进行辨识、分级、安全评估、修改档案，并及时报送所在地港口行政管理部门重新备案。

第四十一条 危险货物港口经营人应当制定安全隐患排查制度，定期开展安全事故隐患排查，及时消除隐患，并将检查及处理情况形成书面记录。

危险货物港口经营人应当将重大事故隐患的排查和处理情况及时向所在地港口行政管理部门备案。

第四十二条 危险货物港口经营人应当建立安全生产标准化体系，实施安全生产标准化，并保持体系的有效性。

第四章　应 急 管 理

第四十三条 危险货物港口经营人应当制定本单位危险货物应急预案，配备应急救援人员和必要的应急救援器材、设备，每半年至少组织一次应急救援培训和演练，并根据演练结果对应急预案进行修订。

危险货物港口经营人应当将其应急预案及其修订情况报所在地港口行政管理部门备案。

第四十四条 当港口危险货物作业发生险情或者事故时，港口经营人应当立即启动应急预案，采取应急行动，排除事故危害，控制事故进一步扩散，并按照有关规定向所在地港口行政管理部门和有关部门报告。

第四十五条 所在地港口行政管理部门应当建立危险货物事故应急体系，制定危险货物事故应急预案，组织建立专业化应急队伍和应急资源储备，定期组织开展应急培训和事故应急救援演练，提高应急能力。

港口危险货物作业发生事故时，所在地港口行政管理部门应当按规定向上级港口行政管理部门、当地人民政府及有关部门报告，并及时组织救助。

第四十六条 所在地港口行政管理部门应当组织开展港口重大危险源风险分析，建立、健全本辖区内重大危险源的档案，建立重大危险源安全监管系统，加强对重大危险源的监管和应急准备。

第五章　安全监督与管理

第四十七条 所在地港口行政管理部门应当对危险货物港口经营人的资质进行年度核验，发现其不再具备资质条件的，应当责令限期整改；逾期不改正的，依法撤消其资质。

第四十八条 所在地港口行政管理部门应当依法对港口危险货物作业实施监督检查，对危险货物装卸、储存区域进行重点巡查。实施监督检查时，可以行使下列职权：

（一）进入并检查港口危险货物作业场所，查阅、抄录、复印相关的文件或者资料，提出整改意见；

（二）发现危险货物港口作业和设施、设备、装置、器材、运输工具不符合法律、法规、规章规定和标准要求的，责令立即停止使用；

（三）检查中发现安全隐患的，应当责令危险货物港口经营人立即消除或者限期消除；安全隐患严重影响生产安全的，应当责令停止作业；

（四）发现违法行为，应当当场予以纠正或者责令限期改正；

（五）经本部门主要负责人批准，查封违法储存危险化学品的场所，扣押违法储存的危险化学品。

港口行政管理部门依法进行监督检查，监督检查人员不得少于2人，并应当出示执法证件；有关单位和个人对依法进行的监督检查应当予以配合，不得拒绝、阻碍。

第四十九条 港口行政管理部门应当加强港口危险货物安全监管队伍建设，建立健全安全教育培训制度，依法规范行政管理人员的执法行为。

所在地港口行政管理部门应当配备必要的危险货物港口安全检查装备，建立危险货物港口安全监管信息系统，具备危险货物港口安全监督管理能力。

第五十条 港口行政管理部门应当建立举报制度，接受社会监督，并认真落实各类投诉和举报。

第五十一条 港口行政管理部门应当建立港口危险货物管理专家库。专家库应由熟悉港口安全相关法律法规和技术标准、港口危险货物作业、港口安全技术、港口工程、港口安全管理和港口应急救援等相关专业人员组成。

港口行政管理部门在组织安全条件审查、安全设施设计审查和专项验收或者其他港口危险货物管理工作时，需要吸收专家参加或者听取专家意见的，应当从专家库中抽取专家。

第六章 法律责任

第五十二条 未经安全条件审查，新建、改建、扩建港口危险货物建设项目的，由所在地港口行政管理部门责令停止建设，限期改正；逾期不改正的，处五十万元以上一百万元以下的罚款；构成犯罪的，依法追究刑事责任。

第五十三条 港口建设项目有下列行为之一的，由所在地港口行政管理部门责令限期改正；逾期未改正的，责令停止建设或者停产停业整顿，可以并处五万元以下的罚款；造成严重后果，构成犯罪的，依照刑法有关规定追究刑事责任：

（一）没有安全设施设计或者安全设施设计未按照规定报经有关部门审查同意的；

（二）未按照批准的安全设施设计施工的；

（三）安全设施未经验收合格，擅自投入生产或者使用的。

第五十四条 未依法取得相应的港口经营许可证，从事港口危险货物经营的，由所在地港口行政管理部门责令停止违法经营，没收违法所得；违法所得十万元以上的，并处违法所得二倍以上五倍以下罚款；违法所得不足十万元的，处五万元以上二十万元以下罚款。

第五十五条 危险货物港口经营人有下列情形之一的，由所在地港口行政管理部门责令改正，可以处五万元以下的罚款；拒不改正的，处五万元以上十万元以下的罚款；情节严重的，责令停产停业整顿：

（一）未对其铺设的危险货物管道设置明显的标志，或者未对危险货物管道定期检查、检测的；

（二）进行可能危及危险货物管道安全的施工作业，施工单位未按照规定书面通知管道所属单位，或者未与管道所属单位共同制定应急预案、采取相应的安全防护措施，或者管道所属单位未指派专门人员到现场进行管道安全保护指导的；

（三）未在作业场所和安全设施、设备上设置明显的安全警示标志，或者未在作业场所设置通信、报警装置的；

（四）危险货物专用库场、储罐未设置明显标志的；

（五）危险货物专用库场、储罐未设专人负责管理，或者对储存的剧毒化学品以及储存数量构成重大危险源的其他危险货物未实行双人收发、双人保管制度的；

（六）未建立危险化学品出入库核查、登记制度的；

（七）储存没有安全技术说明书或者安全标签的危险货物的。

第五十六条 危险货物港口经营人有下列情形之一的，由所在地港口行政管理部门责令改正，处五万元以上十万元以下的罚款；拒不改正的，责令停产停业整顿直至吊销其港口经营许可证件：

（一）未根据危险货物的种类和危险特性，在作业场所设置相关安全设施、设备，或者未按照国家标准、行业标准或者国家有关规定对安全设施、设备进行经常性维护、保养的；

（二）未依照本规定对其安全生产条件定期进行安全评价的；

（三）未将危险货物储存在专用库场、储罐内，或者未将剧毒化学品以及储存数量构成重大危险源的其他危险货物在专用库场、储罐内单独存放的；

（四）危险货物的储存方式、方法或者储存数量不符合国家标准或者国家有关规定的；

（五）危险货物专用库场、储罐不符合国家标准、行业标准的要求的；

（六）未对危险货物专用库场、储罐的安全设施、设备定期进行检测、检验的。

第五十七条 港口经营人违反本规定第二十一条、第三十六条规定，未将安全评价报告以及整改方案的落实情况报港口行政管理部门备案的；或者未将其剧毒化学品以及储存数量构成重大危险源的其他危险货物的储存数量、储存地点、管理措施以及管理人员等情况报港口行政管理部门备案的，由所在地港口行政管理部门责令改正，可以处一万元以下的罚款；拒不改正的，处一万元以上五万元以下的罚款。

第五十八条 在港口危险货物经营活动中有下列行为的，由所在地港口行政管理部门责令改正，并处三万元以下的罚款：

（一）港口经营人装卸国家禁止通过该港口水域水路运输的危险货物的；

（二）在港口从事危险货物添加抑制剂或者稳定剂作业前，未将有关情况告知相关危险货物港口经营人的；

（三）港口经营人未按规定对危险货物的包装进行检查的；

（四）港口经营人未将重大事故隐患的排查和处理情况及时向港口行政管理部门备案的。

第五十九条 在托运的普通货物中夹带危险货物，或者将危险货物谎报或者匿报为普通货物托运的，由所在地港口行政管理部门责令改正，处十万元以上二十万元以下的罚款，有违法所得的，没收违法所得；拒不改正的，责令停产停业整顿。

第六十条 违反本规定，从事危险货物港口作业的人员未按照安全管理制度和操作规程作业的，由港口经营人予以批评教育，依照有关规章制度予以处分；造成重大事故，构成犯罪的，由有关机关依法追究刑事责任。

第六十一条 港口行政管理部门的工作人员有下列行为之一的，对直接负责的主管人员和其他直接责任人员给予行政处分；构成犯罪的，依法追究刑事责任：

（一）未按规定的条件、程序和期限实施行政许可的；

（二）发现违法行为未依法予以制止、查处，情节严重的；

（三）未履行本规定设定的监督管理职责，造成严重后果的；

（四）有其他滥用职权、玩忽职守、徇私舞弊行为的。

第七章　附　　则

第六十二条 本规定所称“危险化学品”，是指列入《危险化学品安全管理条例》规定的危险化学品目录，具有毒害、腐蚀、爆炸、燃烧、助燃等性质，对人体、设施、环境具有危害的剧毒化学品和其他化学品。

第六十三条 本规定自2013年2月1日起施行。2003年8月29日交通部发布的《港口危险货物管理规定》(交通部令2003年第9号)同时废止。

附件1

港口危险货物作业附证

编号:

港口经营人:

作业区域范围:

作业方式:

作业危险货物品名:

年度审验情况

盖章: 日期:	盖章: 日期:

发证机关:
发证日期:
有效期至:

附件2

港口危险货物作业附证填写说明

一、《港口危险货物作业附证》纸张大小设定为A4格式,外观设计背景加国徽、底纹等。

二、附证编号:由各地港口行政管理部门按照《港口经营许可证》号后加"—"再加具体的码头(泊位)(M表示)、储罐(C表示)、堆场(D表示)、仓库(K表示)、过驳(B表示)汉语拼音字母缩写表示。例:(苏宁)港经证(00026)号—M001;(苏宁)港经证(00026)号—C001;(苏宁)港经证(00026)号—D001;(苏宁)港经证(00026)号—K001;(苏宁)港经证(00026)号—B001。

三、作业区域范围:由港口行政管理部门和港口经营人共同确定,分为码头(泊位)、单个储罐、堆场、仓库、过驳区五种作业区域范围,分别发放附证,并明确作业区域的位置,以及泊位等级、储罐容量、堆场面积、仓库面积、过驳水域面积等。例:南京港××港区××作业区608码头(5000吨级);南京港××港区××作业区××储罐区××号储罐(5万立方);南京港××港区××作业区××危险货物堆场(1万平方米),南京港××港区××作业区××危险货物仓库(1万平方米),南京港××港区××水域××过驳锚地(5平方公里)。

四、作业方式:如船—管道,船—管道—储罐;储罐—管道—船,船—船等方式。

五、作业危险货物品名:根据《危险货物品名表》(GB 12268)和《国际海运危险货物规则》最新版填写具体的作业品种名称(集装箱和包装货物载明到"项别")。

六、年度审验情况:《港口经营许可证》有效期为三年,附证随《港口经营许可证》同时发放,有效期为三年,分为两个审验年度,审验通过要加盖单位印章,第三年到期时由港口经营人向港口行政管理部门提出申请换证。

第四部分　相关规范性文件

国务院安委会关于深入开展企业安全生产标准化建设的指导意见

安委〔2011〕4号(2011年5月3日发布)

各省、自治区、直辖市人民政府,新疆生产建设兵团,国务院安全生产委员会各有关成员单位:

为深入贯彻落实《国务院关于进一步加强企业安全生产工作的通知》(国发〔2010〕23号,以下简称《国务院通知》)和《国务院办公厅关于继续深化“安全生产年”活动的通知》(国办发〔2011〕11号,以下简称《国办通知》)精神,全面推进企业安全生产标准化建设,进一步规范企业安全生产行为,改善安全生产条件,强化安全基础管理,有效防范和坚决遏制重特大事故发生,经报国务院领导同志同意,现就深入开展企业安全生产标准化建设提出如下指导意见:

一、充分认识深入开展企业安全生产标准化建设的重要意义

(一)是落实企业安全生产主体责任的必要途径。国家有关安全生产法律法规和规定明确要求,要严格企业安全管理,全面开展安全达标。企业是安全生产的责任主体,也是安全生产标准化建设的主体,要通过加强企业每个岗位和环节的安全生产标准化建设,不断提高安全管理水平,促进企业安全生产主体责任落实到位。

(二)是强化企业安全生产基础工作的长效制度。安全生产标准化建设涵盖了增强人员安全素质、提高装备设施水平、改善作业环境、强化岗位责任落实等各个方面,是一项长期的、基础性的系统工程,有利于全面促进企业提高安全生产保障水平。

(三)是政府实施安全生产分类指导、分级监管的重要依据。实施安全生产标准化建设考评,将企业划分为不同等级,能够客观真实地反映出各地区企业安全生产状况和不同安全生产水平的企业数量,为加强安全监管提供有效的基础数据。

(四)是有效防范事故发生的重要手段。深入开展安全生产标准化建设,能够进一步规范从业人员的安全行为,提高机械化和信息化水平,促进现场各类隐患的排查治理,推进安全生产长效机制建设,有效防范和坚决遏制事故发生,促进全国安全生产状况持续稳定好转。

各地区、各有关部门和企业要把深入开展企业安全生产标准化建设的思想行动统一到《国务院通知》的规定要求上来,充分认识深入开展安全生产标准化建设对加强安全生产工作的重要意义,切实增强推动企业安全生产标准化建设的自觉性和主动性,确保取得实效。

二、总体要求和目标任务

(一)总体要求。深入贯彻落实科学发展观,坚持“安全第一、预防为主、综合治理”的方针,牢固树立以人为本、安全发展理念,全面落实《国务院通知》和《国办通知》精神,按照《企业安全生产标准化基本规范》(AQ/T 9006—2010,以下简称《基本规范》)和相关规定,制定完善安全生产标准和制度规范。严格落实企业安全生产责任制,加强安全科学管理,实现企业安全管理的规范化。加强安全教育培训,强化安全意识、技术操作和防范技能,杜绝“三违”。加大安全投入,提高专业技术装备水平,深化隐患排查治理,改进现场作业条件。通过安全生产标准化建设,实现岗位达标、专业达标和企业达标,各行业(领域)企业的安全生产水平明显提高,安全管理和事故防范能力明显增强。

(二)目标任务。在工矿商贸和交通运输行业(领域)深入开展安全生产标准化建设,重点突出煤矿、非煤矿山、交通运输、建筑施工、危险化学品、烟花爆竹、民用爆炸物品、冶金等行业(领域)。其中,煤矿要在2011年底前,危险化学品、烟花爆竹企业要在2012年底前,非煤矿山和冶金、机械等工贸行业(领域)规模以上企业要在2013年底前,冶金、机械等工贸行业(领域)规模以下企业要在2015年前实现达标。要建立健全各行业(领域)企业安全生产标准化评定标准和考评体系;进一步加强企业安全生产规范化管理,推进全员、全方位、全过程安全管理;加强安全生产科技装备,提高安全保障能力;严格把关,分行业(领域)开展达标考评验收;不断完善工作机制,将安全生产标准化建设纳入企业生产经营全过程,促进安全生产标准化建设的动态化、规范化和制度化,有效提高企业本质安全水平。

三、实施方法

(一)打基础,建章立制。按照《基本规范》要求,将企业安全生产标准化等级规范为一、二、三级。各地区、各有关部门要分行业(领域)制定安全生产标准化建设实施方案,完善达标标准和考评办法,并于2011年5月底以前将本地区、本行业(领域)安全生产标准化建设实施方案报国务院安委会办公室。企业要从组织机构、安全投入、规章制度、教育培训、装备设施、现场管理、隐患排查治理、重大危险源监控、职业健康、应急管理以及事故报告、绩效评定等方面,严格对应评定标准要求,建立完善安全生产标准化建设实施方案。

(二)重建设,严加整改。企业要对照规定要求,深入开展自检自查,建立企业达标建设基础档案,加强动态管理,分类指导,严抓整改。对评为安全生产标准化一级的企业要重点抓巩固、二级企业着力抓提升、三级企业督促抓改进,对不达标的企业要限期抓整顿。各地区和有关部门要加强对安全生产标准化建设工作的指导和督促检查,对问题集中、整改难度大的企业,要组织专业技术人员进行"会诊",提出具体办法和措施,集中力量,重点解决;要督促企业做到隐患排查治理的措施、责任、资金、时限和预案"五到位",对存在重大隐患的企业,要责令停产整顿,并跟踪督办。对发生较大以上生产安全事故、存在非法违法生产经营建设行为、重大隐患限期整顿仍达不到安全要求,以及未按规定要求开展安全生产标准化建设且在规定限期内未及时整改的,取消其安全生产标准化达标参评资格。

(三)抓达标,严格考评。各地区、各有关部门要加强对企业安全生产标准化建设的督促检查,严格组织开展达标考评。对安全生产标准化一级企业的评审、公告、授牌等有关事项,由国家有关部门或授权单位组织实施;二级、三级企业的评审、公告、授牌等具体办法,由省级有关部门制定。各地区、各有关部门在企业安全生产标准化创建中不得收取费用。要严格达标等级考评,明确企业的专业达标最低等级为企业达标等级,有一个专业不达标则该企业不达标。

各地区、各有关部门要结合本地区、本行业(领域)企业的实际情况,对安全生产标准化建设工作作出具体安排,积极推进,成熟一批、考评一批、公告一批、授牌一批。对在规定时间内经整改仍不具备最低安全生产标准化等级的企业,地方政府要依法责令其停产整改直至依法关闭。各地区、各有关部门要将考评结果汇总后报送国务院安委会办公室备案,国务院安委会办公室将适时组织抽检。

四、工作要求

(一)加强领导,落实责任。按照属地管理和"谁主管、谁负责"的原则,企业安全生产标准化建设工作由地方各级人民政府统一领导,明确相关部门负责组织实施。国家有关部门负责指导和推动本行业(领域)企业安全生产标准化建设,制定实施方案和达标细则。企业是安全生产标准化建设工作的责任主体,要坚持高标准、严要求,全面落实安全生产法律法规和标准规范,加大投入,规范管理,加快实现企业高标准达标。

(二)分类指导,重点推进。对于尚未制定企业安全生产标准化评定标准和考评办法的行业(领域),要抓紧制定;已经制定的,要按照《基本规范》和相关规定进行修改完善规范已达标企业的等级认定。要针对不同行业(领域)的特点,加强工作指导,把影响安全生产的重大隐患排查治理、重大危险源监控、安全生产系统改造、产业技术升级、应急能力提升、消防安全保障等作为重点,在达标建设过程中切实做到"六个结合",即与深入开展执法行动相结合,依法严厉打击各类非法违法生产经营建设行为;与安全专项整治相结合,深化重点行业(领域)隐患排查治理;与推进落实企业安全生产主体责任相结合,强化安全生产基层和基础建设;与促进提高安全生产保障能力相结合,着力提高先进安全技术装备和物联网技术应用等信息化水平;与加强职业安全健康工作相结合,改善从业人员的作业环境和条件;与完善安全生产应急救援体系相结合,加快救援基地和相关专业队伍标准化建设,切实提高实战救援能力。

（三）严抓整改，规范管理。严格安全生产行政许可制度，促进隐患整改。对达标的企业，要深入分析二级与一级、三级与二级之间的差距，找准薄弱点，完善工作措施，推进达标升级；对未达标的企业，要盯住抓紧，督促加强整改，限期达标。通过安全生产标准化建设，实现“四个一批”：对在规定期限内仍达不到最低标准、不具备安全生产条件、不符合国家产业政策、破坏环境、浪费资源，以及发生各类非法违法生产经营建设行为的企业，要依法关闭取缔一批；对在规定时间内未实现达标的，要依法暂扣其生产许可证、安全生产许可证，责令停产整顿一批；对具备基本达标条件，但安全技术装备相对落后的，要促进达标升级，改造提升一批；对在本行业（领域）具有示范带动作用的企业，要加大支持力度，巩固发展一批。

（四）创新机制，注重实效。各地区、各有关部门要加强协调联动，建立推进安全生产标准化建设工作机制，及时发现解决建设过程中出现的突出矛盾和问题，对重大问题要组织相关部门开展联合执法，切实把安全生产标准化建设工作作为促进落实和完善安全生产法规规章、推广应用先进技术装备、强化先进安全理念、提高企业安全管理水平的重要途径，作为落实安全生产企业主体责任、部门监管责任、属地管理责任的重要手段，作为调整产业结构、加快转变经济发展方式的重要方式，扎实推进。要把安全生产标准化建设纳入安全生产“十二五”规划及有关行业（领域）发展规划。要积极研究采取相关激励政策措施，将达标结果向银行、证券、保险、担保等主管部门通报，作为企业绩效考核、信用评级、投融资和评先推优等的重要参考依据，促进提高达标建设的质量和水平。

（五）严格监督，加强宣传。各地区、各有关部门要分行业（领域）、分阶段组织实施，加强对安全生产标准化建设工作的督促检查，严格对有关评审和咨询单位进行规范管理。要深入基层、企业，加强对重点地区和重点企业的专题服务指导。加强安全专题教育，提高企业安全管理人员和从业人员的技能素质。充分利用各类舆论媒体，积极宣传安全生产标准化建设的重要意义和具体标准要求，营造安全生产标准化建设的浓厚社会氛围。国务院安委会办公室以及各地区、各有关部门要建立公告制度，定期发布安全生产标准化建设进展情况和达标企业、关闭取缔企业名单；及时总结推广有关地区、有关部门和企业的经验做法，培育典型，示范引导，推进安全生产标准化建设工作广泛深入、扎实有效开展。

国务院安全生产委员会
二〇一一年五月三日

国务院安委会关于进一步加强安全培训工作的决定

安委〔2012〕10号(2012年11月21日发布)

各省、自治区、直辖市人民政府,新疆生产建设兵团,国务院安委会各成员单位,各中央企业:

为提高企业从业人员安全素质和安全监管监察效能,防止和减少违章指挥、违规作业和违反劳动纪律(以下简称"三违")行为,促进全国安全生产形势持续稳定好转,现就进一步加强安全培训工作作出如下决定:

一、加强安全培训工作的重要意义和总体要求

(一)重要意义。党中央、国务院高度重视安全培训工作,安全培训力度不断加大,企业职工安全素质和安全监管监察人员执法能力明显提高。但一些地区和单位安全培训工作仍然存在着思想认识不到位、责任落实不到位、实效性不强、投入不足、基础工作薄弱、执法偏轻偏软等问题,给安全生产带来较大压力。实践表明,进一步加强安全培训工作,是落实党的十八大精神,深入贯彻科学发展观,实施安全发展战略的内在要求;是强化企业安全生产基础建设,提高企业安全管理水平和从业人员安全素质,提升安全监管监察效能的重要途径;是防止"三违"行为,不断降低事故总量,遏制重特大事故发生的源头性、根本性举措。

(二)总体思路。深入贯彻落实科学发展观,认真落实党中央、国务院关于加强安全生产工作的决策部署,牢固树立"培训不到位是重大安全隐患"的意识,坚持依法培训、按需施教的工作理念,以落实持证上岗和先培训后上岗制度为核心,以落实企业安全培训主体责任、提高企业安全培训质量为着力点,全面加强安全培训基础建设,严格安全培训监察执法和责任追究,扎实推进安全培训内容规范化、方式多样化、管理信息化、方法现代化和监督日常化,努力实施全覆盖、多手段、高质量的安全培训,切实减少"三违"行为,促进全国安全生产形势持续稳定好转。

(三)工作目标。到"十二五"时期末,矿山、建筑施工单位和危险物品生产、经营、储存等高危行业企业(以下简称高危企业)主要负责人、安全管理人员和生产经营单位特种作业人员(以下简称"三项岗位"人员)100%持证上岗,以班组长、新工人、农民工为重点的企业从业人员100%培训合格后上岗,各级安全监管监察人员100%持行政执法证上岗,承担安全培训的教师100%参加知识更新培训,安全培训基础保障能力和安全培训质量得到明显提高。

二、全面落实安全培训工作责任

(四)认真落实企业安全培训主体责任。企业是从业人员安全培训的责任主体,要把安全培训纳入企业发展规划,健全落实以"一把手"负总责、领导班子成员"一岗双责"为主要内容的安全培训责任体系,建立健全机构并配备充足人员,保障经费需求,严格落实"三项岗位"人员持证上岗和从业人员先培训后上岗制度,健全安全培训档案。劳务派遣单位要加强劳务派遣工基本安全知识培训,劳务使用单位要确保劳务派遣工与本企业职工接受同等安全培训。境内投资主体要指导督促境外中资企业依法加强安全培训工作。安全生产技术研发、装备制造单位要与使用单位共同承担新工艺、新技术、新设备、新材料培训责任。

(五)切实履行政府及有关部门安全培训监管和安全监管监察人员培训职责。地方各级政府要统筹指导相关部门加强本地区安全培训工作。有关主管部门要根据有关法律法规,组织实施职责范围内的安全培训工作,完善安全培训法规制度,统一培训大纲、考试标准,加强教材建设,严格管理培训机构,做好证件发放和复审工作,避免多头管理、重复发证;要强化安全培训监督检查,依法严惩不培训就上岗和乱办班、乱收费、乱发证行为；要组织培训安全监管监察人员。要将安全生产知识作为领导干部培训、义务教育、职业教育、职业技能培训等的重要内容。要减少对培训班的直接参与，由办培训向管培训、管考试、监督培训转变。

（六）强化承担安全培训和考试的机构培训质量保障责任。承担安全培训的机构是安全培训施教主体，担负保证安全培训质量的主要责任，要健全落实安全培训质量控制制度，严格按培训大纲培训，严格学员、培训档案和培训收费管理，加强师资队伍建设和资金投入，持续改善培训条件。承担安全培训考试的机构要严格教考分离制度，健全考务管理体系，建立考试档案，切实做到考试不合格不发证。

三、全面落实持证上岗和先培训后上岗制度

（七）实施高危企业从业人员准入制度。有关主管部门要结合实际，制定本行业领域从业人员准入制度。矿山和危险物品生产企业专职安全管理人员要至少具备相关专业中专以上学历或者中级以上专业技术职称、高级工以上技能等级，或者具备注册安全工程师资格。各类特种作业人员要具有初中及以上文化程度，危险化学品特种作业人员要具有高中或者相当于高中及以上文化程度。矿山井下、危险化学品生产单位从业人员要具有初中及以上文化程度。安全生产专业服务机构为企业提供安全技术服务时，要对企业安全培训情况进行审核。高危企业安全生产许可证发放、延期和安全生产标准化考评时，有关主管部门要审核企业安全培训情况。

（八）严格落实“三项岗位”人员持证上岗制度。企业新任用或者招录“三项岗位”人员，要组织其参加安全培训，经考试合格持证后上岗。取得注册安全工程师资格证并经注册的，可以直接申领矿山、危险物品行业主要负责人和安全管理人员安全资格证。对发生人员死亡事故负有责任的企业主要负责人、实际控制人和安全管理人员，要重新参加安全培训考试。要严格证书延期继续教育制度。有关主管部门要按照职责分工，定期开展本行业领域“三项岗位”人员持证上岗情况登记普查，建立信息库。要建立特种作业人员范围修订机制。

（九）严格落实企业职工先培训后上岗制度。矿山、危险物品等高危企业要对新职工进行至少 72 学时的安全培训，建筑企业要对新职工进行至少 32 学时的安全培训，每年进行至少 20 学时的再培训；非高危企业新职工上岗前要经过至少 24 学时的安全培训，每年进行至少 8 学时的再培训。企业调整职工岗位或者采用新工艺、新技术、新设备、新材料的，要进行专门的安全培训。矿山和危险物品生产企业逐步实现从职业院校和技工院校相关专业毕业生中录用新职工。政府有关部门要实施“中小企业安全培训援助”工程，推动大型企业和培训机构与中小企业签订培训服务协议；组织讲师团，开展培训下基层进企业活动。

（十）完善和落实师傅带徒弟制度。高危企业新职工安全培训合格后，要在经验丰富的工人师傅带领下，实习至少 2 个月后方可独立上岗。工人师傅一般应当具备中级工以上技能等级，3 年以上相应工作经历，成绩突出，善于“传、帮、带”，没有发生过“三违”行为等条件。要组织签订师徒协议，建立师傅带徒弟激励约束机制。

（十一）严格落实安全监管监察人员持证上岗和继续教育制度。市（地）及以下政府分管安全生产工作的领导同志要在明确分工后半年内参加专题安全培训。各级安全监管监察人员要经执法资格培训考试合格，持有效行政执法证上岗；新上岗人员要在上岗一年内参加执法资格培训考试；执法证有效期满的，要参加延期换证继续教育和考试。鼓励安全监管监察人员报考注册安全工程师等职业资格，在职攻读安全生产相关专业学历和学位。

四、全面加强安全培训基础保障能力建设

（十二）完善安全培训大纲和教材。有关主管部门要定期制定、修订各类人员安全培训大纲和考核标准，根据安全生产工作发展需要和企业安全生产实际，不断规范安全培训内容。鼓励行业组织、企业及培训机构编写针对性、实效性强的实用教材。要分行业组织编写企业职工安全生产应知应会读本、建立生产安全事故案例库和制作警示教育片。

（十三）加强安全培训师资队伍建设。承担安全培训的机构要建立健全安全培训专职教师考核合格后上岗制度，保证专职教师定期参加继续教育，积极组织教师参加国际学术交流。有关主管部门要加强承担安全培训的教师培训，定期开展教师讲课大赛，建立安全培训师资库。企业要建立领导干部上讲台制度，选聘一线安全管理、技术人员担任兼职教师。

（十四）加强安全培训机构建设。要根据实际需要，科学规划安全培训机构建设，控制数量，合理布局。支持大中型企业和欠发达地区建立安全培训机构，重点建设一批具有仿真、体感、实操特色的示范培训机构。要加强安全培训机构管理，定期公布安全培训机构名单和培训范围，接受社会监督。支持高等学校、职业院校、技工院校、工会培训机构等开展安全培训。

（十五）加强远程安全培训。开发国家安全培训网和有关行业网络学习平台，实现优质资源共享。建立安全培训视频课程征集、遴选、审核制度，建设课程"超市"，推行自主选学。实行网络培训学时学分制，将学时和学分结果与继续教育、再培训挂钩，与安全监管监察人员年度考核、提拔使用、评先评优挂钩。利用视频、电视、手机等拓展远程培训形式。

（十六）加强安全培训管理信息化建设。编制安全培训信息管理数据标准。开发安全培训信息管理系统。健全"三项岗位"人员、安全监管监察人员培训持证情况和考试题库、培训机构、考试机构、培训教师等数据库，实现全国安全培训数据共享。

五、全面提高安全培训质量

（十七）强化实际操作培训。制定特种作业人员实训大纲和考试标准。建立安全监管监察人员实训制度。推动科研和装备制造企业在安全培训场所展示新装备新技术。提高3D、4D、虚拟现实等技术在安全培训中的应用，组织开发特种作业各工种仿真实训系统。

（十八）强化现场安全培训。高危企业要严格班前安全培训制度，有针对性地讲述岗位安全生产与应急救援知识、安全隐患和注意事项等，使班前安全培训成为安全生产第一道防线。要大力推广"手指口述"等安全确认法，帮助员工通过心想、眼看、手指、口述，确保按规程作业。要加强班组长培训，提高班组长现场安全管理水平和现场安全风险管控能力。

（十九）建立安全培训示范视频课程体系。分行业建立"三项岗位"人员安全培训示范视频课程体系，上网发布，逐步实现优质培训资源社会共享。将示范课程作为教师培训的重要内容。建立示范课程跟踪评价制度，定期评选优质课程，给予荣誉称号或者适当资助。

（二十）加强安全培训过程管理和质量评估。建立安全培训需求调研、培训策划、培训计划备案、教学管理、培训效果评估等制度，加强安全培训全过程管理。制定安全培训质量评估指标体系，定期向全社会公布评估结果，并将评估结果作为安全培训机构考评的重要依据。

（二十一）完善安全培训考试体系。有关主管部门要按照职责分工，建立健全本行业领域安全培训考试制度，加强考试机构建设，严格教考分离制度。要建立健全安全资格考试题库，完善国家与地方相结合的题库应用机制。建立网络考试平台，加快计算机考试点建设，开发实际操作模拟考试系统。加强考试监督，严格考试纪律，依法严肃处理考试违纪行为。有关主管部门要统一本行业领域一般从业人员安全培训合格证书式样，规范考试发证管理。

六、加强安全培训监督检查

（二十二）加大安全培训执法力度。有关主管部门要把安全培训纳入年度执法计划，作为日常执法的必查内容，定期开展安全培训专项执法。要规范安全培训执法程序和方法，将抽查持证情况、抽考职工安全生产应知应会知识作为日常执法的重要方式。要加强对承担安全培训的机构管理，深入开展专项治理，促进安全培训机构健康发展。企业要建立安全培训自查自考制度，加大"三违"行为处罚力度。

（二十三）严肃追究安全培训责任。对应持证未持证或者未经培训就上岗的人员，一律先离岗、培训持证后再上岗，并依法对企业按规定上限处罚，直至停产整顿和关闭。对存在不按大纲教学、不按题库考试、教考不分、乱办班等行为的安全培训和考试机构，一律依法严肃处罚。对各类生产安全责任事故，一律倒查培训、考试、发证不到位的责任。对因未培训、假培训或者未持证上岗人员的直接责任引发重特大事故的，所在企业主要负责人依法终身不得担任本行业企业矿长（厂长、经理），实际控制人依法承担相应责任。

(二十四)建立安全培训绩效考核制度。制定安全培训工作绩效考核指标体系,做到定性与定量、内部考核与外部评议相结合。安全培训绩效考核结果要纳入安全生产综合考核内容。每年通报安全培训绩效考核结果。

七、切实加强对安全培训工作的组织领导

(二十五)把安全培训摆上更加突出位置。各级政府及有关主管部门、各企业要把安全培训工作纳入实施安全发展战略的总体布局。各级安委会要定期研究解决安全培训突出问题,有关主管部门主要负责同志要亲自抓、负总责,各级安委会办公室要牵头抓总,当好参谋,创新实践,整合资源,示范引领。要经常深入基层、企业开展安全培训调查研究。要支持工会、共青团、妇联、科协以及新闻媒体等参与、监督安全培训工作。

(二十六)保证安全培训投入。建立以企业投入为主、社会资金积极资助的安全培训投入机制。要将政府应当承担的安全培训经费纳入财政保障范围。企业要在职工培训经费和安全费用中足额列支安全培训经费,实施技术改造和项目引进时要专门安排安全培训资金。研究探索由开展安全生产责任险、建筑意外伤害险的保险机构安排一定资金,用于事故预防与安全培训工作。

(二十七)充分运用典型和媒体推动安全培训工作。要总结推广政府有关主管部门加大安全培训监管力度、企业落实安全培训主体责任、培训机构提高安全培训质量的典型经验,以点带面推动工作。要定期公布安全培训问题企业和问题培训机构名单。要广泛宣传安全培训工作的重要地位和作用,宣传安全生产知识和技能,不断提高人民群众安全素质,努力形成全社会更加支持安全生产工作的氛围。

各省级安委会和国务院有关主管部门及各有关中央企业要根据本决定制定实施意见,并及时将实施意见和落实情况报告国务院安委会办公室。

国务院安委会
2012 年 11 月 21 日

国务院安委会办公室关于进一步加强化工园区安全管理的指导意见

安委办〔2012〕37号(2012年8月7日发布)

各省、自治区、直辖市及新疆生产建设兵团安全生产委员会:

为贯彻落实《危险化学品安全管理条例》(国务院令第591号)、《国务院关于坚持科学发展安全发展促进安全生产形势持续稳定好转的意见》(国发〔2011〕40号)要求,进一步加强专门发展化工产业的化工园区、化工企业聚集的集中区或工业区(以下统称园区)安全管理,降低园区系统安全风险,增强园区安全应急保障能力,提升园区本质安全水平,现提出以下指导意见:

一、指导思想

(一)指导思想。以科学发展观为指导,加快实施安全发展战略,坚持"安全第一、预防为主、综合治理"的方针,贯彻落实有关安全生产法律、法规、标准,按照"统一规划、合理布局、严格准入、一体化管理"的原则,做好园区的规划选址和企业布局,严格园区内化工企业安全准入,加强园区一体化监管,推动园区与社会协调发展;建立"责任明确、管理高效、资源共享、保障有力"的园区安全管理工作机制,将园区内企业之间的相互影响降到最低,强化园区内企业的安全生产管控,夯实安全生产基础,加强应急救援综合能力建设,促进园区安全生产和安全发展。

二、科学规划与建设,从源头上提升园区本质安全水平

(二)统筹规划。各地区要结合本地区经济社会发展规划、产业结构特点、化工产业资源、自然环境条件、安全生产状况及安全生产规划,制定化工行业发展规划,确定专门区域发展化工产业,并将园区规划纳入当地城乡发展规划。园区选址应把安全放在首位,使园区规划与城市发展规划相协调、园区功能与其他主体功能区相协调,使园区与城市建成区、人口密集区、重要设施、敏感目标之间保持足够的安全及卫生防护距离、留有适当的发展空间,将园区安全与周边公共安全的相互影响降到最小。

(三)合理布局。园区内各企业的布局应满足安全防护距离的要求,并综合考虑主导风向、地势高低落差、企业装置之间的相互影响、产品类别、生产工艺、物料互供、公用设施保障、应急救援等因素,合理布置功能分区。科学评估园区安全风险,确定安全容量,实施总量控制,降低区域风险,预防连锁事故发生。

(四)严格准入。规划设立园区的当地人民政府要建立园区内的企业准入和退出机制。要充分考虑园区产业链的安全性和科学性,有选择地接纳危险化学品企业入园。把符合安全生产标准、园区产业链安全和安全风险容量要求,作为危险化学品企业准入的前置条件,大力支持产业匹配、工艺先进的企业入园建设,严格禁止工艺设备设施落后的项目入园,严格限制本质安全水平低的项目建设。凡入园企业,应依法实施建设项目安全审查,严格安全设计管理,严格控制涉及光气、剧毒化学品生产企业的建设项目,从严审批涉及重点监管的危险化工工艺企业、重点监管危险化学品生产储存装置或危险化学品重大危险源(以下简称"两重点一重大")的建设项目。新建化工生产储存装置应当依照有关法律、法规、规章和标准的规定装备自动化控制系统,涉及易燃易爆、有毒有害气体的生产储存装置必须装备易燃易爆、有毒有害气体泄漏报警系统,涉及"两重点一重大"的生产储存装置应装备安全联锁系统。劳动力密集型的非化工企业不得与化工企业混建在同一园区内。

(五)科学建设。负责园区管理的当地人民政府要结合本地区化工行业发展特点,统筹考虑产业发展、安全环保、公用设施、物流输送、维修服务、应急管理等各方面的需求。园区的建设以有利于生产安全为原则,完善水、电、汽、风、污水处理、公用管廊、道路交通、应急救援设施等公用工程配套和安全保障设施，实现基础设施、公共配套设施和安全保障设施的专业化共建共享。

三、建立园区安全生产一体化管理体系

（六）建立健全园区安全生产管理机构。负责园区管理的当地人民政府应设置或指定园区安全生产管理机构，实施园区安全生产一体化管理，协调解决园区内企业之间的安全生产重大问题，统筹指挥园区的应急救援工作，指导企业落实安全生产主体责任，全面加强安全生产工作，定期组织园区企业开展安全管理情况检查或互查。园区安全生产管理机构应当配备满足园区安全管理需要的人员，其中要有一定数量的具有化工安全生产实践经验的人员。当地人民政府或上级人民政府的安全监管部门可向园区派出安全生产监管机构或专职安全监管人员，切实落实园区安全监管责任。

（七）树立园区整体安全风险意识。园区安全生产管理机构原则上应委托具有甲级资质的安全评价机构开展园区整体性安全风险评价工作，科学评估园区安全风险，提出消除、降低或控制安全风险的对策措施，并将该方案报园区主管部门备案。已建成投用的园区每 5 年要开展一次园区整体性安全风险评价。园区安全生产管理机构应建立园区企业安全生产工作例会制度，并明确紧急状况下各企业的联络方式、通报机制和指挥体制。园区内企业应树立整体安全意识，防范系统风险，防止企业生产安全事故影响周边企业，产生“多米诺”效应。企业生产出现异常状况或较大安全风险时，应及时报告园区安全生产管理机构或园区管委会，通报周边企业，周边企业应采取相应防范措施。

（八）强化园区应急保障能力建设，构建一体化应急管理系统。园区安全生产管理机构要全面掌握园区及企业应急救援相关信息，制定园区总体应急救援预案及专项预案。督促企业修订完善应急救援预案并与园区总体应急救援预案相衔接，做好预案登记、备案、评审等工作。园区应建立健全园区内企业及公共应急物资储备保障制度，建立完善应急物资保障体系。要明确安全生产应急管理的分级原则、响应方法和程序，建立快速响应机制，做到应急救援功能健全、统一指挥、反应灵敏、运转高效。园区安全生产管理机构要在因地制宜、合理规划、节约资源的原则下，整合园区内各企业所配置的压力、温度、液位、泄漏报警等自动化监控措施，构建园区一体化应急管理信息平台，并依托信息平台，对园区安全生产状况实施动态监控及预警预报，定期进行安全生产风险分析，建立与园区周边社区危险性告知和应急联动体系，及时发布预警信息，落实防范和应急处置措施。要加强应急基础设施建设，可采取企企联合、政企联合或相关职能部门单独出资投入等方式，整合和优化园区专业的危险化学品应急救援资源，组建园区专业应急救援队伍，并组织开展地方应急救援力量和企业应急救援力量共同参与的应急演练。

四、严格园区安全生产监督管理

（九）指导督促园区企业切实落实主体责任。要督促园区企业认真贯彻落实《国务院关于进一步加强企业安全生产工作的通知》（国发〔2010〕23 号）、《国家安全监管总局 工业和信息化部关于危险化学品企业贯彻落实〈国务院关于进一步加强企业安全生产工作的通知〉的实施意见》（安监总管三〔2010〕186 号）的要求，通过全面开展安全生产标准化建设工作，全面加强安全管理，提升企业安全生产水平。

（十）突出重点、强化监管。园区安全生产管理机构要建立园区企业的安全生产行政许可、隐患排查治理、自动化控制、重大危险源管理、安全培训等方面的安全监管信息档案。加强对园区内涉及“两重点一重大”企业的安全监管，强化对危险化学品重大危险源的监控，严格落实重大危险源辨识、评价、登记、申报以及备案等规定。督促园区内使用危险化工工艺的企业开展危险与可操作性分析（HAZOP），强化在役生产装置安全诊断，及时消除安全隐患，提高装置本质安全水平。

（十一）持续深化隐患排查整治。园区安全生产管理机构要督促企业把隐患排查治理作为安全生产风险管理要素的重要内容，建立健全全员参与的隐患排查治理工作制度，定期组织开展隐患排查治理，做到横向到边、纵向到底、全面覆盖，确保各类安全生产隐患能够及时发现、及时整改，防止隐患演变为事故。对不符合安全生产要求，隐患严重而且难以整改的企业，要及时淘汰退出园区。

（十二）切实加强园区承包商管理。园区安全生产管理机构要建立完善承包商管理制度，对进入园区施工、检维修及提供专业技术服务等作业的承包商进行登记，建立相关档案、台账，并加强监督检查，制定各项安全防范措施。要督促企业切实加强对企业内部承包商作业的现场安全管理，落实危险性作业的安全措施。

（十三）推进园区封闭化管理。要按照“分类控制、分级管理、分步实施”的要求，结合园区产业结构、产业链特点、安全风险类型等实际情况，逐步推进园区封闭化管理。原则上要按照核心控制区、关键控制区、一般控制区的防护等级，通过采取不同的封闭监控管理手段，实行封闭化管理。要建立完善的园区门禁系统和视频监控系统，严格控制人员、危险化学品车辆进入园区。进出园区的危险化学品车辆都要安装带有定位功能的监控终端，实行专用道路、专用车道和限时限速行驶措施，由园区安全生产管理机构实施统一监控管理。对暂时无法进行封闭化管理的园区，要首先对重大危险源和关键生产区域进行封闭化管理，加强安全防控。

五、切实加强组织领导

（十四）提高认识，加强领导。各地区和各有关部门要充分认识加强园区安全生产工作的重要性，将其纳入重要议事日程，切实加强组织领导，明确职责分工，采取科学有效措施，降低园区系统安全风险。要建立健全园区安全生产部门联动机制，及时研究解决园区安全生产问题，有效保障园区安全发展。

（十五）落实保障措施，加强舆论监督。各地区要加强园区安全生产规范化建设和安全生产管理机构建设，从政策、资金等方面给予大力支持，以专业人员充实基层监管力量，加强技术装备和资金投入、创新安全监管工作机制，加强业务培训，提高园区安全生产及应急保障能力。要充分发挥新闻媒体的宣传引导和监督作用，注重宣传园区安全生产先进经验，充分发挥典型的示范带头作用；对严重忽视安全生产和存在重大隐患的园区要予以曝光，接受社会监督。

各省级安委会要迅速将本指导意见精神传达至本辖区各有关部门和单位，结合本地区实际制定园区安全管理细则并抓好贯彻落实，强化园区安全管理，促进全国危险化学品安全生产形势持续稳定好转。

国务院安委会办公室

2012 年 8 月 7 日

全国港口道路交通管理工作座谈会纪要

交公安字〔91〕237号(1991年3月23日发布)

一九九一年一月十日至十二日,交通部公安局在广州市主持召开了全国港口道路交通管理工作座谈会。参加会议的有长航公安局、沿海港口公安局主管局长,交通科、队长,公安部交通管理局和十二个沿海省、市公安交通管理部门的有关同志。会议回顾了改革开放以来港口道路交通管理情况,总结、交流了经验,研究、讨论了公安部交通管理局、交通部公安局《关于加强港口道路交通管理工作的通知》(〔90〕公交管第110号)的贯彻执行情况和进一步加强港口道路交通管理工作的意见。

会议认为,近十余年来,港口道路交通管理工作发展较快,取得了明显成效,目前已有十五个港口公安机关成立了交通管理科(交通警察队),有交通干警二百二十八人。近年来,将港口道路交通纳入城市道路交通管理范围,依法管理,严格管理,科学管理,实行综合治理,加强了正规化、标准化和法制化建设,使港口道路交通事故、交通违章和交通堵塞现象明显减少,为港口交通运输安全畅通作出了贡献。

会议指出,当前港口道路交通管理工作存在的主要问题:一是港口交通管理机构不健全,警力普遍不足,人员新,缺乏正规培训,装备差,不适应工作需要;二是许多港口道路不符合《道路交通管理条例》和有关的国家标准的要求,管理不正规,港口道路交通管理规章不完善;三是有的地方尚未将港口交通警察队列入当地交通警察队序列,职责权限不够明确,不能有效地开展交通管理工作。

会议认为,随着改革开放,港口交通运输所处的位置越来越重要,港口道路交通管理工作面临的任务十分艰巨。必须继续贯彻落实国务院关于加强交通运输安全工作的决定和全国公安交通管理工作会议精神,实行预防事故,安全畅通,科学管理,服务港口的方针,大力加强交通警察队伍建设和交通管理基础工作建设,积极改善港口道路状况。当前要重点做好以下几项工作:

一、充分认识港口道路交通管理的重要性,切实加强对港口交通管理工作的领导。港口公安机关要把交通管理工作作为重要的业务工作抓好,配足必需的编制定员,认真解决工作中遇到的问题,配备必要的交通、通讯工具,改善工作条件,使港口交通管理部门能充分开展工作。港口所在市公安局交通管理部门,对港口交通管理工作要定期检查指导,在召开有关会议、下发文件、部署工作以及安排干警培训等方面,要把港口交通警察队与所属区、县交通警察队一样对待,帮助他们把港口道路交通管理工作搞好。

二、理顺关系,进一步健全港口公安交通管理机构。港口交通管理机构对外统一称"××市公安局交通警察支(总)队××港大队(或队)",其下设机构可称中队;对内称"××港公安局交通管理科",是港口公安机关的一个职能部门,其执法权限原则上与县(区)公安交通管理部门相同。凡没有建立交通管理机构的港口公安局,要抓紧提出组建机构的方案,经港务局批准,报所在省、市公安厅、局审批,同时报送交通部公安局备案。港口所在市公安局交通管理部门要积极帮助其明确职责权限,尽快开展工作。随着港口建设的发展,港口交通警察队的编制定员也要相应增加,以保证工作需要。

三、加强法规建设,严格执法监督。鉴于港口道路交通管理工作的特殊性,在执行国家统一的道路交通管理法规的同时,对货场道路管理、港口作业车辆管理、驾驶员管理等等,要根据港口生产特点的需要制定具体的管理制度,报当地公安机关批准实行。要切实加强对交通干警依法办事和文明执勤的教育,加强执法监督检查,防止滥用职权,违法违纪。要认真做好复议、应诉工作。

四、加强港口道路正规化、标准化建设。各港要制定港口道路建设的规划,并纳入港口基建计划,有计划、有步骤地把港口道路建设好。对不适应车辆流通的老港老路,要结合技术改造进行拓宽、翻建或清理。港口道路要命名,按规定和需要设置信号、标志,漆划标线。

五、继续抓好港口交通安全的综合治理。要把交通安全纳入港口安全生产计划,同经济效益挂钩。责任制要落实,奖惩要兑现。要坚持不懈地进行交通安全宣传教育,开展各种形式的安全竞赛活动,提高广大职工群众交通安全意识和遵章守纪观念。要扩大社会面的宣传,使进港人员和车辆能够自觉遵守港口交通规章。

六、进一步加强港口交通警察队伍建设。要按照公安部的要求,把港口交通警察培训纳入所在市交通警察培训的计划,争取三五年内将港口交通警察轮训一遍。必须特别重视港口交通警察大队(队)领导班子的配备,挑选年富力强、思想好、业务熟的干部担任大队长和教导员,并保持相对稳定。要加强装备建设,近期主要是按交通警察装备标准配备通讯、交通工具和测速仪、测酒仪等必需设备。要加强廉政建设,坚决制止以权谋私、贪赃枉法和其他违法违纪行为。要加强思想政治工作,激励广大交通干警奋发向上,积极进取,切实把港口交通警察队伍建设成为守纪律、能战斗、全心全意为人民服务、为港口交通运输服务的新型队伍。

交通部　公安部

一九九一年三月二十三日

水路旅客运输规则

交水发〔1995〕1178号(1995年12月12日发布)

第一章　总　　则

第一条　为了明确水路旅客运输中承运人、港口经营人、旅客之间的权利和责任的界限,维护水路旅客运输合同、行李运输合同和港口作业、服务合同当事人的合法权益,依据国家有关法律、法规,制订本规则。

第二条　本规则适用于中华人民共和国沿海、江河、湖泊以及其他通航水域中一切从事水路旅客运输(含旅游运输,下同)、行李运输及其有关的装卸作业。

军事运输、集装箱运输、滚装运输,除另有规定者外,均适用本规则。

第三条　水路旅客运输合同、行李运输合同应本着自愿的原则签订;港口作业、服务合同应本着平等互利、协商一致的原则签订。

第四条　水路旅客运输工作,应贯彻"安全第一,正点运行,以客为主,便利旅客"的客运方针,遵循"全面服务,重点照顾"的服务原则。

第五条　本规则下列用语的含义是:

(一)"水路旅客运输合同",是指承运人以适合运送旅客的船舶经水路将旅客及其自带行李从一港运送至另一港,由旅客支付票款的合同。

(二)"水路行李运输合同",是指承运人收取运费,负责将旅客托运的行李经水路由一港运送至另一港的合同。

(三)"港口作业、服务合同"(以下简称"作业合同"),是指港口经营人收取港口作业费,负责为承运人承运的旅客和行李提供候船、集散服务和装卸、仓储、驳运等作业的合同。

(四)"旅客",是指根据水路旅客运输合同运送的人;经承运人

同意,根据水路货物运输合同,随船护送货物的人,视为旅客。

(五)"行李",是指根据水路旅客运输合同或水路行李运输合同由承运人载运的任何物品和车辆。

(六)"自带行李",是指旅客自行携带、保管的行李。

(七)"托运行李",是指根据水路行李运输合同由承运人运送的行李。

(八)"承运人",是指本人或者委托他人以本人名义与旅客签订水路旅客运输合同和水路行李运输合同的人。

(九)"港口经营人",是指与承运人订立作业合同的人。

(十)"客运记录",是指在旅客运输中发生意外或特殊情况所作记录的文字材料。它是客船与客运站有关客运业务移交的凭证。

第二章　运输合同及作业合同的订立

第六条　旅客运输合同成立的凭证为船票,合同双方当事人——旅客和承运人买、卖船票后合同即成立。

第七条　船票应具备下列基本内容:

(一)承运人名称;

(二)船名、航次;

(三)起运港(站、点)(以下简称"起运港")和到达港(站、点)(以下简称"到达港");

(四)舱室等级、票价;

(五)乘船日期、开船时间;

(六)上船地点(码头)。

第八条 旅客运输的运送期间,自旅客登船时起至旅客离船时止。船票票价含接送费用的,运送期间并包括承运人经水路将旅客从岸上接到船上和从船上送到岸上的期间,但是不包括旅客在港站内、码头上或者在港口其它设施内的时间。

旅客的自带行李,运送期间同前款规定。

第九条 行李运输合同成立的凭证为行李运单,合同双方当事人——旅客和承运人即时清结费用,填制行李运单后合同即成立。

第十条 行李运单应具备下列基本内容:

(一)承运人名称;

(二)船名、航次、船票号码;

(三)旅客姓名、地址、电话号码、邮政编码;

(四)行李名称;

(五)件数、重量、体积(长、宽、高);

(六)包装;

(七)标签号码;

(八)起运港、到达港、换装港;

(九)运费、装卸费;

(十)特约事项。

第十一条 旅客的托运行李的运送期间,自旅客将行李交付承运人或港口经营人时起至承运人或港口经营人交还旅客时止。

第十二条 承运人为履行运输合同,需要港口经营人提供泊位、候船、驳运、仓储设施,托运行李作业、旅客上下船、候船服务及其他工作等,应由承运人与港口经营人签订作业合同。

第十三条 作业合同的基本形式为中、长期(季、年)和航次合同。

第十四条 作业合同应具备下列基本内容:

(一)承运人和港口经营人名称;

(二)码头、仓库、候船室、驳运船舶名称;

(三)托运行李作业,包括行李保管、装卸、搬运;

(四)候船服务,包括:问询、寄存、船期、运行时刻公告,票价表,茶水,卫生间;

(五)旅客上下船服务;

(六)特约事项。

第十五条 水路旅客运输合同、行李运输合同和作业合同的基本格式由交通部统一规定。交通部直属航运企业可自行印制水路运输合同、行李运输合同和作业合同,其他航运企业使用的合同由企业所在省(自治区、直辖市)交通主管部门印制、管理。

第三章 旅客运输合同的履行

第一节 船 票

第十六条 船票是水路旅客运输合同成立的证明,是旅客乘船的凭证。

第十七条 船票分全价票和半价票。

第十八条 儿童身高超过1.1米但不超过1.4米者，应购买半价票，超过1.4米者，应购买全价票。

第十九条 革命伤残军人凭中华人民共和国民政部制发的革命伤残军人证，应给予优待购买半价票。

第二十条 没有工资收入的大、中专学生和研究生，家庭居住地和院校不在同一城市，自费回家或返校时，凭附有加盖院校公章的减价优待证的学生证每年可购买往返2次院校与家庭所在地港口间的减价票（以下简称“学生票”）。学生票只限该航线的最低等级。

学生回家或返校，途中有一段乘坐其他交通工具的，经确认后，也可购买学生票。

应届毕业生从院校回家，凭院校的书面证明可购买一次学生票。新生入学凭院校的录取通知书，可购买一次从接到录取通知书的地点至院校所在地港口的学生票。

第二十一条 船票在承运人或其代理人所设的售票处发售，在未设站的停靠点，由客船直接发售。

第二十二条 要求乘船的人凭介绍信，可以一次购买或预订同一船名、航次、起讫港的团体票，团体票座在10张以上。

售票处发售团体票时，应在船票上加盖团体票戳记。

第二十三条 包房、包舱、包船按下列规定办理：

（一）包房，由售票处办理；

（二）包舱，经承运人同意后，由售票处办理；

（三）包船，由承运人办理。

包用人在办理包房、包舱、包船时，应预付全部票价款。

第二节 旅客的权利和责任

第二十四条 旅客应按所持船票指定的船名、航次、日期和席位乘船。重病人或精神病患者，应有人护送。

第二十五条 每一成人旅客可免费携带身高不超过1.1米的儿童一人。超过一人时，应按超过的人数购买半价票。

第二十六条 旅客漏船，如能赶到另一中途港乘上原船，而原船等级席位又未售出时，可乘坐原等级席位，否则，逐级降等乘坐，票价差额款不退。

第二十七条 每一旅客可免费携带总重量20千克（免费儿童减半），总体积0.3立方米的行李。

每一件自带行李，重量不得超过20千克；体积不得超过0.2立方米；长度不得超过1.5米（杆形物品2米）。

残疾旅客乘船，另可免费携带随身自用的非机动残疾人专用车一辆。

第二十八条 旅客可携带下列物品乘船：

（一）气体打火机5个，安全火柴20小盒。

（二）不超过20毫升的指甲油、去污剂、染发剂，不超过100毫升的酒精、香水、冷烫精，不超过300毫升的家用卫生杀虫剂、空气清新剂。

（三）军人、公安人员和猎人佩带的枪支和子弹（应有持枪证明）。

第二十九条 除本规则另有规定者外，下列物品不准旅客携带上船：

（一）违禁品或易燃、易爆、有毒、有腐蚀性、有放射性以及有可能危及船上人身和财产安全的其他危险品；

（二）各种有臭味、恶腥味的物品；

（三）灵柩、尸体、尸骨。

第三十条 旅客违反本规则第二十九条规定，造成损害的，应当负赔偿责任。

第三十一条 旅客自带行李超过免费规定的，应办理托运。

经承运人同意的，也可自带上船，但应支付行李运费。

对超过免费规定的整件行李，计费时不扣除免费重量、体积和长度。

第三十二条 旅客可携带下列活动物乘船：

(一)警犬、猎犬(应有证明)；

(二)供科研或公共观赏的小动物(蛇除外)；

(三)鸡、鸭、鹅、兔、仔猪(10千克以下)、羊羔、小狗、小猫、小猴等家禽家畜。

第三十三条 旅客携带的活动物,应符合下列条件,否则不得携带上船：

(一)警犬、猎犬应有笼嘴牵绳；

(二)供科研或公共观赏的小动物,应装入笼内,笼底应有垫板；

(三)家禽家畜应装入容器。

第三十四条 旅客携带的活动物,由旅客自行看管,不得带入客房(舱),不得放出喂养。

第三十五条 旅客携带的活动物,应按行李运价支付运费。

第三十六条 旅客携带活动物的限量,由承运人自行制订。

第三节 承运人的权利和责任

第三十七条 承运人应按旅客运输合同所指定的船名、航次、日期和席位运送旅客。

第三十八条 承运人在旅客上船前、下船后和在客船航行途中应对旅客所持的船票进行查验,并作出查验记号。

第三十九条 查验船票的内容如下：

(一)乘船人是否持有效船票；

(二)持用优待票的旅客是否有优待证明；

(三)超限自带行李是否已按规定付运费。

第四十条 乘船人无票在船上主动要求补票,承运人应向其补收自乘船港(不能证实时,自客船始发港)至到达港的全部票价款,并核收补票手续费。

在途中,承运人查出无票或持用失效船票或伪造、涂改船票者,除向乘船人补收自乘船港(不能证实时,自客船始发港)至到达港的全部票价款外,应另加收相同区段最低等级票价的100%的票款,并核收补票手续费。

第四十一条 在到达港,承运人查出无票或持用失效船票或伪造、涂改船票者,应向乘船人补收自客船始发港至到达港最低等级票价的400%的票款,并核收补票手续费。

第四十二条 在乘船港,承运人查出应购买全价票而购买半价票的儿童,应另售给全价票,原半价票给予退票,免收退票费。

第四十三条 在途中或到达港,承运人查出儿童未按规定购买船票的,应按下列规定处理：

(一)应购半价票而未购票的,补收半价票款,并核收补票手续费；

(二)应购全价票而购半价票的,补收全价票与半价票票价差额款,并核收补票手续费；

(三)应购全价票而未购票的,应按本规则第四十条、第四十一条规定办理。

第四十四条 在途中或到达港,承运人查出持用优待票乘船的旅客不符合优待条件时,应向旅客补收自乘船港至到达港的全部票价款,并核收补票手续费。原船票作废。

第四十五条 旅客在检票后遗失船票,应按本规则第四十条规定在船上补票。

旅客补票后如在离船前找到原船票,可办理其所补船票的退票手续,并支付退票费。

旅客在离船后找到原船票,不能退票。

旅客在到达港出站前遗失船票,应按本规则第四十一条规定办理。

第四十六条 在乘船港,由于承运人或其代理人的责任使旅客降等级乘船时,承运人应将旅客的原船票收回,另换新票,退还票价差额款,免收退票费。

在途中,由于承运人或其代理人的责任使旅客降等级乘船时,承运人应填写客运记录,交旅客至到达港办理退还票价差额款的手续。

第四十七条 由于承运人或其代理人的责任使旅客升等级乘船时,承运人不应向旅客收取票价差额款。

第四十八条 旅客误乘客船时,除按本规则第四十条第一款的规定处理外,旅客可凭客船填写的客运记录,到下船港办理原船票的退票手续,并支付退票费。

第四十九条 旅客因病或临产必须在中途下船的,由承运人填写客运记录,交旅客至下船港办理退票手续,将旅客所持船票票价与旅客已乘区段票价的差额退还旅客,并向旅客核收退票费。

患病或临产旅客的护送人,也可按前款规定办理退票。

第五十条 承运人可以在任何时间、任何地点将旅客违反本规则第二十九条规定随身携带的违禁品、危险品卸下、销毁或者使之不能为害,或者送交有关部门,而不负赔偿责任。

第四节 合同的变更和解除

第五十一条 在乘船港不办理船票的签证改乘手续。旅客要求变更乘船的班次、舱位等级或行程时,应先行退票并支付退票费,再另行购票。

第五十二条 旅客在旅行途中要求延程时,承运人应向旅客补收从原到达港至新到达港的票价款,并核收补票手续费。客船满员时,不予延程。

第五十三条 对超程乘船的旅客(误乘者除外),承运人应向旅客补收超程区段最低等级票价的200%的票款,并核收补票手续费。

第五十四条 旅客在船上要求升换舱位等级时,承运人应向旅客补收升换区段所升等级同原等级票价的差额款,并核收补票手续费。

持用学生票的学生在船上要求升换舱位等级时,承运人应向其补收升换等级区段所升等级全票票价与学生票票价的差额款,并核收补票手续费。

第五十五条 持低等级半价票的儿童可与持高等级船票的成人共用一个铺位。如持低等级船票的成人与持高等级半价票的儿童共用一个铺位,由承运人对成人补收高等级与低等级票价的差额款,并核收补票手续费,儿童的半价票差额款不退,且不另供铺位。

第五十六条 在乘船港,旅客可在规定时限内退票,但应支付退票费。

超过本规则第五十七条规定的退票时限,不能退票。

第五十七条 在乘船港退票的时限规定为:

(一)内河航线在客船开航以前;沿海航线在客船规定开航时间2小时以前;

(二)团体票在客船规定开航时间24小时以前。

第五十八条 除本规则另有规定的外,旅客在中途港、到达港和船上不能退票。

第五十九条 包房、包舱、包船的包用人,可在规定的时限内要求退包,但应支付退包费。

超过本规则第六十条规定的退包时限,不能退包。

第六十条 退包的时限规定为:

(一)包房、包舱退包,在客船规定开航时间24小时以前;

(二)包船退包,在客船计划开航时间24小时以前。

第六十一条 下列原因造成的退票或退包,承运人不得向旅客收取退票费或退包费:

(一)不可抗力;

(二)承运人或其代理人的责任。

第六十二条 在春运等客运繁忙季节,承运人可以暂停办理退票。

第四章 行李运输合同的履行

第一节 旅客的权利和责任

第六十三条 行李运单是水路行李运输合同成立的证明,行李运单的提单联是旅客提取行李的凭证。

第六十四条 除法律、行政法规限制运输的物品，以及本规则有特别规定不能办理托运的物品外，其他物品均可办理行李托运。

第六十五条 在客船和港口条件允许或行李包装适合运输的情况下，家用电器、精密仪器、玻璃器皿及陶瓷制品等可办理托运。

第六十六条 下列物品不能办理托运：

（一）违禁品或易燃、易爆、有毒、有腐蚀性、有放射性以及有可能危及船上人身和财产安全的其他危险品；

（二）污秽品、易于损坏和污染其他行李和船舶设备的物品；

（三）货币、金银、珠宝、有价证券或其他贵重物品；

（四）活动物、植物；

（五）灵柩、尸体、尸骨。

第六十七条 托运的行李，每件重量不得超过50千克，体积不得超过0.5立方米，长度不得超过2.5米。

第六十八条 托运行李的包装应符合下列条件：

（一）行李的包装应完整、牢固、捆绑结实，适合运输；

（二）旅行包、手提袋和能加锁的箱类，应加锁；

（三）包装外部不拴挂其他物品；

（四）纸箱应有适当的内包装；

（五）易碎品、精密仪器及家用电器，应使用硬质材料包装，内部衬垫密实稳妥，并在明显处标明“不准倒置”等警示标志；

（六）胶片应使用金属容器包装。

第六十九条 旅客应在托运行李的外包装上写明姓名和起讫港名。

第七十条 旅客违反本规则第六十六条规定，致使行李损坏，

承运人不负赔偿责任；造成客船及他人的损失时，应由旅客负责赔偿。

第七十一条 旅客遗失行李运单时，如能说明行李的特征和内容，并提出对行李拥有权的有力依据，经承运人确认后，可凭居民身份证并开具收据领取行李，原行李运单即行作废。

旅客遗失行李运单，在提出声明前，如行李已被他人冒领，承运人不负赔偿责任。

第二节　承送人的权利和责任

第七十二条 承运人应提供足够的适合运输的行李舱，将旅客托运的行李及时、安全地运到目的港。

第七十三条 托运的行李，应与旅客同船运送。如来不及办理当班客船的托运手续时，经旅客同意，承运人也可给予办理下一班次客船的托运手续。

第七十四条 承运人对托运的行李，必要时可要求旅客开包查验，符合运输规定时，再办理托运手续。如旅客拒绝查验，则不予承运。

第七十五条 行李承运后至交付前，包装破损或松散时，承运人应负责修补，所需费用由责任方负责。

第七十六条 承运人查出在已经托运的行李中夹有违禁品或易燃、易爆、有毒、有腐蚀性、有放射性以及有可能危及船上人身和财产安全的其他危险品时，除按本规定第五十条规定处理外，对行李的运杂费还应按下列规定处理：

（一）在起运港，运杂费不退；

（二）在船上或卸船港，应加收一次运杂费。

第七十七条 承运人查出托运的行李中夹带易于损坏和污染物品时，应按下列规定办理：

（一）在起运港，立即停止运输，并通知旅客进行处理，运杂费不退；

（二）在船上或卸船港，由承运人采取处理措施，除所需费用由旅客负担外，另加收一次运杂费。

第七十八条 承运的行李未能按规定的时间运到,旅客前来提取时,承运人应在行李运单上加盖“行李未到”戳记,并记录到达后的通知方法,行李到达后,应立即通知旅客。

第七十九条 托运的行李自运到后的第3日起计收保管费。

第八十条 行李在交付时,承运人应会同旅客对行李进行查验,经查验无误后再办理提取手续。

第八十一条 行李自运到之日起10天后旅客还未提取时,承运人应尽力查找物主;如超过60天仍无人提取时,即确定为无法交付物品。

第八十二条 对无法交付物品,承运人应按下列规定处理:

(一)一般物品,依法申请拍卖或交信托商店作价收购;

(二)没有变卖价值的物品,适当处理;

(三)军用品、危险品、法律和行政法规限制运输的物品、历史文物、机要文件及有价证券等,无偿移交当地主管部门处理。

第八十三条 无法交付物品处理后所得款额,应扣除保管费和处理费用,剩余款额由承运人代为保管3个月。在保管期内,旅客要求归还余款时,应出具证明,经确认后方可归还;逾期无人提取时,应上缴国库。

第三节 合同的变更和解除

第八十四条 行李在装船前,旅客要求变更托运,应先解除托运,另行办理托运手续。

第八十五条 行李在装船前,旅客要求解除托运,承运人应将行李运单收回,加盖“变更托运”戳记,退还运杂费,核收行李变更手续费,并自托运之日起计收保管费。

第八十六条 行李装船后,不能办理变更、解除托运手续。如旅客要求由到达港运回原托运港或另一港,可委托承运人在到达港代办行李运回或运至另一港的手续,预付第二程运杂费(多退少补),其第一程交付的运杂费不退,并核收代办托运手续费。

第五章 作业合同的履行

第一节 承运人的责任

第八十七条 制订旅客运输计划、客船班期时刻表。

承运人应于每月的25日前向港口经营人提供次月客船班期时刻表。

客船班期时刻表一经发布,不得随意改动,确需变更时,应事先与港口经营人联系,并对外发出变更通知。

第八十八条 客船班期时刻表的编制,应考虑到与其他交通工具的衔接,对重点停靠港口,客船的到发时间应便利旅客中转和食宿安排。

第八十九条 客船应按班期时刻表正点运行。

客船因故晚点,应将准确的到港时间及时通知客运站,并按客运站重新对外公布的时间开船。

第九十条 承运人应负责旅客自登上客船(或舷梯)至离船(或舷梯)期间的安全。

承运人对旅客自带行李的安全责任期间同前款规定。

第九十一条 承运人应负责对托运行李自装入客船行李舱至卸出行李舱期间的安全质量。

第九十二条 客船应配合客运站做好客梯、安全网的搭拴工作。由于客梯、安全网搭拴不牢(在客船一边)造成旅客伤亡的,由客船负责。

旅客翻越栏杆(或船舷)下船,造成伤亡的,由客船负责。

第二节 港口经营人的责任

第九十三条 港口经营人应按承运人提供的客船班期时刻表安排客船泊位。

客船靠泊的码头应相对固定。

第九十四条 港口经营人对客船的行李和货物装卸应予优先安排。如遇客船晚点,应尽力压缩客船的停港时间。

客船晚点时,客运站应及时公告。

第九十五条 港口经营人应负责旅客自进入候船室至登上客船(或舷梯)前或自离开客船(或舷梯)至出站期间的安全。

港口经营人对旅客自带行李的安全责任同前款规定。

第九十六条 港口经营人应负责行李自办理托运手续至装入客船行李舱或自客船行李舱卸出至交付旅客期间的安全质量。

第九十七条 客运站应配备旅客上下船客梯和安全网,并负责搭拴工作。

由于客梯和安全网搭拴不牢(在码头、趸船一边)造成旅客伤亡的,由客运站负责。

旅客翻越栏杆(或船舷)上船造成伤亡的,由客运站负责。

第九十八条 旅客上下船应与行李、货物(车辆)装卸作业隔开,不得交叉作业。

第三节 合同的变更和解除

第九十九条 作业合同凡发生下列情况之一者,允许变更或解除,但不能因此损害国家利益和社会公共利益:

(一)当事人双方经协商同意;

(二)由于不可抗力致使合同的全部义务不能履行;

(三)由于另一方在合同约定的期限内没有履行合同。

属于前款第二项或第三项规定的情况的,当事人一方有权通知另一方变更或解除合同。因变更、解除合同使一方遭受损失的,除依法可以免除责任的以外,应由责任方负责赔偿。

当事人一方发生合并或分立时,由合并或分立后的当事人承担或分别承担履行合同的义务,享受应有的权利。

变更或解除作业合同,应采用书面形式。

第一百条 中、长期作业合同的解除,应提前一个月由合同当事人双方协商确定后,合同方可解除。

航次作业合同的解除,应提前一天由合同当事人双方协商确定后,合同方可解除。

第六章 代 理 业 务

第一百零一条 承运人可以将售票及客运业务委托港口经营人或其他代理人办理。

第一百零二条 售票代理的范围:售票及其流量流向统计。

第一百零三条 客运业务代理范围:

(一)办理行李托运和交付手续;

(二)办理退票及包房、包舱退包手续;

(三)其他业务:制作客船航次上客报告单、客位通报;检票、验票、补票、补收运费;危险品查堵及处理;遗失物品、无法交付物品管理;旅客和行李发生意外情况的处理等。

第一百零四条 售票代理人和客运业务代理人,在委托代理权限内,以承运人的名义办理售票和客运有关业务,并按规定收取代理费,不得违反本规则有关规定向旅客收取其他费用。

第一百零五条 承运人和代理人确定代理事项后,应在平等互利、协商一致的原则下签订委托代理合同。

第七章 客 运 费 用

第一节 票价、行李运价

第一百零六条 船票票价根据航区特点、船舶类型、舱室设备等情况,由航运企业制定,报省级以上交通和物价主管部门审批。

第一百零七条 半价票分别按各等级舱室票价的50%计算。

第一百零八条 学生票票价按该航线最低等级票价的50%计算。

第一百零九条 船票票价以元为单位,元以下的尾数进整到元。

第一百一十条 行李运价,由省级以上交通主管部门确定。

第一百一十一条 交通部直属航运企业的行李运价为:

每100千克行李运价,按同航线散席船票基准票价的100%计算。

其他航运企业的行李运价,可参照前款办法制定。

第二节 行李运费的计算

第一百一十二条 行李运费,按行李的计费重量和行李运价计算。

第一百一十三条 行李运费以元为单位,不足1元的尾数按1元进整。

第一百一十四条 行李计费重量按《行李计费重量表》确定。

第一百一十五条 空容器(包括木箱)内放有物品时,如整件实重大于空容器的计费重量,则以整件实重为其计费重量;如空容器的计费重量大于整件实重时,则以空容器的计费重量为其计费重量。

第一百一十六条 行李的计费重量以千克为单位。不足1千克的尾数按1千克进整。

第一百一十七条 行李自带、托运、装卸、搬运等发生的费用,均按计费重量计费。

第一百一十八条 行李运费发生多收或少收时,可在30天内由承运人予以多退少补,逾期不再退补。

第三节 包房、包舱、包船运费的计算

第一百一十九条 包房、包舱运费,按所包客房、客舱的载客定额和其等级舱室票价计算。

第一百二十条 包船运费由以下两部分组成:

(一)客舱部分按所包客船乘客定额和各等级舱室票价计算;

(二)货舱部分按货舱、行李舱、邮件舱的载货定额(行李舱、邮件舱以其容积,按1.133立方米为1定额载重吨换算)和规定的客货轮货运运价计算。

包船期间的调船费和空驶费,分别按调船、空驶里程包船运费的50%计算。

包船因旅客上下船或行李、货物装卸发生的滞留费,由航运企业自行规定。

第四节 客运杂费

第一百二十一条 退票、退包费规定为:

(一)退票费,散席按每人每张每10元票价核收1元,不足10元按10元计算;卧席按每人每张10元票价核收2元,不足10元按10元计算。

(二)包房、包舱的退包费,按包房、包舱运价的10%计算,尾数不足1元的按1元计收。

(三)包船的退包费,在客船计划开航72小时以前退包,为包船运价的10%;在72小时以内,48小时以前退包,为包船运价的20%;在48小时以内、24小时以前退包,为包船运价的30%。

第一百二十二条 其他杂费规定为:

(一)补票、补收运费手续费,每人每票1元;

(二)行李变更手续费,每人每票2元;

(三)送票费、码头票费、寄存费、保管费、自带行李搬运费、行李标签费,由各港航企业制订,报当地物价部门批准。

港航企业不得向旅客收取本条规定费目以外的杂费。

第一百二十三条 补票、补收运费的手续费及行李变更手续费的收入归办理方所得。

退票费全部归承运人所得。

第五节　港口作业费

第一百二十四条　港口作业费按下列规定计算：

（一）港口作业费分两部分：

1. 旅客运输作业费，按船票票款（扣除旅客港务费、客运附加费等）的4%计算；

2. 行李运输作业费，按行李运费的4%计算，由起运港统一结算，然后按起运港3%、到达港1%解缴。

（二）旅客港务费，每张船票1元；

（三）船舶的港口费用，按交通部或各地港口费收规则的规定计算。

第一百二十五条　托运行李，每装或卸一次（含驳运），每件（每件50千克计，不足50千克按50千克计算）收费2元。

第六节　代　理　费

第一百二十六条　售票代理费，按代售船票收入的1%计算。

第一百二十七条　行李托运或交付手续的代理费，分别按托运运费收入的1%计算。

第一百二十八条　超限自带行李收费代理费，按自带行李运费收入的2%计算。

第一百二十九条　其他客运业务代理费，按船票票款（扣除旅客港务费、客运附加费等）的2%计算。

第一百三十条　退票代理费，按退票费的50%计算。

第八章　运输发生意外情况的处理

第一节　客船停止航行的处理

第一百三十一条　由于不可抗力或承运人的责任造成客船停止航行时.承运人对旅客和行李的安排应按下列规定办理：

（一）在乘船（起运）港，退还全部船票票款和行李的运费；

（二）在中途停止航行，旅客要求中止旅行或提取行李时，退还未乘（运）区段的票款或运费；

（三）旅客要求从中途停止航行地点返回原乘船港或将行李运回原起运港，应免费运回，退还全部船票票款或行李运费。如在返回途中旅客要求下船或提取行李时，应将旅客所持船票票价或行李运单运价与自原乘船（起运）港至下船（卸船）港的船票票价或行李运价的差额款退还旅客。

第一百三十二条　由于不可抗力或承运人的责任造成客船停止航行，承运人安排旅客改乘其他客船时所发生的票价差额款，按多退少不补的原则办理。

第二节　旅客发生疾病、伤害或死亡的处理

第一百三十三条　旅客在船上发生疾病或遭受伤害时，客船应尽力照顾和救护，必要时填写客运记录，将旅客移交前方港处理。

第一百三十四条　旅客在船上死亡，客船应填写客运记录，将死亡旅客移交前方港会同公安部门处理。

第一百三十五条　旅客在船上发生病危、伤害、死亡或失踪的，客船填写的客运记录应详细写明当事人的姓名、性别、年龄或特征，通讯地址及有关情况；准确记录事发的时间、地点及经过情况；如实报告客船所采取的措施及结果。

客运记录应取得两人以上的旁证；经过医生治疗的，应附有医生的“诊治记录”，并由旅客本人或同行人签字。

第三节　行李事故处理

第一百三十六条　在行李运送期间，发生行李灭失、短少、损坏等情况，承运人或港口经营人应编制行李运输事故记录。

行李运输事故记录必须在交接的当时编制，事后任何一方不得再行要求补编。

第一百三十七条　行李运输事故按其发生情况分为下列四类：

（一）灭失：托运的行李未按规定时间运到，承运人查找时间超过30天仍未找到的，即确定为行李灭失；

（二）短少：件数短少；

（三）损坏：湿损、破损、污损、折损等；

（四）其他。

第一百三十八条　旅客对其托运行李发生事故要求赔偿时，应填写行李赔偿要求书。提出赔偿的时效为旅客在离船或者行李交还或者应当交还之日起15天内，过期不能再要求赔偿。

旅客未按照前款规定及时提交行李赔偿要求书的，除非提出反证，视为已经完整无损地收到行李。

行李交还时，旅客已经会同承运人对行李进行联合检查或者检验的，无需提交行李赔偿要求书。

第一百三十九条　承运人从接到行李的赔偿要求书之日起，应在30天内答复赔偿要求人：

（一）确定承运人或港口经营人不负赔偿责任时，应当填发拒绝赔偿通知书，赔偿要求人提出的单证文件不予退还。

（二）确定承运人或港口经营人应负赔偿责任时，应当填发承认赔偿通知书，赔偿要求人提出的单证文件不予退还。

第四节　赔　偿　责　任

第一百四十条　在本规则第八条、第十一条规定的旅客及其行李的运送期间，因承运人或港口经营人的过失，造成旅客人身伤亡或行李灭失、损坏的，承运人或港口经营人应当负赔偿责任。

旅客的人身伤亡或自带行李的灭失、损坏，是由于客船的沉没、碰撞、搁浅、爆炸、火灾所引起或者是由于客船的缺陷所引起的，承运人除非提出反证，应当视为其有过失。

旅客托运的行李的灭失或损坏，不论由于何种事故引起的，承运人或港口经营人除非提出反证，应当视为其有过失。

对本规则第三十二条规定旅客携带的活动物发生灭失的，按照本条第1、2、3款规定处理。

第一百四十一条　经承运人或港口经营人证明，旅客的人身伤亡，是由于旅客本人的过失或者旅客和承运人或港口经营人的共同过失造成的，可以免除或者相应减轻承运人或港口经营人的赔偿责任。

第一百四十二条　因疾病、自杀、斗殴或犯罪行为而死亡或受伤者，以及非承运人或港口经营人过失造成的失踪者，承运人或港口经营人不承担赔偿责任。

由前款原因所发生的打捞、救助、医疗、通讯及船舶临时停靠港口的费用和一切善后费用，由旅客本人或所在单位或其亲属负担。

第一百四十三条　旅客的行李有下列情况的，承运人或港口经营人不负赔偿责任：

（一）不可抗力造成的损失；

（二）物品本身的自然性质引起的损耗、变质；

（三）本规则第二十九条，第六十六条所规定不准携带或托运的物品发生灭失、损耗、变质。

第一百四十四条　在行李运送期间，因承运人或港口经营人过失造成行李损坏的，承运人或港口经营人应负责整修，如损坏程度已失去原来使用价值，应按规定进行赔偿。

第一百四十五条　承运人或港口经营人对灭失的托运行李赔偿后，还应向旅客退还全部运杂费，并收回行李运单。

灭失的行李，赔偿后又找到的，承运人或港口经营人应通知索赔人前来领取。如索赔人同意领取时,则应撤消赔偿手续,收回赔偿款额和已退还的全部运杂费。

灭失的行李赔偿后部分找到的,可参照本条第2款精神办理。

第一百四十六条 如发现索赔人有以少报多、以次充好等行为时,应追回多赔款额。

第九章 运输、作业合同争议的处理

第一百四十七条 承运人、港口经营人以及旅客在履行水路旅客运输合同、水路行李运输合同以及作业合同中发生纠纷时,应协商解决。协商不成时,可向仲裁机构申请仲裁,也可以直接向人民法院起诉。

第十章 附 则

第一百四十八条 各省、自治区、直辖市交通主管部门和各水系航务管理部门可根据本规则,结合本地区的实际情况制定补充规定或实施细则,报交通部备案。

第一百四十九条 本规则由交通部负责解释。

第一百五十条 本规则自1996年6月1日起施行。1980年11月1日起施行的《水路旅客运输规则》、《水路旅客运输管理规程》及其有关补充规定同时废止。

港口道路交通管理办法

交公安发〔1996〕703号(1996年7月31日发布)

第一章 总 则

第一条 为加强港口道路交通管理,维护港口交通秩序,保障港口道路运输安全,根据《中华人民共和国道路交通管理条例》(以下简称《条例》),结合港口道路交通管理实际,制定本办法。

第二条 本办法所称港口道路,是指港口区域内的道路、货场通道、客运站公共广场、停车场以及由港口建设、维修、养护的疏港路等供车辆通行的地方以及当地公安交通管理部门授权港口公安机关管辖的道路。

第三条 本办法所称车辆,是指在港口道路上行驶的机动车、非机动车和流动机械车(流动机械车包括:轮式吊车、叉车、拖盘车及其它轮式机械)。

第四条 本办法适用于中华人民共和国沿海和内河港口。

第五条 在港口道路通行的车辆、行人及从事道路交通有关活动的单位、团体和个人,必须遵守本办法及有关交通法规。本办法未作规定的,按《条例》、其他交通法规和当地公安交通管理部门有关规定执行。

第六条 港口道路交通管理坚持依法管理,服务生产,保障安全的原则。港口区域内企、事业单位和机关团体,应当贯彻交通安全法规,落实交通安全责任制,开展交通安全教育,积极维护港口道路交通秩序。

第七条 本办法由港口公安机关负责实施。

第八条 港口公安交通警察必须严格执法,文明执勤,不得徇私舞弊,滥用职权。

第二章 道路及交通设施

第九条 港口道路与货场、作业现场界线的划定以及主干道路的确定,由港口公安机关提出方案,报经港口管理机构批准。港口道路名称的确定由港口管理机构负责。

第十条 港口道路须按《道路交通标志和标线》(国标GB567-86)的规定漆划道路标线、安装标志、设置信号和必要的交通安全设施。

第十一条 路况复杂、交通流量大的道路和铁路、道路交叉的道口,视距、宽度、坡度需符合安全要求,并设置警告牌及安全防护等设施。

第十二条 未经港口公安机关批准,任何单位和个人不得挖掘主干道路或在主干道路上堆放货物、装卸作业、停放车辆和进行其他妨碍交通安全的活动。

第十三条 新建、改建、扩建港口时,建设单位须将港口道路、交通安全设施等纳入总体建设规划,做到与港口建设同时设计、同时施工、同时投入使用。港口公安机关应参加港口道路的设计审核和竣工验收。

第三章 车辆和驾驶员管理

第十四条 港口所属机动车申领号牌及更新、报废、转籍过户、补发牌证等,须经港口公安机关签章后到所在地公安交通管理部门办理手续。

第十五条 港口流动机械车必须是国家有关部门批准生产的合格产品，按有关规定办理号牌、行驶证。

第十六条 已办理号牌、行驶证的港口流动机械车，须经港口公安机关登记备案，发给港口道路准行证，方可在港口道路行驶。

港口流动机械车更新、报废、封存、停驶、传籍过户需报港口公安机关备案。

第十七条 流动机械车驶出港区须经港口公安机关批准，发给定线行驶证，按指定路线行驶。

第十八条 港口流动机械车必须按规定进行年检。未经检验或检验不合格的不准在港口道路行驶。

第十九条 港口流动机械车须喷刷放大牌号、车属单位代号、车种标记，并保持清晰完好。

第二十条 未经港口公安机关批准，严禁在港口道路学习驾驶。

第四章　车辆装载和行驶

第二十一条 车辆载运易燃易爆或其他危险货物进出港口，必须持有公安机关核发的准运证或有关主管部门核发的营运证，车上须按国家标准《道路运输危险货物车辆标志》要求设置“危险品”字样的标志灯牌。货物要绑扎牢固，指派专人押车，按指定的时间、路线行驶。

第二十二条 车辆载运不得超过行驶证核定的载重量。载运体积超限的大件物品时，须按港口公安机关指定的时间、路线限速行驶，并有明显标志，必要时有先导车辆和人员引导。

第二十三条 集装箱专用车载运其他货物时须加装护栏。

第二十四条 流动机械车牵引拖带时必须遵守以下规定：

（一）除专用牵引车、汽车外，其他轮式机械车不准牵引挂车、拖盘车；

（二）牵引车拖带拖盘车时，小型拖盘车空载、重载不得超过三个，大型拖盘车只准拖带一个；

（三）被拖货物的宽度不得超过牵引车车宽，长度限于不得使拖车后端货物触地，高度不得超过拖盘车身长。

第二十五条 流动机械车载人必须遵守以下规定：

（一）轮式起重机在行驶中，起重操作室内不准乘人；

（二）流动机械车除按驾驶室核定的人数外，其他部位不准载人；

（三）客运部门载运行李的专用拖盘车附载押运人员须有安全保护装置。

第二十六条 车辆在港口道路上行驶，除遵守交通法规外，还须遵守以下规定：

（一）机动车须持有港口公安机关核发的“进港通行证”、“准行证”或有关主管部门核发的准运证、营运证等有效证件，执行任务的警车、消防车、救护车等特种车辆除外；

（二）没有领取号牌、行驶证的车辆（包括待装卸的机动车）须到港口公安机关办理移动手续，按规定路线行驶；

（三）轮式起重机、叉车、装载机在吊、载货物时，不准作为运输车辆吊载货物在港口主干道路上行驶；

（四）叉、铲车行驶时禁止升降货架和铲斗；

（五）集装箱正面吊运机行驶时不准放下吊架，驾驶员须认真了望。其它车辆注意避让；

（六）各种吊车须将吊杆放平，大型吊车吊杆前端距地面高度不得超出驾驶室，钩头必须固定，必要时前方需有人了望引路，夜间行驶时吊杆前端须设置信号灯。

第二十七条 车辆在港口道路上遇有旅客排队上下船时，应停车让行或绕行，禁止与旅客抢行或穿插旅客行列。

第二十八条 码头前沿禁止非作业车辆行驶，滚装船专用码头、车辆轮渡码头除待渡车辆和作业车辆外，其他车辆禁止驶入，执行任务的特种车辆、船舶物品专供车辆等除外。

第二十九条 车辆过地磅衡重时要按规定路线顺序行进，禁止逆行和争道抢行。

第三十条 未经港口公安机关批准,禁止教练车在港口道路上行驶。

第三十一条 机动车、流动机械车须在港口公安机关指定的路段上试验刹车。

第三十二条 港口作业的流动机械车在横过道路时应减速慢行,道路上行驶的车辆应主动避让。各种车辆和行人通过货场通道或货场时应注意避让港口作业的流动机械车辆。

第三十三条 车辆经过港区内铁路道口时,必须谨慎驾驶,做到一慢、二看、三通过,不得争道抢行;禁止在铁道线 1.5 米内停放各种车辆和货物;机动车、流动机械车必须在铁道线作业时,车辆不准熄火,驾驶员不准离车,不得在铁道上滞留。

第三十四条 港口公安机关应根据港口道路的实际情况规定车辆行驶速度。

第五章　非机动车和行人

第三十五条 港口道路上骑自行车不准带人。

第三十六条 禁止两辆及两辆以上的人力车共载一物。

第三十七条 行人须在人行道内行走,没有人行道的靠右边行走,并注意避让来往车辆,不得在作业现场、港口道路上随意穿行。

第三十八条 旅客上下船必须按指定路线行走,不准在港口道路上滞留。

第六章　交通管理处罚和交通事故处理

第三十九条 违反本办法和《条例》的行为,由港口公安机关依照《条例》、《中华人民共和国治安管理处罚条例》以及有关交通管理的处罚规定处罚。

第四十条 发生在港口道路上的交通事故由港口公安机关依照《道路交通事故处理办法》进行处理。

第四十一条 火车与车辆、行人在港口所属铁路专用线的沿线及道口发生的路外交通事故,由港口公安机关负责组织调查处理;在铁路部门所属港口专用线的沿线及道口发生的路外交通事故,按国务院有关规定处理。

第七章　附　　则

第四十二条 港口公安机关应根据本办法制定实施细则。

第四十三条 本办法由交通部负责解释。

第四十四条 本办法自 1996 年 10 月 1 日起施行。

交通部防静电个人防护用品使用管理规定

交人劳发〔1997〕517号(1997年8月25日发布)

第一条 为贯彻“安全第一,预防为主”的方针,加强港航企业防静电个人劳动防护用品的管理,预防因人体静电危害引起的燃烧爆炸事故和人身伤亡事故,根据国家、交通部有关规定和标准,结合港航企业生产实际,制定本规定。

第二条 本规定适用于交通港航企业各类易燃易爆作业场所的现场人员防静电安全管理。

各类易燃易爆作业场所包括:

(一)油船(化工品船、液化气船)的舱甲板(舱口、量油口、观察孔、透气口)、输油管和货油舱、货油泵舱、污油水舱、压载舱等。

(二)油码头(化工品码头、液化气码头)的生产区域,包括码头前沿、输送管道、泵站、汽车(火车)装卸站、油罐车和储罐区等。

(三)散粮筒仓。

(四)危险品(化工品)库、场、站、燃料供应船和加油站。

(五)其他需防静电危害的作业场所。

第三条 进入规定易燃易爆作业场所的人员(包括现场作业、管理人员、安全检查人员和临时参观的人员等),必须穿着防静电个人防护用品。包括防静电工作服、鞋、帽、手套等系列用品。

第四条 各单位配备的防静电个人防护用品,必须符合JT 2017—90、GB 12014—89、GB 4385—84的有关技术要求。

第五条 防静电工作服的使用要求:

(一)穿用前,应对防静电服的外观进行检查,在确认无破损和无影响防静电性能的情况后,方可使用。

(二)穿用防静电工作服必须上、下装同时穿着,必须与防静电工作鞋配套使用。

(三)禁止在易燃易爆场所穿脱。

(四)禁止在防静电工作服上附加或佩戴任何金属物件。

(五)严禁在高电压和强磁场区域使用。

(六)洗涤时应使用中性或弱碱性洗涤剂,禁止使用硬板刷洗刷。

第六条 防静电工作鞋的使用要求:

(一)穿用防静电胶底鞋时,所处地面的电阻应不大于1.0×810 Ω。

(二)在穿用过程中,鞋的底部不得沾有绝缘性的杂质。

(三)在穿用过程中,应避免同时穿着绝缘性强或毛制的厚袜子以及绝缘性鞋垫等。

(四)对于维护动力设备或处理高压电气设备、有触电危险的工作人员,禁止穿用防静电工作鞋。

第七条 在油舱检尺和油舱、油罐维修等危险性较高的作业过程中,作业人员手工作业必须戴防静电手套。

第八条 企业必须实行防静电个人防护用品的配套使用管理,按生产现场色彩管理要求,为作业人员配发安全色(橙色)防静电服,并根据生产实际,推广使用连体防静电工作服。

第九条 各单位对防静电个人防护用品实行特种劳动防护用品监督管理。劳动保护部门应对防静电面料的选择、服装用品的质量严格把关。必须选购由省级以上劳动部门颁发生产许可证厂家的产品,购买时要查验和确认产品检验报告,产品必需标明生产日期。

第十条 各单位应按产品质量要求,选择防静电性能、耐用性和服用性好的产品,严禁选用纯化纤、涤纶或纯棉工作服替代防静电工作服。

第十一条 防静电个人防护用品的发放和保管:

(一)防静电服使用期限一般不超过两年,具体发放标准由各企业根据本单位生产实际情况自行制定。

(二)根据不同地区,可以春秋装或夏装相互交替发放。

(三)正常发放应以旧换新,超过规定期限的,禁止使用。

(四)发放时应查看服装的强度和外观质量。

(五)用品库房保管应处于在空气干燥、常温条件下。保管期两年以上的,应在抽检合格后再予发放。

(六)库房管理人员应定期检查用品外观质量及保管条件变化情况。

第十二条 各单位,尤其是防静电个人防护用品使用量大的企业,必须加强用品的跟踪管理,建章立制,做好用品质量的抽样检测工作,发现异常情况,及时整改。

第十三条 各单位使用的防静电工作服应配有交通部规定的防静电标志(见附件)。

第十四条 各单位劳动保护部门要认真履行职责,加强对防静电个人劳动防护用品的管理,有关部门要积极配合,切实做好工作。

第十五条 对违反规定而导致生产和人身伤亡事故的,必须按"三不放过"原则和国家有关规定严肃查处。

第十六条 各单位可根据本规定,结合本单位生产的实际情况,制定实施细则。

第十七条 本规定由交通部人事劳动司负责解释。

第十八条 本规定自发布之日起施行。

附录:防静电标志式样(蓝底、黑字)(略)

关于加强港口安全生产管理工作的通知

交水发〔2002〕598号(2002年12月12日发布)

各省(自治区、直辖市)交通厅(局、委),长江、珠江航务管理局,各主要沿海、长江港口港务局:

当前,全国港口安全生产形势总体情况较好。在党的十六大精神鼓舞下,各地围绕冬季港口安全生产的特点和要求,开展了形式多样的安全管理活动,取得了积极的成效。但也存在一些不容忽视的问题。特别是从事危险化学品港口作业的码头、罐区,由于人员素质、设施和企业管理等方面问题,造成安全事故时有发生,给国家和人民生命财产造成了一定的危害。为了进一步巩固和发展港口安全生产的大好形势,坚决消除安全生产的隐患,现对加强港口安全生产管理工作部署如下:

一、切实抓好安全生产法律、法规的学习和贯彻

从今年1月1日开始实施的《中华人民共和国安全生产法》,以及3月15日实施的《危险化学品安全管理条例》是我国安全生产的基本法律、法规,也是搞好港口安全生产的重要法律保证。法律不仅规范了生产经营单位的安全生产行为,明确了生产经营单位主要负责人的安全责任,而且确立了安全生产基本管理制度,为保障国家财产和人民生命安全,依法强化安全生产监督提供了法律依据,也为减少和防范生产安全事故,促进经济发展,提供了法律保障。为加强港口安全生产管理工作,各级港口主管部门和港口企业,务必重视有关法律、法规的学习,提高认识,加强领导,狠抓落实,把学习、宣传和贯彻实施国家安全生产法律、法规作为当前的一项重要工作切实抓紧、抓实、抓好。为此,部将在近期颁布《港口危险货物管理规定》,结合港口的实际和港口改革后的体制,明确港口企业安全管理的义务、责任,港口主管部门的安全监督职责,确保港口的安全生产。

二、从源头抓起,严格把好市场准入关

各级港口主管部门要按照国家安全生产法律、法规的要求,认真履行职责,从源头抓起,对从事危险货物港口作业的设施、设备,企业经营资质和从业人员上岗资质条件进行核查,严格各种资质许可证书的发放,把好市场准入关。严禁使用不符合安全要求的设备、设施从事危险货物作业,严禁个体业主从事危险货物港口作业活动。保证符合条件的企业、从业人员,以及设施、设备进入危险货物运输市场。

三、提高人员素质,加强安全知识和技能培训

部于10月28日发出了《关于开展危险货物运输岸上人员培训有关问题的通知》(交水发〔2002〕501号,简称"通知"),各省级交通主管部门、中国港口协会要切实把培训工作抓起来。要根据通知要求严格考试,保证培训质量,切实通过培训,使各级港口主管部门和企业的从业人员具备法规要求的知识和能力,港口安全管理水平有明显提高。从事危险货物港口作业的企业至少有一名主要负责人必须具备相应的安全生产知识和管理能力,企业的管理。作业人员必须经过培训、考核,取得上岗资格证后,方可上岗作业。

四、严格遵守国家法律法规,认真落实安全生产责任制

从事港口生产经营业务的企业,应当严格遵守国家安全生产法律的规定,并结合自身实际制定、实施安全生产管理制度和操作规程,加强对作业活动的监督,禁止使用不符合安全要求的设施、设备,禁止不具备危险货物港口作业资质的企业从事危险货物港口作业,禁止未取得上岗资格证的人员从事危险货物港口作业,禁止装卸、储存国家禁止运输的危险化学品。

各级港口主管部门要切实承担起港口安全管理的责任,重点是督促港口企业建立健全、实施企业安全生产管理制度和操作规程;督促企业按规定做好管理、作业人员的培训。监督的重点是加强危险货物港口作业的安全监督检查,保证港口作业的企业资质符合条件,设施、设备符合要求,从业人员持证上岗,并严格把好危险货物申报关。

五、建立畅通的信息统计渠道,落实安全事故报告制度

目前,部正在抓紧建立行业的计算机网络系统,以加强各级交通主管部门、企业之间的信息传递、沟通,这是加强行业管理十分重要的基础工作,一方面各级交通主管部门要重视信息系统的建设,积极协助配合,通过共同努力尽快建立起纵横通达的信息渠道。另一方面,要按照现有的规定做好当前的信息统计工作,特别是危险货物运输、作业和安全事故的统计工作,发生重大、特大事故务必按照有关规定及时报告。

二〇〇二年十二月十二日

关于实施《港口经营管理规定》有关问题的通知

交水发〔2004〕235 号(2004 年 5 月 18 日发布)

各省、自治区、直辖市交通厅局、委、港口(港航)管理局:

《中华人民共和国港口法》(以下简称《港口法》)已于2004 年1 月1 日正式实施。为做好这部法律的学习、宣传、实施工作,各级人民政府和交通(港口)管理部门做了大量的卓有成效的工作,特别是在加快管理体制改革,制定配套法规等方面取得了很大进展。港口经营管理是《港口法》调整和规范的重要内容,为了保证《港口法》中有关规定的贯彻落实,部与各有关方面反复研究,制定了《港口经营管理规定》(以下简称《规定》),于2004 年4 月15 日由交通部长签署第4 号令正式公布,自2004 年6 月1 日起施行。为了配合各地认真做好《规定》贯彻实施工作,现就有关问题通知如下:

一、关于港口行政管理部门的体制问题

经过近几年港口管理体制的改革工作,各地港口行政管理部门都已基本到位。但是,各地的到位情况还不够平衡,有的机构虽然成立,但人员尚未完全到位,有的人员虽然配备,但职能尚未完全到位。有些地方港口管理部门与相关部门的关系还不够明确,因而使得港口行政管理部门作为行政和执法主体资格不够明确。自今年7 月1 日起《中华人民共和国行政许可法》将正式实施,根据该法和《港口法》的有关规定,港口的行政许可只能由具有行政许可权的行政机关在其法定职权范围内实施,并且只能以港口行政管理部门自己的名义实施行政许可。因此,各地港口行政管理部门要进一步加快完善体制的步伐,尽快做到机构到位,人员到位,职能到位,把《港口法》和《规定》赋予的管理职能承担起来。港口管理体制还不顺、行政和执法主体资格还不够明确的地方,交通港口管理部门应当尽快按照上述两部法律的有关规定,与当地政府及其有关部门进一步协调,明确确定本地区的港口行政管理部门。根据我国港口的实际情况,港口行政管理部门可以是港口行政管理部门与同级交通局(交委)合署“一门两牌”的体制(如深圳、宁波等地的体制),或者是交通局(交委)直接管理的体制;也可以是港口(港航)管理部门与同级交通局(交委)独立分设的体制(如上海、大连等地的体制)。各地应当明确“挂靠”或“归口管理”的内涵。如属后者独立分设的体制,根据《港口法》第六条第三款的规定,具有港口行政和执法主体资格的部门应当是分设的港口(或港航)管理部门。各省级交通主管部门要尊重港口所在地人民政府依法对港口行政管理机构作出的安排,对不符合法律规定的体制要依法做好协调和促进工作。

二、关于对现有港口企业核发经营许可证问题

根据《港口法》和《规定》的有关规定,结合我国港口的实际情况和各地的要求,对现有港口企业经营许可证核发工作的几个问题明确如下:

(一)现有从事港口经营的企业(包括具有临时或简易投产设施的企业),应当按照《规定》进行经营许可申请。港口行政管理部门应当按照《规定》进行审核。对符合条件的,核发经营许可证,对不符合条件的应当限期整改,整改仍然不符合条件的不应核发经营许可证。

(二) 港口行政管理部门在审核过程中,对现有企业的港口设施,应以是否符合港口总体规划为标准。总体规划尚未制定、批准的,应仍以是否符合原有的港口规划为标准,港口没有规划的,不应视为港口设施不符合港口规划而不予批准。

(三)各地现有码头企业使用岸线有批准文件的,企业应当在申请文件中提交有关岸线使用的批准文件,没有实行岸线审批制度的,港口行政管理部门不应要求企业提供岸线批准文件。

(四)已经按照《港口危险货物管理规定》取得“危险货物港口作业认可证”的企业,港口行政管理部门应当补发《港口经营许可证》;尚未取得《危险货物港口作业认可证》的,港口企业和港口行政管理部门应当按照《规定》分别申请、核发《港口经营许可证》,然后再按照《港口危险货物管理规定》分别申请、核发《危险货物港口作业认可证》。

各港口行政管理部门要认真做好现有港口企业经营许可证的核发工作,要在《规定》的原则下简化手续,尽量减少企业的负担。此项工作应当于今年年底前全部完成。各地要在抓紧做好此项工作的同时全面掌握各港口企业的基本情况,储存有关信息资料,为逐步建立港口计算机管理信息系统做好基础工作。

三、关于《规定》中有关问题的解释

(一)关于经营许可与其它审批的衔接。《港口法》规定,主要港口的总体规划由国务院交通主管部门会同省级人民政府批准,重要港口的总体规划由省级人民政府批准,其它港口的总体规划由港口所在地的市、县人民政府批准;《港口法》还规定,在港口总体规划区内建设港口设施,使用岸线分别由国务院交通主管部门和港口行政管理部门批准;港口经营许可是在上述港口总体规划和岸线使用批准之后进行的,要审核港口经营业务申请人所有(包括拥有和租用)的港口设施是否符合总体规划和使用经有关部门批准的岸线;除此之外,还要审查其港口设施在项目建设完成后是否通过验收,具备从事生产经营的条件等。因此,这三个不同阶段的审批和许可是相互关联和相互衔接的,不可相互替代,在程序上也不可相互倒置。

(二)关于经营许可的范围。港口经营许可范围要以港口总体规划为准。凡是在港口总体规划确定的港区范围内从事港口经营活动的企业,不论其资产归属如何,也不分其经营的是"公共"设施还是"专用"设施,均应纳入港口经营许可的范围。但是在港区范围以外经营集装箱站场、仓储等业务的企业,原则上不应纳入港口经营许可的范围。

(三)关于经营危险货物港口作业许可问题。除已取得《危险货物港口作业认可证》的现有企业外,新申请经营港口危险货物作业的企业,应当先按照《规定》申请核发《港口经营许可证》,然后再按照《港口危险货物管理规定》申请核发《危险货物港口作业认可证》。

(四)关于港口设施技术标准和港作船舶证书问题。我国港口设施建设已有一系列技术规范和技术标准。一般而言,港口设施建设的技术规范和技术标准是在其建设过程中把握的问题,港口行政管理部门在办理经营许可的过程中主要应把握与其申请经营业务相适应设施的验收报告及相关文件。港作船舶则应具备有关部门核发的所有以保证船舶适航和进行安全作业的证书,包括港作船舶的船员证书。

(五)关于经营许可的变更问题。经营许可的变更应当按照《规定》第十六条规定办理。由于港口经营人的资产归属产生变更,使其经营主体名称产生变更的,应当按照《规定》第十六条第一款的规定办理变更手续;如果经营主体名称没有变更只变更法定代表人的,应当按照《规定》第十六条第二款的规定向港口行政管理部门备案;如果经营主体名称和法定代表人都未变更的,不需办理任何变更手续。

(六)关于《港口经营许可证》的印制和填写问题。根据《规定》的有关规定,应在其附后的《港口经营许可证》式样中的第7项"设备租赁"后增加"维修业务"。为了统一《港口经营许可证》的填写方式,现明确港口行政管理部门在填写许可证时,对不经营的项目统一在其项目前的方框内打"×",对某一项目中的某一或某几个单项不经营的,在不经营的项目文字上面打"------"。

港口行政许可是国家为了更好地管理港口,保证港口安全运行,促进港口健康有序发展而设立的行政管理手段。港口行政管理是一项重要的、复杂的行政工作,法律和相关规定赋予我们的责任是严肃的和重大的,需要各级交通(港口)管理部门建立高素质的队伍,培养高素质的从政人员。为此,各地要切实采取措施,加强港口行政管理队伍的建设,努力提高从政人员的政治素质和业务素质。要以"三个代表"重要思想为指导,切实树立公仆意识和服务意识。要把港口管理工作的立足点放在服务于企业,服务于港口的长远发展上。各级交通(港口)主管部门特别是各港口行政管理部门及其管理人员要切实掌握有关法律、法规的有关规定,理解其内涵,依法行政,依法管理好港口,依法为港口企业创造良好的发展环境。要在法律、法规的原则下,结合本地的情况,创造性地做好各项港口的行政管理工作。

中华人民共和国交通部(章)

二〇〇四年五月十八日

港口安全评价管理办法

交人劳发〔2004〕462号(2004年8月20日发布)

第一条 为贯彻"安全第一,预防为主"的安全生产方针,保障和促进港口安全生产,规范港口建设工程项目和港口生产系统的安全评价管理,根据《中华人民共和国安全生产法》、《中华人民共和国港口法》、《中华人民共和国行政许可法》、《中华人民共和国海上交通安全法》、《中华人民共和国内河交通安全管理条例》、《危险化学品安全管理条例》等有关法律、行政法规,制定本办法。

第二条 本办法适用于中华人民共和国境内沿海与内河港口(不包括渔港、军港)的新建、改建、扩建和技术改造工程项目(以下简称港口建设项目)及港口生产经营单位的安全评价管理工作。

第三条 港口安全评价是以实现港口建设项目和港口生产系统的安全为目的,应用安全系统工程原理和方法,对港口建设项目和生产系统中存在的危险、有害因素进行辨识与分析,判断建设项目、生产系统发生安全事故的可能性及其严重程度,为制定港口建设与生产的安全对策措施以及进行安全生产监察提供科学依据。安全评价包括港口建设项目安全预评价、安全验收评价以及港口生产经营单位的安全现状评价、专项安全评价。

第四条 港口建设和生产经营单位可自主选择熟悉港口生产经营设备、设施及装卸工艺的安全评价机构承担评价项目,逐步建立招投标机制,鼓励评价机构间的公平竞争,促进评价工作的良性发展。

第五条 从事港口安全评价的机构应依法取得由国家安全生产主管部门核准的《安全评价机构资质证书》,资质类别应符合评价项目要求,业务范围包括港口业,从业人员应持有效《安全评价人员资格证书》。

第六条 港口建设项目必须符合国家和行业安全生产的有关法律、法规、规章、技术标准和规范的规定,建设项目的安全设施必须与主体工程同时设计、同时施工、同时投入生产和使用(以下简称"三同时")。安全设施投资应当纳入建设项目概算。

第七条 国家规定的港口大中型基本建设项目和限额以上的技术改造项目,都应进行安全预评价;对客运码头、石油化工码头及罐(库)区、散粮筒仓码头及筒仓、港口危险货物装卸码头及库场、构成重大危险源的港内加油站以及生产用燃料油储存库等建设项目,必须进行安全预评价。

第八条 港口建设项目安全预评价,是根据建设项目可行性研究报告的内容,运用科学的评价方法,对拟建工程设计方案以及类比工程进行分析,预测该建设项目存在的危险、有害因素的种类和程度,提出合理可行的安全技术设计和安全管理的建议,作为该建设项目初步设计中安全设施设计和建设项目安全管理、监察的主要依据。

第九条 港口建设单位对港口建设项目安全设施"三同时"负全面责任,在建设项目工程可行性研究阶段,委托设计单位以外的安全评价机构进行建设项目安全预评价,评价应在初步设计会审前完成。

第十条 设计单位对港口建设项目安全设施设计负技术责任,应遵守和落实国家及行业现行的安全标准、技术规范,依据工程可行性研究和安全预评价的要求进行安全设施设计,同时编制安全专篇。

第十一条 施工单位应对港口建设项目的安全设施的工程质量负责,应严格依据设计文件要求施工,做到建设项目的安全设施与主体工程同时施工,确保安全设施设计方案的有效实施。

第十二条 大型港口建设项目、客运码头、石油化工码头及罐(库)区、散粮筒仓码头及筒仓、港口危险货物装卸码头及库场、构成重大危险源的港内加油站以及生产用燃料油储存库等建设项目竣工、试生产运行正常后,应进行安全验收评价,安全验收评价报告作为建设项目安全设施单项验收的重要依据。

第十三条 安全验收评价的内容包括:建设项目落实预评价报告的安全技术措施的情况,安全设施是否与主体工程同时设计、同时施工、同时投入生产和使用,与建设项目配套的安全设施、设备是否符合国家和行业有关安全生产法律、法规、规章、技术标准和规范的要求,建设项目试生产后的安全管理机构和安全制度是否适应安全管理的需要,从总体上评价港口建设项目的运行状况和安全管理是否正常、安全、可靠。

第十四条 石油化工码头及罐(库)区、港口危险货物装卸码头及库场、构成重大危险源的港内加油站以及生产用燃料油储存库等场所应进行专项安全评价。根据国家《危险化学品安全管理条例》的要求,从事危险化学品装卸、储运经营的港口生产单位应每两年进行一次专项安全评价,根据不同危险化学品的理化性能、装卸安全技术要求、装卸量、储存量,港口周边环境影响以及安全管理状况等因素,科学地分析突发重大事故的致因并预测模拟其后果,提出安全对策措施和重大安全事故应急预案。

第十五条 客运码头(包括客滚码头、火车轮渡码头)、散粮筒仓码头及筒仓和其他非危险货物装卸码头,对存在的安全生产不稳定因素,港口生产经营单位应主动开展安全现状评价,通过评价查找生产经营过程中存在的危险、有害因素,确定其危险程度,制定合理可行的安全对策措施,及时整改安全生产条件和事故隐患;客运码头应制定重大生产安全事故的旅客紧急疏散和救援预案,保障旅客安全。

第十六条 承担安全现状评价的机构应深入调查研究,广泛收集相关技术资料和安全管理规章制度,识别并把握评价对象安全管理的特点和重点,采用适当的评价方法,全面、系统地进行分析评价,评估评价对象执行国家和行业安全生产法律、法规、规章、技术标准和规范的基本情况,从生产经营设备设施、装卸工艺与生产环境条件、安全规章制度与管理状况、安全教育与员工素质等诸方面的现状全面、系统地进行评价,提出具有针对性和可操作性的安全对策措施及建议。

第十七条 承担港口安全评价的机构应严格遵守国家和行业安全生产的法律、法规、规章、技术标准和规范,按照国家安全生产主管部门颁布的有关评价导则开展工作,建立严格的内部管理制度,规范评价程序,采用先进、科学的安全评价方法,确保评价工作质量,对评价结果负责。

第十八条 港口安全评价实行专家评审和备案制度。评价报告评审一般采用专家会议形式,通过评审的安全评价报告由港口建设单位或生产经营单位报送相应的地方安全生产监督管理部门、港口行政管理部门和海事管理机构备案,安全预评价报告应同时送交该港口建设项目设计单位。由国务院投资主管部门核准的港口建设项目的安全预评价报告,应同时报送交通部、国家安全监管局主管司局备案。

第十九条 根据国家安全评价管理的有关规定和港口管理实际,大型港口建设项目的安全预评价报告和验收评价报告,由交通水运安全评审中心或国家安全监管局安全科学技术研究中心组织评审;其他港口建设项目和港口生产经营单位的安全评价报告由交通水运安全评审中心或其他具备资质条件的社会中介机构组织评审。为确保评审结果的客观性和公正性,组织评审的机构不得评审本机构承接的评价项目。

第二十条 组织港口安全评价报告评审的机构应以安全生产科研为依托,拥有熟悉安全技术的专业人员,并建立规范的评审制度、工作程序和评审专家库。工作中必须认真执行国家和行业安全生产法律、法规、规章、技术标准和规范,坚持“科学、客观、公正、求实”的原则,根据评价项目实际随机选择相关的专家,充分发挥评审专家组的作用,确保评审工作的质量。交通水运安全评审中心、国家安全监管局安全科学技术研究中心组织的港口安全评价的评审工作应接受交通部和国家安全监管局主管司局的监督与指导,在组织评审过程中如发生重大分歧情况,应及时向有关主管部门报告。

第二十一条 组织大型港口建设项目安全评价报告评审的机构应将评审制度、工作程序及评审专家库报送交通部和国家安全生产监督管理局主管部门。专家库应选择熟悉港口工程安全设计、生产工艺和设备设施安全管理、消防管理、危险货物安全监督管理、海事安全监督管理及科研、院校等方面的专业技术人员入库。

第二十二条 安全评价机构及其从业人员、评审机构及参加评审工作的专家应认真履行职责,对有失公正、弄虚作假等违纪、违法行为应承担相应法律责任。同时,应保守港口建设单位或生产经营单位的商业秘密,尊重和保护评价报告有关技术内容的知识产权。

第二十三条 港口安全评价的费用应根据具体评价项目的工作量等实际情况,参照国家相关费规标准由评价机构与委托单位双方协商,合理确定。专家评审的相关费用,由港口建设单位或生产经营单位承担。

第二十四条 港口所在地安全生产监督管理部门、港口行政管理部门、海事管理机构根据有关法律、法规赋予的职责,对港口建设项目安全设施“三同时”和港口生产系统安全评价进行监督管理。

第二十五条 本办法由交通部和国家安全监管局共同解释。

第二十六条 本办法自2004年10月1日起施行。交通部与原劳动部颁发的《港口建设工程项目职业安全卫生评价暂行办法》(交人劳发〔1994〕423号)及相关规定同时废止。

关于明确港口经营管理有关问题的通知

交水发〔2005〕416号(2005年9月12日发布)

各省、自治区、直辖市交通厅(委),上海市港口管理局,各有关港口所在地港口行政管理部门:

自《港口经营管理规定》(以下简称《规定》)实施之后,为指导各地做好《规定》的贯彻落实,部先后下发了《关于实施有关问题的通知》(交水发〔2004〕235号)、《关于对浙江省交通厅港航管理局要求明确港口行政管理有关问题的复函》(厅水字〔2004〕307号)。最近,不少港口行政管理部门又提出了一些有关港口经营管理方面的问题,为指导各地进一步做好《规定》的贯彻落实,现就有关问题明确如下:

一、关于规划、建设方面的问题

(一)关于港口岸线使用批准文件。

根据《规定》要求,申请从事港口经营的,应当按照《港口法》、《海上交通安全法》和《内河交通安全管理条例》以及交通部《关于发布港口岸线标准的公告》(2004年第5号)规定,办理、提交港口岸线使用批准文件。对于已建码头未取得岸线使用批准文件的,码头所有人应按有关规定补办批准手续。

(二)关于港口土地使用手续。

有些地方反映,港口使用的陆域和水域尚未办理土地和水域使用手续。此问题属于其他行政管理部门的职能,各港口行政管理部门应与相关部门协调,或请示当地人民政府协调解决。

(三)关于现有营运码头与港口总体规划不相符的问题。

由于有些港口以前没有总体规划或者有总体规划但近年来进行了修编,因而造成已有营运码头不符合目前港口的总体规划。对这类问题,各地港口行政管理部门应当在当地人民政府的领导下,按照有关规定,通过给予适当的政策支持或经济补偿等方法进行妥善解决。对不符合港口总体规划建设的码头,依法不得给予港口经营许可。

(四)关于在尚未纳入港口总体规划的区域建设码头的问题。

《港口法》第十四条规定:“港口建设应当符合港口规划。不得违反港口规划建设任何港口设施。”因此,所有港口设施的建设都应当符合港口总体规划。如需要在尚未纳入港口总体规划范围的区域建设港口设施,必须先行编制该区域港口的总体规划,并按照规定程序进行审批后,再按照项目建设有关程序办理相关手续进行建设。

二、关于港口经营许可方面的问题

(一)关于《港口经营许可证》的审批权限。

根据《港口法》及《行政许可法》的有关规定,除港口理货业务经营许可需由交通部审批并核发《港口经营许可证》外,其他《港口经营许可证》均应由港口所在地的港口行政管理部门审批发证。

(二)关于办理港口经营许可与工商行政管理部门办理工商登记的衔接问题。

办理港口经营许可是在工商行政管理部门办理工商登记之前还是之后,各地可按照《规定》第十四条的规定与当地工商行政管理部门协商取得支持。多年来,我国水路运输企业的经营许可都是在取得行业主管部门对企业筹建批准后,到工商行政管理部门办理登记手续,然后再凭筹建批准和工商文件审查核发运输经营许可证。据此,各地也可以与工商行政管理部门协商双方都同意的做法,做好衔接工作。

(三)关于个人经营港口业务的资质管理问题。

《规定》第三条中经营港口业务的个人,是指从事港口经营活动,并且依法取得港口经营资格的个体经营者或者合伙人。《规定》明确个人可以从事港口业务经营活动,但应当符合和满足《规定》所规定的资质条件。个体经营者或者合伙人的固定住所可以作为资质条件中的固定办公场所。

（四）关于渔业码头、军用码头长期或短期从事港口经营业务，是否应纳入港口管理的问题。

根据《港口法》的规定，渔港渔业码头和军港军用码头的规划、管理等不纳入港口行政管理部门的管理范围，但是渔业码头、军用码头从事港口经营业务，不论是长期还是短期，均需纳入港口经营管理范围，办理《港口经营许可证》，并接受港口行政管理部门的监督管理。

（五）关于公务码头是否办理《港口经营许可证》的问题。

海关、边防、公安等部门的公务码头不应从事港口经营业务。如果在实际运作中，除了满足公务需要外，需要从事港口经营活动的，应当办理《港口经营许可证》，并接受港口行政管理部门的监督管理。

（六）关于修、造船厂的码头是否应纳入港口行政管理的问题。

修、造船厂的码头是利用岸线资源建设的设施，应纳入港口规划、建设的管理范围。修、造船厂的码头除进行修造船舶之外，还从事《规定》中规定的港口业务经营的，应纳入港口的经营管理范围，并取得《港口经营许可证》。

（七）关于乡镇渡口、陆岛交通码头是否应申领《港口经营许可证》的问题。

《港口法》第三条规定："本法所称港口，是指具有船舶进出、停泊、靠泊，旅客上下，货物装卸、驳运、储存等功能，具有相应的码头设施，由一定范围的水域和陆域组成的区域"。据此，乡镇渡口的经营活动、生产安全等应依法接受港口行政部门的管理，包括办理港口经营行政许可、监督企业的安全生产等。

在陆岛之间从事水陆运输的码头，按照《港口法》规定应当纳入港口行政管理，办理《港口经营许可证》。

（八）关于企业专用码头不作为公共码头对外从事经营是否需要办理经营许可的问题。

根据《港口法》的规定，只要从事《规定》所确定的港口经营业务，不论码头企业是否为社会提供公共服务，均为港口经营行为，应办理《港口经营许可证》，接受港口行政管理部门监督管理。

（九）关于临时性港口经营许可的问题。

《规定》对港口经营许可没有设定临时和长期，各地港口行政管理部门应按照《规定》第十七条有关港口经营人停业或歇业的规定办理。在实施过程中，各地应结合本地区实际，建立和履行日常的监管责任制度，及时掌握港口设施及港口经营人经营变化情况，实施有效管理。

（十）关于港口服务业务经营许可条件的确定问题。

《规定》第三条对为船舶提供港口服务的内容已经作了明确、具体的规定，但由于港口规模大小不一、为船舶提供服务需求也不尽相同，《规定》不可能针对各项服务设定具体、统一的许可条件。各地应根据实际，针对业务性质确定相应条件。例如：为船舶提供岸电服务，应具有供电电源和安全可靠供电设施等；为船舶提供燃物料供给服务，应具备供油码头或船舶以及相应的设施和设备等。确定准入条件应当从确保安全和提供有效服务为原则，以服务于企业为宗旨，不应设置不合理的条件。

（十一）关于船舶燃物料供应许可。

国务院办公厅于1992年和1995年分别下发了《关于做好外轮和远洋国轮港口供应工作的通知》（国办发〔1992〕2号）、《关于进一步做好国际航行船舶港口供应工作的补充通知》（国办发〔1995〕7号）两个文件，对当时做好我国港口船舶供应工作发挥了重要作用。此后，国务院对我国港口管理体制进行了重大改革，国家出台了一系列有关港口管理的法律法规，这两个文件与现行管理体制、法律法规明显不相符合，应以现行法律规定为准。《港口法》和《规定》对为船舶提供燃物料供应业务是放开的，只要符合规定的资质条件，应允许企业或个人从事船舶燃物料供应经营。与此同时，也应加强管理和规范，保证港口的安全经营和作业秩序。目前，国家对于燃油供应实行特许经营，各地在审核港口燃物料供应经营资质时，除具备《规定》规定的条件外，还应具有有关部门核发的专营许可证。

（十二）关于为船舶提供压舱水、垃圾处理等港口服务的管理问题。

为船舶提供压舱水、垃圾搜集和处理等港口服务，属于港口经营活动，应纳入港口经营管理范围进行管理，从事此种经营活动需取得港口经营许可。提供港口服务的企业或个人，不论其直接或间接隶属于什么部门，其经营都应当接受港口行政管理部门的管理。

（十三）关于老码头《港口经营许可证》的核发问题。

一些老码头因建设年代久远，有的码头验收基础资料缺失，有的甚至没有经过验收，不能满足《规定》所规定的港口经营许可条件，对此，港口经营申请人应当组织专家或有评估资质的单位进行技术检测评估。港口行政管理部门对经评估符合条件的，应核发《港口经营许可证》，不符合条件的不应发放经营许可。申请人组织技术检测评估有困难的，可以委托港口行政管理部门集中组织评估，所需费用由申请人负担。

（十四）关于港口企业新增经营设施和经营范围的问题。

港口企业在经营过程中，增加经营设施，不超出已经批准经营范围的，不需要重新办理经营许可，但应当按照《规定》第三十条的规定向港口行政管理部门报送新增设施相关信息。如果新增经营设施后，需要扩大或者变更经营范围的，则应当按《规定》第十六条的规定办理变更手续。

（十五）关于尚未实行政企分开的港口经营许可证发放问题。

按照《港口法》的规定，港口不论大小，必须实行政企分开，有关省交通厅应当敦促港口所在地人民政府落实国务院有关文件的要求，加快港口政企分开步伐，明确履行港口行政管理职能的部门。尚未实行政企分开的港口，没有明确的港口行政管理部门，也就没有履行港口经营行政管理职能的主体。

（十六）关于违规经营、作业的处罚问题。

《规定》依据《港口法》，对港口企业违规经营和作业行为，明确了不同的处罚种类，这是保证法律法规得以实施的措施，其中吊销《港口经营许可证》是最为严格的处罚措施。各地港口行政管理部门对具体违规行为，应当严格按照《行政处罚法》和《规定》执行，如有必要可结合当地实际，制定具体管理办法，加强对港口经营管理，加强执法监督。

（十七）关于新建港口设施试生产（运行）的经营许可问题。

新建港口经营设施进行试生产，需到港口行政管理部门办理港口经营行政许可证。对港口经营申请人难以提供港口经营设施验收报告文件、资料的，可先由申请人提供建设单位试生产文件证明，试生产期满后再由申请人提交相关竣工验收证（明）书。

三、关于港口从业人员持证上岗问题

为保证港口安全生产，依据有关法律法规规定，港口从业人员应当具备相应的资质。从业人员的培训、考试、发证工作，应当依照有关法律法规的规定进行。目前，一些地方存在多头重复培训、考试、发证，给企业增加过多经济负担的问题，各港口行政管理部门应当与当地有关部门进行沟通和协调，予以妥善解决。对确按有关法律法规进行培训、考试后核发的证书，应予以承认。

中华人民共和国交通部章
二〇〇五年九月十二日

关于加强港口码头靠泊能力核查管理工作的通知

交水发〔2006〕81 号(2006 年 3 月 1 日发布)

辽宁、河北、山东、江苏、浙江、福建、广东、海南、广西省(自治区)交通厅,港航管理局,天津市交委,上海市港口管理局,长江航务管理局:

近年来,为解决港口码头靠泊能力等级不高、大型专业化(集装箱、原油、矿石、煤炭等)泊位不足的矛盾,国内部分港口采取超过原设计船型靠泊能力的船舶在限定条件下减载靠离泊码头进行生产。该方式虽然在一定程度上缓解了当前港口基础设施能力不足与港口生产需要的矛盾,但对码头设施、船舶和港口生产均带来了不同程度的安全隐患。为规范对船舶超过原设计船型靠泊能力靠泊码头的管理,确保港口安全生产,促进港口健康、持续发展,我部决定对需靠泊超过原设计船型靠泊能力的码头进行靠泊能力核查工作,现将有关事项通知如下:

一、应对超过原设计船型靠泊能力的码头靠泊能力进行充分论证

按照设计船型进行作业是船舶安全和港口生产安全的重要保证。需靠泊超过码头原设计船型的船舶,港口经营人必须委托设计单位对港口设施进行论证,制定详细的安全进出港航行靠泊方案和应急预案,采取切实可行的安全生产保障措施,论证可行并经交通主管部门同意后,方可靠泊作业。

二、超过码头原设计船型靠泊能力论证必须经过核准

超过码头原设计船型靠泊能力的船舶靠泊码头,港口经营人应当将码头靠泊能力论证报告报交通主管部门核准,核准工作履行以下程序:

(一)港口经营人委托原设计单位或具有相应资质的设计单位编制超过原设计船型靠泊能力的码头靠泊能力论证报告。

(二)港口经营人向港口所在地港口行政管理部门报送论证报告后,港口所在地港口行政管理部门应组织当地海事、引航等有关单位和专家对论证报告进行审查,提出审查意见。

(三)港口所在地港口行政管理部门将对论证报告的审查意见报省级及省级以上交通主管部门核准。交通部颁布的主要港口的码头靠泊能力论证报告由交通部核准,其它港口的码头靠泊能力论证报告由省级交通主管部门核准。其中报交通部核准的应当同时抄送省级交通主管部门。

(四)港口所在地港口行政管理部门应当自收到符合要求的论证报告之日起 20 个工作日内完成审查工作,并上报审查意见。

(五)交通部认为必要时,直接组织有关单位和专家进行论证审查。

核准部门应当自收到审查意见之日起 10 个工作日内完成核准工作。

三、论证报告的主要内容

(一)港口现状调查,包括码头设施、水域状况、导助航设施、自然条件、生产运营情况等。

(二)详细说明在限定条件下超过原设计船型靠泊码头的大吨位船舶的船型。

(三)航行条件对超过码头原设计船型的大吨位船舶航行靠泊的适应度论证,包括锚地、防波堤口门宽度、进出港航道、导助航设施、港池、码头前沿水深、码头前沿停泊水域尺度、回旋水域、对航行船舶航行和相邻泊位影响、船舶交通组织等因素的分析等。

(四)码头设施安全论证,根据规范和有关规定对泊位长度、码头结构、码头附属设施(系船柱、护舷)等进行安全核算。

(五)提出限定条件下大吨位船舶减载靠泊码头等级。

（六）进出港航行靠泊方案，根据港口设施条件状况及船舶技术状况、气象、潮汐潮流及航道、港池、停泊水域、拖轮等情况，制定科学严谨的船舶安全航行和靠离泊方案。

四、自2006年7月1日起，凡未经核准的，当地港口行政管理部门和海事管理机构应依据各自的职责，禁止在限定条件下超过码头原设计船型的大吨位船舶减载靠泊作业。

做好超过原设计能力的码头靠泊能力论证工作关系到港口建设和生产经营的健康发展。各有关单位要高度重视，牢固树立科学发展观，落实各项安全管理规定，严格按照核准的限定条件进行超过码头原设计船型的大吨位船舶减载靠离泊码头作业，加强管理，确保码头正常运营和通航安全。

中华人民共和国交通部（章）

二〇〇六年三月一日

关于收取港口设施保安费的通知

交水发〔2006〕156 号(2006 年 4 月 10 日发布)

2002 年 12 月,国际海事组织通过了《1974 年国际海上人命安全公约》(SOLAS 公约)海上保安修正案和《国际船舶和港口设施保安规则》(ISPS 规则),并从 2004 年 7 月 1 日起全面实施。两年来,各港口经营人和管理人投入了大量资金,配备港口保安设施、培训人员等,使经营和管理成本大大提高。为保证我国履约工作能够按照公约要求顺利开展下去,维护港口设施安全,保障我国经济和对外贸易的平稳发展,经研究,决定在《中华人民共和国交通部港口收费规则(外贸部分)》中增加港口设施保安费,现将有关事项通知如下:

一、凡取得有效《港口设施保安符合证书》的港口设施经营人,按本通知规定,对进出对外开放港口的外贸进出口货物(含集装箱)和出入境旅客收取港口设施保安费。

二、港口设施保安费按下列标准收取:

(一)外贸进出口集装箱:20 英尺重箱每箱 20 元人民币,40 英尺重箱每箱 30 元人民币,空箱(含商品箱)免收;

(二)集装箱以外的其他外贸进出口货物:每吨 0.50 元人民币;

三、进口化肥和规定免征货物港务费的货物免收港口设施保安费。

四、港口设施保安费应当全部专项用于为履行 SOLAS 公约和 ISPS 规则所进行的港口保安设施的建设、维护和管理。

本通知自 2006 年 6 月 1 日起执行,执行期限暂定为三年(2006 年 6 月 1 日至 2009 年 5 月 31 日)。

中华人民共和国交通部(章)
中华人民共和国国家发展和改革委员会(章)
二○○六年四月十日

关于收取港口设施保安费有关事宜的通知

交水发〔2006〕238号(2006年5月30日发布)

各有关省、自治区、直辖市、计划单列市交通厅(局、委),各有关省、自治区、直辖市、计划单列市港口局,各对外开放港口所在地港口行政管理部门,对外开放港口经营人:

为做好港口设施保安费的收取、使用和管理工作,根据《中华人民共和国交通部港口收费规则(外贸部分)》和《关于收取港口设施保安费的通知》(交水发〔2006〕156号),现将有关事宜通知如下。

一、除另有规定外,港口设施保安费由取得有效《港口设施保安符合证书》的港口设施经营人向进出港口的外贸进出口货物(含集装箱)的托运人(或其代理人)或收货人(或其代理人)收取。

二、各地港口行政管理部门负责港口设施保安费收取及使用的监督管理工作。国务院交通主管部门和各省级交通(港口)行政管理部门分别负责监督全国和本省港口设施保安费的收取及使用。

三、20英尺重箱和40英尺重箱以外的其他非标准外贸进出口集装箱按相近箱型的收费标准收取,集装箱拼箱货物按货物的实际计费吨分摊港口设施保安费;集装箱以外的其他外贸进出口货物按计费吨收取。

四、空集装箱(含商品箱)、进口化肥、国际旅客(含国际旅游船和港澳线旅客)、国际转关运输集装箱、国际转关运输的其他货物和《中华人民共和国交通部港口收费规则(外贸部分)》规定免征货物港务费的货物,免收港口设施保安费。

五、外贸进口或出口的内支线运输集装箱,由承担国际运输段的船方(或其代理人)向其挂靠的中国港口代交港口设施保安费。

六、外贸进口货物或集装箱因故卸在中途港不继续运往到达港的,港口设施保安费由中途港计收。

外贸进口货物或集装箱因故卸在中途港未办理清关手续,并继续经水运运往原到达港或其他中国港口的,港口设施保安费由到达港计收。

七、港口设施保安费应收额的80%用于:

(一)保安设施及其辅助设施(设备)的建设(配备)、维护、管理;

(二)保安人力资源和国内、国际交流的支出;

(三)《港口设施保安评估报告》、《港口设施保安计划》的制定、修订和保安演习、演练的支出;

(四)其他相关支出。

八、港口设施保安费应收额的20%用于:

(一)港口公共区域保安设施(设备)的建设(配备)、维护、管理;

(二)保安人力资源和国内、国际交流的支出;

(三)保安监控及信息系统的建设、维护、管理;

(四)港口公用基础设施的《港口设施保安评估报告》和《港口设施保安计划》的制定和修订;

(五)组织保安演习、演练的支出;

(六)组织保安培训的支出。

九、港口设施经营人和港口所在地港口行政管理部门应当切实加强港口设施保安费的收取和使用管理,并实行专项核算。

本通知未作规定的,按《中华人民共和国交通部港口收费规则(外贸部分)》的规定办理,以上自二〇〇六年六月一日零时起实行。

中华人民共和国交通部(章)

二〇〇六年五月三十日

关于加强川江滚装码头车辆装载安全管理的通知

交水发〔2006〕498号(2006年9月12日发布)

湖北省交通厅、重庆市交通委员会,长江航务管理局,长江海事局,长江航运公安局,中国船级社:

为加强川江滚装码头车辆装载安全管理,落实滚装车辆在港口码头的安全管理责任,确保滚装运输安全,经研究,现就有关事项通知如下:

一、加强港口滚装码头停车场的管理

港口滚装码头经营人(以下简称港口经营人)负责港口滚装码头停车场的安全管理工作。港口经营人应设立必要的停车场地和设施。停车场的大小、区域划分以及设施的配置应满足滚装车辆查验和候船的需求;在港口滚装码头区域设立明显的交通通行标识标志,并对进入港口码头区域的滚装车辆实行严格的管制。

二、严格滚装车辆危险货物安全检查和称重检查

对滚装车辆一律实行登记填表,港口经营人负责敦促车辆驾驶员据实填报《车辆装载货物、重量、尺寸情况登记表》(附件1)和《车辆乘船承诺书》(附件2)的相关内容,并妥善保存。

港口经营人应配备必要的车辆危险货物安全检测设施和人员,对滚装车辆进行危险货物的安全检查,按照《车辆危险货物安全检查情况登记表》(附件3)要求,如实做好安全检查记录,由安检人员签字确认后妥善保存。对经检查发现装载或夹带危险货物的车辆,港口经营人不得安排该车辆进入候船停车区,更不得安排装船;同时应及时将相关情况通报港口行政管理部门和公安部门,并将装载或夹带危险货物车辆的有关信息通报其他相关港口经营人。

港口行政管理部门应会同公安部门设立车辆夹带危险货物举报电话,在港口码头、车场等显著位置张贴并通过有关媒体公布,港口经营人应予以配合。

对滚装车辆必须实行严格的称重制度。港口经营人应配备满足称重计量要求的地秤,对所有滚装车辆进行称重和尺寸丈量,按《车辆装载货物、重量、尺寸情况登记表》(附件1)的要求如实做好记录,并分别由过磅员和丈量员签字确认、存档保存。

三、规范船舶车辆的配载

经危险货物安全检查、称重后,符合装船条件的车辆,港口经营人应按船舶运输经营人提交的船舶《车辆安全装载手册》,向船舶承运人提交拟配载车辆清单及称重记录。

船舶承运人根据港口经营人提交的拟配载车辆清单及称重记录,合理编制船舶车辆积载图,提交港口经营人。

港口经营人应按照船舶制定的船舶车辆积载图,配合船舶承运人指挥滚装车辆上船。对无称重记录或称重重量超过船舶单车承载能力的车辆,不得安排进入候船停车区,更不得安排装船。

四、相关管理部门应加强现场监管

海事机构要根据船舶签证管理的有关规定和现场监管的相关要求,加强现场监督管理,对载有无称重记录或称重重量超过船舶单车承载能力的车辆以及未按规定留足消防通道的船舶,一律不得签证放行。

公安部门要加强港口治安管理,配合港口经营人加强危险货物的检查,维护港口正常生产秩序。

各港航管理部门要加强船舶承运人和港口经营人经营行为的监管，敦促经营人严格按有关规定做好相关工作，保障川江滚装车辆港口装卸和船舶运输安全。

附件 1.《车辆装载货物、重量、尺寸情况登记表》
2.《车辆乘船承诺书》
3.《车辆危险货物安全检查情况登记表》

中华人民共和国交通部(章)
二〇〇六年九月十二日

附件 1

车辆装载货物、重量、尺寸情况登记表

__________滚装码头

序号	车牌号	进场时间	申报货物名称	司乘人员数量（名）	驾驶员联系电话	驾驶员签名	轴数	车辆总重量（吨）	过磅员签字	车辆长宽高（米×米×米）	丈量员签字
	1	2	3	4	5	6	7	8	9	10	11

附件2(正面)

车辆乘船承诺书

一、本人驾驶的车辆制动系统良好,未装载或夹带“危险货物”,愿意接受相关管理部门和码头安检人员的检查。

二、本人已阅读车辆乘船承诺书背面所附有关法律条文,如对车辆装载货物申报不实,愿承担相关法律责任。

三、本人将遵守有关乘船规定,服从车场、码头工作人员指挥。

特此承诺。

车牌号:　　　　　　　　驾驶证号:

车辆驾驶员签字:

年　　月　　日

附件2(背面)

附:有关法律条文

一、《中华人民共和国刑法》(摘)第一百二十五条:非法…运输…爆炸物的,处三年以上十年以下有期徒刑,情节严重的,处十年以上有期徒刑、无期徒刑或者死刑;第一百三十六条:违反爆炸性、易燃性、放射性、毒害性、腐蚀性物品的管理规定,在生产、储存、运输、使用中发生重大事故,造成严重后果的,处三年以下有期徒刑或者拘役;后果特别严重的,处三年以上七年以下有期徒刑。

二、《中华人民共和国治安管理处罚法》(摘)第三十条:违反国家规定,…运输…携带…爆炸性、毒害性、放射性、腐蚀性物质或者传染病病原体等危险物质的,处十日以上十五日以下拘留;情节较轻的,处五日以上十日以下拘留。

三、《民用爆炸物品安全管理条例》(摘)第四十四条:非法…运输、储存民用爆炸物品,构成犯罪的,依法追究刑事责任;尚不构成犯罪,有违反治安管理行为的,依法给予治安管理处罚。违反本条例规定,未经许可购买、运输民用爆炸物品或者从事爆破作业的,由公安机关责令停止非法购买、运输、爆破作业活动,处5万元以上20万元以下的罚款,并没收非法购买、运输以及从事爆破作业使用的民用爆炸物品及其违法所得。

四、《危险化学品安全管理条例》(摘)第六十七条:违反本条例的规定,有下列行为之一的,由公安部门责令改正,处2万元以上10万元以下的罚款;触犯刑律的,依照刑法关于危险物品肇事罪、重大环境污染事故罪或者其他罪的规定,依法追究刑事责任;(五)托运人在托运的普通货物中夹带危险化学品或者将危险化学品匿报、谎报为普通货物托运的。

五、公安局、轻工业部、农业部、商业部、铁道部、交通部《关于运输烟花爆竹的规定》(摘)的三条:运输烟花爆竹时必须遵守下列规定:…并显示危险品标示或信号;第四条:水上运输烟花爆竹……还应向港(航)务监督机关办理船舶载运危险货物进出港和过境申报手续;第五条:…严禁伪装或伪造品名运输烟花爆竹;第六条:违反本规定的,公安机关可没收其烟花爆竹…。

附件3

车辆危险货物安全检查情况登记表

__________滚装码头

序号	时　间	车牌号	申报货物名称	查实危险货物名称	查实危险货物数量（吨）	危险货物特　性	驾驶员签字	安检员签字	备注

关于加强我国港口引航管理的通知

交水发〔2007〕174 号(2007 年 4 月 13 日发布)

各有关省、自治区、直辖市交通厅(委),上海市港口管理局,各港口所在地港口行政管理部门,各直属海事局:

自 2006 年以来,各地人民政府根据国务院办公厅《关于深化中央直属和双重领导港口管理体制改革意见的通知》(国办发〔2001〕91 号)要求,积极推进引航管理体制改革,取得了较大的进展,为建立公平、公正的引航秩序提供了条件。为进一步加强我国港口引航管理,加快建立良好的港口公共服务环境,全面提升引航服务水平,现将有关事项通知如下:

一、充分认识加强引航管理的重要性,切实加强组织领导

引航工作关系到船舶航行安全和港口经营安全,关系到港口的综合竞争力和健康发展,关系到国家主权和对外开放的整体形象。加强引航管理,对促进港口业健康有序发展,提升我国港口的综合竞争力和国际地位具有十分重要的意义。随着新的引航管理体制的逐步确立和港口业的快速发展,对引航工作提出了更高的要求。港口行政管理部门要高度重视,切实加强组织领导,把加强引航管理作为今年港口行政管理的一项重点工作,以更高的标准、更严格的要求全面加强对引航机构的管理,尽快提升引航服务水平。

各港口行政管理部门和海事管理机构要密切配合,通力合作,按照各自的职责加强引航管理和监督。

二、严把准入关,加强引航资质管理

依照《港口法》、《船舶引航管理规定》(交通部令 2001 年第 10 号)等有关规定,引航机构须经我部批准,方可从事引航活动。引航机构必须符合国办发〔2001〕91 号文件和我部的有关规定且具备《船舶引航管理规定》设定的资质条件。

港口行政管理部门要加强引航机构的准入管理,定期对引航机构的资质进行检查,确保其在符合资质条件下从事引航活动。对已经我部批准的引航机构,因引航体制发生重大变化,要进行一次资质审查;对未经批准的,要报部办理行政许可手续。各地由港口行政管理部门组织并按照《船舶引航管理规定》规定的程序和要求于 2007 年 6 月 30 日前向我部提出引航机构资质审查或行政许可申请。对审查不合格、不符合引航资质条件的,我部将责令其限期整改,整改后仍不能达到引航资质条件的,将依据《行政许可法》等有关规定,撤销其引航资格或不予行政许可。

我部将于 2007 年下半年公布合格的引航机构名单。对未取得我部批准文件的引航机构,港口行政管理部门和海事管理机构要采取措施制止其继续从事引航活动,我部将组织有关部门和单位重新组建或设置新的引航机构以确保港口运营的正常行。

严把引航员的准入关。海事管理机构要加强引航员的培训、考试和发证的管理工作,加大对引航员业务技能和实际操作能力的考核和检查的力度。

三、实行科学管理,加强制度建设,全面提升引航服务水平

引航机构要从引航的计划、组织、控制、协调等方面进行科学的系统管理,做好引航调度计划和引航方案,及时安排和科学调度引航员,不断提升引航的服务质量。制订引航服务标准,体现引航的公正性、公平性、统一性。引航机构要与有关企业、单位密切协作,建立通畅的信息传递渠道,使引航与港口生产紧密衔接,形成有机的港口生产服务链。要加快建立集引航调度指挥、引航服务和引航监管等有关内容为一体的引航服务监管系统,逐步实现引航服务信息化。

各地要建立引航机构的社会监督机制，由港口行政管理部门、口岸有关单位、港航企业、中国引航协会等单位派代表组成引航机构监督委员会，加强对引航的社会监督。

港口行政管理部门要健全引航机构的财务管理制度，实施财务预算管理，加强对引航收费的监督。

四、加强引航队伍规范化建设，全面提升引航队伍素质

为适应我国港口吞吐能力增长和船舶大型化发展的需要，港口行政管理部门和引航机构要把加强引航队伍建设放在突出重要的位置。

坚持以人为本，根据引航体制变化的新要求，建立一支管理规范、业务精湛、保障有力、公平服务、高效廉洁的港口引航员队伍。一是要抓好引航机构的领导班子建设，培养统揽全局、团结协作、作风精良、科学管理的新型领导班子；二是要加快培养高素质的引航员，加大引航员的培训力度，做好引航员的选拔聘用工作，大力优化引航员队伍结构；三是要建立科学有效的考核奖励制度，实现引航机构的规范管理；四是要加强作风建设，树立良好的引航服务形象。

五、切实加强引航安全管理工作

港口行政管理部门要着力抓好引航安全工作。要根据港口发展和引航安全工作的需要，加快制定引航机构发展规划和引航装备计划，分阶段、有计划地进行引航设施设备的建设和更新改造，逐步实现引航技术装备的现代化。建立引航安全操作规程和安全管理体系。引航机构要继续强化安全意识，严格遵守有关港口作业和船舶安全航行的规定，在当前生产任务重、引航员相对紧张的情况下，要正确处理好安全与生产的关系，制定安全引航应急预案，确保引航安全。

海事管理机构要加强引航安全监督管理工作。

六、严格监管，规范引航行为

港口行政管理部门和海事管理机构要加强对引航行为的监督检查，严厉打击非法从事引航活动的行为。对违反规定的，一经发现，要严肃查处，及时纠正违规行为，并追究有关责任人员的责任；对未经批准，擅自从事引航活动的，要采取措施予以制止，并依法给予行政处罚；对违反工作纪律和规定的引航员，要加强教育，并依法给予行政处分。

中华人民共和国交通部(章)

二〇〇七年四月十三日

中华人民共和国船舶和港口设施保安报警处理程序

交搜救发〔2008〕163号(2008年7月2日发布)

各省、自治区、直辖市、新疆建设兵团交通厅(局、委),各直属海事局:

为了有效实施《中华人民共和国国际船舶保安规则》和《中华人民共和国港口设施保安规则》,做好保安报警的处理工作,部制定了《中华人民共和国船舶和港口设施保安报警处理程序》(见附件),现印发给你们,请遵照执行。

二〇〇八年七月二日

中华人民共和国船舶和港口设施保安报警处理程序

第一条 为了更好地实施《中华人民共和国国际船舶保安规则》和《中华人民共和国港口设施保安规则》,迅速处置船舶和港口设施保安报警,有效应对船舶港口设施保安事件,制定本程序。

第二条 负责实施本程序的单位包括:

(一)中国海上搜救中心;

(二)各级港口行政管理部门;

(三)部直属海事管理机构;

(四)为航行国际航线的客船、500总吨及以上的货船、特种途船和移动式海上钻井平台服务的港口设施经营人或管理人;

(五)从事国航行的中国籍客船、500总吨以上的货船和特种用途船、移动式海上钻井装置和从事国际航运业务的中国公司。

第三条 中国海上搜救中心、各级港口行政管理部门、部直属海事管理机构、港口设施经营人或管理人、从事国际航行的中国国籍船舶和从事国际航运业务的中国公司应保持24小时保安报警值班,随时接收、处理保安报警信息。

第四条 各级港口行政管理部门应保持与中国海上搜救中心、同级海事管理机构、辖区内港口设施经营人或管理人的通迅联络。

部直属海事管理机构应保持与中国海上搜救中心、各省级港口行政管理部门、船籍港在本辖区的船舶所属公司的通迅联系。

第五条 各级港口行政管理部门接到港口设施保安报警后立即报告中国海上搜救中心,并通报同级海事管理机构和上级港口行政管理机构,按照应急反应程序采取保安行动。

中国海上搜救中心接到港口设施保安报警信息后应立即报告部负责港口设施保安的相关部门处理。

第六条 各直属海事管理机构收到中国籍船舶的保安报警后应立即与船舶所属公司联系,确定所应采取的保安行动。

保安报警被证实为真实报警即升级为保安事件。

保安报警被证实为误报警的,海事管理机构按有关规定对误发报警的船舶和公司做出处理。

海事管理机构在收到船舶保安报警后30分钟内如无法核实报警的真实性,应按照真实报警处理。

第七条 在我国管辖水域内发生的中国籍船舶保安事件,部直属海事管理机构应立即报告中国海上搜救中心,并按照船舶保安应急反应程序采取行动。

中国海上搜救中心接到船舶保安事件的信息后,应立即报告部负责船舶保安的相关部门处理。

发生船舶保安事件的中国国籍船舶如拟进入我国港口,中国海上搜救中心应通知负责港口设施保安的相关部门和有关港口行政管理部门。

第八条 在我国管辖水域以外发生的中国国籍船舶保安事件,船舶或公司应采取一切可能的手段向中国海上搜救中心报告,由中国海上搜救中心报告部负责船舶保安的相关部门,部负责船舶保安的相关部门通知有关国家处理。

第九条 中国海上搜救中心收到外国籍船舶的保安报警后,如报警船舶在我国管辖水域以外,由中国海上搜救中心通知船旗国和沿岸有关机构。如报警船舶在我国管辖水域,由中国海上搜救中心通知船旗国和部负责船舶保安的相关部门,并在船旗国的请求下提供帮助。如外国籍船舶拟进入我国港口,中国海上搜救中心应同时通知部负责港口设施保安的相关部门、部负责船舶相关部门、有关港口行政管理部门和海事管理机构,按照船舶和港口设施保安应反应程序采取行动。

关于开展水路内贸集装箱超载治理工作的通知

交水发〔2008〕192号(2008年7月23日发布)

各省、自治区、直辖市交通厅(委),上海市港口管理局,长江、珠江航务管理局:

为进一步促进水路内贸集装箱运输持续健康发展,更好地保障人民生命财产安全,经研究,部决定在全国开展水路内贸集装箱超载治理工作。现将有关事宜通知如下:

一、超载治理工作指导思想

以邓小平理论、“三个代表”重要思想和科学发展观为指导,认真贯彻落实党的十七大精神,按照“把住源头、综合治理、标本兼治、依法严管”的要求,对水路内贸集装箱超载进行综合治理,制止水路内贸集装箱超载和装卸、船舶运输超载内贸集装箱等违法行为,保障水路内贸集装箱运输安全、高效和持续健康发展。

二、超载治理工作原则

(一)全面治理与港口重点治理并重;

(二)技术监控、法律规范与行政管理相结合;

(三)阶段性集中治理与建立长效机制相结合。

三、超载认定标准

(一)符合GB/T 1413—1998标准的国际标准集装箱,20英尺箱单箱总重超过24000kg的为超载箱,40英尺箱单箱总重超过30480kg的为超载箱。

(二)符合GB/T 1413—2008标准的国际标准集装箱,20英尺箱和40英尺箱单箱总重超过30480kg的为超载箱。

(三)集装箱卡车运输国际标准集装箱时,需遵守我国公路管理部门发布的载重车辆超限超载认定标准。

四、超载治理工作措施

(一)建立健全内贸集装箱码头闸口称重系统。

自2008年8月1日起至2008年12月31日止,所有内贸集装箱码头闸口必须配备称重系统,并由所在地港口行政管理部门验收合格。在规定时间内未配备闸口称重系统的内贸集装箱码头,视为经营条件不完备,不得从事内贸集装箱港口作业活动。

自2009年1月1日起,每一个内贸集装箱必须经过称重并记录保留重量数据3年,港口只允许不超载的集装箱装船。

(二)建立内贸集装箱重量监控信息系统。

自2008年8月1日起至2008年12月31日止,建立内贸集装箱重量监控信息系统。自2009年1月1日起,所有内贸集装箱码头闸口称重系统获取的每个内贸集装箱信息必须直接或通过码头信息系统传输至交通运输部和所在地港口行政管理部门的内贸集装箱重量监控信息系统。在规定时间内不能与监控信息系统联网、不能实现内贸集装箱重量数据自动传输的,视为营业条件不完备,不得从事内贸集装箱港口作业活动。

(三)超载箱减载作业实行统一的收费制度。

自2009年1月1日起,内贸集装箱装船码头应通过闸口称重系统严把每个内贸集装箱进港关,对超载箱采取退回措施或就地进行减载,严禁将超载箱装上船。对卸船中发现的超载箱进行减载,严禁将超载箱运出港区。

自2009年1月1日起,发现违规超载箱的港口经营人,除收取基本装卸费用外,还应按照不低于200元/箱的费率标准,向超载箱的货主收取超载箱减载作业费。具体收费标准由港口经营人自定,并报所在地港口行政管理部门备案。

(四)对内贸集装箱超载实施监管。

所在地港口行政管理部门是对内贸集装箱超载实施监管的主体,内贸集装箱港口经营人是实施内贸集装箱超载治理的具体执行者。自本通知发布后,港口行政管理部门要组织好辖区内的内贸集装箱超载治理宣传工作,及时督促、指导港口经营人完成码头闸口称重系统和信息系统的建设改造,对于具备经营条件的港口经营人应及时组织验收,并换发《港口经营许可证》。

自2009年1月1日起,对营业条件不完备的港口经营人,采取措施监督其停止从事内贸集装箱港口作业活动。

自2009年1月1日起,所在地港口行政管理部门通过内贸集装箱重量监控信息系统对内贸集装箱超载实施常态化监管的同时,应定期检查或不定期抽查内贸集装箱装船码头是否严把内贸集装箱进港关,监督检查港口经营人对进入闸口的每一个内贸集装箱进行称重,按规定采集、保存、报送内贸集装箱信息,对不遵守规定的港口经营人依法实施行政处罚。

各地海事管理机构应积极协助所在地港口行政管理部门开展水路内贸集装箱超载治理工作,对内贸集装箱船舶运输加强监管,发现船舶装有超载箱,可以暂停向该船核发离港签证,及时通报所在地港口行政管理部门,由船舶对超载箱进行处理后予以放行。

五、组织保障

(一)为加强领导,交通运输部成立治理内贸集装箱超载工作领导小组,统一指挥和部署内贸集装箱超载治理工作,并在交通运输部水运司设立内贸集装箱超载治理办公室。

(二)各地交通主管部门和港口行政管理部门是开展水路内贸集装箱超载治理工作的主体,各地要指定职能机构和人员,按照交通运输部的统一部署开展相关工作,做好宣传贯彻、验收和监督检查等各项工作。

(三)内贸集装箱码头是落实水路内贸集装箱超载治理措施的重点环节,所在地港口行政管理部门要指导辖区内的内贸集装箱港口经营人从安全生产的大局出发,积极配合完成相关工作。

附件:水路内贸集装箱超载治理实施方案

中华人民共和国交通运输部(章)

二〇〇八年七月二十三日

附件

水路内贸集装箱超载治理实施方案

为深入贯彻党的十七大精神,认真落实全国交通工作会议部署,提升港口行政管理部门的能力,进一步促进水路内贸集装箱运输持续健康发展,更好地保障人民生命财产安全,经研究,部决定在全国开展水路内贸集装箱超载治理工作。具体方案如下:

一、超载治理指导思想

以邓小平理论、“三个代表”重要思想和科学发展观为指导,认真贯彻落实党的十七大精神,按照“把住源头、综合治理、标本兼治、依法严管”的要求,对水路内贸集装箱超载进行综合治理,制止水路内贸集装箱超载和装卸、船舶运输超载内贸集装箱等违法行为,保障水路内贸集装箱运输安全、高效和持续健康发展。

二、超载治理原则和目标

（一）超载治理工作原则

一是全面治理与港口重点治理并重；二是技术监控、法律规范与经济管理相结合；三是阶段性集中治理与建立长效机制相结合。

（二）超载治理工作目标

总体目标：确保水路集装箱运输基础设施完好和运输生产安全，维护良好的水路内贸集装箱运输市场秩序，促进水路内贸集装箱运输持续健康发展。

阶段性目标：一是2008年对内贸箱超载开展集中治理，力争使内贸箱超载现象得到有效遏制；二是2009年建立内贸箱超载治理长效机制，力争使内贸箱超载现象从根本上得到控制，水路内贸集装箱安全运输秩序得到明显改善。

三、水路内贸集装箱超载认定标准

（一）符合GB/T 1413—1998标准的国际标准集装箱，20英尺箱单箱总重超过24000kg的为超载箱，40英尺箱单箱总重超过30480kg的为超载箱。

（二）符合GB/T 1413—2008标准的国际标准集装箱，20英尺箱和40英尺箱单箱总重超过30480kg的为超载箱。

（三）集装箱卡车运输国际标准集装箱时，需遵守我国公路管理部门发布的载重车辆超限超载认定标准。

国家标准GB/T 1413—1998《系列1集装箱外部尺寸和额定质量》、国家标准GB/T 1413—2008《系列1集装箱外部尺寸和额定质量》、《关于在全国开展车辆超限超载治理工作的实施方案》相关内容摘录见附录。

四、治理工作的主要步骤

（一）广泛开展宣传活动。

自2008年8月1日起至8月31日止，用1个月时间在全国范围内集中开展水路内贸集装箱超载治理宣传活动。围绕超载的危害、治理的意义与目的、治理标准与措施等主要内容，多形式、多层次地开展宣传工作，充分利用报纸、电视、互联网等各种新闻媒介进行系列宣传和报道，形成强大舆论氛围。港航企业等内贸箱运输从业单位也要积极向货主单位宣讲交通运输部开展水路内贸集装箱超载治理的精神，并帮助货主单位做好相关配合工作。

（二）建立健全内贸箱超载监控手段。

自2008年8月1日起至2008年12月31日止，所有内贸集装箱码头改造建设码头闸口称重系统和内贸箱重量监控信息系统。每个内贸箱码头应根据运输生产规模，配齐配足码头闸口称重系统，并按照部统一的内贸箱重量监控信息系统建设要求，在闸口安装客户端软件，或经由集装箱码头已有的业务信息系统，将码头闸口称重系统获取的每个内贸集装箱信息，保存、报送至内贸箱重量监控信息系统。

港口经营人完成建设工作后，需通过所在地港口行政管理部门的组织验收，并换发《港口经营许可证》。在规定时间内未建立健全内贸集装箱超载监控手段的内贸集装箱码头，不能与监控信息系统联网；尚未实现内贸集装箱重量数据自动传输运作的内贸集装箱码头，视为营业条件不完备，不得从事内贸集装箱港口作业活动。

（三）对超载箱实施强制卸货。

内贸箱经称重检查确认为超载箱的，港口经营人应要求发货人/托运人拖回减载，阻止超载箱进入港区。对发货人/托运人不愿或不能拖回的超载箱，必须在港区内进行强制卸货。港口经营人对超载箱进行强制卸货前，必须事先向发货人/托运人履行告知义务，使有关各方对超载重量数据和卸出货物的后续安排取得一致认可。港口经营人收取的超载箱减载作业费标准应提前向所在地港口行政管理部门备案，并不得低于通知规定的最低标准。

（四）开展集中治理行动。

自 2008 年 10 月 8 日起至 2009 年 3 月 31 日止，开展为期 6 个月的集中治理行动，在全国范围内打击内贸箱超载行为。所有内贸箱必须按规定采集、保存、报送内贸集装箱重量等信息，确认单箱实际重量未超过超载箱认定标准后，港口经营人才能对集装箱进行装卸船作业。集中治理行动期间，对发运超载箱的内贸集装箱装船码头予以处罚，对发现超载箱进港而不予报告的内贸集装箱卸船码头进行通报，对拒不执行超载箱认定标准的港口经营人予以停业整顿。同时，根据有关规定，对超载箱强制进行卸货并实行统一的收费制度，用经济手段惩罚内贸集装箱超载行为。

（五）对内贸箱超载实施长期监管。

依托内贸箱超载监控手段，建立内贸箱超载治理长效机制。由交通主管部门和所在地港口行政管理部门对内贸箱超载实施长期监管，对内贸箱超载继续保持高压态势。通过对内贸箱重量数据的监控分析，及时把握内贸箱超载现象的变化态势，对不遵守内贸箱超载认定标准和规定的港口经营人依法实施行政处罚。海事管理机构对集装箱船舶运输超载箱的行为进行监管，对不遵守内贸箱超载认定标准的船公司依法实施处罚。

（六）制定内贸箱超载行政处罚规定。

内贸箱超载危及水路运输安全生产，目前已生效的法律法规在维护运输安全秩序方面已有明确规定，但对如何处罚内贸箱超载行为尚未作出具体规定，因此，部将抓紧制定颁布《港口安全管理规定》，使内贸箱超载长效治理能够做到有法可依，对内贸箱超载治理的行政处罚更具可操作性和权威性。

五、治理工作的组织实施

（一）组织领导

在全国开展内贸集装箱超载治理工作是保障水路交通安全的一项重要措施。为抓好这项治理工作，在交通运输部成立治理内贸集装箱超载工作领导小组，指导并组织各地的治理工作。同时，各省、自治区、直辖市交通主管部门和港口行政管理部门也要充分认识治理工作的重要性，把内贸集装箱超载治理作为一项重点工作进行专题部署，具体抓好各项治理措施的落实。

（二）进度安排

全国开展内贸集装箱超载集中治理工作自 2008 年 8 月 1 日开始，力争用 1 年时间完成，治理工作总体上分为三个阶段。

第一阶段从 2008 年 8 月 1 日起至 2008 年 12 月 31 日止，为宣传和启动阶段。在交通运输部网站、中国交通报、水运报等主流新闻媒体进行系列宣传。按照内贸箱港口规模和基础设施条件，确定试点港口并先行开展超载治理工作，为后续阶段的工作积累经验。在此期间，各个内贸集装箱码头应完成码头闸口改造和称重系统建设工作，以及与内贸箱重量监控信息系统的数据接口。已经具备闸口系统的内贸集装箱码头，应对发现的超载箱进行减载作业，并采取收费措施。

第二阶段从 2008 年 10 月 8 日起至 2009 年 3 月 31 日止，为集中治理阶段。从 2008 年 10 月 8 日起，全国内贸集装箱码头同时开展集中治理，对发现的超载箱必须强制进行卸载作业并实行统一的收费制度，坚决制裁违规超载行为。同时，内贸箱重量监控信息系统投入运行，与内贸集装箱码头实现数据传输。集中行动期间，部将组织开展督查工作。

第三阶段从 2009 年 7 月，为总结验收阶段。各省交通主管（港口行政管理部门）对本地区内贸集装箱超载治理工作进行总结验收，并提出表彰单位和个人。部组织对各地区的治理工作进行抽查验收。对全国内贸集装箱超载治理工作进行总结，表彰先进单位和个人。

2009 年 8 月 1 日后，内贸集装箱超载治理工作由集中治理转为常态管理，各地交通主管部门和港口行政管理部门依托已经建立的技术手段和监管机制，对内贸箱超载开展日常管理，使内贸箱超载治理常抓不懈。

为确保全国治理工作协调、顺利开展，集中治理期间，部将定期或不定期地组织工作组，赴各地进行检查和指导，及时了解和处理治理工作中出现的问题。

关于发布《水路交通突发事件应急预案》的通知

交水发〔2009〕3号(2009年1月5日发布)

各省、自治区、直辖市交通厅(委),上海市交通运输和港口管理局,长江、珠江航务管理局,中远、中海、中外运、长航、中交建设集团:

我部组织修订的《水路交通突发事件应急预案》已经国务院审核同意,现予发布,自发布之日起施行。同时废止《水路交通突发公共事件应急预案》(交水发〔2005〕314号),并取消其密级。

请国务院有关部委、总参谋部、武警总部填写附件1中相关内容,于2009年1月23日前送交通运输部水运司。请部内有关单位、科研院所填写附件2中相关内容;水系派出机构填写附件3中相关内容;各省、自治区、直辖市交通运输主管部门组织辖区港口行政管理部门、重要航运企业、主要港口企业填写附件3、4、5、6中相关内容,于2009年1月23日前报部水运司。

联系人:刘晓峰　赵前
联系电话:(010)65292637　65292645
传真:(010)65292638

中华人民共和国交通运输部(章)
二〇〇九年一月五日

水路交通突发事件应急预案

中华人民共和国交通运输部

目　　录

1 总则

1.1 目的

为切实加强水路交通突发事件的应急管理工作，建立完善应急管理体制和机制，提高突发事件应对能力，预防发生水路交通突发事件，控制、减轻和消除水路交通突发事件引起的严重社会危害，及时恢复水路交通正常秩序，保障水路畅通，并指导地方建立应急预案体系和组织体系，增强应急保障能力，满足有效应对水路交通突发事件的需要，保障经济社会正常运行，制定本预案。

1.2 编制依据

(1)《中华人民共和国突发事件应对法》(2007 年 11 月 1 日实施)；

(2)《中华人民共和国港口法》(2004 年 11 月 1 日实施)；

(3)《中华人民共和国安全生产法》(2002 年 11 月 1 日实施)；

(4)《国家突发公共事件总体应急预案》(2006 年 1 月 9 日发布)。

1.3 突发事件分级分类

1.3.1 水路交通突发事件定义及分类

本预案所称水路交通突发事件是指由下列突发事件引发的、造成或可能造成航道或港口出现中断、瘫痪、重大人员伤亡、财产损失、生态环境破坏和严重社会危害，以及由于社会经济异常波动等造成重要物资需要由交通主管部门提供水路应急运输保障的紧急事件。

(1)水路运输事件。主要包括航道堵塞或中断，港口瘫痪受损，港口危险品事故，港口环境污染损害，水运施工建设事故等。

(2)社会安全事件。主要包括恐怖袭击事件，严重破坏基础设施事件，群体性事件，偷渡、走私等涉外事件等。

(3)公共卫生事件。主要包括重大传染病疫情，群体性不明原因疾病，食品安全和职业危害，动物疫情，以及其他严重影响公众健康和生命安全的事件。

(4)自然灾害。主要包括水旱灾害，气象灾害，地震灾害，地质灾害，海洋灾害，生物灾害和森林草原火灾等。

1.3.2 水路交通突发事件分级

水路交通突发事件按照其性质、严重程度、可控性和影响范围等因素，一般分为四级：Ⅰ级(特别重大)、Ⅱ级(重大)、Ⅲ级(较大)和Ⅳ级(一般)。事件等级确定标准见表 1-1。

水路交通突发事件等级 表 1-1

等级	突发事件的严重程度及影响范围
Ⅰ级(特别重大)	• 重要港口瘫痪或遭受灾难性损失 • 造成长江干线、珠江、京杭运河、黑龙江界河等重要干线航道发生长时间断航 • 造成特大人员伤亡，死亡失踪 30 人以上，或危及 50 人以上的生命安全 • 造成特大生态环境灾害或公共卫生危害 • 需要启动国家应急预案，调用本省和交通系统以外资源予以支援 • 对国家或区域的社会、经济、外交、军事、政治等产生重大影响
Ⅱ级(重大)	• 重要港口遭受严重损失，一般港口瘫痪或遭受灾难性损失 • 造成长江干线、珠江、京杭运河、黑龙江界河等重要干线航道发生严重堵塞 • 造成重大人员伤亡，死亡失踪 10 人以上、29 人以下，或危及 30 人以上、49 人以下的生命安全 • 造成重大生态环境灾害或公共卫生危害 • 调用本省和交通系统资源能够控制 • 对本省社会、经济产生重要影响

续上表

等级	突发事件的严重程度及影响范围
Ⅲ级（较大）	• 重要港口局部遭受严重损失，一般港口遭受严重损失 • 长江、珠江、京杭运河、黑龙江界河等重要干线航道发生较严重堵塞 • 造成较大人员伤亡，死亡失踪3人以上、9人以下，或危及10人以上、29人以下的生命安全 • 造成较重生态环境灾害或公共卫生危害 • 调用本行政区域内资源能够控制 • 对本行政区域内社会、经济产生重要影响
Ⅳ级（一般）	• 一般港口局部遭受严重损失 • 四级以上重要航道和界河航道发生断航或严重堵塞 • 造成一般人员伤亡，死亡失踪2人以下，或危及9人以下的生命安全 • 造成一般生态环境灾害或公共卫生危害 • 调用当地资源能够控制 • 对当地社会、经济产生重要影响

1.4 适用范围

本预案适用于我国境内港口和航道发生的、涉及跨省级行政区划或超出事发地省级交通主管部门处置能力的水路交通突发事件，或由国务院责成的、需要由交通运输部负责处置的特别重大（Ⅰ级）水路交通突发事件的应急处置工作，以及需要由交通运输部提供水路交通运输保障的其它紧急事件。其中，水上人命救助和船舶污染突发事件适用《国家海上搜救应急预案》。

1.5 工作原则

（1）以人为本，安全第一

把保障人民群众的生命安全和身体健康、最大程度地预防和减少水路交通突发事件造成的人员伤亡作为首要任务。切实加强应急救援人员的安全防护，充分发挥专业救援力量的骨干作用和人民群众的基础作用。

（2）统一领导，分级负责

在交通运输部统一领导和组织协调下，各省（区、市）人民政府和交通主管部门按照各自职责和权限，负责有关水路交通突发事件的应急管理和应急处置工作。港航企业要认真履行安全责任主体的职责，依法建立完善相关应急预案和应急机制。

（3）条块结合，属地为主

水路交通突发事件现场应急处置在各级人民政府的领导下，由交通主管部门具体负责。各级交通主管部门应当与地方人民政府密切配合，充分发挥专业优势，积极开展各类水路交通突发事件的现场指挥和救援工作。

（4）整合资源，协同应对

充分利用社会应急资源，发挥各部门和社会公众的应急支持作用，建立健全应急处置的联运协调机制，明确各方责任，形成统一指挥、功能齐全、反应灵敏、协调有序、运转高效的应急管理体制。

（5）科学决策，快速高效

加强水路交通突发事件应急技术的研究和开发，建立功能完善、门类齐全的应急咨询专家库，充分发挥专家队伍和专业人员的作用，提高应对突发事件的科学决策和指挥能力；加强以属地管理为主的应急处置队伍建设，提高港航企业自救、互救和应对各类突发事件的综合素质，形成快速高效的应急反应机制。

（6）预防为主，平战结合

贯彻落实“安全第一，预防为主，综合治理”的方针，坚持应急与预防相结合，常态与非常态相结合。建立和完善监测、预测和预警体系，做好常态下的风险评估、物资储备、队伍建设、预案演练等工作，提高水路交通突发事件的应急处置能力。

1.6 应急预案体系

根据相关法律法规的要求，结合水路交通突发事件分类分级，水路交通突发事件应急预案体系包括：国家的水路交通突发事件应急预案及各专项应急预案，地方的水路交通突发事件应急预案及各专项预案，以及港航企业的应急预案。

水路交通突发事件应急预案体系构成如图1-1所示。

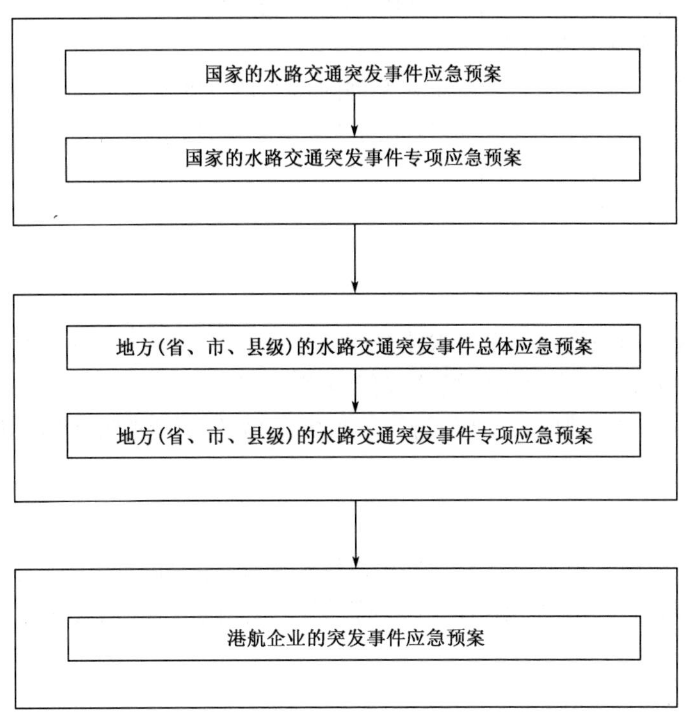

图1-1 水路交通突发事件应急预案体系

1.6.1 国家的水路交通突发事件应急预案

国家的水路交通突发事件应急预案是我国水路交通突发事件应急预案体系的总纲及行业指导应急预案，是交通运输部应急处置全国水路交通突发事件的基本程序和组织原则，是交通运输部应对特别重大水路交通突发事件的规范性文件，由交通运输部制定并报国务院备案后公布实施。

1.6.2 国家的水路交通突发事件专项应急预案

国家的水路交通突发事件专项应急预案是交通运输部为应对某一类型或某几种类型水路交通突发事件而制订的专项应急预案，由交通运输部制定并公布实施。根据法律法规要求，结合交通运输部职责，水路交通突发事件专项应急预案包括：

- 水路煤炭运输保障应急预案
- 水路粮食运输保障应急预案
- 水路原油运输保障应急预案
- 水路特资运输保障应急预案
- 水路旅客运输紧急疏散救援预案
- 水路交通非重点物资运输保障应急预案
- 港口生产突发事件应急预案
- 港口保安事件应急预案
- 水运基础设施建设突发事件应急预案
- 长江干线航道突发事件应急预案
- 京杭运河航道突发事件应急预案
- 珠江干线航道突发事件应急预案

- 黑龙江干线航道突发事件应急预案
- 水路涉台突发事件应急预案

1.6.3 地方的水路交通突发事件应急预案

地方的水路交通突发事件应急预案是由省级、地市级、县级交通主管部门根据国家相关法律法规和国家的水路交通突发事件应急预案要求,为及时应对辖区内发生的水路交通突发事件而制订的应急预案(含专项应急预案)。由地方交通主管部门组织制订并公布实施。

1.6.4 港航的企业突发事件应急预案

港航企业突发事件应急预案由各港航企业根据国家及地方的水路交通突发事件应急预案的要求,结合自身实际,为及时应对企业范围内可能发生的各类突发事件而制订的应急预案。由各港航企业组织制订并实施,报当地交通主管部门备案。

2 组织体系及职责

国家的水路交通应急组织指挥体系由水路交通突发事件应急工作领导小组、水路交通突发事件应急指挥中心及指挥中心办公室、应急工作组、咨询专家组构成。

省级、市级、县级交通主管部门可参照本预案,根据各地的实际情况,建立相应的应急组织指挥体系,明确相应职责。

2.1 应急领导机构

国家的水路交通应急组织指挥体系的领导机构设在交通运输部,成立水路交通突发事件应急工作领导小组,由交通运输部部长任领导小组组长,分管部领导任副组长,相关业务司局主要领导为成员。领导小组主要职责包括:

(1)审定交通突发事件应急预案及其相关政策、规划;

(2)审定交通突发事件应急经费预算;

(3)确定交通重大应急科研攻关;

(4)决定启动和终止Ⅰ级(特别重大)交通突发事件预警状态和应急响应行动;

(5)其他相关重大事项。

2.2 应急组织机构

2.2.1 水路交通应急指挥中心

水路交通应急指挥中心为国家水路交通突发事件应急指挥机构,在水路交通突发事件应急工作领导小组的领导下,具体负责特别重大水路交通突发事件应急行动的指挥与协调工作。交通运输部分管水路交通的部领导担任应急总指挥,交通运输部水运司主要领导担任应急副总指挥,其他有关司局协助做好相关工作。具体职责如下:

(1)负责指挥协调Ⅰ级(特别重大)水路交通突发事件的应急处置工作;

(2)负责协调跨省水路交通应急资源、应急人员的调度指挥;

(3)根据国务院要求,或根据应急处置需要,参与地方政府组织开展的水路交通突发事件应急处置工作;

(4)当突发事件由国务院统一指挥时,应按照国务院的指令,执行相应的应急行动;

(5)贯彻落实国务院、交通突发事件应急工作领导小组对重点物资应急运输的指示精神和有关指令,组织好重点物资紧急运输工作;

(6)协调解决重点物资水路应急运输中的重大问题,必要时,可对沿海、内河的应急运输实行直接组织和指挥,确保运输畅通。

2.2.2 应急工作组

应急工作组在水路交通突发事件应急工作领导小组决定启动Ⅰ级(特别重大)水路交通突发事件

预警状态和应急响应时自动成立，由交通运输部相关司局组建，在水路交通应急指挥中心统一指挥下，具体承担应急处置工作。

应急工作组主要包括综合协调组、运输保障组、港口保障组、通信保障组、新闻宣传组、总结评估组等。根据水路交通突发事件应对工作的需要，启动相应的应急工作组。

(1)综合协调组

由水运司主管司领导任组长，办公厅、水运司、公安局、海事局相关处室负责人组成。主要职责包括：保持与各应急工作组的信息沟通及工作协调，根据应急指挥中心的指令，负责与各应急协作部门的沟通联系；搜集、分析和汇总应急工作情况，承办应急指挥中心交办的工作。

(2)运输保障组

由水运司主管司领导任组长，水运司、公路司、海事局相关处室负责人组成。负责组织、协调重点物资和应急物资的运输工作；负责水路和公路的运输保障；承办应急指挥中心交办的工作。

(3)港口保障组

由水运司主管司领导任组长，水运司、公安局、海事局相关处室负责人组成。主要负责应急运输的港口生产组织和协调，负责通航保障和港口生产安全保障；承办应急指挥中心交办的工作。

(4)通信保障组

由科教司主管司领导任组长，科教司、通信中心相关处室负责人组成。负责应急处置过程中的通信保障工作；承办应急指挥中心交办的工作。

(5)新闻宣传组

由体改法规司主管司领导任组长，办公厅、体改法规司、水运司相关处室负责人组成。负责召开新闻发布会，及时、准确发布权威信息，正确引导社会舆论，最大程度地避免和消除水路交通突发事件造成的衍生影响；承办应急指挥中心交办的工作。

(6)总结评估组

由水运司主管领导任组长，由以上应急工作组相关人员和咨询专家组成。负责跟踪应急处置，对应急处置方案、措施及效果等进行评估，提出改进建议；对应急工作的经验与教训进行总结，并向应急指挥中心提交评估报告；应急结束后，对预案体系、组织体系及运行机制等进行系统性评估，提出完善应急预案的意见和建议；承办应急指挥中心交办的工作。

2.3 应急执行机构

涉及到应急工作的港航企业和地方交通、港航、海事、公安、航道管理部门。

2.4 日常管理机构

水路交通应急指挥中心下设办公室，负责水路交通突发事件的日常应急管理工作。指挥中心办公室设在交通运输部水运司。办公室主任由水运司分管领导担任。

水路交通应急指挥中心办公室的主要职责有：

(1)负责预警支持系统的建立和维护，搜集、分析、核实和处理水路交通突发事件以及紧急运输应急事件的信息，并初步判定事件等级，及时向水路交通应急指挥中心提出启动本预案及各专项预案的建议；

(2)负责与国务院相关应急机构和地方交通应急管理机构的联系，沟通交流信息；

(3)收集、汇总水路交通突发事件信息及应急救援工作有关情况，总结分析年度突发事件应对工作；

(4)负责组织制定、修订水路交通突发事件应急预案及有关规章制度；

(5)指导地方水路交通应急预案的编制；

(6)组织水路交通应急技术研究和开发，参加有关的国际合作；

(7)编制年度应急工作经费预算草案；

(8)组织水路交通应急培训和演练；

(9)编制、修订水路交通运输应急规划；

(10)负责督导国家应急物资设备储备点和国家水路应急运输保障队伍建设与管理；

(11)负责组建应急咨询专家库；

(12)承办水路交通应急指挥中心交办的工作。

2.5 咨询专家组

水路交通应急指挥中心负责建立咨询专家组。咨询专家组是由水路交通行业及其他相关行业的工程技术、科研、管理、法律等方面专家组成的应急咨询机构。其主要职责如下：

(1)开展水路交通突发事件应急处置技术研究和咨询服务工作，为水路交通应急指挥中心应急决策提供咨询和建议；

(2)预测水路交通突发事件的发生和发展趋势，对各类突发事件的救灾方案、处置办法、灾害损失和恢复重建方案等进行研究、评估，并提出相关建议；

(3)为评估水路交通基础设施的损失，分析突发事件对国家和地区水路交通、环境和社会的影响，确定应急等级提供决策依据；

(4)为评估水路交通能力和水路交通系统的运行状况，实施水路交通管理控制和替代交通设施及服务提供相关技术咨询。

(5)提供水路交通运输及应急方面的技术支持。

2.6 应急协作部门及职责

水路交通突发事件的预警和处置，需要有关部门的积极配合和共同实施。在Ⅰ级(特别重大)突发事件应急响应中，由水路交通突发事件应急指挥中心根据突发事件的级别和类型协调相关部门参加应急协作，各协作部门的应急任务分工据其现有职责而定。

交通运输部：做好水路交通各类突发事件应急救援的组织协调工作，负责水上交通监控管制、水上危险物和污染物清除、水上救助与打捞清障、港航社会安全防控，提供交通运输应急保障等。

水利部：做好相关水利水电枢纽的运行调度和水位保障工作，为水路交通突发事件防治和应急救援提供便利条件。

公安部：负责水路交通突发事件现场治安的秩序维护、火灾扑救、爆炸险情控制、危险品清除、遇难人员营救、必要的公众隔离、保证交通畅通等。

工业与信息化部：根据港口和航道应急工作的需要提供有效的通信保障。

卫生部：组织医疗救护队伍，及时对伤病人员进行救护。必要时，提供清洁车辆和储运设备，配合污染物的清除。

中国气象局：负责及时提供气象监测实况，提供近期天气预报和气象灾害警报。

总参作战部和武警部队：根据交通突发事件应急工作领导小组请求，组织舰船、飞机、人员以及救生器材，参与救援。参加救援的军队舰船、飞机及人员由军方统一指挥，同时接受水路交通应急指挥中心的统一协调。

环境保护部：负责事发地上、下游流域和周边地域的环境监测工作，提出污染控制与处置建议，协助核实污染损害情况。

农业部：负责核查和报告可能受到事故影响的农业用水水源保护区、基本农田保护区、农业生态保护区，通知相关管理部门采取应急反应措施，防止受到直接污染和废弃物的间接污染。

中国民用航空局：提供运输机、直升机等设施设备配合应急物资的输运和事故现场的监视跟踪。

新闻单位：根据应急指挥中心的安排，及时做好新闻发布和宣传动员工作。

水路交通应急组织体系框架见图2-1。

3 运行机制

3.1 预警和预防机制

预警和预防是通过监测与收集突发事件相关信息，进行分析预测，并作出相应判断，发布预警信息，采取预防措施。水路交通应急指挥中心办公室负责突发事件的信息收集、整理工作和风险分析工作，做到突发事件的早发现、早预防、早报告、早处置。

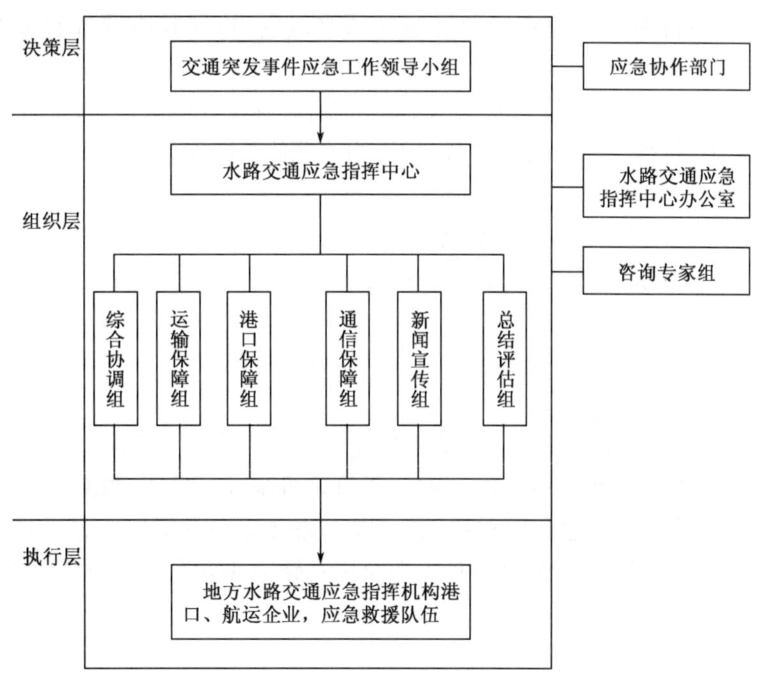

图 2-1 水路交通应急组织体系框图

3.1.1 信息监测

3.1.1.1 信息内容

水路交通突发事件预警预防信息包括：水路交通突发事件风险源信息，可能诱发水路交通突发事件的自然灾害（如气象、海洋、水文、地质等）和社会安全事件、公共卫生事件等相关信息，以及需要提供水路交通运输保障的紧急事件信息。

3.1.1.2 信息来源

水路交通应急指挥中心办公室应通过各种途径收集水路交通突发事件相关信息，主要信息来源包括：

（1）公众信息部门（气象、海洋、水利、卫生、地震、公安等）

依托信息发布媒体，收集公众信息相关部门提供的有关自然灾害、突发公共卫生事件、社会安全事件等诱发风险因素的政府公布信息、专业实测和预报信息。

（2）国务院及其他政府部门

依托政府办公信息网络及信息通报制度，收集来自国务院应急办及其他政府部门（环保、安全生产监督、卫生等）通报的环境污染、重大安全事故、突发公共卫生事件、气象灾害等诱发风险因素的相关信息。

（3）地方交通主管部门

依托地方交通系统相关部门（港口、航道及通航建筑物运行管理部门、各级港航公安机关）提供的事件所在地港口、航道、通航设施、危险货物运输、进出港船舶、水运基础设施建设等可能诱发港口和航道突发事件的风险源信息。

（4）其它有关机构及公众：发布或提供有关的监视、监测、分析信息。

3.1.2 预警预防行动

港口、航道、通航建筑物运行管理部门：将预警预防行动寓于日常安全生产管理过程，对经营管理及建设活动中突发事件的风险源、风险因素、风险影响、风险防范与应急对策进行识别和分析，建立相应的预警预防预案，及时发现、报告和消除突发事件隐患，根据外界的预警信息及时做好安全防范工作，迅速采取措施预防和控制事态发展。

各级应急指挥及日常运行管理机构:根据对各方面信息的搜集、分析和核实情况,及时确定和发布所辖区域水路交通突发事件和重要物资紧急运输的预警级别,指导和协调各有关方面开展预警预防工作。

各级港航公安机关:建立水路交通治安安全预警机制,编制专项应急预案,实时监控,组织值班和应急备勤,培训专门应急力量,配备相关技术装备,指导相关单位共同参与预警预防行动。

3.1.3 预警支持系统

预警支持系统由水路交通基础信息系统,水路交通突发事件风险源信息及评估系统,突发事件信息报送及发布系统等组成。由水路交通应急指挥中心办公室负责组织水路交通预警支持系统的建设、维护、更新与共享工作,具体内容包括:

(1)水路交通基础信息系统:建立重要港口、航道的运行监测与信息管理系统,收集、汇总、分析水路交通运输基础信息。

(2)水路交通突发事件风险源信息系统:建立水路交通突发事件风险源数据,收集、汇总、分析风险源基础信息;建立风险源评估机制和风险源分级、分类管理机制,加强风险源的日常监管。

(3)水路交通突发事件信息报送和发布系统:建立水路交通突发事件信息报告制度和信息报送及发布系统,及时上传与下达突发事件预警信息,发布全国水路交通突发事件预警预防和重要物资紧急运输指导信息。

(4)建立水路交通突发事件影响的预测评估机制,对事件发展态势及其影响进行综合分析预测,提供科学的预警预防与应急反应对策措施建议。

3.1.4 预警级别及发布

3.1.4.1 预警级别的确定

为便于对可以预警的突发事件进行预警,根据已经发生或潜在的水路运输事件、社会安全事件、自然灾害、公共卫生事件、紧急运输事件等对港口和航道可能造成的危害程度、紧急程度和发展态势等,水路交通突发事件预警级别分为特别严重(Ⅰ级)、严重(Ⅱ级)、较重(Ⅲ级)和一般(Ⅳ级)四级,分别用红色、橙色、黄色和蓝色来表示。预警级别判断标准详见表3-1。

水路交通突发事件预警级别 表3-1

预警级别	级别描述	颜色标示	发生可能性较大的事件情形
Ⅰ级	特别严重	红色	•重要航道中断;重要通航设施特大损坏;重要港口瘫痪 •水运能力遭受特别严重损失或秩序严重混乱且影响重大 •特大人员伤亡、特大环境污染损害 •关系国计民生的重要物资严重短缺
Ⅱ级	严重	橙色	•重要航道严重堵塞;重要通航设施严重损坏;重要港口局部瘫痪 •一般航道及通航设施通行中断;一般港口瘫痪 •水运能力遭受严重损失或秩序混乱 •重大人员伤亡、重大环境污染损害 •关系国计民生的重要物资短缺
Ⅲ级	较重	黄色	•重要航道堵塞;重要通航设施损坏;重要港口受损 •一般航道堵塞;通航设施损坏严重;一般港口能力遭受较重损失 •较重人员伤亡、较重环境污染损害 •关系国计民生的短期物资供应紧张
Ⅳ级	一般	蓝色	•一般航道受阻;通航设施损坏 •港口受损、人员伤亡和环境污染损害较轻 •关系国计民生的短期物资紧缺

当发生下列情况之一时,启动Ⅰ级预警:

(1)国家气象部门发布Ⅰ级气象灾害预警或多个省级气象部门发布Ⅱ级及以上气象灾害预警信息,可能威胁港口、航道、通航设施的安全运行,导致港口停产、航道封航,需要48小时及以上时间才能恢复正常,严重影响地方经济社会的正常运行时;

(2)根据《国家防汛抗旱应急预案》、《国家地震应急预案》、《风暴潮、海啸、海冰灾害应急预案》及其它相关国家应急预案,各应急预案应急指挥机构发布Ⅰ级预警,可能威胁港口、航道、通航设施安全运行时;

(3)水路交通突发事件应急指挥中心办公室接警并核实,港口、航道发生特别重大水路安全生产事故、通航事故、施工事故等,导致或可能导致重要航道中断、重要通航设施特大损坏、重要港口瘫痪,需要48小时及以上时间才能恢复正常,严重影响地方经济社会的正常运行时;

(4)接到国务院的重要物资的紧急运输指令时;

(5)发生重要物资短缺等可能严重影响经济运行和人民正常生活,超出省级水路交通运输能力,且交通运输部接到事发地省级交通主管部门的援助请求时。

3.1.4.2　预警信息发布

交通运输部负责Ⅰ级(特别重大)水路交通突发事件的预警信息发布。发布程序如下:

(1)水路交通应急指挥中心办公室在接到报警信息,经分析、核实,符合Ⅰ级(特别严重)预警条件,应向水路交通应急指挥中心提出Ⅰ级预警建议。

(2)经交通突发事件应急工作领导小组同意后,由水路交通应急指挥中心签发Ⅰ级(特别严重)预警启动文件,各应急工作组进入待命状态;同时报国务院。

(3)Ⅰ级预警启动文件签发后1小时内,由水路交通应急指挥中心办公室向各级地方水路交通应急机构下发;地方水路交通应急机构接到预警信息后,应按照应急预案及时研究确定应对方案,并通知有关部门、单位采取相应预警预防行动。

(4)根据需要,水路交通应急指挥中心办公室及时将Ⅰ级预警信息通报应急协作部门;同时,如需要,经交通突发事件应急工作领导小组确定后,由新闻宣传组负责联系新闻媒体,向社会发布预警信息。

(5)水路交通突发事件预警信息包括:可能发生的突发事件类别、起始时间、预警级别、可能影响范围、影响估计及应对措施、警示事项、群众自防自救措施、发布机关等;发布Ⅰ级(特别严重)红色预警信息后,本应急预案自动启动。

(6)水路交通应急指挥中心办公室应立即开展应急监测和预警信息专项报送工作,随时掌握并报告事态进展情况,形成突发事件动态报告制度。

Ⅱ级(重大)及以下水路交通突发事件由地方各级水路交通应急指挥机构根据各自的职责发布相应级别的预警信息。预警信息发布程序,可参照Ⅰ级预警信息发布程序,结合当地实际,自行确定;同时,在预警过程中如发现事态扩大,超出本级处置能力,应及时上报上一级应急指挥机构,建议提高预警等级。

3.1.4.3　预警解除

根据事态的发展情况,水路交通应急指挥中心应适时调整或解除Ⅰ级预警,程序如下:

(1)水路交通应急指挥中心办公室根据预警监测追踪信息,确认预警涉及的水路交通突发事件事态减轻或危险已经消除,需要调整预警级别或解除,应向水路交通应急指挥中心提出Ⅰ级(特别严重)预警状态终止建议。

(2)经交通突发事件应急工作领导小组同意后,由水路交通应急指挥中心宣布解除Ⅰ级预警,终止预警,并中断已经采取的有关措施。

(3)经分析、确认,如预警等级降为Ⅱ级及以下预警级别,水路交通应急指挥中心办公室应及时通知省级交通主管部门,根据应急预案,启动相应应急程序,进入预警状态。

(4)除上述情况外,各级预警在所对应的应急响应启动后,预警解除时间与应急响应终止时间一致,不再单独启动预警解除程序。

3.2 应急响应

3.2.1 响应级别

水路交通突发事件应急响应根据突发事件的级别,分为Ⅰ级、Ⅱ级、Ⅲ级和Ⅳ级四个响应等级。

水路交通应急指挥中心负责Ⅰ级或国务院责成处理的水路交通突发事件的应急响应的启动和发布;省级水路交通应急指挥机构负责Ⅱ级应急响应的启动和发布,市级水路交通应急指挥机构负责Ⅲ级应急响应的启动和发布,县级水路交通应急指挥机构负责Ⅳ级应急响应的启动和发布。

各级水路交通应急指挥机构在启动实施本级应急响应的同时,应将应急响应情况报送上一级水路交通应急指挥机构备案,交通运输部应将启动实施Ⅰ级应急响应的情况报送国务院。

3.2.2 应急响应程序

水路交通突发事件应急响应及处置程序见图 3-1。

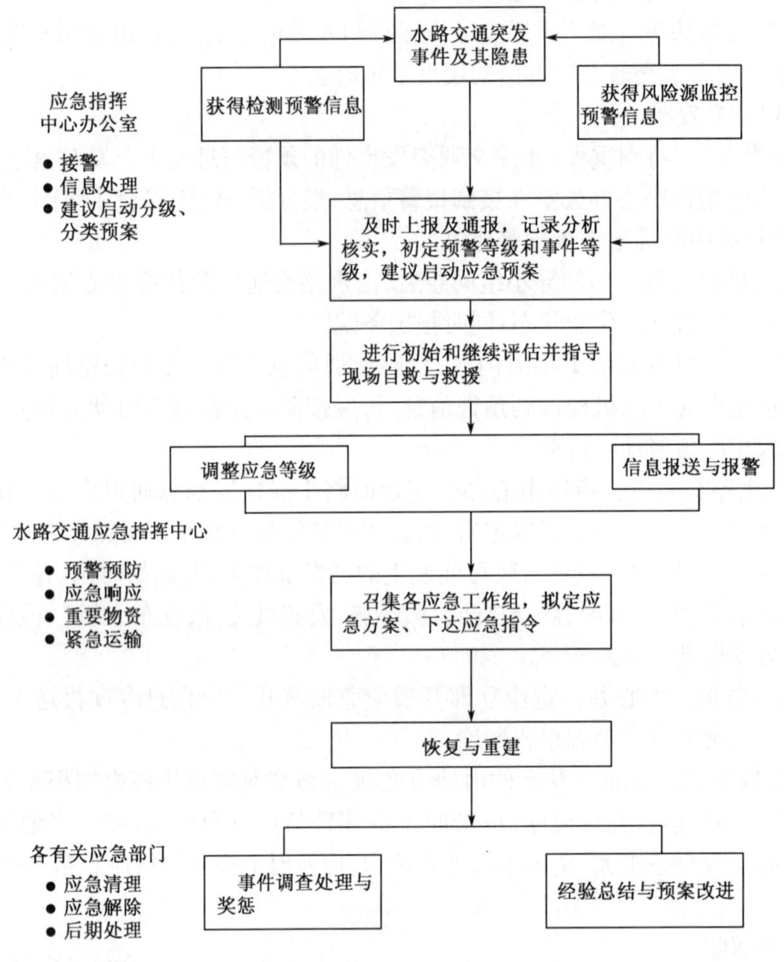

图 3-1 应急响应及处置程序

水路交通应急指挥中心按下列程序和内容启动Ⅰ级响应:

(1)水路交通应急指挥中心办公室对收集到的水路交通突发事件信息,通过评估确定为Ⅰ级突发事件的、或者接到国务院责成处理的水路交通突发事件、或者省级水路应急指挥机构申请的应急支援后,应立即向水路交通应急指挥中心报告,提出启动水路交通突发事件Ⅰ级应急响应的建议。

(2)水路交通应急指挥中心应在 2 小时内决定是否启动Ⅰ级应急响应,如同意启动,则正式签发Ⅰ级应急响应启动文件,报送国务院,并于 24 小时内召集面向国务院各相关部门、相关地方交通运输主管部门的电视电话或视频会议,由水路交通应急指挥中心总指挥正式宣布启动Ⅰ级应急响应。

(3)Ⅰ级应急响应宣布后,水路交通应急指挥中心根据事件的类别决定召集应急工作组,派出相关工作组人员和专家赶赴现场参加、指导现场应急救援,必要时召开应急工作领导小组会议或领导小组联络员会议。

（4）Ⅰ级应急响应启动后，水路交通应急指挥中心办公室和各应急工作组立即启动 24 小时值班制，根据各自职责规定开展应急工作。

（5）及时向交通突发事件应急工作领导小组和国务院报告水路交通突发事件基本情况、事态发展和救援进展情况。

（6）建立并保持与水路突发事件发生地的省级水路突发事件应急指挥机构、相关专业应急救援指挥机构的通信联系，随时掌握事态发展情况。

（7）协调落实其他有关事项。

Ⅱ、Ⅲ、Ⅳ级水路交通突发事件应急响应机构，可以参照Ⅰ级应急响应程序，结合本地区实际，自行确定应急响应程序。省级交通主管部门在处理超出省级范围的突发事件，需要交通运输部协调处置时，应及时向交通运输部提出请求。

3.2.3 信息报送和处理

3.2.3.1 突发事件信息采集

事发地水路交通应急指挥机构负责水路交通突发事件现场信息的采集和报送。信息报告的主要方式是网络、电话、传真及其他通信手段，需要重点采集的信息包括：

（1）事件现场位置、事件性质、事件发生原因、时间、影响范围及发展态势，事故港口和航道的名称、设施及装卸储运情况和联系方式；

（2）事件造成的破坏、损失、人员伤亡等情况；

（3）是否有危险品、是否可能发生起火爆炸、泄漏等潜在危险及已采取的措施；

（4）到达现场进行处置的单位、人员及组织情况；已经采取的措施、效果，已发出的援助要求和已开展救援活动的时间、设备、联系人等；

（5）现场环境情况及近期动态预报，包括风向风力、涌浪大小、冰情、能见度、潮汐、水流流速和流向等。

3.2.3.2 信息处理

由各级水路交通应急指挥机构负责本级应急事件信息分析工作，追踪事件进展，及时掌握最新动态，将事件分析结果报送上级主管部门、当地人民政府，并通报有关单位。Ⅰ级应急响应的信息报告基本要求是每天 2 次，由各级水路交通应急指挥机构按照要求填报。

Ⅱ级及以上水路交通突发事件应急响应启动后，事件所涉及的省级水路交通应急指挥机构应将事件处置进展情况分析汇总后随时上报水路交通应急指挥中心办公室，并实行零报告制度，水路交通应急指挥中心办公室及时将事件进展信息分析汇总，上报水路交通应急指挥中心，由水路交通应急指挥中心决定信息的发布及方式。

经确认的Ⅰ级水路交通突发事件，由省级水路交通应急指挥机构立即上报水路交通应急指挥中心办公室。水路交通应急指挥中心按有关规定向国务院报告，并及时向有关部门和地方通报。

3.2.3.3 境外人员通报程序和部门

如果突发事件中的伤亡、失踪、被困人员中有港澳台人员或外国人，或者突发事件可能影响到境外，需要向香港、澳门、台湾地区有关机构或有关国家进行通报时，事发地交通行政管理部门应将信息内容逐级上报到水路交通应急指挥中心办公室，由其向有关部门通报信息；需要国际援助时，由外交部等有关部门向境外应急反应合作区域联系。请求援助时应考虑援助队伍及物资的到达时间等因素。

3.2.4 指挥和协调

针对不同的水路交通突发事件响应等级，确定相应的应急响应指挥机构。在突发事件应急响应中，由所启动的最高级别水路交通应急指挥机构根据突发事件的级别和类型协调相关应急救援机构参加应急协作。

Ⅰ级应急响应时，参与水路交通突发事件应急处置的各应急工作组，在水路交通应急指挥中心的统一领导下，按照各自职责，共同开展应急处置和救援工作。

3.2.5 应急处置

3.2.5.1 各级指挥机构调派处置力量的权限

由交通运输部组织指挥交通运输部机关和交通运输部直属的行政、事业单位、地方交通主管部门以及其他相关单位参与水路交通突发事件的应急行动。

由当地人民政府组织指挥、协调地方交通主管部门、港航管理部门和企业参与水路交通突发事件的应急行动。

3.2.5.2 应急资源征用

(1)水路交通应急指挥中心对交通运输部管辖范围的应急物资、设备和器械有应急调配权,可以启用各级人民政府储备的应急救援物资。在必要时可以向单位和个人征用应急救援所需设备、设施、场地、交通工具和其他物资,要求事发地人民政府提供人力、物力、财力或者技术支援,要求生产、供应生活必需品和应急救援物资的企业组织生产、保证供给。

(2)港口和航道的抢险、消防、救援、重建恢复等工作所需的设备、物资等在交通运输部管辖范围内或者属于地方政府机构的,由水路交通应急指挥中心统一调度;属于军队和武警系统的,由水路交通应急指挥中心协调调用。

(3)Ⅰ级应急响应启动后,水路交通应急指挥中心根据突发事件的特征和影响程度与范围,向相关省级交通主管部门、应急救援机构发出应急资源征用命令。

相关省级交通主管部门、应急救援机构应按照交通运输部资源征用的要求,负责组织和征用相关应急资源,并在交通运输部征用命令下达后24小时内,征调相关应急人员、装备和物资,并到指定地点集结待命。

3.2.5.3 应急处置措施的落实

Ⅰ级应急响应时,由水路交通应急指挥中心组织港口、航道管理机构、港航公安机关和相关地方政府部门参加应急救援和处置工作,落实相应的处置措施。

各应急工作组负责及时收集、掌握相关信息,根据灾害特点、类别,应急物资的分布等,采取果断措施,精心组织应急处置措施的落实,并及时将事件最新动态和处置情况上报水路交通应急指挥中心。

同时,根据突发事件的情况通知有关部门及其应急管理机构、救援队伍,各应急管理机构、救援队伍在接到事件信息通报后,应立即派出有关人员和队伍赶赴现场,在水路交通应急指挥中心的统一协调、指导下,按照预案要求,相互协同、密切配合,共同落实相应的应急处置措施。

各类水路交通突发事件的具体应急处置措施参照各相应的专项预案规定执行。

Ⅱ级及以下水路交通突发事件应急响应由省级及以下各级水路交通应急指挥机构组织相应的港口、航道管理机构和港航公安机关根据本地区可能发生的突发事件制定应急预案,落实相应的处置措施。

3.2.6 人员疏散撤离

受到突发事件及其衍生危险威胁的人员应当尽快疏散,撤离到安全地带。应急指挥机构要密切监视险情,及时上报,并做好疏散、防护、安置工作,或向上级指挥机构提出意见、请示。如果危险已减轻,则允许撤离人员重新进入现场;如果险情加剧,危及现场人员及附近居民,应进行局部疏散。

如果需要大规模疏散居民,应由当地各级政府负责,拟定撤离计划,确定撤离路径、备用路线及交通工具、车流量控制、疏散目的地的接纳条件、通知撤离方式,告诉有关人员自身保护的注意事项或预防措施,及时公开相关信息,保持社会秩序及公众情绪稳定。

3.2.7 新闻发布

(1)水路交通应急指挥中心根据国务院关于新闻发布的规定和责任范围,确定新闻发布的内容和渠道,统一、准确、及时发布有关特别重大(Ⅰ级)水路交通突发事件事态发展和应急处置工作的信息,具体由新闻宣传组负责。Ⅱ级及以下水路交通突发事件分别由相应的地方交通主管部门负责组织发布,并按要求及时上报上级交通主管部门备案。

(2)新闻发布主要方式包括:新闻发布会、新闻通气会、记者招待会、媒体共同采访或独家专访、发布新闻通稿等。

(3)涉外突发事件由交通运输部商外交部,统一组织宣传和报道。接受国外记者及港、澳、台记者采访,应由相关部门商国务院新闻办决定。

3.2.8 应急终止

3.2.8.1 应急终止依据

(1)国务院关于突发事件应急结束的指令;

(2)应急任务已经完成,突发事件的威胁和危害得到控制或者消除;

(3)其它水路交通应急指挥中心认为应急已经结束的。

3.2.8.2 应急终止的程序

I级应急响应终止时,交通运输部采取如下终止程序:

(1)水路交通应急指挥中心办公室根据掌握的事件信息、应急反应进展情况并参考专家咨询组的意见,向水路交通应急指挥中心提出I级应急响应状态终止的建议。

(2)水路交通应急指挥中心决定是否终止I级应急响应状态并报交通突发事件应急工作领导小组批准,如批准同意终止,则签发I级应急响应终止文件,由水路交通应急指挥中心总指挥宣布应急终止,解除依照本预案规定采取的各项应急处置措施,同时向新闻媒体公布。

(3)由国务院负责指挥的,则必须报其批准。

Ⅱ、Ⅲ、Ⅳ级应急响应终止程序由省、市、县水路交通突发事件应急指挥机构根据其预案规定的程序执行。

3.3 恢复与重建

3.3.1 善后处置

3.3.1.1 社会救助

(1)事发地各级交通主管部门配合属地政府部门,对因参加突发事件应急处理而致病、致残、死亡的人员,及时进行医疗救助或按照国家有关规定,给予相应的补助和抚恤,并提供相关心理及司法援助;

(2)对因突发事件造成生活困难需要社会救助的人员,由当地人民政府按国家有关规定负责救助;

(3)保险监管部门要督促有关保险机构及时做好有关单位和个人的理赔工作。

3.3.1.2 物资征用补偿

(1)水路交通突发事件物资征用由事发地人民政府负责,并按照国家有关规定进行补偿。

(2)对紧急调集、征用的有关单位及个人的物资在使用完毕或者港口突发事件应急工作结束后,应当及时返还。在调集、征用后被毁损、灭失的应当按照规定给予补偿或补助。

(3)对于紧急征用物资、设备、交通运输工具和劳工的补偿费用要及时支付,优先办理,不得拖欠。

行政征用补偿形式包括:现金补偿、财政税费减免、实物补偿和其他形式的行政性补偿等。

3.3.1.3 恢复重建

(1)恢复重建工作由事发地人民政府负责,水路交通主管部门具体执行。因突发事件严重受损的水运交通基础设施,其恢复重建经费应纳入国家救灾专项财政预算。

(2)事发地恢复重建措施落实情况须及时上报水路交通应急指挥中心办公室,必要时,由水路交通应急指挥中心派出工作人员进行现场指导。

3.3.2 总结评估

(1)I级突发事件应急处置工作结束后,由水路交通应急指挥中心组织对突发事件造成的损失进行评估,负责编写突发事件调查报告与总结,对应急经验教训加以总结,提出预案改进建议,并在应急结束后的30个工作日内提出总结报告,送交通突发事件应急工作领导小组审核,并由交通运输部报国务院。

(2)各参加应急救援工作的单位、部门必须写出应急过程和总结报告,总结经验教训,标明救援消耗、设备损害情况,并将应急过程的录像资料与文字资料于应急结束后的10个工作日内上报水路交通应急指挥中心。

Ⅱ级及以下应急响应由省级以下相应的水路交通应急指挥机构负责编写突发事件调查报告与总

结，对应急经验教训加以总结，提出改进建议，并组织具备资格的研究咨询机构对水路交通突发事件进行调查、处理、监测和后果评估，提出损失赔偿、灾后恢复及重建等方面的建议。

事故应急总结报告作为水路交通突发事件应急的重要资料存档，应在应急结束后20个工作日内上报上一级水路交通应急指挥机构备案。

3.3.3　责任与奖惩

（1）由交通运输部对在落实和实施本预案过程中表现突出、成绩显著的人员或单位，按照国家法律、法规及有关规定给予表彰和奖励。

（2）各级交通主管部门应组织对参加突发事件应急处理做出贡献的先进集体和个人进行表彰。

（3）对未依照规定履行报告职责，迟报、漏报、瞒报和谎报或者授意他人迟报、瞒报、漏报和谎报水路交通突发事件重要情况；或者应急处理工作中有其他失职、渎职行为或不听指挥、临阵逃脱以及破坏应急救援工作的人员由所在单位或上级部门按有关规定给予行政处分；构成犯罪的，依法追究刑事责任。

4　应急保障

4.1　通信与信息保障

应急通信的信息网络系统主要由交通专业通信网络和公共通信系统组成。水路交通应急指挥中心应建立健全应急通信保障体系，通过公用通信网、有线与无线相结合、基础电信网络与机动通信系统相配套的应急通信系统，确保突发事件应对工作的通信畅通。

地方各级水路交通应急指挥机构应配合水路交通应急指挥中心对信息网络的建设规划，在依托和利用公共互联网的基础上，加强应急处置专用通信网的建设，配备必要的通信保障设施，采取各种通信方式确保突发事件救灾抢险指挥的通信畅通。

4.2　应急队伍保障

4.2.1　应急救援队伍

1. 社会专业应急队伍

（1）港航公安、地方公安、消防、医疗急救等队伍是基本的社会抢险救援队伍。

（2）海上搜救、石油化工、危险化学品、基础信息网络和重要信息系统事故处置等专业抢险救援队伍以及环境监测、动物疫情处理等专业队伍，是水路交通突发事件应急行动的外部依托力量。

（3）解放军、武警部队和民兵预备役部队是处置水路交通突发事件的外援力量，按照有关规定请有关地方政府协调参加水路交通突发事件应急处置工作。

2. 港航企业专职（兼职）应急队伍

（1）根据行业特点，省、市级（所在地）交通主管部门要在对辖区内水路交通风险源普查的基础上，根据风险评估结果和预案要求统筹考虑辖区应急队伍建设，督促有条件的大型国有港口企业建立专业或兼职应急队伍，推进港口企业建立应急互助机制，建立港口安全生产区域性专业救援队伍；建设和完善区域港口危险化学品应急救援队伍。

（2）大型港航企业成立专职（兼职）应急救援队伍，配备相应的应急救援装备、个体防护用品，并定期进行应急救援预案演练，强化应急配合功能，增强应急实战能力。

（3）水路交通应急指挥中心在交通突发事件应急工作领导小组的领导下，协调各级交通主管部门及大型港航企业加强应急救援队伍的业务培训及应急演练，建立联动协调机制，提高装备水平。

3. 社会力量动员

依据法律规定，任何单位和个人发现水路交通突发事件或其隐患，都有义务向本预案规定的有关部门或各级政府报告，相关单位和个人有义务在有关部门的统一指挥下，参与应急反应行动。

在接到事故报告并确认事件等级后，各级应急指挥机构根据事件等级向政府报告，组织驻军并动员社会力量参与应急反应。社会力量到达应急抢救现场,由水路交通应急指挥中心统一指挥和协调。

4.2.2 应急运力保障

(1)在交通运输部的组织、协调下,水路交通应急指挥中心根据重点物资水路运输突发事件发生的频率、范围等,在全国范围内合理布局规划,建立国家应急运力储备,在全国重点区域,选择大型港航企业,纳入国家水路交通应急运输储备体系。

会同海事、铁路等相关部门制定紧急情况交通运输工具调用方案,建立交通运输工具动态数据库,明确各类交通运输工具数量、分布、功能、使用状态,确保应急物资和人员能够及时、安全运达。

(2)省级及以下水路交通应急管理机构负责所辖区域内的水路应急运输保障队伍的规划、建设工作。在所辖区域内建立应急运力储备。

4.3 应急物资装备保障

(1)按照"部省共建、属地管理,布局合理、种类齐全"的原则,交通运输部在全国范围内合理规划建设国家水路交通应急物资设备储备网络,在发生Ⅰ级突发事件时,由水路交通应急指挥中心统一调度各类储备物资和装备,组织实施跨省的应急抢险、救援工作。

(2)各级水路交通应急指挥机构应建立健全应急物资储备保障制度,建立必要的应急资源保障机制,加强港口应急救援物资实物储备,合理增加储备点和储备量,使其逐步覆盖辖区内所有港航设施。

(3)市级(所在地)港口管理部门要在风险源普查的基础上,根据风险评估结果和预案要求统筹考虑辖区应急基础设施和专用设备配备情况,督促有条件的港口企业建立应急设备基地,并纳入当地市政规划和应急设备物资储备体系。

4.4 应急资金保障

(1)各级交通主管部门应设立针对水路交通突发事件应急处置工作所必需的专项资金,按照分级负担的原则,由各级政府财政部门纳入财政预算。

(2)水路交通应急指挥中心要根据每年开展宣传、教育、培训、演练等日常工作所需经费编列年度预算,报交通突发事件应急工作领导小组审批,并统一负责该项工作经费的管理与使用。

(3)各级交通主管部门应建立有效的监管和评估体系,对水路交通突发事件应急保障资金的使用和效果进行监管和评估。

4.5 应急技术保障

水路交通应急指挥中心应积极领导开展水运行业重大风险源普查、管理、应急处置技术的科学研究;加快重大风险源管理信息平台的建设,加大监测、预测、预警、预防和应急处置技术研发的投入,不断改进技术装备,建立、健全水路重大风险源安全应急技术平台;开展预警、分析、评估等科学研究,提高防范和处置水路交通突发事件的科学决策水平。

4.6 宣传、培训和演练

4.6.1 宣传

(1)各级交通主管部门应公布突发事件应急预案信息,公布部门接警电话。

(2)各级交通主管部门应根据所在地人民政府的要求,结合各自的实际情况,组织开展有关突发事件应急知识、应急法律法规和预防、避险、避灾、自救、互救等知识的宣传普及活动。

4.6.2 培训

水路交通应急指挥中心建立健全突发事件应急管理培训制度,负责对各级领导、应急管理和救援人员的应急管理培训、上岗前培训和常规性培训。

各级交通主管部门应将应急教育培训工作纳入日常管理工作,定期开展应急培训工作。

4.6.3 演练

由水路交通应急指挥中心组织定期或不定期的演练,以保证本应急预案的有效实施及完善,提高应急反应能力和实战能力。

省级及以下各级交通主管部门要结合所辖区域实际,有计划、有重点地组织有关部门对相关预案进行演练。

5 附则

5.1 预案更新条件

本预案由交通运输部负责更新,下列情况,本预案应进行更新,报国务院备案,并抄报有关部门:

(1)本预案所依据的法律法规做出调整或修改,或国家出台新的应急救援相关法律法规;

(2)原则上每两年(或特别重大水路交通突发事件应急行动结束后)组织修订、完善应急预案;

(3)根据日常应急演练和实际水路交通突发事件取得的经验,需对预案做出修改;

(4)其它水路交通应急指挥中心认为必要时。

5.2 制定与解释部门

本预案由交通运输部负责制定和解释。

本预案联系单位:交通运输部水运司

联系电话:(010)65292645　65292637

5.3 实施时间

本预案自发布之日起实施。

6 附件

附件 1　国务院及其有关部委应急反应机构联系表

附件 2　交通运输部应急反应机构及有关单位联系表

附件 3　水系派出机构及省级交通主管部门联系表

附件 4　港口行政管理部门联系表

附件 5　重要航运企业联系表

附件 6　主要港口企业联系表

附件 1　国务院及其有关部委应急反应机构联系表

成　员　单　位	联系人	职务	联系电话	手机
国家发展和改革委员会				
水利部				
工业和信息化部				
公安部				
卫生部				
环境保护部				
农业部				
中国气象局				
中国民用航空局				
中国人民解放军总参谋部				
武警总部				

附件2 交通运输部应急反应机构及有关单位联系表

成　员　单　位	联系人	职务	联系电话	手机
水路交通应急指挥中心办公室				
交通运输部办公厅				
交通运输部体改法制司				
交通运输部公路司				
交通运输部水运司				
交通运输部科教司				
交通运输部公安局				
交通运输部海事局				
交通运输部救助打捞局				
中国海上搜寻救助中心办公室				
交通部水运科学研究院				
交通部通信中心				

附件3 水系派出机构及省级交通主管部门联系表

成　员　单　位	联系人	职务	联系电话	手机
长江航务管理局				
珠江航务管理局				
河北省交通厅				
辽宁省交通厅				
黑龙江省交通厅				
吉林省交通厅				
山东省交通厅				
湖南省交通厅				
江苏省交通厅				
江西省交通厅				
四川省交通厅				
云南省交通厅				
广东省交通厅				
海南省交通厅				
广西壮族自治区交通厅				
福建省交通厅				
浙江省交通厅				
湖北省交通厅				
陕西省交通厅				
青海省交通厅				
山西省交通厅				

续上表

成　员　单　位	联系人	职务	联系电话	手机
内蒙古自治区交通厅				
上海市交通运输和港口管理局				
天津市交通委员会				
重庆市交通委员会				

附件4　港口行政管理部门联系表

成　员　单　位	联系人	职务	联系电话	手机
秦皇岛市港口管理局				
大连市港口与口岸管理局				
营口市港口管理局				
丹东市港口管理局				
舟山市港口管理局				
宁波市港口管理局				
日照市港口管理局				
连云港市港口管理局				
青岛市港口管理局				
烟台市港口管理局				
黄骅市港口管理局				
锦州市港口管理局				
威海市港口管理局				
厦门市港口管理局				
福州市港口管理局				
广州港务局				
深圳市交通管理局				
珠海市港口管理局				
东莞市港口管理局				
惠州市港口管理局				
阳江市港口管理局				
湛江市港口管理局				
茂名市港口管理局				
汕头市港口管理局				
海口市港口管理局				
三亚市港口管理局				
钦州市港口管理局				
北海市港口管理局				
防城港市港口管理局				
南京市港口管理局				
武汉市港口管理局				
苏州市港口管理局				

附件5 重要航运企业联系表

成 员 单 位	联系人	职务	联系电话	手机
中国远洋运输(集团)总公司				
中国海运(集团)总公司				
中国对外长航集团有限公司				
中国江运(集团)总公司				
河北远洋运输股份有限公司				
浙江远洋运输有限公司				
宁波海运(集团)总公司				
浙江海运(集团)总公司				
福建省轮船总公司				
山东烟台国际海运公司				
广东海运股份有限公司				

附件6 主要港口企业联系表

成 员 单 位	联系人	职务	联系电话	手机
秦皇岛港				
大连港				
营口港				
丹东港				
舟山港				
宁波港				
锦州港				
京唐港				
天津港				
黄骅港				
烟台港				
龙口港				
威海港				
青岛港				
日照港				
连云港				
上海港				
温州港				
厦门港				
福州港				
泉州港				

续上表

成 员 单 位	联系人	职务	联系电话	手机
汕头港				
广州港				
东莞港				
惠州港				
阳江港				
湛江港				
茂名港				
珠海港				
深圳港				
海口港				
三亚港				
钦州港				
北海港				
防城港				
贵 港				
梧州港				
重庆港				
宜昌港				
枝城港				
城陵矶港				
武汉港				
九江港				
安庆港				
芜湖港				
镇江港				
南京港				
苏州港				
江阴港				
南通港				
坯州港				
徐州港				

港口设施保安评估报告评审和保安计划审查工作办法

交水发〔2009〕29号(2009年1月22日发布)

第一条 根据《中华人民共和国港口设施保安规则》及有关规定制定本办法。

第二条 交通运输部SOLAS公约港口设施保安履约工作组(以下简称部工作组)负责全国港口设施保安评估报告(以下简称《评估报告》)的评审和港口设施保安计划(以下简称《保安计划》)的审查工作。

第三条 《评估报告》的评审和《保安计划》的审查,采取从全国港口设施保安专家库中抽取专家,通过专家组会议的方式进行;在特殊情况下,经部工作组组长(含副组长,下同)批准,可采取部工作组以工作会议或函审方式进行。

第四条 《评估报告》的评审工作程序:

(一)《评估报告》编制完成后,由港口所在地港口行政管理部门通过书面或全国港口安全及保安信息系统向部工作组秘书处(以下简称秘书处)报请评审。

(二)秘书处应及时汇总情况,向部工作组组长提出组织评审工作的建议。

(三)部工作组组长决定采取专家组会议评审时,秘书处应根据港口设施所在地、专家所在单位、专家专业背景等情况,提出评审专家组建议名单及评审专家组会议召开时间、地点,报部工作组组长批准。

部工作组组长同时指派部工作组1~2名成员参加,并指定评审专家组组长。

参加评审的专家(含部工作组组长指派的部工作组成员)数量不少于7人。

(四)部工作组办公室(以下简称办公室)负责通知有关专家和专家组会议召开地的港口行政管理部门。会务工作由专家组会议召开地的港口行政管理部门负责安排。

(五)评审专家组组长负责主持专家组会议,汇总评审专家组成员意见,形成《评审意见》(具体格式见附表1和附表2),并提交部工作组。

(六)秘书处负责在"中国港口设施保安网"上公布评审结果。

第五条 《保安计划》的审查工作程序:

(一)《保安计划》制订完成后,由港口设施经营人通过书面或全国港口安全及保安信息系统向秘书处报请审查。

(二)秘书处应及时汇总情况,向部工作组组长提出组织审查工作的建议。

(三)部工作组组长决定采取专家组会议审查时,秘书处应根据港口设施所在地、专家所在单位、专家专业背景等情况,提出审查专家组建议名单及审查专家组会议召开时间、地点,报部工作组组长批准。

部工作组组长同时指派部工作组1~2名成员参加,并指定审查专家组组长。

参加审查的专家(含部工作组组长指派的部工作组成员)数量不少于7人。

(四)办公室负责通知有关专家和专家组会议召开地的港口行政管理部门。会务工作由专家组会议召开地的港口行政管理部门负责。

(五)审查专家组组长负责主持专家组会议,汇总审查专家组成员意见,形成《审查意见》(具体格式见附表3和附表4),并提交部工作组,由部工作组复核后决定是否最终通过。

(六)秘书处负责在"中国港口设施保安网"上公布审查结果,并通知《保安计划》送审单位。

第六条 参加专家组会议的专家从全国港口设施保安专家库中产生,并按就近、回避原则选择。

第七条 专家组会议会务费和专家差旅费由接受评审或审查的相关单位支付。

第八条 （一）工作组组长不能正常履行上述职责时，由办公室负责相关工作；

（二）办公室设在交通运输部水运司港口处，联系电话：010-65292626，传真：010-65292642，电子邮箱：sys627@ mot. gov. cn；

（三）秘书处设在交通部水运科学研究院，联系电话：010-62079300-22，传真：010-62380257，电子邮箱：baoan@ wti. ac. cn；

（四）"中国港口设施保安网"网址：www. portsee. cn。

第九条 本办法由交通运输部负责解释。

附表 1

港口设施保安评估报告评审意见

报告名称	
编制单位	
评审意见和建议	
评审结果	
评审专家组组长签名	年　月　日

备注：评审结果请选填"修改后制订保安计划"或"建议重新编制评估报告"。

附表 2

评审专家组

评审专家	专家姓名	单 位	培训证书号	签字
专家组组长				
专家组成员				

附表 3

港口设施保安计划审查意见

计划名称	
制订单位	
审查意见	
审查结果	
审查专家组组长	年 月 日

备注:审查结果请选填“建议通过”或“建议不通过”。

附表4

审 查 专 家 组

<table>
<tr><td>审查专家</td><td>专家姓名</td><td>单 位</td><td>培训证书号</td><td>签字</td></tr>
<tr><td>专家组组长</td><td></td><td></td><td></td><td></td></tr>
<tr><td rowspan="8">专家组成员</td><td></td><td></td><td></td><td></td></tr>
<tr><td></td><td></td><td></td><td></td></tr>
<tr><td></td><td></td><td></td><td></td></tr>
<tr><td></td><td></td><td></td><td></td></tr>
<tr><td></td><td></td><td></td><td></td></tr>
<tr><td></td><td></td><td></td><td></td></tr>
<tr><td></td><td></td><td></td><td></td></tr>
<tr><td></td><td></td><td></td><td></td></tr>
</table>

关于延续港口设施保安费政策的通知

交水发〔2009〕167 号(2009 年 4 月 8 日发布)

黑龙江、辽宁、天津、河北、山东、江苏、上海、浙江、福建、广东、广西、海南、安徽、江西省、自治区、直辖市及各有关计划单列市交通厅(局、委、港口局)、发展改革委、物价局,各对外开放港口所在地港口行政管理部门和各对外开放港口经营人:

为切实履行《1974 年国际海上人命安全公约》(SOLAS 公约)海上保安修正案和《国际船舶和港口设施保安规则》(ISPS 规则)规定的国际义务,长期、全面、深入地开展港口设施保安工作,保护港口设施安全,保障我国对外贸易活动的顺利进行,经研究,决定继续收取港口设施保安费,收取范围、标准和使用管理仍按原交通部、发展改革委《关于收取港口设施保安费的通知》(交水发〔2006〕156 号)规定执行。

本通知自 2009 年 6 月 1 日起执行。

中华人民共和国交通运输部(章)
中华人民共和国国家发展和改革委员会(章)
二〇〇九年四月八日

关于加强内河集装箱运输安全管理的通知

交水发〔2009〕498号(2009年9月17日发布)

各有关省、自治区、直辖市交通运输厅(委),长江、珠江航务管理局,各直属海事局,中央航运企业集团:

2009年8月10日"航龙518"轮发生集装箱落江事故,暴露出内河集装箱运输安全管理中存在薄弱环节。为避免类似事故再次发生,确保内河运输安全形势稳定,现就有关事项通知如下:

一、提高认识,高度重视内河集装箱运输安全管理工作

各级港航管理部门、海事管理机构要以对国家和人民生命财产安全高度负责的态度,认真贯彻落实各项安全措施,坚决克服麻痹大意思想,切实加强对内河集装箱运输工作的领导,进一步加强对港航企业的安全生产教育,努力提高港航企业和广大从业人员的安全生产意识,确保安全生产形势稳定。

二、规范操作,认真执行内河集装箱运输安全有关规定

港航企业要严格执行各项安全管理规定,突出抓好港口装卸、船舶积载、集装箱系固等环节的作业管理,保障内河集装箱运输安全。

港口企业要按照《集装箱港口装卸作业安全规程》和《系列1:集装箱装卸和栓固》等规定进行集装箱装卸作业。应事先制定周密、可靠的操作方案,不准超负荷作业;结合港口大型机械的抗风等级、各种自然条件,制定合理的特殊天气下作业操作规程。

进行危险货物集装箱装卸作业时,港口企业应事先制定安全装卸与堆存方案,由经过专门培训的危险货物集装箱装卸班组和装卸指导员承担作业。严禁装卸载有包装破漏危险货物的集装箱。

航运企业应严格按照《货物系固手册》对集装箱进行牢固可靠的系固和绑扎,特别是甲板上或舱内无格槽堆装的集装箱应予栓固。卸船时,应按卸载顺序和区域拆除集装箱栓固装置,并检查所有对集装箱栓固的装置是否被解除。对装载危险货物的集装箱进行装卸时,应严格遵守《水路危险货物运输规则》、《国际海运危险货物规则》和《船舶载运危险货物安全监督管理规定》中有关积载和隔离的要求。

三、严格管理,建立和完善有关制度

各有关港航管理部门、海事管理机构要认真分析总结事故发生规律,组织研究制定有针对性的安全管理措施。建立和完善危险货物集装箱申报和信息通报制度,港航企业应按照《港口法》的规定将危险货物集装箱及装载危险货物的有关情况、作业时间和地点报告港口行政管理部门和海事管理机构。

四、强化监管,切实落实安全生产管理责任

各港航管理部门、海事管理机构要加强现场监管,督促从事内河集装箱运输的港航企业执行有关安全规定,重点加强危险货物集装箱的安全管理工作,抓好危险货物集装箱的申报工作,严厉打击瞒报、漏报、虚报危险货物等违规行为;加强对集装箱的检查,对装运危险货物的集装箱,要严格按《集装箱装运包装危险货物监督管理规定》的有关要求执行。

各有关港航管理部门、海事管理机构应结合"安全生产年活动"的开展,于2009年11月30日前按照职责分工组织开展一次辖区内的内河集装箱运输安全管理专项检查,深入排查安全隐患,根据各自职责分工,重点对《集装箱港口装卸作业安全规程》和《系列1:集装箱装卸和栓固》、《货物系固手册》和危险货物管理等规定的执行情况进行检查。对危险货物集装箱,港航管理部门、海事管理机构重点检查的项目包括:标牌和标记,包件的标志,文书,包装,集装箱、车辆或其他货物运输组件内的积载/系固,货物的隔离,集装箱安全公约安全批件牌,严重结构缺陷,集装箱的系固附件等内容。发现问题,要责令限期整改。请各省(区、市)交通运输主管部门和各直属海事局,于2009年12月31日前将有关检查情况以书面形式报部，长江、珠江沿线的各省（区、市）交通运输主管部门将检查情况分别抄送长江、珠江航务管理局。

联系人和电话、传真：部水运局刘晓峰，010-65292637，010-65292638；部海事局许吉翔，010-65292873。

中华人民共和国交通运输部（章）
二〇〇九年九月十七日

长江三峡库区滚装码头安全管理办法(试行)

交水发〔2009〕801 号(2010 年 1 月 19 日发布)

第一章　总　　则

第一条　为加强长江三峡库区滚装码头安全管理,保障人民生命、财产安全,维护当事人的合法权益,根据《中华人民共和国港口法》、《中华人民共和国安全生产法》等有关法律、行政法规,制定本办法。

第二条　在长江三峡库区从事港口滚装经营活动的单位的安全生产,适用本办法。

第三条　本办法下列用语的含义是:

(一)“港口滚装经营”,是指在港口区域为滚装船舶靠泊,滚装车辆进出、停靠、上下船,乘客等候、上下滚装船舶提供设施设备和服务的活动。

(二)“滚装船舶”,是指载货汽车滚装船舶、轿车及客车滚装船舶和商品车滚装船舶。

(三)“港口滚装经营人”,是指依法取得港口经营资格,从事港口滚装经营活动的单位和个人。

(四)“港口滚装设施设备”,是指滚装码头、停车场、候船场所等设施和地磅、安全检测仪等设备。

(五)“危险货物”是指列入国家标准 GB 12268《危险货物品名表》,具有爆炸、易燃、毒害、腐蚀、放射等特性,在水路运输中容易造成人身伤亡和财产毁损的货物。

第四条　港口滚装经营人全面负责本单位的滚装安全生产工作。

第五条　交通运输部授权,长江航务管理局负责长江三峡库区滚装码头安全生产的监督管理工作。

长江三峡库区有关省(市)人民政府交通运输(港口)主管部门根据地方人民政府确定的职权负责本行政区域内的港口滚装安全生产管理工作。

港口行政管理部门负责本行政区域内港口滚装经营的具体管理工作。

公安机关和海事管理机构依据相关法律法规和职责,负责监督检查。

第六条　长江三峡库区滚装码头安全生产工作,应当坚持安全第一、预防为主、综合治理的方针,保障滚装码头生产经营安全、有序、畅通。

第二章　设施与设备

第七条　港口滚装设施建设应当符合港口总体规划,按照国家有关规定进行专项安全评价,并依法办理有关审批手续。

第八条　港口滚装设施建设项目竣工后,应当按照国家有关规定经验收合格后,方可正式投入使用。

第九条　港口滚装设施建设和设备配备除应当满足相关技术规范、标准外,还应当符合下列要求:

(一)滚装码头选址应当远离石油化工及其它危险货物码头,有利于车辆和旅客的疏散,在波浪、水流对船舶影响小的水域。

(二)滚装码头应建有固定式斜坡道,配备车辆和乘客上下船设施设备,与进出港船舶和有关部门保持有效联系的通讯设备。

(三)滚装码头应配备车辆和旅客行李安全检测设备、车辆测重设备。其中,从事轿车、客车运输的滚装码头应配备采用数字化辐射成像技术的小型车辆安检系统和旅客行李安全检测设备。从事载货汽车运输的滚装码头应配备采用数字化辐射成像技术的大型车辆安检系统和车辆测重设备。

专用于载货柴油汽车运输的滚装码头可以不配备旅客行李安全检测设备。专用于旅客及轿车、客车等轻型车辆运输的滚装码头可以不配备车辆测重设备。专用于商品汽车运输的滚装码头可以不配备车辆测重设备、车辆和旅客行李安全检测设备。

(四)滚装码头经营人应建有专用停车场,停车场的规模应满足滚装车辆查验和候船的需求,停车场四周应设有围栏,分设进、出口和应急疏散口,且应符合防火、防爆的安全规定。

(五)滚装码头、停车场地面应硬质、防滑,设有明显的交通通行标志和安全警示标识,应采用高杆照明和高效型照明器,并应采用弥散光照明。

(六)应建有乘客候船场所,用于旅客运输的滚装码头应建有客运站。

(七)停车场、候船场所应配备齐全的消防设施,摆放有序,并应安装监控装置。

第十条 港口滚装经营人变更或者改造港口滚装固定设施,应当依照有关法律、法规和规章的规定履行相应手续。依照有关规定无需经港口行政管理部门审批的,港口滚装经营人应当向港口行政管理部门备案。

第十一条 港口滚装经营人应当对港口滚装设施设备定期检查、维护和保养,使其处于良好的技术状态。

第三章 经营与管理

第十二条 从事港口滚装经营,应具备本办法第九条规定的相应条件,向港口行政管理部门书面申请取得港口经营许可,并依法办理工商登记。港口经营人应当按照港口行政管理部门许可的经营范围从事港口经营活动。

港口行政管理部门实施港口滚装经营许可时应当明确滚装经营种类,并遵循公开、公正、公平的原则。

第十三条 港口滚装经营人应当加强安全生产管理,建立、健全安全生产责任制度,配备专(兼)职安全管理人员,完善安全生产条件,确保安全生产。

第十四条 港口滚装经营人应当建立职工安全生产教育和培训制度,对职工进行安全生产教育和培训,保证职工熟悉有关安全生产规章制度和安全操作规程,掌握本岗位的安全操作技能。

第十五条 港口滚装经营人应当制定突发事件应急预案,并加强演练;预案应当报送当地港口行政管理部门备案。

第十六条 港口滚装经营人应当按照国家有关规定,及时向港口行政管理部门和县级以上人民政府安全生产监督管理部门报告港口滚装安全生产事故情况和有关重大安全信息,并做好应急处置工作。

第十七条 港口滚装经营人应当主动向滚装车辆驾驶员和货主宣传港口滚装安全管理有关规定。

第十八条 港口滚装经营人应当对滚装车辆实行登记管理,并妥善保存登记记录。车辆驾驶员应当据实填报车辆及其装载货物的名称、性质、重量和体积等情况。

第十九条 港口滚装经营人应当对载货滚装车辆进行称重和尺寸丈量,按《车辆装载货物、重量、尺寸情况登记表》的要求如实做好记录,并分别由过磅员和丈量员签字确认、存档保存。

对称重重量超过船舶承载能力或无称重记录的车辆,未经减载合格或称重前不得安排上船。

第二十条 港口滚装经营人应当设专职安全检查人员对滚装车辆和旅客行李进行安全检查,如实做好安全检查记录,并由安全检查人员签字确认后妥善保存。

对经检查发现装载危险货物的车辆或携带危险物品的旅客,未经整改前不得安排上船。同时应及时将相关情况通报港口行政管理部门和公安机关,并将装载危险货物车辆信息通报其他相关港口经营人。

对经检查发现制动、转向系统不良,或有其他影响安全行驶故障的车辆,故障未排除前不得安排上船。

对经检查发现滚装车辆所载货物绑扎不牢固,未按要求绑扎牢固前不得安排上船。

第二十一条 港口滚装经营人应当在滚装船舶系泊牢固、船舶跳板与码头接应稳固、平顺的情况下安排作业。

第二十二条 港口滚装经营人应当对车辆、旅客上下船实行分流管理。

上船时,应先车后客。上客之前应完成车辆装载作业,关闭汽车发动机。

下船时,应先客后车。旅客全部离船后,方可发动车辆。

第二十三条 港口滚装经营人应当向滚装船舶经营人提交拟配载车辆清单及称重记录,并配合滚装船舶经营人指挥车辆上下船。

第二十四条 港口滚装经营人应当在滚装船舶开航前与滚装船舶经营人确认本航次乘客人数和车辆数,并做好记录。

第二十五条 滚装车辆司乘人员和旅客应当遵守港口滚装安全管理规定,服从工作人员指挥。

第四章 监督与检查

第二十六条 港口行政管理部门应当建立健全监督检查制度,依法对港口滚装安全生产情况实施监督检查。

安全检查应当采用定期和不定期相结合的方式,至少每半年检查一次。

第二十七条 港口行政管理人员依法实施港口滚装安全监督检查时,有权向被检查单位和相关人员了解情况,并可查阅、复印有关资料。

港口行政管理人员实施监督检查,应当两人以上,并出示执法证件;监督检查不得影响被检查单位的正常生产经营活动。

第二十八条 港口行政管理部门检查中发现安全隐患的,应当责令被检查人立即排除或限期排除;对重大事故隐患排除前或者排除过程中无法保证安全的,应当责令从危险区域内撤出作业人员,责令暂时停产、停业或者停止使用;重大事故隐患排除后,经审查同意,方可恢复生产经营和使用。

第二十九条 港口行政管理人员应当将监督检查的时间、地点、内容和发现的问题及处理情况做出书面记录,并由监督检查人员和被检查单位的负责人签字;被检查单位的负责人拒绝签字的,监督检查人员应当将情况记录在案,并向港口行政管理部门报告。

第三十条 被检查的单位和有关人员应当接受港口行政管理部门依法实施的安全监督检查,如实提供有关情况和资料,不得拒绝检查或隐匿、谎报有关情况和资料。

第三十一条 港口行政管理部门应当依法制定港口滚装重大安全生产事故应急救援预案,并建立应急救援体系。

第三十二条 港口行政管理部门应当建立举报制度,公开举报电话、信箱或者电子邮件地址,受理对港口滚装违规车辆、港口滚装经营人和港口行政管理部门及其工作人员违法行使职权等的举报。

任何单位或者个人对事故隐患或滚装安全生产违法行为,均有权向港口等行政管理部门报告或者举报。港口行政管理部门应当对报告或举报的有功人员给予奖励。

第三十三条 违反本办法有关条款规定的,由港口行政管理部门依据有关法律、法规和规章有关条款进行处罚。

第五章 附 则

第三十四条 本办法由中华人民共和国交通运输部负责解释。

第三十五条 本办法自发布之日起施行。

关于加强港口企业防治污染海洋环境安全营运管理制度建设的通知

交水发〔2011〕516号(2011年9月20日发布)

各省、自治区、直辖市交通运输厅(委),天津、上海市交通运输和港口管理局,计划单列市港口行政管理部门:

根据《港口法》、《危险化学品安全管理条例》和《港口经营管理规定》,为贯彻实施好《中华人民共和国防治船舶污染海洋环境管理条例》、《中华人民共和国船舶污染海洋环境应急防备和应急处置管理规定》(交通运输部令2011年第4号),指导港口企业做好安全生产,防治污染海洋环境,我部制订了《港口企业防治污染海洋环境安全营运管理制度导则》(一下简称《导则》)。请各相关单位按照《导则》要求,建立并完善港口企业防治污染海洋环境安全营运管理制度。

请各级港口行政管理部门认真组织宣传《导则》,指导港口企业认真贯彻执行。

附件:港口企业防治污染海洋环境安全营运管理制度导则

二〇一一年九月二十日

附件

港口企业防治污染海洋环境安全营运管理制度导则

1 范围

本导则适用于港口企业防治污染海洋环境安全营运管理制度建设。

2 一般要求

各单位应结合企业实际,制定港口企业防治污染海洋环境安全营运相关制度,主要包括以下内容:

2.1 安全生产责任制。包括企业内负责安全生产的管理机构,配备安全生产、防污染管理人员;单位内各部门、各岗位和人员的安全生产与防污染职责,安全生产考核与奖惩机制等。

2.2 安全检查制度。包括实施安全检查的责任部门、岗位与责任人、检查内容、检查方式、检查时间与频次安排、检查结果反馈与处理要求等。

2.3 安全教育培训制度。确定安全教育培训主管部门和人员,制定和实施教育培训计划;明确单位主要负责人、安全生产管理人员、操作岗位人员以及其他人员的教育培训要求等。

2.4 安全技术操作规程。包括各岗位、工种、作业安全技术操作规程。

2.5 特种作业与特种作业人员管理制度。包括相关人员资质管理和行为规范。

2.6 设备设施安全管理制度。包括与装卸货物种类、吞吐能力、建设规模及周边环境相适应的安全生产设备设施配备;设备设施台账及更新管理制度;特种设备及强制检测设备管理制度。

2.7 消防安全管理制度。包括消防设施和器材配备,单位防火组织机构,防火责任制和消防设施、器材管理制度等。

2.8 施工和检维修安全管理制度。包括安全设备设施的检维修,动火作业、受限空间(如储罐)内作业、临时用电作业、爆破作业等的安全管理。

2.9 船舶靠离泊安全管理制度。包括船舶靠、离泊作业的安全管理,船舶、码头双方在解系缆作业、铺设围油栏作业、船岸安全检查、通信联络等方面的责任及程序。

2.10 隐患排查与治理制度。包括事故隐患排查,作业行为、设备设施、工艺技术以及作业环境等方面的隐患识别与分析,隐患等级,登记建档,隐患治理方案,有效的治理措施,对治理情况验证和效果评估。

2.11 应急管理制度。包括安全生产应急管理机构,专兼职应急救援队伍;生产安全事故与污染事故应急预案;应急设施,配备应急装备,储备应急物资;应急预案的演练、评估、修订以及事故救援。

2.12 职业健康与劳动防护用品管理制度。包括人员健康保障、劳动保护。

3 特殊要求

从事污染危害性货物船舶装卸作业的单位,还应建立以下管理制度:

3.1 防火防爆防泄漏安全管理制度。包括检测与报警,各项安全保障措施,警示标志设置,对火源的控制和管理,应急保障措施等。

3.2 石油化工码头船岸安全检查联系制度。包括检查联系表,检查内容,岗位责任制度以及管理等。

3.3 液货船水上过驳作业安全管理制度。包括有关技术要求,岗位责任,工艺流程,安全和应急保障措施等。

3.4 危险货物港口作业安全管理制度。包括所装卸的危险货物特点,危险源,技术操作规程,作业流程,现场管理,人员培训,应急保障等。

4 实施与维护

4.1 各单位应将制度发放到各相关部门、岗位和人员,结合教育培训及考核工作,采用多种方式组织开展管理制度的宣传、贯彻工作,确保每个员工熟悉、掌握与本职工作有关的各项制度,落实到具体工作中。

4.2 各单位应建立完善的制度管理办法,包括建档、分发、保管、登记、记录及公布等方面的要求。各相关管理制度应汇总形成体系文件备查,具体内容包括:封面,前言,范围,一般制度要求,特殊要求,制度实施与维护办法等。

4.3 当港口基础设施、总平面布置、装卸工艺、作业货种等发生重大变化时,或者本单位内发生污染海洋环境事故时,应及时对相关管理制度进行修订,确保得到必要的更新和完善。

4.4 各单位应每年至少一次对各项管理制度的执行情况进行自我检查评估。根据评估情况、安全检查反馈的问题等,对管理制度进行内部审核和修订,确保各项制度的符合性、充分性和有效性。

交通运输部关于公布水路运输易流态化固体散装货物安全管理规定的通知

交水发〔2011〕638号(2011年11月9日发布)

各有关省、自治区、直辖市交通运输厅(委),天津市、上海市交通运输和港口管理局,部各直属海事局,有关港航管理部门及港航企业,各有关货主及托运人,中国船东协会、中国港口协会、中国理货协会:

近年来,随着我国易流态化固体散装货物水路运输量的持续增长,由于装卸和运输方面有关安全管理措施不到位,船舶沉船事故时有发生,亟待加强易流态化固体散装货物水路运输安全管理。同时,从今年1月1日起,国际海事组织《海运固体散装货物规则》开始生效。鉴此,我部组织制定了《水路运输易流态化固体散装货物安全管理规定》,现予公布,请遵照执行。

交通运输部

二〇一一年十一月九日

水路运输易流态化固体散装货物安全管理规定

第一条 为加强水路运输易流态化固体散装货物安全管理,保障运输安全,根据《中华人民共和国安全生产法》、《中华人民共和国港口法》、《中华人民共和国海上交通安全法》等有关法律、法规和国际公约,制定本规定。

第二条 本规定适用于中华人民共和国管辖范围内港口间运输船舶和到港船舶、港口以及其他有关单位从事易流态化固体散装货物运输、装卸、储存和检测等活动。

第三条 交通运输部主管全国水路运输易流态化固体散装货物安全管理工作。

海事管理机构负责管辖区域内易流态化固体散装货物船舶运输安全监督管理工作。

港口行政管理部门负责行政管辖区域内港口装卸、储存易流态化固体散装货物安全监督管理工作。

第四条 本规定有关术语定义如下:

易流态化固体散装货物,是指本身含有部分细颗粒和一定量水分、当其含水率超过适运水分极限时可能形成自由液面或固液两相流动层的固体散装货物,包括铁精矿、高岭土、红土镍矿和其他具有类似物理性质的货物。

适运水分极限,是指易流态化固体散装货物安全运输最大含水率,通常按其流动水分点的80% ~ 90%确定。流动水分点是指易流态化固体散装货物发生流动时的最小含水率。

第五条 水路运输易流态化固体散装货物实行目录管理。水路运输易流态化固体散装货物目录(见附件1)由交通运输部适时更新并公布。

第六条 凡使用船舶载运易流态化固体散装货物,其含水率不得超过适运水分极限。

第七条 船舶载运积载因数小于0.56m^3/t高密度易流态化固体散装货物时,应在各舱及同一舱内均匀分布,避免重量过分集中于局部,以防止船舶结构变形而影响船舶强度。

第八条 托运人或其代理人(以下简称托运人)应当在货物交付船舶运输前,委托具有国家资质的检测机构(以下简称检测机构)对送检易流态化固体散装货物样品进行适运水分极限、颗粒分布、积载因数检测并出具易流态化固体散装货物检测报告。检测报告有效期6个月。易流态化固体散装货物适运水分极限检测所需取样、制样、送检，应当由托运人委托由交通运输部批准的理货机构（以下简称理货机构）进行。

托运人应当在货物装船前，委托检测机构对易流态化固体散装货物平均含水率进行检测并出具货物含水率检测报告。检测报告有效期7日。易流态化固体散装货物含水率检测所需取样、制样、送检，应当由托运人委托理货机构进行。托运人应全程参与取样过程。

为保证送检货样状况与装船货物实际状况相一致，托运人还应当委托理货机构对易流态化固体散装货物装船过程实施现场监装。理货机构应当在装船完毕后出具已装船货物含水率汇总报告。

若取样后至装船期间出现可能改变货物适运水分极限和货物含水率等情况，应按本条第二款重新取样检测。

对于通过船舶直接过驳方式转运货物，托运人应当提供货物原始资料并委托检测机构和理货机构对原船易流态化固体散装货物形态进行检查和监测。如无变化，经内贸承运方共同确认后装船；如有变化，应按本条第二款执行。

易流态化固体散装货物取样、制样、送检、检测以及监装等作业程序和要求按国家有关规定和标准执行。

第九条　船舶装载易流态化固体散装货物前24小时，船舶或其代理人应当核对托运人或其代理人提交的易流态化固体散装货物检测报告、含水率检测报告等相关单证和资料，确认货物适运，并在船舶开航前向海事管理机构和港口行政管理部门报备。

船舶装载易流态化固体散装货物前12小时，作业委托人应当将易流态化固体散装货物检测报告等相关单证提供港口经营人，港口经营人应及时对易流态化固体散装货物检测报告等相关单证进行核对，经核对无误后方可作业。

港口经营人应当在作业前12小时前用传真或电子邮件将作业计划和有关核对情况报告港口行政管理部门和海事管理机构。

第十条　装船前，船舶可采用易流态化固体散装货物适运性现场检测简易方法（见附件2）检测易流态化固体散装货物含水率是否符合运输要求。如发现货物含水率不符合要求，船舶可以委托其他检测机构对货物含水率进行重新检测。

第十一条　船舶在易流态化固体散装货物作业前，应对照《散货船装卸船/岸安全检查项目表》（见附件3）进行安全检查，并与港口经营人共同确认。

第十二条　港区内外露天储存易流态化固体散装货物，所用堆场应具备良好的排水功能。堆场经营人和港口经营人应当根据气候情况和货物性质加以苫盖，或采取适当措施，防止货物含水率增加。堆场经营人和港口经营人应当将堆场位置及规模等情况报港口行政管理部门备案。

第十三条　港口经营人在装船前或装船过程中发现货物不符合规定要求的，应当告知船舶并配合船舶不予装载或停止装载，同时报告港口行政管理部门和海事管理机构。装船过程遇降水天气，应当停止装船作业并关闭舱盖。

第十四条　港口经营人应根据船舶提供的配载、积载要求装载货物。装载完毕后按船方要求做好平舱工作，船舶对装载质量给予确认。

第十五条　港口经营人在作业过程中应当做好作业情况记录，内容包括作业船舶名称、货种、作业时间、作业单位、负责人及联系方式、天气情况、资料核对情况、堆场情况、装船情况、发现的问题及处理情况等。

第十六条　装船前，船舶应做好货舱内污水井、管系等的维修保护工作，并进行污水测量及抽水试验，以防堵塞或受损，确保畅通。

第十七条　船舶应对装船作业进行全过程观测。如发现问题，船长有权提出拒装或要求重新检测。

装船过程中，船舶可委托理货机构落实船舶装载和积载要求。理货机构应当派专人监测装船过程并做好记录，发现问题应当及时报告船舶和港口经营人。

第十八条　船舶应当合理积载，满足安全航行要求。如发现超载，海事管理机构应当禁止船舶离港。

第十九条 港口行政管理部门和海事管理机构应当加强对装卸易流态化固体散装货物的监管。如发现与原始单证不符或违反国际规则的,依照有关规定进行处理。

第二十条 对静止角小于35°干燥易流态化固体散装货物,船舶应当严格按照积载要求积载,港口经营人应当按照积载要求装舱,装舱完毕及时平舱,平舱效果应经船舶认可。

第二十一条 船舶应当根据装运易流态化固体散装货物的要求,制定操作规程及应急预案,建立定期演练制度,完善各项处置措施。

第二十二条 在航行过程中,船舶应根据所装载货物的特性和航行区域特点制定货舱定期巡查计划,并将定期巡查情况记入航海日志。巡查时如发现水分游离、货物流动或船舶发生倾斜等情况,应采取排水等应急措施,并就近向海事管理机构报告。

第二十三条 船舶经营人或管理人应对船员加强有关专业知识的培训和考核,使其熟悉易流态化固体散装货物的特性、操作规程及应急预案。

第二十四条 载运易流态化固体散装货物的船舶发生水上交通事故,海事管理机构应会同港口行政管理部门对事故进行调查和处理;对特别重大事故或交通运输部认为有必要时,由交通运输部直接组织调查组对事故进行调查和处理。

第二十五条 托运人、港口经营人、船舶经营人及其代理人应当健全制度、加强管理、诚实守信,依法经营。检测机构和理货机构应当恪尽职守、公正执业。港口行政管理部门和海事管理机构应当秉公执法,依法行政。

凡违反规定、玩忽职守、弄虚作假、滥用职权、徇私舞弊,造成事故的,一经查出,依法追究刑事责任;尚不构成犯罪的,依法给予处分。

第二十六条 中国籍船舶从事易流态化固体散装货物国际运输可参照本规定执行。

第二十七条 本规定由交通运输部负责解释。

第二十八条 本规定自公布之日起施行。《交通部关于发布〈海运精选矿粉及含水矿产品安全管理暂行规定〉的通知》(〔88〕交海字275号)以及《交通部、国家技术监督局关于发布〈海运精选矿粉及含水矿产品安全检验方法〉的联合通知》(〔89〕交运字198号)同时废止。

附件:1. 水路运输易流态化固体散装货物目录(2011版)

2. 易流态化固体散装货物适运性现场检测简易方法

3. 散货船装卸船/岸安全检查项目表

附件1

水路运输易流态化固体散装货物目录

(2011版)

(本目录除个别品种外,均为国际海事组织2008年通过的《国际海运固体散装货物规则》(IMSBC规则)中标记为A类的易流态化固体散货。)

测量放线的测量误差规定及检验表 表1

序号	中文名	英文名
1	沉积铜	Cement Copper
2	红砷镍矿	Nickeline
3	红土镍矿	Laterite-nickel Ore
4	黄铁矿	Pyrites
5	黄铁矿(含铜、细粒、浮选或硫)	Pyrites(Cupreous, Fine, Flotation or Sulphur)

续上表

序号	中 文 名	英 文 名
6	黄铁矿,经过煅烧	Pyrites, Calcined
7	黄铁矿粉	Pyritic Ash
8	黄铁矿粉(铁)	Pyritic Ashes (Iron)
9	黄铁矿渣	Pyritic Cinders
10	黄铜矿	Chalcopyrite
11	焦炭渣	Coke Breeze
12	金属硫化精矿	Metal Sulphide Concentrate
13	精矿	Mineral Concentrates
14	硫化铅	Lead Sulphide
15	硫化铅(方铅矿)	Lead Sulphide (Galena)
16	硫化锌	Zinc Sulphide
17	硫化锌(闪锌矿)	Zinc Sulphide (Blende)
18	煤泥	Coal Slurry
19	锰精矿	Manganese Concentrate
20	泥煤苔	Peat Moss
21	镍精矿	Nickel Concentrate
22	镍矿	Nickel Ore
23	铅精矿	Lead Concentrate
24	铅矿石精矿	Lead Ore Concentrate
25	铅矿尾矿	Lead Ore Residue
26	铅锌煅砂(混合)	Lead and Zinc Calcines (Mixed)
27	铅锌中矿	Lead and Zinc Middlings
28	闪锌矿(硫化锌)	Blende (Zinc sulphide)
29	烧结矿	Sinter (Mixed)
30	矿渣	Slag
31	钛铁矿砂	Ilmenite Sand
32	钛铁矿粘土	Ilmenite Clay
33	高岭土(陶土)	China Clay
34	铁精矿	Iron Concentrate
35	铁精矿(球团料)	Iron Concentrate (Pellet Feed)
36	铁精矿(烧结料)	Iron Concentrate (Sinter Feed)
37	原矿	Iron Ore
38	铜精矿	Copper Concentrate
39	铜矿石精矿	Copper Ore Concentrate
40	铜泥	Copper Precipitate
41	五水合物原矿	Pentahydrate Crude
42	霞石正长岩(矿物)	Nefeline Syenite (Mineral)
43	锌精矿	Zinc Concentrate
44	锌矿、煅烧的	Zinc Ore, Burnt
45	锌矿、精矿	Zinc Ore, Concentrates

续上表

序号	中 文 名	英 文 名
46	锌矿、菱锌矿	Zinc Ore, Calamine
47	锌矿、原矿	Zinc Ore, Crude
48	锌铅煅砂(混合)	Zinc and Lead Calcined (Mixed)
49	锌烧结矿	Zinc Sinter
50	锌淤渣	Zinc Sludge
51	银铅精矿	Lead Silver Concentrate
52	银铅精矿	Silver Lead Concentrate A See Mineral Concentrates Schedule
53	银铅矿精矿	Silver Lead Ore Concentrate
54	银铅矿石	Lead Silver Ore
55	氟石	Fluorspar

附件2

易流态化固体散装货物适运性现场检测简易方法

一、适用于吸水性弱的固体散货

（一）用坚固圆筒或类似的容器（容积为0.5～1升）装半罐样品，从离地面约0.2米高处猛力摔在坚硬的地面上，重复做25次，每次间隔1～2秒，如样品表面游离出水分或液化时，则需要重新检验。

（二）手抓一把样品，从1.5米高处自由落到坚硬地面或甲板上，若样品崩散，则适运，若样品仍为一团，则不适运。

（三）手抓样品成团后，即松开，发现样品散开，则适运；若样品抱团不散，需要重新检验。

二、适用于吸水性强的固体散货

（一）用坚固圆筒或类似的容器（容积为0.5～1升）装半罐样品，从离地面约0.2米高处猛力摔在坚硬的地面上，重复做25次，每次间隔1～2秒，如样品表面游离出水分或液化时，则需要重新检验。

（二）样品放入平底玻璃杯或小容器内，来回不停摇动5分钟，如有明显液体浮在表面，表明不适运。

（三）脚踏在样品上，如出现松软现象，显流沙样流动，表明不适运。

（四）样品放在平盘里，堆成圆锥状后，不断用平盘击桌面，如样品塌成饼状，表明不适运。如样品成碎块或裂开，则适运。

（五）将样品先充分揉捏均匀，然后在平板上用手掌慢慢搓滚成细条，用力均匀，当样品条搓成直径正好为3mm时，如产生横向裂缝并开始断裂，则适运。

附件3

散货船装卸船/岸安全检查项目表

船名：________________ 日期：________________

港口：________________ 码头：________________

泊位水深：________________ 最小水上高度①：________________

到港吃水（读数/计算）：________________ 水上高度：________________

计算出港吃水：________________ 水上高度：________________

本表应由船长、港口经营人负责人或其代表共同填写。

操作安全要求所有问题做肯定回答并在方格内相应标记“√”,否则应标记“×”并写明原因,同时,船舶与港口经营人应就采用的预防措施达成协议。如其中有关条目不适用,则填写“—”并注明原因。

序号	项　　目	船舶	港口经营人	备　注
1	泊位水深及水上高度是否适合货物装卸?	□	□	
2	系泊设备是否适合当地所有潮汐、海流、天气、通航及船舶离靠港的情况?	□	□	
3	紧急情况下船舶是否可以随时离开码头?	□	□	
4	船舶与码头之间的通道是否安全? 由船舶/码头(不适用者划去)负责	□	□	
5	船舶/码头同意的通信系统是否有效? 通信方式______ 语言______ 无线电话频道/电话号码______	□	□	
6	操作时通信联络人员是否可以识别? 船舶联络人员______ 岸上联络人员______ 位置______	□	□	
7	船上及码头是否配备足够的处理紧急情况的人员?	□	□	
8	是否准备或计划进行加油操作?	□	□	
9	船舶靠港期间是否准备或计划对码头或船舶进行修理?	□	□	
10	是否接受由于货物装卸操作所造成损坏的报告和记录程序?	□	□	
11	船上是否备有港口和码头规定(包括安全和防污染要求及应急措施)的副本?	□	□	
12	托运人是否向船长提供SOLAS第Ⅵ章要求所述的货物性质?	□	□	
13	对于可能需要进入的货舱和围闭处所,其空气是否安全?熏蒸货物是否标明?船舶和码头对需要进行大气监控是否达成一致?	□	□	
14	货物装卸能力和每台装卸机械运行限制是否已通知船舶/码头? 装货机______ 装货机______ 装货机______	□	□	
15	对于装货/卸压载或卸货/压载在各个阶段的装卸货操作计划是否已经计算? 计划副本持有人______	□	□	

续上表

序号	项　　目	船舶	港口经营人	备　　注
16	装卸货计划中是否已经清楚地说明作业货舱,是否标明作业次序及每次作业货舱转移的货物等级和吨数?	□	□	
17	是否已经讨论过货物需要平舱?其方法和范围是否已经取得一致?	□	□	
18	船舶和码头是否理解并接受如果压载和货物作业失调,货物装卸将暂停直到压载操作调整正常?	□	□	
19	船舶是否已经知道并同意卸货时去除遗留货物的预定程序?	□	□	
20	船舶最终纵平衡程序是否已确立并取得一致意见?	□	□	
21	码头传输系统传输记录的吨数是否已经通知码头,货物装卸完成后船舶准备开航所需的时间?	□	□	

注:①水上高度应考虑:船舶在内河或河口空船吃水状态时通过桥梁时最高桅杆的高度以及船舶靠泊和在泊时所要求安全避让的装卸机械的高度。

本表一式四份,港口经营人、船舶各留存一份,海事管理机构和港口行政管理部门备查各一份。

同意以上各项内容:

时间____________________日期____________________

船舶____________________港口经营人____________________

姓名及职务____________________姓名及职务____________________

关于明确港口危险化学品安全监督管理若干问题的通知

厅水字〔2012〕4号(2012年1月9日发布)

各省、自治区、直辖市交通运输厅(局、委)、安全生产监督管理局:

为切实做好新修订的《危险化学品安全管理条例》(国务院令第591号,以下简称《条例》)的贯彻落实工作,加强港口危险化学品安全监督管理,根据《中华人民共和国港口法》(以下简称《港口法》)、《中华人民共和国安全生产法》等法律法规,现就有关问题通知如下:

一、关于港区内危险化学品安全监管

按照部门职责分工,港口行政管理部门根据港口总体规划确定的范围,对港区内危险化学品码头建设项目和储存设施建设项目按照国务院交通运输主管部门的规定进行安全条件审查。港区范围不明确的,其储存设施及仓储作业的安全监管主体和范围由设区的市级港口行政管理部门会同当地规划、安全生产监督管理等部门协商确定(上述职责划分,不涉及海事部门职责)。

在港区内危险化学品生产和使用危险化学品的生产装置及相连储罐部分,由安全生产监督管理部门负责安全监管;仅与危险化学品码头相连的储罐部分,由港口行政管理部门负责安全监管。

二、关于港区内加油站安全监管

在港区陆上专门为港口企业的装卸设备、非营运车辆服务的加油站,由港口行政管理部门负责安全监管。在港区陆上为社会车辆服务的加油站,由安全生产监督管理部门负责安全监管。

三、关于港口危险化学品从业人员资格、安全评价机构管理以及生产安全事故调查处理

根据《港口法》和《条例》的规定,鉴于港口危险化学品作业的专业性和危险性,为确保港口安全,切实做好安全管理工作,对从事港口危险化学品装卸管理、申报、集装箱装箱现场检查等业务的人员以及企业主要负责人,由交通运输主管部门负责组织安全培训和资格认定。向港口危险化学品经营人提供安全评价服务的机构和从业人员,应当符合交通运输主管部门的有关要求。

危险化学品港口经营企业发生重大及以下生产安全事故的,根据《生产安全事故报告和调查处理条例》(国务院令第493号),由事故发生地人民政府授权或者委托的部门等单位负责调查处理。

四、关于安全监管职责交接

根据《条例》和上述职责分工,发生安全监管职责转移的,有关港口行政管理部门和安全生产监督管理部门应当按照有关程序办理职责交接手续,移交相关材料。对正在开展生产、储存危险化学品建设项目前期工作或项目在建的,自本通知印发之日起,原管理部门不再受理新的有关建设项目安全条件审查申请;已受理的,原管理部门应在2012年2月1日前作出审查决定,并及时移交有关材料。对已投产项目,自2012年2月1日至2012年3月31日为交接过渡期,由原管理部门与新管理部门进行交接,一次性整体移交相关档案材料(复印件,包括申请材料、许可文件和监管信息等)。对符合法律法规和安全生产条件的,换发新的许可证书;对不符合法律法规和安全生产条件的,应要求有关单位进行整改,符合要求后,方可换发许可证书。

港口行政管理部门与安全监管部门要加强沟通,密切配合协作,交接工作不得影响港口企业的安全生产,发现问题及时解决,确保交接工作顺利进行。

二〇一二年一月九日

交通运输部关于进一步加强长江危化品运输安全管理工作的通知

交水发〔2012〕783号(2012年12月27日发布)

上海、江苏、安徽、江西、湖北、湖南、重庆、四川、云南省(市)交通运输厅(委、局)及港航(港口)管理局,长江航务管理局,上海、江苏、长江海事局:

长江沿江地区化工产业密集,建有许多化工园区,其主要原材料及产品包括大量危险化学品,相当数量是通过长江船舶运输,一旦发生水上危险化学品泄漏污染事故,将对长江沿线饮用水安全构成威胁。国务院领导对此高度重视,指示我部会同有关部门和地方从源头防治、运输监管、应急处置等多方面采取综合措施,确保长江沿线饮用水安全。为贯彻落实国务院领导指示精神,根据《危险化学品安全管理条例》相关规定,进一步加强长江危化品运输的安全管理工作,现通知如下:

一、加强对载运危险化学品船舶的安全监管。加快推进内河危险化学品运输船舶的船型标准化,按规定淘汰单壳油船。加强载运危险化学品和船舶的申报管理工作;研究采用信息化技术手段,建立长江危化品存储及水上运输动态监管平台,对运输船舶和港区储存实施动态全过程监控;要加强现场作业安全监管,加大对瞒报、谎报以及非法运输危险化学品船舶的查处力度。

二、严格执行危险化学品运输安全标准规范。要根据危险化学品的种类和危险特性,确定船舶运输危险化学品的相关安全运输条件。危险化学品运输方式、包装、标志标识、安全防护等方面不满足安全运输条件要求的,不得违规装船运输。

三、加强对危险化学品水路运输企业的管理。严格审核企业准入条件,建立统一的危险化学品水路运输企业信息库,完善市场准入管理,建立企业信用等级管理系统,加大对违规企业的惩处力度。

四、加强危险化学品港口装卸作业、储存的安全监管。港口行政管理部门应完善危化品码头布局规划,加强对辖区内危险化学品码头的重点监控,严格危险化学品港口建设项目的审批管理。危化品作业码头泊位应当符合国家有关安全规范,与饮用水取水口保持国家规定的距离,并配备充足、有效的应急救援器材和设备。航道规划应当与饮用水水源保护区规划相协调。

五、加强危险化学品水路运输从业人员的安全培训。按照国务院、国务院安委会和我部的相关规定,对从事水路危险货物运输的航运、港口和代理企业的主管负责人、管理人员、作业人员等应按规定参加培训。港航管理部门及海事部门应根据职责范围,加强对上述人员的培训管理和监督,严格从业人员的资格管理。

六、建立长江危险化学品运输事故应急救援体系。各有关单位应建立应急物资储备基地,加强应急救援队伍建设,编制危险化学品运输、装卸作业事故应急预案,与当地安监、环保、饮用水源管理等相关部门建立联动机制,加强沟通协调,重点加强船舶密集、危险品运输繁忙的江河段、危险品作业港区以及饮用水取水口周边水域的监管,确保长江沿线饮用水安全。

交通运输部(章)

2012年12月27日

交通运输部关于进一步加强安全生产工作的意见

交安监发〔2013〕1号(2013年1月5日发布)

各省、自治区、直辖市、新疆生产建设兵团及计划单列市交通运输厅(局、委),上海市、天津市交通运输和港口管理局,有关港口管理局,部属各单位、部内各单位:

为认真贯彻党的十八大精神,深入落实国务院关于安全发展的要求,切实加强交通运输安全生产工作,为经济社会持续健康发展、人民群众安全便捷出行创造良好环境,提出以下意见:

一、全面把握安全发展的总体要求

(一)深刻认识交通运输安全工作的长期性、艰巨性和复杂性。随着我国工业化、信息化、城镇化、农业现代化快速发展,对交通运输安全生产提出了更高的要求。交通运输安全生产基层基础工作还比较薄弱,仍处于事故多发高发期,重特大事故频发易发的势头尚未得到根本遏制。交通运输企业受金融危机冲击,生产成本上升,经济效益下降,影响安全生产的问题有所增加。交通运输行业暴露出安全管理理念不适应、法规制度不健全、责任落实不到位、从业人员业务素质有待提高、安全文化建设亟待加强等诸多深层次问题。各种传统和非传统、自然和社会的不确定因素与风险交织并存,推进交通运输安全发展的任务更加繁重、更为紧迫。

(二)切实把交通运输安全生产工作摆在更加突出的位置。牢固树立以人为本、安全发展的理念,坚持"安全第一、预防为主、综合治理"的方针,始终把保障经济社会持续健康发展、维护人民群众生命财产安全放在首位,以"平安交通"创建活动为载体,以事故预防为重点,以责任落实为保障,以科技创新和教育培训为支撑,以能力建设为基础,牢牢把握安全工作主动权,不断提升交通运输安全发展水平,严密防范和坚决遏制重特大事故,为全面建成小康社会提供坚实的交通运输安全服务保障。

二、深化"平安交通"创建活动

(三)深入开展"平安交通"创建活动。各级交通运输管理部门和企业要把"平安交通"创建活动作为抓好当前和今后一个时期安全生产工作的载体,以创建平安公路、平安车船、平安港站、平安渡口、平安工地等为重点,结合实际,因地制宜,深入推进,务求实效。通过创建活动,使安全生产体制机制法制进一步健全,各类应急处置预案进一步完善,安全生产保障能力进一步增强,安全生产文化进一步提升,安全生产队伍素质进一步提高,确保交通运输安全生产形势持续稳定好转。

(四)加强"平安交通"创建活动的组织实施。各级交通运输管理部门和企业要切实加强组织领导,制定实施方案,动员各方力量广泛参与,形成创建活动合力。全面深入开展"平安交通"创建宣传活动,积极营造良好社会氛围。"平安交通"创建活动与安全生产各专项活动相互衔接,不断总结经验,表彰先进,推动创建活动扎实有序有效开展。

三、坚决遏制安全生产重特大事故

(五)严格安全生产准入条件。研究提高并严格执行交通运输企业、车船、从业人员安全准入标准,严把车辆、船舶、设施设备关,严禁非法改装车辆和"三无"船舶进入市场。严格工程建设项目管理,达不到安全生产条件的企业不得进入交通运输工程建设市场。严格执行从业人员资格证制度,从事客运、危险化学品运输、特种设备操作等重点岗位的人员必须持证上岗。

(六)开展隐患排查和专项整治。进一步完善安全隐患排查治理长效机制,加强重大安全隐患动态跟踪管理。督促交通运输企业定期进行安全隐患排查,确保隐患整改落实到位。针对道路水路运输、城市客运、工程建设等重点领域存在的薄弱环节和突出问题，深入开展专项整治行动，对安全生产状况不断恶化的交通运输企业，及时采取措施予以清理整顿，有效遏制重特大事故。

（七）强化道路运输安全管理。加强对道路运输企业和营运车辆的安全管理，严格执行“三不进站、六不出站”安全管理规定。推进“安全带—生命带”工程。积极推行长途客运车辆凌晨2时至5时停止运行或实行接驳运输，达不到安全通行条件的三级以下山区公路严禁营运客车夜间通行。会同相关部门严厉打击客车超员、超速和货车超载、超限营运等违章行为，加强旅游包车和异地营运车辆的安全管理和整治。加强城市公交安全管理。

（八）强化水路运输安全监管。加大对重点水域和重点船舶的日常监管力度，深入开展琼州海峡、渤海湾、三峡库区等区域客滚运输安全专项整治。加强对船舶通航密集区、水上施工区和交通管制区以及台湾海峡客运航线的监管，严防船舶碰撞和泄漏等事故。严厉打击船舶非法营运和超载行为。进一步督促县乡人民政府落实监管主体责任，加大渡口渡船安全监管力度。强化对航运企业安全管理体系审核和跟踪管理。开展船舶救生、消防设备配备等专项检查，确保船舶适航。严格船员培训考试发证，确保船员适任。

（九）强化危险化学品运输安全管理。进一步规范危险化学品运输和安全管理行为，加强对港口码头危险货物罐区的安全管理。加大滚装运输、集装箱夹带危险化学品检查力度，严厉打击非法违法从事危险化学品运输和夹带危险品运输的行为。切实加强内河、封闭水域危险化学品运输的监管，禁止通过内河封闭水域运输剧毒化学品和国家规定禁止通过内河运输的其他危险化学品，强化长江沿线危险化学品运输安全治理，研究建立长江沿线危险化学品运输安全监管长效机制。

（十）强化工程建设施工安全管理。严格执行工程施工安全各项制度、规程，严禁违章指挥、违章操作、违反劳动纪律。全面推行桥梁隧道施工安全风险评估，继续开展防坍塌和防高空坠落专项行动。加强大型桥梁隧道、港口码头等重大工程建设的现场安全管理，切实做好工程施工现场地质灾害预防和应对工作。

四、加强安全生产科技创新和教育培训

（十一）加强安全生产科研和应用。加快交通运输安全生产风险管理体系研究和应用，提高安全风险分析评估和综合防治的技术水平。加强危险化学品运输、海上溢油清除、重点领域监控监管等关键技术和装备设施研究。积极推广应用性能可靠、先进适用的安全生产新技术、新工艺、新设备和新材料。

（十二）加快安全生产管理信息化建设。加快交通运输安全畅通和应急信息系统建设，推进危险化学品和烟花爆竹水路运输动态管理信息系统建设，完善路网监测与应急管理信息系统、重点营运车辆联网联控系统。加强电子海图、电子航道图、地理信息系统（GIS）在交通运输领域推广应用。

（十三）加强从业人员安全教育培训。有计划、分步骤地开展从业人员岗位培训和继续教育。对新录用和转岗人员应开展岗前培训和安全教育，企业负责人、安全管理人员和从事旅客、危险化学品运输等一线从业人员应定期接受在岗培训和继续教育。加强安全应急知识培训和应急演练，提升从业人员安全应急实际操作能力。

五、推进安全生产法规制度和标准化建设

（十四）推进安全生产法规规范和标准建设。加快推进《航道法》、《城市公共交通条例》等法律法规的制定或修订。建立健全交通运输安全生产激励与责任追究、重大隐患挂牌督办、安全生产“黑名单”等制度。加快制定完善道路水路运输、城市公交、工程施工等安全和应急的技术标准规范。推进城市轨道交通、海上溢油等应急预案编制工作。

（十五）加快推进企业安全生产标准化。在交通运输行业普遍开展岗位达标、专业达标和企业达标建设。组织开展考评员培训、考试和考评机构资质认定，加强考评员、考评机构监督管理，积极推进企业达标考评，客运和危险化学品运输企业应在2013年底前达标，其他交通运输企业在2015年底前达标。

(十六)强化安全生产标准化达标等级应用。将企业安全生产标准化与企业营运资质许可、运力调整等相结合,重点支持高等级达标企业,整体提升交通运输企业安全管理水平。对在规定期限内未达标的企业,依据有关规定责令停业整顿;对整改逾期仍未达标的,依法予以取消营运资质。

六、完善和严格落实安全生产责任体系

(十七)严格落实企业安全生产主体责任。督促企业依法依规加强安全生产,严格遵守和执行安全生产相关方针政策、法律法规、标准规范,及时制修订各项安全生产规章制度和操作规程。完善和落实安全生产责任制,企业主要负责人、实际控制人应切实承担安全生产第一责任人责任,逐级签订安全生产责任书,完善层级责任制。强化对车船、设施设备和一线操作员工的安全管理,督促客运、危险品运输驾驶人员、特种作业人员等关键岗位签订安全责任承诺书,确保责任落实。

(十八)严格落实安全生产监管责任。各级交通运输管理部门应建立健全行政首长负总责,领导班子成员"一岗双责"制度。加强安全生产调研,及时了解掌握基层安全生产情况,组织解决安全生产存在的重点难点问题。加大安全生产监管和督促检查工作力度,加强现场和动态执法,秉公执法文明执法,确保监管到位。

(十九)完善安全生产管理体制机制。各级交通运输管理部门和交通运输企业应按有关规定,设置安全管理机构和配置安全管理人员,建立健全安全生产委员会制度。加强交通运输部门与相关部门的沟通协作,强化交通运输综合安全监管部门和业务管理部门的协调配合,进一步完善交通运输安全管理信息报告、督促检查、应急救援等机制,形成齐抓共管的合力。发挥社会组织、行业协会等中介组织在安全生产中的作用。

七、强化安全和应急保障能力

(二十)加大安全生产投入。交通运输企业应按规定足额提取并用好安全生产费用,完善费用管理制度,严禁虚列或挪用。加快淘汰和更新老旧车辆、船舶及设施设备,全面推进内河船型标准化建设,加强工程建设工地防风、防雷、防地质灾害等安全设施的配备。新建、改建、扩建工程项目的安全设施必须与主体工程做到"三同时"(同时设计、同时施工、同时投产和使用)。各级交通运输管理部门应将安全生产的科研开发、宣传教育、督查检查、事故调查处置、绩效奖励等费用纳入预算,提供经费保障。

(二十一)加强安全生产基础设施建设。重点加强农村公路安保、城市轨道交通运营安保、危桥改造、渡改桥等安全生产基础设施建设。全面推进老旧码头结构加固改造,加快重点航道疏浚、整治和锚地的规划建设,加强航运枢纽、通航建筑物等水运工程的助航和安保设施设备建设。完善航标配布,按规定设置通航桥梁防撞设施。加强重点陆岛、岛岛运输配套安全设施建设。

(二十二)提高安全监管装备水平。研究制定安全监管装备器材配备标准,加强公路与水路安全监管装备器材的配置和基地建设,为安全监管部门和人员配齐配强装备和防护器材。进一步完善整合船舶交通管理系统(VTS)、船舶自动识别系统(AIS)、闭路电视监控系统(CCTV)等功能,研究建立大型交通运输基础设施建设和管养安全监测系统,提升动态监管能力。

(二十三)加强应急救援装备设施建设。推进国家和省级公路交通应急保障中心及基地建设。加快应急救助船艇、飞行器、指挥车辆等装备建设。加快船舶溢油应急基地建设,加强水路危险品运输应急物资储备,加快航标、测量船舶及装备建设。依托大型交通运输企业,建立各级道路和水路运输应急保障运力储备。

八、加强安全生产考核和监督

(二十四)推进安全生产绩效考核。建立完善安全生产考核机制,加大领导干部和部门负责人政绩业绩考核中安全生产的权重和考核力度,将安全责任的落实作为单位和人员绩效考核的重要内容,与评优、评先、晋升相结合。建立并完善安全生产激励机制,对成效显著的单位和个人要以适当形式予以表扬和奖励。

（二十五）加大安全生产责任追究力度。严格事故调查处理和责任追究，按照“四不放过”的原则，严格实行安全生产一票否决、引咎辞职等问责制度，严肃查处每一起安全生产事故，依法严肃追究责任单位和相关责任人责任。认真落实事故查处挂牌督办、警示通报、诫勉约谈等制度。畅通安全生产举报渠道，强化社会监督、舆论监督和群众监督，共同推进群防群治和责任落实。

交通运输部

2013 年 1 月 5 日

交通运输部办公厅关于港口生产安全事故统计报表有关事项的通知

厅安监字〔2013〕104号（2013年4月15日发布）

各有关省（区、市）交通运输厅（局、委），天津市、上海市交通运输和港口管理局，长江、珠江航务管理局：

《港口生产安全事故统计报表制度》（以下简称《制度》，见附件1）已经国家统计局批准。为更好地执行《制度》，全面、准确掌握港口生产安全事故信息，规范港口生产安全事故信息报送和统计分析工作，现通知如下：

一、各地港口管理部门要将港口生产安全事故统计作为安全生产工作的重要内容，明确责任人和相关责任，全面加强事故信息收集，及时、准确掌握并报送辖区内港口生产安全事故信息。

二、加强对相关港口企业统计人员的培训，指导、督促辖区内港口企业严格按照《制度》规定的统计指标、计算方法、范围口径和填报要求填报统计报表，确保统计数据的准确、全面、有效。

三、根据部有关工作安排，自2013年4月1日起，港口生产安全事故信息统计单位由部水运局调整为部安全监督局。请各单位及时调整港口生产安全事故信息报送部门，并填写《港口生产安全事故统计工作人员联系表》（见附件2），于5月1日前报部安全监督局。

联系人：交通运输部安全监督司调查统计处　杨云超
联系电话：010-65292125
传真：010-65292132
电子邮箱：yangyc@ mot. gov. cn

附件：1.《港口生产安全事故统计报表制度》
　　　2.《港口生产安全事故统计工作人员联系表》

交通运输部办公厅
2013年4月15日

附件 1

港口生产安全事故统计报表制度

中华人民共和国交通运输部制定
中华人民共和国国家统计局批准

2012 年 11 月

本报表制度根据《中华人民共和国统计法》的有关规定制定

《中华人民共和国统计法》第七条规定:国家机关、企业事业单位和其他组织以及个体工商户和个人等统计调查对象,必须依照本法和国家有关规定,真实、准确、完整、及时地提供统计调查所需的资料,不得提供不真实或者不完整的统计资料,不得迟报、拒报统计资料。

《中华人民共和国统计法》第九条规定:统计机构和统计人员对在统计工作中知悉的国家秘密、商业秘密和个人信息,应当予以保密。

《中华人民共和国统计法》第二十五条规定:统计调查中获得的能够识别或者推断单个统计调查对象身份的资料,任何单位和个人不得对外提供、泄露,不得用于统计以外的目的。

《中华人民共和国港口法》第三十条规定:港口行政管理部门依照《中华人民共和国统计法》和有关行政法规的规定要求港口经营人提供的统计资料,港口经营人应当如实提供。

港口行政管理部门应当按照国家有关规定将港口经营人报送的统计资料及时上报,并为港口经营人保守商业秘密。

目　　录

一、总 说 明

(一)为切实加强全国港口安全生产监督管理,及时、准确了解和掌握港口生产安全事故的相关信息,做好港口生产安全事故统计分析工作,从而有针对性的采取有效措施,控制、减轻和消除事故引起的严重社会危害,保护人民生命财产安全,保障港口安全发展,根据《中华人民共和国统计法》、《中华人民共和国安全生产法》、《中华人民共和国港口法》、《中华人民共和国突发事件应对法》和《生产安全事故报告和调查处理条例》,特制定本统计报表制度。

(二)本报表制度统计范围为在港区范围内从事港口作业过程中因安全问题引发人员重伤及死亡的事故。

(三)交通运输部负责全国港口生产安全事故统计工作,各省(自治区、直辖市)港口行政管理部门负责本行政区域的港口生产安全事故统计工作,各所在地港口行政管理部门负责本港的港口生产安全事故统计工作,港口企业应当及时向所在地港口行政管理部门报送港口生产安全事故情况和统计报表。

(四)本报表制度包括港口生产安全事故快报表和季报表。

对于事故快报工作,港口企业一旦发生死亡1人以上的事故,必须填写港口生产安全事故快报表,上报至交通运输部。若发生10人以上死亡或者50人以上重伤的特别重大事故或重大事故,港口企业应当填写港口生产安全事故快报表,在2小时内将快报表上报至交通运输部,同时将快报表抄送至省(自治区、直辖市)港口行政管理部门和所在地港口行政管理部门;若发生造成3人以上10人以下死亡或者10人以上50人以下重伤的较大事故,港口企业应当填写港口生产安全事故快报表,立即逐级上报至省(自治区、直辖市)港口行政管理部门,省(自治区、直辖市)港口行政管理部门应将该快报表上报至交通运输部,每级上报的时间不得超过2小时;若发生死亡1至2人的一般事故,港口企业应在1小时内上报至所在地港口行政管理部门,所在地港口行政管理部门应将该快报表逐级上报至交通运输部,每级上报的时间不得超过2小时。事故分级标准见附录。

对于事故季报工作,各地港口企业应当在每季度后3个工作日内将上个统计期(即上季度)的本企业生产安全事故统计表报送至所在地港口行政管理部门;所在地港口行政管理部门应当在每季度后6个工作日内将上个统计期(即上季度)的本港港口生产安全事故统计表报送至省(自治区、直辖市)港口行政管理部门;各省(自治区、直辖市)港口行政管理部门应当在每季度后10个工作日内将上个统计期(即上季度)的本行政区域港口生产安全事故统计汇总,按要求将报表报送至交通运输部。如在统计期内未发生本报表制度统计范围内的事故,以无事故确认函的形式按上述规定时间报交通运输部,可以不填报统计表。无事故确认函样式见附录。

(五)上报统计资料须标明单位负责人、统计负责人、填表人、联系电话、报出日期,并加盖单位公章。

(六)快报表和季报表均以传真件和电子邮件先期报送,正式文件可以后报,但应确保数据一致性。

(七)出现错、漏报事故报表的情况,发现后应及时报送更正后的报表。如超过48小时,一经发现存在问题,视为谎报,视情节在行业内给予通报批评。

(八)本制度由交通运输部安全监督司负责解释。

二、报表目录

表号	表名	报告期别	填报范围	报送单位	报送日期及方式	页码
交水运91表	港口生产安全事故快报表	不定期	全部港口	各省、自治区、直辖市港口行政管理部门，所在地港口行政管理部门，港口企业	发生后按时限上报报表及电子邮件	4
交水运92表	地区港口生产安全事故综合情况统计表	季报	全部港口	各省、自治区、直辖市港口行政管理部门	季后10工作日上报报表及电子邮件	6
交水运93表	港口生产安全事故伤亡统计表（按泊位主要用途分）	季报	全部港口	各省、自治区、直辖市港口行政管理部门	季后10工作日上报报表及电子邮件	7
交水运94表	港口生产安全事故伤亡统计表（按事故类别分）	季报	全部港口	各省、自治区、直辖市港口行政管理部门	季后10工作日上报报表及电子邮件	8
交水运95表	港口生产安全事故伤亡统计表（按事故原因分）	季报	全部港口	各省、自治区、直辖市港口行政管理部门	季后10工作日上报报表及电子邮件	9

三、调 查 表 式

(一)港口生产安全事故快报表

表　　号:交水运 91 表
制定机关:交通运输部
批准机关:国家统计局
批准文号:国统制〔2012〕131 号
有效期至:2014 年 11 月

填报单位:　　　　201　年

<table>
<tr><td colspan="4">事故基本情况</td></tr>
<tr><td>事故发生时间</td><td>年　月　日　时　分</td><td>事故发生地</td><td></td></tr>
<tr><td>事故单位名称</td><td></td><td>预估直接经济损失</td><td>万元</td></tr>
<tr><td>死亡人员数量</td><td>人</td><td>重伤人员数量</td><td>人</td></tr>
<tr><td>事故简要经过</td><td colspan="3"></td></tr>
<tr><td>事故原因初步分析</td><td colspan="3"></td></tr>
<tr><td>抢险救援情况</td><td colspan="3"></td></tr>
<tr><td colspan="4">事故单位基本情况</td></tr>
<tr><td>法定责任人</td><td></td><td>职工总数</td><td>人</td></tr>
<tr><td>注册经营业务</td><td colspan="3"></td></tr>
<tr><td>事故单位联系人</td><td></td><td>联系电话(手机)</td><td></td></tr>
<tr><td colspan="2">报表接收单位:交通运输部安全监督司</td><td>电话:(010)65292125</td><td>传真:(010)65292132</td></tr>
</table>

单位负责人:　　　填表人:　　　联系电话:　　　　　　填报时间:201　年　月　日　时　分

交水运91表指标解释及填报说明

一、指标解释

1. 事故发生时间:应以24小时制填写事故发生的时间,并精确到分钟,即年、月、日、时、分。

2. 事故发生地:指事故发生的具体地点,即省(自治区、直辖市)、市(地区、州、盟)、县(市、区、镇)、乡(镇、街道)、港区、港内具体位置。

3. 预估直接经济损失:初步估算因事故造成人身伤亡及善后处理需支出的费用和毁坏财产的价值。

4. 事故简要经过:简要描述事故发生的整个过程。包括事故发生过程中人、物、环境的简要情况。

5. 事故原因初步分析:初步分析事故类型、原因。

6. 抢险救援情况:描述事故发生后采取的抢险救援措施情况和措施取得的效果。

7. 事故调查联系人:应填写事故单位的一位联系人,最好为单位安全管理负责人。

二、填报说明

1. 港口企业在本单位发生死亡1人以上事故时应当填写本表。

2. 如果事故造成人员失踪,不能确定有人死亡,可不填写本表。人员失踪30天后,按照死亡事故统计,应补报本表。

3. 若发生10人以上死亡或者50人以上重伤的特别重大事故或重大事故,港口企业应当填写港口生产安全事故快报表,在2小时内将快报表上报至交通运输部,同时将快报表抄送至省(自治区、直辖市)港口行政管理部门和所在地港口行政管理部门;若发生造成3人以上10人以下死亡或者10人以上50人以下重伤的较大事故,港口企业应当填写港口生产安全事故快报表,立即逐级上报至省(自治区、直辖市)港口行政管理部门,省(自治区、直辖市)港口行政管理部门应将该快报表上报至交通运输部,每级上报的时间不得超过2小时;若发生死亡1至2人的一般事故,港口企业应在1小时内上报至所在地港口行政管理部门,所在地港口行政管理部门应将该快报表逐级上报至交通运输部,每级上报的时间不得超过2小时。事故分级标准见附录。

4. 长江干线发生港口生产安全事故时,若其为10人以上死亡或者50人以上重伤的特别重大事故或重大事故,应在将快报表上报至交通运输部的同时,抄报长江航务管理局、相关省(自治区、直辖市)港口行政管理部门和所在地港口行政管理部门。

（二）地区港口生产安全事故综合情况统计表

表　　号：交水运 92 表
制定机关：交通运输部
批准机关：国家统计局
批准文号：国统制〔2012〕131 号
有效期至：2014 年 11 月

填报单位：　　　　201　年　季度

指标	代码	港口职工总数（人）	总起数（起）	伤亡总数（人）	死亡（人）	重伤（人）	直接经济损失（万元）	其中：死亡事故											
								一次死亡 1～2 人				一次死亡 3～9 人				一次死亡 10 人及以上			
								起数（起）	死亡（人）	重伤（人）	直接经济损失（万元）	起数（起）	死亡（人）	重伤（人）	直接经济损失（万元）	起数（起）	死亡（人）	重伤（人）	直接经济损失（万元）
甲	乙	01	02	03	04	05	06	07	08	09	10	11	12	13	14	15	16	17	18
合计	01																		
辖区甲港	02																		
辖区乙港	03																		
辖区丙港	04																		
辖区丁港	05																		
…	…																		
…	…																		
…	…																		
…	…																		
…	…																		
…	…																		

单位负责人：　　统计负责人：　　填表人：　　联系电话：　　报出日期：201　年　月　日

（三）港口生产安全事故伤亡统计表（按泊位主要用途分）

表　　号：交水运93表
制定机关：交通运输部
批准机关：国家统计局
批准文号：国统制〔2012〕131号
有效期至：2014年11月

填报单位：　　　　201　年　季度

指标	代码	总起数（起）	死亡起数（起）	死亡（人）	重伤（人）	直接经济损失（万元）	其中：一次死亡1～2人				其中：一次死亡3～9人				其中：一次死亡10人及以上			
							起数（起）	死亡（人）	重伤（人）	直接经济损失（万元）	起数（起）	死亡（人）	重伤（人）	直接经济损失（万元）	起数（起）	死亡（人）	重伤（人）	直接经济损失（万元）
甲	乙	01	02	03	04	05	06	07	08	09	10	11	12	13	14	15	16	17
合计	01																	
通用散货泊位	02																	
通用件杂货泊位	03																	
原油专业泊位	04																	
成品油专业泊位	05																	
液化气专业泊位	06																	
粮食专业泊位	07																	
金属矿石专业泊位	08																	
煤炭专业泊位	09																	
集装箱专业泊位	10																	
木材专业泊位	11																	
液体化工专业泊位	12																	
商品汽车滚装泊位	13																	
客货滚装泊位	14																	
客货泊位	15																	
客泊位	16																	
多用途泊位	17																	
其它泊位	18																	

单位负责人：　　统计负责人：　　填表人：　　联系电话：　　报出日期：201　年　月　日

(四)港口生产安全事故伤亡统计表(按事故类型分)

表　　号:交水运 94 表
制定机关:交通运输部
批准机关:国家统计局
批准文号:国统制〔2012〕131 号
有效期至:2014 年 11 月

填报单位:　　　　201　年　季度

指标	代码	总起数(起)	死亡起数(起)	死亡(人)	重伤(人)	直接经济损失(万元)	其中:一次死亡 1~2 人				其中:一次死亡 3~9 人				其中:一次死亡 10 人及以上			
							起数(起)	死亡(人)	重伤(人)	直接经济损失(万元)	起数(起)	死亡(人)	重伤(人)	直接经济损失(万元)	起数(起)	死亡(人)	重伤(人)	直接经济损失(万元)
甲	乙	01	02	03	04	05	06	07	08	09	10	11	12	13	14	15	16	17
合计	01																	
物体打击	02																	
车辆伤害	03																	
机械伤害	04																	
起重伤害	05																	
触电	06																	
淹溺	07																	
灼烫	08																	
火灾	09																	
高处坠落	10																	
坍塌	11																	
爆炸	12																	
中毒	13																	
窒息	14																	
其它伤害	15																	

单位负责人:　　　　统计负责人:　　　　填表人:　　　　联系电话:　　　　报出日期:201　年　月　日

（五）港口生产安全事故伤亡统计表（按事故原因分）

表号：交水运 95 表
制定机关：交通运输部
批准机关：国家统计局
批准文号：国统制〔2012〕131 号
有效期至：2014 年 11 月

填报单位：　　　　201　年　季度

指标	代码	总起数（起）	死亡起数（起）	死亡（人）	重伤（人）	直接经济损失（万元）	其中：一次死亡 1～2 人				其中：一次死亡 3～9 人				其中：一次死亡 10 人及以上			
							起数（起）	死亡（人）	重伤（人）	直接经济损失（万元）	起数（起）	死亡（人）	重伤（人）	直接经济损失（万元）	起数（起）	死亡（人）	重伤（人）	直接经济损失（万元）
甲	乙	01	02	03	04	05	06	07	08	09	10	11	12	13	14	15	16	17
合计	01																	
技术和设计有缺陷	02																	
设备、设施、工具附件有缺陷	03																	
安全设施缺少或有缺陷	04																	
生产场所环境不良	05																	
个人防护用品缺少或有缺陷	06																	
没有安全操作规程或不健全	07																	
违反操作规程或劳动纪律	08																	
劳动组织不合理	09																	
对现场工作缺乏检查或指挥错误	10																	
教育培训不够、缺乏安全操作知识	11																	
其它	12																	

单位负责人：　　统计负责人：　　填表人：　　联系电话：　　报出日期：201　年　月　日

交水运 92—95 表的指标解释及填报说明

一、指标解释

1. 港口职工总数：指该港口企业负责指挥管理的所有职工人数之和。

2. 总起数：指造成人员重伤、死亡的生产安全事故的起数之和。

3. 死亡起数：指造成人员死亡的生产安全事故的起数之和。

4. 伤亡总数：指生产安全事故造成的死亡、重伤的人数之和。

5. 重伤：永久性丧失劳动能力及损失工作日等于或超过 105 日的暂时性全部丧失劳动能力伤害。在 30 天内转为重伤的（因医疗事故而转为重伤的除外，但必须得到医疗事故鉴定部门的确认），均按重伤事故报告统计。如果来不及在当月统计，应在下月补报。超过 30 天的，不再补报和统计。

6. 死亡：在 30 天内死亡的（因医疗事故死亡的除外，但必须得到医疗事故鉴定部门的确认），均按死亡事故报告统计。如果来不及在当月统计的，应在下月补报。超过 30 天死亡的，不再进行补报和统计。失踪 30 天后，按死亡进行统计。

7. 直接经济损失：指因事故造成人身伤亡及善后处理支出的费用和毁坏财产的价值。可按 GB 6721—86《企业职工伤亡事故经济损失统计标准》进行计算。

8. 泊位主要用途：指事故发生相关的码头的主要作业内容。码头区域以外发生的事故，将事故发生时人员从事的作业内容，与直接相关的码头作业相对应，以此选取对应的泊位主要用途。

9. 事故类别

参照国标 GB 6441—86《企业职工伤亡事故分类标准》，结合港口生产特点，事故类别进行划分为：

01 物体打击	02 车辆伤害	03 机械伤害	04 起重伤害
05 触电	06 淹溺	07 灼烫	08 火灾
09 高处坠落	10 坍塌	11 爆炸	12 中毒
13 窒息	14 其它伤害		

其中爆炸包括：火药爆炸、锅炉爆炸、容器爆炸及其它爆炸。

10. 事故原因

就是在造成事故的所有原因中最主要的一个，事故原因分为：

01 技术和设计有缺陷	02 设备设施工具附件有缺陷
03 安全设施缺少或有缺陷	04 生产场所环境不良
05 个人防护用品缺少或有缺陷	06 没有安全操作规程或不健全
07 违反操作规程或劳动纪律	08 劳动组织不合理
09 对现场工作缺乏检查或指挥错误	10 教育培训不够缺乏安全操作知识
11 其它	

二、填报说明

1. 甲企业职工参加乙企业港口作业并由乙企业负责指挥，发生伤亡事故，由乙企业统计报告，并通知甲企业。

2. 两个以上企业交叉作业时，发生伤亡事故，由主要责任企业统计报告。

3. 企业职工跨地区进行港口作业时发生伤亡事故，由事故发生地的港口行政管理部门负责统计报告。

4. 在港区范围内承包作业的单位,若发生伤亡事故,都由发包的港口企业统计报告。

5. 企业租赁及借用的各种运输车辆,包括司机或另聘司机,执行该企业的港口作业任务时,发生伤亡事故应由本企业统计报告。

6. 停薪留职职工和已离退休的人员,又被原企业或外企业聘用进行港口作业,发生伤亡事故,到哪个企业工作发生伤亡事故,就由哪个企业统计报告。

7. 借调外单位职工发生伤亡事故,不论其工资由哪个企业支付,借调时间长短,也不论双方企业的登记注册类型如何,均由借调企业进行事故统计报告。

三、逻辑关系

(一)表内逻辑关系

1. 交水运 92 表中,02 列≥07 列 +11 列 +15 列,03 列(伤亡总数) =04 列 +05 列,04 列(死亡人数) =08 列 +12 列 +16 列,05 列≥09 列 +13 列 +17 列,06 列≥10 列 +14 列 +18 列。

2. 交水运 93 表、交水运 94 表、交水运 95 表中,01 列≥06 列 +10 列 +14 列,03 列(死亡人数) =07 列 +11 列 +15 列,04 列≥08 列 +12 列 +16 列,05 列≥09 列 +13 列 +17 列。

3. 交水运 92 表中,01 行(总起数合计) =02 行 +03 行 +04 行 +05 行 +…。

4. 交水运 93 表中,01 行(总起数合计) =02 行 +03 行 +04 行 +05 行 +…… +18 行。

5. 交水运 94 表中,01 行(总起数合计) =02 行 +03 行 +04 行 +05 行 +…… +15 行。

6. 交水运 95 表中,01 行(总起数合计) =02 行 +03 行 +04 行 +05 行 +…… +12 行。

(二)表间逻辑关系

1. 交水运 92 表 01 行 02 列 = 交水运 93 表 01 行 01 列 = 交水运 94 表 01 行 01 列 = 交水运 95 表 01 行 01 列。

2. 交水运 93 表 01 行 02 列 = 交水运 94 表 01 行 02 列 = 交水运 95 表 01 行 02 列。

3. 交水运 92 表 01 行 04 列 = 交水运 93 表 01 行 03 列 = 交水运 94 表 01 行 03 列 = 交水运 95 表 01 行 03 列。

4. 交水运 92 表 01 行 05 列 = 交水运 93 表 01 行 04 列 = 交水运 94 表 01 行 04 列 = 交水运 95 表 01 行 04 列。

5. 交水运 92 表 01 行 06 列 = 交水运 93 表 01 行 05 列 = 交水运 94 表 01 行 05 列 = 交水运 95 表 01 行 05 列。

6. 交水运 92 表 01 行 07 列 = 交水运 93 表 01 行 06 列 = 交水运 94 表 01 行 06 列 = 交水运 95 表 01 行 06 列。

7. 交水运 92 表 01 行 08 列 = 交水运 93 表 01 行 07 列 = 交水运 94 表 01 行 07 列 = 交水运 95 表 01 行 07 列。

8. 交水运 92 表 01 行 09 列 = 交水运 93 表 01 行 08 列 = 交水运 94 表 01 行 08 列 = 交水运 95 表 01 行 08 列。

9. 交水运 92 表 01 行 10 列 = 交水运 93 表 01 行 09 列 = 交水运 94 表 01 行 09 列 = 交水运 95 表 01 行 09 列。

10. 交水运 92 表 01 行 11 列 = 交水运 93 表 01 行 10 列 = 交水运 94 表 01 行 10 列 = 交水运 95 表 01 行 10 列。

11. 交水运 92 表 01 行 12 列 = 交水运 93 表 01 行 11 列 = 交水运 94 表 01 行 11 列 = 交水运 95 表 01 行 11 列。

12. 交水运 92 表 01 行 13 列 = 交水运 93 表 01 行 12 列 = 交水运 94 表 01 行 12 列 = 交水运 95 表 01 行 12 列。

13. 交水运 92 表 01 行 14 列 = 交水运 93 表 01 行 13 列 = 交水运 94 表 01 行 13 列 = 交水运 95 表 01 行 13 列。

14. 交水运 92 表 01 行 15 列 = 交水运 93 表 01 行 14 列 = 交水运 94 表 01 行 14 列 = 交水运 95 表 01

行 14 列。

15. 交水运 92 表 01 行 16 列 = 交水运 93 表 01 行 15 列 = 交水运 94 表 01 行 15 列 = 交水运 95 表 01 行 15 列。

16. 交水运 92 表 01 行 17 列 = 交水运 93 表 01 行 16 列 = 交水运 94 表 01 行 16 列 = 交水运 95 表 01 行 16 列。

17. 交水运 92 表 01 行 18 列 = 交水运 93 表 01 行 17 列 = 交水运 94 表 01 行 17 列 = 交水运 95 表 01 行 17 列。

四、附录

（一）事故分级标准

特别重大事故，是指造成 30 人以上死亡，或者 100 人以上重伤（包括急性工业中毒，下同），或者 1 亿元以上直接经济损失的事故。

重大事故，是指造成 10 人以上 30 人以下死亡，或者 50 人以上 100 人以下重伤，或者 5000 万元以上 1 亿元以下直接经济损失的事故。

较大事故，是指造成 3 人以上 10 人以下死亡，或者 10 人以上 50 人以下重伤，或者 1000 万元以上 5000 万元以下直接经济损失的事故。

一般事故，是指造成 3 人以下死亡，或者 10 人以下重伤，或者 1000 万元以下直接经济损失的事故。

（二）无事故确认函样式

接收单位名称：

经统计，×年×季度，本行政区（本港、本企业）内未发生《港口生产安全事故统计报表制度》统计范围内的事故，特此确认。

报送单位（盖章）

年　月　日

附件 2

港口生产安全事故统计工作人员联系表

<table>
<tr><td>单 位 名 称</td><td colspan="4"></td></tr>
<tr><td></td><td>姓名</td><td colspan="2">联系方式</td><td>备注</td></tr>
<tr><td rowspan="2">分管领导</td><td rowspan="2"></td><td>办公电话</td><td></td><td rowspan="2"></td></tr>
<tr><td>手机</td><td></td></tr>
<tr><td rowspan="2">部门
负责人</td><td rowspan="2"></td><td>办公电话</td><td></td><td rowspan="2"></td></tr>
<tr><td>手机</td><td></td></tr>
<tr><td rowspan="3">统计员</td><td rowspan="3"></td><td>办公电话</td><td></td><td rowspan="3"></td></tr>
<tr><td>手机</td><td></td></tr>
<tr><td>邮箱/QQ</td><td></td></tr>
</table>

交通运输部关于印发《港口危险货物重大危险源监督管理办法(试行)》的通知

交水发〔2013〕274号(2013年4月23日发布)

各省、自治区、直辖市交通运输厅(委):

为帮助各地贯彻落实《港口危险货物安全管理规定》(交通运输部2012年第9号部令),做好港口危险源管理工作,我部研究制定了《港口危险货物重大危险源监督管理办法(试行)》,现予以印发,请遵照执行。请各地在执行中认真做好总结,并将相关情况及问题及时反馈我部。

交通运输部水运局港口管理处,联系电话:010-65292626。

2013年4月23日

港口危险货物重大危险源监督管理办法(试行)

第一章　总　　则

第一条　为加强港口危险货物重大危险源的安全监督管理,预防和减少港口危险货物事故的发生,保护人民群众生命财产安全,维护港口安全生产秩序,根据《中华人民共和国港口法》、《中华人民共和国安全生产法》、《危险化学品安全管理条例》和《港口危险货物安全管理规定》等有关法律法规规章,制定本办法。

第二条　港口危险货物重大危险源的辨识评估、登记建档、备案核销及其监督管理等,适用本办法。

本办法所称港口危险货物重大危险源(以下简称港口重大危险源),是指参照《危险化学品重大危险源辨识》(GB 18218)标准辨识确定,港口区域内储存危险货物的数量等于或者超过临界量的单元(包括场所和设施)。

第三条　危险货物港口经营人(以下简称港口经营人)是本单位港口重大危险源安全管理的责任主体,其主要负责人对本单位港口重大危险源安全管理工作全面负责。

第二章　辨识评估

第四条　港口经营人应当对本单位的港口危险货物储存设施或场所进行港口重大危险源辨识,并记录辨识过程与结果。

第五条　港口经营人应当对本单位的港口重大危险源进行安全评估并确定重大危险源等级。港口重大危险源按照其危险程度,由高到低依次划分为一级、二级、三级。港口重大危险源分级方法参见附件1。

第六条　港口经营人可以组织本单位的注册安全工程师、技术人员或者聘请有关专家进行安全评估,也可以委托符合规定资质条件的安全评价机构对港口重大危险源进行安全评估。

依照有关法律、法规、规章等，港口经营人应当进行安全评价的，港口重大危险源安全评估可以与本单位的安全评价一起进行，也可以单独进行港口重大危险源安全评估。

第七条 构成一级港口重大危险源的储存设施或场所，港口经营人应当委托具有法律、法规、规章规定条件的安全评价机构，采用定量风险评价方法进行安全评估，确定个人和社会风险值。

确定的个人和社会风险值，不得超过本规定附件 2 列示的个人和社会可容许风险值标准。超过个人和社会可容许风险值标准的，港口经营人应当采取相应的降低风险措施。

第八条 港口重大危险源安全评估报告应当包括以下主要内容：

（一）评估的主要依据；

（二）港口重大危险源基本情况；

（三）辨识、分级的符合性分析；

（四）事故发生的可能性及危害程度；

（五）个人风险和社会风险值（采用定量风险评价方法时）；

（六）可能受事故影响的周边单位、人员状况；

（七）安全管理措施、安全技术措施和监督措施；

（八）事故应急措施；

（九）评估结论与建议。

第九条 有下列情形之一的，港口经营人应当对港口重大危险源重新进行辨识分级，开展安全评估和完善档案：

（一）港口重大危险源安全评估满三年的；

（二）构成港口重大危险源的储存设施、场所进行新建、改建或扩建的；

（三）港口危险货物种类、数量或者储存方式及其相关设备、设施等发生重大变更，可能影响港口重大危险源级别和风险程度的；

（四）发生危险货物事故造成人员死亡，或者 10 人以上受伤，或者影响到公共安全的；

（五）外界生产安全环境因素发生变化，影响港口重大危险源级别和风险程度的。

第三章 登记备案

第十条 港口经营人应当对辨识确认的港口重大危险源及时进行登记建档。档案的主要内容包括：

（一）辨识、分级记录；

（二）港口重大危险源基本特征表；

（三）危险货物安全技术说明书；

（四）区域位置图、平面布置图、工艺流程图和主要设备一览表；

（五）港口重大危险源安全管理规章制度及安全操作规程；

（六）安全监测监控系统、措施说明、检测、检验结果；

（七）港口重大危险源事故应急预案；

（八）安全评估报告；

（九）港口重大危险源场所安全警示标志的设置情况；

（十）其他文件、资料。

第十一条 港口经营人在对港口重大危险源进行辨识、分级，并完成港口重大危险源安全评估报告后，应将港口重大危险源备案申请表和第十条规定的档案材料（其中第五项规定的文件资料只需提供清单），向所在地港口行政管理部门备案。对涉及船舶航行、作业安全的港口重大危险源信息，港口行政管理部门应当及时通报海事管理机构。

港口重大危险源出现第九条所述情形的，港口经营人应当及时修改档案，并及时向所在地港口行政管理部门重新备案。

第十二条 对不再构成港口重大危险源的,港口经营人应及时向所在地港口行政管理部门提出核销的书面申请报告。港口行政管理部门自收到港口经营人的书面申请报告之日起20个工作日内进行审核,并组织现场核查,对符合条件的予以核销。

第十三条 各级港口行政管理部门应当定期将本辖区内的港口重大危险源汇总信息逐级上报。

第四章 安全管理

第十四条 港口经营人应当建立健全港口重大危险源安全管理制度,落实港口重大危险源安全技术措施;应当明确港口重大危险源的责任人或责任机构,并对港口重大危险源的安全状况进行定期检查和日常巡查;对于检查发现的事故隐患,应及时采取措施予以消除。

第十五条 港口经营人应当根据危险货物种类、数量、储存公用或相关设备、设施等实际情况,建立健全港口重大危险源安全监测监控体系,完善控制措施。

港口重大危险源安全监测监控系统应符合有关国家标准或者行业标准。

第十六条 港口经营人应当按照国家有关规定,定期对港口重大危险源的安全设施和监测监控系统进行检测、检验,并进行经常性维护、保养,记录维护、保养、检测、检验结果。

第十七条 港口经营人应当在重大危险源所在场所设置明显的安全警示标志,标明紧急情况下的应急处置办法。

第十八条 港口经营人应对港口重大危险源的管理和操作岗位人员进行安全操作技能培训,使其了解重大危险源的危险特性,熟悉重大危险源安全管理规章制度和安全操作规程,全面掌握本岗位的安全操作技能和在紧急情况下应当采取的应急措施。

第十九条 港口经营人应当将港口重大危险源的危险特性、可能的事故后果和应急措施等信息,以适当方式告知从业人员和其他相关单位、人员。

第二十条 港口经营人应制定完善有关港口重大危险源事故应急预案体系,配备必要的防护、救援物资和装备,并进行经常性维护、保养,保障其完好。

港口经营人应当对存在吸入性有毒、有害气体的港口重大危险源,配备便携式浓度监测设备、空气呼吸器、化学防护服、堵漏器材等应急器材和设施;涉及剧毒气体的港口重大危险源,应配备两套以上(含两套)气密型化学防护服。

第二十一条 港口经营人应建立专职或兼职应急救援队伍,应急救援队伍规模应与其危险货物储运规模相适应。

第二十二条 港口经营人应当制定港口重大危险源事故应急预案演练计划,并按照下列要求进行事故应急演练:

(一)对于一级、二级港口重大危险源,每季度至少进行一次;

(二)对于三级港口重大危险源,每半年至少进行一次。

港口经营人应当记录和评估港口重大危险源事故应急演练情况,并根据记录和评估结果,及时修订完善港口重大危险源事故应急预案。

第二十三条 所在地港口行政管理部门应建立港口重大危险源安全监管制度,完善本辖区港口重大危险源档案,建立港口重大危险源安全监管系统,掌握辖区内港口重大危险源情况和应急队伍、应急资源等基本信息。

第二十四条 所在地港口行政管理部门应当组织开展港口重大危险源集中区域事故风险分析与应急能力评估,制定完善事故应急预案;应当根据本辖区应急工作的实际需要,并在征求海事等部门意见后,统筹规划、组织建设应急物资和装备储备,建立完善应急储备管理制度,加强应急准备。

第二十五条 所在地港口行政管理部门应建立健全港口重大危险源事故应急救援体系,定期组织开展应急培训和应急救援演练,提高应急救援能力。

第五章　监督检查

第二十六条　所在地港口行政管理部门应当加强港口重大危险源监督检查，督促港口经营人做好本单位港口重大危险源的辨识评估、登记建档、备案核销和安全管理、应急准备等工作。

第二十七条　所在地港口行政管理部门应建立港口重大危险源安全检查制度，根据辖区内港口重大危险源的数量、等级和危险程度等，定期对存在港口重大危险源的港口经营人进行监督检查。

港口行政管理部门在监督检查中发现港口重大危险源存在事故隐患的，应当依据《安全生产法》第五十六条第三款、《危险化学品安全管理条例》第七条以及《港口危险货物安全管理规定》第四十八条相关规定进行处置。

第二十八条　所在地港口行政管理部门应建立港口重大危险源监督检查台帐，内容包括港口重大危险源监督检查记录表、现场检查记录、整改意见、整改情况等资料。

第二十九条　所在地港口行政管理部门应当会同本级人民政府有关部门，加强对港口重大危险源集中区域的监督检查，确保港口重大危险源与周边单位、居民区、人员密集场所等重要目标和敏感场所之间距离符合国家相关规定。

附件：1. 港口重大危险源分级方法

2. 可容许风险值

附件 1

港口重大危险源分级方法

一、分级原则

采用单元内各种危险货物实际存在量与其在《危险化学品重大危险源辨识》（GB 18218—2009）中的临界量比值，经校正系数校正后的值 R 之和作为分级指标。

二、R 的计算方法

$$R = \alpha\left(\beta_1 \frac{q_1}{Q_1} + \beta_2 \frac{q_2}{Q_2} + \cdots + \beta_n \frac{q_n}{Q_n}\right)$$

式中：$q_1, q_2, \cdots, q_n$——每种危险货物实际存在量（单位：吨）；

$Q_1, Q_2, \cdots, Q_n$——与各危险货物相对应的临界量（单位：吨）；

$\beta_1, \beta_2, \cdots, \beta_n$——与各危险货物相对应的校正系数；

α——该重大危险源库区外暴露人员的校正系数。

三、校正系数 β 的取值

根据单元内危险货物的类别不同，设定校正系数（β）值，见表 1 和表 2：

校正系数 β 取值表　　表 1

危险化学品类别	毒性气体	爆炸品	易燃气体	其他类危险货物
β	见表 2	2	1.5	1

注：危险货物类别依据《危险货物品名表》中分类标准确定。

常见毒性气体校正系数 β 取值表 表2

毒性气体名称		二氧化硫	氨	环氧乙烷		溴甲烷	氯
β		2	2	2		3	4
毒性气体名称	硫化氢	氟化氢	二氧化氮	氰化氢	碳酰氯	磷化氢	
β	5	5	10	10	20	20	

注:未在表2中列出的有毒气体可按 $\beta=2$ 取值,剧毒气体可按 $\beta=4$ 取值。

四、校正系数 α 的取值

根据重大危险源单元边界向外扩展500米范围内常住人口数量,设定单元外暴露人员校正系数(α)值,见表3。

校正系数 α 取值表 表3

单元外可能接触人员数量	α	单元外可能接触人员数量	α
100人以上	2.0	30人~49人	1.0
50人~99人	1.5	0~29人	0.5

五、分级标准

根据计算出来的 R 值,按表4确定危险货物重大危险源的级别。

危险货物重大危险源级别和 R 值的对应关系 表4

港口重大危险源级别	R 值	港口重大危险源级别	R 值
一级	$R \geq 50$	三级	$R<10$
二级	$50>R \geq 10$		

附件2

可容许风险值

一、个人风险可容许风险值

个人风险是指因港口重大危险源各种潜在的火灾、爆炸、有毒气体泄漏事故造成区域内某一固定位置人员的个体死亡概率,即单位时间内(通常为年)的个体死亡率。通常用个人风险等值线表示。

通过定量风险评价,港口重大危险源单位周边重要目标和敏感场所承受的个人风险应满足表1中可容许风险值要求。

可容许个人风险标准 表1

危险化学品单位周边重要目标和敏感场所类别	可容许风险(/年)
1. 高敏感场所(如学校、医院、幼儿园、养老院等) 2. 重要目标(如党政机关、军事管理区、文物保护单位等) 3. 特殊高密度场所(如大型体育场、大型交通枢纽等)	$<3\times10^{-7}$
1. 居住类高密度场所(如居民区、宾馆、度假村等) 2. 公众聚集类高密度场所(如办公场所、商场、饭店、娱乐场所等)	$<1\times10^{-6}$

二、社会风险可容许风险值

社会风险是指能够引起大于等于 N 人死亡的事故累积频率(F),也即单位时间内(通常为年)的死亡人数。通常用社会风险曲线(F-N 曲线)表示。

可容许社会风险标准采用ALARP(As Low As Reasonable Practice)原则作为可接受原则。ALARP原则通过两个风险分界线将风险划分为3个区域,即不可容许区、尽可能降低区(ALARP)和可容许区。

①若社会风险曲线落在不可容许区,除特殊情况外,该风险无论如何不能被接受。

②若落在可容许区,风险处于很低的水平,该风险是可以被接受的,无需采取安全改进措施。

③若落在尽可能降低区,则需要在可能的情况下尽量减少风险,即对各种风险处理措施方案进行成本效益分析等,以决定是否采取这些措施。

通过定量风险评价,危险化学品重大危险源产生的社会风险应满足图1中社会风险值要求。

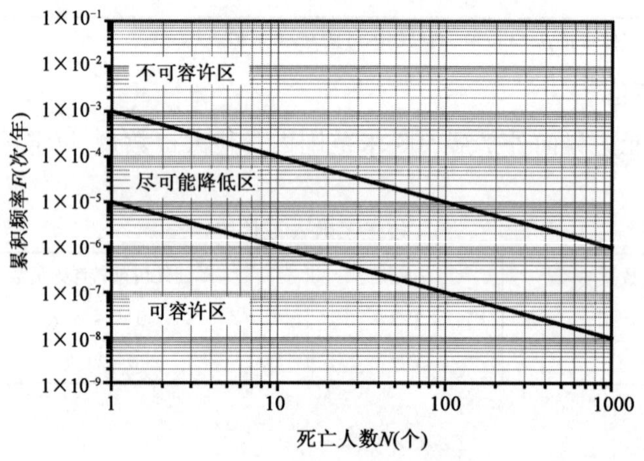

图1 可容许社会风险标准(F-N)曲线

国家安全监管总局办公厅关于港区内危险化学品安全监管有关问题的复函

安监总厅管三〔2012〕67 号（2012 年 5 月 2 日发布）

浙江省安全生产监督管理局：

你局《关于明确港区内危险化学品经营单位（不含仓储经营）安全许可和监管职责的请示》（浙安监管危化〔2012〕45 号）收悉。经研究，现函复如下：

一、关于港区内危险化学品安全监管范围的界定

根据《中华人民共和国港口法》和交通运输部办公厅、国家安全监管总局办公厅《关于明确港口危险化学品安全监督管理若干问题的通知》（厅水字〔2012〕4 号，以下简称《通知》），对于港口总体规划中没有明确的港区范围，其储存设施及仓储作业的安全监管主体和范围由设区的市级港口行政管理部门会同当地规划、安全生产监督管理等部门协商确定，协商不一致的，由具有管辖权的当地人民政府决定。

二、关于港区内危险化学品经营许可

根据《危险化学品安全管理条例》（国务院令第 591 号，以下简称《条例》），取得港口经营许可证的港口经营人从事危险化学品销售经营的，由安全生产监督管理部门负责核发危险化学品经营许可证，并履行相应的安全监管职责。

三、关于港区内危险化学品建设项目安全监管

根据《条例》和《通知》规定，在港区内危险化学品生产和使用危险化学品的生产装置及配套的新建、改建、扩建储存建设项目，由安全生产监督管理部门负责建设项目安全条件审查和安全监管。

请你局根据《中华人民共和国港口法》、《条例》等有关法律法规和《通知》的规定，协同当地港口行政管理部门，切实履行危险化学品安全监管职责，做好港区内危险化学品安全监管工作。

国家安全生产监督管理总局办公厅
二〇一二年五月二日